21정판

지적재산권법

21정판

지적재산권법

윤선희 저

세창출판사

21정판 머리말

1995년 이 책이 처음 세상에 나왔을 때를 돌이켜보면, 우리나라의 법학 교육 현장에서 지적재산권법은 변방의 학문에 불과했다. 대학에서의 지적재산권법 강좌는 찾아보기 어려웠고, 관련 자료 또한 극히 제한적이던 시절이었다. 그럼에도 불구하고 지적재산권이 미래 사회의 핵심 동력이 될 것이라는 굳건한 믿음으로 본서를 출간하던 때가 어제 일처럼 생생하다.

그로부터 30년이 지난 지금, 지적재산권은 우리 사회와 경제를 움직이는 가장 중요한 축 중 하나가 되었다. 기술의 발전은 상상 이상으로 빨랐고, 그에 발맞춰 관련 법규들은 숨 가쁘게 제정되고 개정되었다. 디지털 기술 혁명, 인공지능의 등장, 그리고 끊임없이 진화하는 콘텐츠 시장은 지적재산권법에 새로운 도전과 과제를 던져 주었으며, 본서는 그 변화의 흐름을 놓치지 않고 담기 위해 매 순간 노력을 기울였다.

이번 제21정판은 지난 30년간의 역사를 아우르며, 그동안 이루어진 수많은 법령의 제정 및 개정 사항을 충실히 반영했다. 특히 최근 2023년부터 2025년까지 지적재산권 분야의 관련법규, 중요한 판례와 학설의 동향, 그리고 4차 산업혁명 시대의 주요 쟁점들을 깊이 있게 다루고자 노력했다. 변화하는 기술 환경 속에서 지적재산권의 본질적 의미와 역할을 탐구하고, 미래 사회를 위한 법적 지평을 제시하고자 했다.

제21정판이 세상에 나오기까지는 출판업계의 어려움에도 불구하고 개정 작업에 대한 독려를 아끼지 않은 세창출판사의 이방원 사장님과 임길남 상무님, 그리고 최성수 이사님과 편집·교정·색인 작업에 노고를 아끼지 않고 수고해 주신 편집부 안효희 과장님을 비롯한 부원들 모두의 노력이 있어 가능했다. 그리고 본서로 지적재산권법 공부를 시작하여 이제는 어엿한 연구자로서 교수가 되어 본서를 교과서로 채택하여 강의하면서 조언과 교정을 도와준 신재호 교수, 조용순 교수, 강명수 교수, 이헌희 교수, 백영준 교수, 최동영 박사, 홍서경 변리사, 이승훈 변리사, 임병웅 변리사, 함영욱 변리사, 박광호 박사, 곽충목 교수 그리고 박태일 부장판사를 비롯한 전공자들에게도 감사의 뜻을 전한다. 또한 여러 대학에서 본서를 교재로 선택하고 계신 동료 선후배 교수와 변호사, 변리사 등에게도 감사를 드린다.

끝으로 지적재산권법이 더 이상 특정 전공자들만의 전유물이 아닌, 우리 사회 모든 구성원에게 필수적인 지식이 된 지금, 이 책이 독자 여러분께 복잡하고 빠르게 변화하는 지적재산권의 세계를 이해하는 데 든든한 길잡이가 되기를 바라며, 지난 30년간 이 책에 아낌없는 관심과 조언을 보내 주신 모든 분들께도 진심으로 감사를 전한다.

2025년 7월 29일

지적재산&정보연구소에서 윤선희

머리말

우리나라에 지적재산법이 공포된 지 어언 90여 년의 세월이 흘렀으나 아직도 체계적인 학문으로 정착되지 못하고 있다. 우리나라에서 이에 대한 인식을 하기 시작한 것은 80년대로, 60~70년대에 우리 경제가 급격히 성장하게 되자 미국은 지적재산에 대한 압력을 가하기 시작했고, 따라서 우리 매스컴에도 지적재산이란 용어가 등장하게 되면서 일반인들의 귀에도 익숙한 용어로 자리잡게 되었다.

미국이 중국에 대하여 지적재산권 문제를 걸어 통상압력을 가하고 있는 최근의 사건에서 볼 수 있듯이, 지적재산은 이제 형태를 갖고 있는 유체재산보다 더욱 실속 있고 고부가가치를 지닌 무체재산으로 확고한 지위를 차지하고 있다. 경제전쟁을 해야 하는 시대에 이보다 더 소중한 자산은 없을 것이며, 이것은 그냥 앉아 있어도 만들어지고 지켜지는 것은 절대 아니다. 그렇다면 우리가 어떻게 해야 하는가는 명백하다.

그런데 시중에 나와 있는 관련서적들은 대부분 수험용이어서 처음 이 분야를 접하고자 하는 많은 이들에게는 결코 쉬운 내용이 아니기에, 이 분야에 대한 일반인들의 이해를 도울 수 있는 기본적이고 필수적인 내용들을 설명한 책이 필요하다고 생각하게 되었다. 대학에서 강의하면서 틈틈이 정리한 내용들을, 이 분야에 관해 아무런 사전지식이 없는 이들도 알 수 있도록 나름대로 꾸며서 책으로 선보이게 되었다.

아직 많은 대학에서 정규과목으로 강좌도 개설되어 있지 않고, 사법시험 · 행정고시 · 외무고시에서 선택과목으로조차도 택할 수 없는 척박한 환경 속에서도, 이 책의 출판을 쾌히 허락해 주신 세창출판사의 이방원 사장님과 여러 가지로 수고해 주신 출판사 직원 여러분의 사랑이 있어 미흡하나마 이 책이 빛을 볼 수 있게 되었다.

또 바쁜 시간을 쪼개 내용검토와 교정을 보아 주신 특허청의 권태복 서기관님(특허법 · 실용신안법 · 반도체칩보호법), 조원 사무관님(의장법 · 상표법), 한국 IBM의 박정서 변리사님(컴퓨터프로그램보호법), 서울대학교 박사과정의 강덕미 씨에게도 감사를 드리며 미흡한 부분에 대해서는 꾸준히 보강하여 지적재산권 분야의 단단한 초석이 되고자 한다.

1995년 2월
저 자 씀

차 례

제1장 지적재산권

제2장 산업재산권법 중의 특허법

제3장 산업재산권법 중의 실용신안법

제4장 산업재산권법 중의 디자인보호법

제5장 산업재산권법 중의 상표법

제6장 저작권법

제7장 부정경쟁방지 및 영업비밀보호에 관한 법률

제8장 산업기술보호법 등

약 어 표

특허법 → 특
특허법시행령 → 특령
특허법시행규칙 → 특규칙
특허등록령 → 특등령
실용신안법 → 실
실용신안법시행령 → 실령
실용신안법시행규칙 → 실규칙
실용신안등록령 → 실등령
디자인보호법 → 디
디자인보호법시행령 → 디령
디자인보호법시행규칙 → 디규칙
상표법 → 상
상표법시행령 → 상령
상표법시행규칙 → 상규칙
상표등록령 → 상등령
부정경쟁방지 및 영업비밀보호에 관한 법률 → 부
부정경쟁방지 및 영업비밀보호에 관한 법률시행령 → 부령
발명진흥법 → 발진
저작권법 → 저
저작권법시행령 → 저령
저작권법시행규칙 → 저규칙
반도체집적회로의 배치설계에 관한 법률 → 반
반도체집적회로의 배치설계에 관한 법률시행령 → 반령
반도체집적회로의 배치설계에 관한 법률시행규칙 → 반규칙
산업기술의 유출방지 및 보호에 관한 법률 → 산
종자산업법 → 종
종자산업법시행령 → 종령
종자산업법시행규칙 → 종규칙
식물신품종보호법 → 식
콘텐츠산업진흥법 → 콘
산업재산권보호를 위한 파리협약 → 파리협약
특허협력조약 → PCT
특허협력조약시행규칙 → PCT규칙
특허절차상 미생물 기탁의 국제적 승인에 관한 부다페스트조약 → 부다페스트조약
세계저작권조약 → UCC
문학적 · 예술적 저작물의 보호를 위한 베른조약 → 베른조약
세계지적재산권기구설립협약 → WIPO
민법 → 민
민사소송법 → 민소
민사집행법 → 민집
상법 → 상법
헌법 → 헌
형법 → 형
형사소송법 → 형소
제 · · 조 → §
제 · · 항 → ○
제 · · 호 → i , ii …
본문 → 본
단서 → 단
전단 → 전
후단 → 후

Agreement on Trade Related Aspects of Intellectual Property Rights → TRIPs
World Intellectual Property Organization → WIPO
World Trade Organization → WTO
Paris Convention for the Protection of Industrial Property → 파리협약
Patent Cooperation Treaty → PCT
Budapest Treaty on the International Recognition of the Deposit of Microorganisms for the Purposes of Patent Procedure → 부다페스트조약
Berne Convention for the Protection of Literary and Artistic Works → 베른조약
Universal Copyright Convention → UCC
WIPO Performances and Ponograms Treaty → WPPT
WIPO Copyright Treaty → WCT

제1장

지적재산권

제1절 | 지적재산이란

재산이라고 하면 대부분의 사람들은 건물이나 가구 · 보석과 같이 구체적인 형태가 있는 '유체(有體)재산'을 생각했다. 그러나 최근 경제의 성장과 더불어 기술이나 신용과 같이 형태가 없는 '무체(無體)재산'이 중요시되고 있다.

인간의 지적 활동의 성과로 얻어진 정신적 산물로서 재산적 가치가 있는 것을[1] '무체재산' 또는 지식재산[2] 지혜재산,[3] '지적재산'(Intellectual Property, Propriété Intellectuelle)(여기서는 지적재산이라 칭한다)이라고 한다. 이러한 지적재산은 첫째, 인간의 정신적 사상의 창작으로 얻어진 새로운 발명 · 고안 등과 같이 물질문화의 발전에 기여하는 것과 둘째, 인간의 정신적 사상의 창작으로 얻어지는 예술 · 문학 · 음악 · 게임 등을 중심으로 한 것으로 정신문화의 발전에 기여하는 것으로 나눌 수 있다. 전자를 다시 세분화하여 둘로 나누어 보면 직접적으로 산업[4]에 기여할 수 있는 새로운 발명 · 고안 · 디자인 등의 것과 산업의 질서유지를 위한 식별표지(標識)에 의한 것, 즉 상표법에 의한 등록상표, 서비스표, 농수산물품질관리법

1) 여기에는 예저금(預貯金) 또는 점포의 임차권과 전력, 열, 견인력(牽引力) 등의 에너지는 제외된다.

2) 2011년 5월 19일 제정된 지식재산기본법 제3조 제1호에서는 지식재산을 "인간의 창조적 활동 또는 경험 등에 의하여 창출되거나 발견된 지식 · 정보 · 기술, 사상이나 감정의 표현, 영업이나 물건의 표시, 생물의 품종이나 유전자원(遺傳資源), 그 밖에 무형적인 것으로서 재산적 가치가 실현될 수 있는 것"으로 정의하고 있다.

3) 대만에서는 지혜재산이라고 하며, 중국은 지식산권이라고 한다.

4) 여기서의 산업은 공업, 상업, 농수산업, 광업 등 모든 분야를 망라한다.

에서의 지리적 표시, 부정경쟁방지법에 의한 미등록상표나 도메인네임 등과 상법에 의한 상호 등으로 나눌 수 있다. 다만, 채권(債權), 전력(電力), 자력(磁力) 등의 에너지도 무체물이며 재산적 가치를 가지나 인간의 지적활동에 의하여 만들어진 것이 아니라서 지적재산에는 포함되지 않는다.

물질문화의 발전에 기여하는 것에 대한 권리를 산업재산권 또는 공업소유권[5] (Industrial Property, Propriété Industrielle), 정신문화의 발전에 기여하는 것에 대한 권리를 저작권(Copyright)이라고 한다.

그 외에도 부정경쟁방지 및 영업비밀보호에 관한 법률, 산업기술의 유출방지 및 보호에 관한 법률(약칭: 산업기술보호법), 종자산업법, 식품 신품종 보호법, 반도체집적회로의 배치설계에 관한 법률(약칭: 반도체칩법), 콘텐츠산업 진흥법, 바이오테크놀로지, 전자상거래 관련 기술 등을 보호하고자 하는 법률을 합하여 지적재산권법이라고 한다.

이 외에도 지적재산권의 남용 등에 관한 독점규제 및 공정거래에 관한 법률(약칭: 독점금지법 또는 독점규제법, 공정거래법이라 함), 대외무역법[6] 등이 지적재산권의 이전·도입을 규율하고, 지적재산에 관한 이용과 관리에 관한 인터넷주소자원에 관한 법률(약칭: 인터넷주소법), 정보통신망 이용촉진 및 정보보호 등에 관한 법률(약칭: 정보통신망법)과 지적재산의 활용에 관련된 법률 등을 모두 포함하면 가장 넓은 의미의 지적재산법이다.

---

5) 특허법, 실용신안법, 디자인보호법, 상표법을 합하여 산업재산권법 또는 공업소유권법이라 하지만 일부 학자들은 위의 기본 4법은 협의의 산업재산권법 또는 공업소유권법이라고 하고, 기본 4법 이외에 상법의 상호, 부정경쟁방지 및 영업비밀보호에 관한 법률의 周知상표(미등록도 포함), 상품의 형태, 주지상호, 서비스표, 원산지 표시 등을 합하여 광의의 산업재산권법 또는 공업소유권법이라 한다(小野昌延, 「知的所有權」, 有斐閣, 1989, p.80; 仙元隆一郎, 「改訂特許法講義」, 悠悠社, 1998, p.2).

6) 대외무역법에서 지적재산권을 침해한 물품·원산지 표시를 위반한 물품·기타 수출입질서를 저해하는 행위 등에 대하여는 불공정한 행위로서 규제하고 있다.

지적재산법의 이해

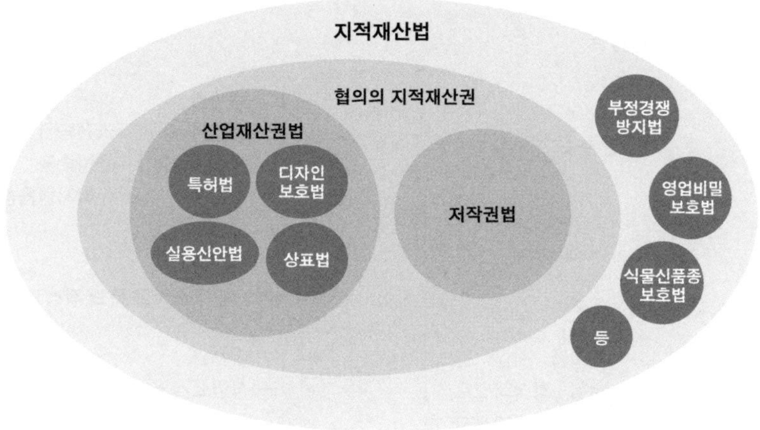

제2절 | 지적재산의 종류 및 보호법

지적재산의 종류와 그 보호법률은 나라마다 약간의 차이가 있으며, 또 학자에 따라 지적재산의 분류방법에도 차이가 있다. 우리나라의 경우는 [도표 1]과 같이 분류할 수 있다. [도표 1]의 권리를 제3자에게 이전 또는 도입할 때에는 독점규제및 공정거래에 관한 법률(공정거래위원회)과 관세법(관세청), 대외무역법, 외국인투자촉진법, 기술의 이전 및 사업화 촉진에 관한 법률(약칭: 기술이전법)(산업통상자원부), 산업교육진흥 및 산학연협력촉진에 관한 법률(약칭: 산학협력법)(교육부) 등의 적용대상이 된다.

이상의 법률은 우리 헌법 제22조 제2항 "저작자 · 발명가 · 과학기술자와 예술가의 권리는 법률로써 보호한다."라는 조항에 근거를 두고 있다.[7][8]

7) 이 규정은 미국헌법 제1조 제8항의 영향을 받았다. 동항은 "의회는 저작자와 발명가에게 그들의 각각의 저작물과 발명에 대하여 독점권을 제한된 기간 동안 보장함으로써 과학의 발전과 유익한 예술의 발전을 증진하도록 … 권한을 가진다."라고 규정하고 있다.

8) 헌법재판소 2003.7.24.선고, 2002헌바31 전원재판부.

[도표 1] 지적재산의 종류 및 보호법

- 재산
  - 유체재산—건물, 가구, 보석 등
  - 무체재산
    - 정신문화에기여(저작권법): 문화체육관광부 — 저작물: 사상, 감정을 창작적으로 표현한 것(저작자의권리)
      - 저작재산권
        - 복제권
        - 공연권
        - 공중송신권
          - 전송권
          - 방송권
          - 디지털음성송신권
        - 전시권
        - 배포권
        - 대여권
        - 2차적 저작물 등의 작성권
      - 저작인격권
        - 공표권
        - 성명표시권
        - 동일성유지권
      - 저작인접권
        - 실연자, 방송사업자, 음반제작자
    - 물질문화에 기여(산업재산권법): 특허청
      - 발명, 고안, 디자인을 창작하는 것(창작물에 관한 권리)
        - 특허권 — 발명(아이디어) — 산업상 유용한 기술적 창작
        - 실용신안권 — 고안(형태에 관한 아이디어) — 산업상 유용한 기술적 창작
        - 디자인권 — 디자인(물품의 형태), 공업상 유용한 미적 창작, 타이프 페이스(Type Face)(글자체)
        - 저작권 — 저작물, 컴퓨터프로그램(문화체육관광부)
        - 반도체칩법 — 회로배치이용권(특허청)
        - 식물신품종보호법 — 식물신품종에 관한 권리(농림축산식품부)
      - 영업을 식별하는 것(유통질서 확립)
        - 상표법 — 등록상표, 등록서비스표 등(특허청)
        - 상법 — 상호권(법무부)
        - 부정경쟁방지법 — 주지표장(미등록상표도 포함), 원산지표시, 영업비밀(특허청), 상품의 형태
        - 대외무역법 — 물품 · 원산지표시(농림축산식품부)(산업통상자원부, 무역위원회)
        - 상표법 · 부정경쟁방지법 · 인터넷주소자원관리법 — 도메인네임(특허청,한국인터넷진흥원/방송통신위원회)
        - 상표법 · 농수산물 품질 관리법 — 지리적 표시
    - 기타
      - 바이오테크놀로지(Biotechnology)
      - 전자 상거래 관련 기술
      - 전통지식산업 등

* 특허를 인간의 심장 내지는 두뇌라고 한다면, 상표는 얼굴에 해당되고, 디자인은 의상(스타일)이라고 할 수 있고 상호나 도메인네임 등은 사람의 이름에 해당한다.

제3절 | 지적재산의 관할청 및 국제기구

I. 관할청

우리나라는 지적재산에 관하여 총괄하는 부서는 없으나, 각각의 법률에 의해 각각의 부서에 의해 운영되고 있다.

지적재산에 관한 국제기구 및 기관은 공적기관과 민간기관으로 나눌 수 있고, 공적기관으로는 WIPO, WTO 등이 대표적 기관이며, 민간기관은 ICC, AIPPI를 비롯하여 많은 기관이 있다. 그 외에도 IP5(한국, 일본, 중국, 미국, EU)와 3극회의(일본, 미국, EU) 등도 적극적으로 활동하고 있다.

※ 관할청에 대해서는 [도표 1] 참조.

II. 국제기구

1. 세계지적재산권기구

세계지적재산권기구(WIPO: World Intellectual Property Organization)는 1967년 7월 14일 산업재산권 및 저작권의 국제적 보호를 위해 설립되어 1970년에 발효된 기구로서 1974년 12월 17일부터 UN의 전문기구 중의 하나가 되었고, 우리나라는 1979년 3월 1일에 회원국이 되었다. 회원국은 2025년 6월 6일 현재 193개국[9]에 이른다.

동 기구는 그 기본설립취지를 첫째, 전세계를 통한 지적재산권의 효율적 보호를 촉진시키고, 해당 분야에 있어서 각국의 입법 조화를 목적으로 하는 제반조치에 대한 발전을 증진시키며, 둘째, 파리협약, 동 협약과 관련하여 체결된 특별협약 및 베른협약의 행정적 업무를 수행하며, 셋째, 지적재산권보호의 증진을 목적으로 하는 기타 모든 국제협약의 관리를 담당하거나 또는 이에 참여하기로 동의할 수 있으며, 넷째, 지적재산권보호의 증진을 목적으로 하는 국제협약의 체결

9) http://www.wipo.int/members/en/(2025년 6월 6일 방문).

을 장려하며, 다섯째, 지적재산권분야에 있어서 법률적 · 기술적 원조를 요청하는 국가에 협조를 제공하며, 여섯째, 지적재산권보호에 관한 정보를 수집 · 배포하고 이 분야의 연구를 수행 · 촉진하며 동 연구의 결과를 공표하는 한편 일곱째, 지적재산권의 국제적 보호를 촉진하는 업무를 유지하며, 적절한 경우에는 이 분야에 있어서 등록에 관한 결과를 공표하는 데 있다.

동 기구는 현재 특허협력조약(PCT), 상표의 국제등록에 관한 마드리드협정의 사무국 역할까지 하고 있어 지적재산권에 관한 국제적인 종합사무국의 기능을 수행하고 있으며, 구체적으로 특허협력조약과 관련한 각국 특허청간의 업무조정 및 국제출원의 수리, 국제상표 등록의 수리, 심사업무와 개발도상국에서의 특허등록제도의 현대화, 위조활동방지를 위한 권고, 세계특허법 조화(Harmonization)운동, 저작권 국제모델법 제정 추진 등의 업무를 수행하고 있다.

2. 세계무역기구

무역문제를 해결하기 위한 시도는 일찍이 관세 및 무역에 관한 일반협정(GATT: General Agreement on Tariffs and Trade, 이하 'GATT')이 형성되어 자유무역의 시행에 어느 정도의 기여를 하였고 GATT의 제8차 협상인 UR(Uruguay Round, 이하 UR)의 타결과 함께 WTO로 이행되었다.

이러한 WTO는 World Trade Organization의 약어로 '세계무역기구'라 불린다. 기존의 GATT를 흡수 · 통합하여 명실공히 세계무역질서를 세우고 UR협정의 이행여부를 감시하는 역할을 하는 국제기구이다. GATT는 정식 국제기구가 아니었고, 권한도 극히 제한되어 있었던 것에 비하여 WTO는 국제무역분쟁에 대한 중재권과 세계무역자유화를 위한 각종 권한을 갖고 있는 공식국제기구이다.[10)]

단순한 협정형태인 GATT와 비교해 WTO는 법적 구속력을 가진 국제기구로서, 강제적 집행능력까지도 보유하고 있으며 그 규율범위가 공산품은 물론이고 농산물, 서비스, 지적재산권 등에도 미치고 있다.

이 중 지적재산권은 상품 및 서비스와 함께 WTO의 주요 3분야 중 하나이며, WTO는 상품에 대하여는 GATT를, 서비스에 관하여는 「서비스무역에 대한 일반

---

10) WTO는 1993년 제네바에서 UR협정이 타결된 후 1995년 1월 공식 발족되었다. WTO는 2년마다 회원국 전체 각료회의를 열어 통상문제를 협의하며, 1996년 12월 처음으로 싱가포르에서 각료회의가 열렸다.

협정」(GATS: General Agreement on Trade in Services, 이하 GATS)을, 또한 지적재산권에 관하여는 「무역관련 지적재산권협정」(TRIPs: Agreement on Trade Related Aspect of Intellectual Property Rights, 이하 TRIPs)을 두고 있다(TRIPs에 관하여는 후술).

3. 국제산업재산권보호협회

국제산업재산권보호협회(AIPPI: Association Internationale pour la Protection de la Propriété Intellectuelle, International Association for the Protection of Intellectual Property, Internationale vereinigung für den Schutz des Geistigen Eigentums)는 1897년 5월 8일 산업재산권의 국제적 보호를 위해 설립된 기구로서 산업재산권의 국제적 보호필요성에 대한 이해의 촉진 및 산업재산권 보호제도의 발전 · 장려, 각국 법령의 비교 · 검토 및 개선을 위한 권고 등의 목적을 가지고 있다. 동 협회는 각국 산업재산권관계 업무종사 공무원, 변호사, 변리사 등이 회원으로 가입되어 있으며, 동 협회는 각종 세미나 등을 통해 산업재산권과 상품위조방지에 관한 각국의 여론을 수렴하며 WIPO 등에 건의하는 일을 하고 있다.

4. 국제상업회의소 및 위조상품정보국

국제상업회의소(ICC: International Chamber of Commerce)는 산업재산권에 관한 특별위원회를 설치하여 동 회의소 산하의 각 국내위원회와 협조하여 산업재산권제도와 기술이전, 그리고 상품위조방지문제에 관하여 WIPO, AIPPI, WTO 등에 건의하거나 이들과 협조하고 있고, 특히 그 산하의 위조상품정보국(CIB: Counterfeiting Intelligence Bureau)에서 수집한 정보를 토대로 국제무역에 있어서의 위조상품을 추방하기 위한 범세계적인 활동을 추진하고 있다. CIB는 1985년 1월 ICC 내에 설치되어 위조상품에 관한 정보수집 및 관련업계에 대한 정보제공, ICC에의 건의활동 등을 하고 있다.[11)]

5. 기　타

위의 기구 외에도 국제상품위조방지협회(International Anti-Counterfeiting Coalition),

11) 대한무역진흥공사, 「주요국의 지적소유권 보호현황」, 1988, p.44.

국제지적재산권연맹(International Intellectual Property Alliance), 국제라이선싱협회(The Licensing Executives Society) 등 많은 단체가 있다.

지적재산에 관한 국제조약, 협약 등은 다자간(多者間) 약속과 양자간(兩者間) 그리고 지역간(TPP) FTA 등이 있다. 여기서는 다자간 협약만 소개하기로 한다.

Ⅲ. 국제협약

1. WTO/TRIPs

UR에서 논의된 TRIPs협정(Agreement on Trade Related Aspects of Intellec- tual Property Rights)은 UR의 타결과 동시에 출범한 WTO협정의 일부로서 그 부속협정의 하나이다. TRIPs협정은 1994년 4월 15일 마라케시(Marrakesh)에서 작성되어, 우리나라는 1995년 1월 1일 발효된 것으로 동 협정은 저작권, 특허권, 컴퓨터프로그램 등 8개 분야의 지적재산권의 보호기준과 시행절차를 정한 다자간 조약으로서, 지적재산권에 관련된 기존 조약 등의 규정을 최저보호수준으로 '국제협약 플러스 방식'으로 채택되어, 「세계무역기구설립을 위한 마라케시 협정」의 「부속서 1(Appendix 1)」에 규정되었다.

(1) 기본원칙

내국민 대우의 원칙(§3①, National Treatment)과 최혜국 대우의 원칙(§4, MFN: Most Favoured Nation Treatment), 최소보호의 원칙, 권리소진의 원칙[12] 등이 규정되어 있다. 다만 권리소진(權利消盡)의 원칙은 본 협정하의 분쟁해결절차를 다루기 위해 적용되지 않는다고 규정되어 있을 뿐, 그 외에는 아무런 규정이 없어 각 회원국들이 권리소진 문제를 자유로이 결정할 수 있다(WTO/TRIPs §6).

(2) 구성 및 내용

총 7개 장 73개 조항으로 구성되었으며, 제1장은 일반규정과 기본원칙을, 제2장은 지적재산권의 효력, 범위 및 이용에 대한 기준으로서 주요 내용으로 컴퓨터

12) 권리소진론이란 특허권자 또는 상표권자에 의해 일단 사용 · 실시된 제품 · 상품에 대해서는 특허권자 또는 상표권자의 허락 없이 사용 · 실시하더라도 특허권 · 상표권의 침해가 되지 않는다는 것을 말한다. 권리소진론 중에 국내소진론은 인정되는 것이 통설의 입장이며, 국제소진론은 학설이 대립되어 있다. 다만 EU 공동체 내의 국제소진론은 인정받고 있다.

프로그램의 보호, 대여권의 설정, 색채상표나 등록여부에 관계없이 널리 알려진 유명상표의 보호, 디자인 및 실용신안의 보호, 지리적 표시의 보호, 물질특허를 포함한 특허의 보호, IC배치설계의 보호, 미공개정보(영업비밀)의 보호, 반경쟁적 행위에 대한 조치 등에 대하여 규정하고 있다. 그리고 제3장부터 제7장까지는 형식적인 사항들을 규율한다.

(3) 시행절차

지적재산권의 침해물품의 처리와 단속절차에는 국내절차와 국경조치가 있다. 국내절차에서는 민 · 형사 및 행정절차, 가(假)보호절차 등이 있으며, 국경조치는 수출입 단계에서 세관이 침해물품의 통관을 보류하는 조치로서, 상표권과 저작권 침해물품은 필요적 통관보류조치를 적용하고 기타 지적재산권 물품에 대하여는 임의적 조치를 적용하되, 이와 별도로 수출입업자를 보호하기 위한 보호장치를 두었다.

(4) 분쟁예방 및 해결절차

분쟁예방을 위하여 회원국은 자국의 법 · 규정 · 결정 등에 대한 명료성(transparency)을 보장하여야 하며 각종 법규 및 결정 등을 공개 · 발간하여야 한다(TRIPs§63). 분쟁 야기시 해결방법은 GATT 제22조~제23조에 규정된 분쟁 해결절차를 적용한다. 분쟁해결은 단기적으로는 TRIPs 패널(panel)이 담당하고, 장기적으로는 TRIPs 이사회가 내용을 검토하는 책임을 지게 된다.

명확한 의무의 불이행은 아니지만 간접적으로 회원국의 이익을 침해한 경우[13]에 대하여는 5년간의 유예기간이 적용된다(TRIPs§64②).

(5) 경과조치

내국민 대우와 최혜국 대우 등의 기본원칙을 제외하고는 유예기간으로서 선진국의 경우는 1년, 개발도상국의 경우는 5년을 부여하였다(동 협약§65). 선진국과 개도국의 결정은 '자기선언'(self-declaration)에 의해 이루어진다.[14]

---

13) 이는 GATT 제23조 제1항 (b) (c)에 규정한 非위반(non-violation)의 경우를 말한다.

14) 이 외의 구체적인 것은 국회통일외무위원회, 「국회와 세계무역기구 설립협정」, 1995; 특허청, 「WTO 출범과 UR 무역관련 지적재산권협정해설」, 1994.12; 외무부, Marrakesh Agreement Establishing the World Trade Organization, 1994.7; 대외경제정책연구원, 「WTO 출범과 신교역질서」, 1994.7; 특허청, 「무역관련지적재산협정」, 1993.12.31. 등 참조.

2. 산업재산권 보호에 관한 국제 협정

(1) 보호조약

1) 산업재산권보호를 위한 파리 협약 파리협약(Paris Convention for the Protection of Industrial Property)은 1883년 3월 20일 파리에서 체결된 국제협약으로서 우리나라도 가입하고 있는 산업재산권에 관한 기본적인 국제조약이다. 동 협약은 체결 이후 1901년 브뤼셀, 1911년 워싱턴, 1925년 헤이그, 1934년 런던, 1958년 리스본 및 1967년 스톡홀름에서 6차례에 걸친 개정이 이루어졌으며, 우리나라는 1980년 2월 6일, 북한은 1980년 3월 7일 가입하였다. 회원국은 2025년 6월 6일 현재[15] 181개국에 이르고 있다.

협약의 내용은 특허 등의 출원이나 등록 등에 있어 동맹국의 국민을 내국인과 동등하게 대우한다는 내외국인 평등의 원칙, 한 나라에 출원을 한 후 일정기간(특허 · 실용신안은 1년, 디자인 · 상표는 6개월) 내에 타 가맹국에 출원을 하는 경우 출원일자를 최초에 출원한 일자로 소급 적용하는 우선권주장의 원칙, 제3국에서 보호를 받으려면 각국마다 출원을 하여 권리를 얻어야 하고, 여러 나라에서 부여된 권리를 병행하고 다른 나라에서의 권리에 영향을 미치지 아니한다는 특허독립의 원칙 등으로 요약할 수 있다.

2) 마드리드 협정 상품의 허위 또는 오인 원산지 표시 예방을 위한 마드리드협정(Madrid Agreement for the Repression of False and Deceptive Indications of Source on Goods)은 파리협약의 제19조의 특별협정으로 1891년 체결되었으며, 그 후 1911년 워싱턴, 1925년 헤이그, 1934년 런던, 1958년 리스본 회의까지에 걸친 개정이 있었다.

동 협약의 목적은 이 협정이 적용되는 국가 또는 그 중에 있는 장소를 원산국이나 원산지로 직접 또는 간접으로 표시하고 있는 허위나 오인을 불러일으키는 표시를 갖는 모든 생산물의 수입을 각각의 체약국에서 금지하는 데 있다. 회원국은 2025년 6월 6일 현재[16] 36개국이다. 한편 이 협정은 파리협약이 1934년 런던 개정까지 기망의사(fraudulent intent)를 입증하는 경우에 한하여 허위 원산지 표시

---

15) http://www.wipo.int/treaties/en/ShowResults.jsp?lang=en&treaty_id=2 (2025년 6월 6일 최종방문)

16) http://www.wipo.int/treaties/en/ShowResults.jsp?lang=en&treaty_id=3 (2020년 7월 20일 최종방문)

를 보호했기 때문에 1958년 리스본 개정 전까지는 매력있는 조약이었으나, 1958년 이후 그 의의가 퇴색하였다고 한다.[17)]

3) **상표법 조약** 상표법 조약(Trademark Law Treaty)은 표장의 보호를 위한 국내 절차를 단순화하고 조화하기 위해 1994년 10월 27일 제네바에서 채택된 조약이다. 동 조약은 절차 규정만을 포함하고 있으며, 각국이 서로 다른 상표출원과 등록절차를 단순・통일해서 출원인에게 더욱 간편하고 손쉬운 절차를 제공하기 위한 목적으로 체결되었다. 이 조약은 WIPO에서 관장하고 있으며, 2026년 6월 6일 현재[18)] 54개국이 가입한 상태이며, 우리나라는 2003년 2월 25일 발효되었다.

4) **나이로비 조약** 올림픽 심벌의 보호에 관한 나이로비 조약(Nairobi Treaty on the Protection of the Olympic Symbol)은 국제올림픽연맹의 승인 없이 올림픽 심벌의 상업적 사용 등에 대한 보호를 위한 목적으로 1981년 체결되었다. 2025년 6월 6일 현재[19)] 56개의 회원국이 있으며, 우리나라는 아직 가입하지 않았으나, 북한은 1983년 6월 28일 서명하고, 2024년 1월 30일 비준하고 동년 2월 29일 시행하고 있다.

5) **특허법 조약** 각 체약국의 특허절차를 통일화하는 것을 목적으로 하는 특허법 조약(Patent Law Treaty)은 1995년부터 체결을 위한 논의가 시작되어 2000년 6월 1일 스위스 제네바에서 타결되었으며, 이후 2005년 4월에 발효되었다. 동 조약은 출원인 편의(User-Friendliness) 증진, 행정규제 완화(Deregulation) 및 국제적으로 상이한 특허 방식 및 절차의 통일화(Harmonization)를 주요 골자로 하고 있다. 2025년 6월 6일 현재[20)] 43개의 회원국이 있으며, 우리나라는 가입하지 않은 상태이다.

6) **상표법에 관한 싱가포르 조약** 상표법에 관한 싱가포르 조약(the Singapore Treaty on the Law of Trademarks)은 2006년 3월 13일부터 28일까지 진행된 상표법 조약의 개정을 위한 외교회의에서 채택되었다. 동 조약의 목적은 홀로

---

17) 최경수, 「국제지적재산권법」, 한울아카데미, 2001, 357면.

18) http://www.wipo.int/treaties/en/ShowResults.jsp?lang=en&treaty_id=5 (2020년 7월 20일 최종방문)

19) http://www.wipo.int/treaties/en/ShowResults.jsp?lang=en&treaty_id=22 (2025년 6월 6일 최종방문)

20) http://www.wipo.int/treaties/en/ShowResults.jsp?lang=en&treaty_id=4 (2025년 6월 6일 최종방문)

그램, 입체상표와 같은 비전형 상표의 보호뿐만 아니라, 소리 · 향기 상표 등의 보호를 위한 등록 이외에 전자출원 및 저렴하고 보다 간소화된 상표보호제도를 제공하는 것이다. 2025년 6월 6일 현재[21] 55개의 회원국이 있으며, 우리나라는 2016년 4월 1일 가입하고 동년 7월 1일 발효되었다.

(2) 국제 보호시스템 관련 조약

1) **특허협력조약** 특허협력조약(Patent Cooperation Treaty: PCT)은 특허 또는 실용신안의 해외출원절차를 통일하고 간소하게 하기 위하여 1966년 9월 파리협약 집행위원회에서 미국 측의 제안으로 국제출원절차의 효율화 등을 검토하기 시작하여 1978년 1월 24일 발효되었다.

이 조약은 다수국에 동일발명에 대한 국제출원을 용이하게 하기 위한 조약으로서 우리나라도 1984년 5월 10일 가입하여 동년 8월 1일부터 국제출원업무를 개시하였으며, 우리나라 국민 및 거주자는 우리나라 특허청 또는 WIPO 국제사무국(International Bureau of WIPO)을 수리관청으로 하여 국제출원 할 수 있다. 이를 통해 자국 특허청에 출원하되 보호를 받고자 하는 나라를 지정하여, 그 나라 국어로 된 번역문을 해당국 특허청에 자료를 송부해 특허를 받으면 지정한 나라마다 특허권을 인정받을 수 있다. 2025년 6월 6일 현재[22] 이 조약 가입국은 158개국이다.

2) **부다페스트 조약** 특허절차상 미생물기탁의 국제적 승인에 관한 부다페스트조약(Budapest Treaty on the International Recognition of the Deposit of Microorganisms for the Purposes of Patent Procedure)은 특허절차상 미생물 기탁[23]을 요구하는 국가는 이 조약에 가입하고 있는 체약국의 영토 내 혹은 영토 외에 있는 국제기탁기관에 미생물을 기탁하여야 한다는 내용을 포함하고 있다. 동 조약은 1977년 4월 28일 부다페스트 외교회의에서 체결되어 1980년 11월 26일 효력이 발생하였으며 우리나라는 1987년 가입하였고, 2025년 6월 6일 현재[24] 이 조

---

21) http://www.wipo.int/treaties/en/ShowResults.jsp?lang=en&treaty_id=30 (2025년 6월 6일 최종방문)

22) http://www.wipo.int/treaties/en/ShowResults.jsp?lang=en&treaty_id=6 (2025년 6월 6일 최종방문)

23) 여기서 미생물이란 동물 · 식물 등 고등생물체를 제외한 균류(bacteria), 사상균류(mold), 효모류(yeast), 조류(alqae), 원생동물류(protozoa)와 한계적인 생물이라고 할 수 있는 바이러스(virus) 등 육안으로 확인할 수 없는 하등 생물체를 말한다.

24) http://www.wipo.int/treaties/en/ShowResults.jsp?lang=en&treaty_id=7 (2025년 6월 6일 최종방문)

약 가입국은 90개국이다.

3) **마드리드 협정(상표)** 상표의 국제등록에 관한 마드리드협정(Madrid Agreement Concerning the International Registration of Marks)은 1891년 4월 마드리드에서 채택되었다. 동 협정은 한 가맹국에 상표등록이 되면 나머지 가맹국에서도 동일한 효력을 갖도록 한 특별협정으로, 1883년 산업재산권의 통일적 국제보호를 위해 체결된 파리협약(Paris convention)에 근거한다. 2025년 6월 6일 현재[25)]이 조약 가입국은 55개국이다.

4) **마드리드 의정서** 마드리드 의정서(Protocol relating to the Madrid Agreement Concerning the International Registration of Marks)는 표장의 국제등록에 관한 마드리드 협정이 채택된 이후, 1989년 6월 27일 협정의 문제점을 보완하기 위해 채택하기에 이르렀다. 이 의정서는 상표 및 서비스표의 국제 등록에 관한 국제 조약으로 특허에 있어서의 특허협력조약(PCT)에 대응되는 상표분야의 국제출원시스템이라고 할 것이다. 2025년 6월 6일 현재[26)] 이 조약 가입국은 115개국이며, 우리나라는 2003년 4월 10일에 발효되었다.

5) **헤이그 협정** 헤이그 협정(The Hague Agreement Concerning the International Deposit of Industrial Design)은 스위스 제네바에 있는 세계지적재산기구(WIPO)의 국제사무국에 하나의 국제출원을 함으로써 여러 체약국에 산업디자인의 보호를 도모하기 위한 것으로, 1883년의 공업 소유권의 보호를 위한 파리협약 19조의 특별조약의 하나로 1925년에 체결되어 1934년에 런던에서, 1960년에 헤이그에서, 또한 1979년 스톡흘름 등에서 개정되었다. 2025년 6월 6일 현재[27)] 이 조약 가입국은 82개국이며, 우리나라는 2014년 7월 1일부터 발효되었다.

6) **리스본 협정** 원산지 명칭의 보호 및 국제등록에 관한 리스본 협정(Lisbon Agreement for the Protection of Appellations of Origin and their Interna- tional Registration)은 1958년 체결된 이래 1967년 및 1979년 두 차례의 개정을 거쳐 현재에 이르고 있다. 동 협약의 목적은 원산지 명칭을 보호하는 데 있으며, 원산지 명

---

25) http://www.wipo.int/treaties/en/ShowResults.jsp?lang=en&treaty_id=21 (2025년 6월 6일 최종방문)

26) http://www.wipo.int/treaties/en/ShowResults.jsp?lang=en&treaty_id=8 (2025년 6월 6일 최종방문)

27) http://www.wipo.int/treaties/en/ShowResults.jsp?lang=en&treaty_id=9 (2025년 6월 6일 최종방문)

칭이란 상품의 품질 및 특성이 전적으로 또는 본질적으로 자연적·인문적 요소 등 지리적 환경에 의존하는 경우 그곳에서 기원하는 상품을 지칭하기 위한 국가나 지역 또는 지방의 지리적 명칭을 의미한다. 2025년 6월 6일 현재[28] 이 조약 가입국은 30개국이며, 우리나라는 아직 가입하지 않았으나, 북한은 2005년 1월 4일 발효되었다.

(3) 국제분류조약

1) **스트라스부르 협정** 국제특허분류에 관한 스트라스부르 협정(Strasbourg Agreement Concerning the International Patent Classification)은 국가간 기술교류의 증가추세에 따라 각국의 독자적인 특허분류를 국제적으로 통일시킬 목적으로 유럽평의회와 BIRPI 간의 협의로 1971년 프랑스 스트라스부르에서 채택되어 1975년 10월 발효하였다. 2025년 6월 6일 현재[29] 65개국이 가입하였으며, 우리나라는 1998년 10월 기탁하여 이듬해인 1999년 10월부터 발효되었다. 국제특허분류(IPC)는 수차례 개정되어 현재에는 제8판을 사용하고 있다.

2) **니스 협정** 표장등록을 실행하기 위한 상품 및 서비스의 국제분류에 관한 니스협정(Nice Agreement Concerning the International Classification of Goods and Services for the Purposes of the Registration of Marks)은 상품 및 서비스업분류를 국제적으로 통일하기 위한 목적으로 1957년 니스에서 체결되어 1961년 4월 발효되었다. 2025년 6월 6일 현재[30] 93개국이 가입하였으며, 우리나라는 1998년 10월 기탁하여 이듬해인 1999년 1월부터 발효되었다. 니스분류는 수차례 개정되어 현재에는 제10판을 사용하고 있다.

3) **비엔나 협정(빈 협정)** 상표의 도형적 요소의 국제분류를 위한 빈협정(Vienna Agreement Establishing an International Classification of the Figurative Elements of Marks)은 도형으로 구성된 상표에 대한 국제적인 기준 및 표준을 정한 것으로 1973년 체결되었다. 2025년 6월 6일 현재[31] 38개국이 가입하였으며, 우리

---

28) http://www.wipo.int/treaties/en/ShowResults.jsp?lang=en&treaty_id=10 (2025년 6월 6일 최종방문)

29) http://www.wipo.int/treaties/en/ShowResults.jsp?lang=en&treaty_id=11 (2025년 6월 6일 최종방문)

30) http://www.wipo.int/treaties/en/ShowResults.jsp?lang=en&treaty_id=12 (2025년 6월 6일 최종방문)

31) http://www.wipo.int/treaties/en/ShowResults.jsp?lang=en&treaty_id=13 (2025년 6월 6일

나라는 2011년 4월 17일부터 발효되었다. 비엔나분류는 수차례 개정되어 현재에는 제7판을 사용하고 있다.

4) 로카르노 협정 산업디자인의 국제분류 설정에 관한 로카르노 협정(Locarno Agreement Establishing an International Classification for Industrial Designs)은 산업디자인의 물품분류에 관한 국제표준으로 물품의 기능에 따라 구분하여 분류한 것으로 1968년 체결되었다. 2025년 6월 6일 현재[32] 62개국이 가입하였으며, 우리나라는 비엔나 협정과 함께 2011년 4월 17일부터 발효되었다. 로카르노분류는 수차례 개정되어 현재에는 제10판을 사용하고 있다.

3. 저작권 보호에 관한 협정

(1) 베른협약

동 협약의 정식명칭은 문학 및 예술적 저작물 보호에 관한 베른협약(Berne Convention for the Protection of Literary and Artistic Works)으로서 1986년 9월 9일 체결된 이래 7차의 개정을 거쳐 오늘에 이르고 있고, 우리나라는 1996년 5월 21일 가입서를 WIPO에 제출하여 3개월 후(1996년 8월 21일)에 발효되었다. 2025년 6월 6일 현재[33] 가입국 수는 181개국이다.

그 요지는 저작권발생과 성립에 있어 무방식주의[34](베른조약 §5② 전단)를 채택하여 저작물의 등록을 하지 않더라도 저작권의 발생 · 소유 및 권리행사에 지장이 없으며 저작물의 완성과 동시에 저작권이 발생하고(자동보호의 원칙: Principle of automatic protection), 호혜주의 원칙에 따라 각 가맹국은 다른 가맹국 국민에 대하여도 자국민에 대한 것과 동등하게 보호하여야 하고(내국민 대우의 원칙: Principle of national treatment, 베른조약 §5①), 저작권의 보호범위 및 구제방법에 대

최종방문)

32) http://www.wipo.int/treaties/en/ShowResults.jsp?lang=en&treaty_id=14 (2025년 6월 6일 최종방문)

33) http://www.wipo.int/treaties/en/ShowResults.jsp?lang=en&treaty_id=15 (2025년 6월 6일 최종방문)

34) 방식주의란 저작권의 성립요건으로 저작권 표시, 등록 등의 방식을 필요로 하는 제도이다. 이 제도는 미국을 비롯한 라틴 아메리카가 이 방식을 채택하고 있다. 이에 대해 우리나라를 비롯한 대륙법계에서는 무방식주의를 채택하고 있다. 무방식주의란 저작권의 성립과 권리의 행사에 있어서 어떠한 방식도 필요로 하지 않고, 저작물이 창작됨과 동시에 권리가 발생하는 제도를 말한다.

하여는 조약의 규정에 의하는 외에 법정지법에 의하고(저작권 독립의 원칙: Principle of the independence of protection, 베른조약 §5②후), 저작권의 존속기간을 저작자의 생존기간 및 그 사망 후 50년으로 하고 소급효(베른조약 §18①)를 인정하는 것 등이다.

그러나 이러한 소급효에는 예외가 존재한다(베른조약 §18). 무명이나 익명저작물의 경우, 보호기간은 저작물이 적법하게 공중에 제공된 때로부터 50년 후에 소멸한다. 다만, 저작자가 이명 사용시에도 저작자의 신원에 의심이 가지 않는 경우(즉, 저작자를 알 수 있는 경우), 또는 보호기간 동안 저작자가 자신의 신원을 밝힌 경우에는 일반 기준에 따른다.

베른협약은 '소급 권리'를 인정하고 있어서 새로이 협약의 회원국이 되는 경우 다른 모든 가맹국 내에서 아직 소멸되지 않고 유효한 채로 남아 있는 저작권의 잔존 존속기간 동안 모든 저작권을 보호해 주어야 하며, 이 점에서 소급효를 인정하지 않고 있는 세계저작권협약과 다른 특징을 가지고 있다.

(2) 세계저작권협약

세계저작권협약(UCC: Universal Copyright Convention)은 1947년 UNESCO (United Nations Educational, Scientific, and Cultural Organization, 이하 UNESCO라 한다)총회에서 저작권보호제도의 개선필요성이 크게 제기됨에 따라 그 해부터 1952년까지 오랜 토의를 거쳐 체결된 국제협약이다. 동 협약은 1947년부터 1951년까지 UNESCO 산하의 4개의 전문가위원회가 협약의 초안 작성을 위해 노력한 결과 1952년 8월 18일부터 9월 6일까지 제네바에서 개최된 '정부간저작권회의'에 새로운 국제협력초안을 제출하였으며, 이 회의에 참가한 50개국이 이를 채택함으로써 세계저작권협약(UCC)이 체결되게 되었으며, 그 후 1971년에 개발도상국 특혜규정을 추가하기 위하여 일부 개정되었다.

동 협약은 저작자의 권리보호를 최소한도로 보장하면서 국내적 · 국제적 사용과 공중의 합법적 이익을 존중하는 것으로서 현재 이 분야의 국제협약 중 가장 자유롭다고는 하나 저작권보호의 정도는 베른협약만큼 높은 수준이 아니다.[35)]

1987년 10월 1일부터 우리나라도 세계저작권협약에 가입함에 따라 동 협약에 가입한 국가의 외국인의 저작권이 우리나라에서 보호를 받게 되고 또 우리의

---

35) UCC §17 및 §17에 관한 부속선언(UCC와 베른조약에 가입된 경우에는 베른조약에 우선하여 적용된다).

저작권도 똑같이 외국에서 보호를 받게 되었다.

동 협약의 주요내용은 호혜주의원칙에 입각하여 무방식주의와 등록주의의 중간입장을 따라 모든 복제물에 ©와 저작자의 성명이나 명칭, 저작물의 최초 제작연도가 표시되어 있으면 등록한 것과 같이 보호하도록 하고(UCC§3), 저작권의 존속기간은 모든 저작자의 생존기간과 그 사후 25년보다 길어야 하고(UCC§4), 불소급의 원칙에 따라 새로 가입하는 나라는 각 가맹국에 있어서 기존의 저작권을 보호할 책임이 없도록 규정하고 있다.

(3) 저작인접권 보호에 관한 협약

1) **로마협약** 실연자,[36] 음반제작자 및 방송사업자의 보호에 관한 국제 협약(Rome Convention for the Protection of Performers, Producers of Phono- grams and Broadcasting Organizations)은 저작인접권 보호에 관한 대표적인 조약 중의 하나로 1961년 체결되었다. 2025년 6월 6일 현재[37] 98개국이 가입하였으며, 우리나라는 2008년 12월 18일 가입하여 2009년 3월 18일부터 발효되었다.

2) **음반제작자 보호협약** 동 협약의 정식 명칭은 음반의 무단복제에 관한 음반제작자의 보호에 관한 협약(Convention for the Protection of Producers of Phonograms Against Unauthorized Duplication of Their Phonograms)으로 각 체약국은 음반제작자의 동의가 없이 행하여지는 복제물의 작성, 그러한 복제물의 수입 그리고 그러한 복제물의 공중에 대한 배포로부터 다른 체약국 국민인 음반제작자를 보호할 의무를 규정하고 있다. 동 협약은 1971년 체결되었으며, 2025년 6월 6일 현재[38] 81개국이 가입하였다. 우리나라는 1987년 7월 1일 가입하여 1987년 10월 10일부터 발효되었다.

3) **브뤼셀 협약** 위성으로 송신되는 프로그램신호 배포에 관한 브뤼셀 협약(Brussels Convention Relating to the Distribution of Programme-Carrying Signals Transmitted by Satellite)은 프로그램 전달 신호의 배포를 위한 위성의 양적 사용 증가로, 위성에 의하여 송신되는 프로그램 전달 신호가 의도되지 아니한 배포자가

---

36) '실연자'란 저작물로 연기, 가창, 연주 등을 하는 사람을 말하며, 크게 가수나 연주자와 같은 청각 실연자와 배우나 연기자와 같은 시청각 실연자로 나뉜다.

37) http://www.wipo.int/treaties/en/ShowResults.jsp?lang=en&treaty_id=17 (2025년 6월 6일 최종방문)

38) http://www.wipo.int/treaties/en/ShowResults.jsp?lang=en&treaty_id=18 (2025년 6월 6일 최종방문)

배포하는 것을 방지하기 위한 국제 제도가 없고, 이러한 결여가 위성통신의 사용을 방해할 것을 우려하는 것 등을 이유로 하여 1974년 체결되었다. 2025년 6월 6일 현재[39] 40개국이 가입하였고, 우리나라는 2011년 12월 19일 가입하여 2012년 3월 19일 발효되었다.

4) **기 타** 앞서 소개한 조약 이외에도 1989년 제네바에서 채택된 시청각저작물의 국제등록에 관한 협정(Treaty on the International Registration of Audiovisual Works), 1979년 스페인 마드리드에서 채택된 저작권사용료의 이중과세방지에 관한 다국간협약(Multilateral Convention for the Avoidance of Double Taxation of Copyright Royalties, with model bilateral agreement and additional Protocol), 1989년 체결된 워싱턴조약이라 불리는 직접회로에 관한 지적재산권 조약(Washington Treaty on Intellectual Property in Respect of Integrated Circuits), 시청각 실연에 관한 베이징 조약(Beijing Treaty on Audiovisual Performances),[40] 시각장애인의 저작물 접근권 개선을 위한 마라케시 조약(Marrakesh Treaty to Facilitate Access to Published Works for Persons Who Are Blind, Visually Impaired or Otherwise Print Disabled)[41] 등이 있다.

(4) 세계지적재산권기구 저작권조약 및 실연 · 음반조약

1) **성립경위** WTO/TRIPs 이후, WIPO의 최대 관심사항은 디지털기술과 인터넷으로 야기된 저작물의 창작 · 이용환경의 변화에 대한 법제도적 대응방안을 모색하는 일에 있었으며, 그 결과 「WIPO 저작권조약」(WIPO Copyright Treaty: 이하 WCT라 한다.)과 「WIPO 실연 · 음반조약」(WIPO Performances and Ponograms Treaty: 이하 WPPT라 한다.)이 체결되었다. 이들은 모두 인터넷시대를 대비하기 위한 것이라는 점에서 양자를 합하여 "인터넷협약"이라고도 한다.

이들 양 조약은 저작권과 저작인접권 보호에 관한 양대 조약인 베른협약과 로마협약의 미비점을 보완하면서 그간의 환경 변화에 대처하는 성격을 가진다.

이들 조약은 기존의 조약의 미비점을 보완하는 것 외에 기술의 발전에 적응

---

39) http://www.wipo.int/treaties/en/ShowResults.jsp?lang=en&treaty_id=19 (2025년 6월 6일 최종방문)

40) 2012년 6월 25일 세계지식재산기구(WIPO)의 대표단이 참석한 가운데, 중국 베이징에서 개최된 외교회의에서 채택되었으나, 아직 발효되지 않았다.

41) 2013년 6월 27일 세계지식재산기구(WIPO)의 대표단이 참석한 가운데, 모로코 마라케시에서 채택되었으나, 아직 발효되지 않았다.

하기 위한 주요한 목적이 있다. 오늘날 디지털기술 및 정보통신망의 발달에 힘입어 저작물을 포함한 각종 정보가 시간적 · 공간적 한계에 구애됨이 없이 자유롭게 이용되고, 또한 그 기능적 특징인 '쌍방향성'에 따라 정보의 편집 · 가공 · 변형이 매우 용이해져, 결국 기존의 법제도만으로는 저작권자들의 권리보호가 불가능한 지경에 이르렀다. 이러한 현상은 아날로그 시대의 저작권법으로는 해결할 수 없는 문제를 다수 야기하고 있었고, WCT와 WPPT는 이러한 문제를 일부나마 해결하고자 한 것이다.

우리나라는 WCT에 2004년 3월 24일 가입하여 2004년 6월 24일 효력이 발생하였다. 그리고 WPPT에 2008년 12월 8일 가입하여 2009년 3월 18일 효력이 발생하였다(2025년 6월 6일 현재 114개국이 가입[42]).

2) **WIPO 저작권조약의 주요내용** WCT 제1조 제1항의 전단은 WCT가 베른협약 제20조가 예정하고 있는 '특별협정'의 하나임을 밝히면서, 또한 WCT 제1조 제4항은 "회원국은 베른협약 제1조 내지 제21조 및 부속서를 준수하여야 한다"고 규정하고 있다. 즉, WCT는 베른협약에 종속된 부속협정의 하나이다. 그러나 WCT는 베른협약을 제외한 그 밖의 다른 국제협약과는 아무런 관련이 없다.

제4조에서는 컴퓨터프로그램은 베른조약 제2조에서 규정한 어문저작물로서 보호되며, 그 보호는 표현방식이나 형태에 관계없이 보호된다고 하고 있다. 그리고 WCT 제5조에서는 데이터베이스가 독창적인 저작물로 보호된다는 점을 밝히고 있다.

제6조 제1항에서는 "문학 · 예술 저작물의 저작자는, 판매 또는 기타 소유권의 이전을 통하여 저작물의 원본이나 복제물을 공중이 이용할 수 있도록 제공하는 것을 허락할 배타적인 권리를 향유한다."라고 하여 배포권을 신설했다. 한편, 전통적으로 배포권은 이른바 '권리소진의 원칙'이 적용되는 것으로 이해되고 있다. '권리소진의 원칙'(the principle of exhaustion of rights) 또는 '최초판매이론'(the first sale doctrine)이라 함은 적법하게 권리의 양수 또는 이용허락을 받아 제작된 복제물이 일단 적법하게 시장의 거래에 제공된 때에는 저작권자라 하더라도 차후 복제물 그 자체의 배포에 대해서는 더 이상 관여하지 못한다는 원칙이다. 이와 관련하여 제6조 제2항은 "저작물의 원작품 및 그 복제물을 최초 판매하였거나 또는

42) https://www.wipo.int/wipolex/en/treaties/ShowResults?start_year=ANY&end_year=ANY&search_what=C&code=ALL&treaty_id=20 (2025년 6월 6일 최종방문)

기타 소유권을 이전한 이후 권리소진의 원칙이 적용되는 조건"에 대해서는 회원국 스스로 결정하도록 규정하고 있다.

WCT에서는 대여권도 신설했다. 제7조에 의하면 대여권의 대상은 컴퓨터프로그램, 영상저작물, 음반에 수록된 저작물이다. 그러나 컴퓨터프로그램 그 자체가 대여의 본질적 대상이 아니거나, 영상저작물의 상업적인 대여가 복제권을 실질적으로 침해하는 광범위한 복제를 초래하지 않는 경우에는 대여권을 적용하지 않을 수 있도록 하고 있다.

베른협약상 저작물의 보호기간은 원칙적으로 저작자의 사후 50년이나, 사진저작물은 예외적으로 25년간 보호되었다. 다른 저작물과의 형평성 문제와 관련하여 제9조에서는 베른협약 제7조 제4항의 규정을 적용하지 않는다 하여 사진저작물도 다른 저작물과 마찬가지로 저작자의 사후 50년까지 보호된다고 하고 있다.

3) WIPO 실연·음반조약의 주요내용　WPPT 제1조 제3항은 "이 조약은 어떠한 국제협약과도 관련이 없으며, 그러한 협약에 따른 권리와 의무에 영향을 미치지 아니한다."고 규정하여 다른 협약과 무관함을 명시하고 있다. 즉, WPPT는 로마협약의 특별협정이 아니다. 다만, 동조 제1항은 "이 조약은 회원국이 로마협약에 따라 부담해야 하는 기존의 의무를 약화시키지 아니한다."라고 하여 로마협약과의 관련성을 간접적으로 인정하고 있다.

음반의 정의와 관련하여 제2조 (b)에 의하면 "음반이란 실연의 소리나 기타의 소리, 또는 소리의 표현을 고정한 것으로서, 영상 저작물이나 기타 시청각저작물에 수록된 형태 이외의 고정물을 말한다."라고 하고 있어 로마협약처럼 오로지 '청각실연'에 한정하지 않고, "디지털 데이터로의 표현"을 포함하기 위하여 '소리의 표현'이라는 요소를 추가적으로 반영해 정의하고 있다.

한편, 디지털 기술이 발달하면서 실연의 왜곡, 변경 등을 통해서 실연자의 명예를 해칠 우려가 존재하게 되어 WPPT에서는 실연자에게 성명표시권과 동일성유지권을 부여하였다. 실연자의 인격권은 실연자가 사망한 후라 하더라도 적어도 경제적 권리의 만료시점까지는 보호될 것을 요구하고 있다. 실연자는 방송된 실연을 제외하고는 그 실연의 방송권과 공중에의 전달권 및 그 실연을 고정할 수 있는 배타적인 권리를 가진다. 그리고 실연자와 음반제작자는 복제권, 배포권 및 대여권을 가진다.

4) 공통의제

(가) 복제권　　WCT에서는 그간 논란이 많았던 '일시적 저장'(temporary storage)과 관련하여 이를 복제라고 규정하는 것 대신 "디지털 형태로 보호저작물을 저장하는 것은 베른협약 제9조의 의미상 복제이다."라는 합의록을 채택하였다. 한편, WPPT에서는 디지털 복제를 포함하는 개념을 포함한 복제권에 관한 규정을 별도로 두고 있다. 그리고 이러한 복제권의 권리의 범위 또는 권리의 제한과 예외에 대하여 일시적 저장이 "오로지 저작물을 지각하기 위한 목적"으로 행해지는 경우와 "순간적이거나 부수적인 성격을 갖는 경우"는 복제권이 미치지 않거나 복제권에 대한 예외로서 인정될 수 있다고 하고 있다. 이는 외교회의 과정에서 대부분 국가가 동의한 사항이다.

(나) 공중전달권 및 이용제공권　　WCT는 제8조에서 공중전달권을 도입하여, "문학 · 예술저작물의 저작자는 공중의 구성원이 개별적으로 선택한 장소와 시간에 이러한 저작물에 접근할 수 있게 저작물을 공중에 전달하는 행위를 포함하여, 유선 또는 무선의 수단으로 그 저작물을 전달하는 것을 허락할 배타적 권리를 향유한다."라고 하고 있다. WCT 제8조의 공중전달권은 단순히 저작물을 공중이 이용할 수 있게 하는 행위와 공중에 전달하는 행위를 포함하고 있다. 전자의 경우만을 별도로 이용제공권이라 할 수 있을 것인바, WPPT 제10조 및 제14조는 각각 실연자 및 음반제작자에게 이러한 '이용제공권'(the right of making available of fixed performances or phonograms)을 인정하고 있다. 따라서 실연자 및 음반제작자는 예컨대 인터넷상에 음반에 고정되어 있는 실연 또는 음반을 업로드 하는 행위에 대해서는 배타적 권리를 가지지만 그것의 방송 또는 공중전달에 대해서는 보상금청구권만을 행사할 수 있을 뿐이다.

(다) 기술조치와 권리관리정보　　'기술조치'(technological measure)란 저작자 등 권리자가 자신의 저작물 보호를 위하여 자구의 수단으로 강구하는 접근 내지 이용통제조치라 할 수 있다.

WCT와 WPPT는 기술조치를 '우회'(circumvention)하는 행위에 대하여 법적으로 제재하도록 요구하고 있다. WCT 제11조에서는 "체약 당사자는 이 조약 또는 베른협약상의 권리의 행사와 관련하여 저작자가 이용하는 효과적인 기술조치로서 자신의 저작물에 관하여 저작자가 허락하지 아니하거나 법에서 허용하지 아니하는 행위를 제한하는 기술조치를 우회하는 것에 대하여 충분한 법적 보호와 효과적인 법적 구제조치에 관하여 규정하여야 한다"라고 규정하고 있다. WPPT 제18조에도 동일한 취지의 규정이 있다.

'권리관리정보'(rights management information)란 저작물, 저작물의 저작자 및 저작물의 권리자를 식별하는 정보 또는 저작물의 이용 조건에 관한 정보 및 그러한 정보를 나타내는 숫자나 부호로서, 이들 정보의 어느 항목이 저작물의 복제물에 부착되거나 저작물의 공중전달과 관련하여 나타나는 것을 말한다. 권리관리정보에 대하여 WCT 제12조 제1항에는 "체약 당사자는 다음의 행위가 이 조약 또는 베른협약상의 권리 침해를 유인, 방조, 조장 또는 은닉한다는 사실을 알거나, 또는 민사구제에 관하여는 이를 알 만한 상당한 이유가 있는 경우에 이를 고의로 행하는 자에 대하여 충분하고 효과적인 법적 구제조치에 관하여 규정하여야 한다. i) 전자적인 권리관리정보를 권한 없이 제거하거나 변경하는 것, ii) 전자적인 권리관리정보가 권한 없이 제거되거나 변경된 것을 알면서 저작물이나 복제물을 권한 없이 배포하거나 배포하기 위하여 수입하거나, 방송하거나, 또는 공중에 전달하는 것"이라고 규정되어 있다. WPPT 제19조에도 동일한 취지의 규정이 있다.

4. 기타 협약

식물신품종보호에 관한 국제조약(International Convention for the Protection of New Varieties of Plants)은 식물의 신품종 육성자에 대한 이익의 보호를 목적으로 하여 1961년 파리에서 체결되어 1968년 발효되었다. 동 조약에 의해 설립된 국제식물신품종보호연맹(International Union for the Protection of New Varieties of Plants: UPOV)은 국제기구로서 식물 신품종 육성자의 권리보호 및 식물종자 보증제도 등의 국제적인 보호를 목적으로 한다. 2025년 6월 6일 현재[43] 총 76개국이 가입한 상태이며, 우리나라는 2002년 가입하였다.

생물유전자원 접근 및 이익공유에 관한 나고야 의정서(Nagoya Protocol on Access to Genetic Resources and the Fair and Equitable Sharing of Benefits arising from their Utilization to the Convention on Biological Diversity)는 1992년 생물다양성협약(Convention on Biological Diversity: CBD)[44]이 채택된 이후 논의가 계속 진행

---

43) http://www.upov.int/export/sites/upov/members/en/pdf/pub423.pdf (2025년 6월 6일 최종방문)

44) 생물자원에 대한 국가의 주권적 권리를 인정하고 생물유전자원의 이용으로부터 발생하는

되어 그 논의가 마무리되어 가는 상태이다. 동 의정서는 유전자원에 대해 발생하는 이익의 공정하고 공평한 공유를 목적으로 하며, 2025년 6월 6일 현재[45] 142개국이 비준하였다. 우리나라는 2017년 5월 19일 비준서를 기탁하였고, 2017년 8월 17일부터 발효되었다.

제4절 | 지적재산의 보호필요성

Ⅰ. 배 경

우리나라는 천연자원이 부족하고 영토가 좁아 가공무역을 중심으로 경제성장을 이룩하게 되었다. 최근에 이르기까지는 유체물인 상품을 중시하였으므로 지적재산이란 용어가 일반인에게 생소할 수밖에 없었으나 1980년대에 급속한 경제성장을 하고 우리 상품이 해외로 진출하기 시작하면서 거의 매일 매스컴에 등장하기 시작하였다.

최근에는 주요선진국이 주축이 되어 자국의 산업발전에 이바지하고, 국가경쟁력 강화를 위해 지적재산강화정책을 펴고 있다. 그 대표적인 예로 미국은 자국의 철강 등 종래의 기간산업분야에 있어서 국제경쟁력이 저하되고 1983년 초에는 경상수지의 적자가 확대됨에 따라 무역적자를 해결하기 위한 유일한 대책으로 세계 각국에 대해 지적재산권에 대한 문제를 제기하기 시작하였고 이로 인하여 우리나라도 적지 않은 영향을 받게 되었으며 정부차원에서 대처노력을 하기에 이르렀다.

또한, 일본의 경우 지식재산입국을 천명하며, 자국의 발전을 위해 지적재산을 전략적으로 활용하려는 움직임을 펴고 있다.

이익의 공정하고 공평한 공유를 규정하고 있다.

45) http://www.cbd.int/information/parties.shtml#tab=2 (2025년 6월 6일 최종방문)

Ⅱ. 필요성

앞에서 살펴본 바와 같이 유체물은 물건을 점유함으로써 타인의 실시를 쉽게 파악할 수 있지만, 무체물인 지적재산권은 점유할 수 없는 재산이기 때문에 정당한 권원이 없는 자가 실시하더라도 쉽게 파악할 수 없다. 즉 물건의 경우에는 특정인이 점유하고 있으면 다른 사람이 동시에 동일한 물건을 점유할 수 없는 데 반해서 지적재산의 경우에는 지적재산권자와 그로부터 허락을 받은 실시권자가 동시에 동일한 지적재산을 지배하고 이용할 수 있는 점에서 차이가 있다.

그러므로 무체물인 지적재산을 보호해야 할 필요성으로는 첫째, 기술이 발달하면 할수록 기술이나 디자인 등이 쉽게 모방되어 연구개발자가 많은 시간과 노력을 기울여 연구·투자한 것이 간단히 침해당하게 되는데, 연구개발자를 위해서 지적재산은 보호되어야 한다는 점을 들 수 있다.

연구개발자는 많은 시간과 노력으로 새로운 것을 개발했는데 그것이 간단히, 쉽게 모방되어 자신의 성과를 보호받지 못한다면 연구개발의욕을 상실하여 새로운 연구개발을 기피하게 되고 결국은 산업발전을 저해시키는 요인으로 작용하게 된다. 따라서 법적으로 지적재산이 반드시 보호되어야 한다.

둘째, 연구개발자가 장시간 연구하여 개발한 것을 모방 또는 위조하여 마치 모방자 또는 위조자가 개발한 것처럼 유통시킨다면 건전한 상거래질서를 해하게 될 우려가 있으며 소비자(구매자)로 하여금 품질이 좋은 유명상표로 오인하여 혼동 구매하도록 한다.

어린이 장난감, 기계류에서 항공산업에 이르기까지 광범위한 분야·종류에서 이러한 일이 일어날 수 있다고 한다면, 대형사고까지 초래할 위험이 있기 때문에 법적으로 지적재산을 보호해야 할 필요성이 있다.

이러한 지적 창작물 등은 사회적 혁신의 유인책으로서의 역할을 할 뿐만 아니라 당연히 보호되어야 하는 기본적 인권의 한 형태로서 자리매김을 하고 있으며, 독점적으로 지배할 수 없는 무형이라는 특유의 성질 때문에 지적재산을 일정한 사회적 제도, 즉 법률로써 보호해야 하는 것이다. 아울러, 자국의 산업을 발전시키기 위하여 선진자본주의 국가들뿐만 아니라 후발 자본주의 국가들 모두 지적재산제도를 도입한 연혁적 사실은 방증이 될 수 있는 하나의 사례라 할 수 있다.

제5절 | 지적재산권법의 연혁

Ⅰ. 산업재산권법의 연혁

1. 외국의 연혁

지적재산권과 관련하여 산업재산권법이라는 단일법이 있는 것이 아니라 앞에서 본 바와 같이 Industrial Property Rights를 우리말로 번역한 것으로 1980년대 말까지는 공업소유권법이라 번역하여 왔다.

이러한 산업재산권법은 나라와 법에 따라 발생과 생성과정이 다르며, 연대를 명확히 이야기하기는 곤란하다. 또한, 학자들의 주장도 상이하다.

대부분의 학자들은 성문 특허법이 최초로 제정된 것은 르네상스시대 이탈리아의 베니스특허법(1474년 3월 19일)이라고 보지만 이견도 있다.[46)]

---

46) 「發明特許」 1995년 2월, p.11; Donald S. Chisum, Craig Allen Nard, Herbert F. Schwartz, Pauline Newman, F. Scott Kieff, Principle of Patent Law-Case and Materials, 2nd, Foundation Press, 2001, pp.6~22 참조.

1331년: 영국왕, 특허를 발행(방직 방법의 발명).
1421년: 이탈리아 Santa Maria del Fiore 대성당의 돔을 건축한 Filippo Brunelleschi에게 특허권 부여.
1443년: 베니스 공화국, 최초의 특허를 허용.
1449년: 영국에서 헨리6세가 이튼학교 부속 예배당의 색유리를 제작한 John Boolean에게 특허부여.
1563년: 독일에서 특허를 허용(수력기 개량의 발명).
1623년: 영국에서 세계 최초의 특허제도 성문법 「전매법규」(Statute of Monopolies)를 발표.
1691년: 미국에서 최초의 특허허용(제염법의 발명).
1709년: 오스트리아에서 황제 특허 허용(포도기름 제조법의 발명).
1787년: 미국에서 헌법제도에 따라 특허보호.
1791년: 프랑스에서 최초의 특허법 제정(무심사주의 원칙).
1806년: 이탈리아에서 특허법 제정.
1810년: 오스트리아에서 특허법 제정.
1813년: 러시아에서 특허법 제정.
1817년: 네덜란드에서 특허법 제정.
1836년: 미국 특허국. 세계 최초의 실체심사 개시.
1877년: 독일 제국에서 특허법 제정.
1883년: 산업재산권에 관한 파리협약 채택 가결.

상표, 즉 심볼(symbol)의 역사는 인류의 시작과 함께 발달했다고 본다. 그러나 이때의 상표는 물질적 표시에 한정된 것이라기보다는 인적 표지로도 사용된 것으로 보인다. 성문법으로는 미국에서는 1870년 상표등록에 관한 통일법이 제정, 1826년 영국의 상품표법(Merchandies Marks Act), 1857년 프랑스의 제조표 및 상표에 관한 법률,[47] 1875년 영국의 상표등록법(Trade Marks Registration Act)이 있다.

디자인의 경우에는 1711년 프랑스 리옹의 집행관이 견직물업계에서 타인의 도안을 모방하지 못하도록 금지한 것에서부터 시작되었으며, 1806년 나폴레옹의 명령에 의해 법률이 제정되었다. 그 후 1842년 미국은 디자인을 특별법의 일부로 편입하여 운영하고 있다. 즉 디자인의 최초는 15C 브러셀 코부란 섬유에 관한 규칙이 그 효시라고 할 수 있다.[48]

2. 우리나라의 연혁

우리나라에 산업재산권제도가 처음 도입된 것은 구한말 1908년 8월 12일 칙령(勅令) 제196호로 공포된 대한제국특허령, 의장령(칙령 제197호), 상표령(칙령 제198호)인데, 이것은 순수하게 우리 손으로 만들어진 것이 아니고 일본이 우리나라를 식민지화하는 데 필요하다고 생각하여 도입한 것이다.

즉, 이 법은 일본이 미국의 산업재산권을 우리나라에서도 보호해 주기 위하여 1908년 5월 19일 조인된 미 · 일 조약에 따라 일본의 산업재산권제도를 우리 정부의 이름을 빌려 공포 · 실시한 것에 불과하다.

이 특허령에 의하여 처음으로 발명특허를 받은 것은 정인호 씨의 '말총모자'

1885년: 일본 특허법 제정.

1977년: 유럽 특허법(EPC) 제정—유럽공동특허청.

1985년: 중국 특허법 제정.

1996년: 유라시아 특허법(E/A PC) 제정—러시아 공동특허청.

47) 角田政芳 · 辰巳直彦『知的財産法』, 有斐閣(2006), p.19 참조에서는 세계최초의 상표법이라고 한다.

48) 세계 최초의 디자인에 관한 보호제도는 1711년 10월 25일 프랑스 리옹시 집정관(Consulate de Lyon)이 견직물업계의 도안을 부정사용하는 것으로부터 보호하기 위해 발한 명령에서 비롯되었다고 하나, 오늘날의 독점적 권리를 기본으로 하는 디자인 보호제도는 1787년 7월 14일에 발한 참사원(參事院)의 명령과 같은 해 영국에서 제정된「아마포에 관한 조례」가 최초라고 하는 자도 있다(이한상, "디자인의 국제경쟁력 향상을 위한 디자인제도의 역할,"「창작과 권리」제23호, p.28).

이다.[49] 그 후 1910년 8월 29일 외교권을 비롯하여 국가행정 전 영역이 일본에 예속되면서(한일합방), 산업재산권령(실용신안령은 1909년 11월 1일에 시행됨)은 폐지가 되고 칙령 제335호에 의해 당시 일본의 산업재산권법이 그대로 시행되게 되었다. 그 후 36년간의 식민지에서 벗어나 다시 미군정통치에 들어가게 되었는데 미군정은 미군정령 제44호에 의하여 1946년 1월 22일 특허원(여기서는 산업재산권뿐만 아니라 저작권에 관한 업무도 관장하였다)이 창설되었고 동년 10월 5일 동령(同令) 제91호에 의해 특허법[이 법 속에는 발명특허, 실용특허, 미장(美匠)특허가 포함되어 있다.]이 제정 · 공포되어 동년 10월 15일 시행되었으며 상표법은 1949년 11월 28일 제정 · 공포되었다.

특허법 · 상표법이 시행되다가 1961년 군사혁명정부가 들어서서 구법령 정리작업으로, 특허법을 특허법(법률 제950호), 실용신안법(법률 제952호), 의장법(법률 제951호)의 개별 단독법으로 제정 · 공포(동년 12월 31일)하였고, 상표법은 1963년 3월 5일 법률 제1295호로 제정 · 공포되었다.

이러한 산업재산권법은 i) WIPO(세계지적재산권기구)에 가입하기 위하여 1979년 3월 11일, ii) 파리협약(조약)에 가입하기 위하여 1980년 5월 4일, iii) PCT(특허협력조약)에 가입하기 위하여 1984년 8월 10일, iv) 미생물 기탁에 관한 부다페스트조약에 가입하기 위하여 1987년 12월 24일, 또 미국의 압력으로 물질특허를 도입하기 위하여 등 수십 차례 개정되어 현행법이 되었다.[50]

II. 저작권법의 연혁

1. 외국의 연혁

저작권법 역시 발생과 생성과정이 명확하지 않다. 그러나 1450년경 구텐베르크가 발명한 인쇄술의 발명으로 복제가 가능해지면서 무단복제가 성행하게 되자 영국의 출판 · 인쇄 특권자들이 자기들이 많은 시간과 거액을 투자하여 출판한 서적들에 대한 무단복제를 규제하기 위하여 1545년 베네치아의 출판특허제도를 비롯하여, 영국에서도 앤 여왕시절인 1709년(효력발생은 1710년) 만들어진 것이 세

49) 1882년 지석영 선생의 시무소(時務疎)라고도 한다.
50) 우리나라 특허청은 1977년 상공부 특허국에서 특허청으로 승격하였다.

계 최초의 저작권법[51](Queen Ann's Law)이라고 볼 수 있다.

2. 우리나라의 연혁

우리나라에 저작권법이 처음 도입된 것은 구한말 1908년 8월 16일 칙령 제200호로 공포된 대한제국 저작권령인데, 이것은 우리 손으로 만들어진 것이 아니라 실제로는 일본이 만든 일본저작권법이다. 이 법이 시행되어 오다가 1910년 8월 29일부터 일본저작권법이라는 법률로서 우리 땅에서 36년간 실시되어 왔다.

해방 후 1957년 일본 저작권법을 모델로 하여 1957년 1월 28일 법률 제432호로 저작권법을 제정하여 시행해 오다가 1986년 7월 21일 성립된 한미통상협정에 의해 동법을 동년 12월 31일 법률 제3916호로 전면 개정하여 시행하여 오다가 WTO/TRIPs협정을 수용하기 위하여 1993년 12월, 1994년 1월, 동년 3월에 일부 개정하였고, WTO체제가 정식으로 출범함에 따라 회원국으로서의 의무이행과 베른협약에 가입하기 위하여 1995년 12월 6일(법률 제5015호) 개정하고 1996년 7월 1일부터 시행하고 있었다.

최근 컴퓨터와 인터넷의 급속한 발달과 보급으로 인하여 많은 사회적인 변화가 있었다. 지적재산권법에 있어서 이러한 변화에 가장 민감하게 변화한 분야가 저작권법이 아닌가 한다. 이에 저작권법은 인터넷 환경에 적합하도록 2006년 12월 28일에 전부 개정을 하였으며, 2008년 정부조직 개편에 따라 정보통신부가 문화체육관광부로 통합되어, 저작권법과 컴퓨터프로그램보호법의 통합이 불가피하게 되었다. 이에 2009년 4월 22일 개정을 하였으며, 공포 후 3개월 후인 동년 7월 23일에 시행되었다.

---

51) 미국은 1790년, 프랑스는 1791년, 독일은 1837년, 일본은 1899년에 각각 제정하였다.

제2장

산업재산권법 중의 특허법

제1절 | 특허법 총설

Ⅰ. 특허제도의 의의

발명자는 정신작용에 의해 생성된 창작물인 발명을 직접 이용할 수 있으며, 비밀로서 유지하는 한 독점할 수도 있다. 그러나 당해 발명이 재산적 가치를 갖고 있는 경우라면 그 발명은 권리로서의 보호 필요성이 요구됨에도 불구하고, 권리로서 보호되지 않고 단순히 비밀로서 유지되는 경우에는 그 비밀성이 침해되기 쉬워서 독점적 이용이라는 상태가 쉽게 침해받게 된다. 특히 발명자가 발명의 완성을 위해 많은 연구투자를 하여 발명을 완성한 경우, 이를 정당한 권한이 없는 제3자가 그 발명을 무단으로 쓰게 된다면 발명자는 그 투자액 · 시간만큼 경쟁력을 잃게 되며, 당해 발명으로 오히려 불리한 입장에 처하게 될 것이다. 이에 발명자의 노력 · 비용 · 시간의 투자에 의해서 만들어진 창작물인 발명은 일정한 제도로써 보호되어야 할 것이다.

또한 산업발전에 있어서 발명이 차지하는 역할을 생각한다면, 이러한 발명의 보호는 산업발전을 위한 필수적 요건이라고 할 것이다. 만약 새로운 발명에 대하여 이를 보호하는 법제가 없다면 위에서 본 바와 같이 발명자는 불리한 입장에 처하게 되며, 이는 발명의 의욕을 감퇴시켜 산업발달의 저해라는 결과를 낳게 된다. 또한, 이따금 완성된 발명도 숨겨져서 이른바 가전(家傳)[1]의 비밀로 되어 사회의

1) 가전(家傳)의 경우 공개되지 않기 때문에 특허법에 의한 보호대상이 되지 않는다. 하지만, 공개되지 않은 경우에도 영업비밀의 요건을 갖추는 경우에는 부정경쟁방지 및 영업비밀보

기술수준 향상에는 아무런 역할을 하지 못하게 된다. 이에 대부분의 국가에서는 발명을 보호하고 장려하려는 법제를 두고 있다.[2)]

발명을 장려·보호하려는 제도로서는 국가 등이 발명자에게 포상을 하는 것과 발명자에게 일정 기간 발명의 독점권을 주는 특허제도가 있다. 전자의 제도가 국가 등에 의한 발명의 평가라든지 포상을 위한 재원 마련이라는 문제를 갖고 있는 반면, 특허제도는 일정 요건의 발명에 대하여는 그 보호를 인정하고, 그 상태에서 당해 발명이 갖는 가치는 현실의 경제활동 속에서 자동적으로 평가받게 하는 장점을 갖고 있는 제도로 우리 특허법이 채택하고 있는 형태이다.

II. 특허법의 목적

특허법은 발명에 대해서 재산권의 일종인 특허권을 부여하는 방식을 취하고 있다. 즉 특허법은 새로운 발명을 공개한 대가로 일정 기간의 독점권을 부여하여 해당 기술에 대해서 다른 사람이 중복해서 연구하지 않도록 하고, 그 공개된 기술을 이용하여 보다 진보된 기술이 나오도록 한다.

그러나 단지 일정한 재산적 가치를 갖는 발명에 대하여 이를 발명자의 천부적인 인권으로 확인하고 보호하는 것만이 특허법이 의도하는 목적은 아니다. 오히려 연혁적으로 고찰해 본다면 특허제도는 산업정책적인 이유에서 비롯되었으며, 우리 특허법 역시 제1조 목적조항에서 "이 법은 발명을 보호·장려하고 그 이용을 도모함으로써 기술의 발전을 촉진하여 산업발전에 이바지함을 목적으로 한

호에 관한 법률에 의해 보호하고 있다.

2) 이에 대해서는 설이 다음과 같이 나누어져 있다.

① 기본적 재산권설: 발명의 권리는 본래 발명을 한 자에게 있다 하여 재산권으로 인정하는 설

② 정보공개설: 사회에 유용한 기술을 공개하도록 유인하는 것이 필요하기 때문에 특허제도를 두었다고 하는 설

③ 기본적 수익권설: 유용한 발명에 의해 이익을 받는 사회로부터 공헌에 비례한 보수가 발명자에게 주어진다는 설

④ 발명장려설: 투자한 연구개발비의 회수를 보장함으로써 발명을 장려하는 설

⑤ 투자유인설: 발명에 대한 투자를 유인함과 동시에 대체기술개발을 촉구하는 설

⑥ 경쟁질서설: 발명자에게만 독점권을 부여함으로써 과당경쟁을 방지하고 경쟁질서를 확보하자는 설.

다"라고 규정하고 있다. 즉 발명에 대해 일정의 독점권을 인정하는 특허법의 목적은 발명자의 발명 의욕을 자극함이며, 보호를 위한 조건으로서 당해 발명의 공개를 유도하고, 공개된 발명을 이용해 산업발전에 기여하기 위함에 있다.[3)]

이러한 특허법의 산업정책적인 의도는 여러 곳에서 확인된다. 예컨대 특허법은 그 보호를 받기 위한 절차에 있어 발명을 한 자가 특허출원을 하지 않을 경우에는 특허가 부여되지 않고, 새롭게 발명한 자에게 특허권을 부여하는 것이 아니라 제일 먼저 출원한 자(者)에게 특허권을 부여하고 있으며, 특허를 받을 수 있는 발명에 대하여도 원자핵변환방법에 의해 제조할 수 있는 물질의 발명에 대하여 그 재산적 가치에도 불구하고 산업상의 영향을 이유로 구특허법(1995년 이전법)은 불특허사유로 하고 있었다. 또한, 발명의 이용과 관련하여 특허권자는 발명의 내용을 제3자(즉, 그 발명이 속하는 기술분야의 통상적인 지식을 가진 자)가 실시할 정도로 공개할 의무를 지며(특§42③), 이를 위반한 발명은 거절결정되며(특§62ⅳ), 특허가 인정된 경우에도 특허무효심판을 통해 무효가 될 수 있다(특§133① ⅰ).

Ⅲ. 특허법상의 발명(특허법의 보호대상)

특허법의 보호대상은 발명이다. 특허법 제2조 제1호에서는 '발명'을 "자연법칙을 이용한 기술적 사상의 창작으로서 고도한 것"으로 정의하고 있다.[4)]

1. 자연법칙의 이용

발명은 자연법칙[5)]을 이용[6)]한 것이 아니면 안 된다. 따라서 자연법칙 그 자체

3) 우리 특허법은 '산업발전'을 목적으로 하지만 전체적으로 보면, 당초에 국내산업의 보호육성을 배경으로 한 '산업정책'적인 색채가 농후한 제도의 성격을 띠었고, 최근에 와서는 공정한 경쟁질서의 유지를 도모하기 위한 '경쟁정책'을 배려한 제도로 바뀌고 있다.

4) 독일의 법학자인 요제프 콜러(Joseph Kohler, 1894~1919)는 "발명이란 기술적으로 표시된 인간의 정신적 창작으로 자연을 제어하고, 자연력을 이용해서 일정한 효과를 낳는 것을 말한다."라고 정의하고 있다. 이러한 발명의 규정은 1959년 일본이 특허법을 개정하면서 삽입한 것을 우리는 아무런 연구 · 검토 없이 받아들인 것이다.

미국 특허법 제101조는 법령에서 새롭고 유용한 방법, 기계, 제품 또는 물질의 조성물 또는 그에 의한 신규의 유용한 개량을 발명하거나 발견한 자는 특허법의 조건과 요건에 따라서 특허를 받을 수 있다고 규정하고 있다.

나 자연법칙을 이용하지 않는 단순한 정신활동은 발명이 될 수 없다. 또한 영구운동기관과 같이 자연법칙에 위배되는 발명[7]이나 자연법칙에 관한 잘못된 인식을 전제로 하는 발명은 자연법칙을 이용한 발명이라 할 수 없다. 반면 설령 잘못된 인식하에 성립된 발명이라도 일정한 효과가 있으면 발명은 성립한다. 즉 결과적으로 보아 자연법칙을 이용한 것이라면 그 자연법칙의 원리에 대한 인식을 반드시 필요로 하는 것은 아니다.

2. 기술적 사상의 창작

발명은 자연법칙을 이용한 기술적 사상[8]이다. 따라서 특허법상의 발명은 일정한 목적을 달성하기 위한 합리적 · 구체적 수단이고 그 자체로서의 기술일 필요는 없으며, 장차 기술로서 성립할 가능성이 있으면 충분하며 추상적이고 개념적인 사상으로서의 수단이면 족하다. 즉, 실현가능성 내지 반복가능성을 가지고 있지 않으면 안 된다. 이 점에서 그 기술적 사상이나 심미적(審美的) 창조성(예술성)이 유형의 물품을 통해 표현될 것을 요구하는 실용신안법이나 디자인보호법과 구별된다.

---

5) 자연법칙이란 자연계에 존재하는 물리적 · 화학적 · 생물학적 원리원칙을 말한다. 즉 자연에서 경험으로 찾아낸 법칙인데, 예를 들면 i) 자연과학상의 학문적 법칙(뉴턴의 운동법칙, 에너지보존의 법칙 등), ii) 경험칙(물은 높은 곳에서 낮은 곳으로 흐른다), iii) 생리학상의 법칙이다. 그러나 i) 인간의 정신적 활동으로 안출된 법칙(계산법칙, 작도법, 암호작성법), ii) 경제학상의 법칙, iii) 심리법칙(최면방법 등), iv) 인간의 판단(조세방법, 상품의 판매방식, 기억방식, 회계방법, 광고방법, 레크레이션 방법) 등은 자연법칙이 아니다. 즉 자연법칙 자체나 자연법칙에 반하는 것, 자연법칙이 아닌 것은 특허법상의 '발명'이 되지 않는다.

6) 발명은 자연법칙을 전체로서 이용하여야 한다. 발명을 이루는 구성요소 중 일부라도 자연법칙을 이용하지 않는 부분이 있는 것은 특허법상 자연법칙의 이용이라 할 수 없다(특허법원 2006.12.21.선고 2005허11094 판결; 2007.6.27.선고 2006허8910 판결).

7) 吉藤幸朔, 「特許法概說(第9版)」, 有斐閣, 1991, pp.52~55; 中山信弘 編, 「注解特許法(第2版) 上巻」, 青林書院, 1989, pp.28~31.

대법원 1998.9.4.선고, 98후744 판결: 급수조에서 낙하하는 물 전부를 폐수되는 물이 없이 보다 높은 위치의 양수조로 끌어 올린다는 것이 되어 에너지 보존법칙에 위배되므로, 출원발명은 자연법칙에 어긋나는 발명으로 보았다.

8) 여기서 '기술'이란 소정의 목적을 달성하기 위한 구체적 수단이고, '사상'이란 아이디어나 개념이다. '기술적 사상'이란 소정의 목적을 달성하기 위한 아이디어나 개념이 어느 정도의 구체성을 갖는 수단으로 나타낸 것이 아니면 안 된다. 현실적으로 산업에 직접 이용될 수 있는 구체성을 요구하는 것은 아니나, 적어도 장래 기술로서 성립할 가능성이 있으면 된다. 즉 투수의 포크볼의 투구방법이나 그림, 조각, 데이터베이스는 특허법상의 '발명'이 되지 않는다.

또한 특허법상의 발명은 기술적 사상의 창작[9]이라는 점에서 단순한 발견과 다르다.[10] 다만, 방법의 발명에 있어서는 특허법상의 발명과 발견을 한계짓는 것이 문제될 수 있다.[11]

3. 고도성

특허법상의 발명은 고도한 것이어야 한다. 즉 당해 발명이 속하는 기술분야의 통상의 지식을 가진 자에 대하여 자명(自明)하지 아니한 것으로 창작의 수준이 높아야 한다. 다만, 실용신안법과의 관계에서 고안과 별개의 것으로 판단할 것인가에는 학설이 나누어지고 있다. 즉 특허법상의 발명과 실용신안법상의 고안은 논리적으로 별개의 것이므로 고도성에 대해 그 의의를 고려하여야 한다는 해석과 고도성은 특허법과 실용신안법상의 제도적 구별에 불과하며 실체적으로는 차이

---

9) 창작이란 처음으로 생각해 내어서 만든 것이다.

10) 미국 특허법 제100조(a)에서 '발명'이란 '발명 또는 발견을 의미한다.'라고 정의하고 있다. 미국에서 발명은 적극적인 정의를 내릴 수 없다는 설이 있다. 이 때문에 발명이란 개념은 판례의 집적(集積) 중에서 수렴한 외곽을 이해하는 것이 필요하다. 미국법률용어사전인 BLACK'S LAW DICTIONARY에 의하면, "발명(invention)이란 미지의 기술의 창작으로서 기술자가 당연하게 할 수 있는 수준을 넘은 신규하며 유용한 것"이라고 한다.

발견(discovery)에 대하여 미국헌법 제1장 제8조 제8항은 연방의회의 권한으로서 다음과 같이 규정하고 있다. "저작자 및 발명자에 대하여 일정한 기간을 각각의 저작 및 발견에 대해서 독점적 권리를 보증하고 학술 및 유용한 기술의 진보를 촉진하는 것…." 특허의 주요한 대상이 발명인 것은 모든 학설 · 판례가 인정하고 있지만 본조는 헌법상의 요청을 받아들여 광의의 발견도 포함하여 특허의 대상으로 하고 있는 것을 확인할 수 있다. 사실 발명은 일반적으로 발견을 배경으로 하여 만들어지는 것이라고 말할 수 있다. 그러나 자연현상, 자연법칙인 것과 같은 인간의 창작력이 부가되지 않은 사실의 발견(naked discovery)은 본조에서 말하는 발견에는 포함되지 않는 것으로 해석된다.

11) 발견이란 사물의 성질을 찾아내는 것이지만 그것이 발명으로 연결되는 경우도 있을 수 있다. 용도발명이라 불리는 것이 그 전형적인 예로, 예를 들면 DDT라는 이미 알고 있는 물질에 살충효과가 있음을 발견하면 거기에서 바로 'DDT를 성분으로 하는 살충제' 또는 'DDT를 살포하여 살충하는 방법'이라는 발명이 완성된다. 이 발명은 발견과 지극히 유사한 것으로 발견을 목적으로 이용한 것으로서 기술적 사상의 창작에 해당한다.

또한, 천연물 그 자체는 기술적 사상의 창작이 아니므로 특허를 받을 수 없다. 다만, 천연물에서 분리, 추출된 것은 특허를 받을 수 있다. 예를 들면 항생물질, 인터페론 등의 의약품에서 많이 볼 수 있다. 이것은 항생물질 그 자체는 천연의 곰팡이 등에 존재하는 것이지만 의약품으로서의 항생물질이 천연에 존재하는 것은 아니고 분리, 추출, 정제 등을 거쳐 비로소 이용가능하게 되는 것으로 기술적 사상의 창작이라 할 수 있다(中山信弘 編, 「注解特許法(第2版) 上巻」, 青林書院, 1989, p.32 인용).

가 없다는 해석으로 나누어지고 있다.

발명자는 자신의 발명이 갖는 고도성에 대한 판단에서 실용신안으로 출원하기도 하며, 고도성에 대한 판단에도 불구하고 출원의 용이(容易)를 이유로 실용신안법상의 보호를 받기도 한다. 따라서 고도성을 발명의 본질적 특징으로 보고 실용신안법상의 고안과 구분짓기 위한 것으로 이해하기보다는 실체적으로는 차이가 없이 특허법과 실용신안법의 적용범위를 구분하는 의미밖에 없다고 해석해야 할 것이다.

일반적으로 설명하자면, 연필에 지우개를 다는 것을 고안이라 할 수 있고, 로켓과 같은 발명은 고도성이 있는 것으로 특허의 대상이라 할 수 있다.

IV. 발명의 종류

1. 물(物)의 발명과 방법의 발명

특허법상의 발명은 크게 '물건의 발명'과 '방법의 발명'으로 나눌 수 있다(특§2 iii). 물건의 발명이라 함은 발명이 유체물[12]에 나타나는 경우로서 화학물질이나 기계·기구·장치·시설과 같은 유형물에 관한 발명이며,[13] 방법[14]의 발명은 물건을 생산하는 방법의 발명과 분석방법·측정방법(온도검사법)과 같이 직접적으로 물건의 생산이 수반되지 않는 협의의 방법발명을 포함한다.[15]

---

12) 物 ─┬─ 물질 ─┬─ 순수물(물질발명)
　　　└─ 물건 　└─ 혼합물(조성물발명)

13) 물건의 발명에는 다시 i) 제법적(製法的)인 것(예: 기계, 기구, 장치 등)과 ii) 재료적인 것(예: 화학물질, 조성물 등), 그리고 iii) 특정용도에 사용하는 물건의 발명(용도발명)으로 나눌 수 있다.

14) '방법'이란 유용한 결과를 낳는 일련의 행위·공정이다. 따라서 방법이 그 기계가 갖는 기능을 나타내면 특허를 받을 수 있다. 통신공학에서 많이 사용하는 '방식'은 주로 장치와 결합되는 수가 많아 이때에는 물건발명이 된다.

15) 방법의 발명 ┬ 협의의 방법발명 ┬ i) 제조(생산)방법의 발명
　　　　　　│　　　　　　　　├ ii) 물질을 특정용도에 사용하는 방법발명(용도발명)
　　　　　　│　　　　　　　　│ iii) 기타—방법의 발명
　　　　　　│　　　　　　　　└ 　　예: 통신방법, 분석방법, 측정방법(검사방법)
　　　　　　└ 물건을 생산하는 방법의 발명은 출발물질, 처리방법, 목적물질의 3요소에 의해 성립되는 것으로 기구제조방법, 나일론 제조방법 등을 들 수 있다.

특허법은 물건의 발명과 방법의 발명의 관계에 있어 물건을 생산하는 방법의 발명인 경우 그 방법을 사용하는 행위 외에 그 방법에 의하여 생산한 물건을 사용·양도·대여·수출 또는 수입하거나 그 물건의 양도 또는 대여의 청약을 하는 행위를 실시행위로 보고 있으며(특§2ⅲ다), 물건을 생산하는 방법의 발명에 관하여 특허가 된 경우에 그 물건이 특허출원 전에 국내에서 공지된 물건이 아닌 때에는 그 물건과 동일한 물건은 그 특허된 방법에 의하여 생산된 것으로 추정한다(특§129본)고 규정하고 있다. 다만, 그 물건이 ⅰ) 특허출원 전에 국내에서 공지되었거나 공연히 실시된 물건, ⅱ) 특허출원 전에 국내 또는 국외에서 반포된 간행물에 게재되거나 대통령령이 정하는 전기통신회선을 통하여 공중이 이용가능하게 된 물건에 해당하는 경우에는 그러하지 아니하다(특§129단).

2. 기본발명과 개량발명

발명은 그 기술적 성질에 의하여 기본발명과 개량발명으로 나눌 수 있다. 기본발명에는 그 발명이 속하는 분야에서 기술문제를 최초로 해결한 발명인 반면, 개량발명은 기본발명에 기술적으로 더욱 보완한 발명을 말한다. 특히 개량발명은 기본발명에 대해 새로 부가한 개량적 작용효과가 나타나는 구성에 대해서만 발명이 성립하며, 개량발명에 특허를 얻었다 할지라도 기본발명에 대한 선출원(先出願)특허권자의 동의를 얻지 못하면 당해 발명을 업으로서 실시할 수 없다(특§98).

3. 독립발명과 종속발명

발명은 상호간의 이용관계에 따라 독립발명과 종속발명으로 나눌 수 있다. 독립발명이라 함은 그 실시에 있어서 다른 발명을 이용할 필요가 없는 발명이며, 종속발명이란 다른 발명을 실시하지 않으면 실시할 수 없는 발명을 의미한다. 또한, 종속발명은 선행발명에 새로운 다른 기술을 부가하여 선행발명의 이용분야를 외연적으로 확대하는 발명과 선행발명을 상위개념으로 하여 그 하위개념인 범위 내에서 선행발명의 인식 이외의 새로운 작용효과를 알아내거나 독립의 기술문제를 해결한 발명으로 나누어 설명하기도 한다.

특히 후자의 경우는 선택발명이라 하여 설명하기도 하는데, 과연 이를 종속발명의 범주 내에 포함시켜야 할지 의문이다. 즉 선행발명에서 전혀 개념적으로 인식되지 않았던 작용효과를 나타내는 경우라면 이는 종속발명이 아닌 별개의 발명으로 이해할 수 있고, 이미 선행발명이 기재된 명세서나 문헌에 나타난 작용효과의 발명에 불과하다면 그의 진보성을 인정하기 힘든바 선택발명이 별도의 발명으로서 인정될 가능성은 없다 할 것이다.

4. 직무발명, 업무발명 및 자유발명

발명은 사용자의 업무와의 관계, 종업원의 직무와의 관계유무에 따라 직무발명, 업무발명 및 자유발명으로 나눌 수 있다(발§2ii). 이에 대하여는 VII. 특허를 받을 수 있는 권리자에서 후술한다.

5. 완성발명과 미완성발명

완성발명이란 일반적으로 발명으로 성립한 것을 말하며, 절차상에서는 요건을 갖춘 발명을 의미한다.

미완성발명이라 함은 발명의 성립이라고 볼 수 있는 외관을 갖추었으나 실질적으로 완성되지 않는 발명과 형식상의 하자가 있는 발명을 말한다. 이러한 미완성발명에는 i) 발명의 목적을 달성하기 위한 수단은 제시되어 있으나, 자연법칙상으로 보아 발명의 목적달성이 현저하게 의심스러운 경우, ii) 발명의 목적을 달성하기 위한 수단의 일부 또는 그 전부가 결여되어 발명의 목적달성이 실제로 실시불능인 경우, iii) 미생물관련 발명을 특허출원 전에 미생물을 기탁하도록 한 미생물기탁요건을 갖추지 않은 발명[16)]이나 iv) 외국어로 된 출원으로서 번역문에 원문의 기재내용 이외의 발명이 기재된 경우 등이 있을 수 있다.

6. 결합발명과 비결합발명

결합발명이라 함은 하나의 기술적 문제를 해결하기 위하여 수개의 장치 또는 수단·방법 등의 기술사상을 결합한 발명을 말한다. 이때 결합발명에 대하여 발명성은 결합되는 장치·수단·방법 등이 공지된 것인가에 관계없이 그 요소의 결합에 의하여 상승적 효과가 나타나는가에 의존한다. 또한, 결합발명과 비결합발명을 구분하는 실익은 주로 발명의 요지인정의 기준에 있다.

---

16) 미생물은 기탁하는 것이 원칙이지만, 이미 존재가 확인되고 통상의 지식을 가진 자가 용이하게 입수할 수 있는 신규한 미생물은 기탁할 필요가 없다(대법원 1987.10.13.선고, 87후45 판결).

7. 용도발명(발견)과 물질발명

용도발명은 특정물질의 새로운 성질(용도)을 발견해 낸 것인 반면 물질발명은 새로운 물질 자체를 발명하는 것을 말한다. 전자의 예로서는 "이미 알고 있는 '물질' DDT에 살충효과가 있다는 것이 발견되면, 이 속성을 이용하여 'DDT를 유효성분으로 하는 살충제' 또는 'DDT를 벌레에 뿌려서 살충하는 방법'의 발명"이 용도발명에 해당된다.[17] 후자의 예로서는 원소, 화합물, 화학물질, 조성물, 의약품, 미생물 등과 같은 것을 말한다. 후자의 물질발명이란 용어는 특허법에서 사용하고 있지 않으나 1987년 특허법 개정 전까지 있던 ⅰ) 화학물질 및 그 용도발명, ⅱ) 의약을 조제하는 방법의 발명, ⅲ) 음식물 또는 기호물의 발명과 1995년 개정 시에 삭제된 '원자핵 변환방법에 의하여 제조될 수 있는 물질의 발명' 등이 물질특허로 사용되어 왔던 것을 원용해 보면, 이에 해당된다고 할 수 있다.

8. 식물발명

식물발명이란 식물 신품종 자체 또는 그 육종방법의 발명을 말한다.[18] 즉 2006년 개정법 이전의 특허법에서는 무성적(無性的)으로 반복생식[19] 할 수 있는 변종식물(變種植物)의 발명을 말하였다(구특 §31). 하지만 2006년 개정 특허법에서는 제31조 규정을 삭제하여 식물발명에 대한 특허요건에서 생식방법요건을 해제하여 식물발명도 다른 발명과 동일한 특허요건을 적용하도록 하였다. 이는 기존의 특허법상 유·무성번식식물의 유전자, 식물세포, 재배방법의 보호뿐만 아니라 무성번식방법만 기재하면 유성번식식물 자체의 보호도 가능하였으나 2006년 개

---

17) 吉藤幸朔, 「特許法概說(第9版)」, 有斐閣, 1991, p.64.

18) 특허청, 「산업부문별 심사실무가이드 생명공학분야/2012」에 의하면, 신규식물 자체 또는 신규식물의 일부분에 관한 발명(신규식물이라 함은 유전적으로 발현되는 특성 중 한 가지 이상의 특성이 다른 식물군과는 상이한 식물군 또는 이러한 식물군의 그룹을 말하며, 신규식물의 일부분에 관한 발명은 종자, 과실, 화분 등에 관한 발명을 의미한다), 신규식물의 육종방법에 관한 발명 및 식물의 번식방법에 관한 발명(식물의 번식방법에 관한 발명이라 함은 식물의 유성번식방법에 관한 발명 또는 식물의 무성번식방법에 관한 발명을 말한다)에 적용된다고 한다.

19) '무성적(無性的) 반복생식(asexual reproduction)'은 유성(有性)번식과 대비되는 개념으로 배우자의 형성과정을 거치지 않고 영양체의 일부가 직접 다음 세대의 식물을 형성하는 것으로 영양번식(vegetative propagation)이라고도 하며, 변종식물을 만드는 육종방법(breeding)의 유·무성에 관계없이 변종식물이 무성적으로 반복생식하는 것을 말한다(특허청, 「생명공학분야 특허심사기준」, 2003).

정 이전의 특허법 제31조에서 "무성적으로 반복생식 할 수 있는"으로 규정되어 있어 무성번식식물만 보호하는 것으로 오해하는 경우의 발생과 유성번식식물에 관한 출원은 거절결정 되기 쉽고 등록되더라도 권리범위가 제한될 소지가 있었기 때문이었다. 2006년 특허법 개정시 생식방법요건을 삭제하여 일본, 유럽, 미국 등과 같이 식물발명에 대한 특허도 다른 기술분야와 동일하게 함으로써 식물특허제도는 국제적으로 조화를 이루게 되었다.[20)]

식물의 신품종에 대한 육성자의 권리보호, 주요작물의 품종 · 성능의 관리, 종자의 생산 · 보증 및 유통 등에 관한 사항을 별도의 법으로 제정하여 보호하게 되었다. 구체적인 내용은 제10장 식물신품종보호법을 참조하기 바란다.

9. 미생물발명

미생물이란 육안으로 식별이 곤란한 미세한 생명체, 즉 바이러스, 세균, 원생동물, 효모, 곰팡이, 버섯, 단세포조류, 방선균 등을 의미하며, 동식물의 분화되지 않은 세포 및 조직 배양물도 포함된다.[21)]

미생물에 관한 발명을 크게 둘로 나누어 보면, 미생물 자체의 발명과 미생물을 이용한 발명으로 나눌 수 있다. 전자인 미생물 자체의 발명이란 자연계로부터 분리 또는 변이(變異)수단, 유전자공학적 수단 등에 의해 창제(創製)한 신규 미생물의 발명을 말한다. 후자인 미생물을 이용한 발명은 발효, 분해 등의 기능에 착안한 발효음식물 등의 발명과 미생물의 특정물질의 생산성에 착안한 항생물질, 발효 등의 제조방법 등의 발명으로 다시 구분된다. 전자의 예로는 특정 미생물에 의한 발효음식물의 제조방법, 특정 미생물에 의한 유해물질의 분해방법, 특정 미생물로부터 화학물질의 변환방법 등이 있고, 후자의 예로는 특정 미생물에 의한 아미노산, 유기산, 발효, 항생물질 등의 제조방법을 들 수 있다(구체적인 것은 부다

---

20) 예를 들면, 돌배나무에 신품종 배나무를 접붙여 번식시키는 경우 등이다. 여기서 '무성적'이란 교배 등의 수단에 의해 신품종을 만들어낸 다음 자웅의 결합 없이 개체가 분열 · 발아 등으로 새로운 개체를 형성하는 것으로서 茸接(budding), 接木(grafting), 取木(layering), 分割(division) 등의 방법이 있다. '반복생식 할 수 있는 것'이라 함은 식물의 반복가능성을 말하고, '변종식물'은 그 특성인 균일성, 영속성이 보증되어야 한다는 의미이다. '변종식물에 관한 발명'이란 유전적으로 발현되는 특성 중 한 가지 이상의 특성이 다른 식물군과 구별되고 안정적으로 증식될 수 있는 식물에 관한 발명을 말한다.

21) 특허청, 「산업부문별 심사실무가이드 생명공학분야」, 2012, p.34.

페스트조약 참조).

[도표 2] 일반출원과 미생물출원의 비교도

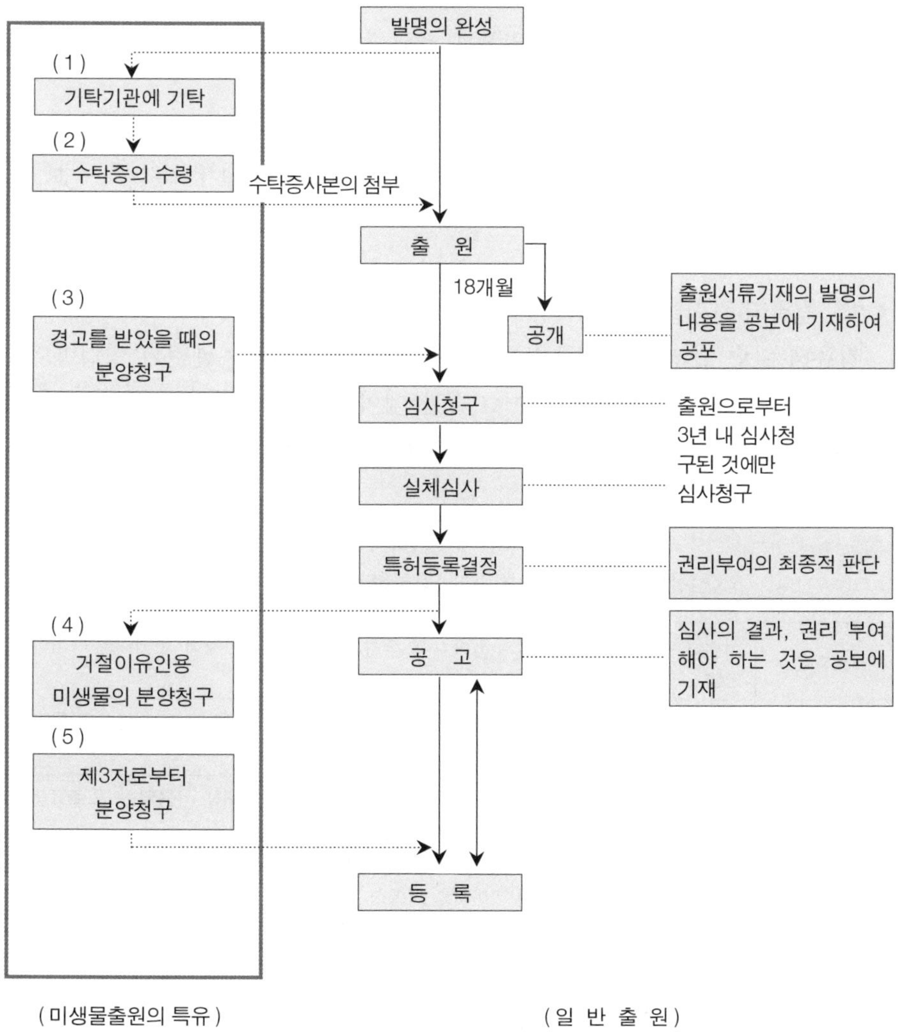

10. 동물 관련발명

최근 생명공학기술의 급속한 발전으로 동물[22]의 형질전환 기술은 물론 동물 복제 기술의 출현과 함께 이러한 기술을 이용하여 유용한 물질을 생산하는 발명이 다양하게 출원됨에 따라 특허청이 생명공학분야의 심사기준을 만들어, 사람을 제외한 다세포 동물에 관하여 동물 자체의 발명, 동물의 일부분에 관한 발명, 동물을 만드는 방법의 발명, 동물의 이용에 관한 발명에 적용되는 심사기준을 만들어 보호하여 주고 있다.

이 외에도 유전자, 벡터, 재조합 벡터, 형질전환체, 융합세포, 모노클로날항체, 단백질, 재조합단백질 등에 관한 발명은 유전공학관련 발명으로 하여 보호하여 주고 있다.[23]

11. 컴퓨터 관련발명

컴퓨터 관련 발명이란 컴퓨터프로그램 관련 발명, 이와 관련된 영업방법 발명, 방대한 양의 데이터를 처리하는 기술과 데이터베이스, 인터넷 보안 기술, 멀티미디어 기술 등의 IT관련 기술에 관한 발명을 말하고, 방법발명과 물건의 발명으로 나눌 수 있다.

〈컴퓨터 관련 발명의 범주〉 *특허청 홈페이지에서 인용

방법발명	시계열적으로 연결된 일련의 처리 또는 조작, 즉 단계로 표현되어 그 단계를 특정하는 방법	
물건발명	물 건	발명이 완수하는 복수의 기능으로 표현할 수 있을 때 그 기능으로 특정된 물건
	매 체	- 프로그램을 설치하고 실행하거나 유통하기 위해 사용되는 '프로그램을 기록한 컴퓨터로 읽을 수 있는 매체' - 기록된 데이터 구조로부터 컴퓨터가 수행하는 처리 내용이 특정되는 '구조를 가진 데이터를 기록한 기록 매체'

22) 여기서 동물이란 사람을 제외한 다세포 동물을 의미한다(특허청, 「산업부문별 심사실무가이드 생명공학분야」, 2012, p.51).

23) 윤선희 · 김승균, 「동물특허보호에 관한 연구」, 한국발명진흥회 지적재산권연구센터, 2000. 12. 참조.

즉 컴퓨터 관련발명이란 컴퓨터 내에서 실행되는 발명 및 컴퓨터가 읽을 수 있는 매체를 사용해서 실행되는 발명을 말한다. 즉 프로그램을 하드웨어와 일체로 하여 그 하드웨어의 성능을 높이거나 제어하는 방법 내지는 장치로서 혹은 프로그램을 기록한 컴퓨터가 독해 가능한 기록매체로서 출원하면 등록될 수 있다.

영업방법(Business Method, Business Model: 일명 "BM"이라 한다)특허[24]란 순수한 영업방법특허와 IT기술을 이용한 영업방법특허로 대별할 수 있다. 전자의 경우의 영업방법이란 경영분야에서 이윤을 발생시키는 구조를 의미하고, 특허분야에서는 IT기술을 이용한 영업방법특허보다는 순수한 영업방법(Business Method)의 특허를 말하며,[25] 후자인 IT기술을 이용한 영업방법특허는 컴퓨터 및 네트워크 등의 통신기술과 사업 아이디어가 결합된 영업방법발명에 대해 허여된 특허를 말한다(특허등록 가능한 BM).[26]

이와 관련하여 특허법 제2조 발명의 성립성에 대하여 자연법칙을 이용한 것이 아니면 특허법상의 보호대상이 되지 않음에도 불구하고, 후자인 매체와 결합하여 특허출원하면 「전자상거래 관련 발명의 심사 지침」, 「컴퓨터 관련 발명 심사기준」에 의하여 특허등록이 될 수 있다.

컴퓨터소프트웨어에 관련한 발명을 특허법으로 보호하는 데 대하여 부정설,[27] 긍정설,[28] 절충설[29]로 나누어지고 있다. 이러한 컴퓨터 관련발명을 특허법

---

24) BM이란 용어는 Business Method, Business Model이 혼용되어서 사용되고 있으나 미국 특허법상 용어로 Method가 통용되고 있고, 국내 특허법에서도 발명의 카테고리를 물건과 방법으로 구분하고 있으므로, Business Model보다는 Business Method라는 용어가 보다 적절한 것으로 판단되며, Business는 영업 또는 사업 등으로 번역되고 있다.

25) 윤선희, "비지니스 모델(BM) 특허의 보호동향," 『창작과 권리』 19호(2000년 여름호), pp. 49-53; 정연용, "전자상거래와 특허보호," Pharma Koreana (2000.5), p.170; 유재복, "비지니스 모델특허," 『새로운 제안』, 2000, pp.62-63.

26) http://www.kipo.go.kr/kpo/user.tdf?a=user.html.HtmlApp&c=8060&catmenu=m06_07_08_01(2009년 8월 1일 방문); 윤선희, 「특허법(제6판)」, 법문사, 2019, pp.128~130 참조.

27) 부정설: 컴퓨터 프로그램이 인간의 머릿속에서 수행하는 정신적 · 지능적 수단이나 과정에 불과하며, 자연법칙을 이용한 발명이 아니고 본질적으로 일종의 계산방법에 불과하기 때문에 특허의 대상이 될 수 없다는 것이다.

28) 긍정설: 프로그램은 컴퓨터에 입력하여 사용하므로 컴퓨터에 프로그램을 입력하였을 때부터 컴퓨터의 일부분으로 구성되며, 이의 구성이 기술적으로 일체를 이루었거나 결합함으로써 특정목적에 적합한 구체적인 장치를 설치한 배선이나 접속수단과 동일시할 수 있으므로 자연법칙을 이용한 것으로 특허성이 인정되어야 한다는 주장이다.

29) 절충설: 프로그램에는 특허를 받을 수 있는 것과 없는 것이 존재하므로 개별적으로 판단하

으로 보호하는 데는 현행 특허법 제2조 제1호에서 정의하고 있는 발명의 개념 중 '자연법칙을 이용한 것'으로 되어 있는 부분을 재정립하지 않으면 안 될 것이다.[30]

12. 기 타

이 외에도 발명은 결합발명과 관련발명,[31] 단독발명과 공동발명, 대발명과 소발명, 이용발명 · 선택발명, 단순발명과 복잡발명, 자연인발명과 법인발명, 조합발명(組合發明)과 주합발명(奏合發明)[32] 등으로 나누어 설명하기도 한다.

V. 법률상 특허를 받을 수 있는 발명(적극적 · 실체적 요건)

발명이라고 하여 모두 특허를 받을 수 있는 것은 아니며, 특허를 받기 위해서는 특허법 제29조의 특허요건을 갖추어야 한다. 즉 발명은 i) 산업상 이용가능하고, ii) 새로운 것으로(新規性), iii) 그 발명이 속하는 기술분야에서 통상의 지식을 가진 자가 용이하게 발명할 수 있는 것이 아닌 것(進步性)이어야 한다.

1. 산업상 이용가능한 것

발명이 특허를 받기 위해서는 그 발명이 산업상 이용가능한 것이어야 한다.[33] 이는 특허법의 목적이 산업발전에 이바지하고 있음에 비추어 당연한 요건

여야 한다는 설이다.

30) 미국의 경우 발명의 정의에 "자연~ 것"이라는 요건이 없어 보호 가능하지만 우리나라의 경우 조금 어려운 점이 있다.

31) 여기서는 '결합발명과 관련발명'으로 분류하였으나, 이수웅 변리사는 '결합발명과 비결합발명'으로 분류하고(이수웅, 「특허법」, 한국지적재산권법학연구소, 1997, p.147), 이종일 변리사는 '결합발명과 부결합발명'으로 분류(이종일, 「특허법」, 한빛지적소유권센터, 2000, p.95)하기도 한다.

32) 조합발명이란 발명이 복수개의 종래 기술의 결합으로 완성되는 것일 경우 각 종래 기술의 결합으로 특별한 효과가 있도록 결합된 발명을 말하고, 주합발명이란 종래기술 A와 B가 결합되는 양태가 A와 B가 상호작용을 함이 없이 단순히 모아놓은 또는 붙여놓은 형태의 발명을 일컫는다(이종일, 위의 책, p.95 인용).

33) 실제 명백히 실시할 수 없는 것(예를 들면, 지구와 달을 연결하는 다리)이나 개인적으로만 이용되고 시판 등의 가능성이 없는 것(예를 들면, 혀를 내밀면서 차를 마시는 법)은 산(사)업으로서 실시할 수 없는 것에 해당된다.

이라 할 수 있다.

여기서 '산업'은 광의의 개념으로 공업 외에도 광업 · 농수산업 · 목축업 등을 포함하며, 비록 생산이 뒤따르지 않으나 운송업이나 교통업과 같은 보조산업도 포함한다는 것이 통설이다.[34] 그러나 보험업 · 금융업 등과 같이 단순한 서비스업은 포함되지 않으며 인체(人體)의 구성을 필수요건으로 하는 의료업에 대하여도 의료업 자체가 사물을 대상으로 하는 산업의 범위에 포함될 수 없기 때문에 인체를 발명 구성의 요건으로 하는 순의료적 발명[35]은 산업에서 제외하고 있다.[36]

산업상의 이용은 출원당시의 산업적 실시를 의미하는 것이 아니라 장래 실시할 가능성이 있으면 족하다. 한편, 산업상의 이용가능성이 경제성을 의미하지는 않는다. 즉 산업상의 이용가능성의 판단은 기술적 가치평가의 문제로 비록 경제적 불이익을 초래하는 발명이라 할지라도 곧 발명의 특허성이 부정되지는 않는다.

비록 특허발명이라 할지라도 그것을 이용한 제품을 실시하기 위해서는 일정 행정기관의 인 · 허가를 받아야 할 경우가 있다. 이는 특허권의 인정과 당해 특허발명제품의 실시에 관련한 행정기관 행위의 목적이 상이(相異)하기 때문이다. 따라서 산업상 이용가능성과 타기관의 인 · 허가문제는 별개의 문제이다.

2. 신규성

특허를 받을 수 있는 '발명'은 지금까지 세상에 없는 '새로운 것'이 아니면 안 된다. 이미 누구나 알고 있는 발명에 특허권이란 독점권을 부여하는 것은 특허법의 목적에 반할 뿐만 아니라 사회에 유해하기 때문이다.

이러한 특허제도는 새로운 기술을 발명한 자에게 그 공개에 대한 보상으로

방법발명에서 수술 및 치료방법, 유전자치료법, 진단방법 등은 의료행위에 해당하므로 산업상 이용가능성이 없는 것으로 본다. 즉 사람에 해당하는 것은 특허대상이 되지 않지만 동물에 대해서는 특허대상이 된다. 그러나 인체에서 분리된 것(혈액 · 모발 등)은 인체가 아닌 것으로 보아 공공질서 및 미풍양속에 반하지 않는 한 특허대상이 될 수 있다. 질병의 순수한 치료 · 진단 및 예방방법과는 구별되는 의료행위를 위한 기구 · 장치 등에 관한 발명은 당연히 산업상 이용할 수 있는 발명이다.

34) 즉, 산업은 유용하고 실용적인 기술에 속하는 모든 활동을 포함하는 최광의(最廣義) 개념으로 해석된다.

35) 인간의 질병을 치료, 예방 또는 건강상태의 증진 내지 유지 등을 위한 처치방법의 발명인 경우에는 산업상 이용 가능성이 없는 것으로 취급한다.[특허법원 2013.3.21. 2012허9587 판결 참조].

36) 대법원 1991.3.12.선고, 90후250 판결.

일정한 기간 동안 독점권을 부여하는 제도이므로 이미 사회일반에 공개되어 공유되고 있는 기술에 대하여 독점적 권리를 부여하는 것은 불필요하며 사회의 기술진보를 저해하는 일이기도 하다. 따라서 발명이 특허를 받기 위해서는 발명의 기술적 창작의 내용이 출원 전 종래의 기술적 지식 · 선행기술에 비추어 알려져 있지 않은 새로운 것이어야 한다.

(1) 신규성판단의 기준

신규성판단은 당해 발명의 특허출원시를 기준으로 한다. 특히 이는 출원시간을 기준으로 하는 것으로, 선(先)출원관계(특§36)나 이용저촉관계(특§98)의 판단이 일(日)을 기준으로 하는 것과 비교된다.[37)]

(2) 신규성 상실사유

이에 특허법은 i) 특허출원 전에 국내 또는 국외[38)]에서 공지된 것(公知[39)]: 특§29① i 전), ii) 특허출원 전에 국내 또는 국외에서 공연히 실시[40)]된 것(특§29① i 후), iii) 특허출원 전에 국내 또는 국외에 반포된 간행물에 게재된 것[41)](특§29① ii

37) 신규성판단의 지역적 기준과 관련하여 2006년의 개정 특허법 이전법에는 공지(公知) · 공용(公用)에 관하여는 국내에서 생긴 것을 대상으로 하고 있었으며, 간행물 기재에 있어서는 외국에서 반포된 것을 포함하고 있었다.

38) 2006년 개정 특허법은 신규성 판단의 지역적 기준을 국내에서 국외까지 그 범위를 확대하게 되었다. 이는 교통수단 및 정보통신 등의 발달로 국외에서 공지 · 공용된 기술을 쉽게 접할 수 있음에도 불구하고 이를 선행기술로 인정하지 아니하고 있어, 국외에서 이미 알려진 기술에 대하여도 특허가 부여될 우려가 있을 수 있었다. 따라서 특허출원 전에 국외에서 공지되었거나 공연히 실시된 발명에 대하여는 특허를 받을 수 없도록 하여 국내뿐만 아니라 국외에서 알려진 기술에 대하여도 특허가 부여되지 않도록 함으로써 국제적인 기술공개의 현실을 충분히 반영하기 위함이다.

39) 공지란 다수는 아니라도 불특정 다수인이 알 수 있는 상태에 있는 것을 말한다(대법원 1963.2.28.선고, 62후14 판결). 불특정다수인이라 함은 비밀을 지켜야 할 의무가 없는 사람을 말한다. 예를 들어 TV에서 방영되는 것이 공지이다.

40) '공연히 실시'라고 하기 위해서는 제3자가 그 기술의 내용을 알 수 있는 상태에 있지 않으면 안 된다[통설, 中山信弘, 「工業所有權法(上)」(第二版 增補版), 弘文堂, 2000, p.122]. 그러나 실시되고 있다고 하더라도 그것이 비밀로서 관리되어, 제3자가 그 기술의 내용을 알 수 있는 가능성이 없는 경우가 있다. 이러한 경우에는 통설에 의하면 제3자가 그 기술의 내용을 알 수 없는 이상, 실시되고 있는 방법이 특허출원 되더라도 그 출원은 신규성을 상실한 것이 되지 않는다.

이는 이미 실시되고 있는 기술이 제3자에게 상세하게 알려져 있지 않았다고 하더라도 그 것을 특허로 부여할 필요가 없지 않은가 하는 의문을 가지게 한다(相澤英孝, "ビジネスの方法と特許," ジュリスト No.1189, p.29). 이미 실시되고 있는 기술에까지 기술개발에 대해 인센티브를 부여할 필요성은 크지 않기 때문이다.

전), iv) 특허출원 전에 전기통신회선을 통하여 공중(公衆)이 이용할 수 있는 발명(특§29① ii 후)일 때에는 신규성이 없다고 규정하고 있다.

1) 公 知(특§29① i 전단) 특허출원 전에 이미 비밀상태에서 벗어나 널리 불특정 다수인에게 알려진 발명에는 특허가 부여되지 않는다. 나아가 '공지'는 비밀유지의무자 이외의 자에게 발명의 내용이 현실적으로 인식된 것뿐만 아니라 객관적으로 알 수 있는 상태에 놓여 있는 경우까지를 포함한다는 것이 판례[42]의 입장이다. 그러나 객관적으로 알 수 있는 상태로 족하다면 공용 내지 간행물기재와 같은 다른 신규성 상실사유와의 관계를 어떻게 보아야 할 것인가라는 의문이 제기된다. 따라서 이때의 공지는 현실적으로 인식된 것만을 의미한다고 볼 것이다.

2) 公 用(특§29① i 후단) 특허출원 전에 국내 또는 국외에서 공연히 실시(公用)된 발명에는 특허가 부여되지 않는다. '공연히 실시'라 함은 관련업자가 그 발명의 내용을 용이하게 알 수 있는 것과 같은 상태에서 실시되는 것을 의미하며,[43] 이 때 '실시(實施)'는 특허법 제2조 제1항 제3호에서 규정한 행위를 의미한다. 따라서 방법의 발명에 대해서는 용이하게 그 방법을 알 수 있는 경우가 아닌 한 단순히 판매 또는 양도되었다는 사실로 공연한 실시가 인정되지는 않는다.

3) 반포된 간행물기재(특§29① ii 전단) 특허출원 전에 국내 또는 국외에서 반포[44]된 간행물[45]에 게재된 발명에는 특허가 부여되지 않는다. 간행물이란 인쇄

---

41) 잡지에 게재된 발명이다. 예를 들어 연구논문으로 발표한 것을 들 수 있다.

42) 대법원 1996.6.14.선고, 95후19 판결; 대법원 2002.9.6.선고, 2000후1689 판결.

43) 예를 들면, 자동차 엔진발명의 경우 시험주행차가 도로를 달리는 것 자체를 公用으로 보지는 않는다(대법원 1996.1.23.선고, 94후1688 판결). 특허출원 전에 이미 특허된 것과 동일 또는 유사한 것이 국내에 공지되거나 공연히 실시되었다면 발명의 신규성이 없다(대법원 1968.3.19.선고, 67후32 판결).

44) 반포라 함은 당해 간행물이 불특정 다수의 일반 대중에 의하여 열람이 가능한 상태로 배포되는 것을 말한다. 예를 들면 도서관에 문헌이 입수되어 공중의 열람이 가능해지면 신규성을 상실했다고 할 수 있다.

45) 반포된 간행물이라 함은 불특정 다수의 일반 공중이 그 기재내용을 인식할 수 있도록 세상에 널리 퍼뜨린 간행물을 말한다(대법원 1985.4.26.선고, 82후84 판결).

박사학위논문은 논문심사위원회에서 심사를 받기 위하여 일정한 부수를 인쇄 내지 복사하여 대학원 당국에 제출하는 것이 관례화되어 있는데, 이는 논문심사를 위한 한정된 범위의 사람들에게 배포하기 위한 것에 불과하므로, 그 내용이 논문심사 전후에 공개된 장소에서 발표되는 등의 특별한 사정이 없는 한 인쇄시나 대학원 당국에의 제출시 또는 논문심사위원회에서의 인준시에 곧바로 반포된 상태에 놓이거나 논문내용이 공지된다고 보기는 어렵고, 일반적으로는 논문이 논문심사에 통과된 이후에 인쇄 등의 방법으로 복제된 다음 공

기타의 기계적 · 화학적 방법에 의하여 복제된 공개적인 문서나 도면 등의 정보전달매체를 말하며, 반포란 당해 간행물이 일반 대중에 의하여 열람 가능한 상태에 놓여지는 것을 의미한다.

4) 전기통신회선을 통하여 공중이 이용가능하게 된 발명(특§29① ii 후단) 정보전달수단의 발달을 반영하여 인터넷[46]에 공개된 기술정보도 잡지나 도서 등의 형태로 간행된 기술정보와 같은 정도의 정보성을 가지고 있어 반포된 간행물의 기재와 마찬가지로 신규성 상실사유로 보게 되었다. 현재 과학 · 기술계에서는 물론 특허청이 발행하는 특허공개공보와 특허공보도 인터넷 등에 의한 공개가 일반적으로 이용되고 있기 때문이다.

(3) 공지 등이 되지 아니한 발명으로 보는 경우(신규성 상실의 예외)

특허법은 신규성의 유무를 출원시를 기준으로 하나, 이 원칙을 너무 엄격히 적용하면 오히려 특허법의 목적인 기술발전을 저해할 수 있어 일정한 경우에는 비록 어떤 발명이 공지의 상태로 된 경우에도 해당 발명의 출원에 대하여 신규성이 상실되지 아니한 것으로 취급하는 예외 규정을 두고 있다(특§30).

1) 신규성 상실의 예외사유

(가) 특허를 받을 수 있는 권리를 가진 자에 의하여 그 발명이 제29조 제1항 각호의 어느 하나에 해당하게 된 경우(특§30① i).

우리 특허법은 신규성이 없는 발명은 특허법 제29조 제1항에 해당되어 특허거절이 된다. 그러나 일정한 사유, 즉 특허법 제30조의 "공지 등이 되지 아니한 발명으로 보는 경우"에 해당되는 경우에는 예외로 신규성을 인정하고 있다. 특허법 제30조는 특허를 받을 수 있는 권리를 가진 자의 발명이 제29조 제1항 각 호(i) 특허출원 전에 국내 또는 국외에서 공지되었거나 공연히 실시된 발명, ii) 특허출원 전에 국내 또는 국외에서 반포된 간행물에 게재되거나 전기통신회선을 통하여 공중이 이

공도서관 또는 대학도서관 등에 입고되거나 주위의 불특정 다수인에게 배포되었을 때 공지된 것으로 본다(대법원 1996.6.14.선고, 95후19 판결).

46) 인터넷(internet)이란 통신망과 통신망을 연동해 놓은 망의 집합을 의미하며, 랜(LAN) 등 소규모 통신망을 상호 접속하는 형태에서 점차 발전하여 현재는 전세계를 망라하는 거대한 통신망의 집합체가 되었다. 이러한 인터넷에서 이용할 수 있는 서비스는 전자우편(e-mail), 원격 컴퓨터 연결(telnet), 파일 전송(FTP), 유즈넷 뉴스(Usenet News), 인터넷 정보 검색(Gopher), 인터넷 대화와 토론(IRC), 전자 게시판(BBS), 하이퍼텍스트 정보 열람(WWW: World Wide Web), 온라인 게임 등 다양하며 동영상이나 음성 데이터를 실시간으로 방송하는 서비스나 비디오 회의 등 새로운 서비스가 차례로 개발되어 이용 가능하게 되었다.

용가능하게 된 발명)의 어느 하나에 해당하는 경우에는 그 날부터 12월[47] 이내에 특허출원을 하면 그 특허출원된 발명에 대하여 신규성(특§29①) 또는 진보성(특§29②)의 규정을 적용함에 있어서 그 발명은 신규성 상실에 해당하지 아니한 것으로 본다. 다만, 조약 또는 법률에 따라 국내 또는 국외에서 출원공개되거나 등록공고된 경우는 제외된다(특§30① i).

(나) 특허를 받을 수 있는 권리를 가진 자의 의사에 반하여 그 발명이 신규성을 상실한 경우(특§30① ii).[48]

발명자가 특허출원 전에는 발명의 내용을 비밀유지하려 하였으나 타인으로부터의 협박 · 사기강박 · 산업스파이 행위, 절취 등으로 인하여 본인의 의사에 반하여 이루어진 경우에는 신규성 상실의 예외를 인정한다. 그러나 출원 전에 공지되어도 특허를 받을 수 있는 것으로 잘못 알고 공지한 경우나 대리인에 의해 이미 출원된 줄 믿고 공표하였는데 아직 출원절차를 밟지 않은 경우 등이라면 자기 의사에 반한 것이라고 할 수 없다.

2) 신규성 상실의 예외요건 신규성 상실의 예외로 인정받기 위하여 특허를 받을 수 있는 권리를 가진 자는 위 신규성 상실의 사유가 발생한 날로부터 12개월 이내에 특허출원을 하여야 하며(특§30①), 그 특허출원은 공개된 발명과 동일한 것이나 이를 개량한 것인 경우에도 신규성의제가 가능하다. 특히 발명자의 의사에 반하여 신규성을 상실한 경우 이외의 경우에는 특허출원시에 그 취지를 기재하고 이를 증명할 수 있는 서류를 출원일로부터 30일 이내에 특허청장에게 제출하여야 한다(특§30②).

3) 신규성 의제의 효과 신규성 의제사유에 해당하는 일이 발생한 날에 신규성이 소급하여 의제된다. 그러나 신규성을 의제받은 특허출원은 그 출원일 자체가 소급되는 것은 아니다. 따라서 신규성을 의제받은 특허출원의 출원일보다 먼저 타인이 동일한 발명에 대하여 출원한 경우에는 비록 신규성의 소급일자가 타인의 출원일보다 앞서게 되는 경우라도 의제받은 특허출원은 선출원주의에 의

47) 종래 특허법은 신규성 상실의 예외기간을 6개월로 하였으나, 2011년 개정 특허법은 「대한민국과 미합중국 간의 자유무역협정」의 합의사항을 반영하기 위하여 12개월로 연장하였다.

48) 자기의 의사에 반하여 출원인의 발명내용이 사용인 또는 대리인의 고의 또는 과실로 누설되거나 타인이 이를 도용함으로써 일반에게 공표된 경우, 신규성을 주장하는 자는 위와 같은 자기의 의사에 반하여 누설 또는 도용된 사실을 입증할 책임이 있다(대법원 1985. 12.24.선고, 85후14 판결).

하여 특허를 받을 수 없다.

(4) 公知의 의제(확대된 범위의 선출원: §29③)

특허출원한 발명이 당해 특허출원을 한 날 전에 특허출원 또는 실용신안등록출원을 하여 당해 특허출원을 한 후에 출원공개되거나 등록공고된 타특허출원 또는 실용신안등록출원의 출원서에 최초로 첨부된 명세서 또는 도면에 기재된 발명 또는 고안과 동일한 경우에 그 발명에 대하여는 특허를 받을 수 없다. 다만, 당해 특허출원의 발명자와 타특허출원의 발명자나 실용신안등록출원의 고안자가 동일한 경우 또는 당해 특허출원의 특허출원시의 특허출원인과 타특허출원이나 실용신안등록출원의 출원인이 동일한 경우에는 그러하지 아니하다(특§29③). 후출원이 선출원공개 후에 출원된 것이라면 간행물 기재에 의해 후출원이 거절되지만, 후출원이 선출원의 공개 전에 출원된 것이라면 선출원의 명세서는 특허청 내부에서 비밀로 보관하는 상태에 있기 때문에 공지라고 할 수 없으므로 공지의 의제가 된다. 이러한 것을 '확대된 범위의 선출원' 또는 '공지의 의제'라고 부른다.

3. 진보성

공지의 기술로부터 용이하게 생각해낼 수 있는 발명에 특허를 부여한다면 이는 제3자의 기술실시의 자유를 부당하게 억압하여 산업발달에 기여하고자 하는 특허제도의 목적에 반하는 결과가 발생할 염려가 있다. 즉, 과학기술의 진보에 공헌하지 않는 자명(自明)한 발명에는 특허권을 부여할 가치가 없고, 또 간단한 발명이라도 특허권을 인정한다면 일상적으로 행해지는 기술적인 개량에 대해서 자꾸자꾸 출원하지 않으면, 다른 사람에게 특허를 빼앗기기 때문에 그때그때 출원하지 않으면 안 될 것이다.

이에 특허법 제29조 제2항은 신규의 발명일지라도 출원시점에서 그 분야의 당업자(當業者)가 용이하게 창작가능한 발명은 특허를 허락하지 않는다고 규정하고 있다.

(1) 판단의 전제

진보성의 판단과 관련하여 특허법은 "특허출원 전에 그 발명이 속하는 기술분야에서 통상의 지식을 가진 자가 제1항 각호(발명의 성립성, 산업상 이용가능성, 신규성)에 규정된 발명에 의하여 용이하게 발명할 수 있는 것일 때에는 그 발명은 제1항의 규정에 불구하고 특허를 받을 수 없다."라고 규정하고 있다(특§29②). 따라서 진보성의 판단은 당해 발명의 산업상 이용가능성과 신규성을 전제로 한 것이다. 그러나 용이하게 진보성 추정을 판단할 수 있는 경우에까지 당해 발명의 산업상 이용가능성 내지 신규성 판단을 전제로 하는 것은 아니다.

진보성 판단의 시간적 기준은 신규성 판단의 경우와 같이 특허출원시를 기준으로 한다. 그리고 '그 발명이 속한 기술분야'의 판단은 출원인이 명세서에 기재한 '발명의 명칭'으로서 직접 표시된 기술분야에 구애되지 아니하며, 그 발명의 목적 · 구성 · 효과 등의 측면을 고려하여 이루어진다. 한편 '통상의 지식을 가진 자'는 당해 발명이 속한 기술분야에서 평균수준의 기술적 지식을 가진 평균적 전문가로서 통상의 창작능력을 발휘할 수 있는 자이다.[49] 일반적으로 특허청 심사관이 판단하지만 그 판단이 곤란한 것은 전문가의 판단을 요하기도 한다.

(2) 진보성의 판단

진보성의 판단은 특허법 제29조 제1항과 관련 공지기술여부, 기술의 관련성 등을 고려한다. 즉 특허법 제42조 제3항은 발명의 상세한 설명에는 그 발명이 속하는 기술분야에서 통상의 지식을 가진 자가 그 발명을 쉽게 실시할 수 있도록 산업통상자원부령이 정하는 기재방법에 따라 명확하고 상세하게 기재하여야 한다. 또한 그 발명의 배경이 되는 기술도 기재하여야 한다. 동법 동조 제4항의 특허청구범위에는 발명의 구성에 필요한 사항을 ⅰ) 발명의 상세한 설명에 의하여 뒷받침되고, ⅱ) 발명이 명확하고 간결하게 기재되어야 한다고 규정하고 있다.

동법 시행규칙 제21조 제3항에서는 상세한 설명의 기재방법에 대하여 구체적으로 규정하고 있다. 즉 ⅰ) 발명의 명칭, ⅱ) 기술분야, ⅲ) 발명의 배경이 되는 기술, ⅳ) 해결하고자 하는 과제, ⅴ) 과제의 해결 수단, ⅵ) 발명의 효과, ⅶ) 도면의 간단한 설명, ⅷ) 발명을 실시하기 위한 구체적인 내용, ⅸ) 그 밖에 그 발명이 속하는 기술분야에서 통상의 지식을 가진 자가 그 발명의 내용을 쉽게 이해하기 위하여 필요한 사항을 기재하여야 한다.

2006년 개정특허법은 기재요건을 완화하여 발명의 상세한 설명이 보다 탄력적인 기준에 의해 작성될 수 있도록 하였다.[50] 이에 따라 상세한 설명을 기재함에

---

49) 대법원 1999.7.23.선고, 97후2477 판결.

50) 2006년 개정전 특허법 제42조 제3항에서는 발명의 상세한 설명에 그 발명의 목적 · 구성 및 효과를 기재해야 한다고 규정하여 발명이 그 목적 · 구성 및 효과의 3요소에 의해 표현된다는 점을 나타내고 있었다. 따라서 발명의 진보성 판단은 당해 출원의 특허청구범위에 기재

있어서의 세부적 기준은 산업통상자원부령으로 정하도록 하고 있다. 이는 그 기술분야에서 통상의 지식을 가진 자가 목적·구성 및 효과와 같은 획일적 기재에 따라서는 충분히 그 발명을 기술할 수 없는 경우가 있어 그 발명을 쉽게 실시할 수 있도록 한 것이다.

진보성 판단 절차도

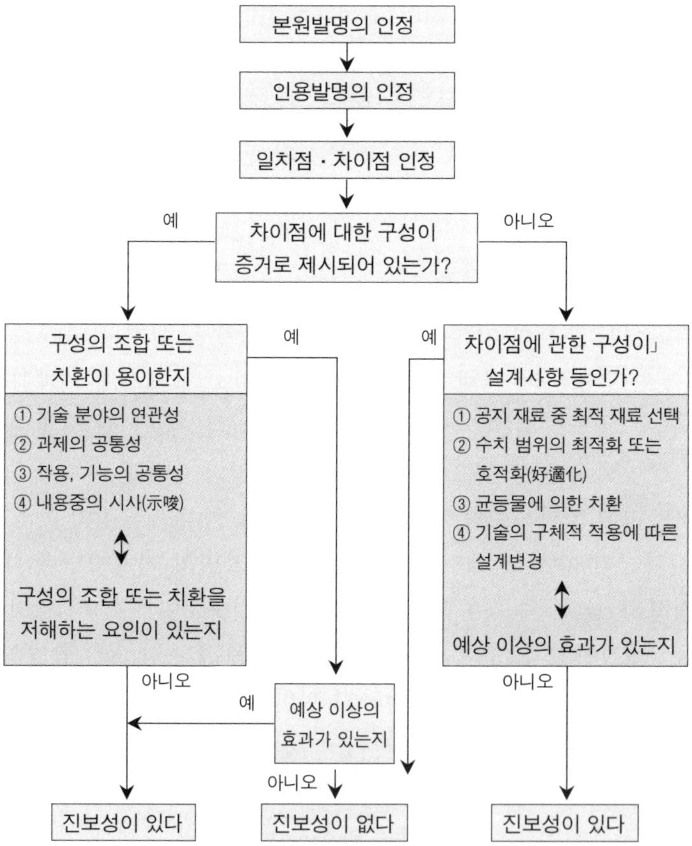

* 일본 특허청 심판부 2006년 진보성 검토위원회 자료에서(AIPPI(2020) Vol.65 No.3, 211p 재인용)

된 발명을 공지발명 또는 공지기술과 비교함으로써 이루어지며, 보다 구체적인 판단방법으로는 발명의 목적·구성 및 효과를 공지의 그것과 비교해 종합적으로 판단하는 것이 보통이었다(대법원 1999.12.28.선고, 97후2460 판결; 대법원 1997.10.24.선고, 96후1798 판결).

심사관은 출원 당시에 통상의 기술자가 직면하고 있던 기술수준 전체를 생각하도록 노력하는 동시에 발명의 설명 및 도면을 감안하고 출원인이 제출한 의견을 참작하여 출원발명의 목적, 기술적 구성, 작용효과를 종합적으로 검토하되, 기술적 구성의 곤란성을 중심으로 목적의 특이성 및 효과의 현저성을 참작하여 종합적으로 진보성이 부정되는지 여부를 판단한다.[51]

이와 함께 i) 발명품의 판매가 기존의 물품을 누르고 상업적 성공을 거둔 경우[52]이거나, ii) 이론상으로 보면 기술적 효과가 큼에도 불구하고 오랫동안 이를 실시한 자가 없었거나 그 동안 해결되지 않았던 과제 등이 있었던 발명을 실시하게 된 경우에는 진보성을 부정할 이유가 없는 한 진보성 판단시에 참고해야 한다는 견해도 있다.

VI. 법률상 특허를 받을 수 없는 발명(소극적 요건)

발명이 발명의 성립성을 갖추고, 특허등록요건을 갖추었다고 하더라도 국가의 산업정책에 따라 특허권을 부여하지 않는 경우가 있다. 이는 연혁적으로 산업재산권법에 대하여는 속지주의(屬地主義)가 지배하여 왔기 때문이다. 즉 어떤 산업재산권을 보호할 것인가의 판단은 각국의 경제적 · 사회적 · 시대적 상황을 전제로 한 정책적 판단에 영향을 받아 왔다. 이러한 산업재산권법으로서의 속성은 특허법에도 적용되고 있어, 비록 어떤 발명이 특허요건(산업상의 이용가능성, 신규성, 진보성)을 갖추어도 국가의 산업정책적 또는 공익적인 견지에서 특허를 부여하지 않는 경우가 있을 수 있다. 특히 이는 우리나라의 산업발전에 이바지함을 목적으로 한다는 특허법 제1조의 목적조항과의 관계에서도 당연한 규정이다.

1. 불특허사유

어떠한 발명이 불특허사유에 해당하는 것인가는 국가[53]와 시대[54]에 따라 다

---

51) 특허 · 실용신안 심사기준(2023.3.22. 특허청 예규 제131호) 제3부 특허요건 제3장 진보성 5.진보성 판단 방법 p.3303.

52) 대법원 1996.10.11.선고, 96후559 판결; 대법원 1995.11.28.선고, 94후1817 판결.

53) 북한 특허법(「조선민주주의인민공화국 발명 및 창의 고안에 관한 규정」을 약칭) 제13조:

르다. 즉 이것은 각국의 경제적 · 사회적 · 시대적 배경에 따라 다르게 정하여지고 있다. 우리의 특허법도 다음의 경우에는 특허를 받을 수 없다고 정하고 있다.

(1) 공공의 질서 또는 선량한 풍속을 문란하게 하거나 공중의 위생을 해할 염려가 있는 발명(특§32)

WTO/TRIPs협정 제27조 제2항에서는 불특허대상으로서 공서양속(public order or morality) 혹은 인간, 동물, 식물의 생명, 건강의 보호 또는 환경에의 심각한 피해를 예방하기 위해 필요한 경우에는 당해 발명을 특허대상에서 제외할 수 있다고 규정하고 있으며, 이러한 경우를 제외하고 그 발명의 이용이 국내법에 금지되어 있다는 이유만으로 특허대상에서 제외해서는 안 된다고 명시하고 있다. 이러한 TRIPs협정의 조항을 반영하여 우리 특허법은 "공공의 질서 또는 선량한 풍속을 문란하게 하거나 공중의 위생을 해할 염려가 있는 발명은 특허를 받을 수 없다."라고 규정하고 있다.

이때 공서양속의 개념은 각 이해당사국에 따라 다르며, 동일 국가 내에서도 시대적 배경을 이유로 달리 판단될 수 있겠다. 이에 TRIPs협상 과정에서는 그 내용을 구체화하기 위하여 많은 논의가 이루어지기도 했다. 예컨대 미국이나 스위스, EU 등의 국가는 개도국이 동 개념을 확대해석하여 광범위한 불특허대상의 근거규정으로 활용할 우려가 있다면서 '국제적으로 인정된 공서양속(internationally accepted public order or morality)'으로 규정하여야 한다고 주장하기도 했다.

이러한 공서양속에 반하여 불특허대상이 되는 것으로는 화폐변조기, 아편(마약) 흡입도구, 도둑질하는 데 필요한 만능열쇠, 인체에 유해한 완구 · 성기구 등과 사람의 신체(사체를 포함)를 사용하는 발명 등도 특허법 제32조 규정[55]에 해당되

"다음과 같은 발명에는 특허권이 해당되지 않는다.
1. 화학적 방법으로 얻어진 물질
2. 의약품과 식료품
3. 원자핵 반응으로 생긴 물질과 원자력을 이용한 설비
4. 동식물의 새 품종과 육종방법"
김의박, "북한특허법," 「발명특허」 vol.223, p.22 참고.

54) 불특허사유와 관련하여 우리나라는 1987년 특허법 개정시 의약 또는 2 이상의 의약을 혼합하여 하나의 의약을 조제하는 방법발명, 화학물질발명 및 그 용도발명을, 1990년 개정시에는 음식물 또는 기호물의 발명을, 1995년 특허법 개정에서는 UR/TRIPs 제27조 제1항을 반영하여 원자핵 변환방법에 의하여 제조될 수 있는 물질의 발명을 불특허사유에서 삭제하여 특허대상의 범위가 확대되었다.

는 것으로 해석하여 불특허대상으로 하고 있다.

(2) 기 타(특§41)

위에서 특허법 제32조 외에도 우리 특허법은 특허출원한 발명이 국방상 필요한 것일 때에는 외국에 특허출원을 금지하고 있다(특§41①). 또한, 전시 · 사변 또는 이에 준하는 비상시에 있어서 국방상 필요한 경우에는 특허를 받을 수 있는 권리를 정부에서 수용하여(특§41②) 실시할 수 있도록(§106) 함으로써 공용징수에 해당되는 것도 광의의 불특허사유(넓은 의미로는 특허를 받을 수 없는 발명)라고 할 수 있다. 이러한 경우에는 정부가 정당한 보상금을 지급하여야 한다(특§41③④).[56]

다만 "국방상 필요한 경우에는 특허하지 아니하거나 특허를 받을 수 있는 권리를 수용할 수 있다."라고 규정한 구법과는 달리, 현행법은 TRIPs협정 제73조를 반영하여 '전시 · 사변 또는 이에 준하는 비상시에 있어서 국방상 필요한 경우'에 한정하여 수용할 수 있도록 그 범위를 한정하고 있다.

2. 불특허사유의 효과

위 불특허사유에 해당하는 발명은 거절이유(특§62 i)가 될 뿐만 아니라 특허결정 이후에는 특허의 무효사유(특§133① i)가 된다.

VII. 특허를 받을 수 있는 권리자

발명을 한 자 또는 그 승계인은 특허법에서 정하는 바에 의하여 특허를 받을 수 있는 권리를 가진다(특§33① 본).

---

55) 특허 · 실용신안 심사기준(2014.12.31. 특허청예규 제81호) 제9부 기술분야별 심사기준 제2장 의약 · 화장품 관련 발명.

56) 특허법 제190조(보상금 또는 대가에 관한 불복의 소) ① 제41조 제3항 및 제4항 · 제106조 제3항 · 제110조 제2항 제2호 및 제138조 제4항의 규정에 의한 보상금 및 대가에 대하여 심결 · 결정 또는 재정을 받은 자가 그 보상금 또는 대가에 불복이 있는 때에는 법원에 소송을 제기할 수 있다.
② 제1항의 규정에 의한 소송은 심결 · 결정 또는 재정의 등본을 송달받은 날부터 30일 이내에 이를 제기하여야 한다.

1. 특허를 받을 수 있는 권리(특허출원권)

발명을 한 자는 그 발명의 완성에 의해 특허를 받을 수 있는 권리를 갖는다. 즉 발명을 한 자는 국가에 대하여 특허를 청구함으로써 그 보호를 받을 수 있으나, 현행법상 출원에서 등록에 이를 때까지의 소정의 절차를 밟지 않으면 독점배타적 효력을 가지는 특허권이 발생하지 아니하므로 발명의 완성시부터 설정등록될 때까지 발명자를 보호할 수단이 필요하게 된다. 특허법은 이러한 상태를 양도성을 가지는 재산권으로 보아 그 이전 및 공용수용 등에 관한 규정 및 정당한 권리자에 관한 보호규정 등을 두고 있다.

(1) 법적 성질

특허를 받을 수 있는 권리의 성질에 관한 논의는 실제로 큰 실익이 있는 것은 아니다. 하지만, 고전적인 것이며 또한 아직도 그 논의가 이루어지고 있기 때문에 간단히 살펴보고자 한다. 특허를 받을 수 있는 권리의 성질에 관하여는 크게 공권설, 사권설, 절충설로 나누어지고 있다.

1) **공권설** 공권설은 특허를 받을 수 있는 권리를 국가에 대하여 특허권의 부여를 청구할 수 있는 공법상의 권리라 본다. 특허를 받을 수 있는 권리의 중심은 국가에 대한 행정처분청구권이며, 특허출원 이전에 발명자가 자신의 발명을 실시할 수 있음은 행정처분청구권의 반사적 이익에 불과하다고 본다. 또한, 그 권리의 이전가능성 내지 질권설정 가능성의 판단은 특허법(특§37)이 특별히 규정한 바에 따르는 것이다. 이를 '특허청구권설'이라고도 한다.

2) **사권설** 사권설은 발명자는 발명의 완성과 함께 발명자권이라는 권리를 원시적으로 취득한다고 본다. 이 견해는 발명자 스스로 그 발명을 사용 · 수익 · 양도할 수 있는 점, 즉 재산권적 측면을 중시하는 것으로 특허의 출원권은 그 한 측면에 불과하다고 본다. 이를 '발명자권설'이라고도 한다.

3) **절충설** 다수의 학설은 특허를 받을 수 있는 권리를 일면적으로만 취급하지 않고 국가에 대하여 특허를 부여하는 행정처분을 청구하는 권리는 공권이지만, 한편 발명의 완성과 함께 발명자권리라는 사권을 원시적으로 취득한다고 본다. 즉 이 설은 공권과 사권이라는 두 권리가 병존한다는 설이다.

4) **사 견** 발명자가 자신의 발명에 대하여 어떤 일정한 권능을 갖는 것과 그 권능을 제도적으로 확인받기 위하여 국가에 대하여 일정 행위를 요구할 수 있는가의 문제는 구분하여 생각할 것이다. 먼저 발명이라는 사실행위로서 당해 발

명을 한 자는 이를 실시할 수 있으며, 다른 이로 하여금 발명의 실시를 허락할 수도 있는 권리를 가지며, 이러한 권리는 사법적인 성질의 것이다. 반면 발명자가 자신의 발명에 대하여 적극적으로 독점배타적인 특허권을 얻고자 국가를 상대로 특허부여를 청구하는 행위(특허출원행위)는 공법적인 성질의 것이다. 이에 단순히 특허를 받을 수 있는 권리를 특허출원권만으로 이해한다면 일응 특허를 받을 수 있는 권리는 공법적인 성질의 것이다. 그러나 자신의 발명에 대하여 실시, 수익할 수 있으며 양도할 수 있는 것이 특허출원권에 따른 반사적 이익에 불과하다고 함은 긍정하기 어려운 주장이라 하겠다. 따라서 적어도 특허를 받을 수 있는 권리를 발명자가 자신의 발명으로부터 얻는 일정의 권리로 파악하는 한 이는 사권적인 성질과 공권적인 성질을 모두 포함하고 있는 것이라 하겠다. 이를 공권적 사권이라고 할 수 있다.

(2) 내 용

1) **실시권** 명문의 규정은 없으나 스스로 발명을 한 자 또는 승계인은 자신의 발명을 실시할 수 있다. 또한, 특허출원 전에 제3자에게 당해 발명의 실시허락을 주는 것도 자유이다. 다만, 당해 발명이 타인의 특허권에 저촉되는 경우에는 그러하지 않다.

2) **특허출원권** 발명을 한 자는 자신의 발명에 대하여 특허를 받을 수 있는 권리, 즉 특허출원권을 갖는다. 이는 기본적으로 재산권이나 인격권적인 요소를 포함하고 있는 것으로 그 내용이 간단하지만은 않다.

㈎ 양도성 특허출원권은 재산권인 동시에 인격권적 요소를 포함하고 있다. 따라서 양도성이 당연히 인정되는 것은 아니다. 예컨대 미국의 법제는 특허출원권의 양도를 인정하지 않는다. 그러나 세계적인 추세는 그 권리의 양도성을 인정하는 것이며, 우리의 특허법 역시 특허를 받을 수 있는 권리의 양도성을 인정하고 있다(특§37①). 특허출원 전의 권리의 양도에는 아무런 양식도 필요로 하지 않고 합의에 의해서 양도의 효과가 발생한다. 다만, 양수인이 출원하지 않는 한 제3자에게 대항할 수 없다(특§38①). 특허출원 후에 있어서 특허를 받을 수 있는 권리의 승계는 상속 기타 일반승계의 경우를 제외하고는 특허출원인변경신고를 하지 아니하면 그 효력이 발생하지 않는다(특§38④). 그리고 특허를 받을 수 있는 권리의 상속 기타 일반승계가 있는 경우에는 승계인은 지체 없이 그 취지를 특허청장에게 신고하여야 한다(특§38⑤).

(나) 질권의 설정　비록 특허를 받을 수 있는 권리의 양도성은 인정되나, 특허법은 질권의 설정을 인정하지 않고 있다(특§37②). 이에 그 입법취지를 설명하려는 견해로는 i) 특허를 받을 수 있는 권리가 확정적인 것이 아니어서 제3자에게 예측하지 못한 불이익을 줄 우려가 있다는 견해, ii) 특허를 받을 수 있는 권리는 불확정적인 것이므로 발명자는 그 발명을 싼 가격에 자본가에게 빼앗길 우려가 있다는 견해, iii) 질권의 실행에 있어서 경매에 의해 권리가 공개되어 권리 자체가 훼손된다는 견해, iv) 특허를 받을 수 있는 권리에 관하여는 공시방법이 없으며 또 특허출원 중의 명세서 또는 도면의 보정에 관하여도 질권자의 승인을 필요로 하지만 이 경우 절차가 복잡해진다는 견해 등이 있다.

(다) 강제집행　공장 및 광업재단 저당법 제2조 제2호에서 '공장재단(工場財團)'이라 하여 일단의 기업재산을 소유권과 저당권의 목적이 되도록 하고 있으며, 동법 제13조 및 제53조 제6호에서는 공장재단(광업재단)의 구성물로서 지적재산권을 포함하고 있다. 따라서 특허권, 실용신안권, 디자인권, 상표권 등은 공장재단을 구성한다.

또한 재산적 가치가 인정된다는 점에서 특허를 받을 수 있는 권리 역시 이를 구성한다고 할 것이다.

그러나 실제 이를 강제집행하는 과정에 있어서는 그 대상의 확정이나 집행의 방법이 용이한 문제가 아니다. 즉 강제집행의 과정 중에서 특허를 받을 수 있는 권리와 관련하여 그 내용이 공개되어 그 가치를 상실할 수 있으며, 공개되지 않은 상태에서의 강제집행은 당해 권리에 대한 경락인에게 불측의 손해를 끼칠 수도 있을 것이다. 따라서 아직 공개되지 않은 발명에 대한 특허를 받을 수 있는 권리는 강제집행의 대상이 되지 아니한다 할 것이다. 또한, 이러한 해석이 '공표되지 아니한 저작 또는 발명에 관한 물건'의 압류가 금지된다고 규정하고 있는 민사집행법(§195xii)의 취지와도 일치한다고 할 것이다.[57)]

3) 발명자인격권(명예권)　발명은 발명자의 사상으로 이에는 발명자의 인격과 명예가 포함되어 있다. 이러한 발명자인격권 또는 명예권은 발명과 동시에 발명자에게 원시적으로 귀속되는 권리로 양도할 수 없다.[58)]

---

57) 물론 민사집행법상의 압류 금지물은 창작물 자체이며 따라서 특허를 받을 수 있는 권리의 강제집행을 부정할 수는 없다는 견해도 있다. 그러나 이는 너무나도 형식논리적인 설명이라 하겠다.

이는 발명자게재권(파리협약§4의3), 출원인의 발명자표시의무(특§42①ⅴ) 등과 같은 방법으로 구현된다. 비록, 이는 특허법 절차를 통하여 이루어지며 따라서 특허출원 전에 있어서는 구체적인 모습을 지니는 것은 아니나 발명자인격권(명예권) 자체는 출원 전부터 존재한다고 볼 수 있다.

4) **제3자와의 관계** 발명자 또는 그 승계인(정당한 권리자)은 타인의 권리 또는 법에 저촉되지 않는 한 스스로의 발명을 자유로이 실시할 수 있으며 국가에 대하여 특허를 출원할 수 있다. 그러면 특허권을 부여받기 이전에 발명자가 갖는 이러한 권리가 제3자와의 관계에서는 어느 정도로 보호될 것인가를 살펴보지 않을 수 없다. 다만, 특허부여 전이라도 출원공개(특§64) 이후에 관하여는 특허법이 일정 규정을 두고 있는바 여기에서는 특허출원 전과 출원에서 출원공개까지의 권리를 살펴보겠다.

발명에 관한 독점권은 특허등록에 의해 생기는 것이므로 출원 전의 발명자에게 배타권을 인정하게 되면 특허제도의 존재이유가 없어져 버린다 하겠다. 따라서 특허를 받을 수 있는 권리에 기한 금지청구권은 인정되지 않으며, 영업비밀의 효력과 유사한 제3자적 효력에 지나지 않는다. 즉 출원 전 및 출원공개까지 특허를 받을 수 있는 권리는 비밀로 유지되는 범위 내에서 재산적 가치를 지니며, 스스로 그것을 실시하거나 출원을 할 수 있지만 배타권은 없다. 또 제3자가 별개로 완성한 동일발명의 출원을 방지할 수 없다는 것도 선출원주의의 원칙 하에서 당연한 것이다.

물론 발명자의 실시를 물리적으로 방해하거나 허위사실을 유포하여 방해하는 행위 등이 부정경쟁방지 및 영업비밀보호에 관한 법률상의 금지대상행위가 될 수 있음을 부정하는 것은 아니다. 또한, 그 침해가 불법행위가 될 수 있음에도 이론이 없다. 이 경우에도 제3자의 모든 실시행위에 대하여 정당한 권리자가 손해배상청구를 할 수 있는 것은 아니다.[59)]

타인이 정당한 권리자의 특허를 받을 수 있는 권리를 침해하는 불법적 행위로서는 모인출원, 무단공표, 무단실시행위 등이 있다.

㈎ 모인출원 · 무단공표행위 정당한 권리자는 자신의 발명에 대하여 출

58) 이러한 발명자인격권을 어떤 학자는 이를 '발명자 명예권'이라고도 한다(한일지재권연구회 역, 中山信弘 著, 「특허법」, 법문사, 2001, pp.171~172).

59) 이러한 효력은 특허의 등록에 의해 비로소 발생한다.

원을 할 것인가 또는 영업비밀로서 유지할 것인가의 결정권을 갖는다. 그러나 모인자(冒認者)의 출원에 의하여 그 선택의 여지를 잃어버리게 되며, 진정한 권리가 회복되지 않는 경우에는 발명자의 인격권(명예권)도 침해받게 된다. 따라서 모인출원 행위는 원칙적으로 정당한 권리자에 대한 불법행위가 된다.

특허를 받을 수 있는 권리의 승계인이 아닌 자 또는 특허를 받을 수 있는 권리를 모인한 자(無權利者)가 한 특허출원으로 인하여 특허를 받지 못하게 된 경우에는 그 무권리자가 특허출원한 후에 한 정당한 권리자의 특허출원은 무권리자가 특허출원한 때에 특허출원한 것으로 본다. 다만, 무권리자가 특허를 받지 못하게 된 날로부터 30일을 경과한 후에 정당한 권리자가 특허출원을 한 경우에는 그러하지 아니하다(특§34).

무권리자에 대하여 특허된 것을 이유로 그 특허를 무효로 한다는 무효심결(특§133① ii)이 확정된 경우에는 그 무권리자와 특허출원 후에 한 정당한 권리자의 특허출원은 무효로 된 그 특허의 출원시에 특허출원한 것으로 본다.

다만, 심결이 확정된 날부터 30일이 지난 후에 정당한 권리자가 특허출원을 한 경우에는 그러하지 아니하다(특§35단).

또 발명자 또는 고안자가 아닌 자로서 특허를 받을 수 있는 권리 또는 실용신안등록을 받을 수 있는 권리의 승계인이 아닌 자가 한 특허출원 또는 실용신안등록출원은 처음부터 없었던 것으로 본다(특§36⑤).

무단공표행위도 모인출원과 같이 정당한 권리자에 대한 불법행위가 되며, 정당한 권리자는 일정한 조건하에 구제를 받을 수 있다(특§30① ii).

2016년 특허법 개정에서 무권리자가 특허출원을 하여 특허를 받은 경우 정당한 권리자는 무권리자의 특허를 무효로 한다는 심결을 받은 후 별도로 특허출원을 하여 특허권을 취득할 수 있었으나, 2017년 3월 1일부터는 정당한 권리자가

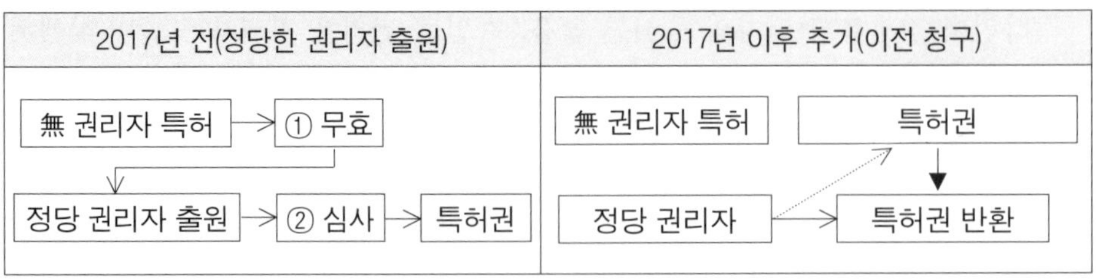

무권리자의 특허권 이전을 법원에 청구하고 법원의 판결을 받아 무권리자의 명의로 설정등록된 특허권을 이전등록하는 방법으로도 특허권을 취득할 수 있게 하였다(특§99의2).

(나) 무단실시행위 무단실시란 정당한 권리자(출원권자)로부터 허락을 받지 아니하고 발명가의 발명을 실시하는 것을 말한다. 단 무단실시자가 진정한 발명자와 무관하게 발명을 완성하여 실시하고 있는 경우에는 불법행위가 되지 않는다. 또한, 무단실시자가 단순히 정당한 권리자로부터 발명의 내용을 지득(知得)하였다는 것만으로 불법행위의 성립을 인정할 수는 없다. 즉 지득의 수단이나 방법이 두드러지게 부당한 경우에 한하여 그 지득행위와 더불어 실시행위도 불법행위가 된다고 할 것이다.

(3) 소 멸

특허를 받을 수 있는 권리는 i) 행정처분(거절결정), ii) 신규성 상실, iii) 상속인 부존재, iv) 권리포기 등의 원인에 의하여 소멸된다.

2. 특허를 받을 수 있는 권리자

(1) 발명자(=자연인)

특허를 받을 수 있는 권리는 발명의 완성과 함께 실제로 그 발명을 완성한 자에 인정된다. 발명은 사실행위인바 대리인이나 법인 자체에 의한 발명이란 있을 수 없다. 또한 발명은 법률행위가 아닌 사실행위인바 특허법상의 행위능력을 필요로 하지 않는다. 따라서 법정대리인 또는 특허관리인에 의하지 아니하면 특허법에 정한 출원 · 심사청구 기타의 절차를 밟을 수 없는 미성년자 내지 재외자(在外者: 국내에 주소나 영업소를 가지지 아니하는 자)도 발명자가 되는 데에는 문제가 없다.

다만, 특허법은 제33조 제1항 단서에서 "특허청 직원 및 특허심판원 직원은 상속이나 유증의 경우를 제외하고는 재직 중 특허를 받을 수 없다."라고 제한규정을 두고 있다. 이 규정은 재직 중의 출원에 의하여 심사의 공정을 해할 염려를 방지하기 위하는 데 그 취지가 있다.[60]

---

60) 2001년 7월 1일 개정법 이전에는 "특허청직원 및 특허심판원직원은 상속 또는 유증의 경우를 제외하고는 재직 중 특허를 받을 수 있는 권리를 가질 수 없다."라는 내용이었으나, 이는 특허청 직원의 발명가로서의 권리를 부정하는 것으로서 위헌적인 요소를 담고 있다는 지적

이러한 특허를 받을 수 있는 권리가 인정되는가의 여부는 실제로 그에게 특허권을 부여하는가의 문제와는 별개의 것이다. 즉 동일한 발명이 각기 독립된 여러 사람(數人)에 의해 이루어진 경우 모든 자가 당해 발명에 대하여 특허를 받을 수 있는 권리를 갖는다. 하지만, 우리나라의 특허법은 실제 발명 완성시기의 선후에 관계없이 이러한 정당한 권리자 중 제일 먼저 특허출원을 한 자에게 특허를 부여하는 선출원주의를 취하고 있다(특§36).[61]

(2) 공동발명자

2인 이상이 공동으로 발명한 때에는 특허를 받을 수 있는 권리는 공유(共有)로 한다(특§33②). 또한, 발명자가 특허를 받을 수 있는 권리의 일부를 양도한 경우에도 공유관계가 발생한다. 이때 공동발명은 2인 이상의 자(者) 사이에 실질적인 상호협력에 의해 이루어진다는 공통의 인식하에 기술문제 해결을 위한 연구가 이루어진 경우에 인정된다.

따라서 비록 다수의 자가 관계하여 발명이 이루어진 경우라 할지라도 발명과정에 대한 일반적인 조언이나 지도만을 하는 단순관리자, 연구관의 지시에 따라 단지 주제를 정리하거나 실험만을 한다거나, 발명자에게 자금을 제공하거나 설비 이용의 편의를 제공함으로써 발명의 완성을 지원하거나 위탁한 자 등은 공동발명자라 할 수 없다. 반면, 물리적으로 함께 또는 동시에 연구하지 않았거나, 관계자 사이에 동종 또는 대등한 기여가 없었다는 등의 이유로 공동발명이 인정되지 않는 것은 아니다.

특허법은 공동발명의 특허를 받을 수 있는 권리에 대하여 그 공동소유의 형태가 공유라고 규정하고 있다. 그러나 특허를 받을 수 있는 권리의 지분 양도에 있어 다른 공유자의 동의를 요건으로 하거나(특§37③), 특허를 받을 수 있는 권리 자체의 분할이 불가능하다는 점에서 그 실질적인 공동소유형태는 합유라 할 수 있다. 특허를 받을 수 있는 권리가 공유인 경우 공유자 전원이 공동으로 출원하여

에 따라 완화된 것이다.

61) 미국은 입법례로서는 유일하게 동일 내용의 발명이 수개인 경우 최초에 발명을 완성한 자에게 특허권을 부여하는 "선발명주의(first to invention)"를 취하고 있었으나(미국특허법 제135조), 2011년에 상하원 통과와 대통령의 서명으로 2013년 3월 16일 발효로 선출원주의로 통일화되었다. 이에 대해 보다 자세한 내용은 Martin J. Adelman, Randall R. Rader, John R. Thomas, Harold C. Wegner, Cases and Materials on Patent Law, 2nd, Thomson West, 2003, pp.160, 248~256을 참조하기 바란다.

야 하며(특§44), 공유자의 일부에 의한 출원은 거절되며(특§62), 특허권 존속기간 연장등록출원을 하는 경우에도 공유자 전원이 연장등록출원 하여야 하며(특§90③), 심판의 당사자가 되는 경우에도 전원이 하여야 한다(특§139③).

(3) 승계인

특허를 받을 수 있는 자는 발명자이나 발명자로부터 그 발명을 승계받으면 발명자를 대신하여 특허출원을 할 수 있다. 즉 발명자의 특허를 받을 수 있는 권리는 계약 또는 상속 등을 통하여 그 전부 또는 일부를 이전할 수 있다.

이러한 특허를 받을 수 있는 권리의 이전은 특허출원의 전후를 불문한다. 다만, 특허출원 전의 권리이전은 그 승계인이 특허출원을 하지 않으면 제3자에게 대항할 수 없으며(특§38①), 특허출원 후의 권리이전은 상속 기타 일반승계의 경우를 제외하고는 특허청에 특허출원인변경신고를 하여야만 효력이 발생한다(특§38④⑤).

3. 종업원의 발명

(1) 의 의

발명은 원래 자연인의 창의(創意)에 의하여 생기는 것이지만 현재와 같이 기술이 급속히 발전하는 시대에 있어서는 개인의 재능과 자력만으로 발명을 한다는 것은 오히려 드문 실정이고, 보통은 다른 곳(기업, 단체, 국가 등)으로부터 지적・금전적 원조를 받든가, 설비를 이용한다든가, 타인과 공동으로 연구를 하여 발명을 완성하는 경우가 많다.

이와 같이 현대에 있어 발명의 과정은 과거에 비교되지 않을 만큼 복잡화되고 있으며, 이에 종래 개인중심의 발명은 조직중심의 발명으로 변화하고 있다. 그러한 가운데 개개의 발명자의 발명의욕을 자극하는 것만으로는 발명진흥에 있어서 충분하지 못하다고 할 것이며, 조직과의 관점에서 발명자의 지위를 파악하는 것이 중요한 과제로 제기되었다.

이에 특허법은 직무발명 규정을 두어(구특§39, §40) 종업원과 사용자간의 관계를 밝히고 그 안에서 종업원 개개인의 발명의욕 고취를 도모하고 있었다. 그러나 사용자가 종업원에게 직무발명의 대가를 정당하게 보상하여 주지 않는다는 판결[62]로 인하여 특허법과 발명진흥법에 각각 규정하고 있던 직무발명규정을 발명진흥법으로 통합하여 규율하게 되었다. 즉 2006년 3월 3일 특허법 제39조와 제40

조에 있던 직무발명규정을 삭제하고, 발명진흥법(법률 제7869호)으로 이관하여 직무발명의 규정을 두게 되었다.

이러한 종업원 발명의 이해를 위해서 먼저 사용자와 종업원 개념을 살펴보기로 한다. '사용자'란 민법이나 노동법적 관점에서의 고용관계를 전제로 한 사용자가 아니라 종업원이 한 발명에 대하여 형평의 관점에서 일정한 이익을 정당하게 가질 수 있는 자이다. 이러한 사용자는 자연인뿐만이 아니라 법인격을 갖는 자를 포함하는 개념으로 타인을 고용한 자연인 · 법인 · 국가 또는 지방공공단체가 여기에 해당한다. 그러나 영리 · 비영리를 불문하고 법인격이 없는 사단은 설령 그 대표자 또는 관리인이 정해진 경우에도 사용자에는 포함되지 않는다.

종업원은 통상의 의미에서 기업의 종업원뿐만 아니라 회사의 이사, 공무원 등 고용관계에 있는 모든 자를 포함하는 개념이다. 또한, 상근인지 비상근인지는 문제되지 않으며 일용이나 시간제고용 종업원도 포함된다.

⑵ 종　류

종업원의 발명에는 '자유발명'과 '업무발명' 및 '직무발명' 등이 있다.63)

1) 자유발명이란 사용자의 업무범위에 속하지 않는 발명을 말한다.

2) 업무발명이란 사용자의 업무범위에 속하는 발명으로 직무발명을 제외한 것을 말한다.

3) 직무발명이란 종업원, 법인의 임원 또는 공무원이 그 직무에 관하여 발명한 것이 성질상 사용자, 법인 또는 국가나 지방자치단체의 업무범위에 속하고, 그 발명을 하게 된 행위가 종업원 등의 현재 또는 과거의 직무에 속하는 발명을 말한다(발진§2 ii).

이상 세 가지 발명의 차이를 살펴보면 다음과 같다. '직무발명'의 경우 미리

---

62) 日亞化學工業事件 - 연구자(中村 보상금출원시 1만엔 + 등록시 1만엔 = 2만엔) (발광다이오드사건) 平成13年提訴 - 동경지판平成 16.01.30.

63)

종 류	발명자의 책무	발명분야	사전승계	근거규정
직무발명	주로 연구개발을 업무로 함	현재 또는 과거의 직무	가 능	근무규정 사전계약
업무발명	연구개발을 업무로 하지 않음	직무분야는 아니나 회사의 업무범위에 속함	불가능	자유의사
자유발명	연구개발을 업무로 하지 않음	직무 및 회사의 업무 이외의 분야	불가능	자유의사

정한 승계계약에 의해 직무발명에 의한 권리는 사용자에게 귀속된다. 단 원시취득은 불가능하고 승계취득만이 가능하다. 그러나 '자유발명'이나 '업무발명'에 대한 권리는 발명자에게 귀속된다. 만약 사용자에게 승계될 것을 정한 승계계약이 있거나 또는 사용자 등을 위하여 정한 전용실시권을 설정하는 계약 등을 포함하는 근로규정이 있다면 이는 무효이다(발진§10③).

(3) 직무발명

직무발명이란 앞서 설명한 바와 같이 종업원 · 법인의 임원 또는 공무원이 그 직무에 관하여 발명한 것이 성질상 사용자 · 법인 또는 국가나 지방자치단체의 업무범위에 속하고, 그 발명을 하게 된 행위가 종업원 등의 현재 또는 과거의 직무에 속하는 발명을 말한다(발진§2 ii).

1) 직무발명의 요건

㈎ 발명이 종업원에 의한 것일 것 여기서 '종업원'이란, 노동을 제공하고 보수를 받는 자로 일반적으로 직원, 법인의 임원, 공무원 등을 말하지만 보수 · 임금을 받는 한 촉탁, 고문 등을 포함한 상근, 비상근도 이에 해당한다고 보는 것이 통설이다.

㈏ 발명의 성질상 사용자의 업무범위에 속할 것 '업무범위'란 사용자의 사업의 범위로 현재 행하고 있거나 또는 장래에 행할 수 있는 것이 구체적으로 예정되어 있는 업무를 가리킨다.[64][65] 업무의 범위를 판단함에 있어 법인의 경우에는 '정관에 정하여진 목적'범위가 그 주요한 근거가 될 수 있다. 그러나 정관에 정하여진 목적범위가 업무범위를 판단함에 있어 유력한 근거가 될 수 있으나, 그 자체가 업무범위가 된다거나 그에 구속되어야 함을 의미하는 것은 아니다. 원래 정관에서 정하고 있는 회사의 목적은 주주를 보호하기 위해 회사와 그 거래상대방 사이에 있어서 갖는 회사의 권리능력을 확정하는 것이다. 즉 정관목적은 회사와 종업원 사이의 권리관계를 조정하는 기능을 예정하는 것이 아니며 또한 그렇게 해석해야 할 합리적인 이유도 없다. 예컨대 비록 정관목적에서 정하고 있지 아니

64) 구 특허법(1990.1.13. 법률 제4207호로 개정되기 전의 것) 제17조 제1항의 "그 발명을 하게 된 행위가 피용자 등의 현재 또는 과거의 업무에 속하는 것"이라 함은 피용자가 담당하는 직무내용과 책임범위로 보아 발명을 꾀하고 이를 수행하는 것이 당연히 예정되거나 또는 기대되는 경우를 뜻한다(대법원 1991.12.27.선고, 91후1113 판결).

65) 일본 도요타 자동차사에서 대기정화를 위해 매연을 흡수하는 수종을 개발함으로써 정관에 '수목생산 및 가공 · 판매'를 추가로 넣었다고 한다(조선일보, 1998.10.26).

한 사업이라 할지라도 회사로서는 그에 진출할 수 있으며, 기술적으로도 목표를 정한 후 정관을 개정하는 경우도 있을 수 있다. 따라서 법인의 업무범위를 판단함에 있어 정관상의 목적 그 자체가 법인의 업무범위를 결정하는 것은 아니라 할 것이다. 또한 이렇게 해석하는 것이 그 업무범위와 관련하여 정관을 두지 아니하는 국가 또는 개인사용자와의 관계에 있어서도 합리적이다.

한편, 정관의 판단과 관련하여, 일반적으로 정관에서는 구체적인 사업내용을 기재한 다음 "기타 이에 부수하는 사업"이라고 기재하고 있어 이를 어느 정도로 해석할 것인가가 문제된다. 여기서 학설은 나누어지고 있다. ⅰ) 본래의 업무수행상 필요한 직·간접적인 것을 불문하고, 기술적 문제를 해결하는 데 필요한 사업(연구사업)까지 포함한다고 해석하는 설,[66] ⅱ) 정관기재의 목적에는 구속되지 않고, 객관적으로 업무수행과 기술적인 관련성이 있는 범위라고 해석하는 설,[67] ⅲ) 기술적으로 전혀 다른 업무도 포함한다고 해석하는 설[68]이 있다. 그러나 직무발명의 취지가 사용자와 종업원간의 이익조정을 도모하기 위한 것이므로 형식적인 정관의 목적에 한정하여 판단하는 것이 반드시 옳다고만은 할 수 없을 것이다. 그러므로 여기서 말하는 업무범위는 객관적으로 보아 업무수행에 관련된 기술적인 전범위라고 보아야 할 것이다. 국가 또는 지방자치단체의 경우에는 직무발명과 관련하여 발명 공무원이 소속된 기관의 업무범위를 국가 또는 지방자치단체의 업무범위라 볼 수 있을 것이다.

㈐ 발명을 하게 된 행위가 직무에 속하는 것일 것 　발명을 하게 된 행위란 발명을 하는 것이 종업원의 직무인 경우(구체적인 과제를 부여받아 업무를 수행하는 것)는 물론 널리 발명을 완성하기까지의 수행과정에서 생기는 모든 행위를 말하며, 이는 발명을 의도하였는지는 관계하지 않는다. 발명을 하게 된 행위가 직무에 속하는가의 판단은 기술적 사상의 제공자로서의 종업원과 자금·자재의 제공자로서의 사용자 사이의 이익조정이라는 종업원발명제도의 취지에 비추어 이루어져야 할 것이다. 즉 이에 대한 판단은 획일적으로 이루어질 것이 아니라 기술자의 지위, 급여, 직종 및 기업이 그 발명완성과정에 관여한 정도 등의 사정과 같은 사용자와 종업원 사이의 구체적인 관계를 감안하여 개별적으로 이루어져야 할 것

66) 吉藤幸朔, 「特許法概說(第9版)」, 有斐閣, 1991, p.171.
67) 豊崎光衛, 「工業所有權法(新版)」, 有斐閣, 1975, p.145.
68) 紋谷暢男, 「特許法 50講」, 有斐閣, 1989, p.8.

이다.

㈑ 종업원의 현재 또는 과거의 직무에 속할 것　　종업원의 직무는 현재의 것만이 아니라 과거의 것을 포함한다. 여기서 과거라 함은 같은 직장에 있으면서 업무분야가 다른 경우, 즉 과거에는 A기업 생명공학연구소에서 연구를 하다가 현재는 A기업 내의 생명공학제품의 영업부에 근무하는 경우이다.

다만, 퇴직 후의 발명에 대하여는 명문의 규정이 없어 자유발명이라고 볼 수도 있고 직무발명으로도 볼 수 있다. 전자의 경우에는 고용관계가 종료 후, 전 직장과 무관하게 발명을 완성하게 된 것까지 직무발명으로 보는 것은 종업원에게 너무 가혹하다 하여 자유발명이라 보자는 것이고, 후자는 종업원이 퇴직 전의 직무에 관하여 발명을 숨기고 있다가 퇴직 후 그 발명을 완성하였다고 하는 경우가 많이 있기에 직무발명이라고 보자는 것이다.[69] 이에 대해 일본의 학자들은 "만약 퇴직 후에 다른 기업에 취직하고 나서 완성한 발명에 대해서는 과거의 기업과 새로운 기업의 관계에서 이중으로 직무발명이 되어버리는 결과가 될 뿐만 아니라 그러한 구속을 퇴직 후의 종업원에 부과하는 것 자체가 종업원의 생계의 길을 빼앗고 실질적으로 직업선택의 자유를 빼앗는 것이 되므로 타당하지 않다."라고 한다.[70] 그러나 그것이 퇴직 전에 발명한 것이냐 아니면 퇴직 후에 발명한 것이냐의 판단은 쉽지 않을 것이므로 종업원이 연구부서에 배속될 때나 근무규정 등에 명시적으로 "퇴직 후 일정한 기간내'에 발명을 완성한 경우에는 직무발명으로 본다"고 적시하는 것이 바람직하다. 그러나 퇴직 후 일정한 기간 내에 발명을 완성하고 영업비밀로 유지하는 경우에는 영업비밀 차원에서 재고해 볼 필요가 있다 하겠다.

2) 직무발명에 대한 권리의 귀속　　직무발명에 대한 권리의 귀속에 대해 학설이 대립한다. 권리가 사용자에게 귀속되어야 한다는 사용자 기여설, 종업원에게 그 권리를 귀속시켜야 한다는 발명자설, 공평설로 나누어 볼 수 있다.

원래 특허를 받을 수 있는 자는 발명자인 종업원이지만, 직무발명은 발명을 하는 것 그 자체가 특별한 조건하에서 완성된 발명이므로 일반원칙을 그대로 적용시키는 것은 타당하지 않다. 따라서 사용자와 종업원들의 역할을 중시하여(공평설), 그 역할에 따라 권리관계를 정할 필요가 있다고 본다. 즉 사용자 등은 특허출원권을 종업원으로부터 승계하지 않으면 특허출원을 할 수 없다.

---

69) 정윤진, 「공업소유권법론」, 등용출판사, 1976, pp.141~142.
70) 한일지재권연구회 역, 中山信弘 著, 「특허법」, 법문사, 2001, p.81.

(가) 사용자 등이 받을 수 있는 권리

a) 무상의 법정통상실시권　직무발명에 있어 종업원 등이 특허 등을 받았거나, 특허 등을 받을 수 있는 권리를 승계한 자가 특허를 받았을 때에는 사용자 등은 그 특허권 등에 대하여 법정통상실시권을 가진다(발진§10①).[71] 이 통상실시권은 등록하지 않아도 그 특허권 또는 전용실시권을 후에 취득한 자에 대하여도 효력이 발생한다(특§118②). 그러나 이러한 통상실시권은 특허권자의 승낙 없이 그 실시권을 이전할 수 없다(특§102⑤).[72][73]

b) 발명완성 전의 예약승계에 의한 특허권 및 전용실시권　종업원 등이 한 직무발명에 대하여 미리 특허 등을 받을 권리를 사용자 등에게 승계시키는 예약승계의 경우나, 전용실시권 설정계약 또는 근무규정이 있는 경우에는 특허권 또는 전용실시권을 사용자가 취득할 수 있다. 이러한 경우 사용자는 발명자에게 정당한 보상을 하여야 한다(발진§15①).

(나) 종업원 등이 받을 수 있는 권리　종업원 등은 자기 자신이 발명(직무발명)한 기술에 대하여 그 권리를 사용자 등에게 승계하거나 전용실시권을 설정한 대가로 정당한 보상을 받을 권리를 가진다(발진§15①).

a) 보상방법은 일반적으로 금전적 보상이다. 이런 금전적 보상의 보상액을 산정함에 있어서는 2001년 개정 이전 특허법 제40조 제2항에서는 "해당 발명으로 인해 사용자 등이 얻을 이익액과 그 발명의 완성에 사용자 등이 공헌한 정도를 고려하여야 하며, 종업원 등이 정당한 산정방법을 제시하였을 때에는 이를 참작하여야 한다"고 규정되어, 이를 참작하지 아니한 예약승계조항은 강행법규에 반하는 것이므로 무효가 될 수 있었다.

그러나 2001년 개정법에서는 "종업원 등이 정당한 산정방법을 제시하였을 때에는 이를 참작하여야 한다."라는 내용을 삭제하고 "종업원 등이 공헌한 정도를 고려하여야 한다."라고 규정하였다. 이는 공무원인 경우에는 문제가 없으나 사기

---

71) 직무발명에 관한 통상실시권을 취득하게 되는 사용자는 그 피용자나 종업원이 직무발명을 완성할 당시의 사용자이고, 그에 따른 특허권의 등록이 그 이후에 이루어졌다고 하여 등록 당시의 사용자가 그 통상실시권을 취득하는 것은 아니다(대법원 1997.6.27.선고, 97도516 판결).

72) 대법원 1977.2.8.선고, 76다2822 판결.

73) 이러한 통상실시권은 특허권자의 승낙이나 실시사업과 함께 또는 상속 기타 일반승계의 경우에는 이전이 가능하나 등록을 하지 않으면 제3자에게 대항할 수 없다(특§118③).

업 등의 경우에는 적용하기에 적당하지 못한 것이었다.

이후 2006년 특허법 개정시에 특허법에서 해당 규정을 삭제하고, 발명진흥법(법률 제7869호)으로 이관하여 동법 제15조 제2항에 자리잡게 되었다. 이에 내용을 살펴보면, 직무발명의 보상방법을 계약 또는 근무규정에서 정하고 있는 경우에 그에 따른 보상이 ⅰ) 보상형태 및 보상액을 결정하기 위한 기준을 정함에 있어서 사용자 등과 종업원 등 사이에 행해진 협의 상황, ⅱ) 책정된 보상기준의 공표 · 게시 등 종업원 등에 대한 보상기준의 제시 상황, ⅲ) 보상형태 및 보상액의 결정시 종업원 등으로부터의 의견청취의 상황 등을 고려하여 합리적인 것으로 인정되면 이를 정당한 보상으로 본다.

그러나 제3항에서는 "제1항의 규정에 의한 보상에 대하여 계약 또는 근무규정에서 정하고 있지 아니하거나 제2항의 규정에 따른 정당한 보상으로 볼 수 없는 경우 그 보상액을 결정함에 있어서는 그 발명에 의하여 사용자 등이 얻을 이익과 그 발명의 완성에 사용자 등 및 종업원 등이 공헌한 정도를 고려하여야 한다." 라고 규정하고 있다.

또 제4항에서는 공무원의 직무발명에 대하여 발명진흥법 제10조 제2항의 규정에 따라 국가 또는 지방자치단체가 그 권리를 승계한 경우에는 정당한 보상을 하여야 하며 이 경우 보상금의 지급에 관하여 필요한 사항은 대통령령 또는 조례로 정하여야 한다고 규정한다.

b) 보상의 종류는 특허를 받을 수 있다고 생각되는 것을 발명하였을 때 지급하는 '발명보상', 출원시에 지급되는 '출원보상', 특허로 등록된 때 지급되는 '등록보상' 그리고 이런 특허발명이 실시되어 이익이 생긴 경우에 지급되는 '실시 또는 실적 보상' 등이 있다. 그러나 공무원이 직무발명을 한 경우에는 「공무원직무발명의 처분 · 관리 및 보상 등에 관한 규정」 또는 조례에 따라 행하여진다(발진 §15④).

3) **직무발명의 출원절차** 종업원이 완성한 발명을 사전계약이나 근무규정에 의해 사용자가 출원할 수 있고, 이러한 사전계약이나 근무규정이 없는 경우나 사용자 등이 직무발명에 관한 권리의 승계를 포기하는 경우에는 발명자 자신이 출원절차를 밟아야 한다.

4) **종업원의 직무발명의 통지의무 및 비밀유지의 의무** 종업원 등이 직무발명을 완성한 경우에는 지체 없이 그 사실을 사용자 등에게 서명으로 알려야 한다.

2인 이상의 종업원 등이 공동으로 직무발명을 완성한 경우에는 공동으로 알려야 한다(발진§12). 이 경우 사용자 등이 종업원 등과 협의하여 계약이나 근무규정에 따라 직무발명에 대한 권리를 승계받기로 미리 정한 경우 직무발명에 대한 권리는 발명을 완성한 때부터 사용자 등에게 승계된다(발진§13②).[74)]

반면 통지를 받은 사용자 등(국가 또는 지방자치단체를 제외한다)은 대통령령이 정하는 기간 이내에 그 발명에 대한 권리를 승계할 것인지 여부를 종업원 등에게 문서로 통지하여야 한다. 만약 사용자 등이 위 기간에 승계여부를 알리지 아니한 경우에는 사용자 등은 그 발명에 대한 권리의 승계를 포기한 것으로 본다. 이때는 직무발명에 해당하더라도 그 발명을 한 종업원 등의 동의를 받지 아니하고는 통상실시권을 가질 수 없다(발진§13③).

다만, 미리 사용자 등에게 특허 등을 받을 수 있는 권리 또는 특허권 등을 승계시키거나 사용자 등을 위하여 전용실시권을 설정하도록 하는 계약이나 근무규정이 없는 경우에는 사용자 등이 종업원 등의 의사에 반하여 그 발명에 대한 권리의 승계를 주장할 수 없다(발진§13①후단).

또, 종업원 등은 사용자 등이 직무발명을 출원할 때까지 그 발명의 내용에 관한 비밀을 유지하여야 하며, 사용자 등이 승계하지 않기로 확정된 때에는 그러하지 아니하다(발진§19).

5) **직무발명한 것을 기술적 노하우(trade secret)로 관리한 경우** 종업원이 직무발명한 것을 특허출원하는 것보다 기술적 노하우로 관리하는 것이 사용자측에서 보아 유리할 경우도 있을 수 있다. 이 경우 발명은 사용자가 실시하고 사용자가 종업원에게 정당한 보상을 하는 경우에는 큰 문제가 되지 않는다(발진§16).

6) **직무발명 이외의 발명에 관한 예약승계의 금지** 종업원의 직무발명 이외의 발명, 즉 자유발명과 업무발명에 있어서는 미리 사용자로 하여금 특허를 받을 수 있는 권리나 특허권 등을 승계시키거나 전용실시권을 설정할 것으로 하는 내용의 약정은 금지되며 이러한 약정조항은 무효로 한다(발진§10③).

---

74) 발진§13② 제1항에 따른 계약 또는 근무규정이 모두 없는 사용자등(국가나 지방자치단체는 제외한다)이 제12조에 따라 통지를 받은 경우에는 대통령령으로 정하는 기간에 그 발명에 대한 권리의 승계 여부를 종업원등에게 서면으로 알려야 한다. 이 경우 사용자등은 종업원등의 의사와 다르게 그 발명에 대한 권리의 승계를 주장할 수 없다.

7) **직무발명 관련분쟁** 직무발명과 관련하여 분쟁기관(법인)에 직무발명 심의기구를 설치하여 사전에 예방할 수 있으며(발진§17), 분쟁이 발생한 경우에는 사용자나 종업원 등은 산업재산권분쟁조정위원회에 조정을 신청하여 해결할 수 있다(발진§18).

제2절 | 특허출원절차(절차적 요건)

Ⅰ. 의 의

산업상 이용할 수 있는 발명을 한 자는 원칙적으로 당해 발명에 대하여 특허를 받을 수 있으나(특§29①) 발명을 한 것만으로는 특허가 되지 않는다. 즉 특허를 받기 위해서는 특허를 받을 수 있는 권리를 가진 자(즉 발명자 또는 그 승계인)가 발명의 공개를 조건으로 특허권 또는 선출원인의 지위를 얻고자 하는 의사를 객관적으로 표시하는 행위로서 특허출원을 하여야 한다. 이에 특허법은 제42조 이하에서부터 제78조까지 특허출원과 관련한 규정을 두고 있다.

Ⅱ. 특허출원상의 제 원칙

1. 양식주의

모든 출원인이 동등한 지위에서 특허 허부(許否)를 심사받도록 하기 위하여 특허출원은 일정한 양식에 따라 제출하도록 하고 있다. 즉 출원서, 명세서 등의 특허출원서류는 소정의 양식으로 작성하지 않으면 안 되며, 구두에 의한 설명이나 발명품 등의 제출에 의하여 대신하는 것은 인정되지 않는다. 단, 온라인 출원은 가능하다. 이와 관련하여 특허법 시행규칙 제2조는 서면주의를 규정하고 있고, 특허법 제42조는 특허출원서 및 명세서의 기재사항과 기재방법을 법정하고 있으며, 동 시행령 제5조에서는 특허청구범위의 기재방법을 명시하고 있다.

다만, 전자문서에 의한 특허에 관한 절차를 수행하는 경우 전자문서는 특허법에 의해 제출된 서류와 동일한 효력을 가지며(특§28의3②), 특허청, 특허심판원장, 심판장, 심판관, 심사장 또는 심사관은 전자문서 이용신고를 한 자에게 서류의 통지 및 송달을 하고자 하는 경우에는 정보통신망을 이용하여 이를 행할 수 있고, 이 경우에도 서면으로 행한 것과 동일한 효력을 가진다(특§28의5②)(구체적인 것은 전자출원제도를 참조).

또한 미생물의 발명이나 미생물을 이용한 발명은 명세서의 기재가 아무리 상세하고 완벽하게 기재되어도 타사업자가 당해 발명을 용이하게 실시할 수 없는 경우가 있다. 이에 특허법시행령(특령§2, §3)은 미생물을 이용한 발명을 출원할 때 미생물을 기탁하려는 경우에는 그 기탁기관 또는 국제기탁기관에서 부여받은 수탁번호를 기재하도록 하여 서면주의를 보완하고 있다. 만약 미생물을 용이하게 입수할 수 있는 경우에는 이를 기탁하지 아니하고, 그 입수방법을 적어야 한다(특령§2, §3). 이 경우 명세서에 기탁기관 또는 국제기탁기관의 명칭 · 수탁번호 및 수탁연월일을 기재하도록 하여 서면주의를 보완하고 있다.

서면양식주의를 위반하여 작성된 제출서류는 부적법한 서류에 해당되어 출원이 반려되며(특규칙§11), 이러한 서면주의는 심판 · 청구 · 등록에 있어서도 일반적으로 적용되는 원칙이다.

2. 전자출원제도

전자출원제도란 특허출원인 등이 특허청을 직접 방문하여 출원서류를 접수하거나 중간서류 또는 등록서류 등을 제출하지 않고, 출원인 등이 플로피디스크 또는 광디스크 등 전자적 기록매체에 수록하여 제출하거나 정보통신망을 이용하여 특허 및 실용신안에 관한 서류를 제출할 수 있도록 한 것을 말한다(특§28의3, §28의5).

특허청은 1999년 1월 1일 시행법부터 전자출원제도를 채택함으로써 특허출원 등에 대한 제반 절차를 정보통신망에 의해 온라인으로 처리가 가능하도록 하였다. 지금까지는 업무처리 전산화가 미비해 수작업에 의존함으로써 심사처리기간이 지연되고, 문서관리가 복잡해지는 등의 문제점이 지적되어 왔으며, 이러한 문제점을 해소하기 위하여 1996년 7월부터 시행해 온 플로피디스크 부본출원제도(특허 및 실용신안출원서 부본을 플로피디스크에 수록하여 제출하는 제도)의 성과(현재 출원건수의 약 53%가 활용하고 있음)를 바탕으로 1998년 개정에서 전자출원제도를 본격 도입하여 디자인과 상표, 실용신안 등에 준용하도록 하였다.

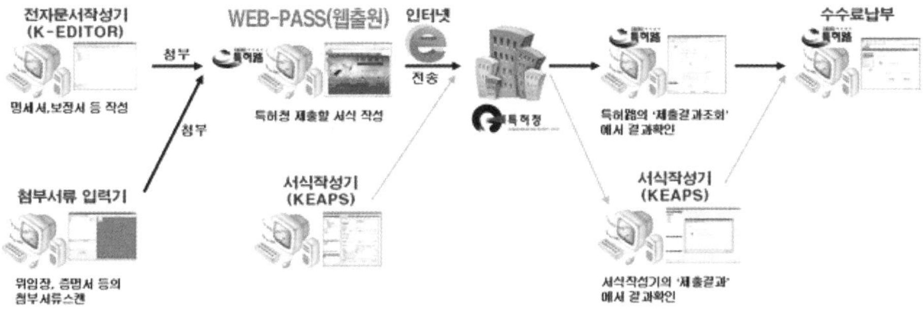

(출처: 특허청 홈페이지)

따라서 특허청은 IT(정보기술)시대를 대비하여 준비해 온 특허온라인정보검색망(일명 KIPO-NET)을 1999년 1월 1일부터 시행하고 있는바, 출원인이 특허청을 직접 방문하지 않고도 원거리에서 정보통신망을 통하여 특허출원 등을 할 수 있고, 특허청 내부에서도 종이 없는 업무처리환경을 구현하여 신속한 특허업무를 수행할 수 있게 됨으로써 특허업무의 효율성 제고에도 도움이 되고 있다.

현재 특허청은 특허路(http://www.kiporo.go.kr/jsp/kiporo3/main.jsp) 시스템을 운영중에 있다.

3. 국어주의

특허청에 제출하는 서류는 특별히 정한 경우를 제외하고 국어로 기재하여야 하며(특규칙§4①), 위임장 · 국적증명서 등 외국어로 기재한 서류(우선권 주장에 관한 서류 제외)에는 그 서류의 제출시에 국어로 번역한 번역문을 첨부하여야 한다(특규칙§4②).

다만, 국제출원을 하고자 하는 자는 산업통상자원부령이 정하는 언어로 작성한 출원서와 명세서 · 청구의 범위 · 필요한 도면 및 요약서를 특허청장에게 제출하여야 한다(특§193①). 여기서 산업통상자원부령이 정하는 언어라 함은 국어, 영어 또는 일어를 말하고(특규칙§91), 국제출원에 관하여 특허청장에게 제출하는 서류는 국제출원의 명세서 및 청구의 범위를 적은 언어로 작성하여야 한다. 다만, 국적증명서, 법인증명서, 그 밖에 특허청장이 지정하는 서류는 그러하지 아니하다(특규칙§75).

4. 도달주의

특허법 또는 이 법에 의한 명령에 의하여 특허청에 제출하는 출원서, 청구서 기타의 서류는 특허청에 도달된 날로부터 그 효력이 발생한다(특§28①). 즉 특허청에 제출하는 서류[75]에 대한 효력발생시기는 도달주의를 원칙으로 한다. 다만, 특허청과 당사자간의 지리적 거리의 원근에 따른 불공평한 결과를 방지하고자 출원서, 청구서 기타의 서류를 우편으로 특허청에 제출하는 경우에 우편물의 통신일부인(通信日附印)에서 표시된 날이 분명한 경우에는 그 표시된 날을, 그 표시된 날이 불분명한 경우에는 우체국에 제출한 날을 우편물의 수령증에 의하여 증명한 날에 특허청에 도달한 것으로 본다(특§28②).

정보통신망을 이용한 통지에 있어서는 정보통신망을 통한 통지 등은 당해 통지 등을 받은 자가 사용하는 전산정보처리조직[76]의 파일에 기록된 때에 특허청 또는 특허심판원에서 사용하는 발송용 전산정보처리조직의 파일에 기록된 내용으로 도달한 것으로 본다(특§28의5③). 다만, 이 경우에도 전자문서를 제출하고자 하는 자가 그 전자문서를 기한 전에 정보통신망을 이용하여 발송하였으나 정보통신망의 장애, 특허청이 사용하는 컴퓨터 또는 관련장치의 장애(정보통신망, 특허청이 사용하는 컴퓨터 또는 관련장치의 유지 · 보수를 위하여 그 사용을 일시 중단한 경우로서 특허청장이 사전에 공지한 경우에는 이를 장애로 보지 아니한다)로 인하여 기한 내에 제출할 수 없었던 경우에는 그 장애가 제거된 날의 다음 날에 그 기한이 도래한 것으로 본다(특규칙§9의4③).

반면, 특허권 및 특허에 관한 권리의 등록신청 서류와 PCT 제2조 (vii)항의 규정에 의한 국제출원에 관한 서류를 우편으로 제출하는 경우에는 그러하지 아니하다(특§28②).

---

75) 물건을 포함한다.

76) 특허청이 사용하는 컴퓨터와 특허에 관한 출원 · 청구 기타의 절차를 밟는 자 또는 그 대리인이 사용하는 컴퓨터를 정보통신망으로 접속한 조직을 말한다(특규칙§1의2 i).

5. 1특허출원의 원칙(발명의 단일성)

우리 특허법 제45조 제1항은 "특허출원은 1발명을 1특허출원으로 한다. 다만, 하나의 총괄적 발명의 개념을 형성하는 1군(群)의 발명에 대하여 1특허출원으로 할 수 있다."라고 규정하고 있다. 여기서 1특허출원의 원칙이라 함은 단일한 발명[77]으로서 1특허출원을 할 수 있다는 원칙을 말한다.

이에 1군의 발명에 대한 1특허출원의 요건으로는 i) 청구된 발명간에 기술적 상호관련성이 있을 것, ii) 청구된 발명들이 동일하거나 상응하는 기술적 특징을 가지고 있을 것, 이 경우 기술적 특징은 발명 전체로 보아 선행기술에 비하여 개선된 것이어야 한다(특령§6).

이러한 1특허출원 원칙의 제도적 취지는 심사절차상의 경제성과 효율적인 특허문헌 및 정보제공에서 찾을 수 있다. 즉 출원내용이 과다한 분야에 직접적인 관련이 없는 내용까지를 포함한 경우에는 특허출원에 대한 심사 등에 있어 자료조사 등에 많은 시간이 낭비되고 비경제적인 결과를 초래하게 된다. 따라서 발명의 단일성 요구는 그 범위 내에서 보다 완벽한 자료심사를 할 수 있다는 장점을 갖는다. 또한, 발명의 단일성에 대한 판단기준에 따라 출원인이 제공한 전반적인 정보를 구체화함으로써 굳이 제3자가 다시 자신이 목적하는 기술정보를 분류할 필요가 없게 한다. 이와 함께 1특허출원 원칙의 제도적 취지로서 특허청의 재정자립효과 또는 출원인의 경비절감의 효과 등을 들기도 한다.

한편 특허법은 발명의 단일성이 인정되는 범주 내에서 복수개의 청구항 기재를 허용하는 다항제(多項制)를 취하고 있다. 이는 1특허출원의 권리 및 범위 등을 보다 명확하게 기술하여 주는 수단으로 i) 자신의 발명을 여러 각도로 표현함으로써 보호대상에 만전을 기할 수 있고, ii) 심사과정에서 청구범위를 항마다 심사함으로써 출원 전체의 거절을 막고 권리등록가능성을 높일 수 있으며, iii) 심판에 있어서도 항마다 무효시킴으로써 전체 무효를 막을 수 있을 뿐만 아니라, iv) 침해소송에 있어서도 다각적인 대처를 할 수 있는 명확한 근거를 제시할 수 있다는

---

77) 단일한 발명이란 물리적 개념의 1발명은 물론 그 발명의 목적 · 구성 및 효과 등이 상호유기적인 관계에 있어 비록 복수의 발명이라도 단일한 발명개념을 형성하는 1군의 발명[일군(1群)의 발명이란 여러 개의 발명이라 할지라도 단일의 발명개념을 형성할 수 있을 정도로 발명의 목적, 구성 또는 효과 등의 측면에서 상호 유기적 관계가 존재한다면 하나의 특허출원을 위하여 1발명으로 간주하겠다는 것이다]까지를 포함하는 개념이다.

장점을 갖는다.

발명의 단일성 범위에 위반된 출원은 특허법상 계속되는 절차에 적정하게 대응하기 어려우므로 거절이유가 된다(특§62iv). 그러나 발명의 단일성 개념은 행정편의적인 목적에서 발생한 개념이므로 출원인이 자진하여 분할출원을 하면 구제될 수 있으며, 무효사유에는 해당하지 않는다.

6. 선출원주의

특허제도는 동일 내용의 발명에 대하여는 하나의 특허만을 허여하여야 하는 1발명 1특허의 원칙 또는 이중특허배제의 원칙이 적용된다. 이와 관련하여 동일 발명에 대한 출원이 다수 존재할 때 누구에게 특허권을 허여할 것인가의 문제가 발생하는데, 이의 기준으로서는 최초에 발명을 완성한 자에게 특허를 부여한다는 선발명주의와 제일 먼저 특허출원을 한 자에게 특허를 부여하는 선출원주의가 있다.

우리 특허법은 동일한 내용의 발명을 한 자가 여러 사람인 경우 발명완성시기의 선후를 불문하고 제일 먼저 특허출원을 한 자에게 특허를 부여하는 선출원주의를 취하고 있다(특§36①). 이러한 선출원주의 아래에서는 선발명주의에서와 같은 발명완성시기의 확인이 불필요하기 때문에 절차가 간단한 점 외에 권리의 안정화가 도모된다는 장점을 갖는다. 그러나 스스로 실시하고 있었던 자도 타인이 동일한 내용의 발명을 하여 특허를 받은 경우에는 그 실시를 계속할 수 없게 되는 불합리가 있다. 또한, 신속한 출원을 위해 권리화의 필요성이 적은 것 또는 기술적 가치가 적은 것도 출원을 하게 되며, 불완전한 서류가 그대로 제출되어 출원 후 보정하는 경향을 생기게 하며, 그로 인하여 조속히 권리화를 필요로 하는 출원의 심사를 지연시키는 요인이 되기도 한다.

선후원관계의 판단은 '동일한 발명'을 전제로 한다. 즉 둘 이상의 출원이 경합된 경우 어느 것에 특허를 부여할 것이냐의 구체적인 판단은 발명의 동일성 여부에 관한 판단(발명의 동일성판단)을 한 후에 이루어진다. 따라서 선출원주의 적용의 전제요건으로 발명의 동일성을 판단한다.

발명의 동일성은 원칙적으로 특허청구범위에 기재된 발명에 한정된다. 발명의 상세한 설명이나 도면에 기재된 부분을 그 대상으로 하지 않는다. 다만, 선출원된 기술내용의 보호를 위해 특허법은 공개 또는 공고된 기술에 대해서는 선출원범위를 특허청구범위에서 발명의 상세한 설명 또는 도면에까지 확대시켜 다른 후출원을 거절시키거나 무효시킬 수 있도록 규정하고 있다(특§29③).

선출원판단의 시간적 기준은 시(時)를 기준으로 하는 시각주의(時刻主義)(독일, 프랑스 등)와 일(日)을 기준으로 하는 역일주의(曆日主義)가 있다. 우리나라는 후자의 역일주의를 취하고 있어 동일한 발명에 대하여 2인 이상의 특허출원이 있을 때에는 최선출원인의 출원만이 특허를 받을 수 있다. 반면 동일한 발명에 2인 이상의 특허출원이 동일한 날에 이루어진 경우에는 비록 그 출원시각이 다르다 할지라도 특허출원인의 협의에 의하여 정하여진 하나의 특허출원만이 그 발명에 대하여 특허를 받을 수 있도록 하고 있으며, 협의가 성립하지 아니하거나 협의를 할 수 없는 때에는 어느 특허출원인도 그 발명에 대하여 특허를 받을 수 없다고 규정하고 있다(특§36②).

7. 수수료납부주의

특허에 관한 절차를 밟는 자는 수수료를 납부하여야 한다(특§82①). 출원시 수수료를 납부하지 않은 경우는 보정명령의 대상이 되며(특§46iii) 이에 불응한 경우 절차무효의 대상이 된다(특§16①).[78)]

Ⅲ. 특허를 받을 수 있는 자(출원적격자)

특허출원을 할 수 있는 자는 출원적격을 갖춘 자이어야 한다. 이에 특허법상의 출원적격자는 i) 권리능력이 있는 자로, ii) 특허를 받을 수 있는 권리자이며, iii) 출원절차를 밟을 수 있는 행위능력이 있거나 대리권이 있어야 한다.

이러한 출원적격을 갖추지 못한 자의 출원은 출원시 불수리처리, 보정명령(특§46) 및 거절결정의 대상(특§62)이 되며, 착오로 등록공고가 된 경우에는 특허무효의 대상(특§133)이 된다.

---

78) 제16조(절차의 무효) ① 특허청장 또는 특허심판원장은 제46조의 규정에 의한 보정명령을 받은 자가 지정된 기간 이내에 그 보정을 하지 아니한 경우에는 특허에 관한 절차를 무효로 할 수 있다. 다만, 제82조 제2항의 규정에 의한 심사청구료를 납부하지 아니하여 보정명령을 받은 자가 지정된 기간 이내에 그 심사청구료를 납부하지 아니한 경우에는 특허출원서에 첨부한 명세서에 관한 보정을 무효로 할 수 있다.

특허를 받을 수 있는 권리자는 발명자 또는 그 승계인으로 이미 설명한 바 있으므로 여기에서는 권리능력과 행위능력에 대하여 설명한다.

(1) 권리능력

권리능력은 특허를 받을 수 있는 권리 또는 특허권을 가질 수 있는 자격을 말하며, 민법의 일반원리에 따라 원칙적으로 자연인(민§3) 및 법인(민§34)에게 인정된다. 다만, 외국인은 특허법에서 규정하는 일정한 경우를 제외하고는 특허권 또는 특허에 관한 권리를 향유할 수 없다(특§25). 즉 외국인은 일정한 경우(상호주의나 조약)에 한하여 권리능력이 인정된다.

(2) 행위능력

행위능력이란 독립하여 유효한 법률행위를 할 수 있는 법률상의 자격을 말한다. 특허법상 행위능력이란 자연인·법인이 독자적으로 특허를 비롯한 산업재산권에 관한 출원심사절차를 직접 행할 수 있는 것을 말한다.

이러한 행위능력을 가진 자는 자연인과 법인이다. 그러나 자연인이라고 모두 행위능력을 가지는 것이 아니라 미성년자·피한정후견인·피성년후견인(특§3① 본)은 특정의 경우를 제외(특§3① 단)하고는 행위능력이 없다. 한편, 법인은 법인격이 있는 사단 및 재단법인은 행위능력을 가지나 법인이 아닌 사단 및 재단법인은 대표자나 관리인이 정해져 있지 않은 경우에는 권리능력이 없으므로 권리의 주체가 될 수 없고 행위능력도 없다. 그러나 대표자나 관리인이 정해져 있는 경우에는 그 사단 또는 재단의 이름으로 특허출원심사절차를 직접 행할 수 있다(특§4).

또한, 국내에 주소 또는 영업소를 가지지 아니하는 자(이하 "재외자"라 한다)는 재외자(법인의 경우에는 그 대표자)가 국내에 체재하는 경우를 제외하고는 그 재외자의 특허에 관한 대리인으로서 국내에 주소 또는 영업소를 가지는 자(이하 "특허관리인"이라 한다)에 의하지 아니하면 특허에 관한 절차를 밟거나 이 법 또는 이 법에 의한 명령에 의하여 행정청이 한 처분에 대하여 소를 제기할 수 없다(특§5①).

(3) 대리권 범위 및 증명

국내에 주소 또는 영업소를 가진 자로부터 특허에 관한 절차를 밟을 것을 위임받은 대리인은 특별한 수권을 얻지 아니하면 특허출원의 변경·포기·취하, 특허권의 존속기간의 연장등록출원의 취하, 특허권의 포기, 신청의 취하, 청구의 취하, 특허법 제55조 제1항의 규정에 의한 우선권주장이나 그 취하, 특허법 제132조의3의 규정에 의한 심판청구 또는 복대리인의 선임을 할 수 없다(특§6). 그리고 특허에 관한 절차를 밟는 자의 대리인(특허관리인을 포함한다. 이하 같다)의 대리권은 이를 서면으로써 증명하여야 한다(특§7).

Ⅳ. 출원서류

1. 출원서

출원서는 특허출원의 본체(本體)라고 할 수 있는 것으로 특허출원의 주체 및 그 절차를 밟는 자를 명확히 하며 특허를 받고자 하는 취지의 의사표시를 기재하는 서면이다. 아울러 다른 기재사항에 대한 신고서와 출원수수료의 특허인지를 붙이도록 되어 있기 때문에 출원수수료 납부서의 역할을 겸한다.

출원서에는 다음의 사항을 기재한다(특§42①).

ⅰ) 특허출원인의 성명 및 주소(법인인 경우에는 그 명칭 및 영업소의 소재지), ⅱ) 특허출원인의 대리인이 있는 경우에는 그 대리인의 성명 및 주소나 영업소의 소재지(대리인이 특허법인인 경우에는 그 명칭, 사무소의 소재지 및 지정된 변리사의 성명), ⅲ) 발명의 명칭, ⅳ) 발명자의 성명 및 주소.

이 밖에 조약에 의한 우선권, 국내출원에 의한 우선권주장을 수반한 출원일 경우에는 그 우선권주장 사실을 기재하여 특허청장에게 제출하여야 한다(특§54, §55).

2. 명세서

명세서는 연구의 성과로서의 발명내용을 정확하고 명료하게 제3자에게 공개하는 기술문헌으로서의 역할과 발명자가 특허를 권리로서 주장할 기술적 범위를 명백히 하기 위한 권리서로서의 목적을 갖고 있다.

이러한 명세서에는 ⅰ) 발명의 명칭, ⅱ) 도면의 간단한 설명, ⅲ) 발명의 설명, ⅳ) 특허청구범위를 법령의 요건을 갖추어 기재하여야 한다(특§42⑨, 특규칙 §21③,④). 이상의 제 요건을 모두 갖추고 있지 않으면 특허 부여가 거절(특§62ⅳ) 되고,[79] 만약 특허로 등록되었다 하더라도 특허무효사유(특§133①ⅰ)가 된다.

---

79) 이 외에도 명세서가 기재불비나 하자가 있는 경우에는 불수리처리(특규칙§11), 절차무효(특§16)가 된다.

(1) 발명의 명칭(특§42①iii)

발명의 명칭은 해당 출원의 분류 · 정리 · 조사 등을 용이하게 하기 위하여 해당 발명의 내용을 간단히 요령 있게 기재하여야 한다. 이 발명의 명칭은 출원서에 기재한 명칭과 동일하여야 한다.

(2) 도면의 간단한 설명(특§42②)

도면은 발명의 내용을 이해하는 데 필요하므로 도면이 필요하지 않은 발명은 기재할 필요가 없다(특규칙§21④). 첨부한 도면이 있는 경우 도면의 간단한 설명란에는 도면의 각각에 대하여 각 도면이 무엇을 표시하는가를 별지 제17호 서식과 같이 간단히 기재하여야 한다. 명세서의 보조자료로 제출하는 경우는 제1도는 평면도, 제2도는 입면도, 제3도는 단면도로 기재하고 도면의 주요한 부분을 나타내는 부호의 설명을 기재하여야 한다.

(3) 발명의 설명(특§42③)

발명의 상세한 설명은 그 기술분야에서 통상의 지식을 가진 자가 쉽게 실시할 수 있도록[80] 산업통상자원부령이 정하는 기재방법[81](특규§21③,④)에 따라 명확하고 상세하게 기재하여야 하고, 그 발명의 배경이 되는 기술을 적어야 한다(특§42③ i , ii).

(4) 청구범위(특§42②,④,⑥,⑧)

1) 서 설 특허출원의 명세서 작성에 있어 가장 중요한 것은 특허청구범위의 작성이다. 이것은 곧 특허발명의 보호범위가 특허청구범위에 기재한 사항에 의하여 정하여지므로(특§97) 발명자에게 이해관계가 걸린 중요한 부분이기도 할 뿐만 아니라, 심사관에게는 어떤 범위까지 독점적 실시권을 허여할 것인지에 대한 판단기준이 되는 부분이기 때문이다. 이러한 특허청구범위는 무엇보다 출원인이 보호받고자 하는 내용이 어떠한 것인지 누구나 쉽게 알 수 있도록 특정하여 발명자의 의사와 심사관의 특허 허여 의사 및 후일의 분쟁시 그 보호의 범위를 판단하는 제3자의 해석이 일치할 수 있도록 명확히 기재하는 것이 요구된다.

이러한 특허청구범위(claim)는 발명자가 그 발명을 권리로서 획득하려고 하

80) 대법원 1999.7.23.선고, 97후2477 판결; 대법원 1996.6.28.선고, 95후95 판결.

81) 기술분야, 발명의 배경이 되는 기술, 그리고 해결하고자 하는 과제, 과제의 해결수단, 그 밖에 그 발명이 속하는 기술분야에서 통상의 지식을 가진 자가 그 발명의 내용을 쉽게 이해하기 위하여 필요한 사항이 있는 경우에 포함되어야 한다.

는 기술적 사항을 1 또는 2 이상의 항으로 기재하되 i) 발명의 설명에 의하여 뒷받침되고, ii) 발명이 명확하고 간결하게 기재되어야 한다(특§42④). 이렇게 특허청구범위에 기재된 사항만 특허로서 보호받을 수 있다(특§97).

또한 특허청구범위의 청구항의 기재에 있어서는 독립청구항을 기재하고 그 독립항을 기술적으로 한정하거나 부가하여 구체화하는 사항을 종속청구항으로 기재할 수 있다. 이 경우 필요한 때에는 그 종속항을 한정하거나 부가하여 구체화하는 다른 종속항을 기재할 수 있다(특령§5①).

2) **특허청구범위의 기재방법** 우리나라 특허법은 과거에는 일본의 구(舊)제도에 따라 1특허출원에 하나의 청구항만을 기재하도록 하는 소위 단항제를 채택하고 있었으나 1980년 법률 제3325호부터 1특허출원, 즉 발명의 단일성이 인정되는 범위 내에서 복수개의 청구항 기재를 허용하는 다항제로 바꾸었다.

㈎ 개 념 특허청구범위의 청구항을 기재하는 형식은 일반적으로 독립형식의 청구항(이하 "독립항"이라 한다)과 종속형식의 청구항(이하 "종속항"이라 한다)으로 구분된다. 일반적으로 독립항(independent claim)은 발명의 문제(problem)의 해결에 필요한 모든 구성요소(solution)를 기재한 것으로 타(他)청구항을 인용하지 않은 청구항을 말하며, 종속항(dependent claim)은 독립항 또는 종속항에서 인용하는 모든 구성요소를 포함하고 이러한 구성요소들 중 일부를 다시 더 구체적으로 한정(limitation or definition)하거나 부가하여 구체화하는 것이다. 즉 종속항은 "선행하는 독립항 또는 종속항을 인용하고 그 선행하는 청구항을 기술적으로 한정하는 청구항"이라고 정의할 수 있다.[82)]

a) 독립항 기재방법 독립항은 타청구항을 인용하지 않는 형식으로 기재하며 발명의 성질에 따라 적정한 수로 기재하여야 한다(특령§5①②). 이러한 각각의 독립항은 상호 독립적인 발명이므로 특허출원심사도 청구항마다 별개로 진행하여야 할 뿐 아니라 특허허여 후의 권리행사도 청구항마다 할 수 있다. 이런

---

82) 특허청구범위의 기재방법(대법원 1987.7.11.선고, 87후135 판결): "특허청구범위의 기재에 관하여 독립항과 종속항으로 구별하고 각 적정수로 나누어 기재하도록 한 취지는 발명자의 권리범위와 일반인의 자유기술영역과의 한계를 명확하게 구별하고 나아가 특허분쟁의 경우 특허침해 여부를 명확히 하고 신속하게 표현할 수 있도록 함에 있다 할 것이며, 독립항이란 특허발명으로 보호되어야 할 범위를 넓게 포섭하기 위하여 발명의 구성을 광범위하게 기재하고 종속항은 그 범위 속에서 구체화된 태양을 제시하여 주어 그 독립항을 기술적으로 한정하고 구체화한 사항을 기재하여야 한다고 볼 것이다."

점에서 독립항의 기재에 있어 실질적으로 동일한 내용에 대하여 중복기재는 허용되지 않는다. 각 청구항은 항마다 행을 바꾸어 기재하고 그 기재하는 순서에 따라 아라비아숫자로 일련번호를 붙여야 한다(특령§5⑧).

b) 종속항 기재방법　　종속항은 특허청구범위에 기재된 발명의 구성에 없어서는 아니 되는 사항인 독립항을 한정하거나 부가하여 구체화하는 경우(독립항의 종속항)나 그 독립항의 타종속항을 한정하거나 부가하여 구체화하는 경우(종속항의 종속항) 다른 종속항을 기재할 수 있다(특령§5①). 현행법은 독립항과 종속항과의 관계를 종래의 '기술적으로 한정하고 구체화'하는 'and 개념', 즉 소위 '내적 부가' 개념에서 '한정하거나 부가하여 구체화'라고 하는 'or 개념', 즉 '외적 부가' 개념으로 바뀌었다. 종속항은 그 종속항이 속하는 독립항과 다른 종속항 중에서 1 또는 2 이상의 항을 인용하여야 하며 이 경우 인용되는 항의 번호를 기재하여야 한다(특령§5④). 인용항 수가 2 이상인 청구항의 경우에는 인용되는 항의 번호를 택일적으로 기재하여야 한다(특령§5⑤). 이를 선택적 기재방식이라고 한다. 또한, 2 이상의 항을 인용한 청구항에서 그 청구항의 인용된 항은 다시 2 이상의 항을 인용하는 방식을 사용하여서는 아니 된다. 2 이상의 항을 인용한 청구항에서 그 청구항의 인용된 항이 다시 하나의 항을 인용한 후에 그 하나의 항이 결과적으로 2 이상의 항을 인용하는 방식에 대하여도 또한 같으며(특령§5⑥), 인용되는 청구항은 인용하는 청구항보다 먼저 기재하여야 한다(특령§5⑦). 물론 이 경우에도 독립항 기재방식과 마찬가지로 각 청구항은 항마다 행을 바꾸어 기재하고 그 기재하는 순서에 따라 아라비아숫자로 일련번호를 붙여야 한다(특령§5⑧).

㈏ 청구범위기재시 유의사항　　현행 특허법 제42조 제4항은 특허청구범위 기재방식에 있어서 다항제(독립항/종속항 불문)를 명백히 하고 있으며, 이와 함께 ⅰ) 발명의 설명에 의하여 뒷받침될 것, ⅱ) 발명이 명확하고 간결하게 기재될 것을 명문화하고 있다.

3) **특허청구범위 기능**　　특허청구범위의 본질적인 기능은 보호범위적 기능과 구성요건적 기능으로 구분된다.

㈎ 보호범위적 기능　　특허법 제42조 제4항에서는 특허청구범위는 '보호받고자 하는 사항'을 기재하도록 하고 있으며, 이러한 특허발명의 보호범위의 판단기준이 되는 특허청구범위의 성격을 보호범위적 기능이라고 한다. 특허청구범위의 이러한 기능 때문에 출원인은 특허청구범위 작성에 신중하여야 하며 제3자

는 이를 침해하여서는 안 된다. 특허청구범위를 기재할 때에는 보호받고자 하는 사항을 명확히 할 수 있도록 발명을 특정하는 데 필요하다고 인정되는 구조·방법·기능·물질 또는 이들의 결합관계 등을 기재하여야 한다(특§42⑥).

(나) 구성요건적 기능 2007년 개정전 특허법 제42조 제4항 제3호에서는 특허청구범위는 '발명의 구성에 없어서는 아니 되는 사항만으로 기재될 것'을 요건으로 하고 있었다. 이는 특허청구범위가 구성요건적 기능을 가진다는 것을 의미한다. 또한, 동항 제2호의 '발명이 명확하고 간결하게 기재될 것'[83)]이라는 요건도 구성요건적 기능을 의미하고 있는 것으로 해석되었다. 그리하여 2007년 개정전 특허법은 이와 같은 발명의 명확성과 간결성을 특허청구범위의 구성요건적 기능으로 인정하고 있었다. 그러나 유의할 점은 발명의 구성에 없어서는 아니 되는 사항만을 기재하여야 함과 동시에 발명의 구성에 없어서는 아니 되는 사항 전부를 기재하여야 한다는 점이었다. 다시 말해 발명의 구성이 아닌 발명의 목적, 효과, 실시예, 실험데이터 등을 기재하여서는 안 되며 발명의 구성만을 기재하여야 하였다(구성요건만을 기재). 또한, 발명의 구성에 없어서는 아니 되는 사항 전부, 즉 어떤 발명이 A, B 및 C 세 가지의 구성요소로 결합된 A+B+C로 된 발명인 때 청구범위에는 이 A, B 및 C의 모든 구성요소를 기재하지 않으면 안 되었다.

이에 2007년 개정법(법률 제8197호)에서는 발명의 필수적 구성요소만으로 특정하여야 하는 불필요한 의무를 지우고 다양한 표현수단으로 발명의 보호받고자 하는 범위를 자유롭게 특정할 수 있도록 하였다. 그리하여 2007년 개정법에서는 특허법 제42조 제4항 제3호를 삭제하고, 동법 동조 제6항을 신설하였다.

3. 도 면

도면은 명세서에 기재된 발명의 내용을 이해하기 쉽게 하기 위해서 명세서를 보조하는 것으로서 사용된다. 결정구조, 금속조직, 섬유의 형상, 입자의 구조, 생물의 형태, 오실로스코프 등과 제도법에 따라 작도하기가 극히 곤란한 경우에는 이들을 표현한 사진으로 도면을 대용할 수 있다. 이 경우, 사진은 명료한 것으로 공보에 게재할 수 있는 것에 한하여 인정하며, 컬러사진은 필수적인 경우에 한하여 인정한다.

---

83) 대법원 1998.10.2.선고, 97후1337 판결.

4. 요약서

요약서는 최근에 기술의 고도화·복잡화 등으로 필요한 공보에 정확하게 접근하는 것이 곤란하기 때문에 출원인으로 하여금 발명의 내용을 요약하여 제출하게 함으로써 출원된 발명이 기술정보로서 쉽게 활용될 수 있게 한다. 그러나 그 기재가 매우 간략히 표현되고 있기 때문에 특허발명의 보호범위를 정하는 데 사용되어서는 안 된다(특§43). 이러한 요약서의 기재방법은 산업통상자원부령(특§42⑨)에 의하고, 공개공보에 게재하고 있다.

5. 기타의 첨부서류

위의 서류 외에도 법령에 규정된 서류들을 첨부하여야 한다. 여기에서는 반드시 제출해야 하는 서류와 필요한 경우에 한하여 제출하는 서류로 나누어 볼 수 있다.

(1) 반드시 제출해야 하는 서류

1) 공동출원의 경우 공동출원인이 대표자를 선정한 때에는 대표자를 증명하는 서류를 첨부하여야 한다.

2) 대리인이 있는 경우에는 대리권을 증명하는 서류(즉 위임장)를 첨부하여야 한다.

3) 우선권을 주장하는 경우에는 우선권을 증명하는 서류를 출원과 동시에 제출하지 않은 경우에는 최선일(最先日)로부터 1년 4월 이내에 제출하여야 한다.

4) 신규성 상실에 대한 예외를 적용받고자 하는 경우에는 그 취지를 기재한 서류를 첨부하여야 한다.

5) 특허관리인이 출원, 청구 등의 절차를 밟을 때는 그 특허관리인임을 증명하는 서류를 제출하여야 한다.

6) 미생물에 관계되는 발명에 대하여 특허출원을 하는 경우에는 미생물기탁사실 증명서류를 첨부하여야 한다.

(2) 필요한 경우에 한하여 제출하는 서류

특허를 받을 수 있는 권리를 승계한 자가 출원청구 등의 절차를 밟을 때는 ⅰ) 승계인의 자격증명, ⅱ) 외국인인 경우에는 국적증명, ⅲ) 법인인 경우에는 법인증명, ⅳ) 상호평등보호를 인정하고 있는 국가의 국민이 출원하는 경우에는 그 취지를 증명하는 호혜주의 인정서를 제출하여야 한다.

(3) 특허출원 후 양도하는 경우

이 경우에도 그 승계인임을 증명하는 서류를 제출하게 할 수 있다.

(4) 분할출원(특§52①)인 경우

하나의 특허출원 중에 2 이상의 발명이 포함되어 있음이 출원 후 명확한 때에는 기본의 특허출원을 2 이상의 특허출원으로 분할하기 위하여 분할출원서를 제출하여야 하는데, 이 경우도 필요한 모든 서류를 별도로 제출하여야 한다. 그러나 원(原)출원서에 첨부된 서류를 원용할 수도 있다.

Ⅴ. 출원의 효과

출원이 수리되면 출원은 출원번호가 부여되며 출원번호통지서가 출원인에게 통지된다. 특허청에 계속되는 동안 그 출원일을 기준으로 하여 출원인은 선출원의 지위가 생기고 이에 후출원배제의 효과가 생긴다. 또한, 특허출원시는 신규성 등의 특허요건 판단의 기준시점이 되고 출원심사청구기간(3년: 특§59②)이나 특허권의 존속기간(20년: 특§88①), 조약에 의한 우선권주장 기간(1년: 특§54②) 등의 기산점이 된다. 특허출원에 대하여 거절결정 또는 심결이 확정되거나 특허권이 설정등록되면 출원계속의 효과는 소멸한다. 또한, 출원의 취하나 포기가 있는 출원의 출원계속의 효과도 소멸한다.

Ⅵ. 특허출원에 있어서의 여러 제도

우리나라와 같이 선출원주의를 취하고 있는 국가에서는 발명자들이 타인들보다 먼저 출원하려고 서두르는 까닭에 출원서의 기재 표현, 명세서의 청구범위의 내용 등을 출원시에 완전하게 갖추지 못하는 경우가 있다.

이에 특허법은 선출원주의를 보완하기 위해 출원 후에 출원보정, 출원분할, 출원변경, 출원의 취하, 출원포기, 우선권 등의 여러 제도를 두고 있다.

1. 보정제도

(1) 의의 및 종류

보정이란 특허출원의 내용이나 형식에 하자가 있는 경우에 일정한 범위 내에서 그에 대한 정정 · 보완을 인정하고 적법하게 한 경우 그 효력을 출원시까지 소급하여 인정하는 제도이다. 이러한 보정에는 절차적 보정[84]과 실체적 보정(특§47) 그리고 직권에 의한 보정[85]과 자발적 보정[86]으로 나누어진다.[87]

직권보정은 심사관이 특허결정을 할 때에 특허출원서에 첨부된 명세서, 도면 또는 요약서에 적힌 사항이 명백히 잘못된 경우에는 직권으로 보정(이하 "직권보정"이라 한다)할 수 있다(특§66의2①). 이에 심사관이 직권보정을 하려면 특허결정의 등본 송달과 함께 그 직권보정 사항을 특허출원인에게 알려야 한다(특§66의2②). 그런데 만약 특허출원인이 직권보정 사항의 전부 또는 일부를 받아들일 수

---

84) 특허법 제46조(절차보정) 및 제203조(국제특허출원의 절차보정) ② 특허청장은 다음 각호의 1에 해당하는 경우는 보정기간을 정하여 보정을 명하여야 한다.

1. 제1항 전단의 규정에 의한 서면을 국내서면제출기간 내에 제출하지 아니한 경우
2. 제1항 전단의 규정에 의하여 제출된 서면이 이 법 또는 이 법에 의한 명령이 정하는 방식에 위반되는 경우

③ 제2항의 규정에 의하여 보정명령을 받은 자가 지정된 기간 내에 보정을 하지 아니한 경우에 특허청장은 당해 국제특허출원을 무효로 할 수 있다.

특허법 제195조(보정명령) 특허청장은 국제출원이 다음 각호의 1에 해당하는 경우에는 기간을 정하여 보정을 명하여야 한다.

1. 발명의 명칭이 기재되지 아니한 경우
2. 요약서가 제출되지 아니한 경우
3. 제3조 또는 제197조 제3항의 규정에 위반된 경우
4. 산업통상자원부령이 정하는 방식에 위반된 경우

85) 특허법 제66조의2(직권에 의한 보정 등) ① 심사관은 특허결정을 할 때에 특허출원서에 첨부된 명세서, 도면 또는 요약서에 명백히 잘못 기재된 내용이 있으면 직권으로 보정(이하 "직권보정"이라 한다)할 수 있다.

② 제1항에 따라 심사관이 직권보정을 하려면 특허결정의 등본 송달과 함께 그 직권보정 사항을 특허출원인에게 알려야 한다.

③ 특허출원인은 직권보정 사항의 전부 또는 일부를 받아들일 수 없으면 특허료를 납부할 때까지 그 직권보정 사항에 대한 의견서를 특허청장에게 제출하여야 한다.

④ 특허출원인이 제3항에 따라 의견서를 제출한 경우 해당 직권보정 사항의 전부 또는 일부는 처음부터 없었던 것으로 본다.

⑤ 명백히 잘못 기재된 것이 아닌 사항에 대하여 직권보정이 이루어진 경우 그 직권보정은 처음부터 없었던 것으로 본다.

86) 특허법 제47조(특허출원의 보정) ① 특허출원인은 제66조에 따른 특허결정의 등본을 송달하기 전까지 특허출원서에 첨부한 명세서 또는 도면을 보정할 수 있다.

없으면 특허료를 납부할 때까지 그 직권보정 사항에 대한 의견서를 특허청장에게 제출하여야 한다(특§66의2③). 이처럼 의견서를 제출한 경우 해당 직권보정 사항의 전부 또는 일부는 처음부터 없었던 것으로 본다(특§66의2④). 다만, 특허출원서에 첨부된 요약서에 관한 직권보정 사항의 전부 또는 일부만 처음부터 없었던 것으로 보는 경우에는 그러하지 아니하다(특§66의2④단서). 또한, 명백히 잘못 기재된 것이 아닌 사항에 대하여 직권보정이 이루어진 경우 그 직권보정은 처음부터 없었던 것으로 본다(특§66의2⑤).

이러한 보정제도는 원칙적으로 선출원주의의 단점을 보완하기 위한 제도이나 아무런 제한 없이 출원인이 자유롭게 보정할 수 있다면 여기에도 갖가지 폐해가 생길 수 있어,[88] 실체적 보정의 경우 특허등록 후의 보정은 원칙적으로는 정정심판에 의하여 할 수 있다(특§136①).

(2) 보정의 시기

보정의 시기는 특허출원인은 출원공개일 또는 제3자에 의한 출원심사 청구의 취지를 통지받은 날부터 3개월이 되는 날까지(제64조 제1항 각 호의 어느 하나에 해당하는 날부터 1년 2개월이 되는 날 후에 통지받은 경우에는 동항 각 호의 어느 하나에 해당하는 날부터 1년 6개월이 되는 날까지) 또는 특허결정의 등본을 송달하기 전까지 특허출원서에 첨부된 명세서 또는 도면을 보정할 수 있다. 다만, 거절이유통지를 받은 후에는 i) 거절이유통지(거절이유통지에 대한 보정에 따라 발생한 거절이유에 대한 거절이유통지는 제외한다)를 최초로 받거나 특허법 제47조 제1항 제2호의 거절이유통지가 아닌 거절이유통지를 받은 경우 해당 거절이유통지에 따른 의견서

---

87) 보정
- 절차보정 (특§46)
  - i) 특허법 제3조 제1항(행위능력) 및 제6조(대리권의 범위)의 규정에 위반된 경우
  - ii) 절차가 특허법 또는 법령에 정한 방식에 위반되는 경우
  - iii) 수수료를 납부하지 않는 경우(특§82)
- 실체보정 ── 최초 특허결정의 등본의 송달 전까지(특§47)
- 특허청의 직권에 의한 보정 ─ 절차나 형식에 대한 보정(특§66의2)
- 자발적 보정
  - 출원인이 자진해서 출원절차나 형식을 보정하는 방식적 보정
  - 출원내용을 보정하는 실체적 보정

88) 영국은 임시명세서 제도(provisional specification)를 두어 출원시에 임시명세서를 제출하게 하고 1년 이내에 완전한 명세서(complete specification)를 제출하도록 하고 있으며, 미국은 이와 유사한 임시출원제도(provisional application)를 도입하여 시행하고 있다(미국 특허법§111(b)).

제출기간 내, ii) 거절이유통지(제66조의3 제2항에 따른 통지를 한 경우에는 그 통지 전의 거절이유통지는 제외한다)에 대한 보정에 따라 발생한 거절이유에 대하여 거절이유통지를 받은 경우 해당 거절이유통지에 따른 의견서 제출기간 내, iii) 특허법 제67조의2에 따른 재심사를 청구할 때에만 보정할 수 있다(특§47①).

(3) 보정의 범위

보정이 가능한 범위는 특허출원서에 최초로 첨부된 명세서 또는 도면에 기재된 사항의 범위 안에 한정되며(특§47②), 제47조 제1항 제2호 및 제3호의 규정에 의한 보정 중 특허청구범위에 대한 보정은 i) 특허청구범위를 감축하는 경우, ii) 잘못된 기재를 정정하는 경우이고, iii) 분명하지 아니한 기재를 명확하게 하는 경우, 그리고 iv) 최초 명세서 또는 도면의 범위를 벗어난 보정에 대하여 그 보정 전 특허청구범위로 되돌아가거나 되돌아가면서 특허청구범위를 i)부터 iii)까지의 규정에 따라 보정하는 경우에 한하여 보정할 수 있다(특§47③). 이러한 보정제도는 출원인이 의도하는 바를 존중하나, 보정의 시기 및 내용에 있어서 일정한 제한을 가하는 것을 보정제한주의라고도 한다.[89]

(4) 보정의 효과

심사관은 최후거절이유통지에 대한 의견서 제출기간 내 및 재심사를 청구할 때에 따른 보정이 보정의 범위를 위반하거나 그 보정에 따라 새로운 거절이유가 발생한 것으로 인정하면 결정으로 그 보정을 각하하여야 한다. 다만, 재심사의 청구가 있는 경우 그 청구 전에 한 보정인 경우에는 그러하지 아니하다(특§51①).[90] 이러한 각하결정은 서면으로 하여야 하며 그 이유를 붙여야 하며(특§51②), 각하결정에 대하여는 불복할 수 없다. 다만, 특허거절결정불복심판에서는 그 각하결정(제66조의3에 따른 직권 재심사를 하는 경우 취소된 특허결정 전에 한 각하결정과 제67조의2에 따른 재심사의 청구가 있는 경우 그 청구 전에 한 각하결정은 제외한다)에 대하여 다투는 경우에는 그러하지 아니하다(특§51③).

보정이 적법하게 이루어진 경우에는 보정의 내용이 특허출원시로 소급하여 인정되며, 부적법한 보정인 경우에는 거절이유 및 보정각하된다. 거절이유통지

89) 특허설정등록 후의 보정은 원칙적으로 정정심판에 의하여 할 수 있다(특§136①).

90) 1. 제66조의2에 따른 직권보정을 하는 경우: 그 직권보정 전에 한 보정.
2. 제66조의3에 따른 직권 재심사를 하는 경우: 취소된 특허결정 전에 한 보정.
3. 제67조의2에 따른 재심사의 청구가 있는 경우: 그 청구 전에 한 보정.

(거절이유통지에 대한 보정에 따라 발생한 거절이유에 대한 거절이유통지는 제외한다)를 최초로 받거나 제2호의 거절이유통지가 아닌 거절이유통지를 받은 경우 해당 거절이유통지에 따른 의견서제출기간 또는 거절이유통지에 대한 보정에 따라 발생한 거절이유에 대하여 거절이유통지를 받은 경우 해당 거절이유통지에 따른 의견서 제출기간에 보정을 하는 경우에는 각각의 보정절차에서 마지막 보정 전에 한 모든 보정은 취하된 것으로 본다(특§47④).

2. 출원분할제도(특§52)

출원분할이란 2 이상의 발명을 1출원으로 한 경우[91]에, 그 특허출원의 출원서에 최초로 첨부된 명세서 또는 도면에 기재된 사항의 범위 안에서 i) 특허법 제47조 제1항의 규정에 따라 보정할 수 있는 기간 내 또는 ii) 특허거절결정등본을 송달받은 후 심판을 청구할 수 있는 기간 내 iii) 특허결정 또는 특허거절결정 취소심결의 등본을 송달받은 날부터 3개월 이내의 기간 내에서 일부를 1 이상의 출원으로 분할하여 출원하는 것을 말한다.

분할요건(특§52①)은 i) 분할하려고 할 때에, 원출원이 특허청에 적법하게 계속 중이고, ii) 원(原)특허출원인과 분할출원인이 동일하여야 하며, iii) 원특허출원에 2 이상의 발명이 포함되어 있어야 하고, iv) 분할대상이 된 발명은 원특허출원의 출원서에 최초로 첨부된 명세서 또는 도면에 기재된 것일 때, v) 보정 가능한 기간 내 또는 특허거절결정등본을 송달받은 후 심판을 청구할 수 있는 기간 내에 분할하여 특허출원을 한 것에 한하여 가능하다.

조약에 의한 우선권을 주장하는 자가 분할출원의 경우에는 분할출원서에 그 취지 및 분할의 기초가 된 특허출원을 표시한 서류를 분할출원을 한 날부터 3월 이내에 특허청장에게 제출하여야 하며(특§52③⑥), 이렇게 분할된 출원의 효과는 처음(당초) 특허출원시에 출원한 것으로 본다(특§52②). 즉 소급효가 발생한다.[92] 다만, 특허법 제52조 제2항 각호[93]에 해당하는 경우에는 분할출원시에 출원한 것으로 본다.

---

91) 대법원 1985.7.23.선고, 83후26 판결.

92) 이와 같이 소급효가 인정되는 것은 분할출원의 경우(특§52①) 외에도 변경출원의 경우(특§53), 출원보정의 경우(특§47), 모인출원의 경우(특§34, §35), 우선권의 경우(특§55)가 있다. 즉, 선출원주의의 예외라고 할 수 있다.

93) 1. 분할출원이 제29조 제3항에서 규정하는 타 특허출원 또는 실용신안법 제4조 제3항에서 규정하는 특허출원에 해당하여 제29조 제3항 또는 실용신안법 제4조 제3항의 규정을 적용

3. 분리출원제도(특§52의2)

분리출원이란 특허거절결정을 받은 자는 특허거절결정 등에 대한 심판청구가 기각된 경우 그 심결의 등본을 송달받은 날부터 30일 이내에 그 특허출원의 출원서에 최초로 첨부된 명세서 또는 도면에 기재된 사항의 범위에서 그 특허출원의 일부를 새로운 특허출원으로 분리하는 것을 말한다. 이 경우 새로운 특허출원의 청구범위에는 그 심판청구의 대상이 되는 특허거절결정에서 거절되지 아니한 청구항, 거절된 청구항에서 그 특허거절결정의 기초가 된 선택적 기재사항을 삭제한 청구항, 제1호 또는 제2호에 따른 청구항의 청구범위를 감축하거나 잘못 기재된 사항을 정정 또는 분명하지 아니하게 기재된 사항을 명확하게 적은 청구항, 또는 제1호부터 제3호까지 중 어느 하나의 청구항에서 그 특허출원의 출원서에 최초로 첨부된 명세서 또는 도면에 기재된 사항의 범위를 벗어난 부분을 삭제한 청구항만을 적을 수 있다(특§52의2①).

분리출원에 관하여는 제52조 제2항부터 제5항까지의 규정이 준용되고(특§52의2②), 특허출원서에 최초로 첨부한 명세서에 청구범위를 적지 아니하거나 명세서 및 도면을 국어가 아닌 언어로 적을 수 없다(특§52의2③). 또한 분리출원은 새로운 분리출원, 분할출원 또는「실용신안법」제10조에 따른 변경출원의 기초가 될 수 없다(특§52의2④).

4. 변경출원제도(특§53 및 특§87②단)[94]

변경출원이란 실용신안등록출원을 한 자가 출원서에 최초로 첨부된 명세서

하는 경우
2. 제30조 제2항의 규정을 적용하는 경우
3. 제54조 제3항의 규정을 적용하는 경우
4. 제55조 제2항의 규정을 적용하는 경우

94) 2006년 개정법 이전에는 이중출원제도였다. 이중출원이란 실용신안등록출원을 한 자가 실용신안출원일부터 그 실용신안권의 설정등록 후 1년이 되는 날까지 그 실용신안등록출원의 출원서에 최초로 첨부된 명세서의 실용신안등록청구범위에 기재된 사항의 범위 안에서 특허출원을 할 수 있는 것을 말한다(구특§53①). 이러한 이중출원제도는 출원인에게 권리의 조기획득과 활용을 가능케 하는 장점이 있었다. 하지만, 2006년말 1차 심사처리기간이 10개월로 단축될 예정에 따라 특허와 실용신안 출원의 등록시기에 차이가 없어지므로 조기에 부여받은 실용신안권을 행사하다가 후에 실용신안권을 포기하고 권리행사기간이 긴 특허권으로 바꾸어 권리를 계속 행사하고자 하는 이중출원 제도의 의미가 퇴색되는 등의 이유로 이중출원의 제도가 폐지되었다.

또는 도면에 기재된 사항의 범위 안에서 그 실용신안등록출원을 특허출원으로 변경하는 것을 말한다. 다만, 그 실용신안등록출원에 관하여 최초의 거절결정등본을 송달받은 날부터 3개월이 경과한 경우와 국어번역문이 제출되지 않은 경우에는 특허출원으로 변경할 수 없다(특§53①).

변경출원을 하는 자는 변경출원서에 그 취지 및 변경출원의 기초가 된 실용신안등록출원의 표시를 하여야 한다(특§53③). 또한, 변경출원의 경우에 조약에 의한 우선권을 주장하는 자는 최초로 출원한 국가의 정부가 인정하는 서류로서 특허출원의 연월일을 기재한 서면, 발명의 명세서 및 도면 등의 등본 또는 최초로 출원한 국가의 특허출원의 출원번호를 기재한 서면을 최선일부터 1년 4개월 이내에 제출하여야 하나, 그 기간이 지난 후에도 변경출원을 한 날부터 3개월 이내에 특허청장에게 제출할 수 있다(특§53⑥).

즉, 변경출원은 ⅰ) 후출원시에 선출원의 출원이 계속중이며, ⅱ) 선후 출원인이 변경출원시에 동일해야 하고, ⅲ) 최초거절결정등본을 송달받은 날부터 3개월 이내이어야 하는 요건을 갖는다. 이러한 변경출원의 요건을 만족해야 ⅰ) 출원일은 선출원일로 소급되며, ⅱ) 원출원이 취하되는 효과를 갖는다.

변경출원의 경우 출원일은 실용신안등록출원을 한 때에 특허출원한 것으로 본다. 즉 특허요건의 판단은 일정요건[95]을 제외하고는 원실용신안등록 출원시를 기준으로 소급효가 적용된다. 아울러 이러한 변경출원이 있는 경우에는 그 실용신안등록출원은 취하된 것으로 본다(특§53②④).

5. 출원의 포기 및 취하

출원이 특허청에 계속되어 있는 동안에 특허출원인 등[법정대리인(특§3①), 재외자(在外者)의 특허관리인(특§5), 특별 수권을 허여받은 위임대리인(특§6), 공동출원의 경우(특§11)에는 그 대표자]은 언제라도 출원의 포기[96]나 취하[97]를 할 수 있다.

---

95) 1. 제29조 제3항에 따른 다른 특허출원 또는 「실용신안법」 제4조 제4항에 따른 특허출원에 해당하여 이 법 제29조 제3항 또는 「실용신안법」 제4조 제4항을 적용하는 경우
2. 제30조 제2항을 적용하는 경우
3. 제54조 제3항을 적용하는 경우
4. 제55조 제2항을 적용하는 경우

96) 출원의 포기란 특허출원절차를 장래를 향하여 종료시키는 법률효과를 발생시키는 출원인의 자발적인 의사표시를 말한다. 예를 들면 최초특허료를 일정한 기간 내에 납부하지 않는 경

이 외에도 특허권 설정등록료 납부기간(추가납부기간)내에 특허료를 납부하지 않은 경우에는 그 특허출원은 포기한 것으로 본다(특§81③).

6. 우선권

우선권에는 조약에 의한 우선권(특§54)과 국내우선권(특§55)이 있다.

(1) 조약에 의한 우선권(특§54)

1) **조약에 의한 우선권 제도** 하나의 발명을 복수국에서 특허받으려 할 때 이를 동시에 출원한다는 것은 거리 · 언어 · 비용 또는 상이한 절차 등의 여러 이유에서 사실상 불가능하다 할 것이다. 이에 발명의 국제적 보호를 위해 파리협약에서는 동맹국에 한 최초의 출원에 근거하여 그것과 동일 발명을 일정한 기간(우선기간) 내에 다른 동맹국에 출원을 한 경우에도 최초의 동맹국에서 출원한 날에 출원한 것과 같이 보고 있으며, 파리협약 제4조 B, PCT 제8조 그리고 우리 특허법도 이를 명시하고 있다(특§54①).

2) **우선권주장의 절차 및 요건** 우선권의 이익을 향유하고자 할 때는 파리협약 제4조 D 제1항의 규정에 의거하여, 우리 특허법 제54조 제3항에 따라 특허출원시 특허출원서에 그 취지, 최초로 출원한 국명 및 출원의 연월일을 기재하여, 최선일부터 1년 4개월 이내(특§54⑤)에 우선권증명서(최초로 출원한 국가의 정부가 인정하는 서류로서 특허출원의 연월일을 기재한 서면, 발명의 명세서 및 도면의 등본, 그리고 최초로 출원한 국가의 특허출원의 출원번호를 기재한 서면)를 특허청장에게 제출하여야 한다(파리협약 §4D③, 특§54④). 위 기간 내에 해당 서류를 제출하지 않으면 우선권주장의 효력을 상실하나(파리협약 §4D④, 특§54⑥), 최초 출원일로부터 1년 이내에 일정 요건을 갖추어 출원된 경우에는 최선일부터 1년 4개월 이내에 우선권주장을 보정하거나 추가할 수 있다(§54⑦).

이러한 우선권이 유효하게 성립하기 위해서는 ⅰ) 동맹국에서 정규로 된 최초의 출원이어야 하고(파리협약 §4A③), ⅱ) 최초의 출원자 또는 그 승계인이어야

우에는 특허출원을 포기한 것으로 본다(특§81③).

97) 출원의 취하란 특허출원절차를 소급적으로 종료시키는 법률효과를 발생시키는 출원인의 자발적인 의사표시를 말한다. 예를 들면 일정기간 내에 출원심사청구가 없는 때(특§59⑤), 외국어출원으로서 법정기간 내에 번역문의 제출이 없을 때(특§201②) 특허출원을 취하한 것으로 본다.

하며(파리협약 §4A①), iii) 출원내용이 최초의 출원과 동일하여야 하며(파리협약 §4F · H), 그리고 iv) 우선권주장은 최초의 출원일로부터 1년 이내에 하는 경우(파리협약§4C①, 특§54②)만이 가능하다.

3) 우선권주장의 효과

(가) 최초의 출원국(제1국)에 출원한 날과 다른 나라(제2국)에 출원한 날 사이에 제3자가 동일발명을 출원하거나 그 기간 내에 신규성을 상실하는 사유가 생기더라도 제2국 이후의 출원도 처음의 출원국(제1국)에 출원한 것으로 보므로 거절이유가 되지 아니한다(특§54①, 파리협약 §4B).

(나) 최초의 출원과 대상의 동일성을 유지하는 한 제2국의 출원시에 2 이상의 발명을 포함하고 있을 때는 출원을 분할할 수 있다(특§52②iii, ④, 파리협약 §4G).

(2) 국내우선권(특§55)

최근 기술개발의 속도가 빨라지고 발명의 내용이 복잡해짐에 따라 개량발명이나 추가발명을 하는 경우가 많아져 1990년 개정법에서 도입된 제도이다.

이 제도는 특허출원 후 개량발명을 하여 보정을 하는 경우 요지변경이 되거나 별도의 출원을 하는 경우에는 먼저 한 출원에 의해서 거절되는 등의 문제를 시정하기 위한 것이다.

1) 제도의 의의　　국내우선권제도란 기본발명을 출원한 출원인이 그 후 기본발명에 대한 내용을 개량 · 보충 · 추가한 경우 선출원의 발명에 포함시켜 하나의 특허를 취득할 수 있도록 함으로써 발명자 및 그 승계인의 권익을 보호하는 제도이다. 즉 이 제도는 구법(1990년 1월 13일 법률 제4207호 이전 법)에서 선출원의 명세서 · 도면을 보정하는 경우 '요지변경'으로 거절되는 것을 보완하기 위하여 도입된 제도였다.[98] 현재는 이러한 요지변경제도는 폐지되었다.

2) 국내우선권주장의 요건 및 절차　　국내우선권의 이익을 향유하기 위해서는 i) 선출원이 그 특허출원시에 포기 · 무효 · 취하되지 않고, 적법하게 특허청에 계속 중이어야 하고(특§55①iii), ii) 출원인이 동일하여야 하고, iii) 출원내용도

98) 미국은 우리나라의 국내우선권제도와 비슷한 일부계속출원 제도를 두고 있다. 일부계속출원(continuation in part application: CIP)이란 동일출원인에 의한 후출원이 선출원의 요부(要部)의 전부 또는 일부를 포함하고 있으며, 나아가 선출원에 없었던 새로운 사항을 후출원에 추가한 출원을 말한다. 미국 특허법에서는 동일인에 의한 계속발명을 보호하기 위해 새로운 사항을 부가한 명세서를 일부계속출원으로 간주하여 선출원과의 공통된 사항에 대해서는 선출원의 출원일과 동일한 출원일을 인정하고 있다.

동일하여야 하며, iv) 선출원이 분할출원 또는 분리출원이거나 변경출원이 아니어야 하고(특§55① ii), 선출원이 설정등록되었거나 특허거절결정, 실용신안등록거절결정 또는 거절한다는 취지의 심결이 확정되기 전이어야 한다(특§55① iv). v) 우선권주장은 선출원의 출원일로부터 1년 이내에 출원(후출원시)하여야 하고(특§55① i), 또 vi) 우선권주장의 취지 및 선출원의 표시를 특허출원서에 기재하여 특허청장에게 제출하여야 한다(특§55②).

3) **국내우선권주장의 효과** 국내우선권을 기초로 하여 출원한 것(즉 후출원)은 우선권주장의 기초가 된 선출원의 출원시에 출원한 것으로 소급하여 인정하여야 한다(특§55③). 또한, 요건을 갖추어 우선권 주장을 한 자는 선출원일(선출원이 2 이상인 경우 최선출원일)부터 1년 4개월 이내에 그 우선권 주장을 보정하거나 추가할 수 있다(특§55⑦).

후출원이 우선권으로 소급하여 인정된 경우에는 출원일로부터 1년 3개월이 지나면 선출원은 취하된 것으로 본다(특§56① 본). 그러나 포기 · 무효 · 취하, 설정등록되었거나 특허거절결정, 실용신안등록거절결정 또는 거절한다는 취지의 심결이 확정된 경우, 당해 선출원을 기초로 한 우선권주장이 취하된 경우에는 취하된 것으로 간주하지 않는다(특§56① 단).

제3절 | 특허출원심사절차

I. 의 의

특허출원의 심사에 있어서 출원된 발명에 대하여 특허를 받는 데 필요한 모든 법정요건의 유무를 행정관청인 특허청이 심리한 후 특허성이 있는지 없는지를 심사하는 것을 심사주의라고 하고, 특허를 받는 데 필요한 형식적 요건만 완비되면 실체적 요건에 대하여는 심리하지 아니하고 특허허여 후 그 요건의 유무에 대하여 분쟁이 발생하였을 경우 심판이나 재판에서 특허성의 유무를 심리하는 것을 일부심사주의(제도)라고 한다. 우리나라는 디자인보호법상 일부 디자인을 제외하고 원칙적으로 심사주의를 채택하고 있다(특§57①). 즉 심사의 주체는 심사관이

고, 심사의 객체는 특허출원이다.[99]

즉 대통령령에서 정한 자격을 갖춘 심사관이 주체가 되어 특허출원을 심사한다. 이와 함께 우리의 특허법은 특허심사주의가 갖는 심사지연의 문제점과 그에 따른 권리화의 지연 등과 같은 폐단을 시정하고자 출원공개제도와 조기공개제도 및 심사청구제도 등을 인정하고 출원공고제도[100]와 이의신청제도를 폐지하였다. 이외에도 출원의 심사 공정성을 확보하기 위하여 특허법 제63조의2를 2006년 개정법에서 신설하여, 특허출원에 대한 정보제공에 관한 규정을 신설하였다.

II. 심사절차의 내용

1. 출원공개제도 및 조기공개제도

(1) 의 의

출원공개제도[101]란 특허출원이 된 후, 일정한 기간이 경과한 때에는 출원인의 의사나 심사절차의 진행현황과 관계없이 일반 공중에게 그 특허출원의 내용을 알리는 제도이다. 이는 특허출원이 된 후 일정한 기간이 경과한 때에는 일반공중에게 그 특허출원의 내용을 알려, 동일 기술에 대한 중복연구와 중복투자를 방지하기 위함이다.

조기공개제도[102]란 출원공개기간(1년 6개월) 내라도 출원인의 신청에 의하여 일반공중에게 그 특허출원을 알리는 제도이다. 이는 출원공개기간(1년 6개월) 이전이라 할지라도 출원인이 원하는 경우에는 신청에 의하여 일반공중에게 그 특허출원을 조기에 공개할 수 있도록 하여 보상금청구권을 통해 특허출원을 조기에

99)

	형식심사	실질심사
심사주의	○	○
일부심사주의	○	×

100) 출원공고제도란 심사관이 특허출원 내용을 심사한 결과, 거절할 만한 이유가 없을 때에는 그 내용을 특허공보에 게재하여 일반공중에게 알려 중복연구 · 중복투자 등을 하지 않도록 함과 동시에 심사의 공정성과 안정성을 확보하기 위한 제도이다. 이 제도는 구법(1997년 개정 이전법)에서 존재하였으나, 심사기간이 지연된다는 이유로 등록공고제도로 바뀌었다.

101) 1980년 개정시 도입한 제도이다. 국제출원공개의 특례로서 i) 공개시기(특§207①), ii) 공개효과(특§207②)와 효과발생시기(PCT§29)를 국내법에 위임하고 있다.

102) 1995년 개정시 새로 도입한 제도이다.

보호할 수 있도록 하고 있는 것이다.[103)]

(2) 출원공개방법

특허청장은 특허출원일로부터 1년 6개월이 경과하면(또는 출원인의 신청이 있는 때) 특허공보에 발명의 명칭(분류기호), 출원연월일, 출원번호, 공개연월일, 출원인의 주소 및 성명, 발명자의 주소 및 성명, 특허출원서에 첨부된 명세서, 도면 및 요약서 등을 게재하여야 한다(특§64①, §64④ → 특령§19③). 다만, 특허법 제64조 제2항의 규정에 따라 특허청구범위가 기재되지 아니한 명세서를 첨부한 특허출원 및 제87조 제3항의 규정에 따라 등록공고를 한 특허의 경우 등에는 출원공개의 대상이 되지 아니한다(특§64②). 또한, 공개되기 전에 그 출원이 취하나 포기 또는 무효가 된 경우에도 공개가 되지 않는다.

(3) 출원공개의 효과

1) **적극적 효과** 출원공개에 의해 출원인에게는 반대급부로서 보상금청구권을 갖는다.

보상금청구권이란 특허출원인이 출원공개 후에 침해자에게 경고를 한 경우에 경고 후 특허권 설정등록시까지 그 발명을 업으로서 실시한 자 또는 경고를 하지 않은 경우에도 출원공개가 된 발명임을 알고 특허권 설정등록 전에 업으로서 그 발명을 실시한 자에 대하여 합리적으로 받을 수 있는 금액에 상당하는 보상금의 지급을 청구하는 권리를 말한다. 단, 선사용권과 직무발명에 대한 사용자 등 법정실시권자에 대해서는 보상금청구권을 행사할 수 없다.

이러한 보상금청구권은 특허권실시료에 상당한 금액으로 특허권 설정등록 후 3년 이내(민§766① 손해배상청구권의 소멸시효)[104)]에 청구하여야 한다(특§65③⑤). 이러한 침해가 있는 경우에는 출원인은 다른 출원에 우선하여 심사해 달라는 청구를 할 수 있다(특§61).

그러나 출원공개 후 특허출원이 포기·무효 또는 취하된 때, 특허출원의 특허거절결정이 확정된 때, 특허취소결정이 확정된 경우 및 특허를 무효로 한다는 심결[105)]이 확정된 때에는 보상금청구권은 처음부터 발생하지 아니한 것으로 본다

---

103) 이 제도는 특허법에는 존재하나 상표법에는 존재하지 않는다.

104) 민법 제766조 제1항: 불법행위로 인한 손해배상의 청구권은 피해자나 그 법정대리인이 그 손해 및 가해자를 안 날로부터 3년간 이를 행사하지 않으면 시효로 인하여 소멸한다.

105) 특허된 후 그 특허권자가 특허권을 향유할 수 없는 자로 되거나 그 특허가 조약에 위반되는

(특§65⑥).

2) **소극적 효과** 제3자에게는 특허공보가 기술정보로서의 가치를 가지고 있는 것이기 때문에 출원공개된 발명의 기술내용을 알게 되면 같은 기술을 중복 연구할 필요가 없으며, 공개된 발명을 기초로 하여 연구하여 그 기술(발명)을 개량할 수도 있고, 별도의 방법이나 수단에 의해 새로운 발명을 할 수도 있다.

(4) 출원공개의 예외

1) 공서양속 또는 공중의 위생을 해할 염려가 있는 사항(특령§19③단)

2) 비밀취급을 요하는 출원(특§64③, §87④)

3) 특허청구범위가 기재되지 아니한 명세서를 첨부한 특허출원 및 등록공고된 출원(특§64②)

4) 특허청에 계속 중이 아닌 출원 특허청에 계속 중이 아닌 출원에 대해서는 출원공개를 할 필요가 없다. 즉 무효, 포기, 취하, 거절결정이 확정된 출원에 대하여는 출원공개를 하지 않는다.

2. 출원심사청구제도

(1) 의 의

특허청은 출원된 것을 모두 일률적으로 심사하지 않고, 출원과 별도로 일정한 기간 내에 심사청구절차를 밟은 것만을 심사하고, 그러하지 아니한 출원은 특허출원을 취하한 것으로 보는 출원심사청구제도106)를 두고 있다(특§59①).

(2) 심사청구기간107)

심사청구를 할 수 있는 기간은 누구든지 특허 출원일로부터 3년 이내에 특허청장에게 그 특허출원에 관하여 출원심사의 청구를 할 수 있다(특§59②). 다만, 특허출원인의 경우에는 특허청구범위가 기재된 명세서가 첨부된 때에 한하여 출원심사의 청구를 할 수 있다(특§59②단).

심사청구기간이 경과한 후에 정당한 권리자의 특허출원, 분할출원 또는 변경출원이 있는 경우에는 정당한 권리자가 특허출원을 한 날, 분할출원을 한 날, 또

사유가 발생한 경우를 제외한다(특§133①iv).

106) 1980년 개정시에 도입된 제도로서 도입취지는 i) 방어적 출원, ii) 라이프 사이클이 짧아 상품이 상업적 가치가 없어진 발명, iii) 심사 지연 등을 방지하기 위함이다.

107) 심사청구기간은 나라마다 상이하다. 유럽특허조약은 원칙적으로 출원일로부터 2년이며, 일본(특§48의3①)과 중국(특§35①)은 3년, 독일(특§26)은 7년이다.

[도표 3] 특허출원에서 권리소멸까지의 절차도

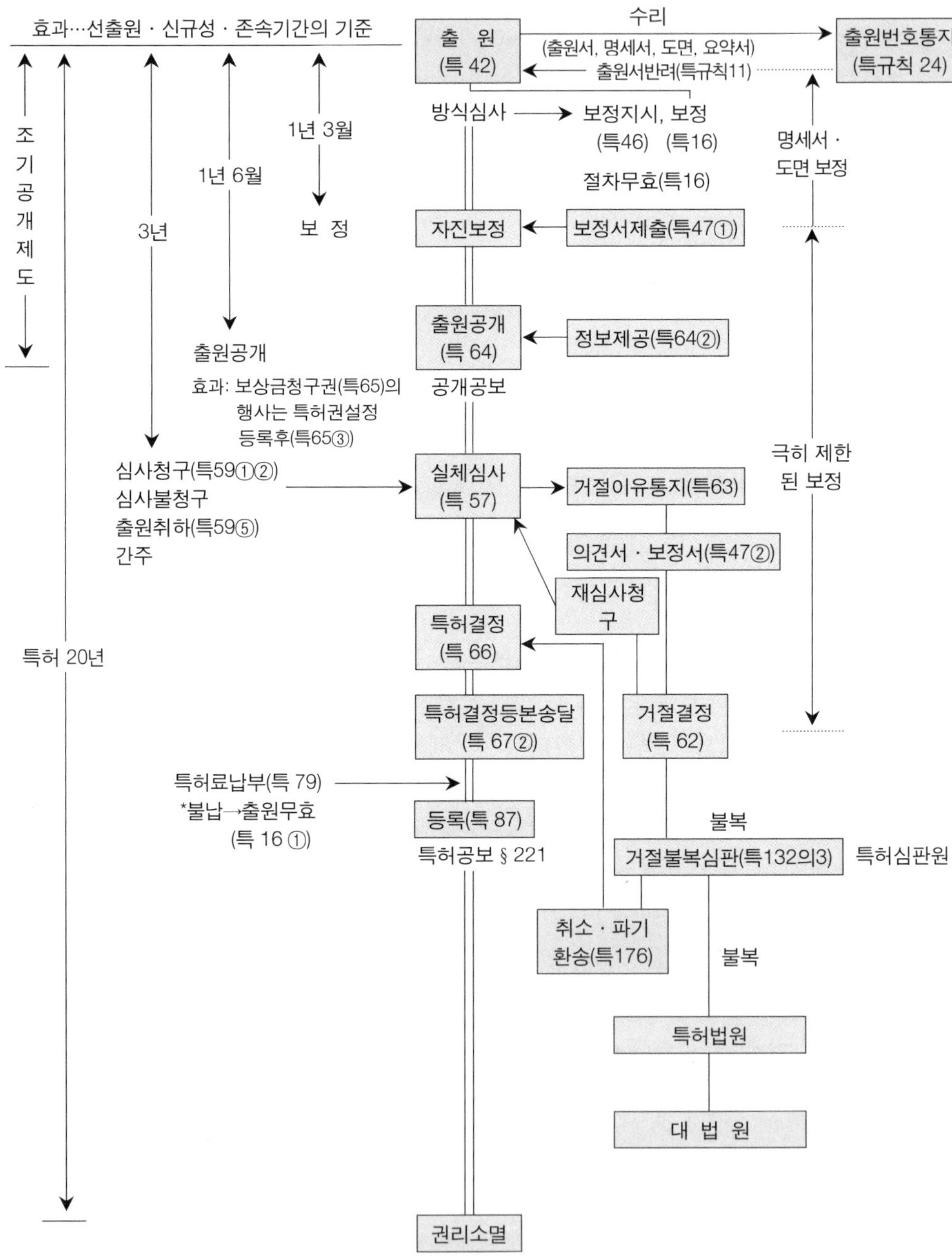

는 변경출원을 한 날부터 각각 30일 이내에 출원심사의 청구를 할 수 있도록 예외를 인정하고 있다(특§59③).

또한 특허출원인이 책임질 수 없는 사유로 심사청구기간이 경과하여 특허출원이 취하된 것으로 인정되는 경우에는 그 사유가 소멸한 날부터 2개월 이내에 출원심사의 청구를 할 수 있다. 다만, 그 기간의 만료일부터 1년이 지난 때에는 그러하지 아니하다(특§67의3①i). 이러한 경우 그 특허출원은 취하되지 아니한 것으로 본다(특§67의3②).

한편, 국제특허출원의 출원심사와 관련하여서는 출원인은 국제출원일에 제출한 명세서 · 청구의 범위 · 도면 및 요약서의 국어 번역문을 제출하고 수수료를 납부한 후가 아니면 출원심사를 청구할 수 없으며, 출원인이 아닌 자는 우선일로부터 2년 7개월이 경과한 후가 아니면 그 국제특허출원에 관하여 출원심사의 청구를 할 수 없다(특§210).

(3) 심사청구를 할 수 있는 자

우리 특허법상 심사청구를 할 수 있는 사람은 출원인뿐만 아니라 그 외의 '누구든지' 가능하다(특§59②). 여기서 '누구든지'라는 것은 출원인과 이해관계인에 한하지 않고 제3자도 포함된다고 본다. 즉 심사청구기간이 상당히 길기 때문에, 그 사이에 출원공개로 발생한 보상금청구권이 미확정 상태로 놓여지게 되어, 동일 또는 유사기술을 이미 실시하고 있는 자나 앞으로 실시하려는 자는 불안한 지위에서 가급적이면 빨리 출원발명의 특허여부를 알 필요가 있기 때문에 제3자도 포함되는 것으로 해석된다.

(4) 심사청구의 방법

심사청구를 하고자 하는 자는 i) 청구인의 성명 및 주소(법인인 경우에는 그 명칭 · 영업소의 소재지), ii) 출원심사의 청구대상이 되는 특허출원의 표시를 기재한 출원심사청구서를 특허청장에게 제출하고(특§60①), 청구인이 국가와 생활보호대상자, 장애인, 대학생 등인 경우를 제외하고는 소정의 심사청구료를 납부하여야 한다(특§83).

(5) 심사청구의 효과

1) 청구의 공고 특허청장은 출원공개 전에 출원의 심사청구가 있는 때에는 출원공개시에, 출원공개 후에 심사청구가 있는 때에는 지체 없이 그 취지를 특허공보에 게재하여 한다(특§60②). 또한, 특허출원인이 아닌 자로부터 출원의 심

사청구가 있는 때에는 그 취지를 특허출원인에게 통지하여야 한다(특§60③).

2) **심사의 착수**　심사청구가 있으면 심사관에 의하여 그 실체적 요건이 심사되며, 이 출원심사는 우선심사(특§61)의 경우를 제외하고는 청구된 순서에 따라 심사를 받게 된다(특규칙§38).

3) **취하금지**　심사청구는 일단 청구한 후에는 취하할 수 없다(특§59④).

4) **심사청구의 효과**　심사청구기간 내에 출원의 심사청구가 없을 때에는 그 특허출원은 취하한 것으로 본다(특§59⑤).

3. 우선심사제도

(1) 의　의

특허출원의 심사는 특허심사청구순서에 따라 하는 것이 원칙이나, 특허청장은 출원공개 후 특허출원인이 아닌 자가 업으로서 특허출원된 발명을 실시하고 있다고 인정되는 경우(특§61 i) 또는 대통령령으로 정하는 특허출원으로서 긴급하게 처리할 필요가 있다고 인정된 경우(특§61 ii)이거나 대통령령으로 정하는 특허출원으로서 재난의 예방·대응·복구 등에 필요하다고 인정되는 경우(특§61 iii)에 관해서는, 심사관으로 하여금 다른 특허출원에 우선하여 심사하게 할 수 있다. 이를 우선심사제도라 한다.

(2) 취　지(필요성)

출원인은 출원공개 후에 보상금청구권을 취득하지만, 그 권리행사는 특허권 설정등록 후가 아니면 행사할 수 없기 때문에 그 사이에 제3자의 실시로 인해 특허권자가 예상 외의 손해를 입을 수 있고, 또 실시하고 있는 제3자가 출원인으로부터 경고를 받았으나 그 특허출원이 특허요건을 갖추지 못한 경우에는 빨리 그 특허출원을 거절결정하여 제3자를 보호할 필요가 있다는 점을 고려한 제도이다. 즉 이 제도는 특허출원인과 그 실시를 한 제3자와의 이익조정을 도모하기 위한 제도라고 볼 수 있다.

(3) 우선심사의 요건

1) **출원공개 후 제3자가 업으로서 무단 실시하고 있는 출원일 것**[108)]

출원공개되고 등록공고가 되지 않은 특허출원으로, 출원에 관한 발명에 대하

---

108) 특허뿐만 아니라 실용신안과 디자인도 우선심사대상이다.

여 제3자가 업으로서 실시하고 있을 것을 요건으로 한다. 다만 단순히 실시준비를 하고 있는 것만으로는 충분하지 않다.

2) **대통령령이 정하는 특허출원으로서 긴급하게 처리할 필요가 있다고 인정되는 경우** 이 경우에는 출원공개를 전제할 필요가 없다.

3) **대통령령으로 정하는 특허출원으로서 재난의 예방 · 대응 · 복구 등에 필요하다고 인정되는 경우** 각 경우 우선심사의 필요성이 있다고 특허청장으로부터 인정받아야 하며, 그 요건을 갖추었는가 아닌가는 특허출원인 또는 그 발명을 업으로서 실시를 하고 있는 제3자로 하여금 자기 자신이 받고 있는 영향을 설명하는 '우선심사신청서'를 제출하게 하고(특규칙 §39 서식 22호), 그것에 근거하여 우선심사의 필요성을 판단한다.

(4) 대통령령이 정하는 우선심사의 대상[109]

아래의 특허출원으로서 긴급처리가 필요하다고 인정되는 경우(특§61 ii)에 우선심사신청이 있을 때에는 특허청장은 우선심사여부를 결정하여야 한다(특령§10②).

1) 방위산업분야의 특허출원(국방상의 특수성을 고려)

2) 「기후위기 대응을 위한 탄소중립 · 녹색성장 기본법」에 따른 녹색기술[110]과 직접 관련된 특허출원

3) 인공지능 또는 사물인터넷 등 4차 산업혁명과 관련된 기술을 활용한 특허출원

4) 반도체 등 국민경제 및 국가경쟁력 강화에 중요한 첨단기술과 관련된 특허출원

5) 수출촉진에 직접 관련된 출원 (산업정책)

6) 국가 또는 지방자치단체의 직무에 관한 특허출원[111]

7) 벤처기업의 확인을 받은 기업의 특허출원

---

109) 특허법 제61조, 특허법시행령 제9조, 우선심사신청에 관한 고시(특허청고시 제2018-5호 2018.4.24. 일부개정).

110) 온실가스 감축기술, 에너지 이용 효율화 기술, 청정생산기술, 청정에너지 기술, 자원순환 및 친환경 기술(관련 융합기술을 포함한다) 등 사회 · 경제 활동의 전 과정에 걸쳐 에너지와 자원을 절약하고 효율적으로 사용하여 온실가스 및 오염물질의 배출을 최소화하는 기술을 말한다.

111) 「고등교육법」에 따른 국 · 공립학교의 직무에 관한 특허출원으로서 「기술의 이전 및 사업화 촉진에 관한 법률」 제11조 제1항에 따라 국 · 공립학교 안에 설치된 기술이전 · 사업화 전담조직에 의한 특허출원을 포함한다.

8) 「중소기업기술혁신 촉진법」 제15조에 따라 기술혁신형 중소기업으로 선정된 기업의 특허출원

9) 「발명진흥법」 제11조의2에 따라 직무발명보상 우수기업으로 선정된 기업의 특허출원

10) 발명진흥법 제24조의2에 따라 지식재산 경영인증을 받은 중소기업의 특허출원

11) 국가의 신기술 개발지원 사업의 결과물에 관한 출원

12) 조약에 의한 우선권 주장의 기초가 되는 출원[112)]

13) 「특허협력조약」에 따른 국제조사기관으로서 국제조사를 수행한 국제특허출원

14) 특허출원인의 실시 또는 실시 준비중인 출원

15) 특허청장이 외국 특허청장과 우선심사하기로 합의한 특허출원

16) 우선심사의 신청을 하려는 자가 특허출원된 발명에 관하여 특허법 제58조 제1항에 따른 전문기관에 선행기술의 조사를 의뢰한 경우로서 그 조사결과를 특허청장에게 통지하도록 해당 전문기관에 요청한 특허출원

17) 65세 이상인 사람 또는 건강에 중대한 이상이 있어 우선심사를 받지 않으면 특허결정 또는 특허거절결정까지 특허에 관한 절차를 밟을 수 없을 것으로 예상되는 사람.

4. 정보제공제도

특허법상 정보제공제도는 특허를 받을 수 없는 발명이 특허권을 취득하는 것을 방지하기 위하여 일반공중들로부터 그 발명에 대한 정보를 제공받아 심사관들이 심사에서 활용할 수 있도록 하기 위한 제도이다. 즉 특허출원이 있는 때에는 누구든지 그 특허출원이 거절이유에 해당되어 특허될 수 없다는 취지의 정보를 증거와 함께 특허청장에게 제공할 수 있다. 다만, 특허법 특허청구범위의 기재방법에 관하여 필요한 사항이나 1특허출원의 범위에 규정된 요건을 갖추지 아니한 경우에는 그러하지 아니하다(특§63의2).

---

112) 당해 특허출원을 기초로 하는 우선권주장에 의하여 외국특허청에서 특허에 관한 절차가 진행중인 것에 한정한다.

5. 거절결정제도

(1) 서

우리나라는 심사주의를 채택하고 있어, 모든 출원은 심사관에 의해 심사를 받게 된다. 만약 거절이유를 발견할 수 없을 때에는 특허결정을 하여야 한다(특§66).

(2) 거절결정의 이유(특§62 i~vii)

1) 외국인의 권리능력(특§25)에 위반된 경우

2) 특허요건(특§29) 등이 충족되지 않은 경우와 선출원범위의 확대에 저촉된 경우

3) 특허를 받을 수 없는 발명(특§32)에 해당된 경우

4) 특허를 받을 수 있는 권리를 가지지 아니하거나(특§33① 본), 제33조 제1항 단서의 규정에 의하여 특허를 받을 수 없는 경우

5) 선출원주의(특§36)에 위반된 경우

6) 공동출원(특§44)에 위반된 경우

7) 조약의 규정에 위반된 경우

8) 특허출원(특§42③,④,⑧)의 기재요건을 위반한 경우

9) 1 발명 1 출원(특§45)의 요건을 위반한 경우

10) 보정이 가능한 범위(특§47②)를 벗어난 보정인 경우

11) 출원서에 최초로 첨부된 명세서 또는 도면에 기재된 사항의 범위(특§52①)를 벗어난 분할출원 또는 분리출원인 경우

12) 실용신안등록출원의 출원서에 최초로 첨부된 명세서 또는 도면에 기재된 사항의 범위(특§53①)를 벗어난 변경출원인 경우

(3) 거절이유의 통지

심사관이 특허출원에 대하여 실체심사를 한 결과, ⅰ) 특허법 제62조에 따라 특허거절결정을 하려는 경우, ⅱ) 특허법 제66조의3 제1항에 따른 직권 재심사를 하여 취소된 특허결정 전에 이미 통지한 거절이유로 특허거절결정을 하려는 경우 특허출원인에게 거절이유를 통지하고 일정한 기간 내에 의견서를 제출할 수 있는 기회를 주는 '거절이유의 통지'를 하게 된다(특§62, §63). 그러나 특허법 제51조 제1항에 따라 각하결정을 하고자 하는 경우에는 그러하지 아니하다(특§63①단). 그리고 심사관은 특허청구범위에 2 이상의 청구항이 있는 특허출원에 대하여 거절

이유를 통지할 때에는 그 통지서에 거절되는 청구항을 명시하고 그 청구항에 관한 거절이유를 구체적으로 기재하여야 한다(특§63②).

(4) 거절이유가 통지된 출원의 보정

심사관이 특허출원을 심사한 결과 출원에 대해 거절이유를 발견했을 때에는 그 이유를 출원인에게 거절이유통지서로 통지하여야 하고, 상당기간을 정하여 의견서를 제출할 기회를 주어야 하며, 통지를 받은 출원인은 보정서(의견서) 등을 작성 · 제출함으로써(특§47, §63) 심사관은 제출된 보정(의견)서에 관하여 또 다시 심사하여야 한다.

(5) 거절결정의 효과

심사관은 거절이유가 해소되지 않았을 경우에는 거절결정을 하여야 하며, 거절결정을 받은 자가 거절결정 등본을 송달받은 날로부터 3개월 이내에 거절결정불복심판(특§132의17)을 청구하거나 재심사(특§67의2)를 청구하지 않으면 거절결정이 확정된다. 또 거절결정불복의 심판을 청구하였더라도 그 후에 청구를 취하하거나 그 청구의 기각 심결이 확정될 경우에도 거절결정이 확정된다.

6. 특허결정제도

심사관은 특허출원에 대하여 거절이유를 발견할 수 없는 때에는 특허결정을 하여야 하는 제도이다(특§66).

특허결정 및 특허거절결정(이하 "특허여부결정"이라 한다)은 서면으로 하여야 하며, 그 이유를 붙여야 하고, 특허청장은 특허여부결정이 있는 경우에는 그 결정의 등본을 특허출원인에게 송달하여야 한다(특§67).

7. 특허권 설정등록공고제도

(1) 의 의

심사관이 특허출원의 내용을 심사한 결과, 거절할 만한 이유가 없을 때에는 특허결정을 하여야 한다(특§66). 심사관이 특허결정을 하였을 때는 특허청장은 출원인이 소정의 특허료를 납부한 때에 특허권설정등록을 하고(특§87②) 그 내용을 특허공보에 게재하여(특§87③) 일반공중에게 알려서 중복연구 · 중복투자 등을 하지 않도록 함과 동시에 특허분쟁을 미연에 방지하기 위하여 등록을 공고하는 제도이다.

그러나 비밀취급을 요하는 특허발명에 대하여서는 비밀취급의 해제시까지 등록공고를 보류하여야 하며, 그 비밀취급이 해제된 때에는 지체 없이 등록공고를 하여야 한다(특§87④).

(2) 등록공고의 절차(방법)

특허청장은 특허결정이 되면, 특허결정등본을 특허출원인에게 송달하고 특허공보에 게재하여야 한다(특§67②, §87③).

이 특허공보에는 i) 특허권자의 성명 및 주소(법인인 경우에는 그 명칭 및 영업소의 소재지), ii) 출원번호 및 출원연월일, iii) 발명자의 성명 및 주소, iv) 특허출원서에 첨부된 요약서, v) 특허번호 및 설정등록연월일, vi) 등록공고연월일, vii) 특허법 제63조 제1항 각호 외의 부분 본문에 따라 통지한 거절이유에 선행기술에 관한 정보가 포함된 경우 그 정보, viii) 그 밖에 대통령령으로 정하는 사항(특§87③).

8. 재심사청구제도

특허출원인은 그 특허출원에 관하여 특허결정의 등본을 송달받은 날부터 제79조에 따른 설정등록을 받기 전까지의 기간 또는 특허거절결정등본을 송달받은 날부터 3개월[113] 이내에 그 특허출원의 명세서 또는 도면을 보정하여 해당 특허출원에 관한 재심사를 청구할 수 있다. 다만, 재심사를 청구할 때에 이미 재심사에 따른 특허여부의 결정이 있는 경우, 제132조의17에 따른 심판청구가 있는 경우,[114] 또는 그 특허출원이 분리출원인 경우에 해당하는 경우에는 그러하지 아니하다(특§67의2①). 이 경우 그 특허출원에 대하여 종전에 이루어진 특허결정 또는 특허거절결정은 취소된 것으로 본다(특§67의2④). 또한, 이 경우 재심사의 청구는 취하할 수 없다(특§67의2④).

특허출원인이 정당한 사유로 재심사의 청구를 할 수 있는 기간을 지키지 못하여 특허거절결정이 확정된 것으로 인정되는 경우에는 그 사유가 소멸한 날부터 2개월 이내에 재심사의 청구를 할 수 있다. 다만, 그 기간의 만료일부터 1년이 지난 때에는 그러하지 아니하다(특§67의3① ii). 이러한 경우 그 특허출원은 특허거절결정이 확정되지 아니한 것으로 본다(특§67의3②).

---

113) 특허법 제15조 제1항에 따라 제132조의17에 따른 기간이 연장된 경우 그 연장된 기간을 말한다.

114) 특허법 제176조 제1항에 따라 특허거절결정이 취소된 경우는 제외한다.

기존의 심사전치주의 하에서는 특허거절결정을 받은 경우 심사관에게 다시 심사를 받기 위하여는 반드시 특허거절결정 불복심판을 청구하도록 하고 있어 특허출원인으로서는 불가피하게 특허거절결정 불복심판을 청구하여야 하는 불편이 있었다. 이에 특허거절결정 불복심판을 청구하지 아니하더라도 특허출원서에 첨부된 명세서 또는 도면의 보정과 동시에 재심사를 청구하면 심사관에게 다시 심사를 받을 수 있도록 재심사 청구제도를 도입한 것이다.

한편 2016년 2월 29일 개정(법률 제14035호)에서는 심사관이 특허결정을 한 후 명백한 거절이유를 발견한 경우에는 직권으로 특허결정을 취소하고 그 특허출원을 다시 심사할 수 있도록 하여 하자(흠) 있는 특허를 사전에 방지하도록 하되, 권리보호의 안정성을 위하여 특허권이 설정되기 전까지만 특허결정을 취소할 수 있도록 특허법을 개정하였다(특§66의3). 이 경우 심사관이 직권 재심사를 하려면 특허결정을 취소한다는 사실을 특허출원인에게 통지하여야 한다(특§66의3②).

9. 선행기술의 조사 및 전문기관의 운영

특허법 제58조에는 선행기술의 조사를 전문기관을 지정하여 선행기술의 조사, 국제특허분류의 부여 그 밖에 대통령령이 정하는 업무를 의뢰할 수 있도록 하였고, 특허청장은 특허출원의 심사에 관하여 필요하다고 인정할 때에는 정부기관, 해당 전문기관 또는 특허에 관한 지식과 경험이 풍부한 자에게 협조를 요청하거나 의견을 들을 수 있도록 하고 있다.

즉, 특허청장은 특허출원의 심사(국제출원에 대한 국제조사 및 국제예비심사를 포함한다)에 있어서 필요하다고 인정할 때에는 전문기관을 지정하여 선행기술의 조사, 국제특허분류의 부여 그 밖에 대통령령이 정하는 업무를 의뢰할 수 있다(특§58①). 이 경우 특허청장은 특허출원의 심사에 관하여 필요하다고 인정할 때에는 정부기관, 해당 기술분야의 전문기관 또는 특허에 관한 지식과 경험이 풍부한 자에게 협조를 요청하거나 의견을 들을 수 있다(특§58④).

그러나 위 전문기관이 거짓 그 밖의 부정한 방법으로 전문기관의 지정을 받은 경우에는 청문(특§58의2②)을 거쳐 전문기관의 지정을 취소하여야 하며, 대통령령에 따른 지정기준에 적합하지 아니하게 된 경우에는 일정한 기준과 절차(특§58의2③)에 따라 그 지정을 취소하거나 6개월 이내의 기간을 정하여 업무의 정지를 명할 수 있다(특§58의2①).

제4절 | 특허권

Ⅰ. 서

앞에서 살펴본 바와 같이 발명의 성립성과 특허등록요건을 갖추어서 특허청에 특허출원하여 심사절차를 거쳐 거절결정을 받지 않은 것은 특허를 받을 수 있다. 이러한 특허권은 설정등록에 의하여 그 효력이 발생한다(특§87①). 즉 특허권의 설정등록은 특허결정을 받고 특허료를 납부한 후 특허등록원부에 기재됨과 동시에 권리로서 효력이 발생하게 된다. 특허등록은 특허청에 비치한 특허등록원부에 특허청장이 직권으로 기재하며(특§85), 특허권의 설정등록을 하였을 때에는 특허청장이 특허권자에게 특허증을 교부한다(특§86①).

특허권이란 특허를 받은 발명을 독점적으로 이용할 수 있는 권리이고(특§94), 타인의 이용을 배제할 수 있는 권리이다(특§126). 따라서 특허권자는 특허발명을 이용(사용)하여 수익을 올릴 수도 있고 타인에게 처분(양도)할 수도 있다.

법률의 범위 내에서 그 소유물을 사용 · 수익 · 처분할 권리(민§211)를 가진 소유권과 같이 특허권은 전면적인 지배권이다. 이러한 특허권은 특허권자의 개인적 이익을 보호하는 사권(私權)이며, 또 재산적인 가치를 가지고 경제거래의 대상이 되므로 일종의 재산권이다.

이러한 특허권의 이용형태는 특허권자 자신이 직접 실시할 수도 있고, 타인에게 이용(실시)하게 하여 그 대가로 로열티를 받을 수도 있다. 또 앞의 특허출원 · 심사절차에서 본 바와 같이 일정의 절차를 거쳐 특허등록된 권리라도 시간적 · 장소적 또는 내용적인 제한[115]이 있을 수 있으며, 또 무효가 될 수 있다. 그러므로 특허권은 민법상의 다른 소유권에 비해 불안정한 권리라고도 말할 수 있다.

115) 독점적인 특허권이 발생하였다고 하여, 타법을 배제하면서까지 그 실시를 허여하는 것은 아니다.

II. 특허권의 효력발생

특허권은 설정등록에 의하여 그 효력이 발생한다(특§87①). 특허권의 설정등록은 특허청에 있는 특허등록원부에 기재됨과 동시에 효력이 발생하고, 이러한 효력은 국내에 한하여 유효한 권리이다. 특허권의 효력에는 특허권자가 업으로서 특허발명을 독점적으로 실시·이용할 수 있는 적극적 효력과 타인이 부당하게 특허발명을 실시하는 것을 금지시킬 수 있는 소극적 효력이 있다. 이에 특허법은 제94조 본문에서 "특허권자는 업으로서 그 특허발명을 실시할 권리를 독점한다."라고 규정하여 특허권의 적극적 효력을 밝히고 있으며, 그 소극적 효력에 관하여는 제97조에서 "특허발명의 보호범위는 특허청구범위에서 기재된 사항에 의하여 정하여진다."라고 규정하고 있다.

1. 적극적 효력

(1) 실 시

'실시'는 특허법 제2조 제3호에 정의된 '실시'를 의미하며, 따라서 물건발명의 실시, 방법발명의 실시 및 물건을 생산하는 방법발명의 실시로 나눌 수 있다.

1) 물건발명의 실시 물건발명의 실시는 물건을 생산·사용·양도·대여·수출 또는 수입하거나 그 물건의 양도 또는 대여의 청약(양도 또는 대여를 위한 전시를 포함한다)을 하는 행위를 말한다(특§2iii가).

'생산'은 특허발명을 유형화하여 발명의 결과인 물건을 만들어 내는 일체의 행위로 반드시 완성행위일 것을 요하지 않으며, 건조·구축·착수 등의 행위를 포함한다. 그러나 모형의 제작, 설계도의 작성과 같은 생산의 준비행위는 포함하지 않는다. '사용'은 발명의 기술적 효과를 실현시키는 일체의 행위로 예컨대 제조기계와 같은 물건의 특허발명에 있어 그 기계를 사용하여 일정한 제품을 만드는 행위를 들 수 있겠다. '양도'는 생산된 발명품의 소유권을 타인에게 이전하는 것으로 유·무상을 가리지 않는다. 다만, 직접 해외로 수출만을 하는 행위는 양도행위에 포함되지 않는다는 견해도 있다.[116] '대여'는 발명품을 일정한 시기에 반환할

116) 특허권은 국내에서만 효력을 가지며 그 효력이 외국까지는 미치지 않기 때문에 수출에 특허권의 효력은 미치지 않으나, 통상적으로 수출하기 전에 생산·판매 혹은 양도가 이루어지므로 수출 자체를 금지할 수 없다고 하더라도 문제가 된다고는 할 수 없다[윤선희, 「특허법」,

것을 조건으로 타인에게 빌려주는 것으로 양도와 같이 그 유·무상을 가리지 않는다.

1995년 12월 개정시에 "물건의 양도 또는 대여의 청약"이라는 내용을 새로 도입하였다. 즉 WTO(세계무역기구)/TRIPs(지적재산권)협정 제28조(특허권리내용)의 내용을 반영한 것으로 여기(WTO/TRIPs협정 제28조)에서는 '판매의 청약'(offering for sale)이라는 용어를 사용하고 있으나 우리나라 특허법에서는 "물건의 양도 또는 대여의 청약"이라는 용어를 사용하고 있다.

'물건의 양도 또는 대여의 청약'이란 특허권자가 특허제품을 판매 또는 대여하기 위하여 특허제품의 특징, 가격, 내용 등을 카탈로그나 팜플렛 등에 게재하여 배포하는 행위 등을 말한다. 즉 특허 또는 실용신안 제품을 국내에서 직접 판매하지 않는 경우에도 카탈로그에 의한 권유, 팜플렛의 배포, 상품판매의 광고, 상품의 진열 등에 의해서 특허 및 실용신안 제품의 판매를 유도하는 행위 자체는 청약의 유인행위이나 이러한 유인행위는 특허제품을 판매하기 위한 행위이므로 '물건의 양도 또는 대여의 청약'에 포함시켜 해석하여야 할 것이다. 여기서 '물건의 양도'란 유·무상에 관계없으며(예를 들면 무상으로 시작품(試作品)을 배포하는 행위도 특허법상의 실시가 된다), '대여의 청약'이란 리스의 청약과 같이 대여를 목적으로 청약하는 행위를 말한다.

'전시'는 발명을 양도하거나 대여할 목적으로 불특정다수인이 인식할 수 있는 상태로 두는 것을 말하며, 양도나 대여의 목적이 아닌 단순한 전시는 특허법상의 실시에 해당하지 않는다.

'수출'은 2025년 1월 21일(법률 제20700호) 개정시 '실시'의 한 형태로 도입되었다. 우리나라는 국내에서 해외로 물건 등을 수출하는(내보내는 것) 것은 실시의 형태로 보지 않았으나 최근 세계가 글로벌화와 더불어 특허침해물품이 국경을 넘어 확산되는 것을 방지하고 권리자의 권리를 보호하고 강화하기 위하여 개정하였다. 일본, 독일 등에서도 '수출'을 실시행위로 보고 있으며 다른 산업재산권법에서도 수출을 실시행위로 보고 있다.

'수입'은 외국에서 생산된 특허품을 국내시장에 반입하는 행위로, 단순한 송장(invoice) 도착의 경우는 포함하지 않는다.

법문사(2010), p.148].

2) **방법발명의 실시** 방법의 발명에서 '실시'란 그 방법을 사용하는 행위를 말한다. 즉 기계, 설비, 장치 등의 사용방법과 측정방법 등의 사용행위가 이에 해당된다(특§2iii나). 이와 함께 그 방법의 사용을 청약하는 행위도 방법의 발명을 실시하는 행위에 포함된다. 방법의 발명의 경우 2019년 12월 10일 일부개정에서 그 방법의 사용을 청약하는 행위가 특허를 받은 발명의 실시에 포함되었다(특§2iii나).

이와 관련하여 특허를 받은 발명의 실시가 방법의 사용을 청약하는 행위인 경우 특허권의 효력은 그 방법의 사용이 특허권 또는 전용실시권을 침해한다는 것을 알면서 그 방법의 사용을 청약하는 행위에만 미친다(특§94②). 이는 방법의 사용을 청약하는 행위가 특허를 받은 발명의 실시에 포함됨으로 인하여 소프트웨어 산업이 위축될 우려를 방지하기 위하여 2019년 12월 10일 일부개정에서 제94조 제2항으로 신설된 것이다.

3) **물건을 생산하는 방법발명의 실시** 물건을 생산하는 방법발명(예, 보리차의 제조방법)에서 '실시'란 방법발명의 실시 외에 그 방법에 의하여 생산한 물건을 사용・양도・대여・수출 또는 수입하거나 그 물건의 양도 또는 대여의 청약을 하는 행위를 말한다(특§2iii다).

(2) 업(業)으로서의 실시

업으로서의 실시는 단순히 영업을 목적으로 하는 경우에 한하는 것은 아니며, 광의의 경제활동의 하나로서 실시하는 것을 말한다. 다만, 개인 또는 가정 내에서의 실시는 공정한 경쟁질서를 저해하지 않는다는 이유에서 제외된다.

(3) 독 점

특허권자는 특허발명을 독점적으로 실시할 수 있으며, 다른 사람은 정당한 이유 없이 이를 실시할 수 없다. 따라서 타인이 정당한 이유 없이 특허발명을 실시하는 경우에는 특허권을 침해하는 것이 되며 특허권자는 침해자에게 그 실시를 중지할 것을 청구할 수 있고, 침해행위로 인하여 손해가 발생한 경우에는 손해배상을 청구하는 등의 여러 구제조치를 취할 수 있다.

2. 소극적 효력

특허권은 적극적으로 당해 특허발명을 실시할 수 있는 효력뿐만 아니라 정당한 이유가 없는 타인이 특허를 받은 발명을 업으로서 실시할 때에는 이를 특허권의 침해로 보아 당해 행위를 금지하게 할 수 있는 소극적인 효력을 갖는다.

이와 같은 특허권의 소극적 효력과 관련하여 특허권 보호의 대상 내지 보호범위의 확정문제가 논리적인 전제로서 파악되어야 할 것이다. 즉 특허법은 일정한 발명에 대하여 배타적 지배권을 행사할 수 있도록 하고 있는데, 만약 그 독점적 지배권의 범위를 확정하지 않는다면 당해 발명의 보호는 무의미해진다 하겠다. 이에 특허법은 "특허발명의 보호범위는 특허청구범위에서 기재된 사항에 의하여 정하여진다."라고 규정함으로써 특허권이 갖는 소극적 효력의 범위대상을 확정하고 있다.

따라서 비록 발명자의 발명성과는 명세서 중 발명의 상세한 설명의 항의 기재에 의하여 일반인에게 공개되나, 특허권의 보호대상으로 출원인이 한 당해 특허발명의 정의 내지 당해 발명내용의 집약은 특허청구범위가 된다 하겠다. 특허권을 침해하는 자에 대하여 특허권자는 민사적으로는 침해금지청구권, 부당이득반환청구권 내지 손해배상청구권, 신용회복청구권 등과 같은 구제수단을 사용할 수 있으며, 형사제재를 가할 수도 있다(이 부분은 뒤에서 상세히 보기로 한다).

Ⅲ. 특허권의 효력제한

1. 시간적 제한

특허권의 존속기간은 법정(法定)(특§88①)되어 있기 때문에 그 기간이 경과되면 당연히 소멸된다. 즉 특허권의 행사(특허발명의 실시)를 하거나 하지 않아도 그 기간(설정등록일부터 출원일 후 20년) 내에는 특허권이 존재하나 그 후에는 소멸한다.[117]

2. 장소적 제한

특허권의 효력은 우리나라 영역 내에 한한다. 즉 대부분의 국가들은 속지주

117)

	특 허	실 용	디자인	상 표	저 작
시 작	출 원	출 원	출 원	등 록	창작(완성)
기간(년)	20	10	20	$10+\alpha$	(사후) 70

의(屬地主義)를 채택하고 있다. 이것은 특허제도가 일국(一國)의 산업정책과 밀접한 관계가 있으므로 각국은 그 산업정책상 자국(自國)에서 부여하는 권리를 보호하는 것이기 때문에 특허권의 성립 · 소멸 · 이전 등은 각국의 특허법이 별도로 정하여 그에 따르게 하고 있다.

3. 내용적 제한

특허권 효력의 내용적인 제한은 특허권의 행사에 있어서의 제한과 특허권의 특수성에 근거한 제한으로 나눌 수 있다. 특허권의 행사는 헌법 제22조 제2항,[118] 제23조 제1항[119]에 근거하여 재산권으로 보호받을 수 있으나, 공공의 복리에 적합하지 않은 것은 당연히 제한되고(헌§23②), 또 신의성실의 원칙에 반하여(민§2①)[120] 행사하는 것은 권리의 남용이 되므로(민§2②)[121] 당연히 제한된다.

(1) 공공의 이익을 위한 제한

산업정책이나 공공의 이용 등에 의해 특정의 행위 또는 특정물에 대해 불특정인과의 관계에서 특허권의 효력이 제한된다.

1) 연구 또는 시험을 하기 위한 특허발명의 실시(특§96① i) 연구 또는 시험(「약사법」에 따른 의약품의 품목허가나 품목신고 또는 「농약관리법」에 따른 농약의 등록을 위한 연구 또는 시험을 포함한다)을 하기 위한 특허발명의 실시란 특허를 받은 발명의 기술적 효과를 확인 또는 검사하기 위하여 실시하는 것이며, 이러한 실시행위는 영리를 목적으로 하지 않으므로 특허권자의 이익을 해치는 것이 아니다. 또한 연구 · 시험을 함으로써 보다 나은 기술과 학문이 발전될 수 있으므로 이러한 행위를 업으로 하여도 특허권자는 실시(사용)금지를 하지 못한다.[122] 여기서 '연구 또는 시험'이란 학술적 연구 또는 시험뿐만 아니라 공업적 시험과 연구도 포

---

118) 헌법 제22조 제2항: "저작자 · 발명가 · 과학기술자와 예술가의 권리는 법률로써 보호한다."

119) 헌법 제23조 제1항: "모든 국민의 재산권은 보장된다. 그 내용과 한계는 법률로 정한다."

120) 민법 제2조 제1항(신의성실의 원칙) … 윤리적 규범
모든 사람은 사회공동생활의 일원으로서 서로 상대방의 신뢰를 헛되이 하지 않도록 성의 있게 행동하여야 한다는 원칙.

121) 민법 제2조 제2항(권리남용금지의 원칙)
권리가 법률상 인정되어 있는 사회목적에 반하여 부당하게 행사하는 것. 즉 외형상으로는 권리의 행사인 듯하나 그 사회성 · 공공성에 반하므로 정당한 권리의 행사로 볼 수 없는 경우.

122) 시험 · 연구에 대한 특허권행사의 제한을 각국의 법제가 인정하게 된 것은 미국의 Roche Products Inc. v. Bolar Pharmaceutical Co. 사건에 대한 판결로 인하여 도입되었다.

함된다.[123] 또한 특허법 개정으로 인하여 특허권의 효력이 미치지 않는 범위에 「약사법」에 따른 의약품의 품목허가나 품목신고 또는 「농약관리법」에 따른 농약의 등록을 위한 연구 또는 시험이 포함된다는 것을 2010년 개정된 특허법에 명확히 규정하였다.

2) **국내를 통과하는 데 불과한 선박 · 항공기 · 차량 또는 이에 사용되는 기계 · 기구 · 장치 기타의 물건**(특§96① ii) 이 규정은 파리협약 제5조의3의 규정과 같은 취지이고, 국제교통의 원활화를 도모하기 위한 것이다. 단순히 국내통과라는 목적에 한정된 것은 특허권자에게 주는 손해가 없고, 또 이 경우에도 특허권의 효력이 미치게 할 때는 교통을 방해하는 결과가 되어 국제교통상 장애가 되므로 이 조항을 만들었다고 본다.[124]

3) **특허출원시부터 국내에 있는 물건**(특§96①iii) 이 규정은 특허출원시에 이미 국내에 존재하고 있던 물건[125]까지 실시(사용)하지 못하게 하면 선사용권자가 생산한 제품과 설비 등을 사용하지 못하게 되고, 또 먼저 발명하여 법을 제대로 알지 못하여 특허출원하지 못한 자는 부당한 불이익을 입게 되는바, 이를 보완하기 위한 규정이라고 할 수 있다.

4) **조제행위**(특§96②) 이 규정은 의사의 처방전에 의해 2 이상의 의약을 혼합해서 의약을 제조하는 의약의 발명 또는 그 방법의 발명에 관한 특허권의 효력은 의사 또는 치과의사의 처방전에 의해 약사가 의약 중에서 선택하여 조제하는 행위에 불과하다고 하여 규정한 것이다.

5) **재심에 의하여 회복한 특허권의 효력의 제한**(특§181) 이 규정은 확정심결로 무효가 된 특허권이 재심에서 회복한 경우, 무효심결확정에서 회복까지의 기간에 있어서 소급하여 특허권은 존재하여 온 것이 되지만, 그 사이의 당해 발명의 실시는 자유로 되어 있었기 때문에, 그러한 선의의 자를 보호하기 위한 규정이다. 선의의 실시자의 실시까지 소급하여 특허권의 침해로 인정하는 것은 불합리하고, 공평의 원칙에도 반하기 때문이다.

---

123) 의약품 제조승인 신청을 위한 시험, 동경지방법원 1997.8.29, 민사29부 판결 1996년(ワ) 10134호 특허침해금지청구사건(판례시보 1616호, p.34; ジュリスト, p.268).

124) 국제민간항공조약 §27(특허권에 의해 청구되는 압류의 면제).

125) '물건'이란 국내에 있는 유체물에 한정된 것으로 본다. 그러므로 방법의 발명은 인정되지 않는다.

이러한 특허권이 재심에 의하여 회복된 경우에는 당해 심결이 확정된 후 재심청구의 등록 전에 선의로 국내에서 그 발명의 실시사업을 하고 있는 자 또는 그 사업의 준비를 하고 있는 자는 그 실시 또는 준비를 하고 있는 발명 및 사업의 목적의 범위 안에서 그 특허권에 관하여 통상실시권을 가진다(특§182).

6) 특허료 추가납부 또는 보전에 의하여 회복한 특허권의 효력의 제한

특허료의 불납에 의해 실효된 특허권의 회복에 대한 규정이다. 2001년 개정법 이전에는 특허료의 납부는 그 납부기간을 경과한 후라도 6월에 한하여 추가납부할 것을 조건으로 하는 것이 인정되었으나(특§81①②), 이 6월의 추가납부기간도 경과해 버린 경우에는 특허권이 소멸되었다.

이에 대해 국민(법률소비자)들의 진정과 파리협약 제5조의2 제2항을 근거로, 특허법 제81조의3을 신설하여 특허권의 설정등록을 받고자 하는 자 또는 특허권자가 정당한 사유로 말미암아 추가납부기간 이내에 특허료를 납부하지 아니하였거나 보전기간 이내에 보전하지 아니한 경우에는 그 사유가 종료한 날부터 2개월 이내에 그 특허료를 납부하거나 보전할 수 있다(특§81의3①).[126] 이 경우 특허료를 납부하거나 보전한 자는 제81조 제3항의 규정에 불구하고 그 특허출원을 포기하지 아니한 것으로 보며, 그 특허권은 계속하여 존속하고 있던 것으로 본다(특§81의3②).

추가납부기간 내에 특허료를 납부하지 아니하였거나 특허료의 보전의 규정에 따른 보전기간 이내에 보전하지 아니하여 실시 중인 특허발명의 특허권이 소멸한 경우 그 특허권자는 추가납부기간 또는 보전기간 만료일부터 3개월 이내에 특허료의 2배를 납부하고 그 소멸한 권리의 회복을 신청할 수 있다. 이 경우 그 특허권은 계속하여 존속하고 있던 것으로 본다(특§81의3③).

특허출원 또는 특허권의 효력은 특허료 추가납부기간이 경과한 날부터 납부하거나 보전한 날까지의 기간(이하 이 조에서 "효력제한기간"이라 한다)중에 다른 사람이 특허발명을 실시한 행위에 대하여는 그 효력이 미치지 아니한다(특§81의3④). 이러한 효력제한기간중 국내에서 선의로 특허법 제81조의3 제2항 또는 제3항의 규정에 의한 특허출원된 발명 또는 특허권에 대하여 그 발명의 실시사업을 하거나 그 사업의 준비를 하고 있는 자는 그 실시 또는 준비를 하고 있는 발명 또

126) 다만, 추가납부기간의 만료일 또는 보전기간의 만료일 중 늦은 날부터 1년이 지난 때에는 그러하지 아니하다(특§81의3①단).

는 사업의 목적의 범위 안에서 그 특허출원된 발명에 대한 특허권에 대하여 통상실시권을 가지며, 통상실시권을 가진 자는 특허권자 또는 전용실시권자에게 상당한 대가를 지급하여야 한다(특§81의3⑤⑥).

(2) 이용·저촉에 있어서의 제한(특§98)

특허권의 효력은 공공의 이용을 위한 제한 이외에도 특정의 사유가 존재할 때 또는 특정의 사유가 발생할 때에 개개의 특허권이 상대적으로 그 효력이 제한되는 경우도 있다. 이용·저촉관계에 있는 선출원 특허권자 등과의 관계에 있어서의 제한이 그 예이다.

후출원발명의 특허권자가 선출원인 특허권 또는 실용신안권과 이용·저촉관계에 있는 경우 그 효력이 제한된다. 즉 특허권자는 자신의 특허발명이 그 특허출원일 전에 출원된 타인의 특허권, 실용신안권, 디자인권을 이용하거나 이에 저촉되는 경우에는 그 권리자의 동의를 얻지 아니하거나 통상실시권허여심판에 의하지 않고서는 자신의 특허발명을 실시할 수 없다(특§98, §138).

통상실시권허여심판은 사전에 선등록권자로부터 통상실시권의 허여에 관해서 협의를 구하고 협의불성립, 불능의 경우 비로소 특허심판을 청구할 수 있는 것이다.

(3) 타인의 실시권과의 관계에 의한 제한

실시권에는 특허권자의 자유의사에 의한 것과 특허권자의 의사에 반한 것이 있다.

1) **계약 실시권** 계약에 의한 실시권에는 전용실시권(특§100)과 통상실시권(특§102)이 있으며, 특허권은 이러한 실시권에 의하여 제한을 받는다.

2) **법정 실시권** 법정 실시권에는 직무발명(발진§10), 특허료 추가납부에 의한 효력제한기간 중 선의의 실시자에 대한 통상실시권(특§81의3⑤), 선사용(先使用)에 의한 통상실시권(특§103), 무효심판청구등록 전의 실시에 의한 통상실시권[일명 중용권(中用權), 특§104], 디자인권의 존속기간 만료 후의 통상실시권(특§105), 재심에 의하여 회복한 특허권에 대한 선사용자의 통상실시권(특§182), 질권행사 후의 원특허권자의 실시권(특§122), 재심에 의하여 통상실시권을 상실한 원권리자의 통상실시권(특§183) 등이 있으며, 특허권은 이러한 법정실시권에 의해 제한을 받는다.

3) **재정 실시권** 재정 실시권에는 국방상필요(특§106), 불실시(특§107) 등이

있고, 특허권은 이러한 공익상의 제한을 받는다(상세한 것은 실시권에서 보기로 한다).

Ⅳ. 특허권자의 의무

특허권자는 업으로서 특허발명을 실시할 권리를 독점하지만, 이에 반해 일정한 의무도 주어지고 있다. 의무는 다음과 같다.

(1) 특허료의 납부의무(특§79)

특허권의 설정등록을 받으려는 자는 설정등록을 받으려는 날(이하 설정등록일이라 한다)부터 3년분의 특허료를 납부하여야 하고, 특허권자는 그 다음 연도분부터의 특허료를 해당 권리의 설정등록일에 해당하는 날을 기준으로 매년 1년분씩 납부하여야 한다(특§79①). 물론, 특허권자는 특허료를 그 납부연차 순서에 따른 수년분 또는 모든 연차분을 함께 납부할 수도 있다(특§79②).

그런데 여러 가지 사정에 의해서 특허료를 납부하지 못하는 경우가 있을 것이다. 하지만, 이러한 경우 즉시 특허출원을 포기한 것으로 보거나, 특허권을 소멸하게 하는 것은 무리가 있다고 본다. 이에 이를 보완하기 위해서 마련한 규정이 특허료의 추가납부이다. 즉, 특허권의 설정등록을 받고자 하는 자 또는 특허권자는 특허료 납부기간이 경과한 후에도 6개월 이내에 특허료를 추가납부할 수 있다(특§81①). 하지만, 이 경우에는 납부하여야 할 특허료의 2배 이내의 범위에서 일정한 금액을 납부하여야 한다(특§81②). 만약 추가납부기간 이내에 특허료를 납부하지 아니한 때(추가납부기간이 만료되더라도 제81조의2 제2항의 규정에 의한 보전기간이 만료되지 아니한 경우에는 그 보전기간 이내에 보전하지 아니한 때를 말한다)에는 특허권의 설정등록을 받고자 하는 자의 특허출원은 이를 포기한 것으로 보며, 특허권자의 특허권은 납부된 특허료에 해당되는 기간이 만료되는 날의 다음날로 소급하여 소멸된 것으로 본다(특§81③).

(2) 특허발명의 실시의무(특§107)

특허권자는 자신의 특허발명을 직접 실시하거나 제3자에게 실시하게 할 수 있다. 그러나 독점배타적인 권리를 가진 자(특허권자)가 권리를 취득한 후에 실시하지 않는다면 다른 사람의 기술에까지 영향을 미치게 된다. 이러한 권리자를 내버려둔다면 권리 위에서 잠자는 것을 특허법이 묵인하는 결과가 된다. 그리하여 특허법 제107조에서 이러한 경우에는 제3자를 위한 규정을 두고 있다.

즉, 정당한 이유 없이 계속하여 3년 이상 국내에서 실시되고 있지 않거나(특§107① i), 상당한 영업적 규모로 실시되지 아니하거나 적당한 정도와 조건으로 국내 수요를 충족시키지 못한 경우(특§107① ii) 특허출원일로부터 4년을 경과하고(특§107②), 실시권 설정에 협의가 성립되지 않은 경우에는 특허청장에게 통상실시권 설정에 관한 재정을 청구할 수 있다.

(3) 정당한 권리행사의 의무

특허권은 독점배타적인 권리이기 때문에 특허권자는 이를 자유로이 행사할 수 있으나, 우월적인 지위를 이용하여 부당한 거래 등을 행한 경우에는 민법 제2조의 권리남용에 해당되는 것은 물론이고, 독점규제 및 공정거래에 관한 법률(이하 '독점금지법' 또는 '공정거래법'이라고 한다)상의 불공정거래행위에도 해당된다(독§23①vii, §59). 따라서 특허발명의 독점적 실시가 보장된 특허권자라고 하더라도 그 권리를 정당하게 행사하여야 할 의무가 있다.[127)]

(4) 특허표시의무(특§223)

특허권자, 전용실시권자, 통상실시권자는 물건의 특허발명에 있어서는 그 물건에, 물건을 생산하는 방법의 특허발명에 있어서는 그 방법에 의하여 생산된 물건에 특허표시를 할 수 있으며, 물건에 특허표시를 할 수 없을 때에는 그 물건의 용기나 포장에 특허표시를 할 수 있다(특§223). 이 규정은 '의무'라기보다는 '권리'에 가깝다. 즉, 이 규정은 강제적 규정이 아닌 훈시적(訓示的) 규정이다. 특허표시는 특허권자는 물론이고 전용실시권자나 통상실시권자도 할 수 있다.

그러나 특허권자가 아닌 자가 특허표시를 하는 것은 금지되며(특§224), 이에 위반한 자는 허위표시의 죄에 해당하게 되어 형사책임(특§228)을 지게 된다.

---

127) 특허권자가 자신의 우월한 지위를 이용하여 할 수 있는 불공정거래행위는 다음과 같다.
1. 특허품의 제조에 필요한 원재료나 부품을 특허권자 또는 그가 지정하는 자로부터 구입할 것을 강제하는 경우
2. 판매지역을 국내에만 한정하고 다른 나라에의 수출을 금지하는 경우
3. 특허권의 존속기간 만료 후에까지 실시료지급의무 등 제한을 가하는 경우
4. 실시권자가 한 개량발명의 특허권을 특허권자에게 귀속시키는 경우
5. 실시권자의 재판매가격을 지정하는 경우
6. 경쟁관계에 있는 사업자의 제품 또는 기술의 사용을 금지시키는 경우 등

(5) 실시보고의 의무

특허청장은 특허권자 · 전용실시권자 또는 통상실시권자에게 특허발명의 실시여부 및 그 규모 등에 관하여 보고하게 할 수 있다(특§125).

(6) 비밀유지의무

정부는 국방상 필요한 경우 발명자 · 출원인 및 대리인에게 그 발명을 비밀로 취급하도록 명할 수 있다(특§41①). 이 경우에 정부는 비밀취급에 따른 손실에 대하여 정당한 보상금을 지급해야 한다(특§41③).

Ⅴ. 특허권의 변동

특허권의 변동에는 그 소유주체가 변동되어 특허권이 제3자에게 이전되는 경우와 특허권 자체가 일정한 사유로 소멸해 버리는 경우가 있다.

1. 특허권의 이전

특허권의 이전이란 특허권의 주체가 변경되는 것을 말한다. 특허권은 재산권이므로 이전할 수 있다(특§99①). 즉 특허권자 자신이 직접 특허발명을 실시하는 것보다도 타인에게 그 특허발명을 실시케 하거나, 타인과 공동으로 실시하는 것이 유리하다고 생각되는 경우에 특허권을 이전할 수 있다.

(1) 이전의 유형[128]

이전에는 당사자의 의사에 기한 이전행위인 양도와 법률의 규정에 의한 일반승계가 있다. 양도는 다시 전주(前主)가 갖는 모든 권한을 승계하는 전부양도와 특허권자 등으로부터 실시권 · 담보권 등을 설정하는 것과 같이 전주의 권리내용의 일부를 승계하는 일부양도가 있다. 그리고 일반승계에는 상속이나 회사합병 · 포괄유증 등이 있다. 이 외에도 무권리자에 의한 출원(특§99의2), 질권(質權)에 의한 경락, 강제집행에 의한 이전, 판결, 공용수용에 의한 이전이 있다. 특허권이 공

128) 이전
- 양도
  - 일부양도
  - 전부양도
- 일반승계
  - 상속
  - 회사합병

유인 경우에는 타특허권자(공유자)의 동의를 얻지 않으면 그 지분을 양도할 수 없다(특§99②).

(2) 효력발생요건

특허권 내지 전용실시권의 이전은 상속 기타 일반승계의 경우를 제외하고는 등록을 하지 않으면 효력을 발생하지 아니하며(특§101① i, ii), 통상실시권은 등록하지 않으면 제3자에게 대항할 수 없다(특§118③). 포기에 의한 권리의 소멸, 처분의 제한 등의 경우에도 등록하지 않으면 효력이 발생하지 않는다(특§101①i).

2. 특허권의 소멸

특허권의 소멸이란 일단 유효하게 발생한 효력이 일정한 소멸원인에 의하여 그 효력이 상실되는 것을 말한다. 특허권의 소멸원인에는 i) 존속기간의 만료, ii) 특허료의 불납, iii) 상속인의 부존재, iv) 특허권의 포기, v) 특허권의 무효 등이 있다.[129)]

(1) 특허권 존속기간의 만료(특§88①)

소유권은 동산, 부동산과 같이 소유권자의 자유의사에 따라 무한하게 존속할 수도 있지만 특허권은 유한한 권리이다. 특허는 산업발전에 기여하도록 일정의 기간에 있어 독점성을 보장하고, 그 후는 누구나 실시하도록 하여 보다 나은 기술을 기대하기 위한 제도이다. 여기서 '일정의 기간'이란 특허출원일 후 20년이 되는 날까지를 말한다(특§88①).

다만 의약품이나 농약품과 같이 다른 법령의 규정에 의하여 허가를 받거나 등록 등을 하여야 하고, 그 허가 또는 등록 등을 위하여 필요한 활성·안전성 등의 시험으로 인하여 장기간이 소요되는 발명에 대하여는 5년의 기간 내에서 또는 특허출원인의 책임이 아닌 사유로 특허권의 설정등록이 늦게 이루어지는 경우에 대하여는 그 지연된 기간만큼 존속기간이 연장될 수 있다(특§89, §92의2).[130)] 다만,

---

129) 2011년 개정특허법은 「대한민국과 미합중국 간의 자유무역협정」의 특허 관련 합의사항에 대하여 국내 특허제도로의 원활한 이행에 필요한 세부적인 절차를 마련하기 위하여 특허발명의 불실시를 이유로 한 특허권의 취소제도를 폐지하였다.

130) 이러한 제도를 '특허권 존속기간 연장제도'라고 한다. 특허권 존속기간 연장제도란 특허권의 존속기간 중 일정한 사유로 인하여 일정한 기간 그 특허발명을 실시하지 못한 경우에 5년의 기간(허가 등에 따른 존속기간 연장의 경우) 내에서 그 실시하지 못한 기간만큼 존속기간을 연장시켜 주는 제도를 말한다. 허가 등에 따른 존속기간 연장대상이 되는 특허는 특허

허가 등을 받은 날로부터 14년을 초과하여 연장할 수 없다.

(2) 특허료의 불납

특허권자는 소정의 기간 내에 일정의 특허료를 납부할 의무가 있다(특§79①). 이를 태만한 때는 그 특허권이 소멸한다(특§81③).

(3) 상속인의 부존재

일반 소유권의 경우에 상속인이 없으면, 그 재산은 국가에 귀속되지만(민§1058), 특허권은 상속인이 없을 때에는 소멸된다(특§124). 즉 특허발명을 일반공중에 개방하여 자유로이 실시하게 하는 것이 산업정책상 보다 유리하다고 생각되어 특허법에서 상속인이 없는 경우는 소멸시킨 것이라고 볼 수 있다. 그러나 공유인 경우에는 소멸되지 않고 타공유자에게 귀속된다.

(4) 특허권의 포기

특허권은 원칙적으로 자유로이 포기할 수 있지만 전용실시권, 질권, 직무발명의 통상실시권, 특허권자의 허락에 의한 통상실시권이 있는 때에는, 이러한 권리를 가진 자의 승낙을 받은 경우에 한하여 그 특허권을 포기할 수 있다(특§119).

법 제89조에 의하여 특허법 시행령 제7조(약사법 제31조 제2항 · 제3항의 규정 또는 제42조 제1항에 의하여 품목허가를 받아야 하는 의약품의 발명과 농약관리법 제8조 제1항 · 제16조 제1항 · 제17조 제1항의 규정에 의하여 등록하여야 하는 농약 또는 농약원제의 발명)에 명시하고 있다. 또한 2011년 개정특허법은 제92조의2를 신설하여 등록지연에 따른 특허권의 존속기간의 연장등록출원을 할 수 있도록 하였다. 이에 따라 특허출원일부터 4년과 출원심사 청구일부터 3년 중 늦은 날보다 지연되어 특허권의 설정등록이 이루어진 특허발명이 연장등록출원의 대상이 된다(특§92의2). 연장등록출원은 특허권자만이 할 수 있다(특§91①ⅳ). 특허권이 공유인 경우에는 공유자 전원이 공동출원하여야 하고(특§90③, 92의3), 공동출원하지 않으면 거절이유에 해당된다(특§91①ⅴ, 92의4ⅱ). 출원시기는 타법의 규정에 의한 등록을 받은 날로부터 3월 이내이다. 특허권 존속기간의 만료 전 6월 이후에는 허가 등에 따른 연장등록출원을 할 수 없다(특§90②). 하나의 허가 등에 대하여 둘 이상의 특허권이 있는 경우에는 연장등록출원인은 그중 하나의 특허권에 대해서만 존속기간의 연장등록출원을 하여야 하고, 하나의 허가 등에 대하여 둘 이상의 특허권에 대한 존속기간의 연장등록출원이 있는 경우에는 어느 특허권의 존속기간도 연장할 수 없다(특§90⑦). 또, 특허권의 존속기간의 연장등록출원이 포기, 무효 또는 취하된 경우와 거절결정이나 거절한다는 취지의 심결이 확정된 경우에 해당하는 경우 그 출원은 제7항을 적용할 때는 처음부터 없었던 것으로 본다(특§90⑧). 〈신설 2025. 1. 21.〉 제91조 각호(허가 등을 받을 필요가 없는 경우, 통상실시권자가 제89조 제1항에 따른 허가 등을 받지 아니한 경우, 연장등록출원인이 해당 특허권자가 아닌 경우, 제90조 제3항을 위반하여 연장등록출원을 한 경우, 하나의 허가 등에 대하여 둘 이상의 특허권에 대한 존속기간의 연장등록출원을 한 경우)에 해당하는 경우에는 존속기간의 연장등록거절결정을 하여야 한다(특§91).

특허청구의 범위에 2 이상의 청구항이 기재된 특허에 대해서는 청구항마다 특허권이 있는 것으로 보기 때문에 청구항마다 포기하는 것이 가능하다(특§215). 이러한 특허권의 포기가 있는 때에는 특허권은 그때부터 소멸한다(특§120).

(5) 특허권의 무효

특허권의 무효란 발명이 특허로서 등록되어 유효하게 성립한 권리가 일정한 무효사유에 해당되어(특§133①) 특허심판원의 심결이나 법원의 판결에 의해, 그 특허권의 효력이 처음부터 존재하지 아니하게 되는 것을 말한다(특§133③). 특허권에 무효사유가 존재한다고 해서 당연히 무효로 되는 것은 아니고 이해관계인 또는 심사관의 무효심판청구에 의해 특허심판원의 심결이나 법원의 판결에 의해서만 무효가 될 수 있다. 그리고 심결이나 판결에 의하여 무효로 확정된 때에는 그 특허권은 처음부터 없었던 것으로 본다. 그러나 그 특허권자가 외국인으로서의 권리능력을 상실하였거나 또는 그 특허가 조약에 위반하게 되었을 때는 그러한 사유가 발생된 때부터 특허권은 소멸한다(특§133①iv, ③).

(6) 특허취소신청제도

특허취소신청제도란 구법 하에서 특허이의신청제도와 유사한 제도로서, 특허권의 설정등록일부터 등록공고일 후 6개월이 되는 날까지 그 특허가 신규성과 진보성, 선출원 등에 해당하는 경우에는 누구든지 특허심판원장에게 특허취소신청을 할 수 있도록 2016년 개정하였다. 즉 특허취소신청제도는 누구나 설정등록공고 후 6개월까지 특허취소이유를 특허심판원에 제공하면, 심판관이 등록특허를 재검토하여 하자(흠)가 있으면 조기에 특허를 취소하는 제도이다. 특허취소신청이유는 특허문헌 및 간행물에 근거한 신규성 · 진보성 등이고, 불복절차는 취소결정만 불복 가능하며, 심판부터 법원까지 특허심판원이 수행한다. 이 경우 청구

특허취소신청제도의 흐름도

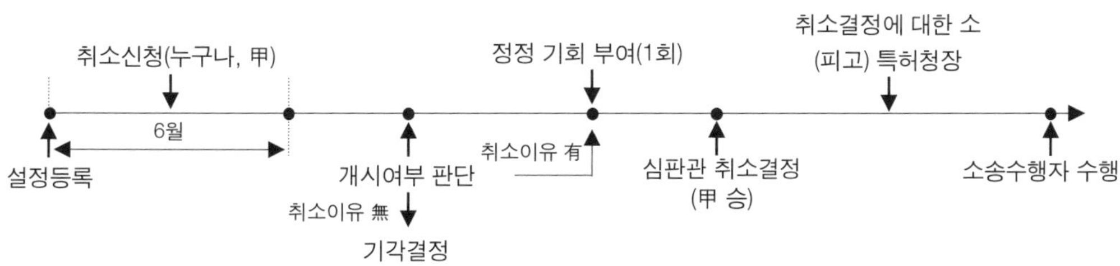

범위의 청구항이 둘 이상인 경우에는 청구항마다 특허취소신청을 할 수 있다(특§132의2①).

특허취소신청제도와 특허무효심판제도 비교표

	특허취소신청제도	특허무효심판제도
목적	특허를 조기에 안정화 도모	특허의 유효성에 관한 당사자 간의 분쟁해결을 도모
분쟁유형	결정계(특허청을 상대)(특§132의2①)	당사자계(당사자 간 해결)
신청인/청구인의 자격	누구든지(특§132의2①)	이해관계인 또는 심사관에 한정
신청/청구기간	등록공고일 후 6개월 이내(권리의 소멸 후에는 불가)(특§132의2①)	등록공고일 후 언제든지(권리의 소멸 후에도 가능)
청구유형	청구항별로 가능(특§132의2①단)	청구항별로 가능
청구사유	① §29의 특허문헌 및 간행물에 근거한 신규성·진보성 등의 특허등록요건 위반과 ② §36선출원 위반(특§132의2①)	① §29의 특허문헌 및 간행물에 근거한 신규성·진보성 등의 특허등록요건 위반과 ② §36선출원 위반 외에도 ③ 특허를 받을 수 없는 발명에 해당하는 경우(§32), ④ 일반적 발명의 설명의 기재불비의 경우(§42③ i)와 청구범위 기재불비의 경우(§42④), (⑤신규사항추가인 보정의 경우(§47②전) 등
특허의 정정	가능(특§132의3①)	가능
신청	특허취소신청서를 특허심판원장에게 제출(특§132의4①)	심판청구서를 특허심판원장에게 제출(특§140①)
심리방법	서면심리(특§132의8①)	서면 또는 구두심리
항소	취소결정: 특허청장을 피고로 하여 특허법원에 항소가능 유지결정: 항소 불가능(특§132의13⑤)	상대방을 피고로 하여 특허법원에 항소가능
법적 효과	취소결정: 특허취소결정이 확정된 때에는 그 특허권은 처음부터 없었던 것으로 본다.(특§132의13③)	무효심결: 특허권은 처음부터 존재하지 않았던 것으로 간주
	유지결정: 없음	유지심결: 누구도 동일한 사실관계 및 증거를 근거로 심판을 청구할 수 없음

VI. 실시권

특허발명을 업으로서 실시할 수 있는 권리를 독점하는 자는 특허권자(특§94) 이지만, 특허법은 특허권자 이외의 자에게도 특허발명을 적법하게 업으로서 실시할 수 있도록 하고 있다(특§100①, §102①). 후자의 권리를 실시권이라고 하며 이것은 전용실시권과 통상실시권으로 대별된다. 이 외에도 실시할 수 있는 권리를 한 사람에게만 주느냐 아니냐에 따라, 독점적 실시권과 비독점적 실시권으로 나눌 수 있다.

여기에서는 우리 특허법상의 분류방법에 따라 전용실시권과 통상실시권으로 나누어서 보기로 한다.

1. 전용실시권

(1) 의 의

전용실시권이란 특허권자 이외의 자가 특허권자와의 계약에 의해 내용 · 지역 · 기간을 정하여 그 범위 내에서 특허발명을 독점적으로 실시할 권리를 말한다(특§100②). 따라서 전용실시권은 그 범위 내에서는 특허권자일지라도 업으로서 실시할 수 없다는 것이므로 물권적인 성질을 가진다.

(2) 효력발생요건

전용실시권은 등록을 함으로써 효력이 발생한다. 즉 전용실시권은 특허권자와의 계약에 의하여 발생되는 허락실시권으로 설정등록[131](특§101①)을 하지 않으면 그 효력이 발생하지 않는다(특§101①ⅱ). 이러한 전용실시권의 설정은 특허권자와의 계약에 의한 경우가 대부분이지만, 유언에 의해서도 설정될 수도 있다. 한편, 특허권이 공유인 경우에는 타(他)공유자의 동의가 필요하다(특§99④, §100⑤).

(3) 범 위

전용실시권자는 그 설정행위로 정한 범위 내에서 업으로서 그 특허발명을 실시할 권리를 독점한다(특§100②). 전용실시권의 범위란 특허권자가 전용실시권자

131) 등록대상은 i) 특허권의 이전(상속 기타 일반승계에 의한 경우는 제외) · 포기에 의한 소멸 또는 처분의 제한, ii) 전용실시권의 설정 · 이전(상속 기타 일반승계에 의한 경우는 제외) · 변경 · 소멸(혼동에 의한 경우는 제외) 또는 처분의 제한, iii) 특허권 또는 전용실시권을 목적으로 하는 질권의 설정 · 이전(상속 기타 일반승계에 의한 경우는 제외) · 변경 · 소멸(혼동에 의한 경우는 제외) 또는 처분의 제한의 경우이다.

에게 업으로 실시할 권리를 독점적으로 허여하는 것이지만, 이 경우 시간적 범위(특허권의 존속기간 내에서 특정의 기간), 지역적 범위(국내의 특정지역), 내용적 범위(우리나라에 있어서 특정의 분야, TV와 VTR에 이용할 수 있는 발명을 VTR에 한하여 실시하도록 하는 경우 등과 수입 · 생산 · 판매에 한하는 경우)를 정하여 하는 것이 일반적이다. 그러나 특허권자가 업으로 실시할 수 있는 전범위를 전용실시권자에게 허여한 경우 특허권자에게는 ⅰ) 특허권자로서의 명예로운 지위의 유지(保持), ⅱ) 특허권침해에 대한 소권(訴權), ⅲ) 전용실시권의 이전이나, 통상실시권 및 질권의 설정에 대한 동의권(특§100③④)만 남는다. 이를 통해 전용실시권자가 독단으로 권리 행사를 할 수 없게끔 한다.

(4) 침해에 대한 구제

전용실시권의 침해에 대해서는 특허권과 마찬가지로 권리의 침해에 대하여 침해금지를 비롯하여 신용회복청구에 이르기까지 소권(訴權)을 행사할 수 있다(특§126~§132).

(5) 이 전

전용실시권의 자유양도는 금지되나, ⅰ) 실시(實施)하는 사업과 함께 이전하는 경우, ⅱ) 특허권자의 동의를 얻은 경우, ⅲ) 상속 기타 일반승계의 경우에 한해서 이전할 수 있다(특§100③). 다만 ⅰ)과 ⅱ)에 의한 이전은 등록하지 않으면 그 효력이 발생하지 않으며(특§101①ⅱ), ⅲ)의 경우는 지체 없이 그 취지를 특허청장에게 신고하여야 한다(특§101②).

(6) 재실시권 및 질권

재실시권(sub license)이란 실시권자가 특허권자로부터 실시허락을 받은 발명특허를 제3자에게 다시 실시허락하는 것이다. 이러한 경우에는 특허권자의 동의가 원칙적으로 필요하며, 재실시권의 범위는 원실시권계약의 범위 내로 한정된다. 또한, 이러한 재실시권은 원실시권 계약이 종료됨과 동시에 소멸되는 것으로 보나 특단의 사유가 있는 경우에는 그러하지 않다고 본다.

전용실시권자는 특허권자의 동의를 얻어 질권(質權)을 설정하거나 통상실시권을 허락할 수 있다(특§100④). 후자의 통상실시권을 재실시권이라고 한다.

(7) 소 멸

전용실시권은 ⅰ) 특허권의 소멸, ⅱ) 계약에 의한 설정기간의 만료, ⅲ) 계약의 해제 · 취소, ⅳ) 포기(질권자, 통상실시권자의 승낙 필요: 특§119②) 등에 의하여 소멸된다.

2. 통상실시권

(1) 의 의

통상실시권이란 특허발명을 실시하고자 하는 자가 특허권자와의 실시계약이나 법률의 규정에 의하거나 또는 행정청의 강제처분에 의하여 일정한 범위 내에서 특허발명을 실시할 수 있는 권리를 말한다. 다만, 특허권이 공유인 경우 통상실시권을 허락하기 위해서는 다른 공유자의 동의가 필요하다(특§99④). 이러한 통상실시권은 전용실시권과 달리 그 통상실시권을 설정한 후에도 특허권자 자신도

[도표 4] 특허법 규정에 근거한 실시권의 분류

- 실시권
  - 전용실시권 — 허락(계약)
  - 통상실시권
    - 법정에 의한 통상실시권
      - 선사용(先使用)에 의한 통상실시권(특§103;특§103의2)
      - 무효심판(無效審判)청구등록 전의 실시에 의한 통상실시권(특§104)
      - 직무발명에 대한 사용자의 통상실시권(발진§10)
      - 디자인권 존속기간 만료 후의 통상실시권(특§105)
      - 재심(再審)에 의해 회복한 특허권에 대한 선의실시자의 통상실시권(특§182)
      - 재심에 의하여 통상실시권을 상실한 원권리자의 통상실시권(특§183)
      - 질권(質權) 경락 후의 원특허권자의 통상실시권(특§122)
      - 특허료 추가납부에 의한 효력제한기간 중 선의의 실시자에 대한 통상실시권(특§81의3⑤)
    - 허락에 의한 통상실시권
    - 광의의 강제실시권
      - 재 정(특§107)
        - 공공(公共)의 이익을 위한 경우
        - 불성실한 실시인 경우
        - 불공정거래행위로 판정된 사항을 시정하기 위한 경우
        - 불실시(不實施)의 경우
      - 심 판(특§138) — 자기(自己)의 특허발명 실시를 위한 경우(심판)
      - 순 수 — 국방상 필요한 경우(순수한 강제실시권)

실시할 뿐만 아니라 제3자에게 똑같은 통상실시권을 2 이상 허락할 수도 있다. 이러한 통상실시권은 전용실시권과 달리 독점실시할 수 없는 권리이므로 채권적인 성질을 가진다고 할 것이다.

(2) 통상실시권의 종류와 범위

통상실시권은 그 발생원인에 따라 i) 약정에 의한 허락실시권, ii) 법령의 규정에 의하여 당연히 발생하는 법정실시권 및 iii) 행정청의 처분에 의하여 발생하는 강제실시권이 있다. 그리고 통상실시권의 범위는 법률이나 계약으로 설정된 범위 안에서 업으로서 그 특허발명을 실시할 수 있는 권리를 가진다(특§102②).

1) 허락실시권 허락실시권은 특허권자의 허락에 의하여 발생하는 실시권으로 전용실시권과 같이 한 사람에게만 실시허락할 수도 있고(독점적 통상실시권),[132] 특정다수인에게 같은 내용을 허락할 수도 있다(비독점적 통상실시권).

2) 법정실시권 법정실시권은 특허권자의 의사와 관계없이 법령의 규정에 의해 당연히 발생하는 실시권이다. 이 실시권의 종류는 다음과 같은 것이 있다.

㈎ 직무발명에 대한 사용자 등의 통상실시권[133](발진§10①)(상세한 것은 앞의 '직무발명' 참조).

㈏ 선사용자의 통상실시권[134][선사용권(先使用權): 특§103] 특허출원 당시 선의[135]로 국내에서 그 발명의 실시사업(實施事業)을 하거나 그 사업의 준비를 하고 있는 자는 그 실시 또는 준비를 하고 있는 발명 및 사업 목적의 범위 내에서 통상실시권을 가진다. 이 권리의 부여에 대해서는 여러 학설이 있으나, 최근에는 공평설과 경제설이 대립하고 있다.

특허권자의 발명과 같은 내용을 해당 발명의 특허출원 전에 선의로 실시하고 있는 자에게 통상실시권을 허여하는 것이다. 이는 특허출원시 이미 실시사업을 하고 있거나 실시준비를 하고 있던 선의의 실시자가 후의 출원에 의해 등록된 특

---

132) 특허권자가 한 사람에게만 통상실시권 허락을 하는 경우를 독점적 통상실시권이라 하는데, 독점적 통상실시권을 허락하면서 그 허락 이후에는 특허권자도 그 실시권을 행사하지 않는다는 취지의 특약을 체결하는 것도 가능하다고 본다. 이를 완전 독점적 통상실시권이라 부른다.

133) 무상(無償).

134) 무상(無償).

135) 여기서 '선의'란 특허출원시에 그 특허출원된 발명의 내용을 알지 못하고 그 발명을 하거나 그 발명을 한 자로부터 知得한 것을 말한다.

허권에 의해 그 사업을 계속할 수 없다면 공평의 원칙에 어긋난다. 이를 위해 법으로 특허출원 전에 실시하고 있던 자에게는 그 실시를 계속할 수 있게 한 것이다.

이러한 선사용권은 법정요건을 충족시키면 등록 없이도 특허권·전용실시권의 취득자에게 대항할 수 있다. 이러한 선사용권은 일반승계를 제외하고 특허권자의 승낙이 있을 경우와 실시사업과 함께 할 경우에 양도할 수 있다.

(다) 특허권의 이전등록 전의 실시에 의한 통상실시권(특§103의2) 한편, 2016년 특허권 이전청구제도가 도입됨에 따라 특허법 제99조의2 제2항에 따른 특허권의 이전등록이 있기 전에 해당 특허가 제133조 제1항 제2호에 해당하는 것을 알지 못하고 국내에서 해당 발명의 실시사업을 하거나 이를 준비하고 있는 경우에는 그 실시를 하거나 준비를 하고 있는 발명 및 사업목적의 범위에서 그 특허권에 대하여 통상실시권을 가진다. 이 경우에는 이전등록된 특허권자에게 상당한 대가를 지급하여야 한다.

(라) 무효심판 청구등록 전의 실시에 의한 통상실시권[136][중용권(中用權)[137]: 특§104] 이 실시권은 등록된 특허권에 무효사유가 있는 것을 알지 못하고 특허권자가 그 특허발명의 실시사업을 하거나 사업의 준비를 하고 있던 중에 해당 특허권이 무효가 되는 경우에 주어지는 실시권이다. 즉 특허발명 또는 등록실용신안에 무효원인이 있음에도 불구하고 잘못 권리가 부여되었을 경우(이중특허)나, 정당하게 권리가 부여되었으나 사후적으로 무효사유가 발생한 경우(외국인 특허권자가 권리능력을 상실한 경우) 그 특허권 또는 실용신안권에 무효사유가 있는 것을 알지 못하고, 무효심판청구의 등록 전에 그 발명 또는 고안에 관한 실시사업을 하거나 그 사업의 준비를 하고 있는 자는 그 범위 내에서 이들 권리가 무효로 된 때에 선출원(先出願) 등에 관계된 권리에 의하여 방해받는 일 없이 현존하는 동일의 발명 또는 고안에 관한 특허권 또는 실용신안권에 관하여 통상실시권을 가진다.[138] 이러한 통상실시권을 가진 자는 특허권자 또는 전용실시권자에게 상당한

---

136) 유상(有償).

137) 이 실시권은 특허출원 후에 생긴 일정한 사실에 의하여 발생하는 실시권이라는 점에서 중용권이라고 한다.

138) 특허법 제104조 제1항 각호

1. 동일발명에 대한 2 이상의 특허 중 그 하나를 무효로 한 경우의 원특허권자
2. 특허발명과 등록실용신안이 동일하여 그 실용신안등록을 무효로 한 경우의 원실용신안권자

대가를 지급하여야 한다. 또 이 실시권은 등록 없이도 효력이 발생한다(특§118②, 특§104①v, §104②).

㈒ 디자인권의 존속기간 만료 후의 통상실시권[139](특§105①②) 특허권과 디자인권이 저촉하는 경우에 있어 디자인등록출원이 특허출원보다 먼저이거나 또는 동일(同日)인 경우 디자인권자는 디자인존속기간 중에는 특허권자로부터 제약을 받지 않고 자유로이 자기의 등록디자인을 실시할 수 있다.[140] 그러나 그 디자인권의 존속기간이 만료하고, 특허권이 존속하고 있는 때에는 디자인권자이었던 자는 자기 자신이 실시하던 디자인을 실시할 수 없다. 여기서 이러한 불합리를 시정하기 위하여 본조항을 만들어 원(原)디자인권자의 실시를 확보하기 위한 것이다. 디자인권자가 갖는 통상실시권은 무상이나, 전용실시권자나 통상실시권자는 대가를 지급하여야 한다(특§105③).

㈓ 질권행사 등으로 인한 특허권의 이전에 따른 통상실시권[141](특§122)

이 실시권은 특허권자 또는 공유인 특허권의 공유자가 자신의 특허권을 가지고 사업을 하다가 질권설정 또는 분할청구된 그 특허권이 경매 등에 의하여 제3자(경락인)에게 이전되는 경우에 원특허권자 또는 분할청구를 한 공유자를 제외한 나머지 공유자에게 실시 허락하는 제도이다. 즉 질권설정 또는 공유인 특허권의 분할청구된 특허권이 경매 등에 의해 이전되더라도 질권설정 또는 분할청구 이전에 원특허권자 또는 분할청구를 한 공유자를 제외한 나머지 공유자가 특허발명을 실시하고 있는 경우에는 그 특허권자 또는 분할청구를 한 공유자를 제외한 나머지 공유자는 통상실시권을 가진다. 이 경우 특허권자는 경매 등에 의하여 특허권을 이전받은 자에게 상당한 대가를 지급하여야 한다(특§122).

㈔ 재심에 의하여 회복한 특허권에 대한 선사용자의 통상실시권[후용권(後用權): 특§182] 이 실시권은 심결확정 후 재심청구 등록 전에 선의로 실시하던 자를 보호하기 위한 실시권이다. 즉 심결확정 후 재심청구 등록 전에 선의로 국내에

---

3. 특허를 무효로 하고 동일한 발명에 관하여 정당한 권리자에게 특허를 한 경우의 원특허권자
4. 실용신안등록을 무효로 하고 그 고안과 동일한 발명에 관하여 정당한 권리자에게 특허를 한 경우의 원실용신안권자

139) 원디자인권자는 無償이나 특허권자나 전용실시권자는 有償.

140) 예를 들어 자동차 타이어의 경우 디자인권자는 특허권자로부터 제약을 받지 않고 자유로이 디자인실시가 가능하다.

141) 有償.

서 그 발명을 실시하고 있거나 또는 사업준비를 하고 있는 자가 그 실시 또는 준비를 하고 있는 발명 및 사업목적의 범위 내에서 그 발명을 계속 실시할 수 있는 권리이다. 이러한 실시권은 유상의 통상실시권이어야 할 것이다.[142)]

(아) 재심에 의하여 통상실시권을 상실한 원권리자의 통상실시권(특§183)

통상실시권 허여심판의 규정에 의하여 통상실시권 허여심결이 확정(강제실시권의 발생)된 후 재심에 의하여 통상실시권이 소멸된 경우, 재심청구등록 전에 선의로 특허발명의 실시 등을 하고 있는 자를 위하여 인정되는 법정실시권을 말하는데, 이는 확정된 심결을 신뢰하여 발명의 실시사업 등을 하고 있는 자를 보호하고 사업설비의 유지라고 하는 사회 경제적인 견지를 고려하여 선의의 실시자에게 통상실시권을 인정하여 주는 것이다.

특허법 제183조에 의하여 발생하는 통상실시권은 법정의 통상실시권으로 등록하지 않아도 제3자에게 대항할 수 있으나(특§118②), 특허권자 또는 전용실시권자에게 상당한 대가(실시료)를 지급하여야 한다(특§183②). 실시권의 범위는 원통상실시권의 사업의 목적 및 발명의 범위 내이다.

(자) 등록료 추가납부에 의한 효력제한기간 중 선의의 실시자에 대한 통상실시권(특§81의3⑤)　　특허권자가 특허료 납부기간 내에 납부하지 못한 경우에는 그 특허권은 소멸된다. 그러나 특허권자가 납부기간을 망각하고 납부하지 못한 경우에는 많은 비용과 시간 등을 투자하여 취득한 권리가 소멸되는 것을 방지할 필요가 있다. 이 규정은 특허료의 불납에 의해 실효한 특허권의 회복에 대한 규정이다. 즉 특허료 불납으로 소멸된 특허권이 추가납부에 의하여 회복한 경우, 특허료 추가 납부기간이 경과한 때로 소급하여 특허권이 존속하게 되지만, 그 사이의 당해 발명의 실시는 자유로 되어 있었기 때문에 그러한 선의의 자를 보호하기 위한 규정이다.

이 규정은 불가피하게 특허료 납부기간을 도과한 출원인과 특허권자를 보호해야 한다는 법률소비자들의 요청이 대두되어 2001년 2월 3일 이 규정을 신설하여 운영하고 있다.

여기서 '불가피하게'란 ⅰ) 추납기간 또는 보전기간 내에 특허료 등을 납부

142) 일부 견해는 이를 無償으로 사용하여야 한다고 하나, 특허권이 무효가 되어 재심에 의하여 회복하기 전까지는 무상이 당연하나 특허권이 회복되었을 때에도 계속 사용할 수 있으므로 유상으로 보아야 할 것이다.

할 수 없었던 사유가 특허권자의 책임에 속하지 아니할 것, ii) 추가납부기간의 만료일 또는 보전기간의 만료일 중 늦은 날부터 1년 이내이고, 또한 그 사유가 없어진 날로부터 2개월 이내에 납부하여야 할 특허료 및 추납특허료를 납부할 것을 말한다(특§81의3①).

특허권자의 효력제한규정으로서, 추납기간 등의 경과 후부터 특허권의 회복이 있었던 사실이 공시되는 회복등록까지의 기간 동안은 제3자의 일정한 행위에 대하여 특허권의 효력이 미치지 않도록 한 규정이다.

또, 특허권 추가납부의 효력 규정에 의하여 회복한 특허권의 효력은 특허료 추가납부 등(특§81)의 규정에 의하여 특허료를 추가납부 또는 보전할 수 있는 기간이 경과한 후, 특허권의 회복등록 전에 국내에서 선의로 당해 발명의 실시사업을 하거나 그 사업의 준비를 하는 행위에는 미치지 않도록 규정하고, 그 실시 또는 준비를 하고 있는 발명 또는 사업의 목적범위 안에서 그 특허출원된 발명에 대한 특허권에 대하여 통상실시권을 갖도록 하였다(특§81의3⑤). 통상실시권을 갖게 되는 자는 특허권자 또는 전용실시권자에게 상당한 대가를 지급하여야 한다(특§81의3⑥).

3) 강제실시권[재정실시권(裁定實施權): 특§107]　특허권은 사유재산권이기 때문에 특허발명의 사용, 수익, 처분은 본래 특허권자 자신에게 있다. 그리하여 특허권자 자신이 실시하거나 제3자에게 통상실시권을 허락할 것인지 여부도 특허권자의 의사에 의한다. 그러나 특허발명의 실시가 산업상 또는 공익상 필요한 경우 또는 실시할 수 없는 경우나 실시하고 있지만 불성실한 실시인 경우, 산업정책적이거나 공익적 견지에서 특허권자의 의사와 관계없이 제3자에게 특허발명의 실시를 허락하는 경우가 있다.

이러한 경우는 특허권자의 의사와 관계없이 실시를 허락한다고 하여 강제실시권이라 한다. 즉, 강제실시권은 일정의 사유가 있을 때 행정기관의 처분이나 심판에 의해 강제적으로 설정되는 실시권을 말한다. 이러한 강제실시권은 특허청의 재정(裁定)에 의해 이루어지는 재정실시권과 정부가 전시나 사변 등의 비상시에 직접실시하거나 수용 또는 제3자에게 실시하게 하는 경우, 그리고 통상실시권 허여심판에 의한 경우로 나누어 볼 수 있다. 이러한 것을 합하여 광의의 강제실시권이라 한다.

㈎ 불실시에 의한 재정실시권　불실시에 의한 재정실시권이란 특허발명

이 정당한 이유 없이 계속하여 i) 3년 이상 불실시인 경우(특§107① i)나, ii) 3년 이상 불성실한 실시의 경우(특§107① ii)에 특허권자나 전용실시권자에게 통상실시권의 허락에 관해 협의를 할 수 없거나 협의결과 합의가 이루어지지 아니하는 경우에 한하여 특허청장에게 청구할 수 있는 실시권이다. 하지만, 이 경우에도 특허발명이 특허출원일로부터 4년을 경과하지 아니한 경우에는 이를 적용하지 아니하며(특§107②), 통상실시권을 국내수요충족을 위한 공급을 주목적으로 실시하여야 한다는 조건을 부과하여야 한다(특§107④ i).

㈏ 공공의 이익을 위한 재정실시권　특허발명의 실시가 공공의 이익을 위하여 필요한 경우에 특허청장에게 재정을 청구할 수 있다. 즉 i) 공익을 위하여 특허발명을 특히 실시할 필요가 있는 경우(특§107①iii), ii) 사법적 절차 또는 행정적 절차에 의하여 불공정거래행위로 판정된 사항을 시정(是正)하기 위하여 특허발명을 실시할 필요가 있는 경우(특§107①iv), iii) 반도체 기술에 대하여는 위의 i)의 공공의 이익을 위한 비상업적 실시하거나 또는 위의 ii)의 경우에 한하여 재정을 청구할 수 있다(특§107⑥). 이 경우 상기 i)에 있어 비상업적인 실시와 ii)의 경우는 협의를 하지 아니하여도 재정을 청구할 수 있으며(특§107①단), 상당한 대가를 지급하는 경우 불공정거래행위를 시정하기 위한 취지를 참작할 수 있다(특§107⑤ i).

㈐ 수입국 국민 다수의 보건을 위한 재정실시권　수입국 국민 다수의 보건을 위협하는 질병을 치료하기 위하여 의약품을 수출할 수 있도록 특허발명을 실시할 필요가 있는 경우, 그 특허발명의 특허권자 또는 전용실시권자와 합리적인 조건하에 통상실시권 허락에 관한 협의에 대한 합의가 이루어지지 않거나 협의가 불가능한 경우에 특허청장에게 재정을 청구할 수 있다(특§107① v). 이때 생산된 의약품은 전량을 수입국에 수출하여야 한다(특§107④ ii). 또한, 이 경우에는 대가결정을 하는 데 있어 당해 특허발명을 실시함으로써 발생하는 수입국에서의 경제적 가치를 참작할 수 있다(특§107⑤ ii).

㈑ 순수한 강제실시권　순수한 강제실시권은 전시(戰時)・사변(事變) 또는 이에 준하는 비상시에 있어서 국방상 필요한 경우(특§106①)와 국가비상사태, 극도의 긴급상황 또는 공공의 이익을 위하여 비상업적으로 실시할 필요가 있는 경우(특§106의2①)에 있어 정부가 특허권을 수용하거나 특허발명을 실시하거나 정부 외의 자로 하여금 실시하게 할 수 있게 하는 실시권을 말한다. 즉 국방상 필요

한 중요한 발명이 특정인에게 독점이 되어 국방상 악영향을 미칠 우려가 있는 것을 대비하기 위한 취지에서 마련된 규정이다. 다만, WTO/TRIPs 협정 제73조를 반영하여 전시 · 사변 또는 이에 준하는 비상시로 한정하였다.

만약, 특허권이 수용되는 때에는 그 특허발명에 관한 특허권 외의 권리는 소멸되고(특§106②), 정부 또는 정부외의 자는 특허권을 수용하거나 특허발명을 실시하는 경우에는 특허권자 · 전용실시권자 또는 통상실시권자에 대하여 정당한 보상금을 지급하여야 한다(특§106③, §106의2③).

(마) 자기의 특허발명을 실시하기 위한 재정실시권　　자기의 특허발명을 실시하기 위한 재정실시권이란, 특허법 제98조에 의해 특허권자 · 전용실시권자 또는 통상실시권자는 특허발명이 그 특허발명의 특허출원일 전에 출원된 타인의 특허발명 · 등록실용신안 또는 등록디자인이나 이와 유사한 디자인을 이용하거나 특허권이 그 특허발명의 특허출원일 전에 출원된 타인의 디자인권 또는 상표권과 저촉되는 경우에는 그 특허권자 · 실용신안권자 · 디자인권자 또는 상표권자의 허락을 얻지 아니하고는 자기의 특허발명을 업(業)으로서 실시할 수 없는데 이 경우 통상실시권심판에 의해 실시하는 경우이다. 이는 자신의 특허발명이 타인의 발명을 이용한 이용발명(利用發明)의 경우로 심판에 의하여 실시권을 부여하는 것(이 부분의 구체적인 내용은 통상실시권 허여의 심판에서 구체적으로 보기로 한다)(특§98, §138①)이다.

이러한 통상실시권의 재정은 국내수요를 위한 공급으로 그 범위를 제한하고 있으나, 불공정거래행위를 시정하기 위해 재정을 하는 경우에는 국내수요를 위한 공급에만 한정되지 않는 것으로 하여 예외적인 규정을 하고 있는데 이는 특허권이 설정등록되지 않은 국가에 수출을 할 수 있도록 하여 반경쟁적 관행을 시정하고자 한 것이다. 이는 1995년 12월 개정시 도입된 것이다.

(3) 효　력(특§118)

통상실시권은 전용실시권과 달리 등록이 없더라도 효력이 발생하나 등록하지 않으면 제3자에게 대항할 수 없다(특§118②③). 그러나 재정실시권은 특허청장에 의하여 직권등록되며(특등록령§14iii), 법정실시권도 통상실시권이지만 각각 특수한 필요에 따라서 특허권자와의 합의에 의하지 아니하고 발생 또는 설정되므로 등록이 없더라도 그 이후의 특허권 · 전용실시권을 취득한 제3자에게 대항할 수 있다(특§118②).[143]

(4) 통상실시권의 이전

재정에 의한 통상실시권은 실시사업과 같이 이전하는 경우에 한하여 이전할 수 있다(특§102③). 그러나 재정실시권(특§107)과 통상실시권허여심판에 의한 강제실시권(§138)을 제외(특§102④전)하고는 통상실시권과 같이 실시사업을 이전하거나 상속 기타 일반승계의 경우를 제외하고는 특허권자 또는 전용실시권자의 동의를 얻지 아니하면 이전할 수 없다(특§102⑤).[144]

불실시에 의한 재정실시권(특§107① i)은 i) 실시하는 사업과 함께 하는 경우와 ii) 영업의 일부와 같이 이전하거나, iii) 상속 기타 일반승계에 의한 경우에 한하여 이전이 가능하나, 특허권자의 승낙에 의해서는 이전할 수 없다고 본다. 단 전시 · 사변 또는 이에 준하는 비상시에 있어서 국방상 필요한 경우에는 실시사업 또는 영업의 일부와 같이 이전하거나 상속 기타 일반승계의 경우 또는 특허권자의 승낙을 얻을 경우에는 이전이 가능하다. 또 질권(質權)의 설정도 협의의 재정실시권과 통상실시권허여심판 이외는 특허권자의 동의를 얻어서 질권을 설정할 수 있다(특§102⑥).

(5) 통상실시권의 소멸

통상실시권은 i) 특허권 또는 전용실시권의 소멸, ii) 설정기간의 만료, iii) 실시계약의 해제, iv) 실시권의 포기(특§120) 또는 상속인이 없는 경우(특§124)에 소멸되며, 다만 통상실시권의 종류(허락실시권, 법정실시권, 광의의 강제실시권)에 따라 약간 다르다.

1) 허락실시권 허락에 의한 통상실시권의 소멸은 i) 특허권 또는 전용실시권의 소멸, ii) 설정기간의 만료, iii) 실시계약의 해제, iv) 실시권의 포기, v)

---

143) 그러나 발명진흥법 제10조 제1항(직무발명에 의한 사용자의 통상실시권), 특허법 제81조의 3 제5항(효력제한기간 중 선사용자의 통상실시권), 제103조(선사용에 의한 통상실시권), 제104조(무효심판청구등록 전의 실시에 의한 통상실시권), 제105조(디자인권의 존속기간 만료 후의 통상실시권), 제122조(질권행사로 인한 특허권의 이전에 따른 통상실시권), 제182조(재심에 의하여 회복한 특허권에 대한 선사용자의 통상실시권), 제183조(재심에 의하여 통상실시권을 상실한 원권리자의 통상실시권)에 의한 통상실시권은 등록이 없더라도 효력이 발생한다(특§118②).
즉 전용실시권의 등록은 효력발생요건이나 통상실시권의 등록은 제3자에 대한 대항요건이다.

144) 허락에 의한 통상실시권은 전용실시권과 달리 재실시허락(서브라이센스)은 특허권자의 승낙이 없으면 인정되지 않는 것이 통상이다. 그러나 현실에서는 재실시허락이 행해지고 있으며, 이것을 인정하는 說도 있다(中山信弘, 「工業所有權法」, 弘文堂, 1998, p.447).

주체의 혼동, vi) 특허권의 취소 · 무효의 경우에 소멸된다.

2) **법정실시권** 법령의 규정에 의한 통상실시권의 소멸은 허락실시권의 소멸과 같은 특허권의 소멸 · 취소 · 무효와 같은 것 이외에 법정실시권에 특유한 것으로 실시사업의 폐지에 따라 소멸된다.

3) **광의의 강제실시권** 행정청의 처분에 의한 재정실시권의 소멸은 특허권의 소멸 외에도 (재정실시권에 특유한 것은) i) 재정의 실효(특§113), ii) 재정실시권의 취소(특§114)에 따른 소멸이 있다. 또 iii) 이용관계 등인 경우의 재정실시권에는 해당 특허권 등의 소멸에 의한 소멸이 있다(특§102④).

[도표 5] 실시권의 권리능력 비교

	특허권자	전용실시권자	통상실시권자
자기실시권	○	○	○
실시허락권	○	○	×
금지청구권	○	○	×
손해배상청구권	○	○	○

VII. 특허권침해

1. 서

특허권의 침해란 정당한 권원이 없는 제3자가 특허발명에 대하여 독점배타적인 권리를 직접적 또는 간접적으로 침해하는 것을 말한다. 특허권은 재산권의 일종이기 때문에 공공복지 등의 경우를 제외하고는 특허권자가 그 특허발명을 업으로서 실시할 권리를 독점하지만(적극적 효력), 이와 함께 타인이 무단으로 특허권자의 특허발명을 실시할 경우에는 그 특허발명을 실시할 수 없도록 할 권리(소극적 효력)를 가진다.

즉 특허권의 침해를 배제하는 것이 가능하다. 특허권의 객체가 무체물이기 때문에 점유가 불가능하므로 침해가 용이하며, 침해가 있다 하더라도 그 사실의 발견이 어렵고, 또 침해의 판단이 곤란하며, 침해라고 인정되었다 하더라도 그 손해액산정이 곤란하다. 따라서 특허법은 이러한 침해에 대한 구제를 위해 여러 가지 제도를 두고 있다.

2. 권리침해의 유형

권리의 침해를 직접침해와 간접침해, 그리고 직접침해를 다시 문언침해, 균등침해, 이용침해, 선택침해, 생략침해, 불완전이용침해 등으로 분류할 수 있다. 여기서는 직접침해와 간접침해에 대해서만 살펴보기로 한다.

(1) 직접침해(특§126)

특허권의 직접침해란 특허권자 이외의 자가 정당한 권한 없이 특허발명을 업으로서 실시하는 행위를 말한다. 특허법 제94조에서는 "특허권자는 업으로서 그 특허발명을 실시할 권리를 독점한다"라고 규정하고 있다. 그 요건으로는 ⅰ) 특허권이 유효하게 존속하고 있을 것, ⅱ) 그 기술적 범위에 속하는 기술이 실시되고 있을 것, ⅲ) 그 실시를 업으로서 하고 있을 것, ⅳ) 실시자가 그 실시를 정당한 이유 없이 할 것(違法行爲) 등이다. 또 전용실시권의 침해에 대해서도 같이 취급되며, 구제도 특허권자의 경우와 동일하다. 특허권침해로 되는 '실시'행위란 특허법 제2조 제3호 각목(各目)의 것을 말한다. 여기서 말하는 행위는 일련의 행위로서 실시되는 것만이 아니고, 행위가 각각 독립해서 실시되어도 침해행위가 된다(실시행위 독립의 원칙). 단 적법하게 판매된(특허권자로부터 구입 등) 특허품을 자신이 사용·재판매하는 것은 특허권침해에 해당되지 않는다고 생각된다(用盡說, 消盡說).[145] 침해의 실시행위로서 문제가 되는 것은 특허품의 수리이다. 특허품의 요부를 수리 또는 개조하여 회복하는 경우에는 새로운 특허품이 만들어지는 것과 같으므로 생산행위에 해당된다고 볼 수 있다.[146] 즉 특허부분을 분해하거나 재조

---

145) 즉 특허는 국가마다 독립하여 존립하므로, 권리를 부여받은 국가의 법률에 의하여 소진된다. 그러나 甲국에서 그 특허제품을 적법하게 확포(擴布)한 경우, 甲국에서 甲국 특허권은 소진하는 것이지만, 甲국 특허권의 소진은 甲국 특허권과 동일 발명인 乙국에 있는 특허권에는 아무런 영향을 주지 않고, 甲국에서 적법하게 확포한 특허제품이 乙국에 수입되었다고 하더라도 乙국 특허권 침해에 근거하여 수입을 중지하는 것은 가능하다. 반면에 국제적 소진을 인정하는 견해에 의하면, 이러한 경우 특허권이 소멸하여 수입을 막을 수 없다고 하나, 이러한 국제적 소진은 인정할 수 없다고 할 것이다(윤선희, "특허법의 병행수입에 관한 고찰," 「창작과 권리」 1995년 겨울호 참조).
WTO/TRIPs §6, 日本 最高裁 平成 9年 7月 1日 判決, 平成 7年(オ) 제1988호 특허권침해금지 등 청구사건(民集 51卷 6号, p.2299; 判例時報 1612号, p.3; 判例 タイムズ 951호, p.105).

146) 橋本良郎, 「特許法(第3版)」, 有斐閣, 1991, p.273.

립하는 경우에는 새로운 '생산'이라고 볼 수 없으나, 특허부분을 전부 교체한 경우라면 새로운 '생산'이라고 볼 수 있을 것이다. 또 개조인 경우도 특허부분을 개조하거나 전부 교체한 경우라면 새로운 '생산'으로 볼 수 있으나 일부의 부품을 제거하는 경우라면 새로운 '생산'이라고 볼 수 없을 것이다. 그러므로 이러한 것은 케이스 바이 케이스(case by case)로 판단하여야 할 것이다.[147)]

다만 2019년 1월 8일 일부개정에서는 침해행위에 대해 구체적 행위태양 제시 의무와 관련한 특허법 제126조의2가 신설되었다. 따라서 특허권 또는 전용실시권 침해소송에서 특허권자 또는 전용실시권자가 주장하는 침해행위의 구체적 행위태양을 부인하는 당사자는 자기의 구체적 행위태양을 제시하여야 한다.(특§126의2①) 이를 통하여 특허권자 또는 전용실시권자가 주장하는 침해행위의 구체적 행위태양을 부인하는 당사자는 자기의 구체적 행위태양을 제시하도록 하였다.

(2) 간접침해(특§127)

특허권의 간접침해란 특허발명의 구성요소의 모든 것을 충족한 실시행위자에게 가담하거나 방조하는 등의 간접적으로 특허발명을 실시하는 행위를 말한다. 이러한 간접침해는 직접적인 침해로부터 독립한 특허권의 침해형태이다. 특허권은 유체물과 달리 권리의 객체를 사실상 점유하는 것이 불가능하여 침해의 발견 등이 용이하지 않으므로 특허법은 특허권의 침해를 직접침해 이외에도 실시로 보는 행위(간접침해)를 규정하는 동시에, 일정한 사실이 있으면 특허발명이 실시된 것으로 추정하는 규정(생산방법의 추정)을 두어 특허권자를 보호하고 있다.

간접침해라 함은 현실적인 침해라고는 보기 어렵지만 침해행위의 전단계에 있어 특허침해로 보여지는 예비적인 행위를 말한다.[148)] 이를 의제침해라고도 한다. 즉 그 행위가 직접적으로는 침해가 되지 않지만, 그 행위가 앞으로는 특허권자의 이익을 해할 우려가 있거나 특허권을 침해할 우려가 높은 경우에는 침해로 보는 것이다.

이러한 침해로 보는 행위는 ⅰ) 특허가 물건의 발명에 대한 것일 때에는 그 물건의 생산에만 사용하는 물건을 업으로 생산, 양도, 대여, 수출 또는 수입하거나

---

147) 침해로 인정된 사례(Sandvik Aktieborg Ltd. v. E. J. Company, CAFC No.97-1168, 1997. 8.6), 침해로 인정하지 않은 사례(Hewllet-packard Ltd. v. Repeat-O-Type Stonce'l Meg. corp.CAFC No.96-1379, 1997.8.12).

148) 대법원 2001.1.30.선고, 98후2580 판결.

그 물건의 양도 또는 대여의 청약을 하는 행위(특§127 i), ii) 특허가 방법의 발명에 관한 것일 때에는 그 방법의 실시에만 사용되는 물건을 업으로서 생산, 양도, 대여, 수출 또는 수입하거나 그 물건의 양도 또는 대여의 청약을 하는 행위(특§127 ii)이다.

전자의 예는 TV수상기(완성품)가 특허인 경우에 그 TV수상기의 조립에 필요한 부품 전부를 하나의 세트로 하여 판매하는 행위이며, 후자의 예는 DDT를 살충제로 사용하는 방법이 특허로 되어 있는 경우에 그 DDT 자체를 제조 · 판매하는 행위가 여기에 해당한다고 할 수 있다. 이상에서 본 바와 같이 특허법에서는 객체적인 요건과 행위태양밖에 정하고 있지 않다. 한편, 이러한 간접침해의 성립에는 실시자의 주관적 요건은 필요하지 않다.

(3) 생산방법의 추정(특§129)

특허법은 간접침해 규정과 같이 물건을 생산하는 방법의 발명에 관하여 특허권침해의 발견이 용이하지 않으므로 특허법은 일정한 사실이 있으면 특허발명이 실시된 것으로 추정하는 규정(생산방법의 추정)을 두어 특허권자를 보호하고 있다. 즉 특허법은 물건을 생산하는 방법의 발명에 관하여 특허가 된 경우에 그 물건이 특허출원 전에 국내에서 공지되었거나 공연히 실시된 물건이거나 특허출원 전에 국내 또는 국외에서 반포된 간행물에 게재되거나 대통령령이 정하는 전기통신회선을 통하여 공중이 이용가능하게 된 물건인 경우를 제외하고는, 그 물건과 동일한 물건은 그 특허된 방법에 의하여 생산된 것으로 추정한다고 규정하고 있다.

3. 특허권침해에 대한 구제 및 규제(특허권자의 보호)

전술한 바와 같이 특허권자 또는 전용실시권자는 업으로서 그 특허발명을 독점적으로 실시할 권리가 있으므로 권한이 없는 제3자(타인)가 그 특허발명을 업으로서 실시할 경우에는 그 실시를 배제할 수 있다. 이러한 침해에 대한 구제방법으로는 민사적인 구제와 형사적인 규제가 있다.

(1) 민사적인 구제

특허권자 또는 전용실시권자는 해당 특허권이 침해되었거나 침해될 우려가 있을 때에는 먼저 특허권 침해자 또는 침해의 우려가 있는 자에게 서면으로 경고(특허등록번호, 권리내용, 침해사실 등을 구체적으로 기재)할 수 있으며, 또 이에 응하지 않을 때에는 소(訴)를 제기하여 침해를 금지시키거나 손해배상, 부당이득반환 등을 청구할 수 있다.

1) 침해금지청구권(특§126)

㈎ 의 의 　침해금지청구권이라 함은 특허권자 또는 전용실시권자가 자기의 권리를 침해한 자 또는 침해할 우려가 있는 자에 대하여 그 침해의 금지 또는 예방을 청구하는 권리를 말한다(특§126①). 특허권의 침해금지를 청구할 수 있는 자는 특허권자와 전용실시권자이다.

㈏ 요 건 　ⅰ) 권리의 침해가 현재 발생하고 있거나 발생할 우려(객관적으로 인식이 가능한 것이 필요하다)가 있을 것, ⅱ) 실시행위가 위법할 것, ⅲ) 금지의 필요성이 있을 것 등이 그 요건이다.

㈐ 침해금지청구권에 속한 다른 청구권 　특허권 침해행위에 제공된 조성물 또는 그 원인이 된 것을 폐기 또는 제거하지 않으면 다시 특허권을 침해할 우려가 있으므로 이를 폐기 · 제거할 것을 청구하는 것이 폐기 · 제거청구권이고, 또 침해할 우려가 있는 행위를 사전에 예방하기 위한 것이 예방청구권이다(특§126②). 이는 침해금지청구권과 함께 행사할 수 있는 권리이므로 부대(附帶)청구권이라고 한다.

이 외에도 신속한 구제를 얻기 위해 민사집행법 제300조에 의하여 침해금지가처분신청도 할 수 있다. 즉 특허권침해인 경우는 발명이라는 기술적 · 추상적 사상을 대상으로 하므로, 침해유무의 판단이 어렵고 또 기술적 내용이 복잡하고 고도하여 이를 소송대리인 및 법원이 이해하기 곤란하여 소(訴)를 제기하여 승소판결을 받기까지는 상당한 시간이 소요되므로 신속한 구제를 받기 위해 가처분신청을 하는 경우가 많이 있다.

2) 손해배상청구권

㈎ 의 의 　특허권자 또는 전용실시권자는 타인의 고의 또는 과실에 의하여 자기의 특허권이 침해되었을 경우에 그 침해한 자에 대하여 침해로 인해 받은 손해를 배상청구하는 권리를 말한다(특§128①). 이 규정은 민법 제750조(불법행위)[149]에 근거한 것이다. 이는 금전에 의한 보상이다.

㈏ 요 건 　특허침해로 인한 손해배상청구권에 관한 문제는 민법의 일반

---

149) 민법 제750조(불법행위): 고의 또는 과실로 인한 위법행위로 타인에게 손해를 가한 자는 그 손해를 배상할 책임이 있다.

원칙에 따른 것으로서 i) 침해자의 고의 또는 과실이 있을 것, ii) 침해행위가 있을 것, iii) 침해행위로 손해가 발생하였을 것, iv) 침해행위와 손해발생 사이에 인과관계가 있을 것이 요구되며, 입증책임은 피해자에게 있다. 이 외에도 특허법의 특수성을 고려하여 특칙이 몇 가지 있다.

a) 과실의 추정(특§130) 손해배상을 청구하는 경우에는 일반적으로 청구인이 상대방의 고의 또는 과실을 입증하지 않으면 안 된다. 그러나 특허발명일 경우에는 그 내용이 특허공개공보, 특허공보, 특허등록원부 등에 의하여 공시되므로 침해자의 침해행위가 있을 때에는 과실이 있는 것으로 추정하도록 특허법이 규정(특§130)하여 과실의 입증책임을 침해자에게 전환하고 있다. 즉 특허권자는 아무런 입증을 하지 않아도 침해자는 침해행위에 관하여 과실이 있었던 것으로 추정된다(입증책임의 전환). 따라서 침해자는 과실이 없음을 입증하지 않으면 그 책임을 벗어날 수 없다.

b) 생산방법의 추정(특§129) 생산방법의 특허발명도 위의 a)와 같이 특칙이 없는 한 그 입증책임은 원고에게 있으나 방법발명은 어떤 행위가 그 방법을 침해한 것이라는 점을 입증하기가 용이하지 않으므로, 특허법은 신규의 동일물은 동일한 방법에 의하여 생산된 것으로 추정한다는 규정을 두어(물건을 생산하는 방법의 발명에 관하여 특허가 된 경우에 그 물건이 특허출원 전에 국내에서 공지된 물건이 아닌 때에는 그 물건과 동일한 물건은 그 특허된 방법에 의하여 생산된 것으로 추정), 일정한 조건하에 생산방법이 동일하다는 점에 관하여 거증책임(擧證責任)을 침해자에게 전환시키고 있다.

c) 손해액의 추정(특§128) 특허법 제128조에서는 손해액의 산정기준을 명시하고 있다.[150] 즉, 판매수량만 확인하면 권리자의 원가계산기준에 의하여 손해액을 쉽고 적정하게 산정하여 이를 손해액으로 할 수 있으며(특§128②), 침해자가 침해행위로 인하여 얻은 이익액을 손해액으로 추정하고(특§128④), 그 특허발명의 실시에 대하여 합리적으로 받을 수 있는 금액을 손해액으로 하여 손해배상을 청구할 수 있도록 하고 있다(특§128⑤).

손해액이 실시료 상당액을 초과하는 경우 그 초과액에 대하여도 손해배상을 청구할 수 있으나 법원은 침해자에게 고의 또는 중대한 과실이 없는 경우 이를 참

150) 서울민사지법 1991.5.8.선고, 90가합92251 판결(확정).

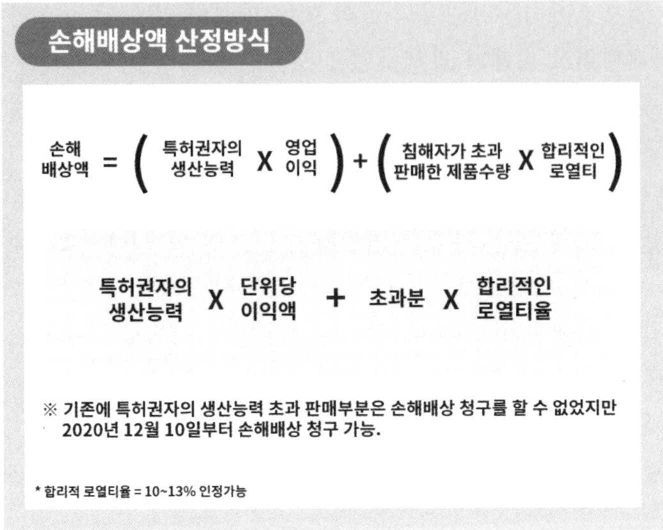

작할 수 있으며(특§128⑥), 또한 손해액 입증이 곤란한 경우에는 법원이 변론 전체의 취지와 증거조사의 결과에 기초하여 상당한 손해액을 인정할 수도 있다(특§128⑦). 그리고 법원이 침해로 인한 손해액의 산정을 위하여 감정을 명한 때에는 당사자는 감정인에게 감정에 필요한 사항을 설명하여야 한다(특§128의2).

한편 2019년 1월 8일 일부개정에서는 특허권 또는 전용실시권 침해행위에 대해 손해액의 3배의 범위에서 징벌적 손해배상제도가 도입되었다. 이와 관련하여 특허법 제128조에 제8항 및 제9항이 각각 신설되었다. 이에 따라 법원은 타인의 특허권 또는 전용실시권을 침해한 행위가 고의적인 것으로 인정되는 경우에는 제1항에도 불구하고 제2항부터 제7항까지의 규정에 따라 손해로 인정된 금액의 5배를 넘지 아니하는 범위에서 배상액을 정할 수 있다(특§128⑧). 즉 특허권 또는 전용실시권 침해행위가 고의적인 것으로 인정되는 경우에는 손해로 인정된 금액의 3배를 넘지 아니하는 범위에서 배상액을 인정할 수 있도록 하였다. 또한 특허법 제128조에 제8항의 징벌적 손해배상제도를 적용함에 있어서 그 침해행위가 고의적인지 여부를 판단할 때에는 침해자의 우월적 지위 여부, 고의의 정도, 침해행위의 기간 및 횟수, 침해행위로 인하여 침해자가 얻은 경제적 이득의 정도 등을 고려하도록 하여 특허권 또는 전용실시권 침해에 따른 피해구제를 강화하도록 하였다(특§128⑨).

d) 자료제출명령(특§132)　　법원은 특허권 또는 전용실시권의 침해 소송에서 당사자의 신청에 의하여 상대방 당사자에게 해당 침해의 증명 또는 침해로 인한 손해액의 산정에 필요한 자료의 제출을 명할 수 있다. 다만, 그 자료의 소지자가 그 자료의 제출을 거절할 정당한 이유가 있으면 그러하지 아니하다. 이는 민사소송법의 보충규정이다.

e) 비밀유지명령(특§224의3)　　법원은 특허권 또는 전용실시권의 침해에 관한 소송에 있어서 그 당사자가 보유한 영업비밀에 대하여 당사자의 신청에 따라 결정으로 ① 당해 영업비밀을 당해 소송의 수행 목적 이외의 목적으로 사용하는 것, ② 당해 영업비밀에 관련하여 비밀유지명령을 받은 자 이외의 자에게 공개하는 것을 금지할 수 있다. 소송을 진행하는 과정 중에서는 제출된 증거에 영업비밀이 포함되는 경우가 있다. 이 경우, 증거에 포함된 영업비밀의 누설을 방지하기 위한 방법으로는 민사소송법 제163조의 비밀보호를 위한 열람 제한 절차나 영업비밀보호법에 의한 금지청구 · 손해배상청구 등이 존재한다. 그러나 이러한 절차로는 충분하지 않아, 영업비밀이라도 증거로서 제출하도록 하는 가운데, 당해 영업비밀을 보호하는 제도가 필요하다는 지적이 이루어졌다. 이에 법원은 소송과정에서 제시된 영업비밀에 대하여 당해 소송의 수행 목적 이외의 목적으로 사용하는 행위나 비밀유지명령을 받은 자 이외의 자에게 공개하는 행위를 금지하고 있다.

3) 신용회복조치권(특§131)

㈎ 의　의　　고의 또는 과실에 의하여 특허권 또는 전용실시권을 침해함으로써 특허권자 또는 전용실시권자의 업무상의 신용을 실추케 한 자에 대하여서 신용회복을 위하여 필요한 조치를 법원에 청구할 수 있는 권리를 신용회복청구권이라고 한다.

㈏ 신용회복조치의 방법　　신용회복조치의 방법은 금전보상과 더불어 할 수 있다. 신용회복조치의 방법으로는 침해자의 비용으로 패소한 민사손해배상판결, 형사명예훼손죄의 유죄판결 등을 신문 · 잡지에 게재하게 하거나, 명예훼손기사의 취소광고 등의 조치를 하는 방법 등이 있다. 다만, 사죄광고의 경우는 헌법이 규정하는 양심의 자유에 반한다는 위헌판결을 받은 바 있다.[151]

---

151) 헌법재판소 1991.4.1.선고, 89헌마160 사죄광고의 강제는 양심도 아닌 것이 양심인 것처럼 표현할 것의 강제로 인간양심의 왜곡 · 굴절이고 겉과 속이 다른 이중인격형성의 강요인 것으로서 침묵의 자유의 파생인 양심에 반하는 행위의 강제금지에 저촉되는 것이며 따라서 우

4) **부당이득반환청구권**(민§741)

(가) 의 의 특허권이 침해된 경우에 침해자에게 고의 또는 과실이 없었던 것이 증명되면 손해배상을 청구할 수 없다. 그러나 이 경우에도 특허권자는 부당이득반환청구권을 갖는다. 즉, 특허권자는 정당한 법률상의 원인 없이 특허권자의 재산 또는 노무로 인하여 이익을 얻고, 이로 인하여 타인에게 손실을 가한 침해자에게 그 이익을 그대로 손실자인 특허권자에게 반환하도록 청구할 수 있다(민§741). 특허법상 명문의 규정을 두지 않았으나 특허권자가 선의·무과실의 침해자에게 손해배상청구를 할 수 없는 경우 민법의 규정에 따라 부당이득반환청구는 할 수 있다고 본다.

(나) 요 건 i) 법률상 원인 없이 이득을 얻을 것, ii) 특허권자에게 손해가 생겼을 것, iii) 이득과 손해 사이에 인과관계가 있을 것이 필요하다.

(2) 형사적인 규제

특허법은 형법의 특별법으로서 특허권의 침해에 대한 침해죄, 위증죄, 허위표시의 죄, 사위행위의 죄, 비밀누설죄 등과 행정법상의 질서벌(秩序罰)로서 과태료에 관한 규정을 두고 있다. 특허권 침해에 대하여 형사적으로 구제받기 위해서는 침해행위가 과실이 아니고 고의인 경우로서 특허권자 또는 전용실시권자의 고소가 있어야 한다.

1) **특허권침해죄**(특§225) 특허권 또는 전용실시권을 침해한 자는 7년 이하의 징역 또는 1억원 이하의 벌금에 처한다(특§225①). 이러한 침해죄는 일반 범죄행위와 같이 고의에 의해 성립한다.[152] 또 간접침해에도 적용이 된다고 본다.[153] 피해자의 명시적인 의사에 반하여 공소(公訴)를 제기할 수 없다(특§225②).

리 헌법이 보호하고자 하는 정신적 기본권의 하나인 양심의 자유의 제약이라고 보지 않을 수 없다. (中略) 우리 민법 제764조의 적용에 있어서도 사죄광고를 구하는 판결이 아니고도 ① 가해자의 비용으로 그가 패소한 민사손해배상판결의 신문·잡지 등에 게재, ② 형사명예훼손죄의 유죄판결의 신문·잡지 등에 게재, ③ 명예훼손기사의 취소광고 등의 방법을 상정할 수 있다고 할 것인데, 이 경우에는 강제집행을 하게 된다 하여도 사죄광고의 경우처럼 양심결정의 강제나 인격권을 무시하는 등의 헌법위반의 문제는 별로 생길 수가 없다.

152) 침해가 성립하기 위해서는 범죄구성요건에 해당하는 것(대상물이 특허발명의 기술적 범위에 속할 것 등), 행위가 위법일 것, 행위자에게 책임이 있을 것이 필요하다. 이 중 한 가지라도 결여된 때에는 범죄가 성립하지 않는다.

153) 정윤진, 「공업소유권법론」, 등용문출판사, 1976, p.343; 橋本良郎, 「特許法(第3版)」, 有斐閣, 1991, p.289.

이러한 침해는 위반행위를 한 자만 벌하는 것이 아니고 그 사업주 등에게도 함께 벌을 과할 수 있는 양벌규정(兩罰規定)의 적용을 받는다(특§230).[154]

또 특허법은 특허권침해죄에 해당하는 행위를 조성한 물건 또는 그 침해행위로부터 생긴 물건은 이를 몰수하거나 피해자의 청구에 의하여 그 물건을 피해자에게 교부할 것을 선고하여야 한다(특§231①)고 규정하고 있으며, 이는 형법총칙의 몰수에 관한 규정(형§48)에 대한 특별규정이다.

2) **비밀누설죄**(특§226)　　특허청 또는 특허심판원 소속 직원이거나 직원이었던 사람이 특허출원 중인 발명(국제출원 중인 발명을 포함한다)에 관하여 직무상 알게 된 비밀을 누설하거나 도용한 경우에는 5년 이하의 징역 또는 5천만원 이하의 벌금에 처한다(특§226①). 전문심리위원 또는 전문심리위원이었던 자가 그 직무수행 중에 알게 된 다른 사람의 비밀을 누설하는 경우에는 2년 이하의 징역이나 금고 또는 1천만원 이하의 벌금에 처한다(특§226②).

이와 관련하여 전문기관, 전담기관 또는 특허문서 전자화기관의 임직원이거나 임직원이었던 사람은 특허법 제226조 제1항을 적용하는 경우에는 특허청 소속 직원 또는 직원이었던 사람으로 본다(특§226조의2①). 또한 전문심리위원은 형법 제129조부터 제132조까지의 규정을 적용할 때에는 공무원으로 본다(특§226조의2②).

3) **위증죄**(특§227)　　특허심판원에 대하여, 특허법의 규정에 의해 선서한 증인, 감정인 또는 통역인이 허위의 진술, 감정 또는 통역을 한 경우는 5년 이하의 징역 또는 5천만원 이하의 벌금에 처한다(특§227①). 이러한 위증죄를 범한 자가 그 사건의 심결이 확정되기 전에 자수한 때에는 그 형을 감경(減輕) 또는 면제할 수 있다(특§227②).

4) **허위표시죄**(특§228)[155]　　권한이 없는 자가 특허에 관계되는 것이 아닌데도 그 물건이나 그 포장에 특허표시 또는 그와 혼동되기 쉬운 표시를 하는 행위는 허위표시로 금지하고 있으며(특§224 i) 이에 위반한 자는 3년 이하의 징역 또는

---

154) 과거 법인에 대하여 행위자와 같은 벌금을 과하도록 되어 있었으나, 2001년 개정에서 법인에 대하여는 그 제재를 강화하였다. 양벌규정이 적용되는 허위표시나 사위행위의 경우에도 마찬가지이다.

155) 허위표시의 유형으로는 i) 번호를 생략한 특허표시, ii) 특허권 소멸 후의 특허표시, iii) 특허출원 중의 특허표시(ⓐ 특허출원중인 물품을 출원번호 표기도 없이 단순히 "특허품"이라고 표기, ⓑ 특허출원중인 것을 "특허 제○○○호"라고 출원번호를 특허번호로 표기, ⓒ 특허출원하여 거절결정된 후의 특허표시), iv) 과대광고, v) 침해품의 특허표시, vi) 등록한 실용신안에 대한 특허표시, vii) 외국특허표시 등으로 생각해 볼 수 있다.

3천만원 이하의 벌금에 처한다(특§228). 또 그런 표시를 한 물건을 양도·대여 또는 전시하는 행위(특§224 ii) 및 비특허품 또는 비특허방법을 제조나 사용하게 하기 위하여 광고에 이것들이 특허품 또는 특허방법에 관계가 있는 것같이 표시하는 행위 등(특§224 iii, iv)도 마찬가지다. 이 죄도 양벌규정이 적용된다(특§230).

5) **거짓행위죄**(특§229) 거짓[156]이나 그 밖의 부정한 행위로써 특허, 특허권의 존속기간의 연장등록, 특허취소신청에 대한 결정 또는 심결을 받은 자는 3년 이하의 징역 또는 3천만원 이하의 벌금에 처한다(특§229). 이 죄는 비친고죄이므로 고소를 요하지 않으며 침해죄와 같이 양벌규정이 적용된다(특§230). 이 죄는 개인적 법익에 대한 것이 아니라 국가적 법익에 대한 것이라 할 수 있다.

6) **비밀유지명령 위반죄**(특§229의2) 국내외에서 정당한 사유없이 제224조의3 제1항에 따른 비밀유지명령을 위반한 자는 5년 이하의 징역 또는 5천만원 이하의 벌금에 처한다(특§229의2). 이 죄는 비밀유지명령을 신청한 자의 고소가 없으면 공소를 제기할 수 없다.

7) **외국 특허출원 금지위반죄**(특§229의3) 국방상 필요한 발명 등(특§41①)에 따른 외국에의 특허출원 금지 또는 비밀취급명령을 위반한 자는 5년 이하의 징역 또는 5천만원 이하의 벌금에 처한다.

8) **과태료**(특§232) 특허법에는 과태료에 대한 규정도 두고 있다. 이 과태료는 질서벌로서 법률질서를 유지하기 위하여 법령위반자에게 제재를 과하는 것이다. 증거조사 및 증거보전(특§157)에 있어 선서(민소§299②, §367)한 자가 특허심판원에 대해 허위진술한 경우(특§232① i), 특허심판원으로부터 소환을 받은 자가 정당한 이유 없이 소환에 응하지 아니하거나 선서·진술·증언·감정 또는 통역을 거부한 경우(특§232①iii), 증거조사 또는 증거보전에 관하여 특허법의 규정에 의해 특허심판원으로부터 서류 기타 물건의 제출 또는 제시명령에 정당한 이유 없이 응하지 않은 경우(특§232① ii)이다.

9) **양벌규정**(특§230) 법인의 대표자나 법인 또는 개인의 대리인, 사용인, 그 밖의 종업원이 그 법인 또는 개인의 업무에 관하여 특허권 등 침해죄(특§225①), 허위표시 침해죄(특§228), 거짓행위의 죄(특§229) 또는 외국에의 특허출원 금

---

156) 거짓행위란 심판 또는 심판의 과정에서 허위의 자료나 위조된 자료를 제출하여 심사관 또는 심판관을 착오에 빠뜨려 특허요건을 결한 발명에 대하여 특허권을 받거나 자신에게 유리한 심결(審決)을 받는 행위를 말한다.

지 또는 비밀취급명령 위반죄(특§229의3)의 어느 하나에 해당하는 위반행위를 하면 그 행위자를 벌하는 외에 그 법인에는 다음 각 호의 구분에 따른 벌금형을, 그 개인에게는 해당 조문의 벌금형을 과(科)한다. 다만, 법인 또는 개인이 그 위반행위를 방지하기 위하여 해당 업무에 관하여 상당한 주의와 감독을 게을리하지 아니한 경우에는 그러하지 아니하다.

제5절 | 심판 및 소송

Ⅰ. 심 판

1. 서

현행 특허법은 특허절차를 간소화하는 한편 특허권의 보호를 강화함으로써 산업의 기술발전을 촉진하여 경쟁력을 높이려 하고 있다. 예컨대 출원공고제도와 특허이의신청제도를 폐지하였다. 또한, 특허출원에 대한 심사과정 중에 거절이유가 있으면 출원인에게 의견서 제출 · 보정의 기회를 주고 있으며, 특허권 또는 전용실시권을 침해한 자에 대한 벌금형의 액수를 상향 조정함으로써 특허출원인 내지 특허권자를 보호하고 있다.

그러나 이렇게 하여 행해진 처분에 하자가 있었던 경우에는 출원인이나 일반 공중의 권리와 이익을 해칠 뿐만 아니라 산업발전에의 기여라고 하는 특허법 제1조의 취지에도 어긋난다 하겠다. 이에 특허법은 하자 있는 결정에 불복하거나 하자 있는 특허권의 무효 및 정정을 요구할 수 있도록 민사소송이나 행정소송과는 다른 특별한 심판제도를 마련하고 있다.

원래 심판(審判)이란 어떤 문제와 관련된 일이나 사람에 대하여 잘잘못을 가려 결정을 내리는 것을 뜻하나, 지적재산에서 심판은 산업재산권(특허 · 실용신안 · 디자인 · 상표)의 발생 · 변경 · 소멸 및 그 권리범위에 관한 분쟁을 해결하기 위한 특별행정심판을 말한다. 특허심판(거절결정 불복심판, 무효심판, 권리범위 확인심판 등)은 전문적인 기술지식과 경험이 필요하기 때문에 행정부 소속 특허심판원에서 하고 있다.

즉 특허법이 심판절차에 특별한 규정을 두고 있지 않은 사항에 관한 분쟁은 일반원칙에 따라 서류의 불수리처분(특규칙§11), 출원 등의 절차의 무효처분(특§16) 등 특허청의 처분에 대한 불복은 행정상의 쟁송절차(행정심판법, 행정소송법)에 의하여야 하고, 특허권침해에 대한 손해배상 · 침해금지 · 부당이득반환 · 신용회복 등의 청구는 민사소송에 의하여야 한다. 다만, 특허법상 심판절차에 있어서도 많은 부분 민사소송법이 준용되고 있다(특§154⑦⑧, §157②, §165②④, §178②, §185).

한편 2019년 1월 8일 일부개정에서는 특허심판에서 국선대리인 선임 근거를 마련하고, 국선대리인 선임 사건에 대해 수수료를 감면하였다. 따라서 특허심판원장은 산업통상자원부령으로 정하는 요건을 갖춘 심판 당사자의 신청에 따라 대리인(이하 "국선대리인"이라 한다)을 선임하여 줄 수 있다(특§139의2①). 또한 국선대리인이 선임된 당사자에 대하여 심판절차와 관련된 수수료를 감면할 수 있고(특§139의2②), 국선대리인의 신청절차 및 수수료 감면 등 국선대리인 운영에 필요한 사항은 산업통상자원부령으로 정한다(특§139의2③).

(1) 의 의

특허법상의 심판이란 행정기관인 특허심판원 심판관[157]의 합의체가 대법원의 최종심을 전제(헌§107)로 거절결정, 특허 등의 처분에 대한 쟁송을 심리판단하는 준사법적 절차를 말한다.

즉 특허심판은 특허출원에 대한 심사관의 최종처분에 흠이 있는 경우, 즉 부당한 거절결정 · 무효사유가 있는 특허권 및 특허에 관한 분쟁을 해결할 목적으로 행하는 준사법적 행정쟁송절차이다.

(2) 근 거

법률상의 쟁송을 심판하는 권한은 원래 법원에 속한다(법원조직법§2①). 그러나 행정기관이 최종심으로 재판을 할 수 없지만(헌§107③) 전심(前審)으로서의 심판은 할 수 있다고 한다(법원조직법§2②). 특허에 관한 쟁송의 처리에는 보호객체의 특수성에 의해 전문적 기술지식이 필요하기 때문에 그 심리판단이 특허심판원 심판관에 의해 심판하도록 하는 것이다.

이렇게 하여 심판한 행위를 사법행위로 볼 것인가 행정행위로 볼 것인가에 대해 논란이 있는데, 심판절차는 사법절차를 따르기 때문에 사법행위로 볼 수 있

157) 준사법기관에서 공권적 판단을 행하는 자를 말한다. 예) 국제심판, 해난심판, 특허심판 등.

으나 삼권분립의 원칙에 따라 사법권은 법원에 속한다(헌§101①)는 사법국가주의에 반하고, 또 국민은 법관에 의해 재판을 받을 권리(헌§27①)에 반하여 이러한 자격이 없는 행정관청인 특허심판원 공무원에 의해 심판받기 때문에 행정행위로도 볼 수 있다. 그러나 심판은 법률에 구속되므로 준사법적 행정행위로 보는 것이 타당하다고 본다.

우리나라는 종래 법률심인 최종심만 법원에서 행하고 사실심인 1심과 2심은 특허청에서 행하고 있었다. 그러나 1998년 3월 1일부터 1심은 심판소와 항고심판소가 통폐합하여 신설한 특허심판원에서 행하고, 1심에 불복하는 경우에는 신설된 특허법원에서 다시 사실심리를 하게 하고, 이에 불복하는 경우에는 대법원에 상고할 수 있도록 하고 있다.[158]

2. 심판의 종류

심판은 독립적 심판[159]과 부수적 심판[160]으로 나눌 수 있으며 독립적 심판은 다시 당사자계심판과 결정계심판으로 나누어진다. 여기서 당사자계심판이란 일단 특허권이 허여된 후 그 특허의 내용에 대하여 당사자간에 분쟁이 발생하면 그 특허내용 자체가 유효인가 무효인가를 판단하는 심판으로 당사자간의 대립이 존재하는 심판이다. 그에 반해 결정계심판이란 당사자의 대립에 의한 것이 아니라 거절결정이나 또는 특허취소결정이나 심판의 심결에 불복이 있는 경우에 특허청을 상대로 청구할 수 있는 심판이다(구체적인 예는 표를 참조).

이상의 심판의 예로서는 당사자계 심판은 특허무효심판(디자인등록무효, 상표등록취소), 권리범위 확인심판, 정정무효심판, 통상실시권 허여심판, 특허권 존속기간 연장등록의 무효심판 등이고, 결정계 심판은 거절결정에 대한 불복(실용신안거절결정, 디자인거절결정, 상표거절결정, 상표갱신등록거절결정), 통상실시권 설정의

---

158)

	특허권 분쟁	일반소송
1심	특허청 특허심판원	일반 지방법원
2심	특허법원	고등법원
3심	대법원	대법원

159) 독립적 심판이란 심판의 청구취지가 독립되어 있는 것을 말한다(구체적 예는 표를 참조).

160) 부수적 심판이란 그 자체만으로는 독립해서 심판의 대상이 되지 못하고 독립된 심판의 청구사항에 부수되거나 독립심판을 전제로 하여 청구하는 심판을 말한다(구체적인 예는 표를 참조).

재정에 의한 취소결정, 정정심판 등이다. 또 확정된 심결에 대한 불복을 심판하는 것으로서 재심이 있고(特§178), 이 제도는 비상구제절차이다.

(1) 심 판

심판이란 특허청 심사관이 행한 결정에 불복한다든가 또는 이미 부여된 산업재산권에 대하여 이의가 있는 경우, 특허심판원에 심판을 청구하는 것을 말한다. 즉 특허법 제132조의16 제1항에서 "특허 · 실용신안 · 디자인 및 상표에 관한 심판과 재심 및 이에 관한 조사 · 연구에 관한 사무를 관장하게 하기 위하여 특허청장 소속하에 특허심판원을 둔다"고 규정하고 있다. 이 경우 산업재산권에 관한 모든 사건을 의미하는 것이 아니라 산업재산권의 유효성에 관한 것만 취급한다. 즉, 산업재산권 침해사건은 특허심판원이 아니라 일반법원의 관할이다.

1) 특허무효심판

㈎ 의 의 특허무효심판이란 일단 유효하게 된 특허권에 일정한 법정사유가 있는 경우, 이해관계인 또는 심사관의 심판청구에 의하여 그 특허를 무효로 하고 소급적으로 특허권의 효력을 소멸시키는 것을 목적으로 하는 심판이다.

즉 2006년 개정전 특허법에서는 특허등록 후 일정기간 내에 특허이의신청제도를 두어 공중으로 하여금 특허결정을 받은 특허출원에 대하여 이의를 제기할 수 있도록 하고 있었다. 그러나 그 신청이 설정등록일부터 등록공고일 후 3월내

로 제한되어 있어, 그 기간의 도과를 깨닫지 못했거나 법정기간의 제한으로 충분한 증거를 제출하지 못함으로써 특허결정의 오류를 제대로 판단하지 못할 수 있었다. 이에 2006년 3월 3일 개정 특허법에서는 특허설정등록공고 후 3월 이내에는 특허이의신청을 하게 하고 3월 후에는 특허무효심판으로 하게 하던 것을, 특허이의신청제도를 폐지하고 특허무효심판제도로 통합하여 특허설정등록 후에는 모두 무효심판으로 통일하였다. 이에 이해관계인 및 심사관을 청구인으로 하여 특허의 무효를 다툴 수 있도록 하는 특허무효심판 제도를 두었다.

(나) 성 질 일단 유효하게 발생한 행정처분을 취소하고 새로운 행정처분을 하는 것, 즉 특허권에 특허무효사유가 존재하고 있다고 해서 모두 무효가 되는 것이 아니라 행정기관인 특허청의 심판에 의해서만 무효[161]가 될 수 있으며, 그 특허권의 무효가 확정되면 그 특허권은 처음부터 효력이 없었던 것이 되기 때문에 이러한 행위는 확인적 행위가 아니라 형성적 행위라고 보아야 할 것이다.

(다) 당사자 특허무효심판을 청구할 수 있는 자는 이해관계인과 심사관이다(특§133①). 피청구인은 특허권자이다. 여기에서는 이해관계인에 대하여 논란이 있으나, 그 특허권이 유효하게 존속함으로 인하여 직접 또는 간접적으로 불이익을 받을 염려가 있는 자연인과 법인을 말한다.

(라) 청구기간 특허무효심판은 특허권이 소멸된 후에도 청구할 수 있다(특§133②). 특허가 무효로 되면 특허권은 소급하여 소멸하고(특§133③) 특허권의 존속기간 만료 후에 존속기간 중의 침해행위에 대해서도 손해배상을 청구할 수 있기 때문에 특허권소멸 후에 있어서도 무효심판을 청구할 실익이 있다.

(마) 무효사유 특허의 무효사유(특§133①)는 다음과 같다.

특허무효의 원인은 특허를 무효로 하는 사유 및 사실이다. 그 사유는 i) 특허가 제25조(외국인의 권리능력), 제29조(특허요건),[162] 제32조(특허를 받을 수 없는 발명), 제36조(선출원) 제1항 내지 제3항, 제42조 제3항(발명의 상세한 설명)[163] 및 제4항(특허청구범위)의 각 규정에 위반하여 특허된 경우, ii) 특허를 받을 수 있는 권리를 가지지 아니하거나(특§33① 본), 제44조의 규정에 위반된 경우,[164] 다만 제

161) 대법원 1998.12.22.선고, 97후1016, 1023, 1030 판결.
162) 대법원 1998.12.11.선고, 97후846 판결.
163) 대법원 1996.1.26.선고, 94후1459 판결.
164) ii)의 경우에 이해관계인은 특허를 받을 수 있는 권리를 가진 자만 해당한다.

99조의2 제2항에 따라 이전등록된 경우에는 제외한다. iii) 제33조 제1항 단서의 규정에 의하여 특허를 받을 수 없는 경우, iv) 조약에 위반된 경우, v) 특허된 후 그 특허권자가 제25조(외국인의 권리능력)의 규정에 의하여 특허권을 향유할 수 없는 자로 된 경우 또는 그 특허가 조약에 위반되는 사유가 발생한 경우, vi) 제47조 제2항(보정이 가능한 범위)의 규정에 의한 범위를 벗어난 보정인 경우, vii) 제52조 제1항의 규정에 의한 범위를 벗어난 분할출원 또는 제52조의2 제1항 각호 외의 부분 전단에 따른 범위를 벗어난 분리출원인 경우, viii) 제53조 제1항의 규정에 의한 범위를 벗어난 변경출원인 경우 등의 것에 한정되고, 이 이외의 것을 사유로 하여서는 무효심판을 청구할 수 없다. 이 규정은 제한열거주의를 취하고 있다.

(바) 청구의 범위　특허무효심판의 청구는 발명마다 할 수 있다. 즉 특허청구범위의 청구항이 2 이상인 때에는 청구항마다 청구할 수 있다(특§133①후).

(사) 심 리　심리는 서면심리 또는 구술심리에 의하나 실무상 서면심리가 원칙이다. 다만, 당사자가 구술심리를 신청한 때에는 서면심리만으로 결정할 수 있다고 인정되는 경우 외에는 구술심리를 하여야 한다(특§154①). 또한, 문제의 공익성 및 절차의 신속성을 고려하여 직권탐지, 직권진행(특§158) 및 직권심리(특§159) 등의 주의를 채택하고 있다. 또 심리의 공정성을 확보하기 위해 제척(除斥)(특§149)·기피(忌避)(특§150)제도, 제3자의 이해를 고려하여 참가(參加)제도(특§155)를 두고 있다.

(아) 특허의 정정(특§133의2)　특허무효심판에 따른 심판의 피청구인은 제147조 제1항(답변서 제출 기회) 또는 제159조 제1항 후단(직권심리)에 따라 지정된 기간 이내에 i) 특허청구범위를 감축하는 경우, ii) 잘못 기재된 것을 정정하는 경우, iii) 분명하지 아니하게 기재된 것을 명확하게 하는 경우에 한하여 특허발명의 명세서 또는 도면에 대하여 정정을 청구할 수 있다. 이 경우 심판장이 제147조 제1항(답변서 제출 기회)에 따라 지정된 기간 후에도 청구인의 증거를 제출하거나 새로운 무효사유를 주장함으로 인하여 정정의 청구를 허용할 필요가 있다고 인정하는 경우에는 기간을 정하여 정정청구를 하게 할 수 있다(특§133의2①). 이 경우 해당무효심판절차에서 그 정정청구 전에 수행한 정정청구는 취하된 것으로 본다(특§133의2②).

심판장은 특허무효심판 절차에 있어서 특허의 정정청구가 있는 때에는 그 청구서의 부본을 심판의 청구인에게 송달하여야 한다(특§133의2③). 그 이외에 정정심판의 요건과 절차가 준용된다(특§133의2④).

㈑ 무효심결의 효력　특허를 무효로 한다는 심결이 확정된 때에는 그 특허권은 처음부터 없었던 것으로 본다. 단 후발적 사유(특§133①iv)의 규정에 의하여 특허를 무효로 한다는 심결이 확정된 때에는 그 특허가 후발적 사유에 해당하게 된 때부터 특허권의 효력이 없었던 것으로 본다(특§133③).

특허무효심결이 확정된 때에는 누구나 그 발명을 자유롭게 실시할 수 있고(對世的 效力), 동일사실 및 동일증거에 의하여 다시 심판을 청구할 수 없다. 다만, 확정등록된 심결이 각하심결인 경우에는 그러하지 아니하다(일사부재리의 효력: 특§163). 또 무효심판청구등록 전의 실시에 의한 통상실시권(특§104①)이 발생하며, 이미 납부된 특허료는 반환하지 않으나 잘못 납부된 등록료 및 수수료, 특허를 무효로 한다는 심결이 확정된 연도의 다음 연도부터의 특허료 해당분(특§84① i , ii)에 대해서는 특허청장은 이를 납부한 자에게 통지하여야 하고(특§84②), 납부한 자의 청구에 의하여 이를 반환한다. 이 경우 반환은 통지를 받은 날로부터 3년을 경과한 때에는 이를 청구할 수 없다(특§84③).

이 외에도 심판청구의 전제가 되는 특허권이 무효심결에 의하여 소멸되면, 그 후에는 정정(訂正)심판을 청구할 수 없게 되며(특§136⑥), 특허표시를 계속 사용하면 허위표시가 된다.

2) 특허권의 존속기간연장등록의 무효심판(특§134)

㈎ 의　의　특허권의 존속기간연장등록[165] 무효심판이란 연장등록된 특허권의 존속기간을 연장되지 아니한 상태로 환원시키기 위하여 청구하는 무효심판을 말한다. 즉 특허권의 존속기간의 연장등록처분에 하자가 있는 것을 이유로 하여 그 특허권의 연장등록을 무효(특§134④)로 하는 준사법적 행정절차를 말한다. 연장등록을 무효로 한다는 심결이 확정된 때에는 그 연장등록에 의한 존속기간의 연장은 처음부터 없었던 것으로 본다. 다만 무효심결이 확정된 연장등록이 제134조 제1항 제3호(연장신청의 기간이 그 특허발명을 실시할 수 없었던 기간을 초과

---

165) 존속기간연장제도: 특허권의 존속기간 중 일정한 사유로 인하여 특정 발명을 실시하지 못한 경우에 5년의 기간 내에서 그 실시하지 못한 기간만큼 존속기간을 연장시켜 주는 제도(특§89)를 말한다. 즉 의약품, 농약품의 분야에서는 그 특허발명을 실시하기 위하여 타법령에 의한 허가 · 등록 등을 받아야 하므로 그 기간만큼을 연장하여 주는 것이 타당하다고 하여 1987년 물질특허제도의 도입시 도입된 제도이다.

하는 경우) 또는 제134조 제2항 제1호(연장등록에 따라 연장된 기간이 제92조의2에 따라 인정되는 연장의 기간을 초과한 경우)에 해당되는 경우에는 그 특허발명을 실시할 수 없었던 기간을 초과한 기간에 관하여 그 초과한 기간만큼 그 연장이 없었던 것으로 본다(특§134④). 연장등록이 제134조 제1항 제6호에 해당하여 무효로 한다는 심결이 확정된 경우에는 그 특허권의 존속기간의 연장등록출원은 처음부터 없었던 것으로 본다(특§134⑤).

㈏ 무효사유(특§134① ②각호)

Ⓐ 제92조(허가 등에 따른 연장등록)에 따른 특허권의 존속기간의 연장등록(특§134① 각호)

a) 그 특허발명을 실시하기 위하여 제89조(특허권의 존속기간의 연장)의 허가 등을 받을 필요가 없는 출원에 대하여 연장등록이 된 경우

b) 그 특허권자 또는 그 특허권의 전용실시권 또는 등록된 통상실시권을 가진 자가 제89조(특허권의 존속기간의 연장)의 허가 등을 받지 아니한 출원에 대하여 연장등록이 된 경우

c) 연장등록에 의하여 연장된 기간이 제89조에 따라 인정되는 연장의 기간을 초과하는 경우

d) 당해 특허권자가 아닌 자의 출원에 대하여 연장등록이 된 경우

e) 제90조 제3항(공유특허권의 존속기간 연장등록출원)의 규정에 위반한 출원에 대하여 연장등록이 된 경우

f) 제90조 제7항을 위반하여 하나의 허가 등에 대하여 둘 이상의 특허권의 존속기간이 연장등록된 경우

Ⓑ 제92조의5(등록지연에 따른 연장등록)에 따른 특허권의 존속기간의 연장등록(특§134② 각호)

a) 연장등록에 따라 연장된 기간이 제92조의2에 따라 인정되는 연장의 기간을 초과한 경우

b) 해당 특허권자가 아닌 자의 출원에 대하여 연장등록이 된 경우

c) 제92조의3 제3항을 위반한 출원에 대하여 연장등록이 된 경우

㈐ 당사자 연장등록 무효심판을 청구할 수 있는 자는 이해관계인 또는 심사관이며, 대표자 또는 관리인이 정하여져 있는 법인이 아닌 사단 또는 재단도 청구권자가 될 수 있다(특§4).

※ 이 외의 것들은 특허무효심판을 참조하기 바람.

3) **권리범위확인심판**(특§135) 특허권자는 업으로서 특허발명을 실시할 권리를 독점하며(특§94), 그 권리행사의 효력은 동업자뿐만 아니라 널리 제3자에게도 영향을 미치는 것이다.

이러한 권리는 존속기간 만료로 권리가 소멸된 후에도 존속기간 중의 제3자의 권리침해행위에 대한 손해배상을 청구할 수 있는 등 그 효력은 장기간에 이르는 것이다. 그리하여 그 기간 중에 특허권자가 제3자의 특허권 또는 제3자가 실시하는 대상물 등에 관하여 그것이 자기의 특허발명의 권리범위에 속하는지의 여부를 알고 싶은 경우, 또 특허권자가 아닌 자(이해관계인)가 투자 내지 사업실시를 계획중이거나 실시중인 것에 관하여 그것이 특허권자의 특허발명의 권리범위에 속하는지 여부를 알고 싶은 경우가 생긴다.

이와 같은 경우에 문제가 되는 특허발명의 권리범위에 관하여 고도의 전문적 · 기술적 식견을 가진 자가 엄정하고 중립적인 입장에서 권위 있는 판단을 신속하게 행하고, 그 판단을 구하는 자가 용이하게 이용할 수 있도록 제도적으로 보장함으로써 목적에 적합한 발명의 보호와 이용을 도모하고 아울러 무익한 다툼이 발생되지 않도록 하는 것이 필요하다.

이와 같은 취지는 실용신안권(실§33), 디자인권(디§122), 상표권(상§121)에 있어서도 마찬가지이다.

㈎ 의 의 권리범위확인심판이란 특허권을 둘러싼 당사자 사이에 분쟁이 발생하면 분쟁대상물이 해당 특허발명의 권리범위에 속하는가 아닌가를 판단하는 심판제도를 말한다. 즉 특허권자도 권리범위에 속하는가 아닌가를 확인받아 둠으로써 특허권을 둘러싼 당사자간의 분쟁에 있어 권리의 이용 · 저촉 문제, 권리침해 문제를 원만히 해결할 필요가 있다.

이러한 심판은 특허권의 침해관계를 명확히 하기 위한 제도이다. 이 제도는 민사소송법상의 확인소송과 비슷하나, 민사소송법상의 확인의 소(訴)가 대세적 효력을 갖는 반면 이 심판은 대세적 효력이 없어 제3자를 구속하지 않는다는 점에서 다르다(다수설).

㈏ 성 질 어떤 분쟁대상물이 자기 특허권의 권리범위 속에 포함된다고 확인을 구하는 심판(특허권자 · 전용실시권자)과 그 분쟁대상물이 특허권자의 특허권의 범위 속에 포함되지 않는다고 확인을 구하는 심판(이해관계인)[166]이 있을 수

있다.

이러한 권리범위의 확인심판을 심리할 수 있는 곳은 특허청 특허심판원에서만 가능하며, 이곳에서 행한 행위는 행정행위인바 이것이 민사소송에서의 확인의 소와 같은 것이냐 아니면 형성적 행정행위로서의 성질을 가지는 것이냐에 대하여 이론이 있다.

(다) 당사자　　권리범위확인심판을 청구할 수 있는 자는 특허권자 · 전용실시권자 또는 이해관계인이다(특§135①②).[167] 이 점은 특허무효심판(특§133)과 다르다.

(라) 청구기간　　권리범위확인심판의 청구기간에 대하여 특별한 규정을 두고 있지 않으므로 이론상으로는 청구의 이익이 있는 한 언제든지 청구할 수 있다고 볼 수 있으나, 특허권의 존속기간 내라고 보는 것이 타당하다 하겠다.[168]

(마) 심판청구의 절차적 요건 및 청구범위　　심판을 청구하고자 하는 자는 심판청구서(특규칙§57①, 별지 제31호 서식)와 특허발명과 대비될 수 있는 설명서 및 필요한 도면(특§140③)을 첨부하여 특허심판원장에게 제출하여야 한다(특§140①).

청구범위는 발명 전체 또는 청구항마다 청구할 수 있고(특§135③), 심리는 서면심리 또는 구술심리에 의하나 실무상 서면심리가 원칙이다.

(바) 심판의 효력　　특허권의 권리범위확인심판의 심결이 확정되면 그 결과로서 권리범위가 확인되며 형성적 효력도 가지게 된다. 그러나 이 심판에 의해 권리가 확인되면 제3자도 이 확인심결에 구속을 받느냐는 논의가 있으나 구속력이 없다고 보는 것이(즉 대세적 효력이 발생하지 아니한다) 다수설이다. 그러나 특허심판원의 심판편람에서는 "특허발명의 권리범위에 관한 심판관의 심결은 감정적 성질을 갖는 데 그치는 것이 아니고, 당사자 또는 제3자에 대하여 법적 구속력을 갖는다."라고 한다.[169]

심결이 확정된 때에는 누구든지 동일사실 및 동일증거에 의하여 다시 심판을 청구할 수 없다(특§163). 즉 일사부재리의 효력이 발생한다.

---

166) 대법원 1995.12.5.선고, 92후1660 판결.

167) 대법원 1985.7.23.선고, 85후51 판결.

168) 대법원 1970.3.10.선고, 68후21 판결; 대법원 1996.9.10.선고, 94후2223 특허권리범위 판결.

169) 특허심판원, 「심판편람」, 2014.7.31, p.495.

4) **정정심판(특§136, 실§33)** 특허(실용신안등록)에 대하여 무효사유가 있을 경우에는 그것을 이유로 하는 무효심판청구로 특허가 무효로 되는 것을 방지하고, 무효심판이 청구되는 것을 예방할 필요가 있으며, 그 특허에 관하여 불명료한 부분이 있을 경우에는 침해사건을 일으키기도 하고 실시계약을 방해하기도 하여 제3자의 이익에 관련되게 되므로 그 불명료한 부분을 명료하게 할 필요가 있게 된다. 이러한 경우 정정심판제도에 따라 특허권자가 자발적으로 특허발명의 명세서 또는 도면을 정정할 수 있다.

㈎ 의 의 정정심판이라 함은 설정등록된 특허권의 명세서 또는 도면에 오기, 불명확한 기재 등이 있을 때에 특허권자가 그 명세서 또는 도면을 정정하여 줄 것을 청구하는 제도를 말한다.

정정(訂正)과 보정(補正)을 비교해 보면 명세서 등의 보충정정을 하는 점은 같으나 보정은 출원단계에서 특허권 설정등록 전에 행하는 것이고 정정은 특허권 설정등록 후에 행하여지는 것이 다르다.

㈏ 심판청구대상 정정심판의 청구의 대상은 특허발명의 명세서와 도면이다(특§136①). 여기서 특허발명의 "명세서와 도면"이라 함은 특허권 설정등록시의 것이고, 또 당해 정정심판의 심결 전에 다른 정정심판의 확정심결이 있을 때에는 그 정정된 명세서와 도면이다. 정정심판으로 정정할 수 있는 사항은 i) 특허청구범위를 감축[170]하는 경우, ii) 잘못 기재된 것을 정정[171]하는 경우, iii) 분명하지 아니하게 기재된 것을 명확하게 하는 경우[172]이다(특§136① 각호).

이러한 경우에도 특허발명의 명세서 또는 도면의 범위 내에서(오기의 정정인 경우에는 출원서에 최초로 첨부된 명세서 또는 도면에 기재된 사항의 범위) 정정할 수 있으며(특§136②③),[173] 특허청구범위를 실질적으로 확장하거나 변경할 수 없다

---

170) 특허청구범위의 감축이란 특허청구범위의 항수를 줄이는 것과 특허청구의 범위 자체를 축소하는 것도 포함된다고 본다.

171) 잘못 기재된 것의 정정이란 명세서나 도면의 기재가 오기임이 명세서의 기재 전체, 주지의 사항 또는 경험칙 등에서 분명한 경우에 그 오기를 본래의 바른 기재로 정정하는 것이다.

172) 분명하지 아니한 기재를 명확하게 하는 경우는 구법하에서는 '불명확한 기재의 석명(釋明)'이라고 하였으나, 2001년 개정시 국어순화운동의 하나로 개정하였다. 분명하지 아니한 기재를 명확하게 하는 경우란 기재내용 그 자체가 명확하지 않은 경우에, 그 뜻을 명확하게 하든가 또는 명세서, 도면의 기재에 모순이 있는 경우에 어느 하나로 통일하여 모순을 없애는 것이다.

173) 특허법 제136조 제2항: 다음 각호의 어느 하나에 해당하는 기간에는 정정심판을 청구할 수

(특§136④).[174] 한편 특허청구범위의 감축이나 잘못된 기재를 정정하는 경우의 정정된 내용이 특허출원시에 특허를 받을 수 있는 것이어야 한다(특§136⑤).

㈐ 당사자　　정정심판은 특허권자(공유의 경우 공유자 전원)만이 청구할 수 있다(특§136①). 그러나 전용실시권자, 질권자, 직무발명에 의한 통상실시권자, 전용실시권을 목적으로 한 질권자 또는 통상실시권자, 특허권자가 허락한 통상실시권 등이 설정되어 있다면 위 권리자들의 동의를 얻지 않고서는 정정심판을 청구할 수 없다(특§136⑧). 이 심판은 결정계심판이므로 특허청장을 피청구인으로 한다.

㈑ 청구기간　　정정심판의 청구는 특허권 설정등록 후에만 청구할 수 있다. 다만, 특허의 무효심판이 계속되고 있는 경우에는 그러하지 않다. 정정심판의 청구기간은 명시되어 있지 않지만, 일반적으로 특허권의 존속기간내(단, 특허의 무효심판이 계속되고 있는 경우에는 정정심판을 청구할 수 없다)이나 청구의 이익이 있는 한 특허권이 소멸된 후에도 청구할 수 있다.[175] 다만, 심결에 의하여 특허가 무효로 된 후에는 그러하지 아니하다(특§136⑦).

㈒ 절차적 요건　　정정심판을 청구하고자 하는 자는 심판청구서에 정정한 명세서 또는 도면을 첨부하여야 한다(특§140⑤).[176]

㈓ 심　리　　심리는 서면심리 또는 구술심리에 의하나 실무상 서면심리가 원칙이다. 여기서는 본 심판에 특유한 점만 보기로 한다.

a) 청구가 정정요건을 갖추어 명세서 또는 도면에 대한 정정을 한다는 심결이 있는 경우에 특허심판원장은 그 내용을 특허청장에게 통보하여야 하며(특

없다.

1. 특허취소신청이 특허심판원에 계속 중인 때부터 그 결정이 확정될 때까지의 기간. 다만, 특허무효심판의 심결 또는 정정의 무효심판의 심결에 대한 소가 특허법원에 계속 중인 경우에는 특허법원에서 변론이 종결(변론 없이 한 판결의 경우에는 판결의 선고를 말한다)된 날까지 정정심판을 청구할 수 있다.
2. 특허무효심판 또는 정정의 무효심판이 특허심판원에 계속 중인 기간.

174) 실질적으로 특허청구범위를 확장하거나 변경한다 함은 특허청구범위에 기재된 발명의 구성에 없어서는 아니 되는 사항에 대하여 그 내용, 특허청구범위, 성질 등을 확장하거나 변경하는 것이다.

175) 특허권 소멸 후 청구하는 경우에 있어서 당해 특허권에 대한 권리양도가 있는 때의 청구인은 소멸시의 특허권자이다.

176) 심판청구서의 補正은 사건이 특허심판원에 계속중에 있는 한 청구서를 보정할 수 있지만, 그 보정은 요지를 변경하는 것이어서는 안 된다. 다만, 청구이유에 대하여는 그러하지 아니하다(특§140②).

§136⑫), 특허청장은 이를 특허공보에 게재하여야 한다(특§136⑬).

b) 청구가 정정요건을 갖추지 않은 경우는, 심판관은 청구인에게 그 이유를 통지하고 기간을 정하여 의견서를 제출할 수 있는 기회를 주어야 하며(특§136⑥), 청구인은 심리종결의 통지가 있기 전에 정정한 명세서 또는 도면을 보정할 수 있다(특§136⑪).

㈏ 정정심판의 효과　　정정심결이 확정된 경우에는 그 정정의 효과는 출원시까지 소급(遡及)한다. 즉 그 정정 후의 명세서 또는 도면에 의하여 특허출원 · 출원공개 · 특허결정 또는 심결 및 특허권의 설정등록이 된 것으로 본다(특§136⑩). 이러한 정정심판의 결정에 대해서는 불복할 수 없다. 특허청장은 정정심판의 심결이 확정된 때에는 그 심결에 따라 새로운 특허증을 교부하여야 한다(특§86③).

5) 정정무효심판(특§137, 실§33)　　정정무효심판이란 정정심판에 의하여 정정한 사항(명세서 또는 도면)에 하자(瑕疵)가 있는 경우에 그 하자 있는 부분에 대하여 무효를 청구할 수 있도록 함으로써 이를 시정하는 제도를 말한다.

특허권자가 특허발명의 명세서 및 도면을 정정함으로써 ⅰ) 명세서 또는 도면의 기재(특히 특허청구범위) 자체의 변동, ⅱ) 그 기재로부터 귀결되는 특허권의 효력범위의 변동, ⅲ) 정정 전후의 발명의 내용 · 사상의 동일성의 변동 등이 생길 수 있다. 그래서 이러한 변동이 특허법 제47조(보정) 제3항 각호의 규정에 위반되어 정정되거나 제136조(정정심판) 제3항 내지 제5항의 규정에 위반되어 정정이 될 경우에는 정정 전에는 특허권의 효력이 미치지 아니한 사항에까지 권리가 행사되는 것으로 되어서 당업자나 기타 불특정다수의 일반 제3자에게 여러 가지 불이익한 영향을 주게 된다. 이와 같은 경우에는 그 정정을 무효로 할 필요가 생긴다. 따라서 정정무효심판은 이러한 경우에 대비하기 위한 제도이다.

이 제도는 특허무효심판과 요건, 심리, 효과 등이 같다. 다만, 특허무효심판은 특허권 자체에 하자가 있는 경우 그 특허권 자체를 그 성립시까지 소급하여 효력을 상실시키는 것인 반면에 정정무효심판은 특허권 자체에 대하여 무효를 주장하는 것이 아니라 정정심판에 의하여 정정된 부분에 대해서만 무효를 주장할 수 있다는 데에 차이가 있을 뿐이다.

정정무효심판의 피청구인은 제147조 제1항 답변서 제출기간 또는 제159조 제1항 후단에 따라 의견 진술기간 동안 당해 절차 안에서 제136조 제1항 각호의 어느 하나에 해당하는 경우에 한하여 특허발명의 명세서 또는 도면의 정정을 청구할 수 있다(특§137③④). 이는 정정의 무효심판절차에서 정정을 할 수 있는 기회를 부여하는 것이고, 정정무효심판을 청구할 수 있는 자는 이해관계인과 심사관이다(특§137①).

6) 통상실시권허여심판(특§138, 실§32, 디§123)

㈎ 의 의　통상실시권허여심판이란 자신의 특허발명이 선출원된 타인의 권리(특허권, 실용신안권, 디자인권)와 이용 · 저촉관계에 있을 때, 타인의 특허발명(등록실용신안, 등록디자인)을 실시하지 아니하고는 자기의 특허발명을 실시할 수 없는 경우, 심판에 의해 그 타인의 권리를 실시할 수 있도록 하기 위한 제도이다.

즉 특허권을 실시하는 데 있어서 특허발명 상호간에 이용관계가 있거나 타 권리와 저촉관계에 있게 될 때 이용 · 저촉관계의 특허권자는 타인의 선출원권리자로부터 동의를 얻지 않으면 자신의 특허발명을 업으로서 실시할 수 없고(특§98), 반대로 선출원특허권자 측도 후출원특허권자의 동의를 얻지 않으면 후출원의 특허권을 실시할 수 없다. 이러한 문제를 그대로 두면 이용발명을 사장시키는 것이 되고 나아가 산업발전에도 기여하지 못하게 되는바, 이를 보완하기 위한 제도가 통상실시권허여심판이다(특§138①).

㈏ 당사자　통상실시권허여심판의 청구인은 원칙적으로 저촉관계에 있는 후출원 특허권자 또는 이용발명의 특허권자이며, 피청구인은 선출원특허권자가 된다. 이 외에도 실용신안권자 · 디자인권자가 피청구인이 되는 경우도 있다. 한편, 특허법 제138조 제3항은 이용발명의 특허권자에게 통상실시권을 허여한 때에는 선출원특허권자에게도 그 보상책으로 후출원의 이용발명에 대해 통상실시권허여심판을 청구할 수 있게 하고 있으며(특§138③), 이 경우는 선출원의 특허권자가 청구인이 되며 이용발명의 특허권자(후출원특허권자)가 피청구인이 된다.

㈐ 사 유　후출원의 특허권자 등이 자신의 특허발명을 실시함에 있어 선출원의 특허권 등을 이용하지 않으면 실시할 수 없을 때, 선출원의 특허권자에게 허락을 받으려고 하였으나 정당한 이유 없이 허락을 하지 아니하거나 실시허락을 받을 수 없는 경우이다(특§138①). 이 경우에 후출원의 특허발명은 선출원의 특허발명 또는 등록실용신안에 비해 상당한 경제적 가치가 있는 중요한 기술적 진보가 있어야 한다(특§138②).

㈑ 청구기간　1980년 이전법에는 명시하였으나 현행법은 명시하고 있지

않다. 다만, 특허권 설정등록일로부터 가능하다고 보겠다.

(마) 효 과 통상실시권허여심판에 의하여 실시허락을 받은 자(즉 통상실시권자)는 특허권자 · 실용신안권자 · 디자인권자 또는 그 전용실시권자에 대해 대가를 지불하고(특§138④), 심결에 의해 정해진 범위 내에서 업으로서 그 특허발명을 실시할 수 있다. 즉 그 대가를 지불하지 않거나 공탁하지 않으면 실시할 수 없다(특§138⑤).

7) **거절결정불복심판(특§132의17)**

(가) 의 의 심사관의 심사에 있어서 거절결정을 받은 자(출원인 또는 특허연장등록출원인)가 이에 불복하여, 그 결정의 취소와 출원발명은 특허를 받을 수 있는 것(특허권의 존속기간연장등록이 될 수 있는 것)이라고 특허청 특허심판원에 심판을 청구하는 제도이다. 이 제도의 취지는 심사관의 판단에도 과오가 있을 수 있기 때문에 이를 시정하기 위해 재심사의 길을 만들어 놓은 것이라고 할 수 있다.[177]

(나) 성 질 이 심판은 출원에 관한 심사관의 결정에 대한 출원인측의 불복신청방법이다(특§132의17). 즉 심사에서의 심리절차나 결과를 전혀 무시하고 새로 처음부터 심리를 다시 하는 것이 아니고, 심사절차를 토대로 하여 심리를 속행하며, 새로운 자료도 보충하여 원결정(原決定)인 특허출원의 거절 · 특허의 여부에 대해 심리하는 것이다.

(다) 당사자 특허출원에 대한 거절결정불복심판은 출원인만이 청구할 수 있고(특§132의17), 특허권에 대한 존속기간 연장등록출원에 대한 불복심판은 특허권자만이 청구할 수 있다. 공동출원 및 공유인 경우는 전원이 공동으로 청구하여야 한다(특§139③). 이 심판은 결정계이므로 피청구인은 특허청장이 된다.

(라) 청구기간 거절결정등본의 송달을 받은 날로부터 3개월 이내에 청구하는 것이 원칙(특§132의17)이나 예외가 있다. 즉 기간의 해태(懈怠)가 천재 · 지변 기타 불가피한 사유로 인하여 법정기간을 준수할 수 없을 때는 그 사유가 소멸한 날로부터 14일 이내에 해태를 추후 보완할 수 있다. 다만, 그 기간 만료일로부터 1년이 경과한 때에는 그러하지 아니하다(특§17). 또 특허청장 또는 특허심판원장은 교통이 불편한 지역에 있는 자를 위하여 직권 또는 청구에 의하여 그 기간(30

177) 거절결정이 되기 전에 거절결정에 대한 심판을 청구한 경우에는 그 청구를 審決에 의하여 각하한다.

일)을 연장할 수 있다(특§15).

(마) 심판청구방식과 심리

a) 거절결정에 대한 심판을 청구하려는 자는 필요한 사항을 기재한 심판청구서(특§140의2①)를 특허심판원장에게 제출하면 3인 또는 5인의 심판관으로 합의체를 구성하게 하여(특§146①), 그 중 1인은 심판장으로서 심판사무를 총괄하게 한다. 이때의 심리는 실무상 서면심리를 원칙으로 한다.

b) 심판은 직권으로 심리하며, 청구인이 청구하지 않은 이유에 대해서도 심리할 수 있다(특§159).

c) 특허출원인은 그 특허출원에 관하여 거절결정등본을 송달받은 날부터 3개월(제15조 제1항에 따라 제132조의17에 따른 기간이 연장된 경우 그 연장된 기간을 말한다) 이내에 그 특허출원의 특허출원서에 첨부된 명세서 또는 도면을 보정하여 해당 특허출원에 관하여 재심사를 청구할 수 있다. 다만, 재심사에 따른 특허거절결정이 있거나 제132조의17에 따른 심판청구가 있는 경우에는 그러하지 아니하다(특§67조의2①).

(바) 심결의 효과　　심결이 확정되면 청구인뿐만 아니라 일반 제3자도 구속된다.

(2) 부수적 심판

앞에서 본 심판은 독립적인 심판이나 제척 · 기피심판(특§152①), 참가심판(특§156③), 증거보전심판(특§157), 심판비용심판(특§165), 심리 · 심결의 병합 또는 분리심판(특§160) 등은 부수적 심판이다. 부수적 심판은 위의 심판 자체만으로 독립해서 심판의 대상이 되지 못하고, 독립심판에 부수하거나 독립심판의 청구를 전제로 하여서만 가능하다.

1) 심판관의 제척(除斥)이란 해당 심판관에게 법정(제척)원인(특§148)[178]이 있기 때문에 법률상 당연히 직무집행을 할 수 없는 경우를 말한다.

2) 심판관의 기피란 해당 심판관에게 제척원인 외에 심리의 공정을 기대하기 어려운 사정이 있는 때 당사자, 참가인 또는 특허취소신청인의 신청에 의하여 심판관이 직무를 집행할 수 없도록 하는 것을 말하며, 기피신청을 당한 심판관을 기피신청의 결정에 의하여 그 사건에 관여할 수 없게 하는 경우를 말한다(특§150~

178) 대법원 1982.6.22.선고, 81후30 판결.

§153).

3) 심판관의 회피란 심판관이 제척사유나 기피사유에 해당하는 경우 특허심판원장의 허가를 얻어 당해 사건에 대한 심판을 회피할 수 있는 제도이다(특§153의2).

4) 심판의 참가란 심판의 계속 중에 그 심판에 제3자가 참가인으로서 관여하는 제도를 말한다. 즉 타인 사이의 심판이 계속 중인 경우 그 심판결과에 이해관계를 가진 제3자는 당사자의 한쪽을 보조하기 위하여 심판에 참가할 수 있다(특§155③). 참가에는 공동심판참가와 보조참가가 있다. 공동심판참가는 심판당사자로서 심판을 청구할 수 있는 자(당사자적격이 있는 자)가 하는 참가를 말하며(특§155①), 보조참가는 당사자 중 어느 일방을 보조하기 위하여 하는 참가를 말하는데, 보조참가인은 심판의 결과에 대하여 이해관계를 가지는 자라야 한다(특§155③). 그러나 이는 당사자계심판(當事者系審判)에 한한다.

참가의 요건은 ⅰ) 타인간에 심판절차가 계속 중이어야 하고, ⅱ) 심리종결 전이어야 하며, ⅲ) 심판을 청구할 수 있는 자이거나 이해관계가 있을 것, ⅳ) 심판참가인에게 절차능력이 있을 것이 필요하다.

5) 증거조사 및 증거보전에 관하여 민사소송법에서는 변론주의를 취하고 있기 때문에 증거조사나 증거보전은 당사자의 신청에 의해서만 행해지나 특허법의 심판절차에 있어서는 신청에 의하는 외에 직권에 의하여도 할 수 있다(특§157).

3. 심판의 절차

(1) 심판청구절차의 요건(특§140)

1) 심판청구서 및 청구방식 심판을 청구하는 자는 ⅰ) 당사자의 성명과 주소(법인인 경우에는 그 명칭 및 영업소의 소재지), ⅱ) 대리인이 있는 경우에는 그 대리인의 성명 및 주소나 영업소의 소재지(특허법인인 경우 그 명칭, 사무소의 소재지 및 지정된 변리사의 성명), ⅲ) 심판사건의 표시, ⅳ) 청구의 취지 및 그 이유 등을 기재한 심판청구서를 특허심판원장에게 제출하여야 한다(특§140①). 심판의 종류에 따라 필요적 기재사항 외에도 ⅰ) 권리범위 확인심판을 청구할 경우는 특허발명과 대비될 수 있는 설명서 및 필요한 도면의 첨부(특§140③), ⅱ) 정정심판을 청구할 경우는 정정한 명세서 및 도면의 첨부(특§140⑤), ⅲ) 통상실시권 허여심판의 심판청구서에는 ⓐ 실시를 요하는 자기의 특허의 번호 및 명칭, ⓑ 실시되어야 할

타인의 특허발명 · 등록실용신안이나 등록디자인의 번호 · 명칭 및 특허나 등록의 연월일, ⓒ 특허발명 · 등록실용신안 또는 등록디자인의 통상실시권의 범위 · 기간 및 대가 등의 기재(특§140④)가 요구된다.

심판을 청구할 때 요지변경은 할 수 없으나 ⓐ 당사자 중 특허권자의 기재를 바로잡기 위하여 보정(추가하는 것을 포함한다)하는 경우, ⓑ 청구의 이유를 보정하는 경우, ⓒ 특허권자 또는 전용실시권자가 청구인으로서 청구한 권리범위 확인심판에서 심판청구서의 확인대상 발명(청구인이 주장하는 피청구인의 발명을 말한다)의 설명서 및 도면에 대하여 피청구인이 자신이 실제로 실시하고 있는 발명과 비교하여 다르다고 주장하는 경우에 청구인이 피청구인의 실시 발명과 동일하게 하기 위하여 심판청구서의 확인대상 발명의 설명서 및 도면을 보정하는 경우에는 그러하지 아니하다(특§140②). 그 외에도 보정할 사항이 경미하고 명확한 경우에는 직권으로 보정할 수 있다(특§140①단).

2) 심판을 청구할 수 있는 자 심판을 청구할 수 있는 자는 심판의 종류에 따라 다르다. 즉 권리범위 확인심판은 특허권자와 이해관계인, 정정심판은 특허권자, 통상실시권 허여심판은 특허권자 · 전용실시권자 · 통상실시권자, 특허무효심판 · 존속기간연장등록 무효심판 · 정정무효심판은 이해관계인과 심사관, 거절결정불복심판은 거절결정 또는 심판의 심결을 받은 자와 그 승계인이다. 그리고 동일한 특허권에 이해관계인이 2인 이상이 있는 경우에는 그 전원이 공동으로 심판을 청구할 수 있다(특§139①).

(2) 형식적 심리

1) 방식심리 심판장은 심판청구자가 심판청구방식(특§140①③~⑤, §140의2①)에 위반한 경우(특§141① i) 또는 소정의 수수료를 납부하지 아니하거나 절차적 행위능력의 흠결과 특허관리인의 부존재, 법령에 의한 방식에 위반된 경우(특§141① ii)에는 상당한 기간을 정하여 그 흠결을 보정할 것을 명(命)하여야 한다(특§141①).

보정명령을 받은 자가 지정된 기간 내에 보정하지 않으면 심판장의 결정으로 심판청구서를 각하하여야 한다(특§141②). 이를 결정각하라고도 한다. 이 결정은 서면으로 하여야 하며 반드시 결정의 이유를 붙여야 하는바(특§141③) 이는 민사소송법상 재판장의 소장심사권(訴狀審査權)(민소§254)과 같은 규정이다.

2) 적법성심리 심판청구서에 일정한 형식적 사항을 갖추고 있으면 부적법

한 경우라도 수리하여 심리하여야 한다. 그러나 심판청구가 부적법하고 그 흠결을 보정할 수 없는 때(청구기간 경과 후에 한 심판청구 등)에는 피청구인에게 답변서 제출의 기회를 주지 아니하고 심결로써 이를 각하할 수 있다(특§142). 이 심결에 대하여 불복이 있을 때에는 송달받은 날로부터 30일 내에 소를 제기할 수 있다(특§186③).

3) **심판청구서 부본의 송달과 답변서의 제출** 심판장은 심판청구서를 수리한 때 그 부본(副本)을 피청구인에게 송달하고(당사자계 심판의 경우) 기간을 정하여 답변서를 제출할 수 있는 기회를 주어야 한다(특§147①). 또 심판장은 심리에 필요한 경우에는 구두나 서면으로 심문할 수 있다(특§147③). 그러나 피청구인은 청구서의 송달을 받은 경우 반드시 답변서를 제출할 의무가 있는 것이 아니고, 답변서의 제출 여부는 피청구인의 임의(任意)이다. 그러므로 심판장은 답변서 제출 여부에 관계없이 직권으로써 심판절차를 진행할 수 있다.

(3) 심판관

심판은 일정한 자격(특§143②)이 있는 심판관 3인 또는 5인의 합의체(특§146①)에 의한다. 합의체의 합의는 과반수에 의하여 결정한다(특§146②). 합의체를 구성해야 할 심판관(심판장은 심판관 중 1인)은 각 심판사건에 대해 특허심판원장이 지정한다(특§144①). 그러나 심판관은 직무상 독립하여 심판한다(특§143③).

또 심판의 공정성을 확보하기 위하여 심판관의 제척(특§148), 기피(특§150), 회피(특§153의2)제도를 두고 있다.

(4) 심리방식

1) **서면심리와 구술심리** 심판의 심리는 구술심리 또는 서면심리로 한다. 심리는 당사자계 심판은 구술심리를 원칙으로 하고 결정계 심판은 서면심리를 원칙으로 하던 것을 2001년 개정시에 운영상의 문제점으로 지적되어 개정하였다.

실무상으로는 서면심리를 원칙으로 하고 다만, 당사자가 구술심리를 신청한 때에는 서면심리만으로 결정할 수 있다고 인정되는 경우 외에는 구술심리를 하여야 한다(특§154①).

구술심리로 행한 경우에는 그 심리를 원칙적으로 공개하여야 하나, 공공의 질서 또는 선량한 풍속을 문란케 할 염려가 있는 때에는 그러하지 아니하다(특§154③).

2) **심판절차에 있어서의 직권주의** 심판에 있어서는 심판절차에 관한 주도

권을 심판관에게 인정하는 직권주의가 채택되고 있다. 직권주의는 직권탐지주의와 직권진행주의가 있다.

㈎ 직권탐지주의(審判資料蒐集에 대한 職權主義) 심판은 민사소송법상의 원칙인 변론주의와 달리 직권탐지주의를 채택하고 있다. 즉 당사자의 주장에 의거하지 않고 직권으로 필요한 사실을 탐지하고 증거조사를 할 수 있게 한다. 이것은 특허의 특수성 때문이다. 심판상 직권탐지주의에는 i) 당사자 또는 참가인이 신청하지 않은 이유에 대해서도 심리할 수 있고, 이 경우 당사자 및 참가인에게 기간을 정하여 그 이유에 대하여 의견을 진술할 수 있는 기회를 주어야 하고(특§159①), ii) 증거조사 및 증거보전은 당사자의 신청에 의한 것 외에 직권으로도 할 수 있다(특§157①). 단, 심판에서는 청구인이 신청하지 아니한 청구의 취지에 대하여는 심리할 수 없다(특§159②). 거절결정 불복심판에서 특허거절결정의 이유와 다른 거절이유를 발견한 경우에는 거절이유를 통지하여야 한다(특§170②).

㈏ 직권진행주의(審判節次進行에서의 職權主義) 심판장은 당사자 또는 참가인이 법정기간 또는 지정기간 내에 절차를 밟지 아니하거나 구술심리기일에 출석하지 아니하여도 심판을 진행할 수 있다(특§158).

심판절차의 진행을 심판관이 직권으로 행하고, 이것에 관하여 당사자의 신청을 필요로 하지 아니하거나, 또는 신청을 허여하지 않는 방침의 것으로서 법정기간 또는 지정기간의 직권에 의한 연장(특§15②), 심리방식의 선택(특§154), 심리의 진행(특§158), 중단 또는 중지한 절차의 수계명령(受繼命令)(특§22⑤) 등이 있다.

3) **적시제출주의** 심판절차에서의 주장이나 증거의 제출에 관하여는 민사소송법 제146조, 제147조 및 제149조를 준용한다(특§158의2).

(5) 참 가

참가란 동일한 특허권에 관하여 이해관계가 있는 제3자가 심판계속 중에 그 심판의 한쪽 당사자로 심판절차를 수행하는 것을 말한다. 참가에는 당사자참가(특§155①)와 보조참가(특§155③)가 있다.[179]

---

179) 당사자참가란 원래 당사자로서 심판을 청구할 수 있는 자가 하는 참가로서 동일한 특허권에 관하여 이해관계인이 2인 이상 있을 경우(특§139)와 같이 공동심판청구인의 지위를 가진 자가 이해관계인 중 1인의 심판청구에 참가하는 경우를 말하며(특§155①), 보조참가란 당사자의 일방을 보조하기 위한 참가로서 심판의 결과에 대하여 이해관계를 가진 자(예를 들면,

[도표 6] 심사 · 심판절차

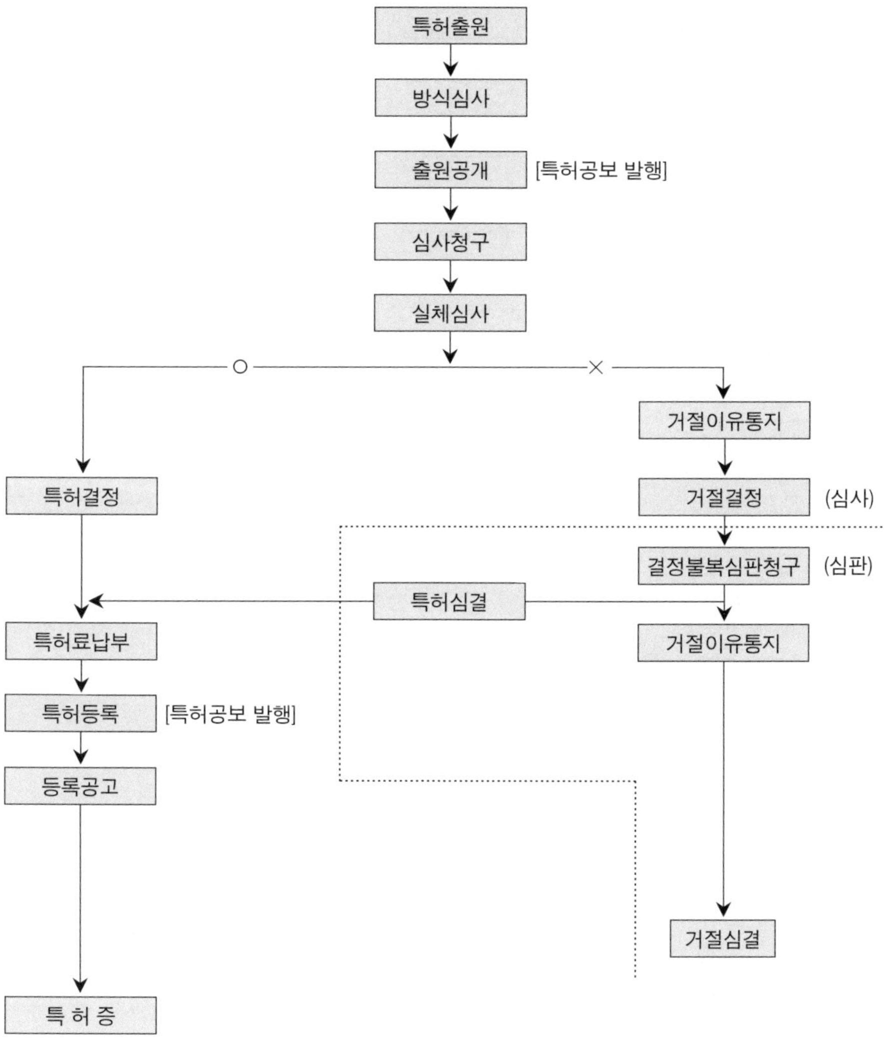

무효심판 대상으로 되어 있는 특허권에 대하여 실시권자 또는 질권 등을 갖는 자) 등이 특허권자에게 참가하는 경우를 말하는데(특§155③) 이 참가인은 피참가인에게 불리한 행위를 할 수 없다.

결정계사건
(거절결정불복심판의 경우)

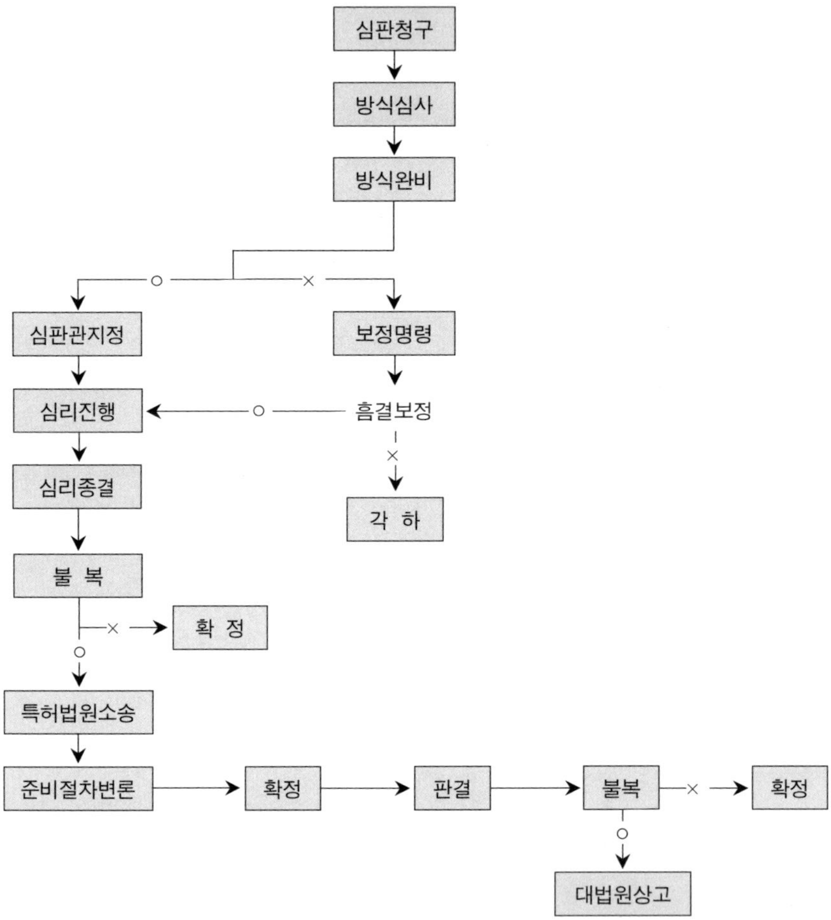

당사자계 사건

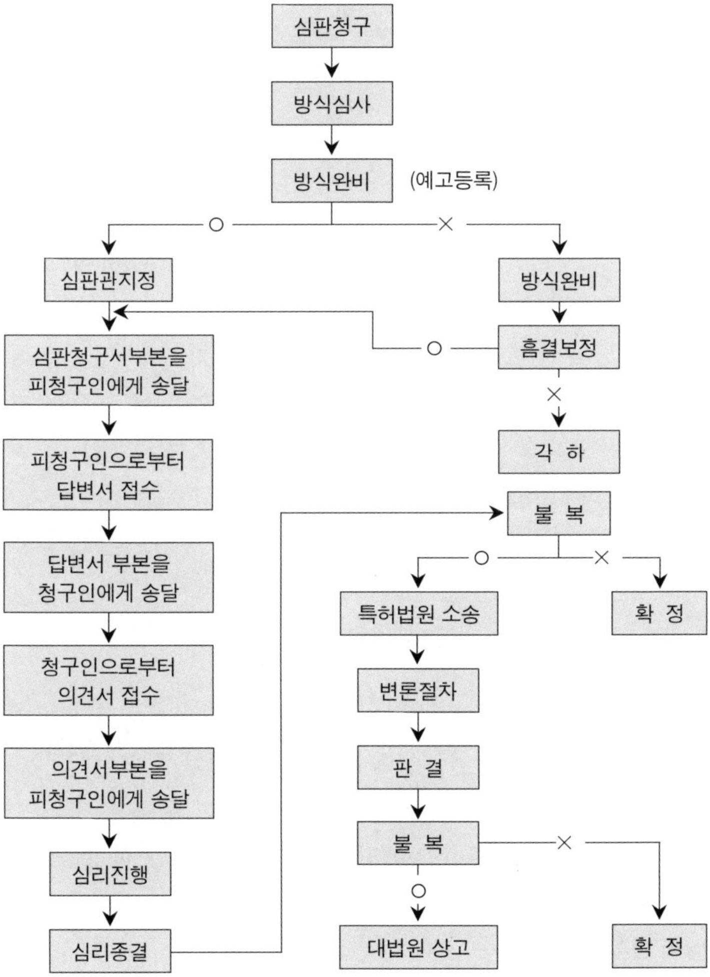
심판청구
방식심사
방식완비
(예고등록)
○
×
심판관지정
방식완비
흠결보정
○
×
각 하
심판청구서부본을 피청구인에게 송달
피청구인으로부터 답변서 접수
답변서 부본을 청구인에게 송달
청구인으로부터 의견서 접수
의견서부본을 피청구인에게 송달
심리진행
심리종결
불 복
○
×
특허법원 소송
확 정
변론절차
판 결
불 복
×
○
대법원 상고
확 정

참가에 대하여는 특허법 제155조(참가), 제156조(참가의 신청 및 결정)에 규정이 있다. 그 이외에 특허법 제171조에서는 거절결정 등에는 특허법 제147조 제1항 및 제2항, 제155조, 제156조의 규정을 적용하지 아니한다는 규정이 있다. 즉, 특허법 제155조 제1항 및 제3항의 규정에 의한 참가는 거절결정 등(특§132의3)에는 적용하지 않는다는 것으로서(특§171, 실§33, 디§155, 상§82②) 그 이외의 심판에 참가할 수 있다.[180] 다만, 정정심판의 경우는 의문이 있다.

참가의 신청은 심리가 종결될 때까지 할 수 있고(특§155①③, 실§33, 디§72, 상§77), 참가의 취하의 시기는 심판청구의 취하(특§161①)에 준하여 심결이 확정될 때까지는 심판청구의 어느 단계에서도 인정된다.

참가인 또는 당해 심판이나 재심에 참가신청을 하였으나 그 신청이 거부된 자는 특허법원에 소를 제기할 수 있다(특§186①②, 실§33, 디§166, 상§85의3). 심결이 있는 때에는 심결의 효력은 참가인에게 미친다.

(6) 국선대리인 및 전문심리위원

특허심판원장은 산업통상자원부령으로 정하는 요건을 갖춘 심판 당사자의 신청에 따라 대리인(이하 "국선대리인"이라 한다)을 선임하여 줄 수 있다. 다만, 심판청구가 이유 없음이 명백하거나 권리의 남용이라고 인정되는 경우에는 그러하지 아니하다(특§139의2①).

심판장은 직권에 따른 결정으로 전문심리위원을 지정하여 심판절차에 참여하게 할 수 있고(특§154의2①), 전문심리위원을 심판절차에 참여시키는 경우 당사자의 의견을 들어 각 사건마다 1명 이상의 전문심리위원을 지정하여야 한다(특§154의2②). 전문심리위원의 지정에 관하여 그 밖에 필요한 사항은 산업통상자원부령으로 정한다(특§154의2④).

(7) 심리의 병합 · 분리

심리의 병합이란 2 이상의 심판사건을 동일한 심판절차로 심리하는 것을 말한다. 심리의 병합은 당사자 쌍방이 동일한 경우와 당사자 한쪽이 동일한 경우에 할 수 있고, 분리할 수도 있다(특§160). 심리를 병합하느냐 분리[181]하느냐의 판단

180) 심판의 참가는 당사자계 심판이나 재심에 한하고 상표의 등록거절사건에 관하여는 상표법상 참가의 근거규정이 없으므로 참가신청은 부적법하다 할 것이어서 각하될 수밖에 없다(대법원 1995.4.25.선고, 93후1834 전원합의체 판결; 대법원 1997.7.8.선고, 97후75 판결 참조).

은 심판관의 재량에 의한다.

(8) 심판의 종결

심판은 심결(특§162①), 심판청구의 취하(특§161), 출원의 취하 · 포기(거절불복심판의 경우)에 의하여 종결된다.

1) 심 결

(개) 의 의 심결은 심판사건을 해결하기 위하여 특허심판원이 심판관 3인 또는 5인을 지정하여 구성한 합의체의 판단이며, 재판에 있어서 종국판결에 해당한다. 이는 서면으로 하여야 하며, 심결한 심판관은 심결문에 기명날인(記名捺印)하여야 한다(특§162②).

(내) 심결의 종류 심결에는, i) 심판의 청구를 부적법한 것으로 각하하는 심결, 즉 청구각하의 심결(특§142)과, ii) 원결정 파기(破棄) · 환송(還送)(특§176), iii) 청구이유가 없으므로 청구가 성립할 수 없다는 청구기각심결, iv) 심판청구를 인용하는 인용심결 등이 있다.

(대) 심리종결의 통지(結審通知) 심판은 특별한 규정이 있는 경우를 제외하고는 심결로써 종결한다(특§162①). 심판장은 사건이 심결할 정도로 성숙한 것으로 판단되면 심리를 마치고 당사자 및 참가인에게 심리종결의 통지를 하여야 한다(특§162③).

(래) 심 결 심결은 심리종결통지를 한 날로부터 20일 이내에 하여야 한다(특§162⑤). 이 규정은 심판의 지연을 피하려는 훈시적 규정이다.[182)]

심리종결통지 후라도 심판장이 필요하다고 인정할 때에는 당사자 또는 참가인의 신청 또는 직권에 의하여 심리를 재개할 수 있다(특§162④).

심판장은 심결 또는 결정이 있는 때에는 그 등본을 당사자, 참가인 및 참가

---

181) 심리분리라 함은 2 이상의 심판사건을 동일의 심판절차에 의해 심리하던 것을 분리하는 것을 말한다. 특허법 제160조, 실용신안법 제33조, 디자인보호법 제72조, 상표법 제77조는 당사자 쌍방 또는 일방이 동일한 2 이상의 심판에 대하여 심리 또는 심결을 병합하거나 분리할 수 있다고 규정하고 있다.

현재 심판사건이 다른 심판사건과 관련성이 없다고 인정되어 동일한 절차로 심판할 필요가 없을 뿐 아니라 오히려 심리의 복잡화 및 지연의 원인이 되고 있다고 인정되는 경우에는 심리를 분리하여 각각 별개의 절차에 의해 심리하여, 절차의 간명과 촉진을 도모하는 것이다.

182) 양승두, 「工業所有權法」, 법경출판사, 1984, p.344; 송영식 · 이상정 · 황종환, 「지적소유권법」, 육법사, 2001, p.406; 대법원 1964.6.23.선고, 63후25 판결; 대법원 1967.5.16.선고, 67후6 판결; 同 1976.9.14.선고, 76후6 판결.

신청을 하였으나 거부된 자에게 송달하여야 한다(특§162⑥).

㈒ 심결의 효력　　심결은 심결문의 송달이 있는 날로부터 그 효력이 발생하며 심결에 대하여 불복이 있는 자는 법정기간 내에 특허법원에 소송을 제기할 수 있고 여기에 불복이 있는 자는 대법원에 상고를 할 수 있다(특§186). 법정기간 내에 불복절차를 밟지 않거나 불복절차를 밟았으나 심결이 종국적으로 지지를 받아 더 이상 다툴 수 없게 되면 해당 심결은 확정된다. 심결이 확정되면 대세적 효력과 일사부재리의 효력, 심결의 확정력이 생긴다.

a) 심결의 구속력(대세적 효력)　　심결의 구속력이란, 심판당사자뿐만 아니라 제3자 및 법원에게도 대세적으로 미치는 효력을 말한다. 예를 들면 특허등록 후(정정, 특허무효, 정정무효)의 심판인 경우에는 소급효가 있다(특§133③).

b) 일사부재리의 효력　　심결이 확정되면 누구든지 동일사실 및 동일증거[183]에 의하여 다시 심판을 청구할 수 없다. 다만, 확정심결이 각하심결인 경우에는 그러하지 아니하다(특§163). 예를 들면 특허무효와 정정무효의 심판에 있어서 동일사실 및 동일증거에 의거해서 그 심판을 다시 다툴 필요가 없기 때문에 이를 피하기 위하여 판결의 기판력(旣判力)에 유사한 효력을 인정한 것이다.

c) 심결의 확정력　　확정심결은 재심사유가 없는 한 취소 · 변경되지 아니한다(특§178).

2) **심판청구의 취하**　　심판청구는 심결이 확정될 때까지 이를 취하할 수 있다. 그러나 당사자계심판에서 답변서의 제출이 있는 경우에는 상대방의 동의를 얻어야 하고(특§161①) 동의가 없을 때에는 취하의 효력은 발생하지 아니한다. 또 2 이상의 청구항에 관하여 무효심판 또는 권리범위확인심판을 청구한 때에는 청구항마다 이를 취하할 수 있다(특§161②).

심판청구를 취하한 때에는 그 심판청구 또는 그 청구항에 대한 심판청구는 처음부터 없었던 것으로 본다(특§161③).

3) **소송과의 관계**　　심판에서 필요하면 직권 또는 당사자의 신청에 따라 그 심판사건과 관련되는 특허취소신청에 대한 결정 또는 다른 심판의 심결이 확정되거나 소송절차가 완결될 때까지 그 절차를 중지할 수 있고(특§164①), 법원은 소송절차에서 필요하면 직권 또는 당사자의 신청에 따라 특허취소신청에 대한 결정이

---

183) 대법원 1991.11.26.선고, 90후1840 판결.

나 특허에 관한 심결이 확정될 때까지 그 소송절차를 중지할 수 있다(특§164②).

또, 법원은 특허권 또는 전용실시권의 침해에 관한 소가 제기된 경우에는 그 취지를 특허심판원장에게 통보하여야 한다. 그 소송절차가 종료된 때에도 또한 같다(특§164③).

특허심판원장은 특허권 또는 전용실시권의 침해에 관한 소에 대응하여 그 특허권에 관한 무효심판 등이 청구된 경우에는 그 취지를 특허법 제164조 제3항에 해당하는 법원에 통보하여야 한다. 그 심판청구서의 각하결정 · 심결 또는 청구의 취하가 있는 때에도 또한 같다(특§164④).

II. 재 심

1. 의 의

재심이라 함은 확정된 특허취소결정, 확정심결 또는 판결에 재심사유에 해당하는 중대한 하자가 있는 경우에 그 심결 등의 취소(파기)와 사건의 재심판(再審判)을 구하는 비상(非常)의 불복신청을 말한다. 이러한 재심은 다시 심리하는 비상수단적인 구제방법으로 확정판결에 대한 구제수단이라는 점에서 항소 · 상고와 구별되며, 사실인정의 오류를 시정한다는 점에서 법령의 해석적용의 잘못을 시정하는 비상상고와도 구별된다. 비상구제방법이므로 법령에 정한 사유에 한하여 그 신청을 허용한다.

2. 취 지

심결이 확정된 후에 단순히 그 판단이 부당하다거나 새로운 증거가 발견되었다는 이유로 모두 재심을 청구한다면 법적 안정성을 해칠 수 있다. 그러나 중대한 하자가 있음에도 불구하고 그냥 둔다면 심결의 신뢰성이 없어질 수 있으며, 또 사회공평성, 당사자 권리의 구제에도 문제가 발생할 수 있으므로 이를 시정하기 위해 재심을 허용하고 있다.

3. 재심사유

(1) 일반재심사유(특§178②)

재심의 사유는 민사소송법 제451조와 제453조의 규정을 준용한다(특§178②)고 하였으므로 이 규정을 특허법의 재심에 준용(準用)해 보면 다음과 같다.

1) 특허법 제146조 제1항에 규정한 심판의 합의체를 구성하지 아니한 때. 예를 들면 심판관의 정족수를 갖추지 못한 심판부를 구성한 경우 등이다.

2) 특허법상 그 심결에 관여하지 못할 심판관이 심결에 관여했을 경우[184]

3) 특허의 출원, 심사, 심판절차에 있어서의 대리행위에 있어서 대리권의 흠결이 있는 경우

4) 심판에 관여한 심판관이 그 사건에 관하여 직무에 관한 죄를 범한 경우

5) 형사상 처벌을 받을 타인의 행위로 인하여 당사자가 자백을 하였거나 심결에 영향을 미칠 공격 또는 방어 방법의 제출을 방해당하였을 경우. 예를 들면 형법상의 협박 또는 강요된 행위에 의한 경우 등이다.

6) 심결의 증거가 된 문서 기타 물건이 위조나 변조된 것인 경우

7) 증인, 감정인, 통역인, 선서한 당사자나 법정대리인의 허위진술이 심결의 증거가 된 경우

8) 심판의 기초로 된 민사 또는 형사의 판결, 기타의 행정처분이 그 후의 재판 또는 행정처분에 의하여 변경된 경우

9) 심결에 영향을 미칠 중요한 사항에 관하여 판단을 유탈(遺脫)한 경우[185]

10) 재심을 제기할 심결이 전에 심결한 확정심결과 저촉되는 경우

11) 당사자가 상대방의 주소 또는 영업소를 알고 있었음에도 불구하고 소재불명 또는 허위의 주소나 거소(居所)로 하여 심판을 청구한 경우.

이상의 경우라도 당사자가 상소(上訴)에 의하여 그 사유를 주장하였거나 이를 알고 주장하지 않은 때에는 허용되지 않는다(특§178②, 실§33, 디§73, 상§83, 민소

---

184) 대법원 1997.6.27.선고, 97후235 판결.

185) 대법원 1987.7.21.선고, 87후55 판결: "심결이 대리인에게 송달되었을 때에는 그 대리인은 특별한 사정이 없는 한 그 송달을 받을 당시에 그 심결에 판단유탈이 있는 여부를 알았다고 할 것이고, 그 대리인이 판단유탈 유무를 안 경우에는 특별한 사정이 없는 한 당사자도 그 판단유탈의 유무를 알았을 것이라고 보아야 할 것이므로 확정심결에 대하여 판단유탈이 있음을 이유로 한 재심청구 제기기간은 대리인이 판결의 송달을 받은 때에 안 것으로 하여 계산하여야 한다."

§451).

(2) 사해심결에 관한 재심사유(특§179)

심판의 당사자가 공모하거나 당사자의 일방이 부존재(不實在) 또는 당사자적격이 없는 자를 당사자로 하여 제3자의 권리 또는 이익을 사해(詐害)할 목적으로 심결을 하게 한 때에는 제3자는 그 확정된 심판에 대하여 재심을 청구할 수 있다(특§179①).

4. 재심의 청구인 · 피청구인

당사자는 확정된 특허취소결정 또는 확정된 심결에 대하여 재심을 청구할 수 있다(특§178①, 실§33, 디§158①, 상§83①, 민소§451).

(1) 일반재심인 경우

재심의 청구인은 사해심결에 대한 재심의 경우를 제외하고는 원칙적으로 심결을 받은 당사자[전(前)심결의 당사자로서 전부 또는 일부 패소(敗訴)한 자]이다. 즉 결정계심판의 심결에 대한 재심에 있어서는 심판청구인 또는 피청구인이 재심의 청구인이 된다. 당사자계 심결에 대한 재심청구의 경우에는 심판의 상대방을 재심의 피청구인으로 하여야 한다.

(2) 사해심결에 대한 재심의 경우

사해심결에 대한 재심청구의 경우에는 당해 심결에 의하여 권리의 침해나 손실을 입은 제3자만이 청구인이 될 수 있다. 이 경우의 피청구인은 원(原)심판의 청구인 및 피청구인을 공동피청구인으로 해야 한다(특§179②).

5. 재심청구기간

재심은 당사자가 특허취소결정 또는 심결확정 후 재심의 사유를 안 날로부터 30일 이내에 청구해야 한다(특§180①). 특허취소결정 또는 심결이 확정된 날로부터 3년이 경과한 때에는 법적 안정성의 견지에서 재심을 청구할 수 없다(특§180③).

단 재심사유가 특허취소결정 또는 심결확정 후에 생긴 때에는 위의 3년의 기산일은 그 사유가 발생한 날의 다음 날부터 이를 기산(起算)한다(특§180④). 그러나 당해 심결 이전에 행하여진 확정심결과 저촉한다는 이유로 재심을 청구하는 경우에는 기간의 제한이 없다(특§180⑤).

6. 재심의 심리

재심의 청구는 확정심결에 대해 그 취소와 함께 그 확정심결을 대신할 만한 심결을 구하는 복합적인 성격의 것이다. 즉 특허무효의 심결에 대한 재심에 있어서는 특허무효의 심판과 같은 심리를 하고 거절심결에 대한 재심에 있어서는 거절결정불복심판과 같은 심리를 해야 한다. 그러므로 이에 관한 심판절차도 각 해당 심판의 절차에 관한 규정을 준용한다. 다만, 재심에 관하여 특별한 규정이 있는 경우는 예외이다(특§184).

재심의 심리는 재심청구이유의 범위 내에서 하여야 한다(특§185, 민소§459①).

재심은 재심을 제기할 원심판결을 한 심급(審級)의 전속관할이다(특§178②, 민소§453①).

7. 재심에 의해 회복한 특허권의 효력

재심에 의해 회복한 특허권의 효력에는 공평의 원칙에 따라 일정한 제한을 두고 있다.

1) 재심에 의하여 회복된 특허권의 효력제한

㈎ 다음 사항의 어느 하나에 해당하는 경우의 특허권의 효력은 해당 특허취소결정 또는 심결이 확정된 후 재심청구등록 전에 선의로 수입하거나 국내에서 생산 또는 취득한 물건에는 미치지 아니한다(특§181①).

a) 무효로 된 특허권 또는 존속기간 연장등록의 특허권이 재심에 의하여 회복된 경우

b) 특허권의 권리범위에 속하지 아니한다는 심결이 확정된 후 재심에 의하여 이와 상반되는 심결이 확정된 경우

c) 거절한다는 취지의 심결이 있었던 특허출원 또는 특허권의 존속기간 연장등록출원이 재심에 의하여 특허권의 설정등록 또는 특허권의 존속기간연장등록이 된 경우

d) 취소된 특허권이 재심에 의하여 회복된 경우

㈏ 위의 사항의 1에 해당하는 경우의 특허권의 효력은 다음의 행위에 미치지 아니한다(특§181②).

a) 해당 특허취소결정 또는 심결이 확정된 후 재심청구등록 전에 한 당해 발명의 선의의 실시

b) 특허가 물건의 발명인 경우에는 그 물건의 생산에만 사용하는 물건을 해당 특허취소결정 또는 심결이 확정된 후 재심청구의 등록 전에 선의로 생산 · 양도 · 대여 · 수출 또는 수입하거나 양도 또는 대여의 청약을 하는 행위

c) 특허가 방법의 발명인 경우에는 그 방법의 실시에만 사용하는 물건을 해당 특허취소결정 또는 심결이 확정된 후 재심청구의 등록 전에 선의로 생산 · 양도 · 대여 · 수출 또는 수입하거나 양도 또는 대여의 청약을 하는 행위

2) 재심에 의하여 회복한 특허권에 대한 선사용자(先使用者)의 통상실시권 재심이 있는 경우 특허취소결정, 원심결 또는 판결의 확정이 있은 후 재심청구의 등록 전에 선의로 국내에서 그 발명의 실시사업을 하고 있는 자 또는 그 사업준비를 하고 있는 자는 그 실시 또는 준비를 하고 있는 발명 및 사업목적의 범위 안에서 그 특허권에 관하여 통상실시권을 가진다(특§182). 이 통상실시권은 법정실시권이므로 등록을 하지 않아도 효력이 발생한다(특§118②).

3) 재심에 의하여 통상실시권을 상실한 원권리자의 통상실시권 실시권 허여심판에 의해 통상실시권을 허여한다는 심결이 확정된 후 재심에 의하여 이에 상반되는 심결의 확정이 있는 경우에는 재심청구등록 전에 선의로 국내에서 그 발명의 실시사업을 하고 있는 자 또는 그 사업의 준비를 하고 있는 자는 원(原)통상실시권의 사업의 목적 및 발명의 범위 안에서 그 특허권 또는 재심의 심결확정이 있는 당시에 존재하는 전용실시권에 대하여 통상실시권을 가진다(특§183①). 이 통상실시권은 등록을 하지 않아도 효력은 발생하나 통상실시권자는 특허권자 또는 전용실시권자에게 상당한 대가를 지급하여야 한다(특§183②).

Ⅲ. 소 송

특허법에서 소송이라면 특허권과 그 외의 특허에 관한 소송사건 전부를 말한다. 즉, 특허행정소송, 특허민사소송, 특허형사소송을 말하며 특허법상의 협의의 의미로서는 특허심결취소소송을 특허소송이라 하여, 특허법 제9장(특§186~§191의 2, 실§33)의 규정을 말한다. 즉 특허청 심판원의 심결에 대한 취소소송을 고등법원격인 특허법원에 제기하는 것을 말한다.

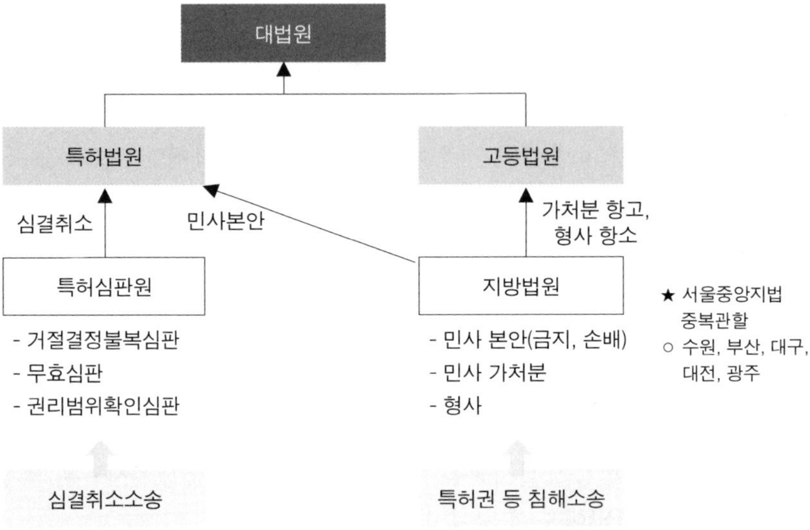

출처: 특허법원 홈페이지

1. 심결취소소송의 의의

여기서 심결취소소송이라 함은 특허심판원의 심결을 받은 자가 불복이 있을 때에 그 심결이나 결정이 법령에 위반된 것을 이유로 하는 경우에 한하여 심결 또는 결정등본을 받은 날로부터 30일 이내에 특허법원에 그의 취소를 요구하는 것을 말한다.[186)]

2. 심결취소소송의 성질

심결취소소송의 1심은 특허청 특허심판원에서 사실심 여부를 판단하고, 그 심결에 불복이 있으면 특허법원에 소(訴)를 다시 제기하여 심판을 할 수 있다.[187)]

---

186) 1998년 개정 전에는 특허사건은 전문적이고 특수하기 때문에 당사자간의 분쟁이 있거나 거절결정에 불복이 있을 때에는 먼저 행정기관인 특허청 심판소에서 사실심(事實審)을 판단하고, 그 심결에 불복이 있으면 다시 특허청 항고심판소에서 2심을 받을 수 있었다. 그런데 1998년 개정을 통해서 특허법원의 설립에 따라 현행의 체계를 갖추었다.

187) 이상경, 「지적재산권소송법」, 육법사, 1998, pp.49~50에 의하면 "특허심판원의 심판에서의 심결과 특허법원의 소송과는 심급적 연결이 단절되고 있는 것이고, 오직 특허법원과 대법원의 심급적 연결이 되어 있을 뿐이고 일반 민사 · 행정소송사건이 3심제를 취하는 것과는 달리 2심제를 취하고 있다."라고 하여 심결취소소송은 사실심으로서 1심에 한정된 소송이라고 보고 있다.

특허취소결정 또는 심결에 대한 소(訴) 및 특허취소신청서 · 심판청구서나 재심청구서의 각하결정에 대한 소(訴)는 특허법원의 전속관할로 한다(특§186①). 특허법원에 소(訴)를 제기하려면 심결 또는 결정의 등본을 받은 날로부터 30일 이내에 제기하여야 한다.

2심격인 특허법원의 판결에 불복이 있으면 대법원에 상고할 수 있도록 하고 있다(특§186⑧).

3. 특허법원

1994년 7월 14일 임시국회에서 법원조직법을 개정하여 특허청 항고심판소를 폐지하고 1998년 3월 1일부터 고등법원급의 특허법원을 설치하였다. 이로써 구법에서의 당사자계 심판은 특허청 심판소 → 항고심판소 → 대법원이고, 결정계 심판은 특허청 항고심판소 → 대법원이었으나, 신법(新法)에서는 당사자계, 결정계 구별 없이 특허심판원 → 특허법원 → 대법원으로 체계가 바뀌었다.

특허법원은 지방법원의 산업재산권 침해사건과 특허심판원의 심결에 대하여 불복하여 소를 제기하는 경우에 이에 대한 재판을 담당(이 외에도 식물신품종보호법에 따라 농림축산식품부 품종보호심판위원회의 심결에 대한 불복소송을 담당함)하고, 대법원에서 파기환송되는 사건을 담당한다.

또, 특허법원은 특허법원장(고등법원장급), 부장판사, 배석판사로 구성된 4개의 합의부와 기술심리관, 사무국으로 구성되고, 이곳의 심판은 합의부를 거치게 하였고, 사실심과 법률심을 다루며 심결취소소송과 침해사건을 관할하는 성격을 가진다.

이러한 특허법원은 일반 법원과 달리 전국을 관할하고 있다. 특허법원은 ⅰ) 특허법 제186조 제1항, 실용신안법 제33조, 디자인보호법 제166조, 상표법 제85조의3이 정하는 제1심 사건과 ⅱ) 다른 법률에 의하여 특허법원의 권한에 속하는 사건을 담당한다.

특허법원에서의 기술심리관은 소송절차에서 재판장의 허가를 얻어 기술적인 사항에 관하여 소송관계인에게 질문할 수 있고, 재판의 합의과정에서 의견을 진술할 수 있다. 한편, 기술심리관의 제척, 기피, 회피제도도 두고 있다(특§188의2). 또, 특허 및 실용신안사건의 기술내용을 정확히 파악하기 위하여 당사자를 비롯한 관계기술자를 출석시켜 도면, 실물, 모형, 컴퓨터그래픽, 비디오장치 등을 이용하여 기술적 사항에 관한 각자의 주장을 구체적으로 설명하도록 하는 기술설명회를 개최하기도 한다.

4. 소제기의 기간 및 통지

특허법원에 소(訴)[188]를 제기하려는 자는 심판의 심결이나 결정등본 및 특허취소신청서·심판청구서·재심청구서의 각하결정의 등본을 송달받은 날로부터 30일 이내에 특허법원에 소(訴)를 제기해야 한다(특§186③).[189] 소(訴)를 제기하는 경우 특허심판원에 제출하지 않은 증거는 특허법원에서는 증거가 되지 아니하므로 처음부터 모든 증거를 제출하여야 한다. 한편, 소(訴)의 제기가 있을 때 또 그 상고가 있을 때에는 법원은 지체 없이 그 취지를 특허심판원장에게 통지하여야 하고(특§188①), 이러한 소송절차가 완결된 때에는 지체 없이 그 사건에 대한 각 심급(審級)의 재판서 정본을 특허심판원장에게 송부하여야 한다(특§188②).

※ 준비절차를 통한 집중심리는 다음과 같이 운용하고 있다.

㉮ 특허와 실용신안사건은 특별한 사정이 없는 한 우선 재판부가 소장 기타 소송서류를 검토하고 기술심리관의 설명을 들어 기술내용을 파악한 다음, 준비절차에 회부하여 수명법관의 지휘 아래 집중적으로 심리하고 있다.

㉯ 디자인 및 상표사건 역시 준비절차에 회부하고 있으나, 이들 사건은 특허 및 실용신안사건에 비하여 상대적으로 그 내용이나 쟁점이 간단한 경우가 많으므로, 대개는 준비절차를 거치지 아니하고 바로 변론기일을 지정하고 있다.

㉰ 준비절차에서는 당사자로 하여금 필요한 주장을 하게 하고, 관련된 증거를 제출하게 하며, 때로는 직접 실물, 모형 또는 영상을 사용하여 기술내용을 상세히 설명하도록 함으로써 쟁점과 증거를 정리한다. 이 절차에서 기술내용에 관한 폭넓고 심도 있는 심리를

---

188) 訴라 함은 법원에 대하여 판결의 형식으로 권리보호를 해달라는 당사자의 신청이다. 즉, 원고가 피고를 상대방으로 하여 법원에 대하여 특정의 청구의 당부에 관한 심판을 요구하는 소송행위이다. 訴의 종류에는 이행의 訴, 확인의 訴, 형성의 訴의 세 가지가 있고, 특허소송은 심결을 취소하는 것이어서 그 중 形成의 訴, 즉 형성요건의 존재를 확정하는 동시에 새로운 법률관계를 발생케 하고, 기존의 법률관계를 변동·소멸케 하는 판결을 목적으로 하는 소송으로 보아야 한다고 생각된다(정대훈, "특허소송의 諸問題," 1996년 변리사 민사소송실무연수자료, p.20).

189) 제소기간은 불변기간이다(특§186④). 그러나 심판장은 원격 또는 교통이 불편한 지역에 있는 자를 위하여 직권으로 제4항의 불변기간에 대하여는 부가기간을 정할 수 있다(특§186⑤).

할 수 있게 된다.

㉱ 준비절차를 종료하면 바로 변론기일을 지정하며, 이 변론기일에는 당사자로 하여금 준비절차의 결과를 정리하여 진술하게 하고, 또한 준비절차에서 할 수 없었던 주장이나 서증 제출, 증인신문 등 증거조사를 실시한 다음 신속히 변론을 종결한다.

5. 당사자적격

(1) 원고적격

행정소송에 있어서는 행정청의 위반처분으로 말미암아 권리를 침해받은 자, 당사자계(當事者系) 행정소송에 있어서는 권리보호의 이익 또는 법률상 이익이 있는 자는 누구나 이의를 제기할 수 있으나, 특허에 관한 심판에 대한 소송에 있어서는 그 심결을 받은 자 또는 심판청구서나 재심청구서의 각하결정을 받은 자, 참가인 또는 해당 심판이나 재심에 참가신청을 하였으나 그 신청이 거부된 자에 한하여 소(訴)를 제기할 수 있다.

(2) 피고적격

소(訴)제기에 있어서는 특허청장을 피고로 하여야 한다. 다만, 당사자계심판에 있어서는 청구인 또는 피청구인을 피고로 하여야 한다(특§187, 실§56, 디§166, 상§85의3).

6. 소송요건

특허법원에서의 심결 등 취소소송절차에는 변리사법 제8조의 규정에 의하여 변호사 외에 변리사에게도 소송대리권을 부여하고 있다.

특허소송에 있어서도 모든 당사자의 소송행위와 같이 소(訴)는 일련의 소송상의 요건을 충족시켜야 한다. 이 중 어느 한 가지라도 결여되어 있는 때에는 법원은 본안심리에 들어가 본안판결을 할 수 없으며, 소(訴)를 부적법하다고 하여 각하하여야 한다.

특허소송은 특허법원의 전속관할이므로 특허법원에 소(訴)를 제기하여야 하고, 만약 다른 법원에 접수되었을 경우 특허법원으로 이송하여야 한다.

7. 판결의 효과

특허법원판결에서 취소의 기본이 된 이유는 그 사건에 대하여 특허심판원을 기속한다(특§189③). 즉 심결취소소송에서 그 청구가 이유가 있으면 판결로써 해당 심결 또는 결정을 취소하여야 하고(특§189①), 심판관은 다시 심리하여 심결 또는 결정을 하여야 한다(특§189②).

Ⅳ. 상 고

1. 상 고

특허법원의 판결에 불복이 있을 때에는 대법원에 상고(上告)할 수 있다(특§186⑧, 실§33, 디§166, 상§85의3).

2. 상고기간

상고의 제기는 특허법원의 판결서가 송달된 날로부터 2주일 내에 원심법원인 특허법원에 상고장(上告狀)을 제출하여야 한다(민소§425, §396, §397).

3. 상고이유

상고는 판결에 영향을 미친 헌법・법률・명령 또는 규칙의 위반이 있다는 것을 이유로 하는 때에만 할 수 있으며(민소§423), 민사소송법 제424조에서 규정하는 절대적 상고이유가 있는 경우에 할 수 있다.

※ 民事訴訟法 제424조(절대적 상고이유)

① 판결에 다음 각호 가운데 어느 하나의 사유가 있는 때에는 상고에 정당한 이유가 있는 것으로 한다.

1. 법률에 따라 판결법원을 구성하지 아니한 때
2. 법률에 따라 판결에 관여할 수 없는 판사가 판결에 관여한 때
3. 전속관할에 관한 규정에 어긋난 때
4. 법정대리권・소송대리권 또는 대리인의 소송행위에 대한 특별한 권한의 수여에 흠이 있는 때
5. 변론을 공개하는 규정에 어긋난 때
6. 판결의 이유를 밝히지 아니하거나 이유에 모순이 있는 때

4. 판 결

판결에는 상고기각(上告棄却), 파기환송(破棄還送), 파기자판(破棄自判)이 있다.

제6절 | 특허협력조약(PCT)에 의한 국제출원

Ⅰ. 서

1) PCT국제출원제도란 특허 및 실용신안의 법과 출원절차를 통일화 · 간소화하기 위하여 체결된 특허협력조약이다.

2) PCT국제출원 절차가 일반 해외출원절차에 비하여 유리한 점은 다음과 같다. ⅰ) 출원절차가 간편하다. ⅱ) 특허획득이 용이하다. ⅲ) 특허심사 등에 관한 부담경감은 물론 심사기간의 단축효과도 기대할 수 있다. ⅳ) 하나의 언어로 다수국에 출원할 수 있다. ⅴ) 하나의 출원으로 다수국에 출원한 효과를 얻을 수 있다. ⅵ) 각종 수수료의 납부절차가 간편하다. ⅶ) 무모한 해외출원을 방지할 수 있다. ⅷ) 한국어로 출원가능하다.

국제협약에서 PCT(Patent Corporation Treaty)에 관하여 간단하게 살펴보았듯이, 오늘날은 급격한 기술혁신으로 특허출원이 증가하고 있으며 그 대부분이 외국에도 출원되고 있다. 이에 PCT를 통하여 각국은 동일발명의 중복출원 및 중복심사로 인한 시간과 인력의 낭비를 없애기 위하여 이를 국제적인 차원에서 해결하기로 합의하였다. 외국출원을 하고자 하는 출원인은 각국마다 상이한 특허법이 존재하기 때문에 각국의 방식에 따른 출원서류를 각국의 언어로 작성하여 파리협약에서 인정된 優先期間(12개월) 내에 행하여야 한다. 이와 함께 각국의 특허청은 특히 실체심사를 행하는 특허문헌이나 기술문헌이 최근의 과학기술발전 등을 반영하여 급속으로 증대하고 있는데도 불구하고 각 특허청은 상호 독립된 상태에서 기술정보의 수집, 특허기술의 조사, 그에 입각한 특허성의 판단 등을 해야 할 뿐 아니라 출원된 기술의 복잡화 등에 의해서도 지체되는 문제점이 있게 된다. 그러나 각국 특허청에서 행하는 작업 중 기술정보의 수집 및 선행기술의 조사는 각국에서 똑같이 이루어지는 작업으로서 결국 국제출원제도가 없는 경우 동일한 대상을 중복심사하는 것이 되어 인적 자원이 낭비된다고 보고 이를 해소하기 위하여 국제출원제도가 만들어지게 된 것이다.

II. 조약의 체제

국제출원을 규정하고 있는 특허협력조약(PCT)은 국제출원에 관한 실체적 규정과 운용에 관한 관리적 규정을 두고 있다. PCT의 주요내용은 첫째 국제출원, 둘째 국제조사, 셋째 국제공개, 넷째 국제예비심사의 4단계 절차로 구성되어 있다. 국제출원, 국제조사, 국제공개는 원칙적으로 모든 국제출원에 대하여 행해지는 강행적 절차이고, 국제예비심사는 출원인의 선택에 따라 행해지는 임의절차이다. 이와 같은 특허협력조약은 국제출원의 절차에 대해서만 규정하고 국제출원의 발명이 각국에서 특허를 받을 수 있는지의 여부는 그 나라의 국내법에 위임하고 있다.

PCT조약은 전문과 69개 조항 및 규칙으로 이루어져 있는데 이를 상세히 설명하면 다음과 같다.

먼저 總綱(introductory provisions: 규칙 A부)은 제1조에서 국제특허협력동맹의 설립규정을, 제2조에서는 용어의 정의규정을 두고, 제1장(국제출원 및 국제조사: 규칙 B부), 제2장(국제예비심사: 규칙 C부), 제3장(공통규정: 규칙 D부)에서 이 조약의 중핵을 이루는 국제출원의 각 단계의 절차 등을 규정하고 제4장(기술적 업무의 제공)은 개발도상국의 특허제도 발전에 협력하기 위한 규정을 두고 있다(PCT§50~§52).

제5장(관리규정: 규칙 E부)은 동맹의 내부기관(PCT§53~§56), 재정(PCT§57) 및 규칙(PCT§58)에 관한 규정을 두고 기타 규정은 파리협약의 스톡홀름 개정조약의 관리규정 등에 준하여 작성되어 있다.

[도표 7] PCT국제출원제도와 일반 해외출원제도의 절차도

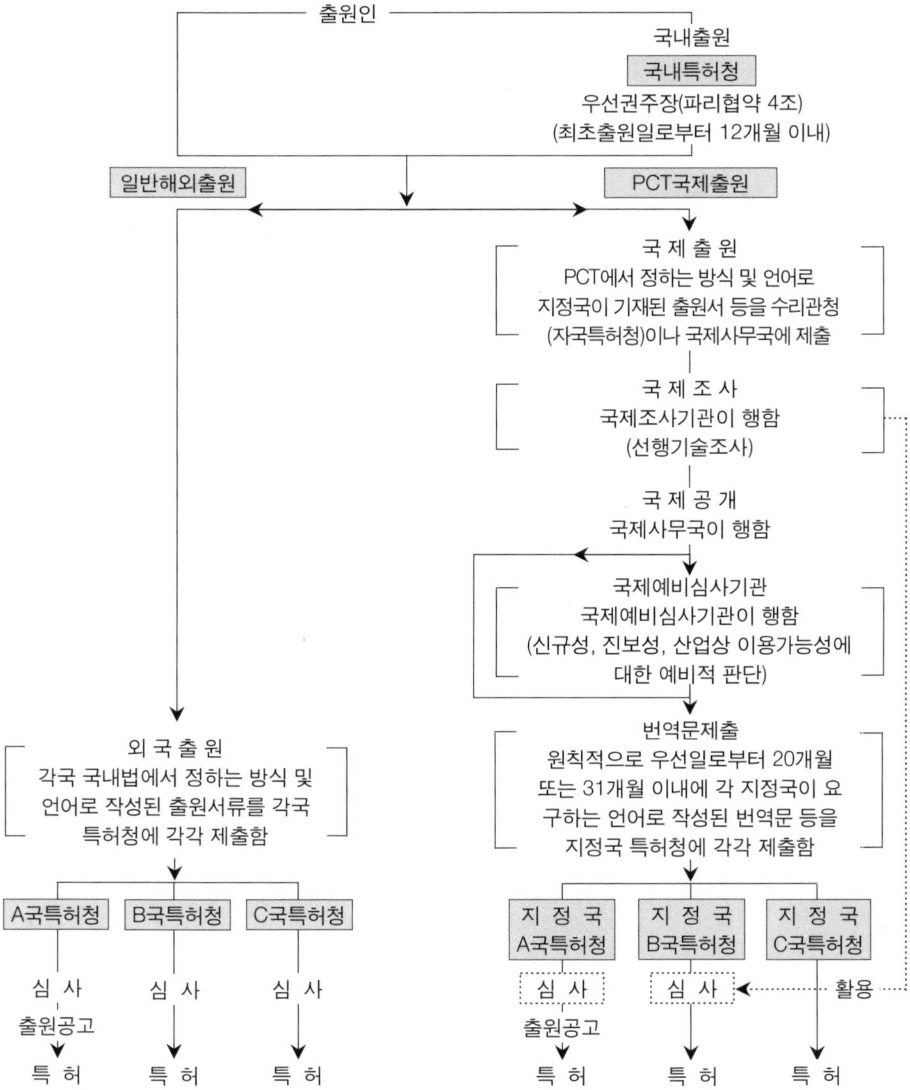

(국제특허연수원 교재 인용)

[도표 8] PCT출원 사무처리 흐름도

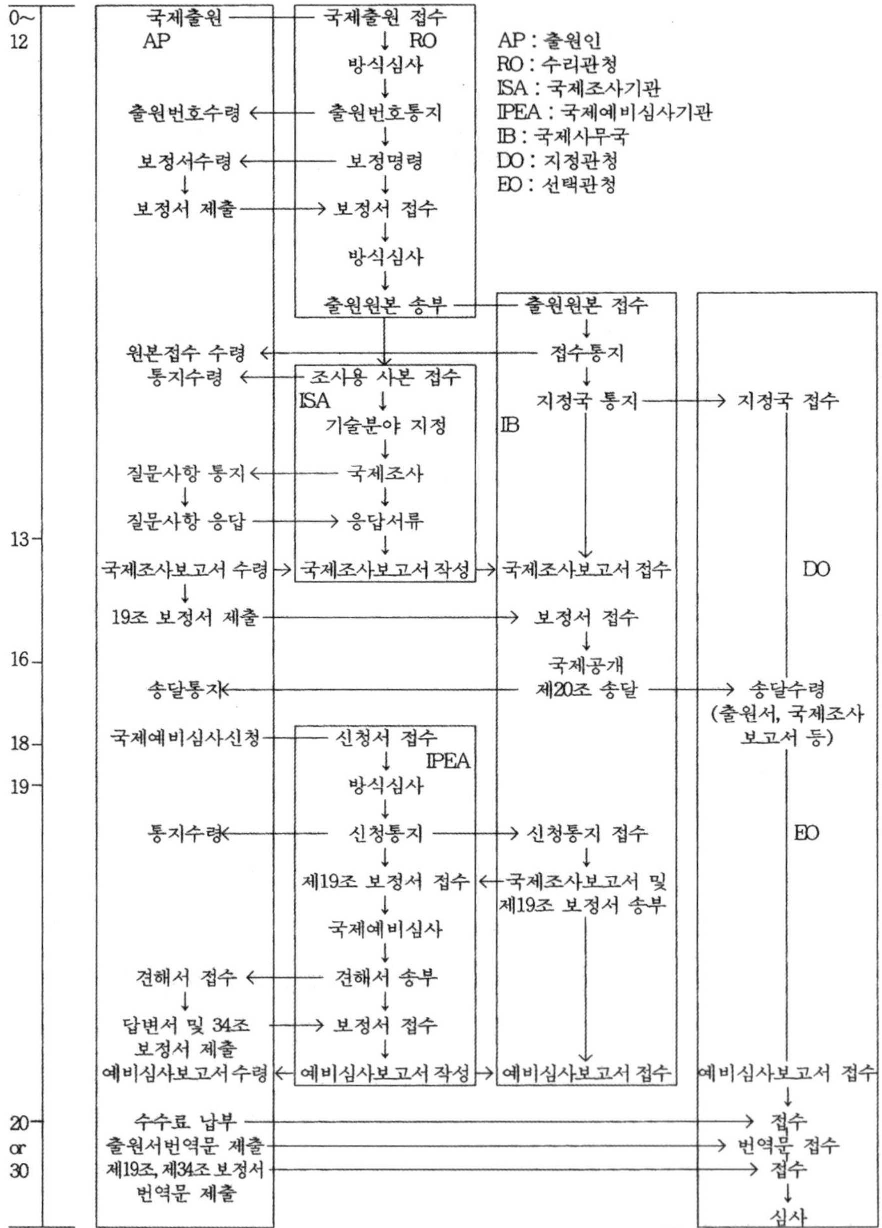

(국제특허연수원 교재 인용)

Ⅲ. 국제출원절차

PCT 국제출원은 그 절차에 따라 편의상 국제단계와 국내단계로 구분한다. 국제단계는 국제출원에서부터 지정관청에 대한 국내절차진행 전까지의 전 과정으로 출원인의 국제출원, 수리관청의 국제출원의 처리, 국제조사기관의 국제조사, 국제사무국의 국제출원공개 및 지정관청에 대한 국제출원서류의 송달, 출원인의 국제예비심사청구 및 국제예비심사기관의 국제예비심사보고서 작성 등에 관한 절차이며, 국내단계는 지정국에 대한 국내절차 개시에서부터 심사완료까지의 전 과정으로 출원인의 각 지정관청에 대한 번역문 제출, 국내수수료 납부 및 대리인 선임과 지정관청의 실체심사 및 특허허여 여부 결정에 관한 절차이다.

1. 국제출원

국제출원(international application)은 출원인의 선택에 따라 우리나라 특허청 또는 WIPO 국제사무국에 영어 또는 한국어로 작성한 출원서, 명세서, 청구범위, 도면(필요한 경우) 및 요약서를 제출하여야 한다. 특허청에 제출시는 3부이고, WIPO 국제사무국에 제출시는 1부이다.

국제출원을 하면서 국내출원 또는 외국출원을 기초로 파리협약에 의한 우선권주장을 하고자 하는 경우에는 선출원일로부터 1년 이내에 국제출원을 하여야 하며 우선권 서류는 우선일로부터 16개월 이내에 해당 수리관청 또는 WIPO 국제사무국에 제출하여야 한다.

(1) 국제출원을 할 수 있는 자

특허청장에게 국제출원을 할 수 있는 자는 다음 각호의 1에 해당하는 자로 한다(특§192).

1) 대한민국 국민

2) 국내에 주소 또는 영업소를 가진 외국인

3) 대한민국 국민 또는 국내에 주소 · 영업소를 가진 외국인에 해당하는 자가 아닌 자로서 제1호(대한민국 국민) 또는 제2호(국내에 주소 또는 영업소를 가진 외국인)에 해당하는 자를 대표자로 하여 국제출원을 하는 자

4) 산업통상자원부령이 정하는 요건에 해당하는 자.

이 경우에는 PCT조약 제10조에 규정된 수리관청인 대한민국 특허청에 국제

출원을 할 수 있다(PCT규칙§19①).

(2) 국제출원에 관한 서류 및 방법

국제출원을 하고자 하는 자는 산업통상자원부령이 정하는 언어(국어 · 영어 또는 일어)로 작성한 출원서, 명세서 · 청구의 범위 · 필요한 도면 및 요약서를 특허청장에게 제출하여야 한다(특§193, 특규칙§91).

1) 출원서에는 ⅰ) 당해 출원이 특허협력조약에 의한 국제출원이라는 표시, ⅱ) 당해 출원한 발명의 보호가 요구되는 특허협력조약 체약국의 지정, ⅲ) 제2호의 지정국 중 특허협력조약 제2조(ⅳ)의 지역특허를 받고자 하는 경우에는 그 취지, ⅳ) 출원인의 성명이나 명칭 · 주소나 영업소 및 국적, ⅴ) 대리인이 있는 경우에는 그 대리인의 성명 및 주소나 영업소, ⅵ) 발명의 명칭, ⅶ) 발명자의 성명 및 주소나 영업소(지정국의 법령에 발명자에 관한 사항의 기재가 규정되어 있는 경우에 한 한다)의 사항을 기재하여야 한다(특§193②).

2) 명세서는 그 발명이 속하는 기술분야에서 통상의 지식을 가진 자가 용이하게 실시할 수 있도록 명확하고 상세하게 기재되어야 한다(특§193③).

3) 청구의 범위에는 보호를 받고자 하는 사항을 명확하고 간결하게 기재하여야 하며 명세서에 의하여 충분히 뒷받침되어야 한다(특§193④).

4) 특허법 제193조 제1항 내지 제4항에 규정된 것 외에 국제출원에 관하여 필요한 사항은 산업통상자원부령으로 정한다(특§193⑤).

(3) 국제출원일

특허청장은 국제출원이 특허청에 도달한 날을 특허협력조약 제11조의 국제출원일로 인정하여야 한다. 다만 다음 각호의 1에 해당하는 경우에는 그러하지 아니하다(특§194①).

1) 출원인이 제192조(국제출원을 할 수 있는 자)에 규정된 요건을 충족하지 못하는 경우

2) 특허법 제193조 제1항(국제출원)의 규정에 의한 언어로 작성되지 않은 경우

3) 특허법 제193조 제1항(국제출원)에 따른 발명의 설명 또는 청구범위가 제출되지 않은 경우

4) 국제출원이라는 표시와 체약국의 지정 및 출원인의 성명이나 명칭을 기재하지 아니한 경우.

만약 위의 규정에 해당되는 경우에는 특허청장은 기간을 정하여 서면으로 절

차를 보완할 것을 명하여야 하고(특§194②), 국제출원이 도면에 관하여 기재하고 있으나 도면이 누락된 경우에는 출원인에게 통지하여야 한다(특§194③).

또 특허법 제194조 제2항의 규정에 의해 절차의 보완명령을 받은 자가 지정된 기간 내에 보완을 한 경우에는 그 보완에 관계되는 서면의 도달일을 국제출원일로 인정한다. 다만 통지를 받은 자가 산업통상자원부령이 정하는 기간 내에 도면을 제출하지 아니한 경우에는 그 도면에 관한 기재는 없는 것으로 본다(특§194④).

(4) 국제출원의 보정명령[190]

특허청장은 국제출원이 i) 발명의 명칭이 기재되지 아니한 경우, ii) 요약서가 제출되지 아니한 경우, iii) 특허법 제3조(행위능력) 또는 제197조 제3항(변리사 대리의 원칙)의 규정에 위반된 경우, iv) 산업통상자원부령(특규칙§101)이 정하는 방식에 위반된 경우에 해당하는 경우에는 기간을 정하여 보정을 명하여야 한다(특§195).

(5) 취하된 것으로 보는 국제출원

국제출원이 i) 제195조(보정명령)의 규정에 의한 보정명령을 받은 자가 지정된 기간 내에 보정을 하지 아니한 경우, ii) 국제출원에 관한 수수료를 산업통상자원부령이 정하는 기간 내에 납부하지 아니하여 특허협력조약 제14조 (3)(a)에 해당하게 된 경우, iii) 제194조(국제출원일 인정)의 규정에 의하여 국제출원일이 인정된 국제출원에 관하여 산업통상자원부령이 정하는 기간 내에 그 국제출원이 제194조 제1항 단서 각호의 1에 해당되는 것이 발견된 경우에는 그 국제출원은 취하된 것으로 본다(특§196①).

또한 국제출원에 관하여 납부하여야 할 수수료의 일부를 산업통상자원부령이 정하는 기간 내에 납부하지 아니하여 특허협력조약 제14조 (3)(b)에 해당하게 된 경우에는 수수료를 납부하지 아니한 지정국의 지정은 취하된 것으로 본다(특§196②). 이러한 경우(국제출원 또는 지정국의 일부가 취하된 것으로 보는 때)에는 특허청장은 그 사실을 출원인에게 통지하여야 한다(특§196③).

(6) 대표자 등

2인 이상이 공동으로 국제출원을 하는 경우에 그 출원절차는 출원인의 대표자가 그 절차를 행할 수 있다(특§197①). 그러나 대표자를 정하지 아니한 때에는

190) 국제출원에 있어서 보완과 보정의 차이는 그 출원이 국제출원일로 인정되었는지의 여부에 따라 구분하고 있다.

산업통상자원부령이 정하는 바(특규칙 제106조의4는 “출원인 중 첫 번째로 기재되어 있는 자”로 정하고 있다)에 따라 대표자를 정할 수 있다(특§197②). 국제출원의 대리인은 법정대리인을 제외하고는 변리사로 하도록 하고 있다(특§197③). 이는 국제업무절차는 어렵고 복잡하며 고도의 전문지식이 요구되기 때문에 대리인의 자격에 제한을 두고 있는 것이다.

(7) 국제출원의 수수료

국제출원을 하고자 하는 자는 수수료를 납부하여야 한다(특§198①).

2. 국제출원의 방식심사

특허청(수리관청) 또는 WIPO 국제사무국은 국제출원에 대하여 방식상 요건을 심사하여 동 요건이 충족된 경우에는 국제출원일을 인정하고 국제출원번호 및 국제출원일을 통지하며 충족되지 아니한 경우에는 보정지시를 한다.

또 특허청은 국제출원일이 인정된 국제출원을 WIPO 국제사무국(기록사본) 및 국제조사기관(조사용 사본)에 각 1부씩 송부한다.

3. 국제조사

국제조사기관의 국제조사는 모든 국제출원이 그 대상이 되며 선행기술을 발견하는 것을 목적으로 하고 있다. 이러한 국제조사는 명세서와 도면을 적당히 고려하여 청구의 범위에 기준을 두고 행한다.

국제조사기관(영어출원인 경우는 오스트리아 특허청이나 호주 특허청, 일어출원인 경우는 일본 특허청, 한국어 출원인 경우는 우리나라 특허청)은 수리관청으로부터 송부받은 모든 국제출원에 대하여 국제조사(international search)를 하고(특§198의2), 조사하는 조사시설 등이 허용하는 한 관련 선행기술을 발견하도록 최소한 프랑스, 독일, 러시아, 스위스, 일본, 영국, 미국, 유럽특허청 및 아프리카 지적재산권기구에 의하여 발행·반포된 특허문헌에 공표된 국제출원 등 자료를 조사하며(PCT§15) 그 결과는 국제조사보고서를 작성하여 출원인 및 국제사무국에 송부한다.[191]

출원인은 국제조사보고서의 결과에 따라 필요한 경우 청구범위를 보정할 수

191) 국제조사기관은 조사용 寫本이 송부된 날로부터 3개월 또는 優先日로부터 9개월의 어느 쪽의 만료일까지 국제조사보고서를 작성하여 출원인 및 국제사무국에 송부하여야 한다.

있으며, 보정서를 국제사무국에 제출한다.[192)]

4. 국제공개(international publication)

국제사무국은 국제출원서류[출원서, 명세서, 청구범위, 보정된 청구범위(있는 경우), 도면(있는 경우), 요약서] 및 국제조사보고서를 팜플렛 형태로 공개하고

---

192) 특허법 제204조(국제조사보고서를 받은 후의 보정) ① 국제특허출원의 출원인은 「특허협력조약」 제19조(1)에 따라 국제조사보고서를 받은 후에 국제특허출원의 청구의 범위에 관하여 보정을 한 경우 기준일까지(기준일이 출원심사의 청구일인 경우 출원심사의 청구를 한 때까지를 말한다. 이하 이 조 및 제205조에서 같다) 다음 각 호의 어느 하나에 해당하는 서류를 특허청장에게 제출하여야 한다.

1. 외국어로 출원한 국제특허출원인 경우 그 보정서의 국어 번역문
2. 국어로 출원한 국제특허출원인 경우 그 보정서의 사본

② 제1항에 따라 보정서의 번역문 또는 사본이 제출된 때에는 그 보정서의 번역문 또는 사본에 따라 제47조 제1항에 따른 청구의 범위가 보정된 것으로 본다. 다만, 「특허협력조약」 제20조에 따라 기준일까지 그 보정서(국어로 출원한 국제특허출원인 경우에 한정한다)가 특허청에 송달된 때에는 그 보정서에 따라 보정된 것으로 본다.

③ 국제특허출원의 출원인은 「특허협력조약」 제19조(1)에 따른 설명서를 국제사무국에 제출한 경우 다음 각 호의 어느 하나에 해당하는 서류를 기준일까지 특허청장에게 제출하여야 한다.

1. 외국어로 출원한 국제특허출원인 경우 그 설명서의 국어 번역문
2. 국어로 출원한 국제특허출원인 경우 그 설명서의 사본

④ 국제특허출원의 출원인이 기준일까지 제1항 또는 제3항에 따른 절차를 밟지 아니한 경우 「특허협력조약」 제19조(1)에 따른 보정서 또는 설명서는 제출되지 아니한 것으로 본다. 다만, 국어로 출원한 국제특허출원인 경우로서 「특허협력조약」 제20조에 따라 기준일까지 그 보정서 또는 그 설명서가 특허청에 송달된 때에는 그러하지 아니하다.

제205조(국제예비심사보고서 작성 전의 보정) ① 국제특허출원의 출원인은 「특허협력조약」 제34조(2)(b)에 따라 국제특허출원의 명세서, 청구의 범위 및 도면에 대하여 보정을 한 경우 기준일까지 다음 각 호의 어느 하나에 해당하는 서류를 특허청장에게 제출하여야 한다.

1. 외국어로 출원한 국제특허출원인 경우 그 보정서의 국어 번역문
2. 국어로 출원한 국제특허출원인 경우 그 보정서의 사본

② 제1항에 따라 보정서의 번역문 또는 사본이 제출된 때에는 그 보정서의 번역문 또는 사본에 따라 제47조 제1항에 따른 명세서 및 도면이 보정된 것으로 본다. 다만, 「특허협력조약」 제36조(3)(a)에 따라 기준일까지 그 보정서(국어로 출원한 국제특허출원인 경우에 한정한다)가 특허청에 송달된 때에는 그 보정서에 따라 보정된 것으로 본다.

③ 국제특허출원의 출원인이 기준일까지 제1항에 따른 절차를 밟지 아니한 경우 「특허협력조약」 제34조(2)(b)에 따른 보정서는 제출되지 아니한 것으로 본다. 다만, 「특허협력조약」 제36조(3)(a)에 따라 기준일까지 그 보정서(국어로 출원한 국제특허출원인 경우에 한정한다)가 특허청에 송달된 때에는 그러하지 아니하다.

(PCT§48) 이를 출원인 및 각 지정관청에 송부한다.

국제공개는 국제출원의 우선일로부터 18개월을 경과한 후 신속히 행하는 것이 원칙이며 현실적으로 모든 국제출원에 관하여 이 시기에 국제공개가 되나 예외로 다음의 것들이 인정된다.

1) 그 국제출원에 있어서 모든 지정국이 제64조 제3항의 유보(自國에 관한 한 국제출원의 국제공개를 행할 필요가 없다는 선언)를 행하고 있는 경우이며 이 경우에는 공개하지 않는다(PCT§64③(b))

2) 국제공개기간 전에 출원인이 국제출원의 국제공개를 행할 것을 국제사무국에 청구한 경우이며 이 경우에는 조기(早期)에 국제공개가 행하여진다(PCT§ 21②b). 이를 국제조기공개라고 한다.

3) 국제공개의 기술적 준비가 완료되기 전에 국제출원이 취하되거나 또는 취하된 것으로 보이는 경우(PCT§21⑤)

4) 국제출원이 선량한 풍속이나 공공의 질서에 반하는 표현이나 도면을 포함하고 있거나 PCT 규칙에 규정된 비방하는 기재사항을 포함하고 있다고 인정하는 경우(PCT§21⑥)

국제공개는 원칙적으로 지정국의 국내공개에 관한 국내법상의 요청을 갖추고 있다는 면도 있으므로 각국의 국내공개와 같은 효과가 주어진다. 이러한 이유에서 특허협력조약은 국제공개에 대해 가보호(假保護)의 규정을 두고 있다. 따라서 국제공개의 지정국에서의 효과는 그 지정국의 국내법령이 정하는 효과와 동일하지만(PCT§29①), 그 효과가 발생하는 시점에 대해서는 각 지정국의 선택으로써 정해진다(PCT§29②). 따라서 국제공개에 따른 가보호(假保護)의 내용은 우리나라 특허법상의 보상금청구권에 해당된다.

5. 국제예비심사

국제예비심사(international preliminary examination)란 국제출원에 관하여 행하여지는 절차로서 출원인의 선택에 의하며, 동 절차를 적용받고자 하는 자는 국제조사보고서 및 국제조사기관의 준비서 또는 PCT 제17조 (2)(a)의 규정에 따라 국제조사보고서를 작성하지 아니한다는 취지의 중지서를 출원인에게 송부한 날부터 3월, 우선일로부터 22월의 기간 중 늦게 만료되는 날 이내에 관할 국제예비심사기관(영어출원인 경우 오스트리아 특허청, 일어출원인 경우 일본 특허청, 한국어출원인 경우 우리나라 특허청)에 국제예비심사청구를 하여야 하는 것을 말한다(특시규 §106의23②).

국제예비심사는 공적 기관에 의해 국제조사보다도 한 걸음 앞서서 판단을 원하는 출원인의 청구에 따라서 행하여지는 것이다.

국제예비심사청구서에는 지정국 중 국제예비심사의 결과를 적용받고자 하는 국가(선택국)를 선택하여야 하며, 국제예비심사기관은 청구된 발명에 대하여 특허성(산업상 이용가능성, 신규성, 진보성)에 관하여 심사한 후 예비적이고 구속력이 없는 견해를 국제예비심사보고서로 작성하여 출원인 및 국제사무국에 송부하며 국제사무국은 이를 각 선택관청에 송부한다.

출원인은 국제예비심사청구[193]와 동시 또는 국제예비심사보고서가 작성되기 전에 국제출원의 명세서, 청구범위 또는 도면을 보정할 수 있다.

6. 국내단계(국제특허출원에 관한 특례)

(1) 국제출원에 의한 특허출원

특허협력조약에 의하여 국제출원일이 인정된 국제출원으로서 특허를 받기 위하여 대한민국을 指定國으로 지정한 국제출원은 그 국제출원일에 출원된 특허출원으로 본다(특§199①). 이러한 국제출원은 우리나라 국내특허출원과는 다른 새로운 출원을 인정한 것으로 이러한 국제출원이 우리나라 국내의 특허출원으로 이행되는 절차는 당해 국제출원이 국제사무국에서 국제공개 직후 늦어도 優先日로부터 19개월 이내에 국제출원에 관한 서류를 지정관청인 우리나라에 송부되는 것으로써(PCT§20) 시작되며 당해 국제출원의 국제단계는 마치게 된다. 그렇다고 바로 국내단계에 들어가는 것이 아니며 국내단계에 들어가기 위하여는 일정한 절차가 이행되어야 한다.[194] 절차를 밟지 아니한 경우에는 특허협력조약 제19조 (1)의

193) 국제예비심사는 국제출원이나 국제조사와는 별개의 절차이므로 예비심사의 청구는 국제출원과는 분리하여 하도록 되어 있고(PCT§31③), 국제예비심사의 청구는 모든 출원인이 할 수 있는 것이 아니며 원칙적으로 특허협력조약 제2장에 구속되는 체약국의 거주자 또는 국민으로 국제출원을 그 국가의 특허청 또는 그 대행을 하는 수리관청에 출원 중에 있는 자로 한정된다(PCT§31②).

194) 특허법 제203조(서면의 제출) ① 국제특허출원의 출원인은 국내서면제출기간에 다음 각호의 사항을 적은 서면을 특허청장에게 제출하여야 한다. 이 경우 국제특허출원을 외국어로 출원한 출원인은 제201조 제1항에 따른 국어번역문을 함께 제출하여야 한다.

1. 출원인의 성명 및 주소(법인인 경우에는 그 명칭 및 영업소의 소재지)

규정에 의한 보정서 또는 설명서는 제출되지 아니한 것으로 본다.

(2) 신규성이 있는 발명으로 보는 경우의 특례

국제특허출원한 발명에 관하여 제30조 제1항 제1호(신규성이 있는 발명으로 보는 경우)의 규정을 적용받고자 하는 자는 그 취지를 기재한 서면 및 이를 증명할 수 있는 서류를 제출기간인 특허출원일로부터 30일 내가 아니라(특§30②) 산업통상자원부령이 정하는 기간 내(§201④에 따른 기준일 경과 후 30일 내)에 특허청장에게 제출할 수 있다(특§200, 특시규§111).

(3) 국제특허출원의 번역문

외국어로 출원한 출원인은 특허협력조약 제2조 (xi)의 優先日(이하 "우선일"이라 한다)부터 2년 7월(이하 "국내서면제출기간"이라 한다) 이내에 국제출원일에 제출한 명세서, 청구의 범위, 도면(도면 중 설명부분에 한한다) 및 요약서의 국어 번역문을 특허청장에게 제출하여야 한다(특§201①본).

다만, 국제특허출원을 외국어로 출원한 출원인이 「특허협력조약」 제19조(1)의 규정에 의하여 청구의 범위에 관한 보정을 한 때에는 국제출원일에 제출한 청구의 범위에 대한 국어 번역문을 보정 후의 청구의 범위에 대한 국어 번역문으로 대체하여 제출할 수 있다(특§201①단).

출원인이 국내서면 제출기간 내에 상기의 절차(특허법 제201조 제1항의 규정에 의한 명세서 및 청구의 범위의 번역문 제출)가 없는 경우에는 그 국제특허출원은 취하된 것으로 본다(특§201②).

특허법 제201조 제1항의 규정에 의하여 번역문을 제출한 출원인은 국내 서면제출기간 내에 그 번역문에 갈음하여 새로운 번역문을 제출할 수 있다. 다만 출원인이 출원심사의 청구를 한 후에는 그러하지 아니하다(특§201③).

국제출원일에 제출된 국제특허출원의 명세서나 청구의 범위에 기재된 사항 및 도면 중의 설명부분으로서 국내서면제출기간(그 기간 내에 출원인이 출원심사의 청구를 한 때에는 그 청구일, 이하 "기준일"이라 한다) 내에 제출된 제1항 또는 제3항

---

2. 출원인의 대리인이 있는 경우에는 그 대리인의 성명 및 주소나 영업소의 소재지[대리인이 특허법인 · 특허법인(유한)인 경우에는 그 명칭, 사무소의 소재지 및 지정된 변리사의 성명]
3. 발명의 명칭
4. 발명자의 성명 및 주소
5. 국제출원일 및 국제출원번호

의 규정에 의한 번역문(이하 "출원번역문"이라 한다)에 기재되지 아니한 것은 국제출원일에 제출된 국제특허출원의 명세서 및 청구의 범위에 기재되지 아니한 것으로 보거나 도면 중의 설명이 없었던 것으로 본다(특§201④).

국제출원에 관한 번역문은 특허법 제42조 제1항의 규정에 의하여 제출된 출원서로 본다(특§201⑤). 국제특허출원의 명세서, 청구의 범위, 도면 및 요약서의 출원번역문(국어로 출원된 국제특허출원의 경우에는 국제출원일에 제출된 명세서 · 청구의 범위 · 도면 및 요약서)은 제42조 제2항의 규정에 의하여 제출된 명세서, 도면 및 요약서로 본다(특§201⑥).

제6항 전단에 따라 제47조 제1항 제1호 또는 제2호에 따른 기간에 정정을 하는 경우에는 마지막 정정 전에 한 모든 정정은 처음부터 없었던 것으로 본다(특§201⑦). 제2항에 따라 보정 후의 청구범위에 대한 국어번역문을 제출하는 경우에는 제204조 제1항 및 제2항을 적용하지 아니한다(특§201⑧).

(4) 특허출원 등에 의한 우선권주장의 특례

국제특허출원에 관하여는 국내우선권 주장의 절차(특§55②) 및 그 국내우선권 주장의 취하(특§56②)의 규정은 이를 적용하지 아니한다(특§202①).

국제특허출원에 관한 국내우선권주장(특§55④)의 규정을 적용함에 있어서는 동항 중 "특허출원의 출원서에 최초로 첨부된 명세서 또는 도면"은 "제201조 제1항(국제특허출원의 번역문)의 규정에 의하여 국제출원일에 제출된 국제출원의 명세서, 청구의 범위 또는 도면(도면 중의 설명부분에 한한다) 및 이 서류들의 동조 제4항의 규정에 의한 출원번역문 또는 국제출원일에 제출된 국제출원의 도면(도면 중 설명부분을 제외한다)"으로, "출원공개"는 "특허협력조약 제21조(국제공개)에서 규정하는 국제공개"로 한다(특§202②).

국내우선권주장(특§55①)의 규정에 의한 선출원이 국제특허출원 또는 실용신안법 제34조 제2항의 규정에 의한 국제실용신안등록출원인 경우에 제55조(국내우선권주장) 제1항 · 제3항부터 제5항까지, 제56조(선출원의 취하) 제1항의 규정을 적용함에 있어서는 제55조(국내우선권주장) 제1항 각호 외의 본문, 제3항 및 제5항 중 "출원서에 최초로 첨부된 명세서 또는 도면"은 "제201조(국제특허출원의 번역문) 제1항 또는 실용신안법 제35조(국제실용신안등록출원의 번역문) 제1항의 규정에 의하여 국제출원일에 제출된 국제출원의 명세서, 청구의 범위 또는 도면"으로 하고, 동조 제4항 중 "선출원의 출원서에 최초로 첨부된 명세서 또는 도면"은 "선출원의

제201조 제1항 또는 실용신안법 제35조 제1항의 규정에 의하여 국제출원일에 제출된 국제출원의 명세서, 청구의 범위 또는 도면"으로, "그 선출원에 관하여 출원공개"는 "그 선출원에 관하여 특허협력조약 제21조(국제공개)에서 규정하는 국제공개"로 하며, 특허법 제56조(선출원의 취하) 제1항 중 "그 출원일부터 1년 3월을 경과한 때"는 "제201조 제4항 또는 실용신안법 제35조 제4항의 규정에 의한 기준일 또는 국제출원일부터 1년 3월을 경과한 때 중 늦은 때"로 한다(특§202③).

국내우선권주장(특§55①)의 규정에 의한 선출원이 제214조 제4항 또는 실용신안법 제40조 제4항의 규정에 의하여 특허출원 또는 실용신안등록출원으로 되는 국제특허출원인 경우에 제55조(국내우선권주장) 제1항 · 제3항부터 제5항까지 및 제56조(선출원의 취하) 제1항의 규정을 적용함에 있어서는 제55조 제1항 각호 외의 본문, 제3항 및 제5항 중 "출원서에 최초로 첨부된 명세서 또는 도면"은 "제214조 제4항 또는 실용신안법 제40조 제4항에서 규정하는 국제출원일로 인정할 수 있었던 날의 국제출원의 명세서, 청구의 범위 또는 도면"으로 하고, 제55조 제4항 중 "선출원의 출원서에 최초로 첨부된 명세서 또는 도면"은 "선출원의 제214조 제4항 또는 실용신안법 제40조 제4항에서 규정하는 국제출원일로 인정할 수 있었던 날의 국제출원의 명세서, 청구의 범위 또는 도면"으로 하며, 제56조 제1항 중 "그 출원일부터 1년 3월을 경과한 때"는 "제214조 제4항 또는 실용신안법 제40조 제4항에서 규정하는 국제출원일로 인정할 수 있었던 날부터 1년 3월을 경과한 때 또는 제214조 제4항이나 실용신안법 제40조 제4항에서 규정하는 결정을 한 때 중 늦은 때"로 한다(특§202④).

(5) 재외자의 특허관리인의 특례

특허법상 재외자는 특허관리인에 의하지 아니하면 출원 및 기타 절차를 밟을 수 없으나(특§5①) 재외자인 국제특허출원의 출원인은 기준일까지는 특허관리인에 의하지 아니하고도 특허에 관한 절차를 밟을 수 있도록 하였다(특§206①).

출원번역문을 제출한 재외자는 산업통상자원부령이 정하는 기간(기준일부터 2월) 내에 특허관리인을 선임하여 특허청장에게 신고하여야 한다. 그러하지 않으면(선임신고가 없는 경우에는) 그 국제특허출원은 취하된 것으로 본다(특§206③).

(6) 출원공개시기 및 효과의 특례

국내 특허출원의 공개시기는 일반적으로 우선일로부터 1년 6개월이나 국제특허출원은 우선일로부터 2년 7개월로 정하고 있다. 특허협력조약은 국제출원의 국제공개의 효과와 효과의 발생시기를 지정국의 국내법령에 따르도록 하고 있으므로(PCT§29) 우리나라를 지정한 국제출원의 공개효과는 우리나라에 공개된 날로부터 보상금청구권이 발생하는 것으로 볼 수 있다.[195]

(7) 보정의 특례

국제출원은 국제단계에서 WIPO 국제사무국에 대하여 보정을 할 수 있으나 국내단계에서는 일정한 제한이 가하여진다. 즉 우리 특허법은 국제특허출원의 출원인은 소정의 번역문을(국어로 출원된 국제특허출원의 경우를 제외한다) 제출하고 수수료를 납부하고 기준일을 경과하지 아니하면 보정을 할 수 없다(특§208①). 이 때 국제특허출원의 보정이 가능한 범위에 관하여 제47조 제2항의 규정을 적용함에 있어서는 "특허출원서에 최초로 첨부된 명세서 또는 도면에 기재된 사항"은 "국제출원일에 제출한 국제특허출원의 명세서, 청구의 범위 또는 도면(도면 중 설명부분에 한한다)의 번역문이나 국제출원일에 제출한 국제특허출원의 도면(도면 중 설명부분을 제외한다)에 기재된 사항"으로 한다(특§208③).

(8) 변경출원시기의 제한

실용신안법 제34조 제1항의 규정에 의하여 국제출원일에 출원된 실용신안등록출원으로 보는 국제출원을 기초로 하여 특허출원으로 변경출원을 하는 경우에는 특허법 제53조 제1항의 규정에 불구하고 실용신안법 제17조 제1항의 규정에 의한 수수료를 납부하고 동법 제35조 제1항의 규정에 의한 번역문(국어로 출원된

---

195) 특허법 제207조(출원공개시기 및 효과의 특례) ① 국제특허출원의 출원공개에 관하여 제64조 제1항을 적용할 때에는 "다음 각 호의 어느 하나에 해당하는 날부터 1년 6월이 경과한 때"는 "국내서면제출기간이 지난 때(국내서면제출기간에 출원인이 출원심사의 청구를 한 국제특허출원으로서 「특허협력조약」 제21조에 따라 국제공개가 된 것은 우선일부터 1년 6개월이 지난 때 또는 출원심사의 청구일 중 늦은 때)"로 본다.
② 제1항에도 불구하고 국어로 출원한 국제특허출원에 관하여 제1항에 따른 출원공개 전에 이미 「특허협력조약」 제21조에 따라 국제공개가 된 경우 그 국제공개시에 출원공개가 된 것으로 본다.
③ 국제특허출원의 출원인은 국제특허출원에 관하여 국내공개(국어로 출원한 국제특허출원인 경우 「특허협력조약」 제21조에 따른 국제공개를 말한다. 이하 이 항에서 같다)가 있은 후 국제특허출원된 발명을 업으로 실시한 자에게 국제특허출원된 발명인 것을 서면으로 경고한 때에는 그 경고 후부터 특허권의 설정등록 전에 그 발명을 업으로서 실시한 자에게 그 특허발명의 실시에 대하여 통상 받을 수 있는 금액에 상당하는 보상금의 지급을 청구할 수 있으며, 경고를 하지 아니하는 경우에도 국내공개된 국제특허출원된 발명인 것을 알고 특허권의 설정등록 전에 업으로서 그 발명을 실시한 자에 대하여도 또한 같다. 다만, 그 청구권은 당해 특허출원이 특허권의 설정등록된 후가 아니면 이를 행사할 수 없다.

국제실용신안등록출원의 경우를 제외한다)을 제출한 후(실용신안법 제40조 제4항의 규정에 의하여 국제출원일로 인정할 수 있었던 날에 출원된 것으로 간주되는 국제출원을 기초로 하는 경우에는 동조 제4항의 규정에 의한 결정이 있은 후)가 아니면 이를 할 수 없다(특§209).

(9) 출원심사청구시기의 제한

국제특허출원은 국제출원일로부터 우리나라에 실제로 한 특허출원으로 보게 되나 출원의 심사청구는 국제특허출원이 우리나라에서 유효하게 계속되는 것이 확정된 후에만 인정된다. 그러나 국내출원의 심사청구와는 달리 국제특허출원의 경우에는 출원인은 번역문(국어로 출원된 국제특허출원의 경우를 제외한다)을 제출하고 수수료를 납부한 후가 아니면 출원심사를 청구할 수 없고, 또 출원인 이외의 제3자는 우선일로부터 2년 7개월이 경과한 후가 아니면 그 국제특허출원에 관하여 출원심사의 청구를 할 수 없다(특§210).

(10) 국제조사보고서 등에 기재된 문헌의 제출명령

특허청장은 국제특허출원의 출원인에 대하여 기간을 정하여 특허협력조약 제18조의 국제조사보고서 또는 특허협력조약 제35조의 국제예비심사보고서에 기재된 문헌의 사본을 제출하게 할 수 있다(특§211).

(11) 특허의 무효심판의 특례

국제출원일에 제출된 출원서 원문과 비교하여 출원번역문에 출원서 원문 이외의 발명에 관하여 기재된 출원은 거절결정이 되어야 하나 착오로 인하여 거절결정이 되지 아니하고 특허가 부여되면 하자 있는 권리로서 존속하게 되므로 이를 특허무효심판(특§133)의 무효사유에 추가하고 있다(특§213). 다만 이와 같은 국제특허출원 고유의 무효사유에 대하여서는 통상의 무효심판과는 별개의 무효심판을 청구하지 않으면 부적법한 심판청구가 되어 각하된다고 한다.[196)][197)]

(12) 결정에 의하여 특허출원으로 되는 국제출원

1) 국제출원의 출원인은 특허협력조약 제4조 (1)(ⅱ)의 지정국에 대한민국을 포함하는 국제출원(특허출원에 한한다)이 특허협력조약 제2조 (xv)의 수리관청에

196) 黃宗煥, 「개정판 특허법」, 한빛지적소유권센터, 1994, p.853.

197) 무효심판규정에는 무효사유별 심판청구를 하여야 한다는 理論이 나올 수 있다. 그러나 전체의 법조문을 살펴볼 때 별개의 무효심판을 청구하여야 한다는 점에 대해서는 다소 무리가 있을 수 있다. 다만 일본특허법이나 심사편람에서는 위와 같이 규정하고 있다.

의하여 동 조약 제25조 (1)(a)에 규정하는 거부나 동조 (1)(a) 또는 (b)에 규정하는 선언이 되거나 국제사무국에 의하여 동 조약 제25조 (1)(a)에 규정하는 인정이 된 때에는 산업통상자원부령이 정하는 기간 내에 산업통상자원부령이 정하는 바에 따라 특허청장에게 동조 (2)(a)에 규정한 결정을 하여 줄 것을 신청할 수 있다(특§214①).

2) 특허법 제214조 제1항의 신청을 하는 자가 그 신청을 할 때에는 명세서, 청구의 범위 또는 도면(도면 중의 설명부분에 한한다) 기타 산업통상자원부령이 정하는 국제출원에 관한 서류의 국어에 의한 번역문을 특허청장에게 제출하여야 한다(특§214②).

3) 특허청장은 특허법 제214조 제1항의 신청이 있는 때에는 그 신청에 관한 거부 · 선언 또는 인정이 특허협력조약 및 동 규칙의 규정에 따라 정당하게 된 것인지에 관하여 결정을 하여야 한다(특§214③).

4) 특허청장은 특허법 제214조 제3항의 규정에 의하여 그 거부 · 선언 또는 인정이 특허협력조약 및 동 규칙의 규정에 따라 정당하게 된 것이 아니라고 결정을 한 때에는 그 결정에 관한 국제출원은 그 국제출원에 대하여 거부 · 선언 또는 인정이 없었다면 국제출원일로 인정할 수 있었던 날에 출원된 특허출원으로 본다(특§214④).

5) 제199조 제2항(국제출원에 의한 특허출원), 제200조(신규성이 있는 발명으로 보는 경우의 특례), 제200조의2, 제201조 제5항 내지 제8항(국제특허출원의 번역문), 제202조 제1항 및 제2항(특허출원 등에 의한 우선권주장의 특례), 제208조(보정의 특례), 제210조(출원심사청구시기의 제한)의 규정은 특허법 제214조 제4항의 규정에 의하여 특허출원으로 되는 국제출원에 관하여 이를 준용한다(특§214⑥).

6) 특허법 제214조 제4항의 규정에 의하여 특허출원으로 되는 국제출원에 관한 출원공개에 관하여는 제64조(출원공개) 제1항 중 "특허출원일"을 "제201조(국제특허출원의 번역문) 제1항의 우선일"로 한다(특§214⑦).

제3장

산업재산권법 중의 실용신안법

제1절 | 실용신안법 총설

영미법계의 국가들은 산업재산권법 중에 실용신안법을 별도의 법률로 규정하지 않고 있으나, 대륙법계 국가들은 특허법 외에도 실용신안법을 별도로 두고 있다. 우리나라는 산업구조의 특수성을 고려하여 혁신적인 발명 외에 소발명도 보호함으로써 산업발전에 이용하고자 이 제도를 두고 있다.

제2절 | 실용신안법의 정의 및 목적

실용신안법은 '실용적인 고안'을 보호·장려함으로써 기술의 발전을 촉진하여 산업발전에 이바지함을 목적으로 하는 제도이다(실§1). 그러나 특허법은 '발명'을 보호·장려함으로써 기술의 발전을 촉진하여 산업발전에 이바지함을 목적으로 하는 제도이다(특§1).

여기서 양법의 상이한 점은 '고안'과 '발명'의 차이라고 볼 수 있다. '발명'이란 자연법칙을 이용한 기술적 사상의 창작으로서 고도(高度)한 것을 말한다(특§2i). 그러나 '고안'이란 자연법칙을 이용한 기술적 사상의 창작을 말한다(실§2i).

즉 특허법에서는 기술적 사상의 창작 중 고도의 것을 발명이라 정의하고 있으나, 실용신안법에서 물품의 형상, 구조 또는 조합에 관한 고안은 특허처럼 고도의 것이 아니더라도 실용신안법으로 보호를 받을 수 있다. 단 방법의 고안은 실용신안법으로 보호를 받을 수 없다.

제3절 | 실용신안제도의 존재의의

특허법과 실용신안법은 자연법칙을 이용한 기술적 사상의 창작으로서 발명의 수준(대발명과 소발명)의 차이는 있으나 본질적으로는 같으므로 실용신안제도를 굳이 별도의 법으로 보호할 필요가 있겠는가 하는 의문이 제기된다.

그러나 특허제도 창설 당시의 우리나라의 기술수준은 제 외국에 비해 낮았기 때문에 외국인에게 특허가 독점될 위험이 있었다. 즉 특허제도만으로는 우리나라의 국민의 기술개발의욕이 상실될 우려가 있었으므로 기술수준이 낮은 발명도 보호하여 창작의욕을 유지 · 증진시킬 필요가 있었기 때문에 처음 도입하게 되었다고 본다.

우리나라에서 실용신안제도가 도입된 지(1909년 시행) 약 100여년 가까이 지났지만 아직도 그 역할을 다하였다고는 할 수 없을 것이다. 그 현황은 특허출원건수와 실용신안출원건수를 살펴보면 잘 알 수 있다. 또 선진국이라고 할 수 있는 독일, 프랑스, 일본 등 많은 국가들의 경우 실용신안제도가 도입시에 목적한 기능을 다하였다고 생각되나 중소기업의 보호육성을 위해서 아직도 이 제도를 폐지하지 못하고 있다. 이는 곧 자국의 산업육성 차원에서 보호의 필요성이 있기 때문이라고 볼 수 있다.

제4절 | 특허법과의 차이

Ⅰ. 정 의

특허법에서 '발명'이라 함은 "자연법칙을 이용한 기술적 사상의 창작으로서 고도한 것"을 말하며(특§2 i), 실용신안법에서 '고안'이라 함은 "자연법칙을 이용한 기술적 사상의 창작"을 말한다. 즉 특허법에서 발명이란 기술적 사상의 창작으로서 고도성을 요하나, 실용신안법에서 고안은 고도성을 요하지 않는다.

II. 보호대상

실용신안법의 보호대상은 전술한 바와 같이 산업상 이용할 수 있는 물품의 형상,[1] 구조[2] 또는 조합[3]에 관한 고안이나(실§4①), 특허법은 산업상 이용할 수 있는 발명이 그 보호대상이다(특§29①).

이러한 발명은 '물건에 관한 발명'과 '방법에 관한 발명', '물건을 생산하는 방법의 발명'으로 나누어 볼 수 있다. 특허법은 모두 다 보호대상으로 하고 있으나(특§2iii), 실용신안법은 물건에 관한 발명[4](즉 考案)만을 보호대상으로 하고 있다(실§2iii). 따라서 물건에도 일정한 형(形)이나 구조를 갖추지 못한 설탕이나 밀가루 같은 분말은 실용신안의 대상이 되지 않는다.

III. 등록요건

최초의 실용신안법은 특허법과 동일하게 심사주의(방식심사, 실체심사)를 취하여 오다가(실§12~§15), 1998년부터 2006년까지는 무심사주의(방식심사만 채택)로 개정하여 시행해 왔다. 즉, 실용신안법은 출원의 내용이 형식적이고 기초적인 사항을 갖추고 있는지의 여부만을 심사하여 설정등록하여 주었지만 현행법(2006년 개정법)에서는 출원공개, 심사청구, 실체심사 후 등록 등 특허법의 심사주의를 도

---

1) 물품의 형상이란 외부(外部)에서 관찰할 수 있는 물품의 형상을 말한다. 예를 들면 단면이 원형인 연필을 굴러가지 않게 하기 위하여 그 단면을 6각형으로 한 경우이다.

2) 물품의 구조란 물품이 공간적 · 입체적으로 조합되어 있는 것을 말한다. 따라서 화학구조와 같은 것은 포함되지 않는다.

3) 물품의 조합이란 단독의 물품을 조합하여 사용가치를 살리는 것을 말한다. 예를 들면 볼트와 너트, 화투, 트럼프 등이 그 예이다.

4) 물건에 관한 발명에서 물건을 다시 둘로 나누어 보면, '일정한 형태를 가지는 물품'과 '일정한 형태가 없는 물품'이 있다.

입하게 되었다.

특허법상의 등록요건과 실용신안법상의 등록요건은 산업상 이용가능성 · 신규성 · 진보성으로 동일하나 진보성에 대해 특허법은 그 발명이 속하는 기술분야에서 통상의 지식을 가진 자가 '쉽게' 발명할 수 있을 때에는 특허를 받을 수 없으나(특§29②), 실용신안법은 '극히 쉽게' 고안할 수 있을 때에는 실용신안등록을 받을 수 없게 하고(실§4②) 있어 진보성의 정도에 약간의 차이가 있다고 볼 수 있다.

또 특허법은 특허를 받을 수 없는 발명으로 공공의 질서 또는 선량한 풍속을 문란하게 하거나 공중의 위생을 해할 염려가 있는 발명을 규정하고 있으나(특§32), 실용신안법은 그 외에 국기 또는 훈장과 동일하거나 유사한 고안을 규정하고 있다(실§6 i).

IV. 출원 및 절차

실용신안법에서의 출원과 절차는 특허법과 원칙적으로 동일하다. 동일한 고안에 대하여 다른 날에 2 이상의 실용신안등록출원이 있는 때에는 먼저 실용신안등록출원한 자만이 그 고안에 대하여 실용신안등록을 받을 수 있으며, 같은 날에 2 이상의 실용신안등록출원이 있는 때에는 실용신안등록출원인의 협의에 의하여 정하여진 하나의 실용신안등록출원인만이 그 고안에 대하여 실용신안등록을 받을 수 있다. 협의가 성립하지 않거나 협의를 할 수 없는 때에는 어느 실용신안등록출원인도 그 고안에 대하여 실용신안등록을 받을 수 없다(실§7①②).

실용신안등록출원된 고안과 특허출원된 발명이 동일한 경우로서 그 실용신안등록출원과 특허출원이 다른 날에 출원된 것일 때에는 선출원한 자만이 등록을 받을 수 있으며, 그 실용신안등록출원과 특허출원이 같은 날에 출원된 것일 때에는 협의에 의하여 출원인을 결정하거나 협의가 성립하지 않을 때에는 어느 출원인도 등록을 받을 수 없다(실§7③).

특허출원인은 그 특허출원의 출원서에 최초로 첨부된 명세서 또는 도면에 기재된 사항의 범위 안에서 그 특허출원을 실용신안등록출원으로 변경할 수 있다. 다만, 그 특허출원에 관하여 최초의 거절결정등본을 송달받은 날부터 3개월이 경과한 때에는 그러하지 아니하다(실§10①).

구 실용신안제도
출 원
보정명령
보 정 서
권리 발생
설정등록
기술평가청구
의견제출통지
의견서 · 정정청구
정정불인정이유통지
의견서 · 정정의 보정
기술평가결정
정정공고
권리 행사
확정등록
현행 실용신안제도
출 원
심사청구
실체심사
의견제출통지
의견서 · 보정서
최후거절이유통지
의견서 · 보정서
등록(거절)결정
설정등록
권리발생 및 권리행사

첫째, 특허법에 의해 특허로 출원할 경우에는 필요한 때에만 도면을 첨부하면 되나(특§42②), 실용신안법에 의해 출원하는 경우는 반드시 도면을 첨부하여야 한다(실§8②).

둘째, 특허출원은 출원일로부터 3년 이내에 출원심사청구할 수 있으나(특§59), 실용신안등록출원도 출원일로부터 3년 이내에 출원심사청구를 할 수 있다(실§12②).

Ⅴ. 권리의 존속기간

특허권의 존속기간은 설정등록이 있는 날부터 특허출원일 후 20년이 되는 날까지이나(특§88①), 실용신안권은 설정등록이 있는 날부터 등록출원일 후 10년이 되는 날까지이다(실§22①).

Ⅵ. 권리의 행사(기술평가제도)

2006년 개정법 이전의 실용신안법에 의하면 실용신안출원에 대한 실체심사를 하지 않고 기초적 요건의 심사만을 했기 때문에 실용신안권의 권리행사는 기술평가를 청구하여 등록유지결정의 등본을 받아 침해자에게 등록유지결정의 등본을 제시하고 경고한 후가 아니면 자기의 실용신안권 또는 전용실시권의 침해자 등에 대하여 그 권리를 행사할 수 없었다(구실§44). 즉 등록실용신안권자라 하더라도 자기의 권리를 실시하는 것은 상관없으나 다른 사람을 침해혐의로 민·형사상 권리행사를 하고자 할 때에는 사전에 특허청에 기술평가의 청구를 하여 유효한 권리인지 여부를 평가받아 권리행사를 하도록 의무화한 것이다. 따라서 다른 사람에게 자기의 권리를 행사하고자 하는 경우에는 기술평가를 청구하여(구실§21) 그 결과로서 등록유지결정(구실§25②)을 받아야만 적법한 권리행사를 할 수 있는 것이다(구실§44).

그러나 2006년에 실용신안법이 전면 개정됨에 따른 심사 후 등록 제도로의 변경으로 기술평가 청구를 하여 권리를 행사할 필요가 없다. 즉, 실체심사를 통한 설정등록된 등록실용신안이 되면 자기의 실용신안권 또는 전용실시권의 침해자 등에 대하여 그 권리를 행사할 수 있다.

제5절 | 디자인보호법과의 차이

Ⅰ. 정 의

실용신안법과 디자인보호법은 양자 모두 물품을 통하여 사상의 창작을 구현한다는 점에서는 동일하나, 실용신안은 실용적인 고안을 보호대상으로 하고 있음에 반해, 디자인은 심미적 고안(디자인)을 보호대상으로 한다.

다시 말해, 실용신안은 발명과 같은 고안인 기술을 말하나, 디자인은 아름다움을 주체로 하는 미술과 같은 디자인으로서 미적으로 창작한 것을 말한다.

Ⅱ. 보호대상

실용신안법에서의 고안은 자연법칙을 이용한 기술적 사상의 창작으로서 물품의 형상, 구조 또는 조합에 관한 것을 보호대상으로 하고 있으나, 디자인보호법에서의 디자인은 물품(물품의 부분 및 글자체를 포함한다)의 형상, 모양, 색채 또는 이들을 결합한 것으로서 시각을 통하여 미감을 일으키게 하는 것을 보호대상으로 한다(실§2 i , §4①, 디§2 i).

다시 말해, 전자인 고안은 기술적 사상의 창작물로서 실용적인 효과를 거둘 수 있는 것으로, 연필에 지우개를 붙인 경우나, 원형의 양동이를 하트형으로 만든 경우 등을 예로 들 수 있다. 후자인 디자인은 미적 외관의 창작물을 말한다. 그 예로는 도넛을 동물 모양으로 만드는 경우나, 단순한 사각형 지우개로 여러 동물 · 열매 모양 등으로 만드는 경우, 베개를 토끼모양으로 만드는 경우 등이 있다.

Ⅲ. 기 타

실용신안법의 보호대상은 고안이므로 특허법과 유사하기 때문에 심사주의를 채택하고 있으며, 디자인보호법은 미적 외관에 관한 창작물을 보호대상으로 하고 있어 타인이 용이하게 모방할 수 있고 유행에도 민감하므로 무엇보다도 비밀유지 및 등록의 신속성이 요구되어 특허법상 국내우선권제도, 정정무효심판제도, 재정실시권제도 등이 없다.

이 외에도 디자인보호법에는 관련디자인제도, 비밀디자인제도, 한 벌 물품의 디자인제도 등이 존재하지만 실용신안법에는 이러한 제도가 없다.

[도표 9] 특허 · 실용신안법 주요제도 비교표

구 분	특 허 법	실용신안법
목 적	발명의 보호 · 장려(특§1)	실용적 고안의 보호 · 장려(실§1)
보호대상	기술적 사상의 창작물 중 고도한 것 (특§2i, §29)	기술적 사상의 창작물 중 물질과 물품의 생산〈사용〉 방법 제외(실 §2i, §4)
출원요건	창작의 고도성(방법은 고도하지 않아도, 즉 고안력만 있으면 출원대상 됨)(특§2i, §29)	창작의 유용성(실§2i, §4①)
심사등록요건	산업이용성, 신규성, 진보성 (특§29)	산업이용성, 신규성, 진보성 (실§4)
식물특허제도	유 · 무성번식이 가능한 것	채택하지 않음
선출원주의제도	채택(특§36)	채택(실§7)
출원주의제도	채택(특§36)	채택(실§8)
서면주의제도 (출원절차상 특성)	출원서, 명세서, 도면, 요약서(특§42)	출원서, 명세서, 도면(필수요건), 요약서(실§8②)
청구범위다항제	채택(특§42)	채택(실§8④)
보정제도	채택(특§46~§47)	채택(실§11)
분할출원제도	채택(특§52)	채택(실§11)
출원변경제도	채택(특§53)	채택(실§10)
우선권주장제도	채택(특§54)	채택(실§11준용)

국내우선권 주장제도	채택(특§55)	채택(실§11준용)
심사주의제도	채택(특§57)	채택(실§15준용)
심사청구제도	채택(출원 후 3년내)(특§59)	채택(실§12②)(출원후 3년)
우선심사제도	채택(특§61)	채택(실§15준용)
출원공개제도	채택(출원 후 18개월)(특§64)	채택(실§15준용)
방식심사제도	채택	채택
존속기간	출원일로부터 20년(특§88)	출원일로부터 10년(실§22)
이의신청제도	폐지	폐지
권리존속기간 연장제도	5년 범위 내(특§89~§90), 등록지연된 기간만큼 연장가능	등록지연에 따른 존속기간 연장(실§22의2)
특허권의 이용 · 저촉제도	채택(특§98, §138)	채택(실§25, §32)
권리수용 및 취소제도	채택(특§106)	채택(실§28준용)
강제실시권제도 및 재정제도	채택(특§107)	채택(실§28준용)
무효 등 심판청구제도	채택(특§133~138)	채택(실§31)
거절 불복심판청구제도	채택(특§132의3)	채택(실§33준용)
심결불복 심판청구제도	채택(특§186)	채택(실§33준용)
심사전치제도(재심사제도)	폐지(특§67의2)	폐지(실§15준용)
재심 및 소송제도	채택(특§178, §186)	채택(실§73준용)
국제출원제도	채택(특§193)	채택(실§34)
보정각하제도	채택(특§51)	채택(실§11준용)
거절결정제도	채택(특§62)	채택(실§13)
특허결정제도	채택(특§66)	채택(실§15준용)
생산방법의 추정제도	채택(특§129)	없음(보호대상의 차이)
과실추정제도	채택(특§130)	채택(실§30준용)

제4장

산업재산권법 중의 디자인보호법

제1절 | 디자인보호법 총설

Ⅰ. 디자인이란

상품의 판매는 그 상품의 기능, 품질의 우수함뿐만 아니라, 외관으로부터의 미적 감각, 즉 디자인의 좋고 나쁜 것에 상당히 좌우 된다.

최근 가정용품에서 자동차산업, 첨단산업에 이르기까지 아름다운 디자인이 요구되고 있다. 이는 곧 소비자의 구매의욕을 증진시켜 줄 뿐만 아니라, 자타(自他)상품의 식별 기능까지 하여 줌으로써 유통시장에서 경업질서를 유지하는 기능도 갖고 있다. 이러한 기능을 제대로 발휘하는 디자인이 재산으로서의 가치를 갖고 있음은 물론이다.

Ⅱ. 디자인의 본질

디자인은 원래 물품의 장식적인 연구에 의하여 만들어지는 것이고, 이렇게 '창작'된 것을 디자인이라고 한다. 또 디자인이 표현된 물품이 소비자의 구매의욕을 증진시키는 것이 본질적인 기능이다. 우리 디자인보호법[1] 제2조의 정의에서

---

1) 2004.12.31. 법률 제7289호에 의하여 의장법에서 디자인보호법으로 법명이 바뀌었다. 이 개정 법률의 목적은 법령에 대한 국민의 기본적인 이해도를 제고하고 디자인의 창작이 장려될 수 있도록 하기 위하여 종전의 의장이라는 용어를 국민에게 친숙한 디자인으로 변경하고,

도 '미감'을 그 구성요소로 하고 있다. 즉 디자인은 구매의욕을 돋울 가능성이 있는 창작의 결과물로서 물품의 외관에는 '미감을 일으키게 하는 것'이 존재하지 않으면 안 된다. 디자인보호법의 목적은 디자인의 보호 및 이용을 도모함으로써 디자인의 창작을 장려하여 산업발전에 이바지하는 데 있다(디§1). 디자인제도는 특별한 기술적 구성을 파악하는 것이 아니라 순수한 외형의 미감을 시각이라는 관점에서 파악하여 이에 법적 보호를 부여하는 것이다.

Ⅲ. 타법과의 관계

1. 특허법 · 실용신안법과의 차이

※ 산업재산권법 중의 실용신안법(제3장 제5절)을 참고.

2. 상표법과의 차이

디자인보호법이나 상표법이나 양자 모두가 산업발전에 기여하기 위한 수단으로 권리가 부여되는 점은 동일하다. 그러나 디자인보호법은 물품(물품의 부분 및 글자체를 포함)의 형상 · 모양 · 색채 또는 이들의 결합으로서 시각을 통하여 미감을 일으키게 하는 것, 즉 미적 외관에 관한 디자인의 창작을 보호대상으로 하나, 상표법은 상품을 생산 · 가공 또는 판매하는 것을 업으로 영위하는 자가 자기의 업무에 관련된 상품을 타인의 상품과 식별되도록 하기 위하여 사용하는 표장이며(상§2 i), 그리고 상표에 화체(化體)한 업무상의 신용을 보호대상으로 하는 점에 차이가 있다. 즉 디자인과 상표는 양자 모두가 물품을 전제로 한다는 점에서는 공통되나 정의, 보호대상, 존속기간, 침해죄 등에서 차이가 있다.

(1) 정 의

디자인권이란 업(業)으로서 등록디자인 또는 이와 유사한 디자인을 독점배타적으로 실시할 수 있는 권리를 말한다(§92). 이에 반해 상표권이란 지정상품 또는 지정

글자체를 디자인의 범위에 포함시켜 디자인권으로 설정등록된 글자체를 보호하도록 하며, 높은 수준의 디자인 창작을 유도하기 위하여 디자인등록에 대한 창작성의 요건을 강화하는 한편, 그 밖에 제도의 운영상 나타난 일부 미비점을 개선 · 보완하려는 것이라고 개정이유에서 밝히고 있다.

서비스에 대해 등록상표를 독점배타적으로 사용할 수 있는 권리를 말한다(상§89).

(2) 구성요소

디자인보호법에서 디자인은 물품[2]의 형상 · 모양 · 색채 또는 이들을 결합한 것, 즉 '물품의 형상', '물품의 형상+모양', '물품의 형상+색채', '물품의 형상+모양+색채'를 결합하여 사람들에게 아름답다든가 멋있다든가 하는 미감을 일으킬 수 있는 것을 구성요소로 하고 있어 단순한 문자는 디자인의 구성요소가 되지 못한다. 그러나 상표는 기호, 문자, 도형, 소리, 냄새, 입체적 형상, 홀로그램 · 동작 또는 색채 등으로서 그 구성이나 표현방식에 상관없이 상품의 출처(出處)를 나타내기 위하여 사용하는 모든 표시도 구성요소가 될 수 있다.

또한, 디자인은 물품 자체의 외관이므로 물품에 구체화되는 것이나 상표는 상품(물품)에 부착하여 사용하는 것이지 상품 자체를 구성하는 것은 아니다. 최근 들어 입체상표를 인정하고 있어 예외도 있다.

(3) 등록요건

디자인이 등록받기 위해서는 공업상 이용가능성, 신규성, 용이창작(창작용이성) 등의 요건을 갖추어야 하지만 상표는 특별현저성(特別顯著性), 즉 자타(自他)상품식별력을 필요로 하고 공업상 이용가능성, 신규성, 용이창작(창작용이성)을 등록요건으로 하지 않는다.

(4) 존속기간

디자인이나 상표도 등록하여야만 독점배타적인 권리를 향유할 수 있다. 그러나 상표는 미등록상표라도 그것이 주지(周知)상표인 경우에는 부정경쟁방지 및

---

2) 여기서 물품이라 함은 다음과 같다.

(물품의 범위)

- 물
  - 무체물
  - 유체물
    - 부동산
    - 동산
      - 기체
      - 액체
      - 고체
        - 분상체(粉狀體), 입상체(粒狀體)
        - 그 형이 육안으로 보이는 것
          - 자연물
          - 공업상 이용가능한 것
            - 양산성

위의 것이라도 동일물의 반복생산이 불가능한 것으로 양산(量産)에 적합하지 않은 것과 자연물을 주체로 한 것(조개의 화석, 점토의 덩어리 등) 및 순수미술의 분야에 속한 저작물(회화, 조각 등)은 물품의 대상으로 보지 않는다.

영업비밀보호에 관한 법률(상세한 것은 제8장을 참고)에 의해 보호되며, 또 그것과 동일 · 유사한 상표는 등록이 거절된다(상§34①ix,xi).

디자인권의 존속기간은 설정등록한 날부터 발생하여 디자인등록출원일 후 20년, 상표권은 설정등록일로부터 10년이 존속기간이다. 그러나 상표권은 존속기간 갱신이 가능하므로 존속기간갱신등록을 하는 한 반영구적인 권리이다.

(5) 기 타

이 외에 디자인보호법에는 관련디자인제도, 한 벌 물품 디자인 제도, 비밀디자인제도 및 출원공개제도(신청한 것만 공개함), 일부심사등록제도, 복수디자인등록출원제도가 존재하나, 상표법에는 이러한 제도가 없으며, 상표법에는 서비스표제도 · 업무표장제도 및 증명표장, 지리적 표시 단체표장제도 등이 있으나 디자인보호법에는 이러한 제도가 없다.

3. 저작권법과의 차이

디자인권이나 저작권은 모두가 인간의 정신적 창작활동의 성과에 의하여 얻어진 지적 산물을 보호대상으로 한다는 점에서 동일하나, 그 제도적 목적이나 보호대상 등에 차이가 있다. 저작권법과의 관계에서는 캐릭터, 글자체 등과의 중복보호의 문제가 있다. 최근에는 글자체를 디자인보호법으로 보호함으로써 저작권법과와의 문제가 발생한다.

2004년 개정법에서 디자인보호법 제2조 제1호 디자인의 정의규정에 글자체를 포함시켜 물품으로 의제함으로써 보통의 디자인과 동일하게 보호하도록 하고, 제2조 제2호에서는 글자체에 관한 정의규정을 신설하였다.

이처럼 개정법[3]에서 디자인의 정의에 글자체를 신설한 것은 글자체를 개발

---

3) 우리나라 글자체의 개발수준은 선진국과 대등한 수준에 이르렀으나, 글자체의 저작물성을 부인한 1996년의 대법원 판결(1996.8.23.선고, 94누5632 판결)이 있은 이래, 글자체의 무단복제로 인한 창작자의 피해에 대하여 법적인 보호가 불충분한 상태였기 때문에 무단복제행위에 대하여 권리주장이 곤란한 실정이다. 2004년 현재 국내에서 글자체는 산돌글자은행, 윤디자인연구소, 한양정보통신을 비롯한 약 20여 개의 업체가 전문적으로 개발하여 상품화하고 있고, 그 밖에 신문사, 삼성전자, 두산동아 등 대형기업에서 자사의 전용글자체를 개발하여 사용중에 있으며 대학교수 및 개인 디자이너들도 글자체를 활발히 창작하여 발표하고 있다.

1979년 최초로 설립된 글자체 제작업체인 '한국컴퓨그래피'를 시작으로 1998년까지는 약 1,200종이 제작되었으며, 2002년에 개발된 한글 글자체 약 357종을 포함하여 소규모 신생업

하기 위해서는 견본원도(見本原圖)의 제작 · 평가 · 수정 · 인자실험(印字實驗) 등에 많은 노력과 자본이 소요되고 있으나 이에 관한 법적인 보호의 부재로 인하여, 글자체 개발자의 창작의욕이 저하되고 있을 뿐만 아니라, 나아가서 읽기 쉽고 미려한 글자체의 개발이 저해되는 것을 방지하기 위한 것이다.[4)]

외국의 경우에 EU, 영국, 독일 등 많은 국가들이 글자체를 디자인보호법에서 보호하며, 보호에 대한 구체적인 방안도 제시하고 있다(도표 10).

[도표 10] 글자체보호 관련 주요 외국의 입법례

국 가	디자인 일반의 보호	글자체 보호	보호시작
미 국	특허법/저작권법	특허법	1842년
EU	디자인보호지침 및 규정	디자인보호지침 및 규정	2003년
영 국	저작권 · 디자인 · 특허법	등록디자인법/저작권 · 디자인 · 특허법	1949년
독 일	디자인법/저작권법	타이프페이스법/디자인법	1981년
프랑스	디자인법/저작권법	디자인법/저작권법	1985년
일 본	의장법	보호법 없음	-
한 국	디자인보호법/저작권법	디자인보호법	2004년

한편, 동법 제94조 제2항에서는 글자체[5)]가 디자인권으로 설정 등록된 경우에도 타자 · 조판 또는 인쇄 등의 통상적인 과정에서 글자체를 사용하는 경우와 글자체의 사용으로 생산된 결과물인 경우에는 그 효력을 미치지 않도록 규정하고 있다. 이는 글자체의 법적인 보호가 출판 · 인쇄업계 및 일반사용자에게 미치는

체나 개인창작자에 의해 개발된 글자체 모두 합한다면 현재는 약 2,000여 종이 넘는 한글 글자체가 있는 것으로 추정된다.

4) 글자체를 디자인권으로 보호하는 디자인보호법 제2조 제1호의 개정 및 제1호의2의 신설로 글자체 디자인회사간의 불법복제를 막고 글자체 시장의 올바른 경쟁을 유도함으로써 창의적인 글자체 개발환경을 조성하며, 글자체의 창작자는 개발에 투입된 노력과 자본을 사회로부터 정당하게 보상받음으로써 글자체의 개발에 기여할 것으로 보인다(의장법 중 개정 법률안 심사보고서, 국회 산업자원위원회, 2004.12).

5) 한 벌의 글자체에 있어서의 한 벌의 글자 수는 한글은 2,350자, 영문알파벳은 52자(A-Z, a-z), 한자는 4,888자, 영문알파벳 이외는 영문알파벳에 준하고, 숫자의 경우에는 10자(0123456789)이며, 특수문자는 435자이다(노태정, "2004년 개정 디자인보호법의 주요 개정 내용," 지식과 권리, 2005년 봄호, p.106).

영향이 큰 점을 고려하여 글자체에 대한 디자인권의 효력은 글자체의 생산 및 생산된 글자체의 유통행위에만 미치도록 하고, 글자체의 사용에는 디자인권의 효력이 미치지 아니하도록 하여 인쇄업체 등 최종사용자는 등록된 글자체라 하여도 디자인권자의 허락 없이 자유롭게 글자체를 사용할 수 있도록 하려는 것이다.

(1) 정의 및 목적

디자인권이란 업으로서 등록디자인 또는 이와 유사한 디자인을 독점배타적으로 실시할 수 있는 권리를 말하며, 저작권이란 저작물을 독점적으로 복제 등 이용할 수 있는 권리를 말한다.

디자인권은 디자인의 창작에 의하여 물품의 가치를 높여 그 물품에 대한 수요를 증대시킴으로써 산업발전에 이바지하는 것이다. 이에 반해 저작권은 저작자의 인격적 이익과도 밀접하게 관련된 것으로 주로 정신문화의 발전에 기여하는 제도이다.

(2) 권 리

1) **성질 및 주체** 디자인권과 저작권은 양자 모두 사권(私權)이고 무체재산권이라는 점은 동일하나, 디자인권은 동일한 내용의 창작에 대해서는 하나의 권리밖에 존재하지 않지만, 저작권은 복수의 권리가 존재할 수 있다. 즉 디자인권은 물품에 표출(表出)된 디자인의 창작 자체를 대상으로 하나, 저작권은 사상 · 감정의 표현형태에 있어 당해 독창성을 대상으로 한다. 또 디자인권은 일신전속성이 없으나, 저작인격권은 일신전속성이 있다.

권리의 주체는 디자인권에 있어서는 디자인권 설정등록을 받은 자 또는 그 승계인이고, 저작권에 있어서도 저작자 또는 그 승계인이다.

2) **권리의 객체** 디자인권의 권리의 객체는 등록디자인과 그에 유사한 디자인이고, 저작권의 권리의 객체는 저작물이다. 여기서 저작물이란 인간의 사상 또는 감정을 표현한 창작물(저§2 i)을 말한다.

양자의 구체적인 차이를 보면, 첫째, 디자인은 물품과 일체(一體) 불가분의 관계에 있으나, 저작물은 그러하지 않다. 둘째, 디자인은 시각을 통하여 인식되는 것에 한정되지만, 저작물은 그러하지 않다. 셋째, 디자인은 양산성(量産性)을 요하나, 저작물은 양산성을 요하지 않는다.

3) **권리의 발생** 디자인은 창작만으로 권리가 발생하지 않고 권리의 설정을 위하여 출원하여 심사한 결과 등록된 것에 한하여 권리가 발생하나, 저작권은

출원 · 심사제도가 없어 창작이라는 사실, 즉 저작한 때부터 권리가 발생한다.

(3) 효 력

디자인권은 등록디자인 또는 이와 유사한 디자인을 업으로서 독점적으로 실시할 수 있는 권리(디§92)이다. 디자인은 물품의 외관에 표현된 미적 창작이므로 디자인권의 독점배타성은 디자인의 창작 자체에만 인정된다. 따라서 그 효력은 창작의 모인(冒認)뿐만 아니라 별개의 독립으로 한 창작에도 미친다. 이러한 의미에서 동일 · 유사한 내용의 창작에는 하나의 디자인권만이 존재한다.

이에 대해, 저작권은 저작물을 독점적으로 이용할 수 있는 권리이다. 즉 저작권은 사상 · 감정의 외부적 표현형태에서의 해당 독창성을 대상으로 하므로 저작권의 독점배타성은 해당 독창성에 대하여 인정된다. 따라서 그 효력은 독창성의 남용(濫用)에 대하여서만 미치며 별개독립으로 창작된 동일저작물에는 미치지 않는다.

이러한 의미에서 저작권은 디자인권과는 달리 동일내용의 복수의 저작물이 존재할 수 있다. 즉 디자인권은 객관적 창작성이 요구되나, 저작권은 주관적 창작성만이 요구된다.

그리고 디자인권은 절대적인 권리인 반면 저작권은 상대적인 권리인 점에 차이가 있다.

(4) 존속기간

디자인권의 존속기간은 설정등록한 날부터 발생하여 디자인등록출원일 후 20년이 되는 날까지(디§91①)이나, 저작권은 저작자의 생존시와 사망 후 70년까지 권리가 존속한다(저§39①).

(5) 권리의 소멸

디자인권은 절대적 · 독점배타적인 권리이므로 권리 존속기간 중에는 소정의 등록료를 납부할 의무가 있고 이를 납부하지 않는 경우에는 권리가 소멸하나, 저작권은 상대적 독점배타권이므로 권리의 유지를 위한 등록료의 납부의무가 없다. 이 밖에 저작권이나 디자인권은 존속기간이 만료하면 권리가 소멸한다.

Ⅳ. 디자인보호법상의 디자인

1. 의 의

디자인이라는 용어는 2004년법 개정 전까지는 의장(意匠)이란 용어를 사용하다가 우리의 언어가 아니라는 이유로 '디자인'이라는 용어로 수정되었다. 일상 사회에서 사용되고 있는 디자인(Design)은 반드시 디자인보호법상의 디자인과 일치하는 것은 아니다.[6][7] 일상사회에서 사용되고 있는 디자인[8]은 디자인 이외에도 계획 · 설계 및 도안 등을 포함하여 매우 넓은 의미로 사용되고 있다. 예를 들면

6) 齊藤瞭二 著, 정태련 역, 「의장법」, 세창출판사, 1993, pp.45~80 참조.

7) 외국의 디자인보호에 관한 법률의 명칭 및 보호대상

국 가	법률의 명칭	보호대상
미 국	United State Code Title 35-Patents (Patent Law)	Design
유럽연합 (EU)	Council Regulation on Community Designs	Design
영 국	Copyright · Designs and Patents Act The Registered Designs Act	Design
프랑스	Les dessins et modèles	Dessins et Modèles
독 일	Gesetz über den rechtlichen Schutz von Mustern und Modellen	Gewerbliches Musteren und Modellen
일 본	意匠法	意匠
중국 · 대만	專利法(특허법)	外觀設計
북 한	공업도안법	공업도안
스위스	Loi federale sur la protection des designs	Design

8) 디자인의 분류

제품디자인	시각전달디자인	환경디자인
공업디자인	그래픽디자인	실내디자인
공예디자인	영상디자인	디스플레이디자인
목공예디자인	포스터디자인	조소 · 조각디자인
금속공예디자인	광고디자인	건축디자인
도자공예디자인	포장디자인	도시환경디자인
가구디자인	편집디자인	주거환경디자인
염색 · 염직디자인	C. I. P디자인(CI)	무대디자인
패션디자인	캐릭터디자인	
	일러스트레이션디자인	
	타이프그래픽디자인	
	픽토그램디자인	

* 노태정, "2004년 개정 디자인보호법의 주요 개정내용," 지식과 권리, 2005년 봄호, p.105 재구성.

도시계획디자인이나 건축디자인 등은 디자인보호법상 보호대상이 아니다.

디자인보호법상의 디자인이란 "물품[9]의 형상 · 모양 · 색채 또는 이들을 결합한 것으로서 시각을 통하여 미감(美感)을 일으키게 하는 것"을 말한다(디§2 i).

따라서 디자인보호법상의 '디자인'으로서 성립하기 위해서는

첫째, '물품'으로서 성립할 것(물품성),

둘째, 물품의 '형상 · 모양 · 색채 또는 이들을 결합'한 것(형태성),

셋째, '시각을 통한 것'일 것(시각성).

넷째, '미감을 일으키는 것'일 것(심미성) 등 이상의 4가지 요건을 만족시키지 않으면 안 된다.

2. 디자인의 물품성

(1) 정 의

디자인은 물품의 미적 외관이고, 물품과 일체불가분의 관계에 있다. 여기서 물품이란 유체적인 동산이며 정형성과 시각성이 있어야 하고, 독립된 거래의 대상이 되는 것을 말한다.[10]

즉, 디자인보호법상의 물품의 의의를 통상의 개념으로만 해석하는 것은 타당하지 못하다. 왜냐하면 디자인보호법상의 물품은 디자인과 일체불가분성이 있고, 나아가 시각을 통하여 미감을 일으키게 하는 형태가 아니면 안 되고, 미감을 일으키는 것에 의하여 수요의 증대기능을 발휘하여 산업발전에 이바지함을 그 목적으로 하고 있기 때문이다.

또한, 디자인이 물품과 일체불가분의 관계에 있다고 함은 디자인은 물품을 떠나서는 존재하지 않으며, 또 형태가 같아도 물품이 달라지면 다른 디자인으로 취급된다는 의미이다. 즉 자동차와 장난감 자동차, 휴대용 전화기와 장난감 휴대용 전화기, 기차와 장난감 기차 등의 예를 들 수 있다.

(2) 요 건

첫째, 유체물일 것. 유체물[11]이 아니면 형상과 모양 등을 화체(특정)할 수 없

---

9) 물품의 부분, 글자체 및 화상을 포함한다.

10) 대법원 2001.4.27.선고, 98후2900 판결.

11) 유체물이란 고체 · 기체 또는 액체를 모두 포함하는데, 빛 · 열 · 전기 · 음향 등은 무체물로 보므로 디자인보호법에서 말하는 물품이 아니다.

다. 그러므로 공간에 형상·모양이 나타나도 무체물이면 물품이 아니다. 즉 쏘아 올린 불꽃, 네온사인, 레이저 광선에 의한 그림 등이 그 예이다. 그러나 불꽃놀이 화약, 네온관(管)은 물품이다.

둘째, 동산일 것. 동산이란 토지 및 그 정착물로서의 부동산 이외의 것을 말한다. 그러나 조립가옥과 같이 토지에 정착되어 있다고 하더라도 사용 전에는 물품에 해당된다. 예를 들면 문짝·방갈로·공중전화 부스·이동판매대·이동화장실·승차대·방범초소 등이다.

셋째, 정형성을 가질 것(즉 固體일 것). 정형성이 없으면 형상을 화체(化體)(특정)시킬 수 없다. 따라서 일정한 형체가 없는 것이나 분상물(粉狀物) 또는 입상물(粒狀物)의 집합으로 된 것은 물품성이 인정되지 않는다. 그 예로 기체인 연기, 액체인 오색주(五色酒), 유동체인 물엿, 반유동체인 잼, 그리고 분상물(粉狀物) 또는 입상물(粒狀物)의 집합으로 된 설탕·시멘트 등은 디자인보호법상의 물품이 아니다. 그러나 기체·액체 등이라도 고체와 불가분으로 결합해서 형상 등을 화체(특정)시키면 물품으로 본다. 그 예로 네온관, 온도계 등이 있다. 이 외에도 단기간이라도 정형성을 유지하면 물품으로 보는 경우도 있다. 그 예로 아이스크림을 들 수 있다.

넷째, 독립하여 거래의 대상이 될 것. 따라서 양말의 뒷굽이나 병의 주둥이 부분 등과 같은 독립하여 거래대상이 될 수 없는 물품의 부분은 물품성이 인정되지 않는다. 그리고 합성물의 구성각편 및 부품의 경우에는 상관행상 독립하여 거래되는 것과 독립하여 거래되지 않는 것으로 구분할 필요가 있다. 그 예로 완성형태가 다양한 조립완구의 구성각편과 같이 독립거래의 대상이 되고 있는 것은 디자인등록의 대상이 된다. 또한 자동차 타이어는 물품으로 보나, 선풍기의 받침은 물품으로 보지 않는다.[12] 다만, 부분디자인으로서 출원하는 경우에는 보호가 가능하다.[13]

다섯째, 2차적 형태가 아닐 것. 예를 들면, 손수건 또는 타월을 접어서 이루어진 꽃모양과 같이 상업적 과정으로 만들어지는 것은 그 물품 자체의 형태로 볼 수 없기 때문에 디자인으로 볼 수 없다.

---

12) 선풍기 받침도 물론 하청업자나 도매업자에게는 거래의 대상이 되나, 일반 소비자 사이에서는 거래의 대상이 되지 않는 것으로 본다.

13) 디자인심사기준 2022.12.30. 특허청예규 제129호 제1부 제2장 2.1)(1)디자인의 물품성 p.7.

여섯째, 양산성(즉 工業性)이 있을 것. 이 요건은 디자인의 요건이 아니고, 디자인보호법상의 등록요건(디§33①)으로서 규정하고 있다. 단 법목적을 고려하면 공업성은 디자인보호법상의 물품일 것을 전제조건으로 하므로 천연물이나 자연물 자체는 실질적으로는 물품이라고 할 수 없다.

한편, 디자인 정의규정에 따르면 디자인보호법상 물품은 글자체 및 화상을 포함한다(디§2 i). 즉, 글자체 및 화상은 디자인보호법상 물품으로 의제(擬制)되며, 그 형태는 디자인보호법으로 보호될 수 있다.

또한, 디자인심사기준에서는 물품과 불가분의 관계가 없는 물품의 부분에 표현된 화면디자인도 디자인보호법상 공업상 이용할 수 있는 디자인으로 취급하여 보호하고 있다.

(3) 물품의 종류

1) 단일물, 합성물, 집합물, 한 벌 물품

(개) 단일물 단일물이란 하나의 독립된 형태와 명칭을 가지고 각 구성부분이 개성을 지니지 않는 물(物)을 말한다. 단일물은 통상 단독으로 거래될 수 있는 물품으로서 디자인보호법상 1물품으로 다루어지고 있다.

(내) 합성물 합성물이란 2 이상의 물품이 서로 결합하여 하나의 물품을 이루는 것으로 그 구성물품이 개성을 지니지 않는 물품을 말한다(예: 장기알, 트럼프 등).

(대) 집합물 집합물이란 2 이상의 독립되어 있는 물(단일물 또는 합성물)이 집합하여 집합물 자체로서도 경제적 가치를 가지는 한편 집합체를 구성하고 있는 개개의 물품도 독립하여 경제적 가치를 가지고 있는 물품을 말한다(예: 커피세트, 응접세트 등). 집합물은 집합물에 대한 특별규정이 없는 한 원칙적으로 다물품으로 다루어지고 있다.

(래) 한 벌 물품 한 벌 물품이란 2 이상의 물품이 그 개개로서 독립하여 거래의 대상이 되나, 한 벌 전체로서 통일성이 있고 한 벌의 물품으로 동시에 사용되는 2 이상의 물품을 말한다. 여기에 해당되는 한 벌의 물품은 집합물로서 여러 물품이긴 하지만 1물품으로 의제하여 1디자인으로 디자인등록출원을 할 수 있는 물품으로 하고 있다(디§42).

2) 부 품 부품이란 물품의 전체를 구성하는 일부로서 그것만의 분리가 가능하고 그 자체가 거래상 교환가치를 갖는 것을 말한다(예: 카메라의 플래시, 타이머 등). 부품은 물품의 부분과는 달리 디자인보호법상의 물품으로 다루어진다.

(4) 물품의 유사여부 판단

물품의 유사여부 판단은 물품의 용도와 기능에 의해 판단한다. 예를 들면 용도와 기능이 동일하면 동일물품으로 보며, 용도가 동일하고 기능이 동일하지 않으면 유사물품으로 본다. 그리고 용도가 동일하지 않으면 기능에 관계없이 비유사물품이다. 다만, 비유사물품이지만 용도가 혼용될 수 있는 것은 유사물품이다. 예를 들면 필통과 수저통, 또는 여행용 화장품 케이스 등이다.

용도의 동일	기능의 동일	물품의 유사여부
○	○	동 일
○	×	유 사
×	-	비 유 사

3. 디자인의 형태성

디자인의 형태성이란 물품의 형상·모양·색채 또는 이들의 결합에 의한 물품의 외관을 말한다. 따라서 형태성은 형상, 모양, 색채 그리고 이들의 결합으로 나누어 볼 수 있다.

(1) 형 상

디자인보호법에서 '물품의 형상'이란 물체가 공간을 점하고 있는 윤곽을 말하며, 글자체 및 화상을 제외한 모든 디자인은 형상을 수반한다. 즉 입체적 형상 외에 평면적 형상도 포함한다(예: 피복지, 모양지, 수건, 비닐지, 포장지, 벽지 등). 그러나 물품의 2차적인 형상은 포함하지 않는다. 예를 들면 꽃 모양으로 접은 손수건 등이 이러한 것이다.[14)]

(2) 모 양

디자인보호법에서 '물품의 모양'이란 물품의 외관에 나타나는 선도(線圖),[15)] 색구분,[16)] 색흐림[17)] 등을 말하며 무채색(백색, 회색, 흑색)에 의한 모양의 디자인은

---

14) 특허청「디자인심사기준」에 의하면, "물품 자체의 형태가 아닌 것은 등록을 받을 수 없다"라고 규정하면서 예를 들고 있다. 그 예는 "손수건 또는 타월을 접어서 이루어진 꽃모양과 같이 상업적 과정으로 만들어지는 디자인으로서 그 물품 자체의 형태로 볼 수 없는 것"이라고 하고 있다(디자인심사기준 2022.12.30.특허청예규 129호 제1부 제2장 2,1)(1) p.10).

15) 선도란 선으로 그린 도형을 말한다.

16) 색구분이란 공간이 선이 아닌 색채로써 구획되어 있는 것을 말한다.

형상 및 모양의 결합디자인, 유채색에 의한 색채모양의 디자인은 형상, 모양 및 색채의 결합디자인이 된다. 예를 들면 장미꽃을 쟁반이나 접시에 표현하는 경우 또는 테이블보의 꽃무늬, 손수건의 꽃도형 등이다. 단 문자의 모양은 원칙적으로 제외되나, 장식 문자와 물품의 기능상 필요불가결한 것은 예외적으로 인정한다.

(3) 색 채

디자인보호법에서 '물품의 색채'란 시각을 통하여 식별할 수 있도록 물품에 채색된 빛깔을 말한다.[18] 색채는 크게 무채색[19]과 유채색[20]으로 나눌 수 있다. 디자인보호법상 형상이 없는 디자인은 존재하지 않으나, 색채 없는 디자인은 인정하고 있다. 그러나 현실적으로는 존재할 수 없다.

(4) 형상 · 모양 · 색채의 결합

디자인보호법은 형상만으로 된 디자인도 인정하고, 형상과 모양이 결합한 디자인도 인정하며, 또 형상과 색채가 결합한 디자인과 형상과 모양과 색채가 결합한 디자인도 인정하고 있다.

(5) 형태성에 의한 유사여부 판단

형태성에 의한 유사여부 판단은 형상이나 모양 중 어느 하나가 유사하지 않으면 비유사 디자인이고, 그 외에는 종합적으로 판단한다.

4. 디자인의 시각성

디자인보호법 제2조 제1호는 "시각을 통하여 미감을 일으키게 하는 것"을 디자인의 구성요소 중의 하나로 규정하고 있다.

여기서 '시각을 통하여'란 디자인의 시각성을 말한다. 시각성은 육안으로 보

---

17) 색흐림이란 색의 경계를 흐리게 하여 색이 자연스럽게 옮아가는 것같이 보이게 한 것을 의미한다.

18) 우리나라는 색채도 형상, 모양과 동등하게 형태의 구성요소로 하고 있으나, 디자인보호법상 디자인의 정의규정을 두고 있는 국가 중에서 색채를 형태의 구성요소로 채용한 국가는 우리나라와 일본뿐이다. 대부분의 국가에서는 디자인의 개념 속에 색채를 다루고 있지 않다. 이것은 어떠한 색이라도 신규성, 창작성이 없고, 또 2색 이상이 조합되면 모양요소로 되는 것이기 때문에 색채에 대해서는 모양 개념 속에 포함시켜 생각하기 때문이다(노태정, "의장보호제도의 발전방향에 관한 소고," 지식과 권리, 창간호, p.78 인용).

19) 무채색이란 물품에 색이 채색되지 아니한 경우 또는 채색이 되어 있다 하더라도 백색 · 회색 · 흑색으로 채색된 것을 말한다.

20) 유채색이란 무채색인 백색 · 회색 · 흑색 이외의 색이 물품에 채색된 경우를 말한다. 이러한 유채색은 색상 · 명도 · 채도 등 색의 3요소로 구성된다.

아 식별할 수 있는 것이어야 하고, 외부로부터 관찰할 수 있는 것이어야 한다.[21] 즉, 시각에 의한다고 하더라도 육안에 의한 경우가 아니라 현미경 등의 광학기기 등을 이용하지 않으면 인식할 수 없는 것은 시각성을 가진 것이라 할 수 없다. 그러므로 육안으로 그 형태를 판별하기 어렵거나 시각 이외의 감각(청각, 미각, 후각, 촉각)에 의한 것은 제외된다.[22]

5. 디자인의 심미성

디자인보호법 제2조 제1호는 "미감(美感)을 일으키게 하는 것"을 디자인의 물품성, 형태성 그리고 시각성과 함께 디자인의 구성요소 중의 하나로 규정하고 있다. 여기서 "미감을 일으키게 하는 것"이라 함은 미적 처리가 되어 있는 것, 즉 해당물품으로부터 미(美)를 느낄 수 있도록 처리되어 있는 것을 말한다.[23] 이를 심미성 또는 미감성이라고도 한다. 여기서 '미감'이란 미에 대한 감각을 말한다.[24] 미감은 사람마다 다르므로 디자인보호법상 요구되는 미감은 미학상에서 말하는 순수미를 의미하는 것이 아니라 시대, 민족, 지역을 초월하며, 개인을 떠나 공통점을 넘지 않는 범위 내에서의 미감을 일으킬 수 있으면 족한 것으로 해석한다.[25] 미에는 물품의 외관을 장식하는 장식미와 물품의 기능으로부터 배어 나오는 기능

21) 대법원 1999.7.23.선고, 98후2689 판결.

22) 디자인심사기준 2022.12.30. 특허청예규 제129호 제1부 제2장 2,1.3. 디자인의 시각성 pp.12~13에 의하면, 다음과 같은 것이 제외된다.

i) 시각 이외의 감각을 주로 하여 파악되어지는 것.

ii) 분상물(粉狀物) 또는 입상물(粒狀物)의 하나의 단위.

iii) 외부에서 볼 수 없는 곳, 즉 분해하거나 파괴하여야 볼 수 있는 곳. 다만, 뚜껑을 여는 것과 같은 구조로 된 것은 그 내부도 디자인의 대상이 된다.

iv) 확대경 등에 의해 확대하여야 물품의 형상 등이 파악되는 것. 다만, 디자인에 관한 물품의 거래에서 확대경 등에 의해 물품의 형상을 확대하여 관찰하는 것이 통상적인 경우에는 시각성이 있는 것으로 본다.

23) 이에 대해 학설이 i) 주의환기설, ii) 취미성설, iii) 심미성설, iv) 미적 처리설로 나누어지고 있다.

24) 미감을 일으키는 것이라도 때와 장소, 사람 등에 따라 느끼는 정도의 차이가 있다. 우리나라 디자인심사기준(2022.12.30. 특허청예규 제129호 제1부 제2장 2.1.4. 디자인의 심미성 p.13)상 심미성이 인정되지 않는 경우는 다음과 같다.

i) 기능 · 작용 · 효과를 주목적으로 한 것으로서 미감을 거의 일으키게 하지 않는 것.

ii) 디자인으로서 짜임새가 없고 조잡감만 주는 것으로서 미감을 거의 일으키게 하지 아니하는 것 등이다.

25) 노태정, "의장보호제도의 발전방향에 관한 소고," 지식과 권리, 창간호, p.78.

미가 있다. 미감이라고 할 때는 장식미와 기능미를 포괄한다.

6. 디자인의 종류

- 1) 물품을 기준으로 하는 분류
  - 물품의 구성에 의한 분류
    - 단일물 디자인: 쟁반
    - 합성물 디자인: 바둑 · 장기 · 화투 · 트럼프 · 마작 등
    - 집합물 디자인: 양복 · 등산용 칼
  - 물품의 기능에 의한 분류
    - 동적 디자인
    - 정적 디자인
- 2) 디자인의 구성요소에 의한 분류
  - 형태에 의한 분류
    - 형상디자인
      - 평면적 디자인: 직물지, 벽지
      - 입체적 디자인: 선풍기, 카메라
    - 모양디자인
    - 색채디자인
    - 결합디자인
  - 미감에 의한 분류
    - 장식적 디자인
    - 기능적 디자인
- 3) 창작의 주체에 의한 분류
  - 단독디자인
  - 공동디자인
  - 직무디자인
  - 독립디자인
- 4) 법률에 의한 분류
  - 등록디자인
  - 관련디자인
  - 비밀디자인
  - 한 벌 물품의 디자인

V. 법률상 디자인등록을 받을 수 있는 디자인(적극적 요건)

디자인보호법은 산업재산권법 중의 하나이므로 다른 법과 같이 선출원주의에 입각하여 권리주의와 심사주의(1998년 3월 1일부터 일부무심사주의를 채택하고 있다), 등록주의를 채용하고 있다.

그러므로 디자인을 등록받기 위해서는 출원에 적법한 요건[26]을 갖추어야 한

26) 디자인보호법의 목적을 원활히 달성하기 위해서는 정책적 이유에 의하여 요구되는 다음과

다. 이를 절차적 요건이라 한다. 이러한 절차적 요건을 갖추었다 하더라도 실체적 요건을 갖추지 않으면 안 된다. 디자인보호법상의 디자인등록요건인 공업상 이용가능성, 신규성 및 창작비용이성의 3가지 요건을 갖추어야 한다(디§33).

1. 공업상 이용가능성(工業性)

디자인보호법 제33조 제1항은 "공업상 이용할 수 있는 디자인으로서 다음 각 호의 1에 해당하는 것을 제외하고는 그 디자인에 대하여 디자인등록을 받을 수 있다."라고 규정하고 있다. 즉 디자인이 등록을 받기 위해서는 공업상 이용가능성이 있는 디자인이어야 한다.

공업상 이용할 수 있는 디자인이란 공업적 생산방법에 의하여 동일한 물품을 양산할 수 있는 디자인을 말한다. 여기서 공업적 생산방법이란 원자재에 물리적 또는 화학적 변화를 가하여 유용한 물품을 제조하는 것을 말하는 것으로 기계에 의한 생산은 물론 수공업적 생산도 여기에 포함된다.

그리고 양산이란 동일한 형태의 물품을 반복적으로 계속하여 생산하는 것을 뜻한다.[27] 따라서 동일한 물품을 양산할 수 있는 디자인이란 물리적으로 완전히 같은 물품을 양산할 수 있는 디자인이어야 하는 것은 아니고, 그 디자인 분야에서 통상의 지식을 가진 사람이 그 지식을 기초로 합리적으로 해석하였을 때 같은 물품으로 볼 수 있는 수준의 동일성을 가진 물품을 양산할 수 있는 디자인을 의미한다.

한편 디자인의 표현이 구체적이지 않은 경우도 공업상 이용할 수 없는 디자인에 해당한다. 따라서 디자인의 전체적인 형태가 명확하게 표현되지 않아 어떤 부분이 추측상태로 남아 있는 경우이거나 도면, 견본 등이 지나치게 작거나 또는 불선명하여 디자인의 요지를 파악할 수 없는 경우, 또는 디자인이 추상적으로 표현되어 디자인의 요지파악이 불가능한 경우에는 공업상 이용할 수 없는 디자인에 해당되어 디자인등록을 받을 수 없다.

같은 요건이 필요하다. i) 선출원일 것, ii) 당사자능력이 있을 것, iii) 공동출원의 경우는 적법한 공동출원일 것, iv) 출원의 변경 · 분할 등에 있어 제 절차에 위반되지 않을 것, v) 불수리사유(즉 서면주의, 국어주의, 양식주의)에 위반되지 않을 것이다.

27) 대법원 93후1247 판결 참고.

2. 신규성

디자인의 신규성이란 특허법의 신규성과 동일한 취지이다. 신규성의 판단기준은 시간적(출원시 기준)·지역적 기준(국제주의)과 객체적 기준(공지, 간행물게재, 유사한 디자인)이 있다. 판단주체에 대해서는 창작자·심사(심판)관·수요자 등으로 나누어져 학설의 대립이 있다.

(1) 신규성이 없는 디자인

1) 출원 전에 국내외에서 공지되었거나 공연히 실시된 디자인(디§33① i),

2) 출원 전에 국내외에서 반포된 간행물에 게재된 디자인이거나 전기통신회선을 통하여 공중이 이용가능하게 된 디자인(디§33① ii),

3) 공지·공용디자인 또는 간행물에 게재된 디자인이거나 전기통신회선을 통하여 공중이 이용가능하게 된에 유사한 디자인(디§33①iii).

(2) 신규성상실의 예외

신규성은 출원시점을 기준으로 판단하므로 출원된 특허·실용신안과 마찬가지로 디자인의 경우에도 그 이전에 공지·공용 또는 반포된 간행물에 게재된 디자인과 동일 또는 유사한 경우에는 신규성이 없는 것으로 거절된다. 그러나 이렇게 하면 출원인이 지나치게 불리한 입장에 처하게 될 수도 있고, 산업발전에도 바람직하지 않으므로 일정한 경우 그 예외를 인정하고 있다. 즉, 디자인이 공지된 후 일정한 기간 내에 디자인등록출원을 하면 그 디자인은 신규성을 상실하지 아니한 것으로 취급하는 예외규정을 두고 있다(디§36).[28] 한편, 2023년 6월 개정법에 따라 신규성 상실 예외 주장에 관한 법 제36조 제2항이 삭제되었다. 따라서 2023년 6월 개정법 시행 이후에는 디자인이 공지된 후 12개월 이내에 디자인등록출원을 한 자는 절차적 제한 없이 어느 때라도 신규성 상실의 예외를 주장할 수 있다. 따라서 디자인등록출원인 또는 디자인권자는 필요에 따라 언제든지 신규성 상실의 예외를 주장할 수 있다.[29]

---

28) 1998년 3월 1일 이전에는 박람회 출품, 시험 및 연구발표, 의사에 반하여 공지된 경우에만 신규성을 인정하였으나, 공개의 장소·방법에 제한 없이 공개된 후 12개월 이내에 출원하면 모두 신규성을 인정하도록 하였다.

29) 2023년 6월 개정법 시행 이전 디자인등록출원에 대하여는 개정법에 의하여 삭제된 개정 전법 제36조 제2항에 따라 신규성 상실의 예외를 적용받으려면 출원인은 i) 출원서를 제출할 때, ii) 디자인등록여부결정의 통지서가 발송되기 전까지, iii) 디자인일부심사등록 이의신청에 대한 답변서를 제출할 때, iv) 디자인등록무효심판에 대한 답변서를 제출할 때 '그 취지를

(3) 확대된 선출원의 지위(디§33③)

디자인등록출원한 부분디자인, 부품(부속품)디자인 또는 한 벌 물품의 구성물품 디자인이 당해 디자인등록출원을 한 날 전에 디자인등록출원을 하여 당해 디자인등록출원을 한 후에 출원공개, 등록공고 또는 거절결정된 출원의 공보 게재에 따른 다른 디자인의 일부와 동일하거나 유사한 경우에 그 부분디자인, 부품(부속품)디자인 또는 한 벌 물품의 구성물품 디자인은 등록받을 수 없도록 하고 있다.

3. 용이창작(창작비용이성)

디자인등록출원 전에 그 디자인이 속하는 분야에서 통상의 지식을 가진 자가 국내외 공지공용디자인이나 간행물에 게재되었거나 전기통신회선을 통하여 공중이 이용할 수 있게 된 디자인의 결합에 의하거나 국내외에서 널리 알려진 형상 · 모양 · 색채 또는 이들의 결합에 의하여 쉽게 창작할 수 있는 디자인에 대하여는 디자인보호법 제33조 제1항의 규정에 불구하고 디자인등록을 받을 수 없다. 이를 '용이창작' 또는 '창작비용이성' 또는 '곤란성', '구별성'이라 한다(디§33②). 다만, 공지디자인 또는 주지의 형상, 모양 등을 거의 그대로 이용 또는 전용하거나 단순히 모방한 것이 아니고 이들을 취사선택하여 결합한 것으로서 그 디자인을 전체적으로 관찰할 때 새로운 미감을 일으키는 경우에는 창작성이 있는 것으로 본다.

용이창작의 판단기준[30]으로서의 "주지의 형상 · 모양 등"이란 일반인이 이를 알 수 있을 정도로 간행물이나 TV 등을 통하여 국내에서 널리 알려져 있는 형상 · 모양 등이며, "그 디자인이 속하는 분야에서 통상의 지식을 가진 자"라 함은 그 디자인이 표현된 물품을 생산, 사용 등 실시하는 업계(業界)에서 그 디자인에 관한 보편적 지식을 가진 자를 말한다.

또, "쉽게 창작할 수 있는 정도"란 공지디자인의 결합 또는 주지의 형상 · 모양 등을 거의 그대로 모방하거나 그 가하여진 변화가 단순한 상업적 · 기능적 변화에 지나지 않는 것과 그 디자인 분야에서 흔한 창작수법이나 표현방법에 의해, 이를 변경 · 조합하거나 전용하였음에 불과한 디자인 등과 같이 창작 수준이 낮은 디자인을 말한다.

적은 서면'을 제출하고 '이를 증명할 수 있는 서류'를 특허청장 · 특허심판원장에게 제출하여야 했다.

30) 디자인심사기준(2022.12.30.) 제2부 제4장 2. 적용요건 pp.102~103. 참조.

등록출원시에 신규성, 공업상 이용가능성을 갖추었더라도 해당분야의 지식을 가진 자라면 쉽게 창작할 수 있는 정도의 저수준의 디자인에까지 독점권을 부여한다면 권리의 난립화를 초래할 수 있고 나아가 산업발전을 저해할 수도 있기 때문에 등록대상에서 제외시키고 있다.[31][32]

VI. 법률상 디자인등록을 받을 수 없는 디자인(소극적 요건)

어떤 디자인이 등록받기 위하여 적극적 요건(공업상 이용가능성, 신규성, 창작비용이성)을 갖추었다 하더라도, 디자인보호법의 궁극적 목적인 공익의 증진에 반한 경우에는 등록을 받을 수 없다(디§34). 이는 다음과 같다.

1) 국기 · 국장(國章) · 군기 · 훈장 · 포장(褒章) · 기장(記章) 기타 공공기관 등의 표장(標章)과 외국의 국기 · 국장 또는 국제기관 등의 문자나 표지와 동일 또는 유사한 디자인

2) 디자인이 주는 의미나 내용 등이 일반인의 통상적인 도덕관념인 선량한 풍속에 어긋나거나 공공질서를 해칠 우려가 있는 디자인. 예를 들면 i) 국가원수의 초상 및 이에 준하는 것, ii) 특정국가 또는 그 국민을 모욕하는 것, iii) 저속, 혐오 기타 사회정의 및 국민감정에 반하는 것, iv) 인륜에 반하는 것 등이 있다.

---

31) 창작의 비용이성으로 디자인등록이 될 수 없는 경우
i) 주지(周知)의 형상, 주지도형 등에 의한 경우 — 삼각형 · 사각형 · 타원 · 원통형 등 국내에서 널리 알려진 형상 · 모양 · 색채 또는 이들의 결합, 소위 주지의 형상 등을 거의 그대로 이용한 것 또는 그 이용에 있어서 가하여진 변형이 단순한 상업적 변형에 지나지 않는 것. △, ▫, ○, ◇, 卍, 비행기, 선박, 기차, 자동차 등.
ii) 자연물 · 유명한 저작물과 건조물 등의 모방 — 자연물(동물 · 식물 또는 광물)의 형상이나 모양 · 유명한 저작물 또는 건조물 등을 극히 흔한 수법으로 그대로 모방하거나 사실적으로 표현한 것(저작물: 김홍도의 풍속도, 만화주인공 "뽀빠이"; 건조물: 남대문, 남산타워, 자유여신상, 불국사; 경치: 백두산천지, 금강산, 한라산, 후지산).
iii) 상관습상 전용 — 당업계에서 간행물이나 TV 등을 통하여 널리 알려져 있는 디자인을 '주지(周知)디자인'으로 보고, 이종(異種)물품간 전용의 상관습이 있는 경우 그것을 전용함에 있어서 가하여진 변형이 단순한 상업적 변형에 지나지 않는 것. 예를 들면, 자동차나 비행기 등의 디자인을 완구나 장식물에 사용, 물고기 · 밤 · 호두 등 타음식물의 디자인을 과자류에 사용, ET인형의 형상모양을 저금통에 사용, 주지의 라디오 형상 · 모양과 주지의 시계형상 · 모양이 결합된 것 등이 그것이다.

32) 대법원 2001.4.10.선고, 98후591 판결.

3) 타인의 업무에 관계되는 물품과 혼동을 가져올 염려가 있는 디자인. 예를 들면 i) 타인의 저명한 상표, 서비스표, 단체표장 및 업무표장을 디자인으로 표현한 것(입체상표의 경우도 포함), ii) 비영리법인의 표장을 디자인으로 표현한 것, iii) 타인의 상업적 성격을 띤 저명한 디자인을 이용한 것 등이 있다.

4) 물품의 기능을 확보하는 데 불가결한 형상만으로 된 디자인. 예를 들면 i) 물품의 기술적 기능을 확보하기 위해 필연적으로 정해진 형상(예: 파라볼라 안테나)의 디자인, ii) 물품의 호환성 확보를 위해 형상 및 치수 등의 규격이 표준화된 형상(예: KS 규격품, ISO 규격품 등) 등이 있다.

이상의 디자인보호법 제34조 제1호, 제2호 및 제4호의 규정에 대한 해당여부의 판단기준시점은 등록여부결정시로 하고, 제3호의 규정에 대한 해당여부의 판단기준시점은 출원시로 한다.

Ⅶ. 디자인보호법의 특유제도

1. 서

디자인보호법은 다른 산업재산권법과 같이 궁극의 목적은 산업발전에 있으나 디자인은 물품의 외관상 나타나는 미감(美感)을 보호대상으로 한다. 이에 반해 특허와 실용신안은 기술적 사상을, 상표는 자타상품의 식별력을 보호대상으로 하고 있다. 디자인은 물품의 외관을 보호대상으로 하고 있어, 타인이 모방하기 쉽고 유행이나 환경·계절에 민감하며, 또 침해되기 쉽다. 따라서 i) 권리의 신속화를 위하여 출원을 공개하지 않고(출원인의 신청이 있으면 공개) 등록된 것(등록디자인)만 공고하며, ii) 타인의 침해·모방방지를 위한 제도로서 관련디자인과 비밀디자인을 두고 있으며, iii) 디자인특유의 창작보호를 위해서 한 벌 물품 디자인과 동적 디자인을 인정하고 있다. 이 외에도 iv) 권리범위가 다른 지적재산권에 비해 협소하므로 이를 보완하기 위해 디자인권의 효력범위를 등록디자인뿐만 아니라 그와 유사한 디자인에까지 확대하고 있다(디§92). 또한, 디자인 일부에 대해서 일부심사등록제도, 복수디자인 1출원제도도 도입하였다.

2. 동적 디자인

(1) 의 의

동적 디자인이란 디자인에 관한 물품의 형상 · 모양 등이 그 물품이 가진 기능에 의하여 변화하는 디자인을 말한다.

즉 디자인이라고 하면 물품의 형상 · 모양 · 색채 또는 이들을 결합한 것으로서 시각을 통하여 미감을 일으키는 것으로 대개의 경우는 정적(靜的)인 상태이다. 그러나 갑자기 튀어나오는 괴물상자 등과 같은 경우 움직이는 상태를 예측할 수 없으므로 정지상태를 잡아서 디자인으로 출원할 수 없는 것이 있다.

이러한 물품은 그 변화의 형태마다 별도의 디자인을 구성하기 때문에 그 형태마다 등록을 받지 않으면 안 되는 불편이 있다. 그리하여 해당 변화의 전체를 디자인의 창작으로서 하나의 출원을 인정하는 것이 동적 디자인제도이다.

일본은 동적 디자인을 일본의장법 제6조 제4항[33]에 명문으로 규정하고 있다. 그러나 우리나라에서는 디자인심사기준[34]에서 연속적인 일련의 과정을 통해 형태가 변화하는 물품의 디자인으로서 그 움직이는 상태를 표현하지 아니하면 그 디자인을 충분히 파악할 수 없는 경우에 정지상태의 도면과 그 동작 상태를 알 수 있는 도면(동작 중의 기본적 자세, 동작내용을 나타내는 궤적 등)이 없거나, 필요하다고 인정될 경우에 「디자인의 설명」 란에 그에 관한 설명이 없는 경우에는 디자인의 표현에 구체성이 없는 것으로 간주하여 공업상 이용할 수 없는 디자인으로 판단한다.

(2) 성립요건

1) 물품의 형상 등이 그 물품이 가진 기능에 근거하여 변화할 것

(가) 형상의 변화: 귀가 상하로 움직이는 코끼리 완구

(나) 모양의 변화: 회전하는 팽이의 모양

(다) 색채의 변화: 온도로 색이 변하는 물건

(라) 열리는 디자인: 물건의 성질상 덮개를 열어서 사용하기 때문에 사용시

---

33) 일본의장법 제6조 제4항: 의장에 관계된 물품의 형상, 모양 또는 색채가 그 물품이 가지는 기능에 근거하여 변화한 경우에 있어, 그 변화의 전후에 걸친 그 물품의 형상, 모양 또는 색채 또는 이러한 결합에 관하여 의장등록을 받으려고 할 때는, 그 취지 및 그 물품의 해당 기능의 설명을 출원서에 기재하지 않으면 안 된다.

34) 디자인심사기준 2022.12.30. 특허청예규 제129호 제2부 제1장 2.2.16(4) (72면).

에는 변화하는 디자인을 말한다(예: 피아노, 냉장고).

(마) 펼치는 디자인: 거래 · 수납시에는 접는 것으로 사용시에는 펼치는 디자인을 말한다(예: 우산, 양산).

2) **변화의 예측성이 없을 것** 정지상태에서 움직이는 상태를 예측할 수 있는 것은 변화의 상태에 창작적인 가치가 없으며, 따라서 동적 디자인으로서 보호의 가치가 없다. 예를 들어 자동차 핸들이나 라이터의 점화부분은 동적 디자인이 아닌데, 이는 변화가 예측가능하기 때문이다. 또한 동적 디자인은 물품의 기능에 근거하여 움직이는 디자인을 말한다(예: 갑자기 튀어나오는 상자, 네 다리가 자유롭게 움직이는 동물의 완구).

3) **시각을 통함** 변화가 시각을 통하여야 한다.

4) **일정성** 변화에는 일정성이 있어야 한다.

3. 부분디자인

(1) 의 의

원칙적으로 물품 전체의 외관에 관한 디자인에 대해서만 디자인등록을 받을 수 있지만, 2001년 개정법에서는 디자인의 정의 규정에 물품의 부분의 형상 · 모양 · 색채 또는 이들의 결합도 디자인임을 명확히 하여 그 자체 독립해서 거래될 수 없는 물품 일부분에 관한 디자인도 등록받을 수 있도록 하였다(디§2 i).

이는 물품 부분에 관한 디자인의 창작적 가치를 보호하고, 부분디자인의 도용으로 인한 분쟁을 방지하기 위함이다. 즉, 부분디자인제도가 도입되기 전에는 하나의 디자인에 독창적이고 특징이 있는 부분이 다수 존재하는 경우 그들 일부가 모방되어도 디자인 전체로서 모방을 회피하면(전체적 관찰) 디자인권 침해를 면할 수 있었다.

또한, 디자인의 국제등록에 관한 헤이그협정(신헤이그협정)에서도 부분디자인에 대한 보호를 강제하고 있다.

(2) 성립요건

1) 부분디자인에 관한 물품은 디자인보호법의 대상이 되는 물품, 즉 생산되어 시장에서 유통되는 유체물로서 그 자체가 독립하여 거래의 대상이 되는 것이어야 한다.

2) 물품 전체 중 일정한 범위를 차지하는 부분의 형태이다.

3) 당해 물품에 있어서 다른 디자인과 대비하였을 때 대비대상이 될 수 있는 부분이다.

4) 물품과 분리된 모양만으로는 디자인보호법상 보호대상이 될 수 없다(모양 또는 색채만 표시한 것, 물품 형태의 실루엣만 표시한 것).

5) 한 벌 물품디자인에 부분디자인을 포함할 수 없다.

(3) 절 차

출원서에 부분디자인 출원임을 표시하고, 도면에는 디자인등록을 받고자 하는 부분에 대해서는 실선으로, 그 외 부분은 점선으로 도시하여야 한다. 디자인의 대상이 되는 물품은 독립거래의 대상이 되는 물품명을 기재하여야 한다.

부분디자인의 심사에 있어서는 기존의 등록요건과 확대된 선출원주의(디§33 ③)가 적용되고, 신규성 및 선출원 판단에 있어 전체디자인과 동일 · 유사여부를 비교할 경우에는 대비 대상이 되는 전체디자인의 부분디자인과 동일 · 유사여부를 판단하게 된다.

4. '화상디자인'과 '물품의 부분에 표현된 화면디자인'

디자인보호법상 '화상(畫像)'이란 디지털 기술 또는 전자적 방식으로 표현되는 도형 · 기호 등[기기(器機)의 조작에 이용되거나 기능이 발휘되는 것에 한정하고, 화상의 부분을 포함한다]을 말한다(디§2 ii 의 ii). 따라서 디자인보호법상 화상디자인이란 화상의 형태로서 시각을 통하여 미감을 일으키게 하는 것이며, 화상디자인은 화상 자체의 형태이므로 디스플레이 패널, 디스플레이 스크린 등과 같이 물품의 부분으로 표현될 필요 없이 화상 자체가 독립적으로 물품성을 갖춘 것으로 디자인등록 대상이다.

2021년 디자인보호법 개정 전, 화상 자체는 유체물이 아니므로 디자인보호법상 물품에 해당하지 않는다고 해석되었다. 특허청 실무는 2014년 디자인심사기준 개정에 따라 휴대폰의 액정화면 등 '물품의 부분에 표현된 화면디자인'[35]의 공업

35) 디자인심사기준(2022.12.30.) pp.344 · 345. 2021년 4월 디자인보호법 개정을 통해 물품의 부분으로 표현되는지 여부와 관계없이 화상 그 자체로 디자인등록이 가능하게 되었다. 아울러 화상디자인에 관한 용어의 혼동을 방지하기 위해 기존의 화상디자인은 "물품의 부분에 표현된 화면(畫面)디자인"(디자인보호법 제2조 제2호의2의 "화상"에 해당되지 않는 화상에 관한 디자인을 말함)으로 표현하기로 하였다.

상 이용가능성을 인정하여 화면디자인으로서 화상을 보호하였으나, 관련 산업규모가 증대됨에 따라 물품에서 분리한 '화상 자체'에 대한 보호의 필요성이 대두됨에 따라 2021년 디자인보호법 개정을 통해 법 제2조 제1호의 물품에 화상을 포함시켜, 화상을 물품으로 의제하였다.

따라서 현행 디자인보호법에 따라, 기기 조작에 이용되거나 기능이 발휘되는 디지털 기술 또는 전자식 방식으로 표현되는 도형 · 기호 등은 '화상 자체'로 보호받을 수 있고, 기기 조작 또는 기능 발휘와 무관하더라도 물품의 표시부에 통전(通電)현상을 통해 일시적으로 구현되는 화상은 부분디자인으로서 '물품의 부분에 표현된 화면디자인'으로 보호받을 수 있다.[36]

5. 관련디자인제도

(1) 의 의

관련디자인이란 기본디자인에 유사한 디자인으로서 그 출원일에 선행하는 타인의 디자인(선출원디자인, 등록디자인, 공지디자인)에 유사하지 아니한 것을 말한다.

디자인권의 효력은 등록디자인뿐만 아니라 그와 유사한 디자인에까지 미친다(디§92). 그러나 디자인은 물품의 미적 외관으로서 추상적인 것이기 때문에 관념적이고 불명확하다. 따라서 자기의 등록디자인 또는 출원디자인에 유사한 디자인에 대해 관련디자인등록을 인정하여 사전에 권리범위를 명확히 함으로써 침해와 모방을 미연에 방지하고, 침해에 대한 신속한 조치를 취할 수 있도록 관련디자인제도를 두고 있다(디§35①). 이 제도는 신규성 및 선출원주의에 대한 예외라고 할 수 있다.

이러한 관련디자인은 자기의 기본디자인에만 유사한 것으로 기본디자인권이 소멸되면 관련디자인권도 소멸하게 된다(디§91①단).

(2) 등록요건

1) 주체적 요건 관련디자인제도는 기본디자인의 권리범위를 명확히 하는데 의의가 있으므로 관련디자인등록 출원인은 기본디자인권자 또는 기본디자인등록 출원인과 동일인 또는 정당한 승계인이어야 한다.

2) 객체적 요건 첫째 기본디자인이 존재할 것, 둘째 자기의 기본디자인에

---

36) 디자인심사기준(2022.12.30.) p.368.

만 유사할 것, 셋째 관련디자인에만 유사하지 않을 것, 넷째 3년 이내에 출원할 것,[37] 다섯째 물품이 동일 · 유사할 것, 즉 관련디자인을 표현한 물품은 기본디자인의 그것과 동일 · 유사한 것에 한한다. 그리고 여섯째, 기본 디자인의 디자인권에 전용실시권이 설정되어 있는 경우에도 등록을 받을 수 없다.

(3) 관련디자인 출원의 보정

디자인등록출원인은 관련디자인등록출원을 단독의 디자인등록출원으로, 단독의 디자인등록출원을 관련디자인등록출원으로 변경하는 보정을 할 수 있다(디§48②).

(4) 관련디자인등록의 효과

유사여부판단에는 형상과 모양이 그 중심기준이 되고 색채는 보조적으로 형태성의 유사 여부를 판단하는 기준이 된다고 한다. 이렇게 판단된 관련디자인의 효력범위에 관하여는 확인설, 확장설 및 결과확장설 등 여러 가지 견해 · 학설로 나누어지고 있다. 대법원 판례는 "관련디자인이 등록되면 그 디자인권의 최초의 등록을 받은 기본디자인권과 합체하고 관련디자인의 권리범위는 기본디자인의 권리범위를 초과하지 아니하므로, 확인대상((개)호) 디자인과 관련디자인만을 대비하여 서로 유사하다는 사정만으로 곧바로 확인대상((개)호)디자인이 등록디자인의 권리범위에 속한다고 할 수 없다."[38]라고 하여 확인설의 입장에 서 있는 판례가 있는가 하면, "관련디자인이 등록되면 그 관련디자인의 디자인권은 최초의 등록을 받은 기본디자인권과 합체하고 그 결과 적어도 기본디자인의 관념적인 유사범위를 구체적으로 명백히 하여 그 권리범위로 확보한 것으로 보아야 하므로 甲 디자인과 乙디자인 사이의 유사여부를 판단함에 있어서 甲 디자인을 기본디자인으로 하여 관련디자인등록이 되어 있다면 甲 디자인과 그 관련디자인 및 乙 디자인을 종합적으로 대비하여야 한다."[39]라고 판시하여 확장설 내지 결과확장설의 입

37) 2023년 6월 개정 이전에는 기본디자인 출원일부터 1년까지 관련디자인의 출원에 대하여 디자인등록을 인정하였는데, 이를 3년으로 확대하였다. 이는 관련디자인의 디자인등록출원 기간을 확대하여 기업의 브랜드 형성에 기여하고 경쟁력 있는 디자인의 보호를 강화하려는 취지이다(의안번호 2118831 검토보고서). 해당 관련디자인의 디자인권을 설정등록할 때에 기본디자인의 디자인권이 설정등록되어 있지 아니하거나 기본디자인의 디자인권이 취소, 포기 또는 무효심결 등으로 소멸한 경우에는 그러하지 아니하다(디§35①단). 〈개정 2023. 6. 20.〉

38) 대법원 1995.6.30.선고, 94후1749 판결.

39) 대법원 1998.8.8.선고, 89후25 판결.

장에 서 있는 것 같은 판례가 있다.[40)]

관련디자인의 디자인권 소멸, 존속기간의 부수성(附隨性), 권리의 분리이전불가(디§54①단, §96①단) 및 모든 것은 기본디자인권에 따르는 것을 말한다. 다만, 관련디자인의 디자인권은 독자적인 행정처분에 의하여 발생한 권리이므로 그 등록에 하자가 있는 경우에는 독립적으로 무효심판청구의 대상이 된다.

6. 비밀디자인제도

(1) 의 의

비밀디자인이란 디자인등록출원인의 신청에 의하여 디자인권의 설정등록일로부터 일정기간 동안 그 디자인을 공개하지 않고 비밀로 하는 제도를 말한다(디§43). 디자인은 물품의 외관을 보호대상으로 하기 때문에 다른 산업재산(특허 · 실용신안)에 비해 타인에 의해 쉽게 모방될 수 있기 때문에 일정기간 동안 이를 공개하지 않고 비밀로 함으로써 권리자 및 이해관계인을 보호하기 위하여 만든 제도이다.

(2) 비밀기간

디자인등록출원인은 디자인권의 설정등록일로부터 3년 이내의 기간을 정하여 그 디자인을 비밀로 할 것을 청구할 수 있다(디§43①). 이때 디자인등록출원인은 비밀디자인의 청구를 출원일로부터 최초의 등록료납부일까지 할 수 있다. 다만, 그 등록료가 면제된 경우에는 디자인권을 설정하기 위한 등록을 하는 때까지 할 수 있다(디§43②).

또 디자인등록출원인 또는 디자인권자는 당초에 지정한 기간을 디자인권의 설정등록일부터 3년 내에서 연장 또는 단축할 것을 청구할 수 있다(디§43③).

(3) 비밀디자인의 권리행사

비밀디자인(디§43①)의 규정에 따라 비밀디자인을 청구한 디자인권자 및 전용실시권자가 자기의 비밀디자인권이 침해받는 경우에 특허청장으로부터 받은 증명서를 침해자에게 제시하여 경고한 후에만 침해금지청구권을 행사할 수 있다(디§113②). 즉 비밀디자인권자의 침해금지청구권은 타인이 자기의 비밀디자인과 동일 또는 유사한 디자인을 실시하는 경우에 이들에게 사전에 등록된 디자인이라

---

40) 노태정, "의장보호제도의 발전방향에 관한 소고," 지식과 권리, 창간호, p.83 재인용.

는 것을 서면으로 제시하여 경고한 후에만 행사할 수 있도록 하여, 비밀디자인권자의 권리침해의 금지 또는 예방을 보장하면서도 비밀디자인제도로 인한 불측의 피해자가 발생하지 않도록 규정하고 있다.

(4) 비밀디자인등록의 효과

디자인등록출원인이 지정한 비밀기간 동안에는 그 디자인의 내용을 공표할 수 없다. 단 공보(公報)에는 일반적인 성명 · 출원 및 등록번호 · 연월일만 게재되며, 출원서 및 도면 등은 게재되지 않는다. 하지만, ⅰ) 디자인권자의 동의를 받은 자의 청구가 있는 경우, ⅱ) 그 비밀디자인과 동일 또는 유사한 디자인에 관한 심사 · 디자인일부심사등록 이의신청 · 심판 · 재심 또는 소송의 당사자나 참가인의 청구가 있는 경우, ⅲ) 디자인권 침해의 경고를 받은 사실을 소명한 자의 청구가 있는 경우, ⅳ) 법원 또는 특허심판원으로부터 청구가 있는 경우에는 특허청장은 비밀디자인의 열람청구에 응해야 한다(디§43④).

비밀디자인의 지정기간이 경과하면 비밀디자인은 디자인공보에 게재하여 공표된다. 또 비밀기간 동안에는 디자인의 내용이 공표되지 않으므로 그 비밀기간 중 제3자의 침해행위는 과실추정이 배제될 뿐만 아니라(디§116① 단), 선의 · 무과실을 추정할 수 있는 유력한 근거가 된다. 따라서 이 경우에는 디자인권자는 침해행위임을 경고하고 만일 그 후에도 계속 침해행위를 한다면 그때에 비로소 손해배상 등의 청구권을 행사할 수 있다.

7. 한 벌 물품디자인제도

(1) 의　의

한 벌의 물품으로 동시에 사용되는 2 이상의 물품으로서 한 벌을 구성하는 물품의 디자인이 한 벌 전체로서 통일성이 있을 때 이를 한 벌 물품의 디자인이라고 한다(디§42①). 한 벌 물품의 구분은 산업통상자원부령으로 정하고 있다(디§42②).

최근 제품개발의 다양화 · 고도화와 더불어 특정목적에 사용하기 위하여 복수의 물품군에 대해서, 그들을 세트화할 수 있게 되어 전체적으로 통일감을 가진 개개의 물품의 디자인을 보호할 필요성이 강하게 제기되어 왔다. 그리하여 1961년 이후 2001년 개정시까지 6품목(끽연용구세트, 숟가락과 젓가락, 나이프 · 포크 · 스푼 등)으로 보호를 확대하기 위하여 '2종 이상의 물품'을 '2 이상의 물품'으로 하고, 관습적 사용요건을 삭제하는 등 한 벌 물품의 디자인이 성립되는 요건을 완화하여 시스템디자인(시스템 키친, 문방구 세트, TV 세트, 컴퓨터 시스템 등)의 보호대상을 확대하였다(디§42①, 디규칙 §38④, 별표5).[41]

(2) 등록요건

한 벌 물품디자인의 등록에는 디자인에 관한 일반적인 등록요건을 갖추어야 한다. 구법(2001년 개정법 전) 하에서 이 제도는 등록시에 한 벌 물품 디자인의 전체에 추가하여 한 벌 물품을 구성하는 물품 각각의 디자인에 대하여도 법 제5조(디자인등록의 요건), 제6조(디자인등록을 받을 수 없는 디자인) 및 제16조(선출원) 제1항 및 제2항의 등록요건을 만족시키는 것이 요구되고 있었으나 권리의 행사시에는 한 벌 물품 디자인 전체로서만 가능할 뿐 해당 한 벌 물품을 구성하는 각각의 물품별로 행사할 수 없는 것으로 해석되고 있어 한 벌 물품 디자인의 등록요건과 그 권리행사간에 부정합(不整合)이 생기고 있었다.

이와 같은 부정합을 해소함과 동시에 한 벌 물품의 디자인 전체의 창작에 신규성이나 창작성 등이 있는 경우에는 등록요건을 만족시키고 있는 것으로 하여 등록되도록 하고, 해당 한 벌 물품의 디자인 전체에 대해서만 권리의 행사가 가능하도록 하기 위하여 한 벌 물품의 디자인의 등록요건을 고치고 보호대상을 확대하였다. 즉, 한 벌을 구성하는 물품의 디자인이 각각 등록요건을 구비할 것을 요구하던 구법 제12조 제3항의 규정은 삭제함으로써 보호가 확대되었다.

(3) 한 벌 물품 디자인권의 효과

한 벌 물품의 디자인을 구성하고 있는 물품은 2 이상이지만 한 벌 디자인으로 출원하게 되면 하나의 디자인으로 권리가 설정된다. 따라서 한 벌 물품의 디자인권에 대한 심판, 권리의 이전 및 소멸 등도 분리하여 할 수 없고, 다만 한 벌로서만 가능하다.

8. 디자인일부심사등록제도

(1) 의 의

디자인일부심사등록제도란 디자인등록출원이 디자인등록출원에 필요한 방식을 갖추고 있는지와 디자인의 성립요건, 공업상 이용가능성 및 부등록사유 등

---

41) 현재 보호되고 있는 한 벌 물품은 한 벌의 여성용 한복 세트, 한 벌의 남성용 한복 세트, 한 벌의 여성용 속옷 세트, 한 벌의 장신구 세트, 한 벌의 커프스버튼 및 넥타이 핀 세트, 한 벌의 필기구 세트, 한 벌의 오디오 세트 등 93종이다.

디자인등록요건의 일부 사항만을 심사하여 행하는 디자인등록제도를 말한다(디§2 vi). 유행성이 강한 일부 물품(예: 직물지, 벽지 등의 Life-cycle이 짧고 유행성이 강한 평면디자인 등)에 대해서 1998년 3월 1일부터 디자인심사등록주의에서 무심사등록주의로 변경하였는데, 디자인무심사등록제도 또한 신규성·선출원 요건 및 창작성 요건 일부를 제외하고는 심사등록제도와 동일하게 실체심사를 한다. 따라서 등록요건 전부를 심사하지 않는다는 부정적 인식을 없애고자 2013년 개정법에서 '디자인무심사'의 용어를 '디자인일부심사'로 변경하게 되었다.

특허청은 유행성이 강한 디자인에 대해서는 디자인등록출원이 출원방식에 적합한지 등의 형식적 요건과 부실권리의 발생을 최소화하기 위한 필수적인 사항만을 심사하여 디자인등록을 허여함으로써 심사처리기간의 단축과 신속한 권리화를 가능케 하여 권리자의 실질적인 보호와 아울러 행정력의 절감을 도모하고자 도입한 제도이다.

(2) 등록요건

디자인일부심사등록출원의 요건은 ⅰ) 유행성이 강한 물품에 관한 디자인으로서 산업통상자원부령이 정하는 물품일 것[42](디§37④, 디규칙§38③), ⅱ) 디자인등록출원에 필요한 방식을 갖추고 있을 것, ⅲ) 디자인등록을 받을 수 없는 디자인이 아닐 것(디§34), ⅳ) 거절이유에 해당하지 않을 것(디§33①본문, §33② 중 주지디자인에 의한 용이창작, §39 등) 등이다.

한편, 디자인일부심사등록출원에 대하여는 신규성(新規性)(디§33① ⅰ, ⅱ, ⅲ), 창작비용이성(創作非容易性)(디§33②), 확대된 선출원(先出願)(디§33③), 관련디자인이 자기의 관련디자인과만 유사한 디자인(디§35②) 및 선출원(先出願)(디§46)은 심사단계에서 판단되지 않았다(디§62②). 그러나 디자인일부심사등록출원에 대하여도 출원된 디자인이 신규성 또는 창작성 등이 상실되었다는 정보제공이 있는

42) 디자인보호법 시행규칙은 물품류 중 아래 제1류(식품), 제2류(의류 및 패션잡화용품), 제3류(다른 류에 명기되지 않는 여행용품, 케이스, 파라솔 및 신변용품), 제5류(섬유제품, 인조 및 천연 시트직물류), 제9류(물품운송·처리용 포장 및 용기), 제11류(장식용품) 및 제19류(문방구, 사무용품, 미술재료, 교재)에 속하는 물품을 디자인일부심사등록의 대상으로 정한다. 해당 물품에 대하여는 디자인일부심사등록출원으로만 출원할 수 있다(§37④·디규칙38③). 헤이그협정 가입으로 심사·일부심사 물품을 개편하면서 로카르노 기준 3개 분류(제2류·제5류·제19류)로 축소되었으나, 2020년 12월 현재와 같이 로카르노 기준 7개 분류로 다시 확대되었다.

때[43]에는, 그 정보 및 증거에 근거하여 디자인등록거절결정을 할 수 있도록 변경하여 부실권리의 발생을 억제하려는 것으로 보인다(디§62④). 또한, 관련디자인등록출원에 대하여는 제35조 관련디자인의 일반규정이 적용되지 아니하고, 별도로 거절이유가 규정되어 있다(디§62③ⅴ).[44]

(3) 복수디자인 1출원제도

1) **의 의** 복수디자인 1출원제도란 여러 개의 디자인을 한꺼번에 하나의 출원으로 할 수 있도록 하는 제도를 말한다.

우리 디자인보호법은 1출원서에 1디자인만을 등록출원하도록 하였으나(디§40), 1998년 3월 1일부터는 디자인등록출원인의 편의를 도모하고, 출원절차를 간소화하기 위하여 1출원서로 복수(100개 이내)의 디자인을 함께 출원할 수 있게 하였다(디§41).

2) **등록요건** 복수디자인등록출원할 수 있는 것은 ⅰ) 1디자인마다 분리하여 표현하여야 하고, ⅱ) 동일물품분류에 속한 것이어야 하고,[45] ⅲ) 100개 이내의 디자인에 한한 것이어야 한다. ⅳ) 각 디자인이 거절이유에 해당하지 않을 것 등의 요건을 충족시켜야 한다.

3) **등록의 효과** 복수디자인등록출원은 각 디자인이 일정한 방식 등의 요건을 충족시켜야 등록받을 수 있으며, 한 디자인에라도 거절이유가 있는 경우 등

43) 정보제공이 있는 경우의 심사범위는 디자인일부심사등록출원에 대하여 디자인보호법 제55조(정보 제공)에 따른 정보 및 증거의 제공이 있는 경우에는 심사하지 않는 등록요건에 불구하고 그 증거자료에 근거하여 거절결정을 할 수 있다.

44) 디자인보호법 제62조 제3항 관련디자인으로 출원된 일부심사등록출원이 다음의 어느 하나에 해당하는 경우
① 관련디자인등록출원되거나 관련디자인등록된 디자인을 기본디자인으로 표시한 경우
② 기본디자인의 디자인권이 소멸된 경우
③ 기본디자인의 디자인등록출원이 무효·취하·포기되거나 디자인등록거절결정이 확정된 경우
④ 관련디자인의 디자인등록출원인이 기본디자인의 디자인권자 또는 기본디자인의 디자인등록출원인과 다른 경우
⑤ 기본디자인과 유사하지 아니한 경우
⑥ 기본디자인의 디자인등록출원일로부터 3년이 지난 후에 디자인등록출원된 경우
⑦ 기본디자인의 디자인권에 전용실시권이 설정되어 있어 디자인등록을 받을 수 없는 경우

45) 복수디자인등록출원으로 할 수 있는 물품은 디자인일부심사등록 대상물품(시행규칙 별표 4)으로 지정된 물품에 한하며, 이 중 하나의 복수디자인등록출원으로 될 수 있는 물품은 대분류가 동일한 것에 한한다.

록받을 수 없다. 복수디자인등록출원에 대한 디자인등록결정을 받은 자는 등록료를 납부하는 때에 디자인별로 이를 포기할 수 있으며(디§80①), 복수디자인등록출원이 등록된 후에는 각 디자인마다 권리가 발생하는 것으로 본다. 따라서 각 권리별로 이전, 사용, 수익, 처분이 가능하다(디§96⑤).

[도표 11] 디자인일부심사등록출원의 절차도

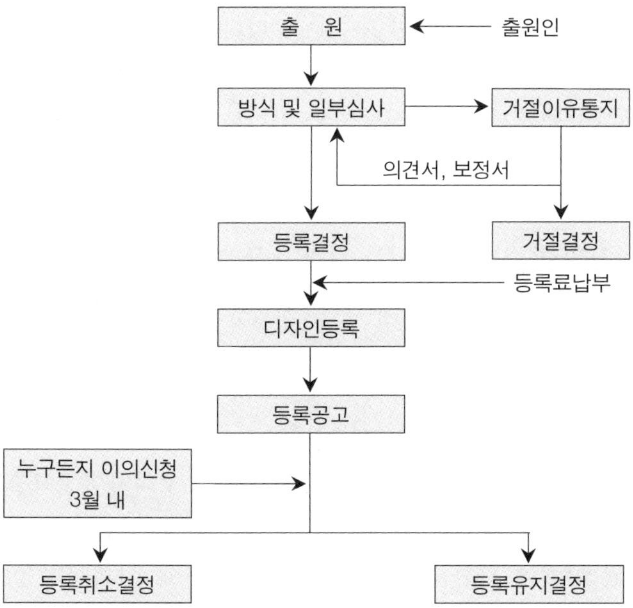

(4) 출원의 보정

디자인등록출원인은 디자인일부심사등록출원을 디자인심사등록출원으로, 디자인심사등록출원을 디자인일부심사등록출원으로 변경하는 보정을 할 수 있고(디§48③),[46] 이러한 보정은 디자인등록여부결정의 통지서가 송달되기 전까지 할

46) 2004년 디자인보호법 개정시 유사디자인등록출원(관련디자인등록출원)과 단독디자인등록출원간의 변경에 관한 제20조와 디자인무심사등록출원(디자인일부심사등록출원)과 디자인심사등록출원간의 변경에 관한 제20조의2를 삭제하고 이들 조항을 디자인보호법 제18조의 보정의 한 유형으로 새로이 규정하여 디자인보호법 제18조의 보정의 경우와 마찬가지로 취급하였다.

수 있다. 다만, 재심사를 청구하는 경우에는 재심사 청구기간, 그리고 디자인등록 거절결정에 대한 심판을 청구하는 경우에는 그 청구일로부터 30일 이내에 보정할 수 있다(디§48④).

(5) 이의신청

디자인일부심사등록 이의신청이란 디자인일부심사등록된 디자인에 대하여 공중이 그 등록상의 결함을 지적하여 등록의 취소를 구하는 것을 말한다. 이러한 디자인일부심사등록 이의신청은 디자인일부심사등록을 전제로 하는 것이므로 디자인일부심사등록된 디자인에 대하여만 할 수 있다. 디자인보호법에서는 디자인 심사등록출원에 대하여 원칙적으로 이의신청제도가 없었으나, 1998년 3월 1일 일부 물품에 한하여 일부심사등록제도(무심사등록제도)를 도입하면서 디자인일부심사등록 이의신청제도를 두게 되었다.

1) 누구든지 디자인일부심사등록출원에 따라 디자인권이 설정등록된 날부터 디자인일부심사등록 공고일 후 3개월이 되는 날까지 또는 디자인권 침해에 관한 통지를 받은 자는 그 통지를 받은 날부터 3개월이 되는 날까지 그 디자인일부심사등록이 다음 각 호(디자인등록을 받을 수 있는 권리를 가지지 아니하거나 디자인등록을 받을 수 없는 경우, 제27조, 제33조부터 제35조까지 제39조 및 제46조 제1항 및 제2항에 위반한 경우, 조약에 위반된 경우)의 어느 하나에 해당하는 것을 이유로 특허청장에게 디자인일부심사등록 이의신청을 할 수 있으며, 이 경우 복수디자인등록출원된 디자인등록에 대하여는 각 디자인마다 디자인일부심사등록 이의신청을 하여야 한다. 다만, 그 디자인권 침해에 관한 통지를 받은 것을 이유로 이의신청을 하는 경우에는 디자인일부심사등록 공고일부터 1년이 지나면 이의신청을 할 수 없다(디§68①).

2) 디자인일부심사등록 이의신청을 하고자 하는 자는 이의신청의 취지와 이유 및 필요한 증거 등을 표시한 디자인일부심사등록 이의신청서에 필요한 증거를 첨부하여 특허청장에게 제출하여야 하며(디§68②), 이의신청서가 제출되면 지정된 심사장은 이의신청서 부본을 디자인권자에게 송달하고 기간을 정하여 답변서를 제출할 기회를 주어야 한다(디§68③). 또, 전용실시권자에게도 통지를 하여야 한다(디§68④).

3) 디자인일부심사등록 이의신청인은 이의신청을 한 날로부터 30일 이내에 이의신청서에 기재한 이유 또는 증거를 보정할 수 있으며(디§69), 심사장은 이의

신청인이 그 이유 및 증거를 제출하지 아니한 경우에는 보정기간 경과 후에 이의신청을 결정으로 각하할 수 있다(디§73②).

4) 디자인일부심사등록 이의신청에 관한 심사를 할 때에는 디자인권자나 디자인일부심사등록 이의신청인이 신청하지 아니한 이유에 대하여도 이를 심사할 수 있다. 이 경우 디자인권자나 디자인일부심사등록 이의신청인에게 기간을 정하여 그 이유에 관하여 의견을 진술할 수 있는 기회를 주어야 한다. 이러한 의견진술의 통지가 있거나, 결정등본의 송달이 있은 후에는 이의신청을 취하할 수 없다(디§75①).

디자인일부심사등록 이의신청에 관한 심사를 할 때에는 디자인일부심사등록 이의신청인이 신청하지 아니한 등록디자인에 관하여는 심사할 수 없다(디§71②). 또한, 심사관합의체는 2 이상의 디자인일부심사등록 이의신청을 병합하거나 분리하여 심사 · 결정할 수 있다(디§72).

5) 디자인일부심사등록 이의신청은 3인의 심사관합의체가 심사, 결정하며 이의신청이 이유가 있다고 인정될 때에는 그 디자인등록을 취소한다는 취지의 결정(등록취소결정)을 하여야 하고(디§73③), 취소결정이 확정된 때에는 그 디자인권은 처음부터 없었던 것으로 본다(디§73④). 심사관합의체는 디자인일부심사등록 이의신청이 이유 없다고 인정될 때에는 그 디자인등록을 유지한다는 취지의 결정(이의신청기각결정)을 하여야 하고(디§73⑤), 디자인일부심사등록 이의신청에 대한 각하결정 및 이의신청기각결정에 대해서는 불복할 수 없다(디§73⑥). 그러나 취소결정에 대해서는 불복심판을 제기할 수 있다.

6) 디자인일부심사등록 이의신청을 취하하는 경우에는 그 이의신청은 처음부터 없었던 것으로 본다(디§75②).

(6) 디자인일부심사등록의 효과

디자인일부심사등록출원은 방식요건 및 일부 실체적 요건을 충족한 경우에는 다른 실체적 요건에 대한 심사 없이 등록되며, 등록된 디자인권에 대해서는 디자인심사등록에 의한 디자인권과 동일한 독점배타권이 주어진다. 그러나 디자인일부심사등록디자인에 관한 디자인권자 · 전용실시권자 또는 통상실시권자도 다른 사람의 디자인권 또는 전용실시권을 침해한 경우에는 그 침해행위에 대하여 과실이 있는 것으로 추정된다(디§116②).

9. 출원공개제도

(1) 서

특허 · 실용신안법은 출원심사의 신속과 이중투자 및 연구를 방지하기 위하여 출원공개제도를 두고 있는데, 디자인보호법은 디자인의 특수성(즉, 타인의 모방과 침해 용이) 때문에 이 제도를 두고 있지 않았다. 그러나 1995년 개정시 신청에 의한 출원공개제도를 새로 도입하였다(디§52).[47)]

(2) 출원공개제도 요건

디자인등록출원의 공개를 신청할 수 있는 자는 출원인이며(디§52①), 공개신청이 있는 때에는 특허와 같이 그 디자인등록출원에 관하여 디자인공보에 게재하여 출원공개를 하여야 한다. 다만, 디자인등록출원된 디자인이 주는 의미나 내용 등이 일반인의 통상적인 도덕관념인 선량한 풍속에 어긋나거나 공공질서를 해칠 우려가 있는 경우나 국방상 비밀로 취급하여야 하는 경우에는 출원공개를 하지 아니할 수 있다(디§52②). 또한 공개신청은 그 디자인등록출원에 대한 최초의 디자인등록여부결정의 등본이 송달된 후에는 이를 할 수 없다(디§52③).

(3) 출원공개의 효과

디자인등록출원인은 출원공개가 있은 후 그 디자인등록출원된 디자인 또는

47) 이는 모든 디자인에 적용되는 것이 아니라 디자인등록 출원인의 청구가 있는 경우에만 적용되며, 2004년 개정법은 심사 및 무심사등록출원(일부심사등록출원) 모두에 대하여 출원공개신청이 가능하도록 하였다.

2004년 개정법 이전 구법 제23조의3의 규정에 의하면 출원공개된 경우에 디자인권이 설정되기 이전이라도 디자인등록출원인이 출원한 디자인을 타인이 무단으로 실시하는 경우에는 출원중인 디자인임을 주장하여 실시하지 말 것을 경고할 수 있고, 그 출원디자인이 설정등록된 후에는 보상금청구권을 행사할 수 있는 등 일정한 법적 효과가 발생되는 권리를 부여하고 있으나, 무심사등록출원(일부심사등록출원)의 경우는 이러한 권리를 주장할 수 있는 규정이 없었다.

이것은 무심사등록출원(일부심사등록출원)의 경우에 심사처리기간이 짧아 디자인권의 설정여부가 신속히 결정됨으로써 출원을 공개하여 권리를 주장할 실효성이 없다고 판단하여 공개를 인정하지 않았기 때문이다.

그러나 Web공보의 발행으로 신속한 출원공개가 가능해졌기 때문에 심사등록출원인에게 인정되는 경고권과 보상금청구권을 무심사등록출원인(일부심사등록출원인)에게도 인정하는 것이 가능해졌을 뿐 아니라 심사등록출원인과의 형평에도 맞는 것이기 때문에, 2004년 개정법에서는 동 조항을 개정하여 무심사등록출원인(일부심사등록출원인)도 출원계속중에 공개신청을 하여 경고권을 행사하고 보상금청구권을 확보할 수 있게 함으로써 무심사등록출원인(일부심사등록출원인)의 권리보호를 확대하고 있다.

이와 유사한 디자인을 업으로서 실시한 자에게 디자인등록출원된 디자인임을 서면으로 경고할 수 있고(디§53①), 경고를 받거나 출원공개된 디자인임을 알고 그 디자인등록출원된 디자인 또는 이와 유사한 디자인을 업으로서 실시한 자에게 디자인등록출원인은 그 경고를 받거나 출원공개된 디자인임을 안 때부터 디자인권의 설정등록시까지의 기간 동안 그 등록디자인 또는 이와 유사한 디자인의 실시에 대하여 합리적으로 받을 수 있는 금액에 상당하는 보상금의 지급을 청구할 수 있으며(디§53②), 우선심사 신청도 가능하다(디§61). 이러한 청구권은 당해 디자인등록출원된 디자인에 대한 디자인권의 설정등록이 있은 후가 아니면 이를 행사할 수 없다(디§53③).

이 외에 보상금청구권의 소멸 등에 관한 사항은 특허와 같이 민법의 규정을 준용한다.

(4) 정보제공제도와의 관계

출원디자인에 대한 출원인의 공개신청은 그 출원에 대한 최초 등록여부결정의 등본을 송달받은 후에는 할 수 없다. 다만, 2001년 개정된 현행법에서는 출원공개된 디자인에 대하여 일정사유에 한해 가능하였던 정보제공을 디자인등록출원된 디자인에 대하여는 누구든지 당해 디자인이 등록될 수 없다는 취지의 정보를 증거와 함께 제출할 수 있도록 하여 심사의 정확성과 신속성을 제고할 수 있도록 하였다(디§55).

Ⅷ. 디자인보호법에 없는 제도

디자인보호법에는 다른 산업재산권법에 없는 디자인보호법 고유의 제도가 있는 것을 위에서 살펴보았는데, 이와 반대로 디자인보호법만이 갖고 있지 않은 제도가 있다. 이는 다음과 같다.

특허 · 실용신안법에서는 출원 후 심사청구가 있어야만 실체를 심사하나, 디자인보호법에서는 원칙적으로 한 번의 출원의사표시로 실체심사를 행하고 출원공개는 출원인의 신청이 있어야만 행한다. 이와 같이 디자인보호법에서는 특허법에서 모든 출원에 대하여 모두 공개하는 출원공개제도와 심사청구제도와는 상이(相異)하다. 또, 특허법에서는 등록 후 명세서나 도면을 정정하는 정정심판제도가 있으며, 또 정정한 명세서나 도면을 무효로 하는 무효심판제도를 두고 있으나, 디자인보호법은 이러한 제도를 두고 있지 않다.

위의 것 이외에도 디자인보호법은 국내우선권제도, 식물특허제도, 미생물특허제도, 물질특허제도, 제조방법에 관한 특허제도, 불실시에 대한 취소심판제도 등을 두고 있지 않다.

IX. 디자인등록을 받을 수 있는 자

디자인등록을 받을 수 있는 자는 디자인을 창작한 자 또는 그 승계인으로서(디§3①) 디자인보호법에서 정하는 바에 의하여 디자인등록을 받을 수 있는 권리를 가진다.

이 권리는 디자인을 창작함으로써 생기는 것으로서 국가에 대하여 디자인등록을 청구하는 권리이므로 공권(公權)임과 동시에 양도 가능한 재산권이다.

디자인등록을 받을 수 있는 자는 자연인 또는 법인이어야 하고, 외국인인 경우에는 평등주의 · 상호주의에 따르며, 파리협약에 의한 경우에는 우리나라에서도 디자인등록을 받을 수 있다(상세한 것은 제3장 참조).

제2절 | 디자인등록출원 · 심사절차

Ⅰ. 서

디자인등록출원에 대하여 디자인보호법에 특별히 규정한 것을 제외하고는 특허법의 경우와 같이 출원절차 · 심사절차 · 등록절차를 밟아야 하며, 그에 필요한 서류는 서면주의 · 양식주의 · 국어주의의 원칙에 의하여야 하고, 필요한 비용도 납부하여야 한다.

II. 디자인등록출원

디자인등록을 받으려고 하는 자는 출원요건[48]을 갖추어 소정의 양식에 기재한 출원서 및 도면 등을 특허청장에게 제출해야 한다. 그러면 특허청은 방식심사를 하게 된다(상세한 것은 [도표 12]를 참조). 여기서는 디자인보호법에 특별히 규정한 것만 살펴보기로 한다.

1. 1디자인 1출원의 원칙

디자인심사등록출원은 산업통상자원부령으로 정하는 물품의 구분에 따라 1

---

48) 디자인보호법 제37조(디자인등록출원) ① 디자인등록을 받으려는 자는 다음 각 호의 사항을 적은 디자인등록출원서를 특허청장에게 제출하여야 한다.

1. 디자인등록출원인의 성명 및 주소(법인인 경우에는 그 명칭 및 영업소의 소재지)
2. 디자인등록출원인의 대리인이 있는 경우에는 그 대리인의 성명 및 주소나 영업소의 소재지[대리인이 특허법인 · 특허법인(유한)인 경우에는 그 명칭, 사무소의 소재지 및 지정된 변리사의 성명]
3. 디자인의 대상이 되는 물품 및 제40조 제2항에 따른 물품류(이하 "물품류"라 한다)
4. 단독의 디자인등록출원 또는 관련디자인의 디자인등록출원(이하 "관련디자인등록출원"이라 한다) 여부
5. 기본디자인의 디자인등록번호 또는 디자인등록출원번호(제35조 제1항에 따라 관련디자인으로 디자인등록을 받으려는 경우만 해당한다)
6. 디자인을 창작한 사람의 성명 및 주소
7. 제41조에 따른 복수디자인등록출원 여부
8. 디자인의 수 및 각 디자인의 일련번호(제41조에 따라 복수디자인등록출원을 하는 경우에만 해당한다)
9. 제51조 제3항에 규정된 사항(우선권 주장을 하는 경우만 해당한다)

② 제1항에 따른 디자인등록출원서에는 각 디자인에 관한 다음 각 호의 사항을 적은 도면을 첨부하여야 한다.

1. 디자인의 대상이 되는 물품 및 물품류
2. 디자인의 설명
3. 디자인의 일련번호(제41조에 따라 복수디자인등록출원을 하는 경우에만 해당한다)

③ 디자인등록출원인은 제2항의 도면을 갈음하여 디자인의 사진 또는 견본을 제출할 수 있다.

④ 디자인일부심사등록출원을 할 수 있는 디자인은 물품류 구분 중 산업통상자원부령으로 정하는 물품으로 한정한다. 이 경우 해당 물품에 대하여는 디자인일부심사등록출원으로만 출원할 수 있다.

⑤ 제1항부터 제4항까지 규정된 것 외에 디자인등록출원에 필요한 사항은 산업통상자원부령으로 정한다.

디자인마다 1출원으로 한다(디§40). 이것을 1디자인 1출원의 원칙이라고 한다. 즉 하나의 출원에는 하나의 디자인만 출원할 수 있으며 이에 위반하여 출원하면 거절사유가 된다(디§62).[49] 그러나 같은 물품류에 속하는 물품에 대하여는 100 이내의 디자인을 1디자인등록출원으로 할 수 있다(디§41).

---

49) 제62조(디자인등록거절결정) ① 심사관은 디자인심사등록출원이 다음 각 호의 어느 하나에 해당하는 경우에는 디자인등록거절결정을 하여야 한다.

1. 제3조 제1항 본문에 따른 디자인등록을 받을 수 있는 권리를 가지지 아니하거나 같은 항 단서에 따라 디자인등록을 받을 수 없는 경우
2. 제27조, 제33조부터 제35조까지, 제37조 제4항, 제39조부터 제42조까지 및 제46조 제1항 · 제2항에 따라 디자인등록을 받을 수 없는 경우
3. 조약에 위반된 경우

② 심사관은 디자인일부심사등록출원이 다음 각 호의 어느 하나에 해당하는 경우에는 디자인등록거절결정을 하여야 한다.

1. 제3조 제1항 본문에 따른 디자인등록을 받을 수 있는 권리를 가지지 아니하거나 같은 항 단서에 따라 디자인등록을 받을 수 없는 경우
2. 제27조, 제33조(제1항 각 호 외의 부분 및 제2항 제2호만 해당한다), 제34조, 제37조 제4항 및 제39조부터 제42조까지의 규정에 따라 디자인등록을 받을 수 없는 경우
3. 조약에 위반된 경우

③ 심사관은 디자인일부심사등록출원으로서 제35조에 따른 관련디자인등록출원이 제2항 각 호의 어느 하나 또는 다음 각 호의 어느 하나에 해당하는 경우에는 디자인등록거절결정을 하여야 한다.

1. 디자인등록을 받은 관련디자인 또는 디자인등록출원된 관련디자인을 기본디자인으로 표시한 경우
2. 기본디자인의 디자인권이 소멸된 경우
3. 기본디자인의 디자인등록출원이 무효 · 취하 · 포기되거나 디자인등록거절결정이 확정된 경우
4. 관련디자인의 디자인등록출원인이 기본디자인의 디자인권자 또는 기본디자인의 디자인등록출원인과 다른 경우
5. 기본디자인과 유사하지 아니한 경우
6. 기본디자인의 디자인등록출원일부터 1년이 지난 후에 디자인등록출원된 경우
7. 제35조 제3항에 따라 디자인등록을 받을 수 없는 경우

④ 심사관은 디자인일부심사등록출원에 관하여 제55조에 따른 정보 및 증거가 제공된 경우에는 제2항에도 불구하고 그 정보 및 증거에 근거하여 디자인등록거절결정을 할 수 있다.

⑤ 심사관은 디자인일부심사등록출원이 제33조 제1항 각 호에 해당하거나 제46조 제1항 · 제2항에 따라 디자인등록을 받을 수 없음이 명백한 경우에는 제2항에도 불구하고 디자인등록거절결정을 할 수 있다.

⑥ 복수디자인등록출원에 대하여 제1항부터 제5항까지에 따라 디자인등록거절결정을 할 경우 일부 디자인에만 거절이유가 있으면 그 일부 디자인에 대하여만 디자인등록거절결정을 할 수 있다.

2. 선출원주의

동일하거나 유사한 디자인에 대하여 다른 날에 2 이상의 디자인등록출원이 있는 경우에는 먼저 디자인등록출원한 자만이 그 디자인에 관하여 디자인등록을 받을 수 있다(디§46①). 이렇게 출원의 선후에 따라 등록을 받을 수 있도록 하는 것을 선출원주의라 한다.

또한 동일하거나 유사한 디자인에 대하여 같은 날에 2 이상의 디자인등록출원이 있는 경우에는 디자인등록출원인이 협의하여 정한 하나의 디자인등록출원인만이 그 디자인에 대하여 디자인등록을 받을 수 있다(디§46②). 이 경우 특허청장 명의로 기간을 정하여 출원인에게 협의 결과를 신고할 것을 요구한 후 협의에 따라 정해진 하나의 출원에 대하여 등록결정을 하고 나머지 출원은 거절이유를 통지한 다음에 거절결정을 한다.

3. 출원의 분할

(1) 의 의

2 이상의 디자인을 1출원으로 한 자가 이를 2 이상의 출원으로 분할하여 출원하거나 복수디자인등록출원을 2 이상의 출원으로 분할하여 출원하는 것을 디자인등록출원의 분할이라고 한다(디§50①). 출원분할은 디자인등록출원의 결정의 통지서가 송달되기 전까지 또는 재심사 청구시 분할할 수 있다(디§50③).

(2) 요 건

1) 하나의 디자인등록출원서에 2 이상의 디자인이 포함되어 있어야 한다.

2) 원(原)출원이 존재하여야 하고, 원출원의 범위 내에서 분할하여야 한다.

3) 원(原)출원인과 분할출원인이 동일하여야 한다.

(3) 효 과

분할출원을 한 경우에 그 분할출원은 최초에 출원한 때에 출원한 것으로 본다(디§50②). 즉 분할하여 출원한 것의 효력이 최초에 출원한 때로 소급하여 발생하는 것으로 선출원주의(先出願主義)의 예외가 된다. 다만, 제36조 제2항(신규성의 제의 취지기재 및 증명서류 제출) 또는 제51조 제3항(우선권 주장 시 취지, 최초로 출원한 국명 및 출원의 연월일 기재) · 제4항(우선권주장 시 출원일로부터 3월 이내에 최초로 출원한 국가의 정부가 인정하는 출원의 연월일을 기재한 서면 및 도면의 등본을 제출)의 규정의 적용에 있어서는 그러하지 아니하다(디§50② 단). 한편, 분할출원 시 출원

[도표 12] 출원에서 등록까지의 간단한 절차

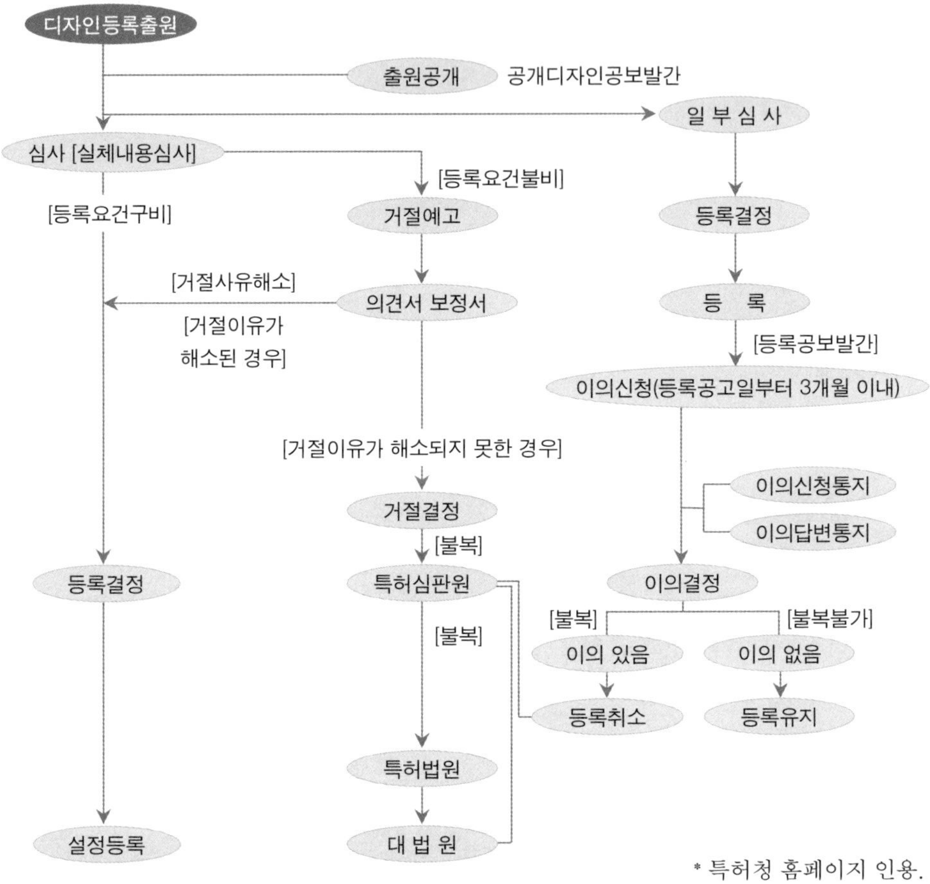

* 특허청 홈페이지 인용.

인의 실수 등으로 우선권 주장 취지의 기재 등이 누락될 경우 우선권 주장 기간 이내에 출원된 타인의 디자인등록출원이나 자기가 공지한 디자인으로 인하여 당해 디자인등록출원의 등록이 거절되는 경우를 방지하여 출원인의 편의를 도모하기 위하여, 제50조 제4항에서 분할의 기초가 된 디자인등록출원이 제51조, 제51조의2 또는 제51조의3에 따라 우선권을 주장한 디자인등록출원인 경우에는 제1항에 따라 분할출원을 한 때에 그 분할출원에 대해서도 우선권 주장을 한 것으로 보며, 분할의 기초가 된 디자인등록출원에 대하여 제51조, 제51조의2 또는 제51조의3에 따라 제출된 서류 또는 서면이 있는 경우에는 그 분할출원에 대해서도 해당 서류 또는 서면이 제출된 것으로 보며, 분할출원을 한 날부터 30일 이내에 그 우선권 주장의 전부 또는 일부를 취하할 수 있다(디§50④⑤).

4. 출원의 보정

(1) 의 의

출원보정이란 최초에 출원한 사항에 흠결이 있거나 불비한 경우 이를 명료하게 정정 · 보충하는 것을 말한다. 출원 보정제도는 선출원주의(先出願主義)하에서 출원을 서두르거나 착오에 의한 흠결이 있는 출원에 대해 출원 이후 그 흠결을 정정 · 보충할 기회를 부여하기 위한 것이나 보정의 무제한 인정은 제3자에게 예측하지 못한 손해를 줄 우려가 있으므로 일정한 제한 하에서만 보정이 인정된다(디§48①).

(2) 보정의 종류

출원인은 특허청에 제출된 도면 기타 서류에 대하여 자신이 자진하여 보정할 수 있는 경우[50]와 특허청의 지시에 의하여 보정하는 경우[51]가 있다.

이렇게 행하여지는 보정은 내용에 따라 형식적 요건에 관한 절차보정과 실체적 내용에 관한 실체보정으로 나눌 수 있다.

(3) 보정의 내용

1) **절차보정** 절차보정이란 직권 또는 자진하여 출원에 관한 형식적 요건에 흠결이 있는 경우에 이를 시정하는 것을 말한다.

보정절차는 법정 보정서에 의하여 행하여야 하며 보정시기는 직권보정인 경우는 특허청장이나 특허심판원장이 정한 기간 내이며(디§47), 자진보정인 경우는 디자인등록여부결정의 통지서가 송달되기 전까지 보정할 수 있다.

2) **실체보정** 실체보정이란 디자인등록출원에 관한 출원 · 도면 등의 실체적 내용에 흠결이 있을 때 이를 정정 · 보충하는 것을 말한다.

실체보정은 디자인등록결정 또는 디자인등록거절결정에 해당하는 결정의 통

---

50) 자진보정은 디자인등록출원 이후 방식상의 불비나 흠결사항을 스스로 발견하여 절차를 완전하게 하기 위하여 하는 자발적 의사에 의하여 행하는 보정과 특허청 심사관의 거절이유에 대한 해소를 목적으로 행하는 보정이 있다(디§48①).

51) 특허청장 또는 특허심판원장은 디자인등록에 관한 절차가 ⅰ) 행위능력이 없는 자에 의하여 행하여진 경우 또는 대리권이 없는 자에 의하여 행하여진 경우, ⅱ) 법령이 정하는 방식에 위반된 경우, ⅲ) 절차에 대하여 납부하여야 할 수수료를 납부하지 아니한 경우에 해당하는 경우에는 기간을 정하여 보정을 명하여야 한다(디§47).

지서가 송달되기 전까지 할 수 있다. 다만, 재심사를 청구하는 경우에는 재심사청구기간에 보정할 수 있고(디§48④ii), 거절결정 불복심판을 청구할 때에는 청구일로부터 30일 이내에 보정을 할 수 있다(디§48④iii).

3) **출원의 변경** 관련디자인등록출원을 단독의 디자인등록출원으로, 단독의 디자인등록출원을 관련디자인등록출원으로 변경하거나(디§48②) 디자인일부심사등록출원을 디자인심사등록출원으로, 디자인심사등록출원을 디자인일부심사등록출원으로 변경하는(디§48③) 보정을 말한다. 전자의 경우 관련디자인등록출원을 단독의 디자인등록출원으로 보정함에 있어서 보정서에 그 취지를 적어 특허청장에게 제출하고 이를 증명할 수 있는 서류를 보정서 제출일부터 30일 이내에 특허청장에게 제출하는 경우에는 신규성예외의 적용을 받게 된다(디§48④).

이러한 변경은 실체보정과 마찬가지로 등록여부결정의 통지서가 송달되기 전까지, 재심사를 청구하는 경우에는 재심사 청구기간에 보정할 수 있다.

(4) 보정의 효과

1) **적법한 보정** 보정이 적법한 경우 그 보정내용으로 최초의 출원이 그대로 승계되고 출원의 지위 또는 신규성 판단의 시점 등이 당초의 출원시를 기준으로 하여 판단된다고 할 수 있다. 다만, 보정이 최초의 디자인등록출원의 요지를 변경하는 것으로 디자인권의 설정등록 후에 인정된 때에는 그 디자인등록출원은 그 보정서를 제출한 때에 디자인등록출원을 한 것으로 본다(디§48⑤).

2) **부적법한 보정** 보정기간을 경과한 보정은 불수리되고, 요지변경인 경우는 결정으로 그 보정을 각하[52]하여야 한다(디§49①). 보정에 대하여 각하결정을 한 경우에는 당해 결정등본의 송달이 있은 날부터 3개월을 경과할 때까지 당해 출원의 디자인등록여부결정을 하지 않는다(디§49②).

Ⅲ. 디자인등록심사절차

디자인등록출원이 있으면 특허청장은 심사관으로 하여금 디자인등록출원 및

52) 보정각하제도는 법규에 위반된 보정을 배척하여 법적 안정성을 기하고, 보정각하결정에 불복이 있는 경우 행정구제의 근거를 마련하고, 각하의 형식으로 처분을 내리게 함으로써 심사관의 판단에 보다 신중을 기하도록 하기 위한 제도이다.

디자인일부심사등록 이의신청을 심사하게 한다(디§58①). 여기서 '심사'란 일단 특허청에 디자인출원된 것을 등록하여 줄 것인가 아니 할 것인가의 판단을 하기 위한 것을 말하며, 이의신청제도는 1998년 3월 1일부터 도입되어 일부심사등록출원(무심사등록출원)에 한하여 적용한다.

현행 우리나라의 디자인보호법은 다른 산업재산권법과 달리 심사주의와 일부심사주의를 병행하여 채택하고 있다.

디자인등록출원의 심사절차는 심사청구제도가 없는 것 외에는 특허법의 규정과 거의 동일하다. 그리고 출원인의 신청에 의한 출원공개가 가능하여 출원공개된 디자인이 침해되는 경우 우선심사청구가 가능하고, 보상금청구권을 행사할 수 있다. 또한 디자인등록결정을 한 출원에 대하여 명백한 거절이유를 발견한 경우 심사관은 직권으로 디자인등록결정을 취소하고 그 디자인등록출원을 다시 심사할 수 있다(디§66의2①).

제3절 | 디자인권

Ⅰ. 서

디자인권은 특허청 심사관에 의해 심사를 받고 (기본디자인과 관련디자인) 설정등록에 의하여 발생하는 독점배타적인 권리이다(디§90①, 디§92). 즉 디자인등록출원에 대하여 일정한 심사절차를 거쳐 그 등록을 허여한다는 등록결정이 있으면 소정의 기간 내에 등록료를 납부함으로써 당해 디자인의 설정등록이 되는 것이다. 이렇게 설정등록된 것을 등록디자인이라고 한다. 디자인권은 출원일로부터 20년이 존속기간이다(디§91①). 그리고 관련디자인으로 등록된 디자인권의 존속기간 만료일은 그 기본디자인의 디자인권 존속기간 만료일로 한다(디§91①단).

II. 디자인권의 효력

디자인권이란 등록디자인 또는 이와 유사한 디자인을 독점배타적으로 실시할 수 있는 권리를 말한다.

1. 디자인권의 효력 범위

디자인권은 물품의 동일 또는 이와 유사한 범위 및 디자인의 동일 또는 이와 유사한 범위에까지 그 효력이 미친다. 이 중 물품의 동일 또는 이와 유사한 범위와 관련하여 동일물품이란 용도[53]와 기능[54]이 동일한 것을 말한다. 그리고 유사물품이란 예를 들어 '볼펜'과 '만년필'과 같이 용도가 동일하고 기능이 다른 것을 말한다. 한편 디자인의 동일 또는 이와 유사한 범위에 있어서는 동일하거나 유사한 물품 간에서만 디자인의 유사여부를 판단한다.[55]

디자인의 유사여부는 전체적으로 관찰하여 종합적으로 판단한다. 여기서 관찰은 육안으로 비교하여 관찰하는 것을 원칙으로 하되, 디자인에 관한 물품의 거래에서 물품의 형상 등을 확대하여 관찰하는 것이 통상적인 경우에는 확대경, 현미경 등을 사용하여 관찰할 수 있다. 또한 전체적으로 판단한다는 것은 디자인을 구성하는 각 요소를 분리하여 개별적으로 대비할 것이 아니라 그 외관을 전체적으로 대비 관찰하여 보는 사람으로 하여금 상이한 심미감을 느끼게 하는지 여부에 따라 판단하여야 한다는 것이므로 그 지배적인 특징이 유사하다면 세부적인 점에 다소 차이가 있더라도 유사한 것으로 본다.

디자인의 유사여부는 유통과정에서의 일반수요자를 기준으로 판단한다. 즉 디자인의 유사여부 판단은 디자인의 대상이 되는 물품이 유통과정에서 일반수요자를 기준으로 관찰하여 다른 물품과 혼동할 우려가 있는 경우에는 유사한 디자인으로 본다. 또한 혼동할 우려가 있을 정도로 유사하지는 않더라도 그 디자인 분야의 형태적 흐름을 기초로 두 디자인을 관찰하여 창작의 공통성이 인정되는 경우에도 유사한 디자인으로 본다.

---

53) 용도란 물품이 실현하려는 사용목적을 말한다.

54) 기능이란 용도를 실현할 수 있는 구조 · 작용 등을 말한다.

55) 대법원 1999.12.28.선고 98후492 판결.

2. 디자인권의 내용

디자인권은 디자인권자가 업(業)으로서 디자인(등록디자인 또는 이와 유사한 디자인)을 직접 실시하고 이용할 수 있는 권리(디§92)와 타인이 실시하는 것을 배제할 수 있는 권리[56]가 있다. 전자를 적극적 권리라 하고 후자를 소극적 권리라고 한다.

등록디자인이 독점배타적인 권리로서 보호받는 범위는 디자인등록출원서의 기재사항 및 그 출원서에 첨부한 도면 · 사진 또는 견본과 도면에 기재된 디자인의 설명에 표현된 디자인에 의하여 정하여진다(디§93). 도면의 기재사항 중 창작내용의 요점을 권리범위 판단대상에서 제외한 것은 출원인이 기재형식에 구애받지 않고 보다 명확하고 자세히 기재하도록 하여 이를 심사에 활용하고자 함이다.

Ⅲ. 디자인권의 효력제한

디자인권은 독점배타적인 권리이나 시간적 · 장소적 제한 외에도 공익상 또는 산업정책상의 이유로 그 효력이 제한되는 경우가 있다.

1. 공익과 산업발전을 위한 제한

디자인권을 인정하는 것보다 제한하는 것이 오히려 공익과 산업발전에 기여된다고 하여 제한하는 경우이다.

1) 연구 또는 시험을 하기 위한 등록디자인의 실시(디§94① i)
2) 국내를 통과하는 데 불과한 선박 · 항공기 · 차량 또는 이에 사용되는 기계 · 기구 · 장치 기타의 물건(디§94①ii)
3) 디자인등록출원시부터 국내에 있는 물건(디§94①iii)
4) 글자체가 디자인권으로 설정등록된 경우 타자 · 조판 또는 인쇄 등의 통상적인 과정에서 글자체를 사용하거나 이러한 글자체의 사용으로 생산된 결과물(디§94②)

---

56) 소극적 권리는 타인이 정당한 권원이나 이유 없이 등록디자인 또는 이와 유사한 디자인을 업(業)으로서 실시하게 되면 독점권을 침해하게 되는 것으로서 디자인권자는 그 실시를 중지할 것을 청구할 수 있고, 침해자가 침해행위로 이익을 받은 때에는 부당이득반환을 청구할 수 있으며 또한 침해로 인하여 손해가 있으면 손해배상을 청구할 수 있는 등 민사상의 구제방법이 있고(디§113, §115, 민§741), 형사상으로 제재를 가할 수도 있다(디§220).

5) 등록료 추가납부에 의한 디자인권 회복에 따른 효력제한기간중의 실시(디§84④)
6) 재심청구등록 전에 선의로 수입 또는 국내에서 생산하거나 취득한 물품(디§161①)

2. 이용 · 저촉관계에 의한 제한

등록디자인 또는 이와 유사한 디자인이 타인의 선출원(先出願) 권리와 이용 · 저촉 관계에 있을 때에 디자인권의 효력은 제한을 받는다(디§95).

3. 실시권의 존재에 의한 효력제한

디자인권자와의 계약에 의한 실시권(전용실시권 · 통상실시권)이 허여된 경우에는 시간적 · 장소적인 제한을 받을 수 있다. 그 외에도 법정실시권과 강제실시권에 의하여도 제한을 받을 수 있다.

Ⅳ. 디자인권자의 의무

디자인이 등록되면 디자인권자는 법률의 범위 내에서 정당하게 사용할 의무를 진다. 그 외에도 등록료를 납부하여야 하는 등의 의무도 특허법과 동일하다.

Ⅴ. 디자인권의 변동

디자인권은 설정등록에 의하여 재산적 가치가 있으므로 상속, 일반승계, 양도, 질권의 실행 그리고 무효심판(디§96의2)[57] 등에 의하여 이전할 수 있다. 이 외

57) 제96조의2(디자인권의 이전청구) ① 디자인등록이 제121조 제1항 제1호 본문에 해당하는 경우에 디자인등록을 받을 수 있는 권리를 가진 자는 법원에 디자인등록의 이전(디자인등록을 받을 수 있는 권리가 공유인 경우에는 그 지분의 이전을 말한다)을 청구할 수 있다.
② 제1항의 청구에 기초하여 디자인권이 이전등록된 경우에는 다음 각 호의 권리는 그 디자인권이 설정 등록된 날부터 이전등록을 받은 자에게 있는 것으로 본다.
1. 해당 디자인권

에도 디자인권을 포기하는 경우(디§105), 존속기간이 만료되는 경우(디§91), 등록료를 납부하지 않은 경우(디§82③), 상속인이 없는 경우 등(디§111)에는 독점배타적인 권리가 소멸된다. 상세한 것은 특허권의 변동에서 설명한 바와 같다.

VI. 실시권

등록디자인을 업(業)으로서 실시할 권리를 독점하는 자는 디자인권자이지만, 디자인보호법은 디자인권자 이외의 자에게도 등록디자인과 이와 유사한 디자인을 적법하게 업으로서 실시할 수 있도록 하고 있다(디§92 단, §97, §99).

이 실시권 제도는 특허법상의 실시권과 원칙적으로 동일하므로 여기서는 간단한 표로 살펴보고 구체적인 설명은 생략하기로 한다.

- 통상실시권
  - 허락에 의한 통상실시권
  - 법정에 의한 통상실시권
    - 직무디자인(발진§10①)
    - 디자인권 회복전 선의 실시권(디§84⑤)
    - 선사용에 의한 통상실시권(디§100)
    - 선출원에 따른 통상실시권(디§101)
    - 디자인권의 이전청구에 따른 이전등록 전의 통상실시권(디§100의2)
    - 무효심판청구 등록 전의 실시에 의한 통상실시권(디§102)
    - 디자인권 등의 존속기간만료 후의 통상실시권(디§103)
    - 질권행사 등으로 인한 디자인권의 이전에 따른 통상실시권(디§110)
    - 재심에 의하여 회복된 디자인권에 대한 선사용자의 통상실시권(디§162)
    - 재심에 의하여 통상실시권을 상실한 원권리자의 통상실시권(디§163)
  - 재정에 의한 통상실시권
    - 통상실시권허여심판에 의한 통상실시권(디§123)
- 전용실시권

---

2. 제53조 제2항에 따른 보상금 지급 청구권

③ 제1항의 청구에 따라 공유인 디자인권의 지분을 이전하는 경우에는 제96조 제2항에도 불구하고 다른 공유자의 동의를 받지 아니하더라도 그 지분을 이전할 수 있다.

Ⅶ. 디자인권침해에 대한 구제 및 벌칙

1. 서

디자인권의 침해란 디자인권자 이외의 자가 정당한 권원 없이 업(業)으로서 등록디자인 또는 이와 유사한 디자인을 실시하는 것을 말한다.

디자인보호법은 디자인권에 대한 침해의 유형으로 직접침해와 간접침해라고 하는 두 가지 침해의 유형에 대하여 규정하고 있다. 직접침해란 정당한 권원이 없는 자가 등록디자인 또는 이와 유사한 디자인을 실시하거나 기타의 방법으로 직접적인 침해행위를 하는 것을 말한다(디§92). 간접침해란 등록디자인이나 이와 유사한 디자인에 관한 물품의 생산에만 사용하는 물품을 업으로서 생산·양도·대여 또는 수입하거나 업으로서 그 물품의 양도 또는 대여의 청약을 하는 행위를 디자인권 또는 전용실시권을 침해한 것으로 보고 이를 간접침해라 한다(디§114).

2. 디자인권침해의 성립요건

디자인권의 침해가 성립하기 위해서는 ⅰ) 디자인권이 유효하게 존재하여야 하고, ⅱ) 디자인권자 및 정당한 권원이 있는 자 이외의 자가 실시해야 하고, ⅲ) 업으로서 실시해야 하고, ⅳ) 등록디자인 또는 이와 유사한 디자인을 실시해야 한다.

3. 침해의 구제방법

침해의 구제방법을 대별하면 민사적 구제방법과 형사적 구제방법으로 나눌 수 있다.

(1) 민사적인 구제방법

1) 침해금지 및 예방청구권 침해금지 및 예방청구권이란 디자인권자 또는 전용실시권자가 자기의 권리를 침해한 자 또는 침해할 우려가 있는 자에 대해 그 침해의 금지 또는 예방을 법원에 청구할 수 있는 것이다(디§113).

요건으로는 ⅰ) 위법한 사실상의 침해가 있거나 침해할 우려가 있을 것, ⅱ) 업으로서의 침해가 있을 것, ⅲ) 침해자의 고의 또는 과실을 묻지 않고 객관적인 위법요소만 있으면 침해가 된다.

또 침해금지를 청구할 때에는 침해행위를 조성한 물품의 폐기, 침해행위에 제공된 설비의 제거, 기타 침해의 예방에 필요한 행위를 청구할 수 있다(디§113

③). 이 청구는 독립하여 할 수 없고, 금지청구에 부대하여서만 가능하다. 그리하여 부대청구권이라고 한다.

2) **손해배상청구권** 손해배상청구권이란 디자인권자 또는 전용실시권자가 고의 또는 과실에 의해 자기의 디자인권 등을 침해한 자에 대해 손해의 배상을 청구할 수 있는 권리이다(디§115).

요건으로는 i) 고의 또는 과실이 있을 것, ii) 위법한 침해가 있을 것, iii) 위법한 침해로 손해가 발생하였을 것, iv) 손해발생과 위법한 행위간에 인과관계가 있을 것, v) 책임능력이 있을 것 등이 있다.

타인의 디자인권 또는 전용실시권을 침해한 자는 그 침해행위에 대하여 과실이 있는 것으로 추정한다. 다만, 비밀디자인으로 설정등록된 디자인권 또는 전용실시권의 침해에 대하여는 그러하지 아니하다(디§116). 비밀디자인의 경우에는 디자인권이 발생하여도 그 내용이 공고되지 않기 때문에 디자인권을 침해한 자에게 과실이 있는 것으로 추정하는 것은 가혹하다고 보고 과실의 추정은 적용하지 않는 것이다.

손해의 산정방법으로 i) 침해자의 양도수량, ii) 침해행위가 없었다면 권리자가 판매할 물건의 단위수량당 이익액, iii) 권리자의 실시능력 등의 입증에 의한 손해액 산정의 특칙 규정이 있다. 그 외에 디자인보호법 제115조 제2항에서는 손해액의 추정규정, 제115조 제3항에서는 실시료 상당액의 청구, 제115조 제5항에서는 상당한 손해액의 인정 등의 규정을 두고 있다. 특히 제115조 제7항에서는 타인의 디자인권 또는 전용실시권을 침해한 행위가 고의적인 것으로 인정되는 경우 법원은 손해로 인정된 금액의 5배를 넘지 아니하는 범위에서 징벌적 배상액을 정할 수 있도록 규정하고 있다.

3) **신용회복청구권** 신용회복청구권이란 디자인권자 또는 전용실시권자 이외의 자가 고의 또는 과실로 디자인권 또는 전용실시권을 침해함으로써 디자인권자 또는 전용실시권자의 업무상의 신용을 실추시켰을 때 신용회복을 청구할 수 있는 것을 말한다. 이 경우 권리자는 손해배상에 갈음하거나 손해배상과 함께 업무상의 신용회복을 청구할 수 있다(디§117).

요건으로는 i) 고의 또는 과실이 있을 것, ii) 위법한 실시행위가 있을 것, iii) 업무상 신용이 실추되었을 것 등이 있다.

4) **부당이득반환청구권** 부당이득반환청구권이란 디자인권자 또는 전용실

시권자가 정당한 권원 없이 자기의 권리를 실시하여 이득을 얻고 자기에게 손해를 끼친 자에 대하여 그 손해를 기준으로 하여 이득의 반환을 청구할 수 있는 권리이다. 현행 디자인보호법은 이를 명문으로 규정하고 있지 않지만 민법상의 부당이득의 일반원리가 적용된다고 본다(민§741).

요건으로는 i) 이득을 얻을 것, ii) 타인에게 손해를 가하였을 것, iii) 이득이 법률상 원인이 없을 것 등이 있다.

(2) 형사적인 구제방법

디자인권자나 전용실시권자는 자기권리가 침해되었을 때는 민사적인 구제방법 이외에 형사적인 방법으로도 구제를 받을 수 있다.

1) **디자인권 침해죄** 디자인권 또는 전용실시권을 침해한 자에 대하여는 7년 이하의 징역 또는 1억원 이하의 벌금에 처한다(디§220①).

요건으로는 i) 형법상의 범죄의 구성요건과 디자인보호법상의 범죄 구성요건(보호범위에 속할 것)에 해당하고 위법성이 존재하여야 하고, ii) 침해행위가 있어야 하며, iii) 고의도 있어야 한다. 또 침해죄는 피해자의 고소가 없이도 수사의 개시와 진행이 가능하며, 피해자가 기소를 원하지 않는다는 의사를 확실히 표명할 때에는 기소를 하지 않는 반의사불벌죄(反意思不罰罪)로 변경되었다(디§220②).

2) **위증죄** 위증죄란 디자인보호법에 의해 선서한 증인 · 감정인 또는 통역인이 특허심판원에 대하여 거짓의 진술 · 감정 또는 통역을 한 경우에는 5년 이하의 징역 또는 5천만원 이하의 벌금에 처한다(디§221①). 이는 국가의 사법적인 심판의 적정을 그릇되게 할 위험이 있기 때문에 처벌하는 것이다.

3) **허위표시죄** 허위표시죄란 디자인등록을 하지 않은 디자인을 등록디자인인 것과 같이 사용하였거나 영업용간판 · 광고 · 표찰 · 상품의 포장 등에 사용한 자를 처벌하기 위한 것으로 이에 위반한 자는 3년 이하의 징역 또는 3천만원 이하의 벌금에 처한다(디§222).

이 죄는 디자인등록된 것이 아닌 것에 등록디자인표시를 하거나 이와 혼동하기 쉬운 표시를 하여 거래상 유리하게 하거나 디자인에 대한 공중의 신뢰를 악용하여 공중을 오인(誤認) 혼동케 하는 것을 방지하여 사회의 거래안전을 도모하기 위한 제도이다.

4) **거짓행위죄** 거짓행위죄란 디자인등록 또는 심판과정 중에서 기만적인 방법을 사용하여 디자인등록 또는 심결이나 특허법원의 판결을 받는 것을 말한

다. 거짓이나 그 밖의 부정한 행위로써 디자인등록 또는 심결을 받은 자는 3년 이하의 징역 또는 3천만원 이하의 벌금에 처한다(디§223).

5) **비밀유지명령(디§217)** 법원은 디자인권 또는 전용실시권의 침해에 관한 소송에 있어서 그 당사자가 보유한 영업비밀에 대하여 당사자의 신청에 따라 결정으로 ① 당해 영업비밀을 당해 소송의 수행 목적 이외의 목적으로 사용하는 것, ② 당해 영업비밀에 관련하여 비밀유지명령을 받은 자 이외의 자에게 공개하는 것을 금지할 수 있다.

6) **비밀유지명령 위반죄(디§224)** 국내외에서 정당한 사유없이 제217조 제1항에 따른 비밀유지명령을 위반한 자는 5년 이하의 징역 또는 5천만원 이하의 벌금에 처한다(디§224). 이 죄는 비밀유지명령을 신청한 자의 고소가 없으면 공소를 제기할 수 없다.

7) **비밀누설죄** 특허청 직원·특허심판원 직원 또는 그 직에 있던 자가 디자인출원중인 디자인 또는 비밀디자인의 규정에 의하여 비밀로 할 것을 청구한 디자인에 관하여 직무상 지득(知得)한 비밀을 누설하거나 도용한 때에는 5년 이하의 징역 또는 5천만원 이하의 벌금에 처한다(디§225). 또한, 선행디자인 조사 전문기관 또는 전문기관의 임직원 또는 그 직에 있었던 자는 특허청 소속 직원 또는 그 직에 있었던 자로 본다(디§226).

(3) 양벌규정

디자인보호법은 타인의 디자인을 침해한 경우, 허위표시한 경우, 거짓행위를 한 경우에는 행위자인 본인은 물론 법인 등에게도 벌금을 부과한다(디§227).

(4) 몰수 등

디자인권 또는 전용실시권 침해에 해당하는 침해행위를 조성한 물건 또는 그 침해행위로부터 생긴 물건은 몰수하거나 피해자의 청구에 의하여 그 물건을 피해자에게 교부할 것을 선고하여야 한다(디§228①). 만약, 피해자가 물건의 교부를 받은 경우에는 그 물건의 가액을 초과하는 손해의 액에 한하여 배상을 청구할 수 있다(디§228②).

(5) 과태료

디자인보호법은 ⅰ) 선서한 증인 등이 허위로 진술한 때(디§229①ⅰ), ⅱ) 서류 등을 제출하지 않은 경우(디§229①ⅱ), ⅲ) 불출석(디§229①ⅲ)의 경우에는 질서벌로 각각 과태료를 규정하고 있다.

제4절 | 심판 및 소송

Ⅰ. 심 판

디자인심판은 특허심판과 같이 대법원의 최종심을 전제로 행정관청인 특허청이 그 전심(前審)으로서 행정행위로 부여된 디자인권에 관한 분쟁을 해결하기 위하여 특허심판원 심판관의 합의체에 의하여 행하는 쟁송절차를 말한다.

디자인보호법은 특허법과 같이 디자인등록무효심판(디§121), 권리범위확인심판(디§122), 통상실시권허여심판(디§123), 등록거절결정 및 등록취소결정에 대한 심판(디§120), 보정각하결정에 대한 심판(디§119) 제도를 두고 있다. 다만, 특허법에서는 취소결정에 대한 심판과 보정각하결정에 대한 심판제도를 폐지하였다.

또 디자인보호법상 심판의 제반규정은 특허법을 준용하고 있었으나, 2009년 개정시 디자인보호법 제72조의2~제72조의33을 신설하여 별도로 규정하고 있다. 그리고 이는 다시 2013년 개정에 따라 디자인보호법 제126조~제157조로 변경되었다. 다만 디자인보호법에서는 존속기간연장등록무효심판, 정정(訂正)심판 및 정정무효심판과 PCT에 의한 특허무효심판을 채용하고 있지 않다. 즉 특허권이나 실용신안권은 명세서나 도면에 불완전한 것이 있을 때는 일정한 범위 내에서 정정심판을 청구할 수 있으나 디자인보호법에서는 도면의 변경이 곧 요지변경이므로 이 제도를 채용하지 않은 것이다.

그 외에도 산업재산권 분쟁 시 자금력이 부족한 중소 · 벤처기업은 심판 또는 소송으로 분쟁이 장기화될 경우 어려움을 겪게 되므로, 심판과 조정의 연계를 통해 산업재산권분쟁조정제도를 도입하여 운영하고 있다(디§152의2).

Ⅱ. 재 심

재심이란 확정심결에 중대한 심판절차의 위반 또는 심결에 불공정한 사유가 있는 경우에 그 심결의 취소를 구하는 비상(非常)불복신청방법이다. 디자인보호법에는 재심에 관한 규정(디§158~§165)을 두고 있는바, 특허법상의 재심과 동일하므로 민사소송법 제451조 및 제453조의 규정(디§158②)과 동법(同法) 제459조 제1항이 준용된다(디§165).

Ⅲ. 소 송

디자인에 관한 소송에 대해서는 특허법과 같이 디자인보호법 제166조~제172조에서 별도로 규정하고 있다(디§166~172).

Ⅳ. 헤이그협정에 의한 국제출원

최근 디자인의 국제화 및 글로벌 경쟁의 가속화로 우리 기업이 신속 · 간편하게 해외 디자인권을 확보할 수 있는 인프라 구축이 필요하게 되었다. 특히 대한민국 국민이 국제출원을 하기 위해서는 개별 국가별로 출원해야 하므로 절차의 복잡성 및 출원비용이 가중됨에 따라 해외에서 우리 기업들의 디자인권 획득비용 절감, 출원 · 관리의 효율성을 제고하기 위해서 국제출원시스템 도입이 필요하게 되었다. 이에 헤이그협정에 따라 하나의 출원서를 국제지적재산권기구(WIPO)에 제출하면 복수의 지정국에 출원한 효과를 부여하는 국제출원 절차를 도입하게 된 것이다. 즉 디자인산업의 새로운 환경변화에 적극적으로 대응하기 위해 디자인권의 보호대상을 확대하고, 국제출원방식에 대한 출원인의 선택의 폭을 확대하여 국내 우수 디자인이 해외에서 쉽고 간편하게 보호받을 수 있도록 「산업디자인의 국제등록에 관한 헤이그협정」을 반영한 디자인의 국제출원 및 등록절차를 도입하게 되었다. 따라서 우리나라 디자인보호법은 제9장에 「산업디자인의 국제등록에 관한 헤이그협정」에 따른 국제출원을 신설하여, 국내 출원인이 특허청을 통하여 국제출원하는 절차로 국제출원인 적격, 국제출원 절차, 국제출원 기재사항, 수수료, 국제출원일의 인정 등을 규정하였다. 한편 한국을 지정한 국제출원에 대한 심사의 특례를 신설하여 대한민국을 지정한 국제출원은 원칙적으로 국내 심사절차를 따르며, 심사/일부심사 출원의 구분, 보정, 거절통지, 존속기간의 특례 등 조약과 우리 법이 상충되는 부분에 대해서는 특례를 마련하였다. 이는 헤이그협정이 대한민국에 대하여 효력을 발생하는 날부터 시행(디§173~§205)한다. 따라서 여기서는 간단히 소개하고 시행시에 구체적으로 설명하고자 한다.

1. 국내 특허청을 통한 국제출원 절차

「산업디자인의 국제등록에 관한 헤이그협정」(1999년 세계지적재산기구에 의하여 제네바 외교회의에서 채택된 조약을 말하며, 이하 "헤이그협정"이라 한다) 제1조(vi)에 따른 국제등록(이하 "국제등록"이라 한다)을 위하여 출원을 하려는 자는 특허청을 통하여 헤이그협정 제1조(vii)에 따른 국제출원(이하 "특허청을 통한 국제출원"이라 한다)을 할 수 있다(디§173).

(1) 국제출원을 할 수 있는 자

특허청을 통한 국제출원을 할 수 있는 자는 i) 대한민국 국민, ii) 대한민국에 주소(법인인 경우에는 영업소를 말한다)가 있는 자, iii) 그 밖에 산업통상자원부령으로 정하는 바에 따라 대한민국에 거소가 있는 자 중 어느 하나에 해당하여야 한다. 2인 이상이 공동으로 출원하는 경우에는 각자 모두가 위 각 호의 어느 하나에 해당하여야 한다(디§174).

(2) 국제출원의 절차(디§175)

특허청을 통한 국제출원을 하려는 자는 산업통상자원부령으로 정하는 방식에 따라 작성된 국제출원서 및 그 출원에 필요한 서류(헤이그협정의 특정 체약당사자가 요구하는 서류 등을 말한다)를 특허청장에게 제출하여야 한다(디§175①).

(3) 국제출원서 등 서류제출의 효력발생시기(디§176)

국제출원서, 그 출원에 필요한 서류 및 제177조 제2항에 따른 서류는 특허청장에게 도달한 날부터 그 효력이 발생한다. 우편으로 제출된 경우에도 또한 같다(디§176).

(4) 기재사항의 확인

특허청장은 국제출원서가 도달한 날을 국제출원서에 적어 관계 서류와 함께 헤이그협정 제1조(xxviii)에 따른 국제사무국에 보내고, 그 국제출원서 사본을 특허청을 통한 국제출원을 한 자(국제출원인)에게 보내야 한다(디§177①).

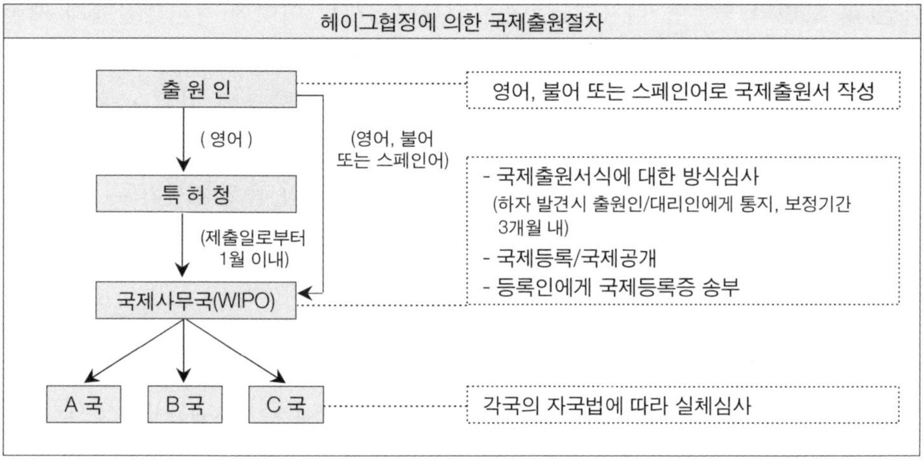

※ 출처: 특허청 디자인심사정책과, 디자인보호대상 확대, 디자인국제출원제도 도입 등을 위한 디자인보호법 전부개정 법률(안) 주요내용, 특허청, 2012.9.)

(5) 송달료의 납부(디§178)

특허청을 통한 국제출원을 하려는 자는 특허청장이 국제출원서 및 출원에 필요한 서류를 국제사무국으로 보내는 데에 필요한 금액(송달료)을 특허청장에게 내야 한다(디§178①). 또한 특허청장은 특허청을 통한 국제출원을 하려는 자가 송달료를 내지 아니한 경우에는 상당한 기간을 정하여 보정을 명하여야 하는데(디§178③), 보정명령을 받은 자가 지정된 기간에 송달료를 내지 아니한 경우에는 해당 절차를 무효로 할 수 있다(디§178④).

2. 국제디자인등록출원에 대한 특례

헤이그협정 제1조(vi)에 따른 국제등록으로서 대한민국을 지정국으로 지정한 국제등록(이하 "국제디자인등록출원"이라 한다)은 이 법에 따른 디자인등록출원으로 본다(디§179①). 또한 헤이그협정 제10조(2)에 따른 국제등록일은 이 법에 따른 디자인등록출원일로 본다(디§179②).

(1) 디자인등록출원 등에 관한 특례

국제디자인등록출원에 대하여 이 법을 적용할 때에 국제등록공개는 디자인등록출원서의 제출로 본다(디§181①). 또한 조약에 따른 우선권 주장과 관련하여 우선권을 주장한 자가 최초로 출원한 국가의 정부가 인정하는 출원연월일을 적은 서면 및 도면의 등본을 디자인등록출원일부터 3개월 이내에 특허청장에게 제출하는 경우(디§51④), "디자인등록출원일"은 "헤이그협정 제10조(3)에 따른 국제등록공개가 있은 날"로 한다(디§188). 이와 관련하여 "제52조에 따른 출원공개"는 "헤이그협정 제10조(3)에 따른 국제등록공개"로 하며, 같은 조 제2항 및 제6항을 국제디자인등록출원에 대하여 적용할 때 "제52조에 따라 출원공개된"은 각각 "헤이그협정 제10조(3)에 따라 국제등록공개된"으로 한다(디§190).

(2) 거절결정 등에 관한 특례(디자인등록출원 심사에 관한 특례)

국제디자인등록출원에 대하여 심사관이 디자인등록거절결정을 하여 디자인등록출원인에게 미리 거절이유를 통지하고 기간을 정하여 의견서를 제출할 수 있는 기회를 주려는 경우(디§63①) "디자인등록출원인에게"는 "국제사무국을 통하여 국제디자인등록출원인에게"로 한다(디§194).

(3) 디자인권에 관한 특례(디자인권의 설정등록에 관한 특례)

국제등록디자인권의 존속기간을 헤이그협정 제17조(2)에 따라 갱신하려는 자 또는 국제디자인등록출원인은 산업통상자원부령으로 정하는 물품 및 물품류에 따라 같은 협정 제7조(1)에 따른 표준지정수수료 또는 같은 협정 제7조(2)에 따른 개별지정수수료를 국제사무국에 내야 한다(디§196①). 그리고 특허청장은 국제디자인등록출원에 대하여 디자인등록결정이 있는 경우에는 디자인권을 설정하기 위한 등록을 하여야 한다(디§198②).

(4) 디자인권에 관한 특례

국제등록디자인권은 국내에서 설정등록된 날부터 발생하여 헤이그협정 제10조(2)에 따른 국제등록일 후 5년이 되는 날까지 존속한다. 다만, 국제등록일 후 5년이 되는 날(이하 이 항에서 "국제등록만료일"이라 한다) 이후에 등록결정이 되어 국내에서 설정등록된 경우에는 설정등록된 날부터 발생하여 국제등록만료일 후 5년이 되는 날까지 존속한다(디§199①). 또한 국제등록디자인권의 존속기간은 헤이그협정 제17조(2)에 따라 5년마다 갱신할 수 있다(디§199②).

국제등록디자인권의 보호범위는 보정 여부에 따라 보정이 없는 경우에는 '국제등록부에 등재된 사항, 도면 및 디자인의 설명', 보정이 있는 경우에는 '각각 보정된 디자인등록출원서의 기재사항, 도면 및 디자인의 설명'을 그 보호범위로 한다(디§200).

한편 국제등록디자인권의 이전, 포기에 의한 소멸 또는 존속기간의 갱신은 국제등록부에 등재함으로써 효력이 발생한다. 다만, 특허청장이 국제등록디자인권의 이전이 제96조 제1항 단서 또는 같은 조 제2항에 위반되어 효력이 발생하지 아니한다고 국제사무국에 통지한 경우에는 그러하지 아니하다(디§201①).

제5장

산업재산권법 중의 상표법

제1절 | 상표법 총설

Ⅰ. 상 표

1. 상표제도

근대 자본주의경제하에서는 복잡한 유통기구를 통하여 많은 종류의 상품이 대량으로 생산 · 제공되고 있다. 그러나 상품의 거래마다 생산자나 제공자의 출처를 확인한다거나 그 품질을 조사한다거나 하는 것은 현실적으로 불가능하다. 즉 모든 상품마다 모두 확인한다면 유통이 정체될 뿐만 아니라 수요자로서도 안심하고 상품을 구입 또는 제공을 받기가 어렵게 된다. 따라서 이러한 경우에 필요한 것(標識)이 상표이다.

이러한 상표(서비스표)는 다른 회사의 상품(서비스)과 식별(識別)할 수 있고, 상표(서비스표)에 의해 상품 등의 출처나 품질을 알 수 있으며, 동일한 상표를 동일한 상품에 계속 사용함으로써 일정한 품질의 보증까지 함과 더불어 상품의 유통까지지도 원활하게 한다. 그렇기 때문에 상표를 보호할 필요가 있어, 각국은 상표법을 제정하여 운영하고 있다.

2. 상표법의 목적

상표법은 제1조 목적 조항에서 상표를 보호함으로써 상표사용자의 업무상의 신용유지를 도모하여 산업발전에 이바지함과 아울러 수요자의 이익을 보호함을 목적으로 한다고 규정하고 있다. 즉 상표법은 상품의 식별표지인 상표를 권리로서 보호함으로써 상표권자에게는 상표에 화체된 신용과 이익을 보호 · 유지하게 하고, 수요자에게는 원하는 상품을 손쉽고 정확하게 선택할 수 있게 하며, 국가적 차원에서는 공정한 경쟁을 통한 건전한 상거래 질서를 유도하여 국가 산업발전에 기여하고자 한다.

3. 상표의 의의

일반 사회에서 말하는 상표란 기업의 상품에 붙이는 마크(標) 또는 심벌(symbol) 등을 총칭하는 것으로서 상품(서비스)의 얼굴이라고 말할 정도로 중요한 것이다. 즉 상표는 어떤 기업이 자사의 상품 또는 업무를 개성화함으로써 자사의 상품과 타사의 상품이 식별되고, 또 소비자들은 상품 또는 업무에 대하여 품질, 성능, 출처 등을 믿고 그 상품을 선택하게 된다. 따라서 상표는 상품거래에서 생산 및 제조자와 소비자를 연결하여 주는 일종의 도구(표지)이다.

이러한 상표는 계속 사용함으로써 신용이 축적되어 재산적 가치를 지니게 된다.[1] 그러나 상표법상의 상표는 사회통념상의 상표[2]와 반드시 동일한 개념은 아니다.

상표법상의 상표란 자기의 상품과 타인의 상품을 식별하기 위하여 사용하는 표장(標章)[기호 · 문자 · 도형, 소리, 냄새, 입체적 형상, 홀로그램 · 동작 또는 색채 등으로서 그 구성이나 표현방식에 상관없이 상품의 출처를 나타내기 위하여 사용하는 모든 표시를 말한다]을 말한다(상§2① i). 따라서 자타(自他)상품을 식별하기 위하여 사용되는 것이 아닌 표장은 상표가 아니다.

한편, 판례는 "상표는 특정한 영업주체의 상품을 표창하는 것으로 그 출처의 동일성을 식별하게 하여 그 상품의 품위 및 성질을 보증하는 작용을 하며, 상표법은 이와 같은 상표의 출처식별 및 품질보증의 기능을 보호함으로써 당해 상표의 사용에 의하여 축적된 상표권자의 기업신뢰이익을 보호하고 유통질서를 유지하

---

1) 포브스(Forbes)에서 발표한 2020년 세계 100대 브랜드를 살펴보면 Apple(2412억달러), Google(2075억달러), Microsoft(1629억달러), 아마존(1354억달러), Facebook(703억달러), Coca-Cola(644억달러), Disney(613억달러), 삼성전자(504억달러), 루이비통(472억달러), McDonald's(461억달러)순이었으며, 삼성 외 국내기업으로는 현대전자가 81위로 평가되었다. (출처: https://www.forbes.com/the-worlds-most-valuable-brands/#41ebe5119c0b).

2) 사회통념상의 상표란 자타상품의 구별표시이며 영업상의 신용을 확보하려는 목적하에 사용대상으로서의 관용상표, 보통명칭의 상표를 포괄하는 개념이다.

며 수요자로 하여금 상품출처의 동일성을 식별하게 하여 수요자가 요구하는 일정한 품질의 상품 구입을 가능하게 함으로써 수요자의 이익을 보호하려고 하는 것이다."라고 하였다.[3)]

또한 상표는 i) 무체재산권, ii) 상표에 관한 권리, iii) 상품에 관한 권리, iv) 상품의 식별기능, v) 상표를 지정상품에 사용하는 권리, vi) 창설적 권리, vii) 경쟁질서유지의 특징을 가지고 있다.

4. 상표의 구성요소

상표의 구성요소는 상표법 제2조 제2호(표장)에서 문자(한글 및 외국어, 이를 문자상표라 한다. 'OB' 'KAL' 'IBM' 등), 도형(동물도형 등), 기호(문자나 도형 등을 간략히 한 것으로 社標 'G'), 입체적 형상(코카콜라병, 딤플병), 색채, 홀로그램, 동작 또는 이들을 결합한 것과 소리, 냄새 등으로서 그 구성이나 표현방식에 상관없이 상품의 출처(出處)를 나타내기 위하여 사용하는 모든 표시를 말한다.

기술발전이 되지 않았던 과거에는 색채로 된 상표를 인정하지 않았으나, 실제의 거래사회에서대부분 색채와 결합한 상표를 사용하고 있고, TRIPs협정, WIPO 상표법통일화조약 등에서 색채상표를 의무화하고 있어 상표사용자에게 상표선택의 폭을 넓혀 주고자 1995년 상표법 개정시에 색채상표제도를 채택하였다. 따라서 색채는 상표의 부수적 구성요소로 취급되었다. 하지만, 2007년 개정법에 의해 일정요건을 만족하는 경우 단순한 색채만의 상표도 등록받을 수 있게 되었다. 또한 2011년 개정법은 비시각적인 표장인 소리·냄새를 상표의 구성요소로 추가하였다. 이는 「대한민국과 미합중국 간의 자유무역협정」의 합의사항을 반영한 것으로서, 소리·냄새 등 비시각적인 표장이라고 하더라도 기호·문자·도형 또는 그 밖의 방법으로 시각적으로 인식할 수 있도록 표현한 것은 상표의 범위에 추가하여 등록될 수 있게 되었다.

5. 상품 및 상표의 일반적 구성요건

상표가 되기 위해서는 먼저 상품으로서의 요건을 갖추어야 한다. 상표법상의 상품이 되기 위해서는 i) 유체물(有體物)이어야 하고, ii) 운반 가능한 것이어야

---

3) 대법원 1995.11.7.선고, 94도3287 판결.

하고, iii) 반복거래가 가능한 것이어야 하며, iv) 식별의 가치가 있어야 한다. 이러한 요건을 갖추어야만 상표가 될 수 있다.

상표의 요건은 상표법상의 상표의 구성요건과 상표등록요건 외에도 일반적 요건이 필요하다. 상표의 일반적 요건은 i) '상품'이어야 하고, ii) '업으로' 사용하여야 하고, iii) '자타(自他)상품의 식별의사(識別意思)'가 있어야 한다. 그리고 iv) '사용(使用)'하여야 하며, v) '표장(標章)'이어야 한다.

II. 상표관련 국제조약

상표제도의 국제화 · 통일화에 따라 마드리드 의정서에 2003년 가입하였다. 마드리드 의정서에 가입함으로써 우리의 기업과 출원인이 국외에서 보다 간편하고 경제적으로 상표를 보호받을 수 있도록 하고, 상표에 관한 정보교류의 촉진으로 상표관리전략의 수립에도 도움이 되었다. 또한, 상표 · 디자인제도의 선진화 · 국제화 추세에 따라 외국의 상표 · 디자인제도 중 우리의 실정에 맞는 합리적 제도가 있으면 적극적으로 도입 검토할 필요가 있다. 이에 다음에서는 상표제도와 관련한 국제조약들을 살펴보도록 한다.

국제적인 상표의 보호와 관련한 노력은 1883년 체결된 산업재산권 보호를 위한 파리협약(PARIS CONVENTION for the Protection of Industrial Property Rights of March 20, 1883)이나 1891년에 체결된 상표의 국제등록을 위한 마드리드 협약(MADRID AGREEMENT Concerning International Registration of Marks) 등에까지 거슬러 올라간다. 그리고 1994년 10월 27일에는 스위스 제네바에서 상표법통일화조약(TLT: Trademark Law Treaty)이 체결되었으며, 유럽공동체 역시 공동체 시장의 성립에 대비하여 Council Directive 및 Council Regulation을 정리하여 통일된 상표보호를 기하고 있다.

1. 파리협약

산업재산권의 다국간 체제를 확립한 파리협약은 기존의 속지주의 원칙을 유지하면서 국제협조체제를 형성하는 기본구조를 취하고 있다. 상표와 관련하여 파리협약은 그 보호대상으로서 상표를 명기한 제1조 제2항과 제6조 이하의 상표보호 관련규정 등을 두고 있으며, 내국민대우의 원칙, 텔켈(telle quelle) 조항의 채택, 우선권제도 등을 기본원칙으로 채택하고 있다.

파리협약에서는 상표의 정의를 특별히 하지 않고 각국의 해석에 위임하며(파리협약§6①), 이에 대한 상표보호의 독립을 명확히 하고 있다. 즉 동일한 상표가 2 이상의 동맹국에 있어서 등록출원되고 정상적으로 등록된 경우 그들은 상호 독립적이고, 출원절차, 등록요건, 권리의 발생 · 이전 · 효력 등에 대해서 당해 상표등록을 부여하는 각 동맹국의 법제에 따라서 개별적으로 취급되도록 하고 있다.

그러나 상품유통이 국제적인 규모로 행하여지고 있기 때문에 본국에서 등록된 상표가 다른 나라에서도 그대로 보호되는 것이 상표의 국제적 성격에서 생각하면 극히 이상적이다. 이에 상표독립의 원칙의 예외로서 외국등록상표에 대한 특별규정을 설치하고 있다(파리협약§6조의5). 즉 "본국에 있어서 정식으로 등록된 상표는 이 조약에서 특별히 규정하는 경우를 제외하고는 다른 동맹국에 있어서도 그대로(telle quelle) 등록이 인정되고 보호된다."라는 규정을 두어 상표에 대한 국제적 보호를 도모하고 있다. 다만, 이 규정은 해석에 있어서 방식심사만 행하면 보호를 요구하는 상표의 실체에 대해서는 아무 심사도 하지 않고 등록이 인정된다는 설과 각국의 국내법령에 있어서 상표 개념에까지 영향을 미치는 것은 아니라는 설이 대립한다.[4]

이러한 파리협약은 각국 법제의 상이(相異)를 전제로 속지주의를 인정한 위에서의 조정법적인 조약에 머물러 있어 당초의 이상인 세계 통일법을 실현하는 것에는 이르지 못하고 있다. 또한, 조약의 개정에 대해서는 전원일치의 원칙에 기초하고 있기 때문에 특정국 간에 합의할 수 있는 경우가 있어도 모든 동의를 얻을 수 없는 경우에는 타협의 산물로서의 개정밖에 할 수 없다. 그래서 조약의 탄력적인 운용의 여지를 남겨 산업재산권보호의 규정에 저촉되지 않는, 별도로 동맹국 상호 간에 산업재산권의 보호에 관한 특별동맹의 체결을 행할 권리의 유보를 인정하고 있고(파리협약§19), 이를 근거로 하여 상표에 관하여서도 그 국제적 보호를 강화하기 위하여 몇 개의 특별동맹이 체결되어 있다.

---

4) 각국 법제의 상이(相異)를 전제로 그들의 조화를 도모하려고 하는 파리협약 본래의 취지에서 보아 상표를 어디까지 인정할 것인가는 각국의 자유이어서 상표의 개념에 대하여 당해 동맹국에 있어서 국내법령과는 상이한 해석을 적용할 필요는 없다 하겠다.

2. 표장의 국제등록에 관한 마드리드 협약

파리협약에 의해 각국에서 보호를 받으려면 6개월의 우선권 혜택이 있을지라도 결국 희망하는 개별국가에 일일이 출원하지 않을 수 없다. 이에 단일기관(WIPO)이 단일언어와 일원화된 절차를 통하여 동맹국간 상표출원을 관장하도록 함으로써 국가간 상표출원과 등록을 용이하게 하고자 하는 노력이 시도되었고, 파리협약 제19조의 특별협약으로서 1891년 4월 14일 상표의 국제출원제도를 창설하는 마드리드 협약이 체결되었다. 마드리드 협약은 체약국의 국민은 본국에 있어서 등록된 표장을 기본등록으로 하여 통일된 절차에 의하여 복수의 가맹국에 있어서 표장의 국제등록을 받는 것이 가능하고 각 가맹국에 있어서 당해 표장이 당해국에 직접 출원된 경우와 동일한 보호를 받을 수 있도록 하고 있다.

다만 마드리드 협약 경로로 출원된 표장이라도 당해국에 직접 출원된 경우에 적용되는 것과 동일한 절차를 거쳐 등록된다. 즉 각국에 있어서 실제로 등록되는가 아닌가는 각국이 독자의 법률에 기초하여 판단한다. 따라서 일단 자국(自國)이든 거주지국(居住地國)이든 등록을 필요로 하므로 당해 국가가 등록을 위하여 실질심사를 하는 나라라면 심사기간 때문에 파리협약의 우선권(6개월)을 거의 이용할 수 없다는 문제점을 갖고 있다. 특히 최초에 출원한 국가, 즉 국제출원의 기초가 된 국가에서 5년 이내에 취소 등으로 실효(失效)되면 모든 국제등록이 무효가 되는 집중식 공격(central attack) 방식이 본 협약에 대한 가입의 기피원인이 되고 있다.

3. 상표등록조약(TRT: Trademark Registration Treaty)

상표등록조약은 본국에서의 등록을 기다리지 않고 곧바로 국제출원을 할 수 있도록 함으로써 실질심사국, 특히 미국과 영국의 반대를 피할 수 있도록 1973년에 만들어진 조약이다. 마드리드 협약과 같이 표장의 보호를 요구하는 국가의 국내 법령에 의하여 거절할 수 있는 범위에 있어서 당해국의 국내 등록의 효과를 부인할 수 있는 것을 인정하고 있다. 처음에는 미국 특허상표청과 WIPO의 지지를 얻었으나, 집중식 공격(集中式 攻擊)의 존재와 국제적 심사기준(國際的 審査基準)의 미비를 이유로 비준국이 소수이며 그 실질적인 활동이 이루어지고 있지 않다.

4. 마드리드 의정서

상표등록조약이 실질적인 활동을 하고 있지 못한 상황에 있어서 각국의 주요한 목적은 표장의 국제등록에 관한 마드리드 협약의 시스템을 확장하는 것에 놓여지게 되었다. 그러한 시도의 일환으로서 Protocol에 의한 개정을 통하여 기존 마드리드 협약 가입국에는 어떠한 영향을 미치지 않으면서도 다음과 같은 사항을 포함함으로써 아직 가입하지 않은 나라를 유인하려 하였다. 즉 마드리드 의정서 제9조의6은 당해 국제출원이나 등록의 본국관청이 의정서와 협약의 양 당사자인 경우는 의정서의 규정은 의정서와 협정의 양 당사자인 다른 나라의 지역에는 효력을 미치지 못한다고 규정하여 의정서의 효력이 의정서에만 가입한 나라 사이나 또는 의정서에 가입한 나라와 의정서와 협정에 가입한 나라 사이에 미치도록 하였으며, 의정서의 당사국은 마드리드 동맹 및 총회의 구성원이 되도록 하였다.[5)]

마드리드 협약의 문제점을 보완하고 상표의 국제등록제도를 탄력적으로 운용하기 위한 마드리드 의정서는 협약과는 다음과 같은 차이점을 갖고 있다.

첫째 마드리드 의정서에 의한 국제출원은 국가출원으로 충분하며 반드시 등록을 필요로 하지 않는다. 따라서 본국이 등록을 위해 실질심사를 하고 있더라도 국제출원에는 크게 지장이 없으며, 파리협약상의 우선권주장도 가능하게 된다.

둘째 마드리드 협약이 규정하던 집중식 공격의 불합리를 보완하였다. 즉 기본 출원 · 등록이 무효 · 취소되더라도 국제등록을 가진 자는 국제등록의 우선권을 그대로 보유하면서 3개월 이내에 국가등록을 위하여 지정한 각 지정체약국의 국내출원으로 전환할 수 있도록 허용하고 있다. 따라서 일단 본국출원에 문제가 생겨도 3개월 이내에는 우선권을 그대로 가지면서 이미 국제출원에서 지정한 국가라면 개별국가에 다시 출원할 수 있다.

셋째, 지정국에 있어 상표등록의 거절이나 잠정적 거절을 할 수 있는 기간을 18개월로 연장하였다. 또한, 18개월의 제한기간 이후에도 이의신청이 있을 수 있다고 앞의 18개월 이내에 국가 특허청이 국제사무국에 알려주면 이의신청에 기초한 거절에 대해서는 부가기간(附加期間)이 허용된다. 이 외에도 지정국이 독자적인 상표등록제도에 있어서 수수료의 총액과 동액의 청구가 가능하게 되며, 상표권의 존속기간을 10년으로 변경하였으며, 사용언어도 프랑스어 이외에 영어를 추

5) 다만, 의결권은 서명한 조약 내용에 포함된 주제로 한정된다.

가하였다.

5. 상표법통일화조약(TLT: Trademark Law Treaty)

이 조약은 제도이용자의 편리성을 도모하는 관점에서 상표에 관한 절차의 간소화 및 국제적 조화를 목적으로 1994년 10월 27일 스위스 제네바에서 개최된 외교회의에서 채택된 조약이다. 이 조약은 각종 증명서 요구의 간소화, 다류 1출원, 다건 1통 방식의 채용, 출원분할, 갱신등록의 실체심사금지 및 등록의 동일한 오류정정, 방식심사의 의견진술 등을 내용으로 하고 있다.

6. WTO/TRIPs 협정

GATT/UR의 체결로 인하여 1995년 1월 1일부터 WTO(세계무역기구)가 정식으로 발족하고, 그 부속서로 상품무역에 관한 사항 이외에 서비스, 무역관련 투자조치, 무역관련 지적재산권 협정(TRIPs)이 확정되었다. TRIPs협정은 특허권, 저작권, 컴퓨터프로그램, 반도체칩법, 영업비밀 등 8개 분야의 지적재산권과 관련한 최소한의 보호기준을 마련하고 있다. 제2장 상표(trademarks) 규정에서 상표의 보호와 관련한 규정들을 두고 있는 TRIPs협정은 상표의 의의, 상표권의 내용, 보호기간, 사용의무, 사용권 설정 및 양도 등을 규정하고 있으며, 제3장에서는 지리적 표시(geographical indications)의 보호규정을 두고 있다. 또한, 제2조 지적재산권 협정에서는 본 협정의 보호기준, 시행절차, 권리획득 및 유지절차와 관련하여서는 파리협약 제1조 내지 제12조와 제19조를 준용하도록 하고 있어 상표에 관한 파리협약의 조항들을 준용하도록 하고 있다.

Ⅲ. 상표법상의 제 원칙

1. 권리주의(상§82)

상표권은 특허청에 설정등록함으로써 독점 · 배타적인 권리를 가진다. 상표등록요건을 갖추어 특허청에 출원한 것에 대하여 거절이유가 없으면 권리를 부여하여야 한다.

2. 등록주의(상§82)

상표는 특허청에 출원한 것에 대하여 거절이유가 없으면 심사관은 일정한 경우를 제외하고 출원공고결정을 하고, 이의신청이유에 해당되지 않고, 상표등록료를 납부한 때는 상표를 등록하여 독점배타적인 권리를 취득한다.

3. 선출원주의(상§35, §37)

동일 · 유사한 상품에 대하여 동일 · 유사한 상표가 2 이상 중복출원되어 경합되었을 경우 제일 먼저 출원한 자에게 상표권을 부여하는 것을 선출원주의라고 한다.

4. 심사주의(상§50)

상표등록출원에 대하여 등록을 받는 데 필요한 실질적 · 형식적 요건을 행정청인 특허청에서 심사한 후 등록여부를 결정하는 것을 말한다.

특허청장은 상표등록출원의 심사에 있어서 필요하다고 인정하는 경우에는 전문조사기관을 지정하여 상표검색을 의뢰할 수 있다(상§51①).

5. 사용주의

선사용주의(先使用主義)란, 제일 먼저 출원한 자에게 등록을 허여하는 것이 아니고, 제일 먼저 사용한 자에게 등록을 허여하는 것을 말한다. 사용주의는 사회적 사실로서 현실에 사용되고 있는 상표 중에서 식별가능한 표지로서 기능을 하고, 사회적 이익이 생기는 상표에 대하여 일정의 장해가 없는 한 권리로서 확인하며, 법률에 의하여 독점배타권으로서 보호하는 권리이다.

6. 출원공고제도

출원공고는 심사관이 등록출원에 대하여 심사한 결과 거절이유를 발견할 수 없는 때에는 그 출원내용을 공고(공중에 公表)하여 일반공중의 열람에 제공함으로써 심사의 공정성확보, 상표정보의 제공을 함과 동시에 그 내용에 이의가 있는 때에는 이의신청을 제기할 수 있도록 하여 심사관의 심사의 공정을 기함과 동시에 등록 후에 있어서의 상표분쟁을 미연에 방지하고자 하는 제도이다(상§57).

7. 이의신청제도

이 부분은 '상표등록이의신청'에서 살펴보기로 한다(상§60~67).

8. 상표등록공고

특허청장은 상표를 등록한 경우에는 상표권자의 성명 · 주소 및 상표등록번호 등 대통령령으로 정하는 사항을 상표공보에 게재하여 등록공고를 하여야 한다(상§83③).

9. 심판제도

상표에 관한 분쟁을 전문적인 기관인 특허심판원이 대법원의 최종심을 전제로 그 전심절차로서 상표에 관한 권리관계의 발생 · 변경 · 소멸이나 권리범위 등에 관한 분쟁을 해결하기 위한 제도이다.

Ⅳ. 상표법의 원리

일반적으로 지적재산권을 보호하는 논거로서는 지적 활동의 산물인 발명 또는 저작물에 대하여 그에 투입된 노력, 시간과 비용을 보상하여 주고자 국가가 독점배타적인 권리를 부여하고 나아가 국가 산업발전에 기여토록 하는 것이라고 한다. 그러나 상표권 보호에 있어서는 이러한 일반적인 지적재산권보호의 의의가 관철되지는 않는다. 상표권자는 단순히 상표 그 자체를 소유하는 것 자체에 만족하지 않으며, 상표권자가 상표에 대하여 갖는 이해관계는 그 상표가 표창하는 동일성이나 판매력 또는 Goodwill과 관련한 것이다. 또한 상표가 사용된 상품의 품질관리나 품질개선 또는 Goodwill 형성에 그 상표를 사용하는 자의 노력과 비용을 투입하는 것은 1차적으로 판매량의 증가와 이윤증대를 위한 것이며 현실적 매출의 증가나 이윤증대로써 그에 대한 1차적인 보상을 받는다. 그 보호가치 역시 발명 또는 저작물은 권리보호기간의 경과와 함께 약화되는 것에 반하여 상표는 그 보호가치가 강화된다.

영업상의 신용 내지 Goodwill의 보호라는 상표제도의 기능과 관련하여 단순히 영업상의 신용보호라면 이는 부정경쟁방지법상의 법리로써도 충분히 해결할 수 있다는 비판이 있다. 게다가 품질관리나 품질개선과 관계없이 광고선전에 투입된 막대한 비용이 상표의 인지도 확대를 통한 Goodwill 형성에 크게 기여하고 있는 것이 현실인바 단순히 광고선전으로 형성된 영업상의 신용 보호에 지적재산권법이 원용되는 것이 타당한가는 의문을 제기하기도 한다.[6] 그러나 상표보호에 있어 영업상의 신용보호는 상표권자뿐만 아니라 소비자의 보호에 있어서도 중요하다. 즉 상표의 침해는 생산자 사이의 공정한 경쟁을 저해하며 소비자로서는 제품을 구별할 수 없어 선택권을 침해받는 것이다. 이에 실제 상표분쟁에 있어서도 분쟁의 당사자는 서로 충돌하는 상표를 사용하는 기업이지만 분쟁의 해결은 주로 소비자의 관점에 의존하게 된다. 나아가 상표의 침해에 있어 진정 침해당하는 것은 상표 그 자체가 아니라, 기만당하지 않을 공중의 권리이며 그와 관련하여 상표권자가 자기 제품의 명성을 통제하는 권리라고 설명하기도 한다.[7]

상표법은 소비자의 선택을 경제적으로 평가할 의무를 지지 않는다. 따라서 상표보호와 관련하여 법이 주목하는 것은 선택에 따른 소비자의 경제적 손실여부가 아니라 그의 선택과정이 기망이나 혼동으로부터 보호받았는지이다. 소비자[8]는 그들이 선택하고 원한 상품을 취득할 권리를 가지는 것이며, 그러한 선택이 일시적 기분이나 유행 때문이라거나 감정적인 것이라거나 상품지식의 부족에서 비롯된 것인지 여부는 문제되지 않는다. 따라서 어떤 제품이 특정의 제조업자가 생산했기 때문에 그것의 구입을 선호한다면 소비자는 그 제품을 구입할 권리를 가지는 것이고, 품질의 우열여부에 관계없이 출처가 다른 제품을 제공하였다면 소비자의 권리는 충족될 수 없다. 그리고 법은 이러한 소비자의 권리보호에 기여하는 것이며, 이는 곧 상표의 본원적인 기능인 출처표시기능의 보호에 있다 하겠다.

상표의 보호는 특허나 실용신안과 같은 새로운 창조활동이 아니라, 상표가 형성한 영업상의 신용과 그를 전제로 한 공정한 경쟁질서를 목적으로 한다. 따라서 어떤 것이 시장에서 상표로서 기능을 한다면, 즉 어떤 것이 소비자로 하여금 상품과 그 배후의 일정한 자를 연상케 한다면 그것을 상표로서 보호하여야 할 것

6) 양명조, “상표보호의 본질,” 「창작과 권리」 1996. 여름호, p.91.

7) James Burrough, Ltd. v. Sign of Beerfeater, Inc 540 F. 2d 266(7th Cir. 1976).

8) 이때 보호의 객체가 되는 소비자는 주의 깊은 구별을 할 수 있는 해당 전문 지식을 갖추고 있지 못하며, 사려 깊지 못하고 남을 쉽게 믿는 경향이 있으며 구매단계에서는 멈춰서서 분석을 하기보다는 물품의 외관이나 전체적인 인상에 좌우되는 타입의 평균적인 소비자를 가리킨다. Fleishment Distilling Crop v. Maier Brewing Co. 314 F. 2d 149(9th Cir 1963).

이며, 이것이 상표법의 역할이다. 따라서 원칙적으로 상표법의 보호대상은 그 출처표시기능 여부에 따라 판단되어야 할 것이다. 우리의 상표법은 전형적인 방법에 의한 보호방법으로 시각적인 것에 한정하였으나, 2016년 개정 시에 상표는 출처표시기능을 갖는다면 시각뿐만 아니라 청각, 미각, 후각 등에 의해서 파악될 수 있는 일체의 것을 포함하도록 개정하였다. 물론 상표법의 보호가 갖는 독점배타적인 측면을 생각할 때 상표의 보호가 무제한적으로 인정되어서는 안 된다. 하지만, 상표보호의 한계설정은 상표 개념 자체보다는 상표권 등록단계에서 영업상의 신용형성과 소비자보호 및 독점인정의 타당성을 판단한 이후의 문제이어야 할 것이다.

이미 지적한 바와 같이 발명 또는 저작물은 권리보호기간의 경과와 함께 그 보호가치가 약화되는 반면, 상표가 형성하는 보호가치는 권리보호기간이 경과함에 따라 강화된다. 그러나 이를 상표로서 보호하게 된다면 반영구적인 독점을 허용 가능케 하는 것으로써 경쟁원리가 지나치게 제한되어 산업발전에 오히려 장애가 될 수 있다. 이에 상표법은 "상표권자 · 전용사용권자 또는 통상사용권자는 그 등록상표를 사용할 경우에 그 사용상태에 따라 그 상표등록출원일 전에 출원된 타인의 특허권 · 실용신안권 · 디자인권 또는 그 상표등록출원일 전에 발생한 타인의 저작권과 저촉되는 경우에는 지정상품 중 저촉되는 지정상품에 대한 상표의 사용은 특허권자 · 실용신안권자 · 디자인권자 또는 저작권자의 동의를 얻지 아니하고는 그 등록상표를 사용할 수 없다"(상§92)라고 규정하고 있는 것이다.

Ⅴ. 상표의 기능

최근 기술의 발달로 인하여 물자가 풍족해지면서 많은 상품들이 매장에 진열되어 어느 상품이 어느 회사의 상품인지를 식별하기 어렵다. 그리하여 회사들은 다른 회사의 상품보다 자사의 상품을 구매하도록 하기 위하여 여러 가지 판촉활동을 펼치고 있다. 이러한 판촉활동을 하기 위해서는 자사의 상품에 타사와 다른 표지(標識)를 사용하여 소비자가 그 상품을 언뜻 보아도 어느 회사의 어떤 상품인지를 알 수 있도록 하고 있다.

상표는 소비자에게는 그 상품이 어느 기업의 어떤 상품이어서 신뢰하고 구매할 수 있게 하고, 기업에게는 자사의 상품이 품질이나 기능 또는 성능 등이 타사의 상품에 비해 좋은 인식을 가지도록 함으로써 소비자가 기업의 상품이라면 믿고 구매하도록 하는 기능이 있다.

1. 상품의 식별기능(기본적 기능)

상표는 법률상으로 독점배타권을 인정받아 경제거래에서 능률적이며 공정한 질서를 유지하도록 하고 이를 통하여 소비자의 이익을 보호하며 상표에 화체(化體)된 상표권자의 경제적 이익으로서의 재산권을 보호하는 기능을 가진다.

상표의 기능이라 함은 표시와 식별로서의 기능을 말하는 것인데, 이는 소비자로 하여금 상품을 구매함에 있어 동일 성질의 내용인 A회사의 상품과 B회사의 상품을 구별 또는 식별케 하는 기본적인 기능[즉 자타(自他)상품의 식별(識別)기능이다. 이를 본질적(本質的) 기능 혹은 본원적(本源的) 기능이라고도 한다][9]이다.

2. 파생적 기능

기본적 기능에서 파생된 기능은 품질보증기능,[10] 출처표시기능,[11] 광고선전기능,[12] 신용(Good Will)보증기능[13] 및 소비자 보호기능, 재산적 기능[14] 등이 있다.[15] 이러한 상표의 기능이 있으므로 생산자 및 제조자는 자기의 상품을 타인의

---

9) 상표는 자기의 상품과 타인의 상품을 식별하여 주는 기능을 한다. 이러한 상표의 기능이 있으므로 생산자는 자기의 상품을 타인의 것과 비교하여 우수성 내지 특이성을 소비자에게 쉽게 전달할 수 있으며, 소비자 역시 비슷한 상품들 사이에서 자신이 원하는 상품을 용이하게 식별할 수 있는 것이다.

10) 상표를 계속 · 반복하여 사용함으로써 수요자로 하여금 그 상표가 붙은 상품의 품질이 어느 정도인지를 인식하게 하는 기능을 한다.

11) 상표는 그 생산자가 제조 · 판매한다는 사실을 표시하는 기능을 가진다. 상표를 일정한 상품에 계속 · 반복하여 사용하면 수요자는 그 상표가 붙은 상품은 동일회사의 상품임을 알 수 있을 것이다. 이렇게 함으로써 출처가 명백해진다.

12) 광고선전을 통하여 상품에 대한 강한 인상을 주어 구매의욕을 촉진시켜 주는 기능을 한다.

13) 고객흡인력의 다른 말로서 영미법에서 유래하였다. 영국에서는 1810년, 미국에서는 1936년 시작되었고, 독일은 '가치 있는 競業상의 자산'으로 규정하고 있다.

14) 소비자는 여러 차례의 소비경험을 통하여 어떤 상표의 상품이 가장 큰 만족을 준다는 것을 알게 되고 이후에는 그 상표에 대하여 좋은 선입관을 갖게 되므로 특별한 이유가 없는 한 그 상표의 제품을 비판 없이 선호하게 되는데, 이와 같은 현상을 가리켜 상표선호도가 높다고 한다. 상표선호도가 높은 상표는 그만큼 생산업자에게 많은 이익을 가져다주므로 이러한 상표는 생산업자에게 있어 재산적 기능을 하고 있다고 볼 수 있다.

것과 비교하여 우수성 내지 특이성을 소비자에게 쉽게 전달할 수 있으며, 소비자 역시 비슷한 상품들 사이에서 자신이 원하는 상품을 용이하게 식별할 수 있는 것이다.

이렇게 함으로써 시장질서가 확립되어 수요자(소비자)는 상표를 통한 상품의 신뢰이익을 보호받게 된다. 이를 통하여 상품거래가 질서 있고 원활하게 이루어진다면 결과적으로 국가산업발전에 이바지하게 되는 것이다.

VI. 상표의 분류

상표는 상품에 사용하는 표지이지만 그 구성과 기능 또는 등록여부에 따라 나누어 볼 수 있다.

1. 구성요소에 의한 분류

상표는 자기의 상품과 타인의 상품을 식별하기 위하여 사용하는 표장을 말하고, "표장"이란 기호, 문자, 도형, 소리, 냄새, 입체적 형상, 홀로그램, 동작 또는 색채 등으로서 그 구성이나 표현방식에 상관없이 상품의 출처를 나타내기 위하여 사용하는 모든 표시를 말한다(상§2① i , ii). 이 때문에 그 종류는 문자상표(문자만으로 구성된 상표, 즉 'HITE', '하이트', 'SONY', 'IBM' 등), 도형상표(도형만으로 구성된 상표), 기호상표,[16] 색채 · 홀로그램 · 동작 또는 이들을 결합한 결합상표[17](즉 문자+도형, 도형+기호+문자, 문자+기호, 기호+문자+도형+색채 등이 있을 수 있다. 그 예로 등이 있다)로 구분해 볼 수 있다. 이 외에도 소리상표, 냄새상표 등도 있다.

---

15) 최성우, 「상표법」, 한빛지적소유권센터, 2000, pp.17~20에서는 상표의 기능을 본원적 기능과 파생적 기능으로 분류하고, 본원적 기능을 ㉠ 자타상품식별기능과 ㉡ 출처표시기능, 그리고 ㉢ 품질보증기능으로 분류하고, 파생적 기능을 다시 ㉠ 광고선전기능, ㉡ 재산적 기능, ㉢ 보호적 기능, ㉣ 경쟁적 기능으로 분류하고 있다.

16) 기호상표는 어떤 사항을 표시하는 기호로 구성된 상표인바, 넓은 의미에서는 문자도 기호의 하나인 만큼 문자상표도 기호상표에 포함된다고 볼 수 있다.

17) 결합상표는 문자와 도형 · 색채 등이 서로 결합하여 된 것으로 때로는 문자와 도형 외에도 슬로건이나 Statement 등을 포함하는 수가 있다.

2. 기능에 따른 분류

상표는 상품에 사용되는 상표로서 특정의 상품에 사용되어 상품의 동일성을 표시하는 것을 말하나, 서비스표는 상호 또는 상호의 약칭으로 사용되거나 사표(社標)로 사용되고 있는 상표로서 모든 상품에 사용되어 영업자의 출처를 나타내는 외에 신용도 함께 나타낸다. 그 예로 현대, 삼성, LG, 대우, SONY, IBM 등이 있다. 이 경우 상표로 사용하는 IBM, SONY와 같이 사용하는 경우도 있다.

이 외에도 기능에 따른 상표로서는 단체표장, 증명표장, 등급상표, 결합된 이중상표 등이 있다.

3. 등록 여부에 의한 분류

상표가 등록되었는지 여부에 따라 등록이 되었으면 등록상표라고 하고, 등록되지 않은 것은 미등록상표라고 한다.

전자는 독점배타적인 권리가 있고, 후자는 독점배타적인 권리는 없으나 주지(周知)상표인 경우에는 상표법상의 등록거절사유 및 부정경쟁방지법에 의해 보호를 받을 수도 있다.

4. 법률상의 분류

1) **상표**(trademark)　　일반사회에서 사용되고 있는 상표란 상품에 붙이는 마크 또는 심벌을 말하는 것으로서 상품의 얼굴이라고 할 수 있다. 이는 상품의 출처의 동일성을 나타내기 위하여 상품에 사용되는 문자, 도형 등의 수단을 말하는 것으로 상품의 식별은 물론이고 출처 · 품질 · 성능 등을 나타낸다. 이러한 개념은 시대에 따라 변하는 상대적 개념으로서 상표법상의 상표란 상품을 생산 · 가공 또는 판매하는 것을 업으로 하는 자가 자기의 상품을 타인의 상품과 식별되도록 하기 위하여 사용하는 표장을 말한다.

2) **서비스표**(service mark)　　서비스표란 서비스업(금융업, 광고업, 운수업 등)을 영위하는 자가 자기의 서비스업을 다른 사람의 서비스업과 식별되도록 하기 위하여 사용하는 표장을 말한다. 서비스표는 상표와 달리 서비스라는 무형의 업무에 대하여 그 제공하는 서비스의 동일성을 표시하고 다른 서비스와 식별하기 위하여 사용하는 것으로 일반인에게 서비스의 출처를 식별하게 하고 서비스 내용을 보증하고 서비스를 광고, 선전하는 기능을 가지며 그 결과 서비스표에 신용이

화체되어 재산적 가치를 갖게 된다.

2016년 개정시 상표법 제2조 제1항 제1호의 상표에 포함시켜 운영되고 있다.

3) **단체표장**(collective mark) 단체표장이란 각종 조합, 협회 등 일정한 목적하에 구성된 단체가 직접 사용하거나 그 감독하에 있는 단체원의 영업에 관한 상품 또는 서비스업에 사용하게 하기 위한 표장을 말한다. 또한, 지리적 표시 단체표장이란 지리적 표시를 사용할 수 있는 상품을 생산·제조 또는 가공하는 자가 공동으로 설립한 법인이 직접 사용하거나 그 소속 단체원에게 사용하게 하기 위한 표장을 말한다.

이러한 단체표장은 품질보증, 기업의 신용확보, 고객흡인력 획득기능을 한다.

4) **업무표장**(business emblem) 업무표장이란 영리를 목적으로 하지 아니하는 업무를 영위하는 자가 그 업무를 표상하기 위하여 사용하는 표장을 말한다. 예를 들면, YMCA, IOC, 월드컵 조직위원회 등과 같이 영리를 목적으로 하지 아니하는 업무를 영위하는 자가 타인의 업무로부터 자신의 업무를 식별하도록 하기 위하여 사용하는 표장이다.

5) **증명표장**(certification mark) 증명표장이란 상품이나 서비스업의 품질, 원산지, 생산방법이나 그 밖의 특성의 증명을 업으로 하는 자가 상품의 생산·제조·가공 또는 판매를 업으로 하는 자의 상품이나 서비스업을 영위하는 자의 서비스업이 정하여진 품질, 원산지, 생산방법이나 그 밖의 특성을 충족하는 것을 증명하는 데 사용하게 하기 위한 표장을 말한다. 이러한 증명표장은 상표의 품

질보증기능을 강화하고 소비자에게 상품이나 서비스업에 대한 올바른 정보를 제공하도록 하는 데 목적이 있다.

5. 주체에 의한 분류

1) **제조표** 상품의 제조자가 자신이 생산하는 상품을 표시하는 상표로서 제조업자는 이를 통해 상품제조 출처를 밝힘으로써 소비자로 하여금 상품에 대한 신뢰를 가지게 하는데 상표의 대다수는 제조표라 볼 수 있다.

2) **판매표** 판매업자가 자신이 판매하는 상품임을 표시하는 상표이다. 오늘날 제조 및 판매를 같이하는 경우도 있지만 제조와 판매를 달리하는 경우도 많이 있다.

3) **증명표** 증명표는 상품의 품질검사를 행하는 영업자가 자신이 취급한 상품의 품질 · 성분 등을 보증하기 위하여 사용되는 표장이다. 증명표는 전세계적으로 중국, 영국, 프랑스, 스위스, 미국, 캐나다, 호주 등에서 사용하고 있다. 이는 상품의 원산지(출처), 제조방법, 품질 또는 성질 등을 증명한다.[18] 2011년 개정 상표법에서는 증명표장제도를 도입하여 상표의 품질보증기능을 강화하였다.

6. 기타의 분류

위의 분류 이외에도 family mark, 조어(造語)상표(coined mark), 저장상표(stock mark), 광고상표 등이 있으나, 여기서는 기본상표와 연합상표를 간단히 보기로 한다. 기본상표는 상표권자의 동일류구분내(同一類區分內)의 상품에 사용하는 상표 중 선등록상표로서 연합관계를 가진 다른 상표에 대하여 기본이 되는 상표를 말하고, 연합상표란 기본상표와 유사한 상표로서 자기의 선출원(先出願) · 선등록상표와 동일 · 유사 상품에 사용하는 상표를 말한다.

---

18) 윤선희, "현행 상표법상의 상표와 국내에 도입되지 않은 상표," 「과학기술법연구」 제4집, 한남대학교 과학기술법연구소, 1998.12, p.144.

Ⅶ. 상표법과 타법의 관계

1. 상표와 상호의 관계

상호는 상인이 영업에 관하여 자기를 표창하는 명칭(상법§18)으로 사용하는 것이며, 상표는 상품의 출처표시 · 자타상품의 식별기능 등을 나타내기 위한 표장(標章)이다. 그러나 상호를 상표로, 상표를 상호로 일치시켜 사용할 수 있는데, 예를 들면 LG, IBM, SK, SONY 등이 있다.

상호는 문자만으로 표현되므로 문자상표로서 사용할 수도 있으나, 상표는 문자상표 이외에는 상호가 될 수 없다. 그 대표적인 예로 삼양라면, 야쿠르트, Pilot 등이 있다. 또 상표는 특허청에 등록함으로써 국내에서의 독점배타적인 권리가 발생하나, 상호는 등기함으로써 동일 특별시 · 광역시 · 시군 내에서 동종(同種) 영업으로 동일 상호를 등기하지 못하게 하는 효력을 가진다.[19]

2. 상표와 디자인과의 관계

디자인은 물품의 형상 · 모양 · 색채 또는 이들의 결합으로서 시각(視覺)을 통하여 미감(美感)을 일으키게 하는 것을 생명으로 하는 데 대하여 상표는 특정한 업자가 자타상품을 식별시키기 위하여 사용하는 표장으로서 기호 · 문자 · 도형, 소리, 냄새, 입체적 형상, 홀로그램, 동작 또는 색채 등으로서 그 구성이나 표현방식에 상관없이 상품의 출처(出處)를 나타내기 위하여 사용하는 모든 표시를 말한다.

디자인은 물품의 형상 등이 물품에 화체(化體)되어 물품의 외관을 구성하며 상표는 상품에 부착되어 사용되지만 물품 그 자체를 구성하는 것은 아니다. 단, 입체상표는 예외로 인정하고 있다.

---

19) 두 개념을 비교하면 다음과 같다.

상호: 등기(사용에 의해서만 발생하는 상호권의 성립요건은 아님), 인적 표현으로 문자만을 사용하며 상법 및 부정경쟁방지법에 의한 보호를 받으며 지역적 제한과 상법 제23조 제1항 및 제2항에 의해 사용폐기청구권 · 등기말소청구권 등을 인정하며 양도시 영업이나 영업의 폐지와 함께 이전된다. 상호사용은 기업활동시 강제성을 띤다.

상표: 등록에 의해 성립하는 물적(物的) 표현으로 문자 이외에 도형, 기호, 입체적 형상, 색채, 홀로그램, 동작 또는 이들의 결합한 것과 그 밖에 시각적으로 인식할 수 있는 것에 의해서도 발생되며 국내에서 지역적 제한이 없으며 영업과 별도로 양도가 자유로우며 상표법에 의해 보호된다.

중앙일보 2005년 2월 3일 한국네슬레핫초코와 동서식품의 미떼핫초코의 포장디자인 사건[어느 제품이 포장디자인을 모방한 것일까. 한국 네슬레 "네슬레핫초코"(위)와 동서식품 "미떼핫초코"(아래)의 포장 디자인 공방은 법정에서 승부가 갈렸다.]

3. 상표와 서비스표의 관계

서비스표는 서비스업자(광고업, 금융업, 보험업, 토목 · 건축업, 수선업, 통신업, 방송업, 운송업, 창고업, 특수가공업, 연예업 등의 서비스업을 하는 자)가 자기의 영업의 동일성을 표시하고 그것을 타인의 서비스와 식별시키기 위하여 사용하는 마크(標)를 말한다. 즉 서비스표는 무형인 서비스를 대상으로 하나, 상표는 유형인 상품을 대상으로 하고 있는 점에서 차이가 있다. 서비스표도 광의 상표법에 속하나 협의의 의미의 상표와 서비스표는 다르다.

4. 상표와 성명의 관계

성명은 인간이 자기를 표시하기 위해 사용하는 명칭이나, 상표는 자타상품을 식별시키기 위하여 사용하는 표장으로서 기호 · 문자 · 도형, 소리, 냄새, 입체적 형상, 홀로그램, 동작 또는 색채 등으로서 그 구성이나 표현방식에 상관없이 상품의 출처(出處)를 나타내기 위하여 사용하는 모든 표시를 말한다. 또한, 성명은 문자로서 발음이 가능하여야 하나 상표는 문자가 아니고 발음할 수 없는 경우라도 등록이 가능하다. 다만 상표법 제34조 제1항 제6호에 의해 저명한 타인의 성명 등을 포함하는 경우 그 타인의 승낙을 얻은 경우에는 성명을 상표로 사용할 수 있다.

5. 상표와 도메인 네임과의 관계

전자상거래와 같은 e-Business의 급속한 성장이 있었고 이러한 배경 속에서 도메인 네임의 중요성과 관련하여 분쟁이 발생하게 되었다. ─미국에서는 1994년부터 도메인 네임 분쟁이 있었으며 우리나라도 1999년부터 샤넬판결을 시작으로 관련 판결들이 나오고 있다. ─도메인 네임이란 인터넷주소자원관리법 제2조 제1호 나목에서 "인터넷에서 인터넷 프로토콜 주소를 사람이 기억하기 쉽도록 하기 위하여 만들어진 것"을 말한다고 한다. 그리고 부정경쟁방지 및 영업비밀보호에 관한 법률 제2조 제4호에서 도메인이라 함은 인터넷상의 숫자로 된 주소에 해당하는 숫자 · 문구 · 기호 또는 이들의 결합을 말한다. 이는 계층적으로 구성이 되며 최상위 도메인 네임에서부터 단계별로 나뉘게 된다. 최상위 도메인 네임은 지역별, 국가별, 기관별로 구분되며 그 아래 단계는 학교, 정부기관, 회사 등으로 나뉘어 구분된다.

도메인 네임은 인터넷 사용이 폭발적으로 증가하고 이를 기반으로 한 전자상거래가 활발해지면서 온라인상에서 출처를 나타내는 기능을 하게 되었다. 이는 도메인 네임이 단순히 IP주소의 기능만이 아니라 회사의 이름이나 제품의 이름으로 사용됨으로써 상호 · 상표적 기능을 하기에 이르고 도메인 네임을 확보하지 못한 기업들은 도메인 네임을 찾아오기 위한 법적인 조치를 강구하기에 이르렀다. 이와 관련한 분쟁사례로 샤넬사건(서울지방법원 1999.10.8.선고 99가합41812, 서울고등법원 2000.11.15.선고 99나61196 판결), 비아그라 사건(서울지방법원 동부지원 1999.11.18.선고 99가합8863, 서울고등법원 2001.12.11.선고 99나66719 판결, 대법원 2004.5.14.선고 2002다13782 판결), 하이마트사건(서울지방법원 1999.11.24.선고 99카합2819), 롤스로이스 사건(창원지방법원 2009.9.28.선고 99가합9363 판결, 부산고등법원 2001.7.27.선고 2000나13078 판결, 대법원 2004.2.13.선고 2001다57709 판결) 판매상품과 다른 유사 도메인 상표권 침해로 볼 수 없다는 페덱스 사건(서울지방법원 2000.12.8.선고 2000가합37185) 등이 도메인 네임과 관련한 유명한 사례들이다.

[도표 13] 법률에 의한 분쟁 조정절차(한국인터넷진흥원 홈페이지에서 인용)

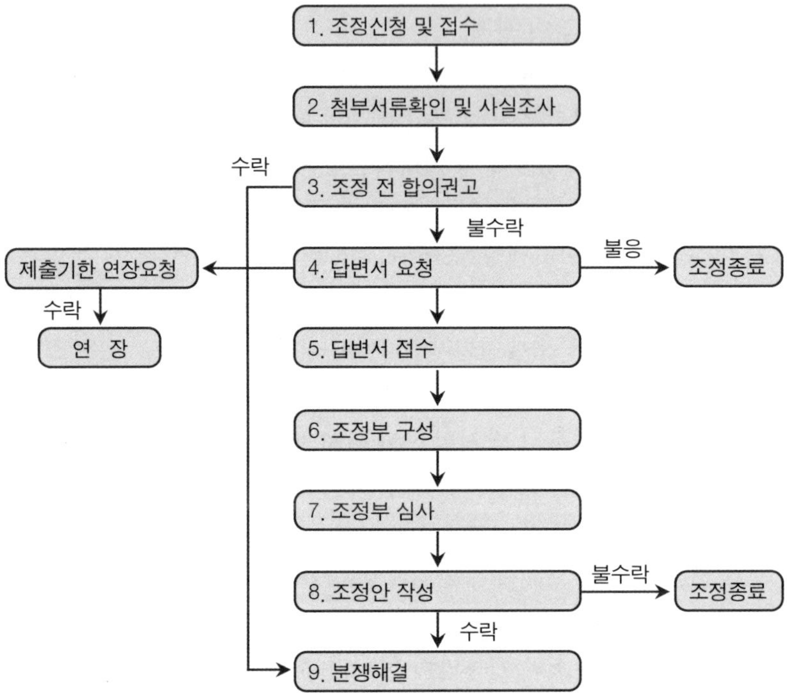

도메인 네임과 관련하여 상표법상 논의의 초점은 과연 도메인 네임의 사용을 상표의 사용으로 볼 수 있는가 하는 것인데 우리 상표법이나 법원의 판결에서는 통일된 규정이나 입장보다는 각 사안별로 검토를 하여 적용되는 경향이었으나, 최근에는 등록된 타인의 상표를 자신의 도메인으로 선출원하는 경우에도 부정한 목적이 있다고 판단하고 있다. 즉 인터넷주소자원관리법 제12조 제1항은 "누구든지 정당한 권원이 있는 자의 도메인이름 등의 등록을 방해하거나 정당한 권원이 있는 자로부터 부당한 이득을 얻을 목적으로 도메인이름 등을 등록 · 보유 또는 사용하여서는 아니 된다"고 하고 제2항은 "정당한 권원이 있는 자는 제1항의 규정을 위반하여 도메인이름 등을 등록 · 보유 또는 사용한 자에 대하여 법원에 그 도메인이름 등의 등록말소 또는 등록이전을 청구할 수 있다"라고 한다. 이러한 분쟁이 발생하면 법원에서 해결하는 방법 외에도 인터넷주소분쟁조정위원회[20]와 WIPO 중

재조정센터[21] 등의 기관에서 분쟁을 해결할 수 있다.

구 분	도메인 네임(.kr)	상 표
관할기관	한국인터넷진흥원	특허청
법 률	인터넷주소자원관리법	상표법
목 적	인터넷상에서 컴퓨터의 위치를 우편번호처럼 쉽게 파악할 수 있게 하기 위함	상표사용자의 업무상의 신용유지를 도모하여 산업발전에 이바지함과 아울러 수요자의 이익 보호를 목적으로 함
정 의	인터넷상 연결되어 있는 컴퓨터들의 기계적인 주소인 IP Address대신 이용자가 쉽게 알 수 있도록 문자로 표기한 것	자기의 업무에 관련된 상품을 타인의 상품과 식별되도록 하기 위하여 사용하는 것으로 기호・문자・도형・입체적 형상・색채・홀로그램・동작 또는 이들을 결합한 것과 소리・냄새 그 밖에 시각적으로 인식할 수 있는 것
상품과의 견련성	상품과 관련없이 등록	상품을 지정하여 등록
등록원칙	선신청주의 (first come, first served) 예외: 부정한 목적의 등록	선출원주의, 상표법에서 정하는 부등록사유 및 선등록여부 등을 심사하는 실체심사를 거쳐 등록
보호범위 및 효력	인터넷상의 동일한 도메인 네임은 단 하나밖에 없으며 독점적으로 사용할 수 있으나 유사한 도메인 네임을 배척할 권리는 없음	국내에서만 보호되는 것이 원칙이며 독점권과 동일 또는 유사상표의 등록을 금지시키는 배타권이 있음
동일 유사성 판단	비록 유사하더라도 동일하지만 않으면 타인간에 등록가능	타인간에는 동일・유사 상품에 등록할 수 없도록 배제
존속기간	등록비, 유지비 등을 납부할 경우 계속 사용가능	등록일로부터 10년(갱신가능)

6. 상표와 저작권과의 관계

상표법과 저작권은 모두 무체재산권이나, 저작권은 문학, 학술 또는 예술 등을 객체로 하는 권리이고, 문학, 학술, 예술 등의 범위 내에 속한 저작물의 저작자가 그 저작물을 독점적으로 복제할 수 있는 권리라는 점에서 상표권과 동일하나, 그 권리의 객체가 상표권은 상품에 표시한 상표를 사용함으로써 얻어진 영업상의 신용을 보호하는 것이고, 저작권은 문학, 학술 또는 예술인 점에 양자의 차이가 있다.

---

20) http://www.idrc.or.kr/dist_guide.htm.
21) http://arbiter.wipo.int/domains/(WIPO).

상표제도의 목적은 상표법 제1조에서 규정한 바와 같이 상표를 보호함으로써 상표사용자의 업무상의 신용유지를 도모하여 국가산업발전에 이바지함과 동시에 수요자의 이익을 보호함에 있다. 이에 반하여 저작권은 저작권법 제1조에서 "이 법은 저작자의 권리와 이에 인접하는 권리를 보호하고 저작물의 공정한 이용을 도모함으로써 문화 및 관련 산업의 향상발전에 이바지함을 목적으로 한다."라고 규정하고 있다.

권리의 존속기간은 상표는 국가로부터 권리를 취득하면 10년간 독점 · 배타적으로 상표권자만이 사용할 수 있는 권리가 있으며, 정당한 권원 없는 타인이 무단사용하게 되면 침해가 되어 민 · 형사상의 제재를 가할 권리가 있다. 이에 반하여 저작권은 상표권과 달리 심사등록 없이 창작이 완성됨과 동시에 권리가 발생하고 권리의 존속기간도 상표와 달리 저작권자의 생존기간과 사망 후 70년이다. 이러한 저작권도 타인이 무단으로 사용하면 저작권법에 의하여 민 · 형사상 제재할 권리가 발생한다는 점에서 양자가 동일하다고 볼 수 있다.

그리고 상표권이 저작권에 저촉되기 위해서는 저촉의 대상이 상표의 내용과 저작권의 내용이 동일 · 유사하여야 하고, 동일 범주에 속하여야 한다. 따라서 상표의 구성에 해당하더라도 저작권의 대상이 되지 아니하는 경우에는 저촉문제가 발생하지 아니한다.

한편, 서적의 제호와 제명은 여러 가지 점에서 일반 상표와는 다른 특수한 성질을 가진다. 일반적으로 서적의 제호, 제명은 서적의 내용을 표시하며 출판사 등 출처를 표시하는 기능은 갖지 아니한다. 그러므로 서적(일반의 단행본)의 제호는 상표로서 등록될 수 없음이 원칙이다.[22] 그러나 신문, 잡지 등과 같은 정기간행물 및 백과사전이나 사전 등의 제호는 통상의 서적과는 달리 출판사나 편집자의 상품임을 표시하는 기능을 가질 뿐만 아니라 거기에는 편집의 노력 등에 의하여 축적된 신용이 화체되고 품질보증기능도 갖기 때문에 상표로서 등록이 가능하다.

저작권은 문학, 학술 또는 예술 등의 창작된 저작물이 외부로 표현된 것을 보

22) 서적의 제호, 제명은 스위스나 프랑스 저작권법 등을 제외하면 저작권의 보호대상이 되지 아니한다고 봄이 각국의 통설적 견해이다. 우리나라 심사실무는 상표등록을 인정하고 있다. 다만, 서적의 제호를 상표등록하여 저작물에 대한 영구적 독점을 꾀하는 것은 저작권법의 원리와 충돌되므로 그 효력은 제한되어야 할 것이다(李東治, "상표의 특별현저성," 「지적소유권법의 제문제(下)」, p.44).

호대상으로 하고 있으나, 상표권은 이러한 요건이 없어도 가능하다. 또한, 저작물 중에는 문학, 도형 등의 일부로서 상품의 상표로 사용 가능한 경우도 있으나 저작물 자체는 상품과는 다를 뿐만 아니라 또 상품의 표지도 아니기 때문에 상표와는 다르다 할 것이다.

7. 상표와 캐릭터와의 관계

캐릭터는 원래 소설이나 만화, 영화 등에 등장하는 미키마우스, 피카츄, 디지몬, 영심이, 아기공룡 둘리 등과 같은 가공적 인물을 지칭하는 것과 현 사회에서 등장하는 실재인물(박찬호)인 스포츠선수나 연예인 등[23]을 지칭하기도 한다. 이러한 캐릭터는 정보통신의 발달로 단기간에 대중들에게 전파되고, 우리가 사용하는 생활용품인 티셔츠나 문구류, 장난감 등의 상품에 부착됨으로써 이를 접하는 소비자들로 하여금 구매의 충동을 느끼게 한다. 이러한 것을 고객흡입력이라고 한다.

이러한 고객흡입력을 가진 캐릭터는 상표와 마찬가지로 상품에 사용되고 있으나, 이는 상품의 식별표시로서가 아니라 고객흡입력에 의한 것이다. 물론 캐릭터를 상표로서 등록하는 경우에는 상표로서 보호를 받을 수 있다. 일반적으로 시중에서 상품에 부착되어 판매되고 있는 캐릭터는 저작권법상의 저작권자가 상품생산 및 제조자에게 사용허락계약에 의하여 사용하게 하고 있는 상품화권이라고 볼 수 있다.

8. 부정경쟁방지법과의 관계

산업재산권법에서 상표법이나 독점규제 및 공정거래에 관한 법률(일명 독점규제법 또는 공정거래법이라 한다), 그리고 부정경쟁방지 및 영업비밀보호에 관한 법률(일명 부정경쟁방지법 또는 영업비밀법이라 한다)은 민법상의 불법행위법에서 발전한 것으로서 부정경쟁을 방지하고 경업질서를 사적자치(私的自治)의 원칙에 의하여 유지・형성하려는 것이다.

이러한 상표법은 상표심사・등록이라고 하는 절차적 수단을 통해서 제1차적

---

23) 실제인물의 성명, 캐릭터의 제명, 명칭 등은 저작권의 대상이 되지 않으므로(대법원 1997.7.12.선고, 77다90 판결, "또복이") 이를 상표로서 등록하여 보호받을 수 있는지의 여부가 문제이다(宋永植・李相珵, 「四訂版 知的財産法」, 세창출판사, 2000, p.178).

으로 등록상표권자의 이익을 보호하고자 하며, 이는 독점규제법이나 부정경쟁방지법과 보호의 방법이 다르다.

예를 들면, 상표법은 등록이라고 하는 법적 안정을 목적으로 하는 제도적 수단에 의해 재산권적 보호를 하는 것으로 상표는 등록에 의해 독점 · 배타적으로 상표권으로서의 상표권을 설정하고 상표권침해를 배제한다고 하는 구성에 의해 정적(靜的)인 면부터 부정경쟁방지를 꾀하고 있는 데 반해, 부정경쟁방지법은 유통시장에서 주지된 상표, 상호, 성명 등의 표지와 혼동이 생길 염려가 있는 행위를 개별 · 구체적으로 파악해서 금지하고, 이로써 공정한 경업질서를 유지한다고 하는 구성에 의해 동적(動的)인 면으로부터 부정경쟁방지를 도모하고 있다.[24] 양자는 중복적용이 인정되나 법은 부정경쟁방지법의 규정이 상표법의 규정에 저촉된 경우에는 상표법에 의한다고 규정하고 있다(부§15). 즉 양자는 영업상 표지보호에 관한 일반법과 특별법의 관계에 있다고 볼 수 있다.

따라서 상표법상의 상표는 타인의 상품과 자기의 상품을 식별하기 위한 목적, 즉 상품간의 오인 · 혼동을 방지하기 위한 것이고, 또 상표권은 상표를 독점 · 배타적으로 지배할 수 있는 권리이므로 상품의 유통질서를 유지하기 위한 것이다. 이에 대하여 부정경쟁방지법은 널리 인식된 상표뿐만 아니라 용기, 상호 기타 널리 인식된 표장 등을 부정경쟁의 목적으로 사용하는 행위를 하는 자에게 제재를 가하는 것이다. 이 부정경쟁방지법의 대상은 등록유무에 관계없이 표장이나, 상호 기타 용기 등이 널리 인식되어 있는 상태라면 족하고 보호를 받을 수 있는 것이다. 양법은 동일의 법목적을 달성하기 위한 것이고, 그 수단에 있어서 차이가 있을 뿐이다.

Ⅷ. 상표법상의 표장

상표와 유사한 기능을 하고, 상표법에 의해 보호되는 표장에는 협의의 상표와 서비스표, 단체표장, 업무표장, 증명표장이 있다.

24) 이한상 · 김준학, 「지식재산권법」, 第一法規, 2001, p.498.

1. 서비스표

(1) 의 의

서비스표란 서비스업[25](은행, 광고, 보험, 운송, 연예인 등의 용역제공 업무)을 영위하는 자가 자기의 서비스업을 타인의 서비스업과 식별되도록 하기 위하여 사용하는 표장을 말한다(상§2① i).

서비스표는 우리나라가 파리협약에 가입하기 전까지는 '영업표(營業標)'라고 칭하였으나, 가입 후부터 법률용어를 '서비스표'로 개칭하였다.

서비스표는 상표와 달리 서비스라는 무형의 업무에 대하여 그 제공하는 서비스의 동일성을 표시하고, 다른 서비스와 식별하기 위하여 사용하는 것으로서 일반인에게 서비스의 출처를 식별하게 하고 서비스 내용을 보증하며, 또 서비스를 광고·선전하는 기능을 가지는데 서비스표에 신용이 화체(化體)되어 재산적 가치를 갖게 된다.

(2) 서비스표의 기능

서비스표는 상표의 기능과 유사하나 서비스 제공자를 떠나 서비스의 품질을 표시하는 것으로 보지 못하며, 서비스표의 품질표시로서의 기능은 상표처럼 독립적 존재로서가 아니라 출처표시기능을 통해서만 발휘되므로 종속적인 존재이다. 이는 서비스의 유통성의 성질로서 나타나며, 서비스표의 기능이 가장 잘 나타나는 것은 광고이다.

(3) 등록요건

첫째 자기의 서비스업에 사용하는 표지로서 식별력이 있고 상표법 제33조 제1항 각호(상표등록요건)에 해당하지 않을 것,

둘째 부등록사유(상§34① 각호)에 해당되지 않을 것,

셋째 서비스 등록을 받을 수 있는 서비스업일 것, 즉 i) 용역의 제공이 독립

---

25) 서비스의 제공이 독립하여 상거래의 대상이 되어야 한다. 따라서 상품 제조업자 또는 농·축·수산업자 및 임업자 등이 상품 판매를 위하여 부수적으로 광고나 운송배달 등 서비스를 제공하는 것은 여기에 해당하지 않는 것으로 본다. 또한, 타인의 이익을 위하여 제공되는 서비스이어야 한다. 따라서 자기기업체 내부의 인사관리나 교육, 책자 발간 등의 업무를 수행하는 것은 여기에 해당하지 않는 것으로 본다. 그리고 상품 판매에 부수하는 서비스 제공이 아니어야 한다. 따라서 상품판매를 위하여 서비스를 제공하는 것은 여기에 해당하지 않는 것으로 본다(상표심사기준 2023.2.4. 특허청예규 제130호 제2부 상표등록출원 제1장 상표의 정의 및 권리구분 P.20102).

하여 상거래의 대상이 될 것,[26] ii) 타인의 이익을 위하여 제공되는 용역일 것,[27] iii) 서비스의 제공 또는 상품판매에 부수되는 물품 또는 서비스의 제공이 아닐 것,[28] iv) 현실적으로 존재하는 서비스업일 것 등이다.

이 외에도 절차적 요건을 구비하여야 한다.

(4) 효 력

서비스표도 상표와 마찬가지로 지정서비스업은 서비스표권자만이 독점적으로 사용할 수 있고, 서비스표와 동일·유사한 서비스표를 지정(指定)서비스업과 동일·유사한 서비스업에 제3자가 정당한 권한 없이 사용하는 경우에는 배타적 금지권을 행사할 수 있다.[29]

2. 단체표장

(1) 의 의

단체표장이란 각종 조합, 각종협회, 특정지역의 지리적 표시 등이 일정한 목적하에 구성된 단체(法人)가 직접사용하거나 그 감독하에 있는 단체원의 영업에 관한 상품 또는 서비스업에 사용하게 하기 위한 표장[30]을 말한다. 우리 상표법 제

---

26) 제품을 제조하는 제조업자 또는 농축수산업자 및 임업자가 물품의 판매를 위하여 부수적으로 용역을 제공하는 것은 여기에 해당하지 않는 것으로 본다[상표심사기준 2019. 12. 24. 특허청예규 제112호 제2부 제1장 1.2. '서비스에 대하여 사용'하는 것 (20102면)].

27) 동일 기업체 내부의 운송·통신·기타 용역업무를 수행하는 것은 여기에 해당하지 않는 것으로 본다.

28) 서비스업을 하는 자가 그 부대업무에 관한 상품에 상표를 사용하고자 할 경우에는 상표로서 별도의 등록을 받아야 하는 것으로 본다[상표심사기준 2019. 12. 24. 특허청예규 제112호 제2부 제1장 1.2. '서비스에 대하여 사용'하는 것 (20103면)].

29) 제한적 효력은 오직 서비스표를 지정서비스업에 사용할 수 있는 권리이므로 서비스표와 동일·유사한 표장을 타인의 등록상표의 지정상품과 동일·유사한 상품에 사용할 경우에는 전용권의 범위를 벗어난 것으로 타인 상표권의 침해가 된다(서울고법 1987.12.24.선고, 84나4257 판결).

확장적 효력도 서비스표와 동일·유사한 표지를 지정서비스업과 동일·유사한 서비스업에 사용할 때 미치는 것이며, 타인이 서비스표와 동일·유사한 표장을 상품에 사용하는 경우에는 상표로서의 사용이므로 서비스표권의 침해를 구성하지 않음이 원칙이다(반대: 대법원 1996.6.11.선고, 95도1770 판결).

최근 이와 관련된 판례로서 남북의료기 사건에 관한 것으로서 서비스표와 상표의 판단은 거래사회의 통념에 따라 이를 결정하여야 한다고 했다(대법원 1999.2.23.선고, 98후1587 판결).

30) 단체표장에 대해 파리협약에서는 본국의 법령에 반하지 않는 단체에 대해 단체표장의 등록

2조 제1항 제3호에서의 '단체표장'이라 함은 상품을 생산 · 제조 · 가공 또는 판매하는 것 등을 업으로 영위하는 자나 서비스업을 영위하는 자가 공동으로 설립한 법인이 직접 사용하거나 그 감독하에 있는 소속단체원으로 하여금 자기 영업에 관한 상품 또는 서비스업에 사용하게 하기 위한 표장을 말한다.

또한, 상표법 제2조 제1항 제6호에서 지리적 표시 단체표장을 규정하고 있다. '지리적 표시 단체표장'이라 함은 지리적 표시를 사용할 수 있는 상품을 생산 · 제조 또는 가공하는 자가 공동으로 설립한 법인이 직접 사용하거나 그 소속단체원에게 사용하게 하기 위한 표장을 말한다(상§2①vi).

동법 동조 동항 제5호의 "동음이의어(同音異義語) 지리적 표시"라 함은 동일한 상품에 대한 지리적 표시에 있어서 타인의 지리적 표시와 발음은 동일하지만 해당 지역이 다른 지리적 표시를 말한다.

지리적 표시의 정의를 "상품의 특정 품질 · 명성 또는 그 밖의 특성이 본질적으로 특정 지역에서 비롯된 경우에 그 지역에서 생산 · 제조 또는 가공된 상품임을 나타내는 표시(상§2①vi)"로 규정하면서 '품질, 명성, 본질적으로 비롯된' 등 불확정 개념을 사용하고 있는바, 요건 구성에 있어 이러한 개념의 불가피성은 이해가 되나, 이를 명확히 하기 위해서는 구체적인 지리적 표시 단체표장출원 심사시 그 출원이 지리적 표시 정의에 합치하는지 여부에 관하여 관계기관 및 전문가의 의견을 충분히 청취하는 과정을 거치도록 해야 할 것이다.

또한, '생산 · 제조 또는 가공'이라는 표현을 사용하여 지리적 표시의 특성상 생산 · 제조 · 가공이 모두 동일한 지역에서 이루어져야 하는 경우에도 그 중 하나의 행위만 그 지역에서 있으면 지리적 표시로 인정될 수 있는 것처럼 보이는바, 지리적 표시에 해당되는지 여부를 심사함에 있어서는 상품의 품질 · 명성 또는 기타 특성이 생산 · 제조 및 가공의 전 과정에 의하여 비롯되는 경우도 있음을 고려하여 경우에 따라 '생산 · 제조 및 가공'으로 해석하여야 할 것이다.[31]

(2) 단체표장의 등록

1) 단체표장의 등록을 받을 수 있는 자 상품을 생산 · 제조 · 가공 또는 판매하는 것 등을 업으로 영위하는 자나 서비스업을 영위하는 자가 공동으로 설립한 법인(지리적 표시 단체표장의 경우에는 그 지리적 표시를 사용할 수 있는 상품을 생

을 허여하도록 하고 있다(파리협약 §7의2).

31) 국회 산업자원위원회, 상표법중개정법률안 심사보고서(2004년 12월), p.6.

산 · 제조 또는 가공하는 자로 구성된 법인으로 한정한다)은 자기의 단체표장을 등록받을 수 있다(상§3②).[32]

2) 등록요건　　단체표장은 다른 상표와 같이 일정 상표등록 요건(상§33①각호와 §34①각호)을 구비하여야 한다. 그 외에도 단체표장은 i) 법인명의의 출원이어야 하고, ii) 단체구성원의 영업에 관한 상품이나 서비스업에 사용하기 위한 표장이어야 하며, iii) 단체의 구성원은 그 법인의 감독하에 있어야 한다.

그리고 지리적 표시인 경우에는 iv) 상품의 산지 또는 현저한 지리적 명칭 및 그 약어 또는 지도만으로 된 상표에 해당하는 표장이라도 그 표장이 특정 상품에 대한 지리적 표시인 경우에는 그 지리적 표시를 사용한 상품을 지정상품으로 하여 지리적 표시 단체표장등록을 받을 수 있다(상§33③). 그러나 v) 선출원에 의한 타인의 지리적 표시 등록단체표장과 동일 또는 유사한 상표로서 그 지정상품과 동일한 상품에 사용하는 상표(상§34①viii), vi) 지리적 표시 단체표장권이 소멸한 날[동일 · 유사한 상품(지리적 표시 단체표장의 경우에는 동일하다고 인정되는 상품을 말한다)을 지정상품으로 하여 다시 등록받으려는 경우로 한정한다]에 대해서는 그 해당하게 된 날부터 3년이 지난 후에 출원해야만 상표등록을 받을 수 있다(상§34③). vii) 특정 지역의 상품을 표시하는 것이라고 수요자간에 현저하게 인식되어 있는 타인의 지리적 표시와 동일 또는 유사한 상표로서 그 지리적 표시를 사용하는 상품과

---

32) 단체표장의 등록을 받고자 하는 자는 상표법 제9조 제1항 각호의 사항 이외에 대통령령이 정하는 단체표장의 사용에 관한 사항을 정한 정관을 첨부한 단체표장등록출원서를 제출하여야 한다. 이 경우 제2조 제1항 제3호의4 규정에 의한 지리적 표시 단체표장을 등록받고자 하는 자는 그 취지를 단체표장등록출원서에 기재하여야 하고, 제2조 제1항 제3호의2 규정에 의한 지리적 표시의 정의에 합치함을 입증할 수 있는 대통령령이 정하는 서류를 함께 제출하여야 한다(상§9③). 또 상표법 제17조의2(수정정관의 제출)는 단체표장등록출원인은 제9조 제3항에 규정된 정관의 수정이 필요한 때에는 제14조 제2항 또는 제15조의 규정에 의한 기간 이내에 특허청장에게 수정정관을 제출할 수 있다.

상표법 시행령 제1조의2 제1항은 단체표장의 사용에 관한 정관의 기재사항에 대해 규정하고 있다.

이때 정관에는 i) 단체표장을 사용하는 소속 단체원의 가입자격 · 가입조건 및 탈퇴에 관한 사항, ii) 단체표장의 사용조건에 관한 사항, iii) 제2호의 규정을 위반한 자에 대한 제재에 관한 사항, iv) 그 밖에 단체표장의 사용에 관하여 필요한 사항을 기재하여야 한다(상령§1의2①). 또한, 지리적 표시 단체표장의 경우에는 위 네 가지 사항 외에 i) 상품의 특정 품질 · 명성 또는 그 밖의 특성, ii) 지리적 환경과 상품의 특정 품질 · 명성 또는 그 밖의 특성과의 본질적 연관성, iii) 지리적 표시의 대상지역, iv) 상품의 특정 품질 · 명성 또는 그 밖의 특성에 대한 자체관리기준 및 유지관리방안에 대한 사항을 포함한다(상령§1의2②).

동일한 상품에 사용하는 상표(상§34①ⅹ), ⅷ) 국내 또는 외국의 수요자간에 특정 지역의 상품을 표시하는 것이라고 현저하게 인식되어 있는 지리적 표시와 동일 또는 유사한 상표로서 부당한 이익을 얻으려 하거나 그 지리적 표시의 정당한 사용자에게 손해를 가하려고 하는 등 부정한 목적을 가지고 사용하는 상표(상§34①ⅹⅳ), ⅸ) 세계무역기구 회원국 내의 포도주 및 증류주의 산지에 관한 지리적 표시로서 구성되거나 동 표시를 포함하는 상표로서 포도주·증류주에 사용하고자 하는 상표는 등록을 받을 수 없다[다만, 지리적 표시의 정당한 사용자가 해당 상품을 지정상품으로 하여 제36조 제5항에 따른 지리적 표시 단체표장등록출원을 한 경우에는 상표등록을 받을 수 있다(상§34①ⅹⅵ)]. 그리고 상표법 제34조 제1항 제8호 및 제10호의 규정은 동음이의어 지리적 표시 단체표장 상호간에는 이를 적용하지 아니한다(상§34④).

또한, 지리적 표시인 경우에는 선출원 규정이 적용되지 않는다. 즉 상표법 제35조 제5항에서는 ⅰ) 동일하지 아니한 상품에 대하여 동일 또는 유사한 표장으로 2 이상의 지리적 표시 단체표장등록출원 또는 지리적 표시 단체표장등록출원과 상표등록출원이 있는 경우와, ⅱ) 서로 동음이의어 지리적 표시에 해당하는 표장으로 2 이상의 지리적 표시 단체표장등록출원이 있는 경우에는 선출원(상§35①②)규정이 적용되지 아니한다(상§34④).

(3) 특 성

단체표장은 원칙적으로 사용주체와 권리주체가 분리된다. 그러나 2004년 개정에서는 법인도 단체표장을 직접 사용할 수 있도록 하고 있다. 이는 단체표장제도의 활성화를 위하여 단체표장권자인 법인도 단체원을 위하여 단체표장을 부착한 상품의 광고 등의 행위를 할 수 있도록 하기 위한 것으로서, 법인이 영업의 전문성 확보, 적극적 마케팅 경영 및 상표권의 보호강화에 있어서 영세한 개별 소속 단체원보다는 더 유리한 위치에 있다고 할 수 있으므로, 법인도 단체표장을 사용할 수 있도록 인정하는 것이 상품의 시장확대에 도움이 될 것으로 보고 개정하였다.[33]

이러한 단체표장은 이전할 수 없다. 다만, 법인의 합병의 경우에는 특허청장의 허가를 받아 이전할 수 있다(상§48⑦, §93⑥). 또한, 단체표장권은 전용사용권과

33) 국회 산업자원위원회, 상표법중개정법률안 심사보고서(2004년 12월), p.5.

통상사용권을 설정할 수 없으며(상§95②, §97⑤), 질권의 설정 역시 인정되지 않는다(상§93⑧).

단체표장권의 취소사유는 일반취소사유 외에도 i) 회사의 합병으로 인하여 단체표장을 특허청장의 허가 없이 이전한 경우(상§119①iv), ii) 소속 단체원이 그 단체의 정관을 위반하여 단체표장을 타인에게 사용하게 한 경우나 소속 단체원이 그 단체의 정관을 위반하여 단체표장을 사용함으로써 수요자에게 상품의 품질 또는 지리적 출처를 오인하게 하거나 타인의 업무와 관련된 상품과 혼동을 불러일으키게 한 경우. 다만, 단체표장권자가 소속 단체원의 감독에 상당한 주의를 한 경우는 제외한다(상§119①vii가). iii) 단체표장을 설정등록한 후 출원시 제출한 정관을 변경함으로써 수요자로 하여금 상품의 품질 또는 타인의 업무에 관련된 상품과 오인혼동을 일으키게 할 염려가 있는 경우(상§119①vii나), iv) 제3자가 단체표장을 사용하여 수요자에게 상품의 품질이나 지리적 출처를 오인하게 하거나 타인의 업무와 관련된 상품과 혼동을 불러일으키게 하였음에도 단체표장권자가 고의로 적절한 조치를 하지 아니한 경우(상§119①vii다). v) 지리적 표시 단체표장등록을 한 후 단체표장권자가 지리적 표시를 사용할 수 있는 지정상품을 생산 · 제조 또는 가공하는 것을 업으로 영위하는 자에 대하여 정관에 의하여 단체의 가입을 금지하거나 정관에 충족하기 어려운 가입조건을 규정하는 등 단체의 가입을 실질적으로 허용하지 아니한 경우 또는 그 지리적 표시를 사용할 수 없는 자에 대하여 단체의 가입을 허용한 경우(상§119①viii가), vi) 지리적 표시 단체표장에 있어서 단체표장권자 또는 그 소속단체원이 제222조의 규정에 위반하여 단체표장을 사용함으로써 수요자로 하여금 상품의 품질에 대한 오인 또는 지리적 출처에 대한 혼동을 불러일으키게 한 경우(상§119①viii나) 등이 취소사유가 된다.

그 외에도 단체표장제도는 증명표장과 유사하지만 구별해야 한다. 증명표장은 생산업자가 아닌 증명업자가 상품 자체에 관하여 일정한 품질성능을 갖추고 있음을 증명하는 표장이다. 그리하여 증명표장은 보증기능을 가진 보증표장이나 단체표장은 보증기능보다 출처기능이 강한 표장이라 할 수 있다.

(4) 효 력

단체표장권의 효력도 상표권의 효력과 본질적으로 동일하나, 단체표장권의 특성상 단체표장권은 법인에게 귀속하고, 사용권은 단체의 구성원이 사용한다. 그렇지만 단체표장권자인 법인도 단체원을 위하여 단체표장을 부착한 상품의 광고 등의 행위는 할 수 있다.

(5) 효력의 제한

상표법 제90조 제2항은 지리적 표시 등록단체표장의 지정상품과 동일한 생산·제조 또는 가공하는 것을 업으로 영위하는 자가 지리적 표시를 사용하는 경우와 선출원에 의한 등록상표가 지리적 표시 등록단체표장과 동일 또는 유사한 지리적 표시를 포함하고 있는 경우에 상표권자 등이 그 등록상표를 사용하는 경우 등에는 지리적 표시 단체표장권의 효력이 미치지 않도록 제한하고 있다.

지리적 표시의 특성상 지리적 표시 단체표장으로 등록된 지정상품과 동일한 품질·명성 또는 기타 특성을 가지고 있는 상품을 해당 특정지역에서 생산·제조 또는 가공하는 자는 해당법인에 단체원으로 가입하고 있지 않더라도 지리적 표시를 사용할 수 있어야 하므로 지리적 표시 등록 단체표장의 효력은 미치지 않도록 하는 것은 타당하다고 본다.[34)]

또한, 선등록 상표권자의 경우 선등록 받은 상표와 동일한 상표를 지정상품에 사용하면 지리적 표시 단체표장권의 효력이 미치지 않도록 규정하고 있는데, 이미 상표를 등록받은 기득권자를 보호하기 위하여는 이러한 규정이 필요하다고 생각되며 TRIPs 제24조에서도 동일한 취지의 내용을 규정하고 있다.

(6) 단체표장권의 침해에 대한 구제

1) **청구권자** 단체표장권자인 단체(조합 또는 법인)만이 구제를 청구할 수 있다.

2) **손해배상범위** 단체표장은 소속구성원 전체에게 발생된 통상의 손해액으로 해석한다.

(7) 파리협약 및 WTO/TRIPs협정상의 규정

단체표장에 대해 파리협약에서는 본국의 법령에 반하지 않는 단체에 대해 단체표장의 등록을 허여하도록 하고 있다(파리협약 §7의2).

TRIPs협정 제22조에 지리적 표시의 보호규정을 두고 있다. 즉, 이 협정의 목적상 지리적 표시란 상품의 특정품질, 명성 또는 그 밖의 특성이 본질적으로 지리적 근원에서 비롯되는 경우, 회원국의 영토 또는 회원국의 지역 또는 지방을 원산지로 하는 상품임을 명시하는 표시이다(TRIPs협정 §22).

---

34) 국회 산업자원위원회, 상표법중개정법률안 심사보고서(2004년12월), pp.11~12.

3. 업무표장

(1) 의 의

업무표장이란 국내에서 영리를 목적으로 하지 아니하는 업무를 영위하는 자가 그 업무를 표상(表象)하기 위하여 사용하는 표장(標章)을 말한다(상§2①ix). 영리를 목적으로 하지 아니하는 업무란 공익법인 등을 포함한 비영리업무를 영위하는 YMCA, YWCA, 보이스카웃, 걸스카웃, 올림픽조직위원회의 휘장, 적십자사의 표지 등과 같이 영리를 목적으로 하지 아니하는 업무를 영위하는 단체의 표장을 말하며, 이러한 단체의 업무를 타인의 업무와 식별시키기 위하여 사용하는 표장이다.

이러한 업무표장은 비영리를 기본으로 하고 있기 때문에 상표의 영리를 목적으로 하는 부분에 있어서는 차이가 있다. 판례는 업무표장을 타사의 상표와 함께 부착시켜 사용하도록 하고 그 대가로 약간의 수수료를 받은 경우는 영리를 목적으로 한 것이라고 보기 어렵다고 했다.[35)]

(2) 절차적 요건(등록요건)

업무표장을 받고자 하는 자는 상표등록요건 이외에 경영사실을 입증하는 증명서를 첨부하여 제출하여야 한다(상§36⑥).

(3) 등록의 구체적 요건(실체적 요건)

1) 타인의 업무와 식별력을 갖출 것(상§33)

2) 부등록사유에 해당하지 않을 것. 단서 규정은 제외한다.

3) 자기의 업무표장이어야 한다.

4) 비영리를 그 목적으로 해야 한다.

---

35) 원심이 유지한 제1심판결이 채용한 증거들을 살펴보면, 사단법인 한국귀금속감정원의 업무표장인 판시 태극마크의 지정업무는 귀금속 및 보석제품에 대한 품질보증제도 확립지도업, 귀금속 및 보석가공상품의 품질향상과 유통질서 확립지도업인바, 피고들의 광주직할시 귀금속·시계판매업감정위원회 회장 및 검사실장으로서 광주직할시 지역의 귀금속 및 시계의 부당한 감정을 막고 감정의 권위를 높이기 위한 감정업무를 행한다고 하면서, 무등산 마크와 함께 태극마크를 귀금속판매상인들이 가지고 온 금반지 등에 귀금속의 함량을 확인보증한다는 취지로 각인하여 사용한 행위는 이 사건등록 업무표장의 지정업무와 동일·유사한 업무를 수행한 것이고, 이러한 각인행위를 행사하면서 그 대가로 약간의 감정수수료를 받았다고 하여 그 업무의 성질을 달리 볼 수 없다고 할 것이므로 피고인들의 위 각인행위가 영리행위로서 이 사건 업무표장의 지정업무와 유사하지 않다는 주장은 받아들일 수 없다(대법원 1995.6.16.선고, 94도1793 판결).

(4) 특　성

1) 업무표장은 양도할 수 없다. 다만, 그 업무와 함께 양도하는 경우에는 양도할 수 있다(상§48⑥, §93④).

2) 비영리법인 중 공익사업을 표시하는 표장으로서 저명한 표장을 그 공익법인이 출원하는 경우에는 상표등록도 가능하나, 이 표장은 출원등록 여부와 관계없이 양도할 수 없다. 다만 표장과 관련된 업무와 함께 양도하는 경우에는 가능하다(상§48, §93④).

3) 업무표장권은 전용사용권과 통상사용권을 설정할 수 없다(상§95②, §97⑤). 이 외에도 질권의 대상이 될 수 없고(상§93⑧), 또 업무표장과 상표나 서비스표 및 단체표장과는 상호 출원변경을 할 수 없다.

(5) 취소 및 소멸사유

1) 일반적 취소사유 이외에 업무와 분리양도한 경우 취소사유가 된다(상§93④, §119①ⅳ).

2) 등록업무표장의 지정업무를 폐지하였을 때

(6) 효　력

업무표장은 지정업무에 대하여 독점배타적인 권리를 가지며, 등록된 등록표장과 동일 · 유사한 표장은 업종이 다르더라도 원칙적으로 등록을 받지 못한다.

(7) 기　타

일반적 사항은 상표등록과 동일하지만 업무표장권자가 그 부대업무에 대해 상표(표장)를 사용하고자 하는 경우 별도의 등록절차를 밟아야 한다.

4. 증명표장

(1) 의　의

"증명표장"이란 상품이나 서비스업의 품질, 원산지, 생산방법이나 그 밖의 특성의 증명을 업으로 하는 자가 상품의 생산 · 제조 · 가공 또는 판매를 업으로 하는 자의 상품이나 서비스업을 영위하는 자의 서비스업이 정하여진 품질, 원산지, 생산방법이나 그 밖의 특성을 충족하는 것을 증명하는 데 사용하게 하기 위한 표장(標章)을 말한다(상§2①ⅶ). 종래 상표의 기능이 자기의 업무와 관련된 상품을 다른 사람의 상품과 식별하도록 하는 데 중점을 두고 있어 품질인증기능이 제한되고 있는 실정이었다. 이에 2011년 개정 상표법은 「대한민국과 미합중국 간의 자유무역협정」의 합의에 따라 상품이나 서비스업의 품질, 원산지, 생산방법 등의 특성을 증명하는 증명표장제를 도입하여 상표의 품질보증기능을 강화하고 소비자에게 상품이나 서비스업에 대한 올바른 정보를 제공하도록 하고 있다. 또한, "지리적 표시 증명표장"이란 상품의 품질, 원산지, 생산방법이나 그 밖의 특성의 증명을 업으로 하는 자가 상품의 생산 · 제조 또는 가공을 업으로 하는 자의 상품이 정하여진 지리적 특성을 충족하는 것을 증명하는 데 사용하게 하기 위한 지리적 표시로 된 증명표장을 말한다(상§2①viii).

(2) 절차적 요건(등록요건)

증명표장등록을 받으려는 자는 대통령령으로 정하는 증명표장의 사용에 관한 사항을 정한 서류(법인인 경우에는 정관을 말하고, 법인이 아닌 경우에는 규약을 말한다. 이하 "정관 또는 규약"이라 한다)와 증명하려는 상품 또는 서비스업의 품질, 원산지, 생산방법이나 그 밖의 특성을 증명하고 관리할 수 있음을 입증하는 서류를 첨부한 증명표장등록출원서를 제출하여야 한다(상§36④).

(3) 주체적 요건(증명표장의 등록을 받을 수 있는 자)

상품이나 서비스업의 품질, 원산지, 생산방법이나 그 밖의 특성을 업으로서 증명하고 관리할 수 있는 자는 상품의 생산 · 제조 · 가공 또는 판매를 업으로 하는 자나 서비스업을 영위하는 자가 영업에 관한 상품이나 서비스업이 정하여진 품질, 원산지, 생산방법이나 그 밖의 특성을 충족하는 것을 증명하는 데 사용하게 하기 위하여 증명표장을 등록받을 수 있다. 다만, 자기의 영업에 관한 상품이나 서비스업에 사용하려는 경우에는 증명표장의 등록을 받을 수 없다(상§3③). 또한 상표 · 서비스표 · 단체표장 · 업무표장등록출원인 또는 상표 · 단체표장 · 업무표장을 출원하거나 등록을 받은 자는 그 출원상표 · 단체표장 · 업무표장 또는 등록상표 · 단체표장 · 업무표장과 같거나 유사한 표장을 그 지정상품 · 서비스업과 같거나 유사한 상품 · 서비스업에 대하여 증명표장으로 등록을 받을 수 없다(상§3④). 그리고 증명표장을 출원하거나 등록을 받은 자는 그 증명표장과 동일 · 유사한 표장을 상표 · 단체표장 또는 업무표장으로 등록을 받을 수 없다(상§3⑤).

(4) 특 성

1) 증명표장은 양도할 수 없다. 다만, 그 업무와 함께 양도하는 경우에는 양도할 수 있다(상§48⑧, §93⑦).

2) 증명표장 등록출원인 또는 증명표장의 등록을 받은 자는 그 증명표장과

같거나 유사한 표장을 그 지정상품 · 서비스업과 같거나 유사한 상품(서비스업)에 대하여 상표(서비스표) · 단체표장 · 업무표장등록을 받을 수 없다(상§3⑤).

3) 증명표장권은 전용사용권과 통상사용권을 설정할 수 없다(상§95②, §97⑤). 이 외에도 질권의 대상이 될 수 없다(상§93⑧).

(5) 효 력

증명표장의 효력도 상표권의 효력과 본질적으로 동일하다. 따라서 증명표장권자는 등록증명표장을 지정상품에 독점적으로 사용할 수 있고, 증명표와 동일 · 유사한 증명표를 지정(指定)상품과 동일 · 유사한 상품에 제3자가 정당한 권한 없이 사용하는 경우에는 배타적 금지권을 행사할 수 있다.

IX. 상표등록의 요건

우리나라의 상표법은 등록주의를 채용하고 있으며, 상표권은 설정등록에 의하여 발생한다. 우선, 소정의 방식에 따른 출원절차를 거쳐, 실체적인 등록요건을 갖추고 있는지 여부를 심사받아야 한다.

1) 등록을 받기 위하여 상표법상 요구되는 요건으로 출원인은 국내에서 상표를 사용하는 자 또는 사용하려는 자(상§3①)이며, 출원인이 권리능력자(자연인 또는 법인)이어야 한다.

인적 요건은 첫째, 상표를 사용할 의사가 있는가이다. 즉, 출원인이 자기의 업무에 관한 상품 · 서비스에 현실적으로 사용하거나, 또는 장래 사용할 의사가 있는 상표가 아니면, 상표등록을 받을 수 없다(상§3①).[36)]

따라서, 처음부터 타인이 사용하게 할 목적으로 상표등록을 받을 수는 없다. 현행법은 권리의 안정성 견지에서 상표의 사용 사실을 판단하지 않고 등록을 인정하는 등록주의(상§82)를 채용하고 있다. 그러나 상표는 실제로 사용되어야만 그 기능을 발휘할 수 있는 것이다. 상표는 법의 보호대상인 업무상 신용의 화체이기도 하기 때문에 설령 등록주의 하에서라도 장래 사용되지 않을 상표는 업무상의

36) 종래 상표법 제23조 제1항 제1호의 거절이유로서 제3조 단서만을 규정하였으나, 2011년 개정 상표법은 거절이유를 제3조로 변경함으로써 사용의사 없는 상표등록출원을 거절결정 할 수 있는 법적 근거를 마련하였다.

신용이 체화될 수 없어 보호가치가 없다고 생각되기 때문이다.

또, 출원인의 업무와 출원서에 기재된 지정상품 등과의 사이에 사용의 관계가 인정되지 않는 것이 명백한 경우에는 상표등록을 받을 수 없다. 예컨대, 은행이나 보험회사는 상품의 제조나 판매를 업으로 하는 것이 금지되어 있기 때문에 스스로 상표를 상품에 대하여 사용할 의사가 있다고 생각할 수 없다. 다만, 은행이나 보험회사라 하더라도 금융이나 보험서비스에 대하여 서비스마크의 등록을 받을 수 있는 것은 물론 가능하다.

둘째, 출원인이 권리능력을 갖는가이다. 즉 우리나라에서 상표등록을 받을 수 있는 자는 자연인 또는 법인으로 한정된다. 외국인 또는 외국법인의 경우 상표법 제27조 각호[37]의 경우를 제외하고는 상표권 기타 상표에 관한 권리를 향유할 수 없다.

2) 구성 요건은 상표법에서 정하는 상표(상§2)이어야 한다.

3) 일반적 등록요건은 상품·서비스의 식별력을 갖추고 있어야 한다(상§33).

4) 구체적 등록요건은 상표부등록사유에 해당하지 아니하여야 한다(상§34).

5) 먼저 출원된 것[선출원(상§35)]이어야 한다.

2023년 10월 31일(법률 제19809호) 개정에서 출원상표가 타인의 선등록상표와 동일·유사하여 상표등록의 거절이유가 있다 할지라도, 선등록상표의 상표권자가 출원상표의 상표등록에 동의를 하면 상표등록을 받을 수 있도록 하고, 변경출원의 기초가 된 상표등록출원 등에 조약에 따른 우선권 주장이나 출원 시의 특례 취지 및 그 서류의 제출이 있는 경우에는 변경출원에 대해서도 그 주장 및 서류의 제출이 있는 것으로 간주하도록 하였다.

6) 1상표 1출원을 위반하지 아니하여야 한다(상§38).

---

37) 1. 그 외국인이 속하는 국가에서 대한민국 국민에 대하여 그 국민과 같은 조건으로 상표권 또는 상표에 관한 권리를 인정하는 경우
2. 대한민국이 그 외국인에 대하여 상표권 또는 상표에 관한 권리를 인정하는 경우에는 그 외국인이 속하는 국가에서 대한민국 국민에 대하여 그 국민과 같은 조건으로 상표권 또는 상표에 관한 권리를 인정하는 경우
3. 조약 및 이에 준하는 것(이하 "조약"이라 한다)에 따라 상표권 또는 상표에 관한 권리를 인정하는 경우

X. 법률상 등록을 받을 수 있는 상표

상표가 등록을 받기 위해서는 주체적인 요건(상§3, §4, §6)과 객체적인 요건 즉, 상표법 제2조 제1항 제2호상의 상표(구성요소)이며 선출원(상§35)이어야 하고, 자기의 업무에 관한 상품에 사용 또는 사용할 의사가 존재하여야 한다. 또한 부등록사유에도 해당되지 않아야 하고(상§34① 각호, ⑤), 상표법이 정한 요건(상§33)을 갖추어야 한다.

여기서 상표법이 정한 요건이란 상표법 제33조 제1항에서 열거한 소극적인 요건 7가지에 해당하지 않는 경우에 한하여 상표등록을 받을 수 있다는 뜻이다. 소극적인 요건 7가지는 자타상품의 식별력이 없는 것이므로 상표권을 인정할 수 없다. 식별력이 없는 상표는 다음과 같다(상§33① 각호).

1. 보통명칭

우리가 일반적으로 사용하는 '보통명칭'이란 개체의 성질을 나타내는 명칭을 의미하나, 상표법에서 '보통명칭'이란 처음에는 자타상품을 식별하는 특정인의 상표이었던 것이 소비자 및 동종업자들이 그 상표를 자유롭게 사용한 결과 그 상품이 보통명칭화되어 자타상품의 식별력을 상실하게 된 것을 말한다.[38] 이러한 상표를 특정인에게 독점배타적인 권리를 부여한다면 소비자들은 오인 · 혼동을 초래할 뿐만 아니라 상표법의 목적에도 반하게 될 것이다.

그리하여 상표법 제33조 제1항 제1호는 "그 상품의 보통명칭을 보통으로 사용하는 방법으로 표시한 표장만으로 된 상표"는 상품의 식별력이 없는 상표로서 등록될 수 없음을 규정하고 있다. 여기서 "보통으로 사용하는 방법으로 표시한 표장"이란 상표의 외관은 물론 칭호, 관념을 통하여 상품의 보통명칭, 성질 또는 성이나 명칭을 직감할 수 있는 표시는 이에 해당하는 것으로 본다.

상품의 보통명칭이란 상품의 일반명칭으로서 일반사회 거래에서 특정인의 상품으로 인식할 수 없는 것을 말한다. 예를 들면, 자동차에 CAR, 피복에 청바지, 옥수수 건과자에 콘치프(대판 88후455), 호도로 만든 과자에 호도과자(대판 68후31), 복사기에 코피아(대판 86후67), 가구에 호마이카(대판 86후93), 과일에 홍옥 ·

---

38) 대법원 1997.2.28.선고, 96후979 판결; 대법원 1997.8.29.선고, 96후2104 판결.

신고 · 백도 · 거봉, 구레오소드 함유 위장약에 정로환(대판 92후827), 유산균 발효유에 YOGURT(대판 92후1943), 광고업에 라디오 광고업 · TV광고업, 통신업에 컴퓨터 통신 · 전화통신, 보험업에 생명보험 · 자동차보험, 요식업에 레스토랑 · 카페 · 그릴(특허법원 99허2069), 나일론, 아스피린, 정종 등으로, 이것만 쓰면 어느 회사의 제품인가를 알 수 없으므로 앞에 회사명이나 별도의 이름을 사용하여야만 알 수 있는 것이다. 예를 들면, '동양나일론' '코오롱 나일론'과 같이 사용함으로써 자타상품과 식별이 가능하다. 그렇지 않으면 원래 보통명칭인 나일론 등과 자타상품을 식별할 수 없기 때문이다. 보통명칭화된 상표는 상품에 이를 표시하여도 상품의 출처표시기능이나 자타상품의 식별기능을 발휘할 수 없기 때문이다.[39]

보통명칭의 지역적 사용범위는 한 지방에서만 사용되어도 되며 국내의 당해 상품의 거래실정에 따라 결정된다.

또 보통명칭과 유사한 상표는 원칙적으로는 등록을 불허하지만 전체적 식별력을 갖춘 경우에는 등록이 허용된다.

특허청의 과오로 인해 보통명칭의 상표가 등록된 경우 무효심판의 대상이 되며 등록 후 무효처분 전까지도 상표법 제90조에 의해 권리를 제한받는다. 또 상표등록 후 식별력을 상실한 경우에도 무효심판의 대상이 된다(상§117① i ,vi).

2. 관용상표(慣用商標)

상표법 제33조 제1항 제2호는 "그 상품에 대하여 관용하는 상표"는 상품의 식별력이 없는 상표라고 한다.

관용상표란 전국 또는 한 지역의 동업자(同業者)가 장기간 사용함으로써 동업자의 상품과 타종류의 상품과의 구별은 가능하나 자타상품의 식별력이 없는 상표를 말한다. 이러한 관용상표는 특정종류에 속하는 상품에 대하여 동업자들 사이

---

39) 상표법 제6조 제1항 각호는 식별력이 없거나 특정인에게 독점배타적인 보호를 주기에 부적당한 상표를 열거한 것으로서 공익보호를 위한 규정이므로, 출원상표가 각호의 규정에 해당하는지를 판단함에 있어서는 등록결정시를 기준으로 하여야 한다는 것이 통설적인 태도이다. 그러나 특허법원 1999.7.15.선고 99허1744 판결(확정)은 디지털비디오테이프레코더를 지정상품으로 하는 DVCPRO라는 상표와 관련하여 위 상표의 '출원 당시'는 우리나라에서는 거래자나 일반수요자들이 DVC를 디지털비디오카메라에 대한 보통명칭으로 인식하고 있다고 인정하기에는 부족하므로 DVC는 보통명칭에 해당하지 아니한다고 하여 '출원시'를 기준으로 판단한 바 있다.

에서 자유롭고 관용적으로 사용되고 있는 표장을 말한다. 대부분은 본래 상표로서 기능을 하였던 것이 많다고 할 것이나, 그렇다고 하여 당초부터 자타 상품의 식별력을 갖춘 상표만이 후에 관용상표가 되는 것은 아니라고 한다.[40]

처음에는 등록상표로서 자타상품의 식별력이 있었던 상표가 일반사회의 거래에서 타인이 동일한 지정상품에 그 상표와 동일 또는 유사한 상표를 사용하는 것을 묵인하거나 방치함으로써 동업계(同業界)의 다수인이 이를 사용하게 된 결과 그 등록상표는 자타상품의 식별력과 출처표시기능을 상실하여 관용상표화하게 되는 경우가 있다.[41]

예컨대 직물에 TEX · LON · RAN, 콜드크림에 VASELINE(대판 95후1463), 브랜디에 관하여 '나폴레옹', 과자에 '깡', 구중청량제에 '인단', 통신업에 'Cyber, Wep, Tel, Com, Net', 숙박업에 '관광호텔, 파크', 요식업에 '가든, 각, 장, 성, 원', 금융업에 'Homebanking, Passcard, Cashcard' 등이 자타상품의 식별력이 없어진 것이다. 이런 경우 그 등록상표는 무효심판의 대상이 된다(§117① i ,vi).

관용상표의 경우 사용지역범위, 유사상표에 대한 처분, 과오로 등록된 경우 보통명칭의 상표와 동일하게 취급한다.

여기서 관용표장과 보통명칭의 차이를 살펴보면, 상품의 관용표장은 처음에는 특정인의 상표였던 것이 주지저명의 상표로 되었다가 상표권자가 상표관리를 허술히 함으로써 동업자들 사이에 자유롭고 관용적으로 사용하게 된 상표를 말하는 것이고, 상품의 보통명칭은 그 동업자들만이 아니라 실제거래에 있어서 일반소비자들까지도 지정상품의 보통명칭으로서 그와 같은 명칭을 보통으로 사용하고 있는 것을 말한다.[42]

---

40) 대법원 1999.11.12.선고, 99후24 판결; 다만 상표심사기준은 제7조 제1항에서 "관용표장이라 함은 당해 상품을 취급하는 거래사회에서 그 상품의 명칭 등으로 일반적으로 사용한 결과 자타상품의 식별력을 상실한 표장을 말한다"고 하여 판례와 다른 태도를 취하고 있다.

다만, 관용표장은 어느 것이나 당초에는 특정인이 상표로 사용하던 것이라는 점에서, 보통명칭이 본래부터 상품의 보통명칭이었던 것과 특정인이 상표로 사용하던 것이 보통명칭화된 것으로 대별되는 것과 다르다(최성우, 「주제별 상표법」, 한빛지적소유권센터, 2000, p.108).

41) 어느 상표가 지정상품의 보통명칭화 내지 관용하는 상표로 되었는가의 여부는 그 나라에 있어서 당해 상품의 거래실정에 따라서 이를 결정하여야 한다(대법원 1992.11.10.선고, 92후414 판결).

42) 대법원 1992.1.21.선고, 91후882 판결.

3. 성질표시적 명칭의 상표

상표법 제33조 제1항 제3호는 "그 상품의 산지(産地)·품질·원재료·효능·용도·수량·형상(포장의 형상을 포함)·가격·생산방법·가공방법·사용방법 또는 시기를 보통으로 사용하는 방법으로 표시한 표장(標章)만으로 된 상표"는 상품의 식별력이 없는 상표로 등록되지 않는다고 규정하고 있다.[43]

성질표시적 명칭의 상표란 상품의 특성을 기술하거나 품질의 내용을 설명할 목적으로 표시된 상표를 말한다. 그 상품의 산지[44](풍기 - 인삼, 영광 - 굴비, 울릉도 - 오징어, 대구 - 사과, 해장국 - 청진동, 막국수와 닭갈비 - 춘천, 아구탕 - 마산 등), 품질(KS, JIS, 大·中·小, 상·중·하, 품질보증, 우·양·가, 원조, 우수, 딜럭스 등), 원재료(두부 - 콩, 양복 - WOOL, 블라우스 - SILK), 효능(본드 - 강력, 가구 - 우아미, 의류 - 베이비, 운동용품 - 프로용, 약 - 잘나, 화장품 - 보들보들, 환경관련 상품 - 청정·무공해·Green·BIO, 런닝셔츠 - 하이런닝〈대판 81후28〉, 서적[45] - 산업재산권법·경제학·민법총칙·행정학·영한사전〈단, 빙점, 토지, 매일경제, 일간스포츠 등은 식별력이 있는 것으로 본다〉), 용도(비료 - 원예), 수량(연필 - 1 다스, 신발 - 한 켤레), 형상[46](일반상품 - 소형, 연필 - 4 각표, 신발 - 235·10문, 의약품 - 상품의 형상에 캡슐, 포장의 형상에 약병 등), 가격(100원, 100dollar, 500円), 생산방법(책상 - 조립, 신발 - 수제(手製), 농축산업 - 자연농법), 시기(약품 - 식전·후, 케이크 - 크리스마스) 등을 보통으로 사용하는 방법으로 표시한 표장 등이다. 이러한 기술적인 표장의 판단방법은 ⅰ) 어떤 상표가 그 지정상품의 품질, 효능 등을 표시한 것인지 여부는 그 상표가 지니고 있는 관

---

43) 등록을 인정하지 않는 이유로 식별력이 없다는 것 외에 특정인에 의해 독점하는 것이 공익에 반하며 타인의 상품과의 관계에 있어 식별력을 갖기 어렵다는 점이다. 상기 열거사항은 예시적 열거사항이므로 이에 한정되지 아니한다.

44) '그 상품의 산지표시'라 함은 해당지역의 기후, 토양 등의 지리적 조건 등과 관련하여 해당 상품의 특성을 직감할 수 있는 지역을 표시하는 것으로서 해당 상품이 해당 지방에서 과거에 생산되었거나 현재 생산되고 있는 지방을 말한다. 단 포도주 또는 증류주의 산지에 관한 지리적 표시로서 구성되거나 동 표시를 포함하는 상표로서 포도주·증류주에 사용하려는 상표의 경우에는 상표법 제34조 제1항 제16호를 적용한다[상표심사기준 2019. 12. 24. 특허청예규 제112호 제4부 제3장 4.1.3. (40306면)].

45) 단행본의 서적제호가 직접 서적의 내용을 나타내는 것이라고 인정되는 경우(단, 정기간행물의 제호인 경우 당해 정기간행물을 지정상품으로 한 경우에는 원칙적으로 '성질적 표시상표'에 해당되지 않는 것으로 본다).

46) 입체상표의 경우 그 상품 또는 포장의 외형이 당해 물건의 일반적 형태를 나타내는 것이라고 인식될 때에는 "그 상품 또는 표장의 '형상표시'"에 해당하는 것으로 본다.

념, 지정상품과의 관계 및 거래사회실정 등을 감안하여 객관적으로 판단하여야 하고,[47] ii) 상품의 특성을 직감하게 하는 것이어야 하고, iii) 상표의 구성부분 전체를 기준으로 판단하는 것이 원칙이고, iv) 상표의 실제사용 여부는 묻지 않는다.

이와 같은 기술적 표장(記述的 標章)은 문자로써 기술되는 것만에 한정되지 않는다. 문자, 도형 또는 기호나 이들이 문자와 결합, 그리고 색채와 결합한 경우에도 해당된다. 또 본호의 규정은 예시적인 규정이므로 품위, 등급[48], 색채 등을 나타내는 경우도 포함된다고 본다. 다만, 사용에 의한 식별력 취득 인정의 경우 등록을 인정하고 성질표시상표가 과오로 등록된 경우 무효사유에 해당한다(상 §117① i ,vi).

4. 현저한 지리적 명칭 등으로 된 상표

상표법 제33조 제1항 제4호는 "현저한 지리적 명칭 · 그 약어 또는 지도만으로 된 상표"는 상품의 식별력이 없는 상표로 등록되지 않는다고 규정하고 있다.[49] 그러나 "현저한 지리적 명칭, 그 약어 또는 지도"가 포함된 상표라도 그 "현저한 지리적 명칭 등"이 상표의 주요부분으로 볼 수 없고, 그 나머지 부분에 의하여 식별력이 있는 경우에는 상표로서 등록이 가능하다고 본다.

"현저한 지리적 명칭,[50] 그 약어"라 함은 국가명, 국내의 서울특별시, 광역시 또는 도의 명칭, 시 또는 서울특별시의 구, 광역시의 구, 군의 명칭, 저명한 외국의 수도명, 대도시명, 주 또는 이에 상당하는 행정구역의 명칭 그리고 현저하게 알려진 국내외의 고적지, 관광지, 번화가 등의 명칭 등과 이들의 약칭을 말한다. 예를 들면, New York → NY, Los Angeles → LA, 미국 → USA, Korea → R.O.K. 한라

---

47) 대법원 1985.9.10.선고, 84후36 판결; 대법원 1989.7.26.선고, 81후75 판결.

48) Special, Best, great, very, Deluxe, Europoint 등등.

49) 특별현저성을 갖지 못한다는 점과 상품의 품질오인 가능성이 크기 때문에 등록을 불허한다(공익적 이유). 또 현저한 지리적 명칭은 일반소비자에게 널리 인식된 경우를 말하며 소수의 특정인만이 알고 있는 지리적 명칭은 포함되지 않는다. 다만, 국명은 일반인이 알지 못하더라도 언제나 등록하지 못한다.

50) 현저한 지리적 명칭이란 그 용어 자체가 특정상품과 관련하여 일반 수요자들에게 즉각적인 지리적 감각을 전달할 수 있는 표장을 말하므로, 출원상표가 현저한 지리적 명칭 그 자체가 아니라면 출원상표와 현저한 지리적 명칭과 칭호, 외관 및 관념의 면에서 종합적으로 고려하여 식별력 유무를 판단하여 상표로서 등록될 수 있는 것인지의 여부를 가려야 한다(대법원 1988.2.23.선고, 86후157 판결).

산, 충주호, 진도, 불국사, 부석사, 해인사, 현충사 등이 있다. 현저한 지리적 명칭이 아닌 것으로 생각되는 것은 장안천, 중랑천, 가거도 등이 있다.

여기서 '지도'라 함은 세계지도 또는 국내외 국가의 지도 등을 의미하며 정확한 지도는 물론 사회통념상 이러한 지도임을 인식할 수 있는 정도이면 된다.

5. 흔히 있는 성 또는 명칭

상표법 제33조 제1항 제5호는 "흔히 있는 성 또는 명칭을 보통으로 사용하는 방법으로 표시한 표장만으로 된 상표"는 상표로서 등록될 수 없다고 규정하고 있다. 이러한 판단시점은 실체심사시이며, 판단방법은 지정상품과의 관련성은 불문한다.[51)]

여기서 "흔히 있는 성 또는 명칭"이라 함은 현실적으로 다수가 존재하거나 관념상으로 다수가 존재하는 것으로 인식되고 있는 자연인의 성 또는 법인, 단체, 상호임을 표시하는 명칭 등을 말하고, "보통의 방법으로 표시하는 표장"이라 함은 한글이나 한자 또는 로마자로 표시하거나 또는 이들 문자를 병기하여 표시한 것을 말한다.

이는 성질표시의 명칭상표처럼 공익적 이유에 의해 불허되는 것이다. 예를 들면 '金' '李' '崔' '尹' '朴' 등의 성(姓)과 상사, 회사, 상회, 조합, 협회, 연구소, 회장, 사장, 이사장, 총장 등이 우리나라에서는 흔한 것이다. 그러나 외국인의 성(姓)은 우리나라에서는 흔한 것으로 보지 않는다. 예를 들면 하이트맥주의 HITE(하이트)가 그 예이다. 주의할 것은 흔히 있는 명칭 중 상품명과 지리적 명칭은 포함되지 않는다.

6. 간단하고 흔한 표장

상표법 제33조 제1항 제6호는 "간단하고 흔히 있는 표장만으로 된 상표"는 상표로서 등록을 받을 수 없다고 규정하고 있다.

간단하고 흔한 표장만으로 된 상표는 등록받을 수 없다는 것이지 간단하거나 흔히 있는 표장만으로 된 상표일 때도 등록을 받을 수 없다는 뜻이 아니다.[52)] "간

51) 대법원 1990.7.10.선고, 87후54 판결.

52) 대법원 1985.1.29.선고, 84후93판결; 대법원 1990.12.26.선고, 9후793 판결; 대법원 1993.2.26.선고, 92후1417 판결.

단하고 흔히 있는 표장"만으로 된 상표는 상거래에서뿐만 아니라 일상에서 흔히 사용되는 것들로 식별력이 없을 뿐만 아니라, 누구나가 자유롭게 사용 할 수 있어야 하기 때문에 상표로 등록받을 수 없도록 한 것이다.

이는 당연히 등록대상이 아니다. 다만, 간단한 표장과 결합한 상표에 대해 구체적으로 판단했을 때 식별력 있는 상표가 되는 경우 등록을 허용한다.

따라서 한글 1자도 거래사회에서 사물의 관념을 직감할 수 있는 경우에는 식별력이 있는 것으로 본다.[53]

1) **문자인 경우** A, K, 취, Co., 윤 Ltd.의 경우에는 식별력이 없어 등록을 받을 수 없다. 그러나 P&G, LG, CJ, GS, HP, NH, KT, SK 등과 갑을, 닭, 별 등은 식별력이 있는 것이다.

2) **숫자인 경우** +, −, ×, ÷, 1, 2, 3, 4, 5, 57, 15+12, 50÷25 등의 경우에는 식별력이 없어 등록을 받을 수 없다. 그러나 777, 2&2, one and one, 콘택600, 3000리호 자전거, 0909, 파이브 원 파이브는 식별력이 있는 것이다.[54]

3) **도형인 경우** ○, △, □, ◇, #, +, -, &, ⊙, ◎, △, 回, ◈, ▱, 卍, (대판 2001후591) 등이 있다. 그러나  (대법 80 후 83).  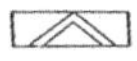 등은 식별력이 있는 것으로 본다.

이상의 경우에도 색채와 결합하면 새로운 식별력이 있는 것으로 1996년 심사기준에 신설되었다.

7. 기타 상품의 식별력이 없는 상표

상표법 제33조 제1항 제7호는 "제1호 내지 제6호 외에 수요자가 누구의 업무에 관련된 상품을 표시하는 것인가를 식별할 수 없는 상표"는 상표로서 등록될 수 없다고 규정하고 있다. 본호는 제33조의 일반규정 또는 보충규정이라고 볼 수 있다.

이러한 기준은 ⅰ) 외관상으로 보아 사회통념상 식별력을 인정하기 곤란한 경우, ⅱ) 다수인이 현실적으로 사용하고 있어 식별력이 인정되지 않는 경우, ⅲ) 공익상 특정인에게 독점시키는 것이 적합하지 않다고 인정되는 경우이다. 즉 일반적 표어(인류를 아름답게 사회를 아름답게), 유행어로 표시한 상표(따봉), 연도로

53) 상표심사기준 2019. 12. 24. 특허청예규 제112호 제4부 제6장 1.1.1. (i) (40601면).
54) 중앙일보 1999.11.13.

기술된 상표(1988년, 2002년), 장소(LAND, MART, CLUB, PLAZA, WORLD, 마을, 마당, 촌, BANK, HOUSE, CITY, TOWN, PARK, 나라), 통신관련업(CYBER, NET, COM, TEL, WEB, http://www.), 정보자료제공업(NEWS, DATA), 금융관련업(CASH, CARD), 인간문화재 · 천연기념물 · 자연물을 사진이나 이와 유사하게 표시한 상표를 예시하여 심사기준으로 삼고 있다. 그러나 '빵 굽는 작은 마을'은 식별력이 있는 것으로 보고 있다.

8. 식별력이 없는 표장 간의 결합상표

식별력이 없는 표장 상호간만으로 결합된 상표는 원칙적으로 전체관찰하여 식별력 유무를 판단하되, 결합에 의해 새로운 관념 또는 새로운 식별력을 형성하는 경우 식별력이 있는 것으로 본다. 전체관찰에 의해서도 식별력이 없다고 인정되는 경우 거절하도록 한다.[55]

9. 사용에 의한 식별력(상§33②)

상표법 제33조 제1항 제3호 내지 제7호는 상품의 식별력이 없기 때문에 상표등록을 받을 수 없게 된다. 그러나 이런 상표라도 특정인이 특정상품에 상당한 기간 사용하면 일반수요자(소비자)가 그 상표는 누구의 상표라고 알게 된다. 이러한 상표를 보호하여 주지 않는다면 이미 주지(周知)된 상표와 유사한 상표가 시중에 범람하여 소비자들이 오인 · 혼동할 우려가 있고, 더 나아가 상거래질서를 문란케 하고 소비자에게도 손해를 입히게 되므로 이 경우는 상표법 제33조 제1항 제3호 내지 제7호의 규정에도 불구하고 등록된다.[56][57] 예를 들면 자동차 포드(인명), 현대자동차의 엑셀 등이 있다. 그러나 해당 상품의 보통 명칭(제1호)과 관용표장(제2

---

55) 상표심사기준 2019. 12. 24. 특허청예규 제112호 제4부 제8장 1.2. (40801면).

56) 사용에 의한 식별력을 주장하는 자는 그 입증자료(예시)로서 ① 사용한 상표, ② 사용한 상품, ③ 상당기간 계속 사용한 사실, ④ 전국 또는 일정지역에서 사용한 사실, ⑤ 해당 상품의 생산 · 제조 · 가공 · 증명 · 판매량, 매출액, 시장점유율, ⑥ 사용의 방법 · 횟수 및 내용, ⑦ 광고 선전의 방법 · 횟수 · 내용 · 기간, ⑧ 객관적인 소비자 인지도조사, ⑨ 상품품질이나 명성을 입증할 수 있는 자료, ⑩ 사용상표를 독점배타적으로 사용하고 있다는 자료 등을 제출할 수 있다.[상표심사기준 2019. 12. 24. 특허청예규 제112호 제4부 제9장 2.4.2. (40905면)].

57) 파리협약은 상표의 등록적격성을 판담함에 있어서는 당해 상표를 사용하여 온 기간을 고려하지 않으면 안 되는 것으로 규정하고 있다(파리협약 §6의5c①).

호)은 사용에 의한 식별력이 인정되지 않는다.

이러한 사용에 의한 식별력의 판단기준은 수요자들이 현저하게 인식하고 있는지는 출원 전 상당기간 사용한 결과 전국적으로 알려져 있는 경우[58]와 일정지역에서 수요자들이 현저하게 인식하고 있는 경우도 포함한다. 다만, 현저하게 인식하고 있는 지역의 범위에 대해서는 지정상품과의 관계를 충분히 고려하여야 한다.[59] 이의 판단시기는 등록결정시를 그 기준으로 하고 있다.[60]

인정범위는 그 사용에 의해 식별력을 취득한 상표에 한하므로 유사한 상표나 상품에 대한 등록은 불허하고, 당해 상품에 사용된 상표에 의해 식별력이 인정되므로 사용된 상품에만 한정하여 등록을 허여한다.

코카콜라 일본 현지법인이 애틀랜타 올림픽 전에 일본에서 조지아라는 상표를 붙여 제조 · 판매하기 위하여 조지아를 일본특허청에 등록신청하였으나, 조지아는 코카콜라의 본사가 있는 미국 애틀랜타의 명칭이기 때문 상표등록을 인정하지 않았으나,[61] 최근에는 사용에 의한 등록이 가능해졌다. 이를 특별현저성[62]이라고 한다.

상표는 선출원이 원칙이나 사후적 사용에 의해 식별력을 취득한 경우라면 예외적으로 상표등록을 인정하여 독점배타적 권리를 준다.

위의 사용에 의한 식별력을 취득하여 상표등록이 된 경우를 제외하고, 상표가 등록된 후 식별능력을 상실한 상표는 무효심판을 청구할 수 있도록 하였다(상 §117①vi).[63]

---

58) 대법원 1994.5.24.선고, 92후2274 판결.

59) 지역적 범위는 원칙적으로는 전국적으로 알려져 있는 경우를 말하지만 지정상품의 특성상 일정지역에서 알려져 있는 경우도 인정 가능하다[상표심사기준 2019. 12. 24. 특허청예규 제112호 제4부 제9장 4.3. (40906면)].

60) 특허법원 1998.8.13.선고, 98허4982 판결.

61) 日最高裁, 昭和61年1月23日, 判タ 593号, p.71.

62) 특별현저성은 각국의 법제, 거래사회의 실정, 시내번천에 따라 독자적으로 판단하여야 한다(대법원 1994.9.27.선고, 94후708 판결).

63) 2001.2.3. 개정시 신설(상표법 제71조 제1항 제5호).

XI. 법률상 등록을 받을 수 없는 상표

상표를 등록받기 위해서 상표법 제33조(특별현저성)에 규정된 식별력을 갖춘 상표라도 법이 규정하는 부등록사유(상§34)에 해당할 때에는 그 등록을 받을 수 없다.

부등록사유란 상표로서 사용될 수 있는 표장이 그 자체로서 식별력을 갖고 있으나, 그 표장이 "공공단체를 표시하는 표장" 또는 "타인의 상표 등과 동일 또는 유사한 경우" 등에는 공익적인 차원에서 등록을 배제시키는 것을 말한다.[64]

1. 국기 · 국장 등과 동일 또는 유사한 상표

상표법 제34조 제1항 제1호를 구체적으로 분류하여 ⅰ) 대한민국의 국기(國旗), 국장(國章), 군기(軍旗), 훈장, 포장(褒章), 기장(記章), 대한민국이나 공공기관의 감독용 또는 증명용 인장(印章) · 기호와 동일 · 유사한 상표(상§34① ⅰ 가). ⅱ) 「공업소유권의 보호를 위한 파리협약」(이하 "파리협약"이라 한다) 동맹국, 세계무역기구 회원국 또는 「상표법조약」 체약국(이하 이 항에서 "동맹국 등"이라 한다)의 국기와 동일 · 유사한 상표(상§34① ⅰ 나). ⅲ) 국제적십자, 국제올림픽위원회 또는 저명한 국제기관의 명칭, 약칭, 표장과 동일 · 유사한 상표. 다만, 그 기관이 자기의 명칭, 약칭 또는 표장을 상표등록출원한 경우에는 상표등록을 받을 수 있다(상§34① ⅰ 다). ⅳ) 파리협약 제6조의3에 따라 세계지식재산기구로부터 통지받아 특허청장이 지정한 동맹국 등의 문장(紋章), 기(旗), 훈장, 포장, 또는 기장이나 동맹국 등이 가입한 정부 간 국제기구의 명칭, 약칭, 문장, 기, 훈장, 포장 또는 기장과 동일 · 유사한 상표. 다만, 그 동맹국 등이 가입한 정부 간 국제기구가 자기의 명칭 · 약칭, 표장을 상표등록출원한 경우에는 상표등록을 받을 수 있다(상§34① ⅰ 라). ⅴ) 파리협약 제6조의3에 따라 세계지식재산기구로부터 통지받아 특허청장이 지정한 동맹국 등이나 그 공공기관의 감독용 또는 증명용 인장 · 기호와 동일 · 유사한 상표로서 그 인장 또는 기호가 사용되고 있는 상품과 동일 · 유사한 상품에 대하여 사용하는 상표(상§34① ⅰ 마).

여기에서 '저명한 국제기관'이라 함은 국제연합(UN) 및 산하기구와 EU,

---

64) 부등록사유는 공익적 사유 외에 사익적 사유에 의한 경우가 있다.

WTO, OPEC와 같은 국제기구 등 국제사회에서 일반적으로 인식되고 있는 국가간의 단체를 말한다.

또, "감독용이나 증명용 인장 또는 기호"라 함은 내외국의 공공기관이 상품 등의 규격·품질 등을 관리, 통제, 증명하기 위하여 사용하는 제 표장을 말한다. 그 예로는 'KS', 'JIS', 'UL' 등이다.

예를 들면 태극기, 일장기(日章旗), UN, WTO, OPEC, IAEA(국제원자력기구), WHO(세계보건기구), BIRPI(지적재산권보호 합동국제사무국), ILO(국제노동기구), IMF(국제통화기금), WIPO(세계지적재산권기구) 등이고, 국화인 무궁화의 도형과 동일 또는 유사한 표장 등은 특별현저성이 있어도 상표등록을 받을 수 없다.

또한, 파리협약 제6조의3, 부정경쟁방지법 제3조, 제3조의2에서도 동일한 규정을 두고 있다.

2. 국가 등과의 관계를 거짓으로 표시하거나 모욕하는 상표

국가[65]·인종·민족·공공단체·종교 또는 저명한 고인(故人)과의 관계를 거짓으로 표시하거나 이들을 비방 또는 모욕하거나 이들에 대한 평판을 나쁘게 할 우려가 있는 상표는 식별력 유무에도 불구하고 등록을 받을 수 없다(상§34① ii).[66]

여기서 '공공단체'라 함은 지방자치단체, 공공조합, 공법상 영조물법인과 그 대표기관 및 산하기관을 포함하며, 외국의 주정부 및 그 산하기관도 이에 해당하는 것으로 본다.

"허위표시나 비방, 모욕, 나쁜 평판을 받게 할 우려"는 상표 자체는 물론 지정상품과의 관계를 고려하여 현저히 부정적인 영향을 주는 것에 한하여 이에 해당하는 것으로 본다.

이상의 국가·인종(인디언)[67]·민족·공공단체 및 종교는 현존하는 것에 한하며, 저명한 고인은 사회통념상 또는 거래사회에서 일반적으로 인식할 수 있는 정도이면 족하다고 본다.

---

65) 현존하지 않는 국가명은 그 등록이 허용되고 있다.

66) 반드시 그 명칭이 아니더라도 관념, 명칭에서 쉽게 파악되어 허위 또는 모욕을 나타내는 경우라면 그 등록을 받을 수 없다.

67) 대법원 1989.7.11.선고, 89후346 판결.

이 규정은 공서양속에 반하고 국제적 신의에도 어긋나므로 상표등록을 인정하지 않는다. 예를 들면 양키, 쪽바리, Negro 등이 이에 해당한다. 그러나 흑인, 백인, 건과자에 인디언, 의류에 제임스딘(JAMES DEAN),[68] 다방업에서 모차르트[69]는 해당되지 않는다고 한다.

3. 공익단체의 표장과 동일 또는 유사한 상표

국가 · 공공단체 또는 이들의 기관과 공익법인[70]의 비영리 업무나 공익사업을 표시하는 표장으로서 저명(著名)한 것과 동일 · 유사한 상표는 등록을 받을 수 없다. 다만, 그 국가 · 공공단체 또는 이들의 기관과 공익법인 또는 공익사업체에서 자기의 표장을 상표등록출원한 때에는 그러하지 아니하다(상§34①iii). 그러나 대한축구협회(2002허8035)는 공익법인의 표장에 해당하지 않는다.

본호는 국가공공단체 또는 이들 기관과 공익법인의 영리를 목적으로 하지 아니하는 업무 또는 영리를 목적으로 하지 아니하는 공익사업을 표시하는 표장으로서 저명한 것과 동일 또는 유사한 상표는 상표등록을 받을 수 없다고 규정하고 있어, 저명한 업무표장을 가진 공익단체의 업무상의 신용과 권위를 보호함과 동시에 그것이 상품에 사용되면 일반 수요자나 거래자에게 상품의 출처에 관한 혼동을 일으키게 할 염려가 있으므로 일반공중을 보호하는 데 그 목적이 있다고 할 것이다.[71][72]

본호에서 '저명한 표장'이라 함은 사회통념상 또는 거래사회에서 일반적으로 널리 인식되고 있는 표장 또는 단체명을 말한다.

이 규정은 공익단체 등의 권위를 존중하고, 업무상의 신용을 보호함과 동시

---

68) 대법원 1997.7.11.선고, 96후2173 판결.

69) 대법원 1998.2.13.선고, 97후938 판결.

70) 공익법인이라 함은 비영리법인(사단 또는 재단법인) 중 공익을 주목적으로 하는 법인을 말하며, 외국의 공익법인도 포함된다.

71) 대법원 1996.3.22.선고, 95후1104 판결.

72) 효성

본원상표와 지정상품과 인용업무표장에 의하여 표시되는 업무가 유사하지 아니하거나 견련관계가 없다고 하더라도 그러한 사정만으로 위 규정의 적용이 배제된다고 볼 것은 아니므로 원심이 그러한 지정상품과 업무상호간의 유사여부 내지 견련관계 여부에 대하여 별도로 판단하지 아니하였다고 하더라도 위 규정의 적용에 있어서 심리를 다하지 아니한 잘못이 있다고 할 것은 아니다(대법원 1998.4.24.선고, 97후1320 판결).

에 그것이 상품에 사용되면 수요자와 거래자에게 출처에 관한 혼동을 줄 염려가 있으므로 수요자의 이익을 보호하기 위하여 등록을 배제한 것이라 할 수 있다. 즉 공익과 사익 양자를 모두 보호하기 위한 규정이라 할 수 있다.

공익단체의 표장이란 예를 들면 YMCA, YWCA, Boyscout 등이다.

4. 공서양속에 반하는 상표

상표 그 자체 또는 상표가 상품에 사용되는 경우 수요자에게 주는 의미와 내용 등이 일반인의 통상적인 도덕관념인 선량한 풍속에 어긋나거나 공공의 질서를 해칠 우려가 있는 경우에 상표등록을 받을 수 없다(상§34①iv).

여기서 '공공의 질서'라 함은 실정법상의 공법질서, 국제신뢰 또는 일반 사회질서는 물론 공정하고 신용 있는 거래질서와 인간의 존엄성과 가치, 평등권 보장 등 자유민주주의 기본질서도 포함한다.

공서양속을 문란하게 할 염려가 있는 상표라 함은 상표의 구성 자체는 물론이고, 상표의 구성 자체는 그러하지 아니하더라도 지정상품에 사용함으로써 상표법 제34조 제1항 제4호에 위반하는 경우를 말한다.[73]

예를 들면 사기꾼, 소매치기, 새치기, 뇌물, 가로채기, 성적 흥분을 유발시키는 상표, 사이비종교 · 부적 등 미신을 조장하거나 국민간의 불신과 지역감정을 조장하는 문자나 도형으로 된 상표, 타인의 저명한 저작권을 침해하거나 저명한 고인의 성명 등을 도용하여 출원한 상표 등이다.

5. 박람회의 상패 · 상장 또는 포장과 동일 · 유사한 표장

정부가 개최하거나 정부의 승인을 받아 개최하는 박람회[74] 또는 외국정부가 개최하거나 외국정부의 승인을 받아 개최하는 박람회의 상패 · 상장 또는 포장과 동일 · 유사한 표장이 있는 상표는 등록을 받을 수 없다.[75] 다만, 그 상패 · 상장 또는 포장을 받은 자가 당해 박람회에서 수상한 상품에 관하여 상표의 일부로서

---

73) 실례로서, 이공학 박사는 등록되지 않았으나, 한자 박사는 상표등록이 허용되었다. 일본에서 정로환(征露丸)을 상표출원하였는데, 정로환은 2차세계대전 중 일본제약회사가 일본군인이 전쟁중 위장병에 잘 걸려서, 빨리 나아 러시아를 정복하라고 위장약에 정로환이라고 이름 붙인 것이라고 한다. 이를 후에 상표출원하였으나, 일본 특허청은 이를 거절했다.

74) 박람회라 함은 전시회, 전람회, 품평회, 경진대회 등 그 용어를 불문하고 넓게 해석한다.

75) 대법원 1991.4.23.선고, 89후261 판결.

그 표장을 사용할 때에는 그러하지 아니하다(상§34①v).

여기서 "정부 또는 외국정부의 승인"이라 함은 정부 또는 외국정부의 인가, 허가, 면허, 인정, 공인, 허락 등 그 용어를 불문하고 정부가 권위를 부여하거나 이를 허용하는 일체의 행위를 말하고, "상표의 일부로서 그 표장을 사용할 때"라 함은 상표의 한 요부 또는 부기적으로 사용하는 경우를 말하며 상표의 전부 또는 지배적인 표장으로 사용할 때에는 이에 해당하지 아니한다.

이 규정은 박람회의 권위를 유지하고 상품의 품질에 대한 오인을 방지하려는 데 그 목적이 있다. 즉 박람회에서 수상하지 않은 자가 박람회에서 수상한 것처럼 그 상장 · 상패를 상표의 일부로 사용하게 놓아둔다면 마치 상을 받은 우수한 품질의 상품인 것처럼 보여 수요자에게 불측의 손해를 끼칠 염려가 있기 때문이다.

6. 저명인 또는 상호를 사용하는 상표

저명한 타인의 성명 · 명칭 또는 상호 · 초상(肖像) · 서명 · 인장(印章) · 아호 · 예명 · 필명(筆名) 또는 이들의 약칭을 포함하는 상표는 등록을 받을 수 없다. 다만, 그 타인의 승낙을 얻은 경우에는 그러하지 아니하다(상§34①vi).

여기서 '타인'이라고 함은 현존하는 자연인은 물론 법인(법인격이 없는 단체를 포함한다)도 포함되며[76] 자국인은 물론 외국인도 포함하고, '저명'이라 함은 사회통념상 또는 지정상품과 관련한 거래사회에서 널리 인식될 수 있는 정도를 말한다고 하나 판례는 주지성 · 현저성보다 훨씬 주지도가 높고 오랜 전통과 명성을 가진 경우로 보고 있다.[77] 상표법은 성명, 초상 등이 전부 저명할 것을 요건으로 하고 있지만 구체적으로 저명성[78]의 정도는 인격권보호의 측면에서 탄력적으로 해석해야 할 것이다. 예를 들어, 성명이나 상호는 약칭이나 서명, 인장보다 저명성이 낮아도 본호를 적용할 것이며, 초상은 타인의 상표의 일부로 사용할 경우에는 인격훼손의 우려가 크므로 저명성의 요건을 더욱 완화해서 판단해야 할 것이다.[79]

자기의 성명 · 명칭과 저명한 타인의 성명 · 명칭이 동일한 때에는 타인의 승

---

76) 대법원 1984.1.24.선고, 83후34 판결.
77) 대법원 1984.1.24.선고, 83후34 판결.
78) 저명성은 상표의 출원시를 기준으로 판단한다.
79) 최성우, 「주제별 상표법」, 한빛지적소유권센터, 2000.5, p.204.

낙이 필요하다. 이 규정은 인격권의 보호를 목적으로 한 규정이다. 따라서 본인의 승낙을 받은 경우는 가능하다. 예를 들면 CHANEL, Pierre Cardin, 대한주택공사(→주공), 한국전력공사(→한전), 한국은행(→한은), 국립과학수사연구원(→국과수) 등이다.

7. 타인의 선등록상표와 동일 · 유사한 상표

선출원에 의한 타인의 등록상표(지리적 표시 등록단체표장은 제외한다)와 동일 · 유사한 상표로서 그 등록상표의 지정상품과 동일 · 유사한 상품에 사용하는 상표는 등록을 받을 수 없다(상§34①vii). 다만, 그 타인으로부터 상표등록에 대한 동의를 받은 경우(동일한 상표로서 그 지정상품과 동일한 상품에 사용하는 상표에 대하여 동의를 받은 경우는 제외한다)에는 상표등록을 받을 수 있다(상§34①vii단).

여기서 '타인의 등록상표'라고 함은 타인의 선출원 등록상표를 말하며 후출원에 의한 선등록상표(先登錄商標)는 본호를 적용하지 않는다.

상표의 유사여부의 i) 관찰방법은 전체적 · 객관적 · 이격적(離隔的) 관찰을 원칙으로 하되 상표구성 중 인상적인 요부(要部)에 대하여 비교하여 관찰하고, ii) 유사판단은 원칙적으로 상표의 칭호, 외관, 관념 중 어느 하나가 유사하여 거래상 상품출처의 오인, 혼동의 우려가 있는 상표는 유사한 것으로 본다. 다만, 전체적으로 현격한 차이가 있어 거래상 상품의 출처오인, 혼동을 일으킬 염려가 없는 때에는 그러하지 아니하다. iii) 그리고 상표의 유사여부판단은 그 상표가 사용될 상품의 주된 수요계층과 기타 상품의 거래실정을 고려하여 평균수요자의 주의력을 기준으로 판단하여야 한다.

상표법 제34조 제1항 제8호는 "선출원에 의한 타인의 등록된 지리적 표시 단체표장과 동일 · 유사한 상표로서 그 지정상품과 동일하다고 인식되어 있는 상품에 사용하는 상표"는 동 제7호와 동일한 취지로 부등록 사유로 규정하고 있다. 본호는 선출원에 의한 타인의 선등록 지리적 표시 단체표장과 동일 또는 유사한 경우에만 적용하고, 후출원에 의한 선등록 지리적 표시 단체표장과 동일 또는 유사한 경우에는 적용하지 않는다. 그리고 본호는 지리적 표시 단체표장과 상품이 동일하다고 인식되어 있는 상품에만 적용이 가능하므로 유사한 상품 간에는 적용하지 않는다. 동일하다고 인식되어 있는 상품은 '사과(신선한 것)'와 '냉동된 사과'(2013원8157), '감귤'과 '귤'이며, '녹차'와 '홍차', '사과'와 '사과쥬스'는 동일하다고

인식하지 않는다.[80)]

8. 주지상표와 동일·유사한 상표

타인의 상품을 표시하는 것이라고 수요자들에게 널리 인식되어 있는 상표(지리적 표시를 제외한다)와 동일·유사한 상표로서 그 타인의 상품과 동일·유사한 상품에 사용하는 상표는 등록을 받을 수 없다(상§34①ix). 본호는 상표의 등록 및 미등록을 명확히 규정하고 있지 않으나, 동조 동항 제7호가 등록된 주지상표에 관한 조항이고 보면 본호는 미등록의 주지상표를 염두에 둔 규정이라 보인다.[81)]

여기서 '수요자'라 함은 최종소비자는 물론 중간 수요자, 즉 제품의 생산을 위한 원료 또는 기계, 부품 등 중간재의 소비자 또는 그 상품의 판매를 위하여 그 상품을 구입하는 도매상 또는 소매상을 말한다(상표심사기준 제5부 제9장 1.2.1.).[82)]

"현저하게 인식되어 있는 상표"라 함은 해당 상품의 거래자 및 수요자 간에 누구나 상품을 표시하는 상표라고 널리 인식되어 있는 상표를 말한다. 현저하게 인식되기 위한 지역적 범위는 전국이든 일정한 지역이든 불문하며, 상품의 특성상 일정한 지역에서만 거래되는 경우에는 그 특성을 충분히 고려하여 주지성을 판단하여야 한다. 이 규정은 상품의 출처의 혼동을 방지함과 동시에 미등록의 주지상표를 보호하는 것을 목적으로 한다.

여기서 주지상표란 특정인의 업무에 관한 상표를 상품에 사용한 결과 수요자 간에 누구의 상품을 표시하는 상표라고 널리 인식되어 있는 상표를 말하나,[83)] 판례는 주지상표라 함은 반드시 수요자 또는 거래자가 그 상표 사용인이 누구인가를 구체적으로 인식할 필요는 없다 하더라도 적어도 그 상표가 특정인의 상품에 사용되는 것임이 수요자 또는 거래자간에 널리 인식되어 있음을 필요로 하고, 주지상표인가의 여부는 그 사용, 공급 또는 영업활동의 기간, 방법, 태양 및 거래범위 등과 그 거래실정이나 사회통념상 객관적으로 널리 알려졌느냐의 여부가 일응

---

80) 상표심사기준 2019. 12. 24. 특허청예규 제112호 제5부 제8장 1.2.1. (50801면).

81) 주지상표에 이르지는 못했으나 식별력을 가지는 미등록상표의 경우에는 부정경쟁방지법에 의한 보호가 타당하다.

82) 주로 신문, 잡지, 라디오, TV 등의 방법에 의해서 이루어진다.

83) 주지상표는 원칙적으로 국내에 주지되어야 한다. 다만, 국내에는 시판되고 있지 않다고 하더라도 수출주종상표 또는 외국의 유명상표 등과 같이 국내 관련 거래업계에 주지되어 있는 경우에는 주지상표로 본다.

의 기준이 된다고 한다.[84)]

상표는 계속 사용함으로써 자타상품의 식별력이 생기게 되고 또 상품의 출처표시의 혼동을 방지할 수 있어 상품의 품질을 보증하게 된다. 따라서 상표법은 주지상표에 대하여는 후출원이라 하더라도 보호를 하여 줌으로써 상거래질서를 유지하고자 하는 것이다.

9. 저명상품 또는 저명영업과 혼동을 일으키게 할 염려가 있는 상표

수요자들에게 현저하게 인식되어 있는 타인의 상품이나 영업과 혼동을 일으키게 하거나 그 식별력 또는 명성을 손상시킬 염려가 있는 상표는 등록을 받을 수 없다(상§34①xi). 본호는 저명상표의 영업주를 보호함을 목적으로 하는 것이 아니고, 저명한 상품 또는 영업과의 오인·혼동의 방지를 목적으로 하는 것이다.[85)]

여기서 "타인의 상품이나 영업과 혼동을 일으키게 할 염려가 있는 상표"라 함은 수요자간에 상품의 출처나 영업(서비스업을 포함)의 혼동을 가져올 염려가 있는 경우를 말하며, 이 경우 혼동의 범위는 동일 또는 유사한 상품뿐만 아니라 상표의 저명도로 인하여 다른 계통의 상품 또는 영업과 관련성이 있는 것으로 오해를 유발할 우려가 있는 경우를 포함한다.

타인의 저명상표와 결합한 상표에 대해서는 비록 저명상표가 상표구성의 일부로서 포함되어 그것이 요부가 아니거나 부기적 부분이더라도 구성부분인 저명상표로 인하여 타인의 상품이나 영업과 혼동을 일으킬 염려가 있는 경우에는 이에 해당하는 것으로 본다.[86)]

저명상표란 동종(同種) 상품이나 영업뿐만 아니라 기타 이종(異種) 상품 및 영업에 이르기까지 특정인의 상표나 영업으로 출처의 혼동(混同)을 일으킬 우려가 있는 일반수요자에게 널리 인식[87)]되어 있는 상표를 말한다.[88)][89)]

84) 대법원 1986.12.11.선고, 85후92 판결; 대법원 1991.11.22.선고, 91후301 판결.

85) 대법원 1980.3.11.선고, 80후1 판결.

86) 상표심사기준 2019. 12. 24. 특허청예규 제112호 제5부 제11장 2.3. (51105면).

87) 미키마우스의 경우 널리 알려져 있어서 이종의 상품 및 영업에 이용된다고 하더라도 일반수요자의 인식에 오인, 혼동을 줄 여지가 있다.

88) 타인의 상품이나 영업과 혼동을 일으킬 염려가 있는 상표여부를 판단함에 있어서는 그 타인의 표장의 주지도(광고선전의 정도 또는 보급도, 연도별 매출액 또는 시장점유율), 그 표장의 창조성, 그 표장의 상호상표인지 여부, 그 기업의 업종범위 등을 종합적으로 고려하여야 한다.

저명상표가 붙어 있는 상품이나 신용 있고 명성이 높은 저명회사의 제품은 일반소비자에게 절대적 신뢰와 양질(良質)의 이미지를 가지고 있다고 볼 수 있다. 그러므로 저명상표의 소유주는 그 계열기업에서 생산되는 우수한 품질의 제품과 오인·혼동될 가능성이 있는 상품에 대해서는 상표로서 등록되지 않기를 원한다. 본호가 적용되기 위해서는 첫째 수요자에게 현저하게 인식되어 있을 것 즉, 저명성이 있고, 둘째 혼동의 우려가 있어야 한다.

이 규정은 경업자(競業者) 및 공중의 이익보호를 도모하기 위하여 상표의 출처표시기능을 어지럽히는 상표의 등록을 금지하는 것이다.

10. 상품의 품질오인을 일으키게 할 염려가 있는 상표

상품의 품질을 오인하게 하거나 수요자를 기만할 염려가 있는 상표는 등록을 받을 수 없다(상§34①xii). 본호는 수요자가 상품의 품질오인과 출처의 혼동[90]으로

---

89) 1. 상표법상의 주지상표와 저명상표의 비교

주지상표란 특정인의 상품을 표시하는 것이라고 수요자간에 현저하게 인식되어 있는 상표를 말하고, 저명상표는 그 인식의 정도가 심화되어 이종상품·영업에 이르기까지 혼동을 초래할 염려가 있는 상표를 말한다.

인식의 정도에 있어서도 주지상표는 당해 상품에 관한 거래자 및 수요자 등 거래관계자의 전반에 인식될 정도를 요하며, 저명상표는 이종상품·영업의 수요자 및 거래자의 압도적 다수가 인식할 것을 요한다.

범위에 있어서 주지상표는 상표 및 상품의 동일·유사한 범위 내에서 혼동가능성을 판단하지만 저명상표는 표장의 동일·유사상표는 물론 모티브가 같은 경우도 해당되며, 동종상품 외에 이종상품이나 영업에 이르기까지 혼동여부를 판단해야 한다.

그 주체에 있어서도 당해 주지상표는 당해 상품의 수요자 및 거래자인 반면, 저명상표는 이종상품·영업의 수요자까지 확대되어 있다.

그러나 주지상표와 저명상표는 사용에 의해 인정되는 사실문제이므로 강학상 구별될 뿐 실제로는 구별이 곤란하며, 법적으로도 무효심판 청구시 제척기간의 유무를 제외하면 큰 차이가 없으며, 제9호와 제10호에 규정한 사유는 동시에 병존할 수도 있는 것이므로 등록무효를 다투는 당사자로서는 상품의 동종·이종에 관계없이 그 사유를 병합해서 주장하거나 선택적으로 주장할 수도 있다(대법원 1980.4.22.선고, 80후17 판결).

2. 부정경쟁방지법상의 주지상표와 저명상표의 비교

부정경쟁방지법에서 쓰이는 주지상표는 상품주체혼동행위에 해당하나 저명상표는 상품주체혼동뿐만 아니라 영업주체까지 혼동하는 개념으로 쓰이고 있다.

3. 조약상의 보호에서 주지상표와 저명상표의 비교

주지상표의 경우 파리협약 제6조의2에 명문으로 규정하고 있는 반면, 저명상표는 파리협약상 저명상표에 관한 부분은 없으며, TRIPs 제16조 제3항에 의해 파리협약 제6조의2 규정을 확대적용하고 있다.

부터 생길 수 있는 불이익을 방지하여 상거래의 질서를 유지하기 위한 규정이다.[91)]

여기서 "상품의 품질을 오인"이라 함은 상품의 품질의 오인(誤認)은 물론 상표를 당해 지정상품에 사용할 경우 상품 자체를 다른 상품으로 오인하게 할 가능성이 있는 경우(예로는 양념통닭에 진흙오리라고 쓴 경우)이고, "수요자를 기만(예를 들어 중국산 인삼에 Made in Korea라고 쓴 경우)"이라 함은 자연인이 공법상 특수법인의 명칭을 출원하거나 상품의 지리적 출처를 오인하게 하는 경우와 같이, 상표의 구성이나 지정상품과의 관계에서 일반수요자에게 착오를 일으키게 하는 경우(순수한 수요자 기만) 또는, 국내 수요자에게 특정인의 상품표지로 인식되어 있는 상표와 상품출처의 오인 · 혼동을 일으키게 하는 경우(출처의 오인 · 혼동으로 인한 수요자 기만)를 말한다.

상표는 상품의 품질을 보증하는 기능을 가진다. 그러므로 수요자에게 상품의 품질을 오인하게 하거나 일반 수요자를 기만하는 상표는 등록을 받을 수 없다. 예를 들면 국내에서 제조 · 판매되는 위스키에 스카치(Scotch) 위스키란 문구를 넣은 상표를 사용하는 경우이다.

11. 부정한 목적을 가지고 사용하는 상표

국내 또는 외국의 수요자들에게 특정인의 상품을 표시하는 것이라고 인식되어 있는 상표(지리적 표시를 제외한다)와 동일 · 유사한 상표로서 부당한 이익을 얻으려 하거나 그 특정인에게 손해를 가하려고 하는 등 부정한 목적으로 사용하는 상표는 등록을 받을 수 없다(상§34① xiii).

본호는 국내에서 주지 또는 저명한 상표와 동일 · 유사한 상표는 상표법 제34조 제1항 제9호 및 제10호에 의해서 거절되지만, 제3자가 출처혼동의 우려가 없는 비유사한 상품에 출원하거나, 외국에서만 현저하게 인식되어 있는 상표와 동일 · 유사한 상표를 출원한 경우에는 상표등록을 허용하는 것은 상표법의 목적에 반함에도 불구하고 적절한 거절의 근거가 없었으므로 1997년 개정 상표법은 진정한 상표사용자의 신용을 보호하고 공정한 경쟁질서를 확립하기 위하여 본호의 규정을 신설한 것이다.

---

90) 대법원 1987.3.10.선고, 86후156 판결; 대법원 1989.11.10.선고, 89후353 판결.

91) 대법원 1991.1.11.선고, 90후311 판결.

"국내 또는 외국의 수요자 간에 '특정인의 상품을 표시하는 것이라고 인식되어 있는 상표와 동일 또는 유사'한 상표일 것"이란 국내의 수요자는 물론 외국의 수요자 간에 특정인의 상품을 표시하는 것이라고 인식되어 있는 상표에도 적용하며, 외국의 수요자는 반드시 복수 국가의 수요자임을 요하지는 않는다.

본호에서 말하는 '특정인'이라 함은 당해 상품의 거래자나 수요자 등이 그 상표를 사용하는 자가 누구인지를 구체적으로 인식하지는 못한다 하더라도, 익명의 존재로서 당해 상품의 출처를 인식할 수 있는 경우를 말한다.

"특정인의 상품을 표시하는 것이라고 인식되어 있는 상표"의 인식도는 국내외의 일반거래에 있어서 의미 있는 최소한의 범위의 사람들에게 그 상표라 하면 특정인의 것이라고 알려져 있는 정도를 말한다(특허법원 2011허4653 판결).

"부당한 이익을 얻으려 하거나 그 특정인에게 손해를 가하려고 하는 등 부정한 목적"이라 함은 ⅰ) 상표권자가 국내시장에 진입하는 것을 저지하거나 또는 대리점계약 체결을 강제할 목적으로 상표권자가 미처 등록하지 않은 상표와 동일 또는 유사한 상표를 출원한 경우, ⅱ) 저명상표와 동일 또는 유사한 상표로서 타인의 상품이나 영업과 혼동을 일으킬 염려는 없다 하더라도 저명상표의 출처표시기능을 희석화시키기 위한 목적으로 출원한 경우 등에 해당하는 경우로 볼 수 있다.

"부정한 목적"을 판단함에 있어서는 사용에 의한 식별력과 저명상표의 규정을 준용함과 동시에 상표권자의 구체적인 국내시장 진입계획에 관한 자료, 출원인으로부터 상표의 양수 또는 대리점계약 체결 등을 요구한 사실에 관한 자료, 저명상표가 갖고 있는 양질의 이미지 또는 고객흡입력을 훼손할 우려가 있음을 입증하는 구체적인 자료 등을 종합적으로 고려하여야 할 것이다.

12. 상표의 기능성

상표등록을 받고자 하는 상품 또는 그 상품의 포장의 기능을 확보하는 데 꼭 필요한(서비스의 경우에는 그 이용과 목적에 꼭 필요한 경우를 말한다) 입체적 형상, 색채, 색채의 조합, 소리 또는 냄새만으로 된 상표는 등록을 받을 수 없다(상§34① xv). 본호는 1997년 8월 입체상표제도를 도입함에 따른 조치로서 입체상표 중 그 상품 또는 포장의 기능적 특성만을 나타낸 것은 식별력을 인정할 수 없기 때문이다. 이후 2011년 상표법 개정에 따라 색채상표, 소리상표 및 냄새상표가 도입되었고, 이러한 상표들이 그 상품의 기능을 확보하는 데 불가결한 경우는 본호에 해당되어 등록될 수 없다.

"상품 또는 그 상품의 포장의 기능을 확보하는 데 불가결한 입체적 형상"일지라도 상표법 제33조 제1항 제3호에서 규정하는 "상품의 형상" 또는 "상품의 포장의 형상"에 해당하는 것이 일반적이므로 그와 같은 상표는 원칙적으로 상표법 제33조 제1항 제3호에 해당하는 것으로 본다. 따라서 본호가 적용되는 것은 실제적으로 상표법 제33조 제2항에 의하여 식별력이 인정된 상표로서 입체상표의 기능성[92]에 해당할 경우에는 식별력이 인정되어도 등록을 받을 수 없는 것으로 한다.[93]

13. 포도주 및 증류주의 산지에 관한 지리적 표시

세계무역기구 회원국 내의 포도주 또는 증류주의 산지에 관한 지리적 표시로서 구성되거나 그 지리적 표시를 포함하는 상표로서 포도주 또는 증류주에 사용하려는 상표는 등록을 받을 수 없다. 다만 지리적 표시의 정당한 사용자가 그 해당 상품을 지정상품으로 하여 제36조 제5항에 따른 지리적 표시 단체표장등록출원을 한 때에는 그러하지 아니하다(상§34① xvi).

본호는 우리나라가 세계무역기구에 가입함으로써 TRIPs 협정 제23조 제1항과 제2항에서 규정한 포도주와 증류주에 대한 지리적 표시의 사용금지 및 등록금지 규정을 그대로 1997년 8월 상표법 개정시에 도입한 규정이다. 한편 WTO/TRIPs협정은 공중에게 원산지의 오인·혼동을 유발할 염려가 있는 상표의 사용을 금지하고(TRIPs§22②), 등록을 거절·무효(TRIPs§22③)로 하도록 요구하고 있다.

여기서 "포도주 및 증류주의 산지에 관한 지리적 표시로써 구성되거나 동 표시를 포함하는 상표"라 함은 당해 산지를 그 지역의 문자로 표시한 것뿐만 아니라 그에 대한 번역 및 음역을 모두 포함한다.[94][95]

---

92) 입체적 기능성판단은 그 기능성을 확보할 수 있는 대체적인 형상이 따로 존재하는지 여부, 상품 또는 포장의 형상을 당해 대체적인 입체적 형상을 한 경우 동등한 또는 그 이하의 비용으로 생산할 수 있는지 여부가 중요한 기준이 된다[상표심사기준 2019. 12. 24. 특허청예규 제112호 제5부 제15장 2.1. (51502 - 51503면)].

93) 상표심사기준 2019. 12. 24. 특허청예규 제112호 제5부 제15장 2.5. (51503면).

94) 상표심사기준 2019. 12. 24. 특허청예규 제112호 제5부 제16장 1.1.1. (51601면).

95) '포도주 및 증류주'의 범위는 주세법상 주류의 범위를 참고로 하되 이에는 예컨대 알코올강화 포도주, 위스키, 보드카, 브랜디, 럼, 진, 고량주, 배갈, 막걸리, 소주 등이 포함되는 것으로 보되 리큐르는 포함되지 않는 것으로 본다.

본호에서 규정하는 포도주 또는 증류주의 산지에 관한 지리적 표시가 상표의 부기적인 부분으로 포함되어 있는 경우에도 본호를 적용한다.[96)]

14. 품종명칭과 동일 · 유사한 상표

품종이란 식물학에서 통용되는 최저분류 단위의 식물군으로서 식물신품종보호법 제16조에 따른 품종보호 요건을 갖추었는지와 관계없이 유전적으로 나타나는 특성 중 한 가지 이상의 특성이 다른 식물군과 구별되고 변함없이 증식될 수 있는 것을 말한다(식§2 ii).

상표법 제34조 제1항 제17호는 「식물신품종보호법」 제116조에서 품종명칭을 도용하여 종자를 판매 · 보급 · 수출하거나 수입할 수 없도록 규정하고 있으므로, 상표법과 「식물신품종보호법」과의 저촉을 피하고 등록상표와 품종명칭의 중복으로 인한 오인 · 혼동을 방지하기 위해 2010년 개정 상표법에서 「식물신품종보호법」 제109조에 따라 등록된 품종명칭과 동일 · 유사한 상표로서 그 품종명칭과 동일 · 유사한 상품에 대하여 사용하는 상표는 법률상 등록을 받을 수 없는 상표로 도입된 규정이다.

여기서 "식물신품종 보호법에 따라 등록된 품종명칭"이란 「식물신품종보호법」상의 품종명칭등록원부에 등록된 품종명칭을 말한다.

식물신품종보호법상의 품종명칭은 해당 품종명칭이 사용되는 작물을 지정하여 등록받아야 하는데, 본호는 해당 품종명칭이 사용되는 작물과 동일 또는 유사한 상품에 출원한 경우에 한하여 적용한다. 따라서 「식물신품종보호법」에 따라 등록된 품종명칭과 동일 · 유사한 상표라 하더라도 해당 작물과 동일 · 유사한 상품이 아니라면 상표등록을 받을 수 있다.

15. 지리적 표시 단체표장

지리적 표시 단체표장이라 함은 지리적 표시를 사용할 수 있는 상품을 생산 · 제조 또는 가공하는 자가 공동으로 설립한 법인이 직접 사용하거나 그 소속 단체원에게 사용하게 하기 위한 단체표장을 말한다(상§2①vi).

이러한 지리적 표시 단체표장의 경우에도 i) 선출원에 의한 타인의 지리적

96) 원산지 표시가 제대로 되어 있다 하더라도 예컨대 캘리포니아 주에서 생산하는 '보르도' 포도주에 미국산이라고 표기하는 경우에도 이를 적용하는 것으로 한다.

표시 등록단체표장과 동일 · 유사한 상표로서 그 지정상품과 동일하다고 인식되어 있는 상품에 사용하는 상표(상§34①viii), ii) 특정 지역의 상품을 표시[97]하는 것이라고 수요자들에게 널리 인식되어 있는 타인의 지리적 표시와 동일 · 유사한 상표로서 그 지리적 표시를 사용하는 상품과 동일하다고 인정되어 있는 상품에 사용하는 상표(상§34① x), iii) 국내 또는 외국의 수요자간에 특정 지역의 상품을 표시하는 것이라고 인식[98]되어 있는 지리적 표시와 동일 · 유사한 상표로서 부당한 이익을 얻으려 하거나 그 지리적 표시의 정당한 사용자에게 손해를 입히려고 하는 등 부정한 목적[99]으로 사용하는 상표(상§34① xiv)의 경우에는 상표법 제33조의 규정에도 불구하고 상표등록을 받을 수 없다. 그 외에도 iv) 「농수산물 품질관리법」 제32조에 따라 등록된 타인의 지리적 표시와 동일 · 유사한 상표로서 그 지리적 표시를 사용하는 상품과 동일하다고 인정되는 상품에 사용하는 상표는 상표등록을 받을 수 없다.

「농수산물 품질관리법」은 상표법과 별개로 농수산물 또는 농수산가공품에 대한 지리적 표시를 등록에 의하여 보호하고 있는데, 동조 동항 18호는 「농수산물 품질관리법」에 따라 등록된 지리적 표시에 한하여 적용된다. 본호는 「농수산물 품질관리법」 제32조에 따라 등록된 타인의 지리적 표시에 적용되므로 본인의 지리적 표시에는 적용되지 아니한다. 따라서 「농수산물 품질관리법」에 따라 등록된 지리적 표시권자가 해당 표장을 상표법상의 지리적 표시 단체표장으로 출원하는 경우에는 본호를 적용하지 아니한다.

본호에서 규정하는 "동일하다고 인식되어 있는 상품"이라 함은 주요 원재료

---

97) 본호는 지리적 표시가 '특정 지역'의 상품을 표시하는 것으로 주지된 경우에 적용하며, '특정 지역'이란 추상적 출처가 아닌 구체적인 지역으로서의 출처를 의미한다.

98) '특정 지역의 상품을 표시하는 것이라고 인식'되어 있는지 여부는 출원인이 특정 지리적 표시라는 인식이 있었는지 여부와 부정한 기대이익을 합해서 판단할 수 있다. 즉 출원인이 특정 지리적 표시임을 알고 출원했다는 것과 이를 통해 매출액 증가 등 편승의 이익이 기대된다면 그 거래계에서 최소한의 범위의 사람들에게는 알려져 있는 지리적 표시라는 것을 보여주는 증거로 볼 수 있으므로, 이 경우 특정 지역의 상품을 표시하는 것으로 인식되어 있는 지리적 표시로 볼 수 있다.

99) '부당한 이익을 얻으려 하거나 그 지리적 표시의 정당한 사용자에게 손해를 입히려고 하는 등 부정한 목적'은 외국의 정당한 지리적 표시권자가 국내시장에 진입하는 것을 저지하거나, 특정 지리적 표시의 신용이나 고객흡입력 등에 편승하여 부당한 이득을 얻을 목적으로 출원한 경우 등을 말하며, 해당 출원뿐만 아니라 출원인의 과거나 현재의 상표출원 · 등록 이력과 상표사용실태 등을 참고하여 이를 추정할 수 있다.

에서 가공방법 등의 차이가 있는 상품이나, 소비자가 상품의 출처를 같은 생산자에게서 생산된 것이라고 인식하는 상품을 말한다. 다만, 같은 상품이라도 지리적 특성에 따라 서로 다른 품종을 생산하는 경우 동일하다고 인식되어 있는 상품으로 보지 아니한다.

《동일하다고 인식되어 있는 상품 예시》

○ 사과: 홍옥, 후지(부사), 국광, 스타킹 ○ 복숭아: 백도, 황도

○ wine: sparkling wine, still wine ○ 배: 신고, 황금

○ 녹차: 우전, 세작(작설차), 중작

《동일하다고 인식되어 있지 않은 상품 예시》

○ 녹차 vs 홍차 ○ 샴페인 vs 위스키

○ 해남 겨울배추 vs 강원 고랭지배추

「농수산물 품질관리법」에 의하여 등록된 지리적 표시와 출원상표의 동일·유사여부 판단은 출원시를 기준으로 한다. 다만, 타인에 해당하는지 여부판단은 등록여부결정시로 한다.

16. FTA에 따라 보호되는 지리적 표시와 동일·유사한 상표

대한민국이 외국과 양자간 또는 다자간으로 체결하여 발효된 자유무역협정에 따라 보호하는 타인의 지리적 표시와 동일·유사한 상표 또는 그 지리적 표시로 구성되거나 그 지리적 표시를 포함하는 상표로서 지리적 표시를 사용하는 상품과 동일하다고 인정되는 상품에 사용하는 상표는 등록을 받을 수 없도록 하고 있다(상§34① xix).

본호는 한-EU FTA에서 지리적 표시의 상호 보호대상 리스트(부속서)를 교환함으로써 자국의 지리적 표시를 상대국에서 일괄적으로 보호해 주기로 하고 있으므로, 직접적으로는 한-EU FTA에서 보호의무가 발생한 지리적 표시를 보호하고자 2011년 개정 상표법에서 도입된 것이며, 나아가서는 자유무역협정에 의하여 보호의무가 발생하는 다른 지리적 표시에도 적용할 수 있도록 한 규정이다. 본호의 지리적 표시는 국내 등록여부와 상관없이 보호된다. 다만, 한-EU FTA 제10.21조 4., 한-캐나다 FTA 제16.10조 4. 등에 따라 당해 지리적 표시가 속한 국가에서 보호되지 아니하거나 보호가 중단된 지리적 표시 또는 그 나라에서 사용하지 아니하게 된 지리적 표시에 대하여는 본호를 적용하지 아니한다. 상표 구성에서 당

해 지리적 표시를 ~종류, ~유형, ~양식, ~모조품 등과 같이 표현한 경우에도 본호에 해당하는 것으로 본다.

《본호에 해당하는 경우 예시》

○ 해남고구마, Haenam Sweet Potato(영어 번역), Haenam Goguma(로마자 음역)

○ (“페따”의 그리스어 표기), Feta(로마자 음역), 페따(한글로 음역)

《본호에 해당하지 않는 경우 예시》

꽁떼(치즈의 지리적 표시)의 표장을 지정상품을 버터, 발효유로 하는 경우와 샴페인(포도주의 지리적 표시)의 표장을 지정상품을 맥주, 보드카로 하는 경우에는 본호에 해당하지 않는 경우로 본다. 즉, 지리적 표시를 사용하는 상품의 보호 범위는 당해 상품과 동일하다고 인정되는 상품에 한정되므로 다른 유사상품까지는 적용되지 아니한다.

17. 신의칙에 반하여 출원한 상표

국내에서 상표사용을 준비 중에 있는 것을 알고 있는 자가 정당한 권원 없이 동일 · 유사한 상표를 먼저 출원한 경우에 이의 등록을 방지하기 위하여 2014년 개정 시에 근거 조항을 신설하였다.

상표법 제34조 제20호는 “동업 · 고용 등 계약관계나 업무상 거래관계 또는 그 밖의 관계를 통하여 타인이 사용하거나 사용을 준비 중인 상표임을 알면서 그 상표와 동일 · 유사한 상표를 동일 · 유사한 상품에 등록 출원한 상표”는 등록을 받을 수 없도록 하고 있다(상§34① xx). 즉, 본호의 적용요건은 ⅰ) 동업 · 고용 등 계약관계나 업무상 거래관계 또는 그 밖의 관계에 있어야 하고, ⅱ) 타인이 사용하거나 사용을 준비 중인 상표임을 알고 있어야 하며, ⅲ) 그 상표와 동일 · 유사한 상표를 동일 · 유사한 상품에 등록출원한 것이어야 하고, 판단 시점은 상표등록출원을 한 때(상§34②단)를 기준으로 하여 심사관은 거절결정을 한다(상§54ⅲ).

그리고 상표권자의 상표등록 전에는 정보의 제공(상§49)과 이의신청(상§60①)을 할 수 있고, 등록 후에는 등록무효심판을 청구할 수 있다(상§117①).

본호는 건전한 사회질서를 수호하기 위한 제20호를 신설하여 정당한 권원을 가진 상표주가 이의신청 혹은 무효심판을 청구할 수 있도록 할 필요가 있기 때문이다. 이러한 예로는 ⅰ) 종업원이 주인보다 먼저 상표등록을 한 후 주인에게 상표권을 행사하는 경우(떡담), ii) 동업자가 단독으로 상표출원하여 다른 동업자에게 상표권을 행사하는 경우(이찌고야), iii) 매체를 통하여 상표출원의 동향을 인지하고 바로 상표출원을 하여 선점하는 행위(웨비게이션) 등[100]이 있다.

본호는 타인과의 계약이나 거래관계 등 특정한 관계에 있던 자가 이를 통해 알게 된 타인의 상표를 자기가 출원하는 등 신의성실 원칙에 위반한 상표에 대하여 등록을 불허하기 위한 규정으로, 공서양속에 위반되는 상표등록출원에 대한 거절조문인 상표법 제34조 제1항 제4호가 "상표 그 자체 또는 상표가 상품에 사용되는 경우"로 한정하고 있어 신의칙(信義則)에 어긋나는 상표출원 자체를 거절할 마땅한 조문이 없다는 점을 보완하기 위해 도입한 규정이라고도 할 수 있다.

"동업 · 고용 등 계약관계나 업무상 거래관계"라 함은 문서를 통해 정식으로 동업 · 고용 · 거래관계가 이루어진 경우뿐만 아니라, 기타 계약관계나 거래관계가 증명되는 경우에는 본호에 해당하는 것으로 본다. "그 밖의 관계"라 함은 동업 · 고용 등 계약관계나 업무상 거래관계에 준하는 일정한 신의성실관계를 말한다. 따라서 관련 없는 제3자의 영업활동이나 대중매체 등을 통하여 상표의 사용이나 사용 준비 중임을 인지하고 이를 출원하는 경우 등은 이에 해당하지 않는 것으로 본다.

본호와 동법 동조 제4호, 제13호, 제15호와의 관계는, 제4호는 상표의 출원 · 등록과정에서 사회적 타당성이 현저히 결여되어 그 등록을 인정하는 것이 상표법의 질서에 반하는 것으로 도저히 용인할 수 없다고 보이는 경우 등에 적용하고, 단순히 당사자 간의 신의칙 위반이 있었다는 이유만으로는 본호를 적용하고, 제13호는 모방대상상표가 특정인의 상품을 표시하는 것이라고 인식되어 있는 상표이어야 하나, 본호는 그러한 인식을 요하지 않는다.

제34조 제1항 제13호는 모방대상상표 사용자와 출원인 사이에 특별한 신의관계를 요하지 않으나, 본호는 신의관계가 필요하다. 그리고 제13호는 부정한 목적이 있어야 하나, 본호는 타인의 사용사실이나 사용 준비 중인 사실을 알고 있으면 족하다.

또 제13호는 상품면에서 제한이 없으나 본호는 동일 · 유사한 상품에 한하여 적용한다.

---

100) 특허청 상표심사정책과의 2013년 11월 "불합리한 관행제거와 공정한 상표제도 구축을 위한 상표법 전부개정법률(안) 주요내용" 입법예고 자료 37면.

18. 외국 상표권자의 승낙 없이 그 대리인 등이 상표등록을 출원한 상표

본호는 동법 동조 동항의 제20호와 같이 국외의 상표권자와의 신의칙에 반하는 상표등록출원에 관한 조항으로 2016년 개정 전에는 취소심판사유 중의 하나로서 운영되어 왔으나, 2016년 상표법 전면 개정 시에 상표부등록사유 중 하나로 변경하였다. 이는 조약 당사국에 등록된 상표에 관한 권리를 권리자와 사이에 형성된 계속적 계약관계나 특별한 신뢰를 저버린 채 상표출원한 경우, 등록을 저지함으로써 공정한 국제질서 확립에 기여하기 위하여 부등록사유로 변경하였다고 한다.[101)]

법률에는 국경이 있지만 상품은 국경에 관계없이 유통되고 있어, 우리나라에도 많은 외국 상품들이 들어와 시장을 점유하고 있다. 이런 외국 상품들이 국내시장에 들어오기 위해서는 무역회사를 통하여 들어오는 경우도 있지만, 총대리점이나 총판 등의 방법으로 국내에 진출하여 시장을 독점하는 경우도 있다. 시장의 수요가 많은 외국상품에 대하여 총판이나 무역상들이 국내에 상표를 등록하여 그 상표의 사용권을 독점할 수 있다. 이렇게 되면 해당 외국상품은 그 총판이나 무역상 등을 통하여 국내에 반입하지 아니하면 안 되게 된다. 이러한 경우 다른 기업들은 그 상품에 대해서는 시장에서 배제되고 특정기업만 독점하기 때문에 가격을 높이 책정할 수 있어 소비자에게도 손해가 발생할 수 있다.

특히 그 외국상품에 부착되어 있는 상표가 저명한 브랜드이고 강한 고객흡인력을 발휘하는 상표인 경우는 단지 국내에 등록한 것만으로도 비즈니스에 유리하게 작용하며, 또 국내에 상표등록한 총판이나 무역상들이 외국기업에게 고가로 상표권을 매수할 것을 강요하는 경우도 있다. 그래서 1980년 리스본 개정회의 시 파리조약 제6조의7로 채택하여 대리인, 대표자에 의한 상표등록을 일정한 범위에서 규제하게 된 것이다.

이 규정은 조약 당사국에 있어서의 상표에 관한 권리를 가진 자의 보호를 강화하기 위한 것으로서 파리조약 제6조의7(소유권자의 허가를 받지 않은 대리인 또는 대표자 명의의 상표등록)을 실시하기 위하여 1980년 12월 31일 법률 제3326호로 공포, 신설되었다.

국외의 상표권자와의 신의칙에 반하여 등록이 된 경우에는 상표등록무효심

---

101) 특허청 상표심사정책과의 2013년 11월 "불합리한 관행제거와 공정한 상표제도 구축을 위한 상표법 전부개정법률(안) 주요내용" 입법예고 자료 42면.

판을 청구할 수 있다(상§117①). 무효심판의 일반적인 요건은 i) 조약당사국에 등록된 상표[102]와 동일 · 유사한 상표로서, ii) 그 상표에 관한 권리를 가진 자[103]와의 동업 · 고용 등 계약관계나 업무상 거래관계 또는 그 밖의 관계에 있거나 있었던 자, iii) 상표에 관한 권리를 가진 자의 동의를 받지 아니하는 등 정당한 이유 없이,[104] iv) 그 상표의 지정상품과 동일하거나 이와 유사한 상품을 지정상품으로 상표등록출원한 경우이다.

청구권자는 파리협약이나 WTO, 상표법조약의 체약국에서 상표에 관한 권리를 가진 자이며, 심사관이 판단하는 판단 시점은 상표등록출원을 한 때(상§34②단)를 기준으로 하여 심사관은 거절결정을 한다(상§54iii). 그리고 상표권자의 상표등록 전에는 정보의 제공(상§49)과 이의신청(상§60①)을 할 수 있고, 등록 후에는 등록무효심판을 청구할 수 있다(상§117①).

XII. 상표등록을 받을 수 있는 자

우리나라에서 상표권자가 될 수 있는 자격을 갖는 자(개인 또는 법인)로서 국내에서 상표를 사용하는 자(법인 · 개인 · 공동사업자) 또는 사용하고자 하는 자는 상표법(§3)이 정하는 바에 의하여 자기의 상표를 등록받을 수 있다.

상표권자가 될 수 있는 자격은 우리나라의 국민 또는 법인이며, 외국인인 경우에는 상호주의 원칙에 의거하여, 우리나라에서도 상표등록을 받을 수 있다(상§27).

---

102) 법조문에는 등록된 상표로 규정하고 있어, 사용주의 국가에서의 미등록 상표권까지 포함하고 있는 파리조약의 규정과는 차이가 있다. 다만, 특허법원 98허8519(1999.3.19.) 판결은 법조문의 취지를 고려할 때 등록주의 국가의 등록상표와 사용주의 국가의 선사용자를 모두 의미한다고 판시한 바 있다.

103) 상표에 관한 권리를 가진 자란 등록상표권자를 의미하며, 통상사용권자 · 전용사용권자는 이에 포함되지 않는다.

104) 정당한 사유란 상표에 관한 권리를 가진 자가 명시적 · 묵시적으로 동의하거나 우리나라에서 그 상표를 포기했거나 상표 권리를 취득할 의사가 없는 경우를 말한다.

XIII. 상표 및 상품의 동일 · 유사

1. 서

산업재산권 중 특허와 실용신안은 기술적 사상에 관한 것이므로 상품 등의 동일성판단만으로 충분하나, 상표와 디자인은 시각적 요소가 기본이며, 그 모방이 용이하여 등록상표와 지정상품에 유사한 것까지 사용을 금지하고 있다. 이는 권리자의 보호와 소비자(수요자)의 이익을 도모하기 위한 것이다.

상표와 상품의 동일 · 유사여부 판단은 부등록의 판단에 필요하고, 특히 상표의 동일 · 유사여부의 판단은 상품의 오인 · 혼동을 방지하기 위하여 1상표 1등록의 원칙하에서 상표출원의 선후(先後)관계(상§35), 부등록사유(상§34), 무효사유(상§17, §18), 취소사유(상§119), 상표권의 효력(상§89), 보호범위(상§90) 등의 판단에 필수적으로 적용된다. 또 동일 · 유사여부의 판단에 있어서는 동일 또는 유사한 범위 내의 상품이나 상표를 대상으로 판단한다.

2. 상표의 동일

상표의 동일은 상표법상 '동일'과 일반 사회통념상의 '동일'로 나눌 수 있다. 일반 사회통념상의 '동일'은 상표법상의 동일과 완전히 일치하는 것이 아니라 일반인으로서 상표의 오인 · 혼동을 초래할 우려가 있다고 인정될 정도로 근사하고 거래의 실제에 있어서 동일의 상표로서 사용된다고 할 정도의 것을 말한다.[105] 상표법상의 상표의 '동일'[106]이란 상표의 구성요소인 기호, 문자, 도형, 입체적 형상, 색채, 홀로그램, 동작 또는 이들을 결합한 것과 그 밖에 시각적으로 인식할 수 있는 것을 대비하여 판단할 때 두 개의 상표가 동일한 상표를 말한다. 즉, 두 개의 상표를 대비하여 판단한 결과 동일한 점이 있더라도 그 구성에 상이(相異)한 점이 있다면 그 상표는 유사상표로 보아야 할 것이다.

'상표의 동일'이라 함은 구성요소가 문자 그대로 동일한 경우를 말하는 '물리적 동일'뿐만 아니라 거래사회 통념상 동일한 상표라고 인식할 수 있는 '실질적 동일'까지 포함하는 개념으로 본다. '실질적 동일'이란 물리적으로 완전히 동일하지는 않다고 하여도 거래사회 통념상 동일한 상표로 인식할 수 있는 정도를 의미하

---

105) 송영식 · 황종환 · 김원오 공저, 「상표법」, 한빛지적소유권센터, 1994, p.554.
106) 상표의 동일에 대하여는 학설이 나누어져 있으므로 한 마디로 정리하기 어렵다.

며 '동일성'이라는 용어로 사용한다. 동일성이 인정되는 경우는 상표의 부기적인 부분을 제외한 요부가 동일한 상표, 문자 등의 크기나 색채만을 달리하는 상표 등을 들 수 있다.[107)]

그러나 상표의 '동일' 개념은 '동일성'의 개념을 도입한 것인지 여부와 '유사'의 범위를 어느 정도로 볼 것인지에 따라 결정되어야 하는 상대적 개념이다. 따라서 일률적으로 해석하기보다는 각 규정의 입법취지를 고려하여 합목적적으로 판단하여야 할 것인바, 유사의 개념에 의하여 뒷받침되는 경우(상§34①vii, §108), 권리의 발생과 관련된 경우(상§33②, §87)에는 엄격하게 보아야 할 것이고, 권리의 유지를 위한 경우(상§119①iii)에는 동일범위를 다소 탄력적으로 해석하여 권리의 안정을 꾀함이 타당할 것이다.

우리 상표법은 상품의 출처에 대한 혼동과 혼동가능성을 판단한다. 그러나 상표동일여부의 판단시기는 상표등록출원시이기 때문에 실제의 혼동을 따지지 않고 혼동가능성만을 판단하게 된다. 혼동가능성은 동일 또는 유사한 상표를 동일 또는 유사한 상품에 사용할 경우 발생한다고 하는 형식적 · 획일적 기준에 입각하여 등록상표를 정형적으로 보호하고 있다고 한다.[108)]

3. 상표의 유사

상표의 유사[109)]란 대비되는 두 상표가 완전히 동일하지는 않고 거래사회에서도 동일한 것으로 인식되지 않으나 거래의 경험칙 또는 거래의 실정에 비추어 양 상표가 외관(HOP—HCP, 白花—百花) · 칭호(千年—天然, TVC—TBC) · 관념(임금—왕—KING) 중 어느 한 가지 이상에서 혼동이 일어나는 결과 그들 상표가 동일 · 유사한 상품에 사용될 경우에 거래자나 일반소비자들이 그 상품의 출처혼동을 일으킬 염려가 있는 상표를 말한다.

상표의 유사여부의 관찰방법은 전체적 · 객관적 · 이격적 관찰을 원칙으로 하되 상표구성 중 인상적인 부분(요부)에 대하여 비교하며, 상표의 유사판단은 원칙

---

107) 상표심사기준 2019. 12. 24. 특허청예규 제112호 제5부 제7장 보충기준 1.1. 의의 (50705면).

108) 최성우, 「주제별 상표법」, 한빛지적소유권센터, 2005.5, p.221.

109) 상표의 유사의 개념은 명문으로 규정되어 있지 않은 상대적 개념이다. 이러한 상표의 유사판단은 외관유사(白化와 百花, HOP와 HCP), 칭호유사(은단과 인단), 관념유사(王과 king, 사자와 라이온) 등으로 나누어서 판단한다. 상표의 유사성 판단기준은 외관, 칭호, 관념이다.

적으로 상표의 칭호, 외관 관념 중 어느 하나가 유사하여 거래상 상품출처의 오인, 혼동의 우려가 있는 상표는 유사한 것으로 본다. 다만, 전체적으로 현격한 차이가 있어 거래상 상품의 출처오인, 혼동을 일으킬 염려가 없는 때에는 그러하지 아니하다.

또 상표의 유사여부 판단은 그 상표가 사용된 상품의 주된 수요계층과 기타 상품의 거래실정을 고려하여 평균수요자의 주의력을 기준으로 판단한다.[110]

4. 상품의 동일

상표는 자타상품을 식별하기 위한 표지이므로 상품출처의 혼동이 생기는가의 여부를 단순히 상표가 동일 또는 유사한가만으로 판단하는 것은 불가능하다. 그래서 상표의 동일 · 유사와 함께 또는 먼저 상품의 동일 · 유사를 판단하여야 한다. 상품의 동일이란 상품의 유사개념을 배제한 순수한 의미의 동일이며, 2 이상의 상품을 비교할 때에 완전히 동일한 상품을 의미한다. 여기서 상품의 동일이라 하여 모든 분야에서 동일하다는 의미는 아니고 2개 이상의 상품을 비교하는 데서 생기는 개념이다.[111] 예를 들면 2개의 TV를 비교할 때에 그 형상 · 크기 · 품질 · 가격 · 재료 · 구조 등이 다를지라도 사회통념상으로 판단해서 동일상품임에는 틀림없다. 상품의 동일여부는 2개 이상의 상품을 비교하여 상품의 품질, 형상, 용도, 거래의 상태 등 상거래의 통념에 따라 객관적으로 판단해야 하며 商品名만으로 판단해서는 안 된다.

상표법에서 말하는 상품이 되기 위해서는 i) 유체물(有體物)일 것, ii) 동산일 것, iii) 유통성이 있을 것, iv) 거래성이 있을 것, v) 양산(量産)이 가능할 것이 필요하다.

5. 상품의 유사

상품의 유사란 대비되는 두 상품이 동일하지는 않지만 거래사회에서 일반수

---

110) 상표심사기준 2019. 12. 24. 특허청예규 제112호 제5부 제7장 2.2.4. (i) 수요자 일반의 주의력 (50711면).

111) 상품의 동일이란 상표법상 상품이 동일한 것을 의미하는 것이므로, 예를 들어 방한용장갑(25류 7군)과 의료용장갑(10류 7군), 가사용장갑(21류 37군) 골프용장갑(28류 8군)이 상품학상은 동일한 상품일지 몰라도 상표법상으로는 동일상품으로 취급하지 않는다(최성우, 「주제별 상표법」, 한빛지적소유권센터, 2000.5, p.212).

요자(소비자)가 오인(誤認)·혼동(混同)을 야기시킬 수 있는 정도의 상품의 품질·형상이 일치하거나 원료·생산자가 일치하는 경우를 말한다.

상품유사 여부의 판단기준에 대해 상표법에는 정하고 있지 않으나, 동법 시행규칙 제40조 제1항에서 상품을 구분하고 있으며, 상품류별은 산업통상자원부령에 의해 1류~34류로 되어 있다. 예를 들어 무선호출기는 전화기, 보안기는 TV 수신기로 되어 있다. 다만, 상표법 제38조 제2항의 규정에 따라 별도의 유사상품을 정한 때에는 그에 따른다. 별도의 유사상품의 심사기준을 정하거나 이의결정을 정함에 있어서는 그 상품의 생산부문, 판매부문, 원료 및 품질, 용도 혹은 수요자의 범위 등의 일치여부와 완성품과 부품과의 관계유무와 거래사회의 실정을 감안하여 종합적으로 고려하여야 한다.

대법원은 일관되게 "상품류 구분은 상표등록상의 편의상 구분한 것으로서 동종상품을 법정한 것이 아니므로 상품류 구분 중 같은 류별에 속해 있다고 하여 동종·유사상품이라고 단정할 수 없다"고 하여 사법적 구속력을 부인하고 있다.[112)]

판례는 상품의 속성인 원료·품질·형상의 일치, 용도의 일치, 생산자의 일치, 거래경로나 판매점의 일치, 수요층의 일치 등을 종합적으로 고려해서 판단하는 것으로 하고 있다.[113)]

제2절 | 상표등록출원절차

Ⅰ. 서

상표등록을 받고자 하는 자는 상표법에 규정된 일정한 형식을 갖추어 일정한 절차를 이행함으로써 상표등록을 받을 수 있다. 즉 일정한 자격을 갖춘 자가 서면(출원서)으로 하나의 상표에 대하여 하나의 출원(상§38①, 1상표 1출원주의)을 하면,

---

112) 대법원 1994.11.25.선고, 94후1435 판결; 대법원 1994.2.22.선고, 93후1506 판결; 대법원 1993.5.11.선고, 92후2106 판결; 대법원 1996.4.26.선고, 95후859 판결; 대법원 1997.1.10.선고, 96후924 판결 등.

113) 최성우, 「주제별 상표법」, 한빛지적소유권센터, 2000.5, p.214.

특허청은 심사를 거쳐 식별력이 있다고 판단되는 경우에는 독점배타적인 권리를 부여한다.

이때 제출하는 서류는 특허청이 정한 양식에 맞추어 우리말로 작성하여야 하고, 소정의 수수료를 납부하여야 한다.

Ⅱ. 출원의 적법요건

상표등록을 받으려고 하는 자는 소정의 양식에 기재한 출원서를 특허청장에게 제출하여야 한다. 이처럼 등록을 받기 위해서는 필요한 절차(뒤의 [도표 14] 상표등록심사절차도 참조)와 요건을 갖추어야 한다.

요건으로는 ⅰ) 출원이 유효한 것일 것, 즉 출원인이 행위능력이 있어야 하고, 국내에 주소나 영업소를 가지지 않은 자가 직접 외국으로부터 출원한 것이 아니어야 한다. ⅱ) 당사자적격이 있을 것, 즉 상표를 정당히 사용하려고 하는 자와 사용하고 있는 자만 출원할 수 있다. ⅲ) 서류의 불수리사유(不受理事由)(상규칙§25①)에 해당하지 않을 것 등이 적법한 요건이다.

Ⅲ. 출원서류

상표등록을 받고자 하는 자는 ⅰ) 출원인의 성명 및 주소(법인의 경우에는 그 명칭 · 영업소의 소재지), ⅱ) 출원인의 대리인이 있는 경우에는 그 대리인의 성명 및 주소나 영업소의 소재지, 단 대리인이 특허법인인 경우에는 그 명칭, 사무소의 소재지 및 지정된 변리사의 성명, ⅲ) 상표, ⅳ) 지정상품 및 그 류(類)구분, ⅴ) 우선권주장을 하고자 하는 경우에는 상표등록출원시 상표등록출원에 그 취지 · 최초로 출원한 국명(國名) 및 출원의 연월일, ⅵ) 기타 산업통상자원부령이 정하는 사항 등을 기재한 상표등록출원서를 특허청장에게 제출하여야 한다(상§36①).

또, 이때 첨부서류는 ⅰ) 상표견본, ⅱ) 상표에 대한 설명서 ⅲ) 소리 · 냄새 등 시각적으로 인식할 수 없는 것에 해당하는 표장을 포함하는 상표의 경우 시각적 표현(해당 표장을 문자 · 숫자 · 기호 · 도형 또는 그 밖의 방법을 통하여 시각적으로 인식하고 특정할 수 있도록 구체적으로 표현한 것을 말한다. 이하 같다), iv) 시각적 표현에 합치하는 소리파일, v) 시각적 표현에 합치하는 냄새를 담은 밀폐용기(이하 "밀폐용기"라 한다) 3통 또는 냄새가 첨가된 패치(이하 "향 패치"라 한다) 30장의 어느 하나에 해당하는 냄새견본, vi) 동작의 특징을 나타내는 영상을 수록한 전자적 기록매체, vii) 정관 및 단체표장의 사용에 관한 사항을 기재한 정관의 요약서(단체표장등록출원, 지리적 표시 단체표장등록출원, 증명표장등록출원 및 지리적 표시 증명표장등록출원만 해당한다) viii) 대리인에 의하여 절차를 밟는 경우에는 그 대리권을 증명하는 서류를 특허청장에게 제출하여야 한다.[114)]

그리고 상표권의 존속기간갱신등록을 받고자 하는 자는 상표권의 존속기간 만료 전 1년 내에 일정한 사항을 기재한 상표권의 존속기간갱신등록출원서를 특허청장에게 제출하고(상§84①), 첨부서면 등을 제출하여야 한다(상규칙§59).

상표법은 일반출원제도와 구분되는 특별한 출원제도를 두고 있는데, 이러한 것으로는 지정상품추가등록출원[115)](상§86), 존속기간갱신등록신청(상§84) 등이 있다.

한편, 출원일과 관련하여 i) 상표등록을 받고자 하는 취지의 표시가 명확하지 아니한 경우, ii) 출원인의 성명이나 명칭의 기재가 없거나 그 기재가 출원인을 특정할 수 없을 정도로 명확하지 아니한 경우, iii) 상표등록출원서에 상표등록을 받고자 하는 상표의 기재가 없거나 그 기재가 상표로서 인식할 수 없을 정도로 선명하지 아니한 경우, iv) 지정상품의 기재가 없는 경우, v) 국어로 기재되지 아니한 경우를 제외하고 출원서가 특허청에 도달한 날로 보고, 특허청장으로부터 보완명령을 받고 상당한 기간 내에 절차보완서를 제출하는 경우에는 절차보완서가 특허청에 도달된 날을 상표등록출원일로 인정한다(상§37①~④).

---

114) 상표법시행규칙 제28조 제2항.

115) 지정상품 추가등록출원이란 상표권자 또는 상표등록출원인이 등록상표 또는 상표등록출원의 지정상품과 동일상품구분 내의 상품을 추가로 지정하여 출원하는 제도이다. 이 제도는 출원 또는 등록 후의 사정변경에 따라 지정상품의 범위를 확대할 필요가 있음을 고려하여 상표권의 권리범위를 확장할 수 있도록 함으로써 상표권자의 이익을 보호하고자 하는 취지에서 둔 것으로 볼 수 있다.

Ⅳ. 상품의 지정

1. 의 의

상표는 자타상품의 식별력을 기본적 기능으로 하기에 상표출원을 하는 자는 반드시 상표가 사용될 상품을 지정하여야 하며, 상표법은 상표가 사용될 상품(지정상품)을 상품류구분 내에서 지정하여 출원하도록 하고 있다.

2. 상품지정의 구체적 방법

1) **동일류구분 내에서의 지정** 상표법 시행규칙의 별표에서 34개로 구분하여 예시한 것은 편의상 1상표로 출원할 수 있는 상품의 범위를 정한 것으로 상품의 유사범위를 정한 것은 아니다.

2) **구체적 상품명을 기재할 것** 지정상품은 구체적 명칭을 각각 기재하여야 한다.

3) **상품류 구분표에 기재되어 있지 않은 상품** 상표법시행규칙은 상품류 구분에 명시되지 않은 상품은 니스(NICE) 협정 제1조에서 규정하는 국제분류의 일반주석에 따라 분류한다.

Ⅴ. 상표등록출원의 불수리처분(반려)

1. 의 의

불수리처분이란 행정청이 사인(私人)의 출원 · 신청 등의 행위에 대하여 절차상 · 형식상의 흠결을 이유로 그 출원 및 신청 등에 대하여 수리를 하지 않겠다는 처분을 말한다(상규칙§25②⑤).

2. 대상사유

특허청장은 상표등록출원의 규정에 의한 출원요건 등을 갖추지 아니한 상표등록출원에 관한 서류 · 견본 기타의 물건이 상표법시행규칙 제25조 제1항의 1에 해당하는 경우에는 법령에 특별한 규정이 있는 경우를 제외하고는 이를 적법한 출원서류 등으로 보지 아니한다(상규칙§25①).

이상의 상표법시행규칙 제25조 제1항의 사항에 해당하는 경우에는 특허청장은 출원인이나 제출자에게 그 이유 및 소명기간을 명시하여 반려하겠다는 취지의 통지서를 송부하여야 한다.

그 외에 일반출원이 아닌 상표권존속기간 갱신등록 분할출원의 경우에는 기간을 경과하여 출원한 경우에도 부적법한 출원서류로서 반려된다.

3. 불복방법

불수리처분은 행정법상의 소극적 행정처분이므로 이에 대한 행정심판을 거쳐 행정소송으로 취소를 구할 수 있다.

Ⅵ. 출원에 있어서의 제 제도

1. 1 상표 1 출원 원칙

(1) 의 의

상표등록출원을 하고자 하는 자는 산업통상자원부령이 정하는 상품류(商品類) 구분상 1류구분 이상의 상품을 지정하여 상표마다 출원하여야 한다(상§38①). 이를 1상표 1출원의 원칙이라 한다. 이 제도는 절대적·보편적인 원칙은 아니지만 상표심사·등록절차상 업무취급의 편의 및 상표자료 조사를 용이하게 하고 상표권이 설정된 후 권리거래의 편의를 도모하기 위한 제도로 볼 수 있다.

(2) 내 용

1) 산업통상자원부령이 정하는 상품류구분 내일 것.

2) 상표를 사용할 상품을 지정하여 출원할 것.[116)]

3) 상표마다 출원할 것을 그 내용으로 한다.

1상표 1출원의 원칙에 위반하여 행해진 상표등록출원은 거절된다(상§54ⅲ). 그러나 이에 위반되어 잘못 등록되었다 하더라도 무효로 되는 것은 아니다(상§117).

---

116) 출원인은 상품류 구분상 1류구분 이상의 상품 및 서비스업을 하나의 출원서에 기재하여 동시에 출원할 수 있다(상§38① 後).

(3) 출원계속의 효과

1) **선출원의 지위** 특허청에 계속 중인 출원은 동일 · 유사한 후출원에 대해 선출원의 지위를 갖는다.

2) **절차적 권리의 발생** 우리 법제는 등록주의를 취하므로 출원 이전의 권리에 대해서는 상표법상으로 보호되지 아니하며 따라서 출원에 의해 상표등록을 받을 절차적 권리를 지니게 된다.

3) **상표등록출원의 승계** 상표법 제48조에서 상표등록출원의 승계를 인정하고 있다. 이는 공법상의 청구권으로 볼 수 있으나 장차 발생할 상표권에 대한 기대권으로서 재산적 가치를 지닌 권리이다(상§48①).

2. 선출원주의

(1) 의 의

선출원주의란 동일 또는 유사한 상품에 사용할 동일 또는 유사한 상표에 관하여 다른 날에 2 이상의 상표등록출원이 경합하는 경우에는 제일 먼저 출원한 자에 한하여 등록을 허여하는 제도를 말한다(상§35①).

그리고 선사용주의(先使用主義)란, 제일 먼저 출원한 자에게 등록을 허여하는 것이 아니고, 제일 먼저 사용한 자에게 등록을 허여하는 것을 말한다.

우리나라를 비롯한 대부분의 국가가 권리관계가 명확하고 실무상 간편하므로 선출원주의를 채택하고 있다. 선사용주의는 이론상으로는 선출원주의보다 합리적이라고 생각되나 실제 운용에서는 선사용을 입증하기가 어렵기 때문이다.

(2) 내 용

1) **경합된 타인간의 출원의 처리** 동일 · 유사 상표출원시 먼저 출원한 자만이 보호되고 같은 날에 출원이 경합된 경우 출원자의 협의에 의하여 정하며, 협의를 하지 못하거나 할 수 없는 경우에는 특허청장이 행하는 추첨으로 결정된다(상§35②). 그러나 ⅰ) 동일하지 아니한 상품에 대하여 동일 또는 유사한 표장으로 2 이상의 지리적 표시 단체표장등록출원 또는 지리적 표시 단체표장등록출원과 상표등록출원이 있는 경우, ⅱ) 서로 동음이의어 지리적 표시에 해당하는 표장으로 2 이상의 지리적 표시 단체표장등록출원이 있는 경우에는 그러하지 아니하다(상§35⑤). 이는 협의 불성립시에는 선출원의 지위가 없으므로 후의 제3자에 의해 출원된 것이 등록 가능하므로 추첨제도를 두는 것이라 할 수 있다.

2) 출원인이 동일한 경우 이 경우에 동일상표의 경우에는 상표법의 취지(1상표 1출원주의, 지정상품추가등록제도 등)에 반하므로 거절된다.

다만, 제35조 제6항은 동법 동조 제1항 및 제2항에도 불구하고 먼저 출원한 자 또는 협의 · 추첨에 의하여 정하여지거나 결정된 출원인으로부터 상표등록에 대한 동의를 받은 경우(동일한 상표로서 그 지정상품과 동일한 상품에 사용하는 상표에 대하여 동의를 받은 경우는 제외한다)에는 나중에 출원한 자 또는 협의 · 추첨에 의하여 정하여지거나 결정된 출원인이 아닌 출원인도 상표를 등록받을 수 있도록 하고 있다.

(3) 선출원주의 위반의 효과

후출원이 특허청 심사관의 착오로 출원공고가 된 경우에는 이의신청을 할 수 있고, 심사관은 공고 후라도 직권으로 거절결정을 하여야 하며(상§55①), 잘못되어 후출원이 등록되었을 때에는 무효사유가 된다(상§117① i).

(4) 선출원주의의 예외

법률적으로 후출원(後出願)에 해당하나 실질적으로는 먼저 사용한 경우에는 선출원의 출원일에 우선하여 취급하는 예외적인 경우가 있다.

예컨대 선출원주의의 보완으로 선출원상표라 하더라도 선사용(先使用)의 미등록주지 · 저명상표(未登錄周知[117]著名商標[118])와 동일 또는 유사한 경우에는 등록을 받을 수 없고(상§34①ix, x), 불사용상표의 등록취소(상§119①iii)와 같은 규정 등이 있다. 한편, 출원보정의 경우(상§40, §41), 출원분할의 경우(상§45②), 출원변경의 경우(상§44②), 우선권주장의 경우(상§46),[119] 박람회에 출품한 상품에 사용

117) 대법원 1984.1.24.선고, 83후34 판결; 대법원 1994.1.25.선고, 93후268 판결.

118) 대법원 1985.4.23.선고, 82후14 판결; 대법원 1987.8.18.선고, 86후180, 181 판결.

119) 우선권주장이란 한 나라에 상표출원한 자가 동일한 상표를 다른 나라에 상표출원을 하는 경우에 최초의 상표출원을 한 날로부터 6월내에 한 우리나라의 출원은 최초의 상표출원일에 출원된 것과 동일하게 취급할 것을 주장할 수 있는 권리를 말한다(상§46①②).

우선권주장의 요건은 i) 파리협약 동맹국이나 법률 또는 조약 및 互惠主義의 원칙에 의해 우리 국민에게 우선권을 인정하는 국가에 출원하여야 한다. ii) 출원인이 동일하여야 한다. iii) 출원의 목적물이 동일하여야 한다. iv) 우선권기간 내에 출원하여야 한다. v) 소정의 상표출원서와 출원증명서를 제출해야 한다. vi) 국내에 주소나 영업소를 가지지 않은 자가 국내에 체재하지도 않은 경우에는 국내에 주소나 영업소를 가진 대리인을 통하여서만 상표의 출원 · 청구 및 기타의 절차나 상표권 또는 상표에 관한 주장을 할 수 있다.

절차는 상표출원에 대하여 우선권의 주장을 하고자 하는 자는 그 취지, 최초로 출원한 국명 및 출원의 연월일을 기재한 서면을 상표출원과 동시에 특허청장에게 제출하여야 한다(상

한 상표를 출원하는 경우(상§47)에 할 수 있다.

(5) 기 타

우리나라의 상표법은 선출원주의를 채용하면서도 선사용주의를 가미하고 있다. 예를 들면, 주지 및 저명상표의 보호(상§34① ii, ix, x iii), 사용에 의한 자타상품식별력의 인정(상§33②), 박람회 출품상품의 상표(상§47), 불사용에 의한 취소심판청구(상§119①iii)이다.

3. 등록주의 및 사용주의

우리나라의 산업재산권법은 원칙적으로 모두 등록주의를 취하고 있으며, 상표법도 등록주의를 원칙으로 하나 사용주의를 가미하고 있다. 즉, 상표법은 국내에서 상표를 사용하고자 하는 자와 사용하는 자는 상표등록을 받을 수 있고(상§3), 상표는 설정등록에 의하여 권리가 발생한다(상§82①)고 규정하고 있다. 즉, 상표법 제3조에서는 사용주의를 규정하고 있으며, 상표법 제82조 제1항에서는 등록주의를 명시하고 있다.

우리 상표법은 먼저 출원하여 등록된 상표를 보호하는 것이 원칙이고, 특정의 경우에는 사용주의를 가미하고 있다. 이는 다음과 같은 경우이다.

첫째, 상표등록을 받을 수 있는 자는 현재 국내에서 상표를 사용하고 있는 자 또는 사용하고자 하는 자에 한정되는데, 이는 사용주의를 나타내는 것이다(상§3).

둘째, 자타상품식별력이 없는 상표라도 출원 전 사용으로 인해 수요자(소비자)간에 현저하게 인식되어 있으면 사용에 의한 자타상품식별력 취득을 인정하여 예외적으로 상표등록을 인정하고 있다(상§33②③).

셋째, 타인의 미등록 주지상표와 동일 · 유사한 상표의 등록은 인정하지 않는다(상§34①ix, xi).

넷째, 상표권자 · 전용사용권자 · 통상사용권자 중 어느 누구도 정당한 이유 없이 3년 이상 국내에서 계속 사용하지 않는 경우에는 이해관계인의 취소심판청구에 의해 상표등록이 취소된다(상§119①iii).

---

§46④).

효과는 출원의 소급효가 발생한다.

4. 보정제도

(1) 의 의

출원보정이란 상표등록출원 후 그 출원에 절차상의 흠결이나 미비가 있거나 또는 내용상의 불비가 있는 경우에 요지를 변경하지 않는 범위 내에서 출원인이 자발적으로 출원서에 기재한 상품이나 상표를 보완하는 제도를 말한다.

(2) 특허법과의 차이점

상표도 특허와 같이 절차보정이 있으나(상§39), 거절결정불복심판을 청구한 경우에는 그 심판청구일로부터 30일 내 또는 상표등록출원에 대한 거절이유 통지 및 의견서제출기회 부여, 존속기간갱신등록출원에 대한 거절이유통지 및 의견제출기회 부여, 지정상품추가등록출원에 대한 거절이유통지 및 의견서제출기회 부여의 경우는 의견서제출기간 내에 보정이 인정된다(상§40①iii,iv). 또한 상표등록 후에는 정정심판제도가 없다.

(3) 보정의 종류

1) **절차보정** 출원서류 등의 방식에 대해 출원인 스스로 보정하거나 특허청장의 보정명령에 의해 절차적 흠결을 보정하는 것을 말한다(상§39). 불응시 절차무효가 된다(상§18).

2) **실체적 보정** 실체적 보정은 보정명령의 대상이 아니라 자진하여 보정하여야 한다. 출원공고결정 전이나 재심사의 청구기간의 보정(상§40)에 대해 상표등록출원인은 지정상품의 범위 감축, 오기의 정정, 불명료한 부분의 석명, 상표의 부기적 부분의 삭제(최초출원의 외관 · 칭호 · 관념 · 인상 등에 중요한 부분에 영향이 없는 부분의 삭제) 등 요지변경(要旨變更)이 아닌 범위 내에서 보정이 가능하다(상§40②).

그러나 출원공고결정 후의 보정(상§41)에 대해서는 원칙적으로 인정하지 않지만, 상표등록거절결정(상§54) 또는 지정상품의 추가등록거절결정(상§87①)의 거절이유에 나타난 사항에 대하여 거절결정에 대한 심판(상§116)을 청구한 경우 그 심판청구일부터 30일, 거절이유의 통지(상§55① 및 상§87②)를 받고 그 거절이유에 나타난 사항에 대하여 보정하려는 경우 해당 거절이유에 대한 의견서 제출기간, 재심사(상§55의2)를 청구하는 경우 그 재심사의 청구기간(상§41①ii 의 ii), 이의신청이 있는 경우에 그 이의신청의 이유에 나타난 사항에 대하여 보정하려는 경우 답변서 제출기간(상§66①)에는 요지를 변경하지 않는 범위 내에서 지정상품 및 상표를 보정할 수 있다(상§41).

3) **직권에 의한 보정** 심사관은 출원공고결정을 할 때에 상표등록출원서에 적힌 사항이 명백히 잘못된 경우에는 직권으로 보정을 할 수 있고, 이 경우 직권보정은 요지를 변경(제40조 제2항)하지 않는 범위 내에서 하여야 한다(상§59①). 직권보정이 요지의 범위를 벗어나거나 명백히 잘못되지 아니한 사항을 직권보정한 경우 그 직권보정은 처음부터 없었던 것으로 본다(상§59⑤). 직권보정을 하려면 출원공고결정 등본의 송달과 함께 그 직권보정 사항을 출원인에게 알려야 한다(상§59②).

(4) 보정의 효과

1) **적법한 보정** 보정한 내용으로 최초에 출원한 것과 동일하게 출원일의 소급효(遡及效)가 인정된다.

2) **부적법한 보정의 취급** 상표등록이의신청이유 등의 보정기간을 경과하여 제출된 보정인 경우 반려처분하고(상규칙§24①ix), 원출원을 기준으로 하여 심사를 속행한다.

또 출원공고 결정 전의 보정각하는 상표법 제42조 제1항 내지 제3항의 규정에 의하고 출원공고결정 후의 보정각하는 상표법 제42조 제4항의 규정에 의하며, 또 공고결정 후의 보정에 대하여 각하결정은 독립하여 불복을 신청할 수 없으나 거절결정불복심판시에는 함께 신청할 수 있다(상§42⑤). 단, 출원공고결정 전의 보정에 대하여 출원인은 보정각하결정에 불복하는 심판을 청구할 수 있다(상§115).

5. 요지변경

(1) 의 의

요지변경은 출원서 · 상표를 표시한 서면에 표시한 상표의 본질적 부분에 대하여 최초의 출원시와 다르게 변경하는 것으로 지정상품의 확대나 상표의 중요한 부분을 변경하는 것이 이에 해당된다.[120] 즉 최초출원의 내용과 보정한 내용을 비교한 결과 동일성을 인정할 수 없을 정도로 현저하게 변경된 경우이다.

---

120) 대법원 1976.6.8.선고, 75후30 판결.

(2) 요지변경의 범위

상표법 제40조 제2항에서 요지변경이 아닌 부분으로서는 i) 지정상품의 범위의 감축, ii) 오기의 정정, iii) 불명료한 기재의 석명, iv) 상표의 부기적(附記的) 부분의 삭제(단, 추가적 변경으로 본질과 차이가 있으면 요지변경으로 본다)를 규정하고 있다. 예를 들면, 상표 SUN을 SUN-A로, VICTORY를 VICTORY로 정정하는 경우에는 요지변경이다.
빅토리

(3) 요지변경의 예외

심판청구서의 보정은 그 요지를 변경하지 못하나 심판청구이유에 대한 보정은 요지변경으로 보지 아니한다(상§126②).

(4) 요지변경의 효과

상표법은 보정이 요지를 변경한 것이라고 상표등록 전에 판단되면 그 보정을 각하하고(상§42①), 출원인이 보정각하에 대해 불복하여 보정각하결정불복심판을 청구한 때에는 그 심판의 심결이 확정될 때까지 상표등록출원심사를 중지하여야 한다(상§42③). 그러나 출원공고결정등본송달 후의 보정에 대한 각하결정의 경우에는 출원인은 보정각하결정에 대하여 불복할 수 없으며, 단지 거절결정에 대한 심판을 청구하는 경우에만 다툴 수 있다(상§42⑤).

6. 출원의 분할

(1) 의 의

상표출원의 분할이란 특허 · 실용신안과 같이 상표의 내용을 분할하는 것이 아니고 상품류가 다른 지정상품을 분할하는 것을 말한다. 즉 상표출원인은 2 이상의 상품을 지정상품으로 하여 상표등록출원을 한 경우에 補正할 수 있는 기간 내에 둘 이상의 상표출원으로 분할할 수 있다(상§45).

(2) 분할의 종류

1상표 1출원의 원칙에 위반하여 2 이상의 상품류구분 내의 상품을 지정상품으로 하여 상표출원한 경우 거절결정받는 것을 구제하기 위하여 분할을 인정한다.

(3) 상표출원분할의 요건

1) **실체적 요건** i) 1상표 1출원의 요건에 반하여 2 이상의 다른 상품류구분 내의 상품을 지정상품으로 하였을 것, ii) 원출원(原出願)의 범위 내에서의 분할일 것, iii) 원출원인(原出願人)과 분할 후(分割後)의 출원인이 동일할 것, iv) 절

차보정기간 내에 분할하는 것일 것(상§40, §41), v) 그 지정상품이 속하는 상품류(商品類) 구분별로 상표등록출원을 분할하는 것일 것이다.

2) **절차적 요건** 절차적 요건은 원출원이 계속중이어야 하고 분할출원의 기간 내이어야 한다. 보정서 및 새로운 출원서를 제출하며 출원시의 소급이익을 향유할 것인지를 밝히고 최초의 출원서에 제출한 기타 사항의 증명서, 서류 중 원용 가능한 것에는 원용의 유무를 명기하여 제출을 생략할 수 있다(심사편람 17.07).

(4) 출원분할의 효과

분할된 상표등록출원이 적법한 경우에는 원상표등록출원시(原商標登錄出願時)에 출원한 것으로 본다(상§45②). 다만, 상표법 제46조 제3항 · 제4항 또는 제47조 제2항을 적용할 때에는 분할출원한 때를 기준으로 한다(상§45② 단). 그러나 부적법한 분할출원은 출원일이 소급하지 아니하고 분할출원일이 상표등록출원일이 된다.

7. 출원의 변경

(1) 의 의

출원의 변경이란 상표출원을 디자인 · 특허 · 실용신안출원으로 변경하는 것이 아니라 동일법(同一法) 영역 내(상표법 내)에서의 상표출원의 종류를 변경하는 것이다. 즉 상표, 서비스표, 단체표장등록 및 증명표장등록(지리적 표시 단체표장등록출원제도를 제외) 출원을 한 출원인은 다른 출원으로 변경할 수 있는 것을 말한다(상§44①). 아울러 상표권의 존속기간갱신등록출원, 지정상품의 추가등록출원을 한 출원인도 일정한 경우를 제외하고 상표등록출원을 상호간에 변경할 수 있다.

(2) 출원변경의 요건

i) 당초의 출원이 존재할 것, ii) 출원의 목적물이 동일성을 가질 것, iii) 원출원의 출원인과 변경출원의 출원인간에 동일성이 있을 것, iv) 상표등록출원에 대한 결정 또는 심결의 확정 전일 것(상§44④)이다.

(3) 출원변경의 효과

출원변경이 있을 때에는 그 변경출원은 최초출원시에 출원한 것으로 보나, 제46조 제3항 · 제4항 또는 제47조 제2항을 적용할 때에는 변경출원한 때를 기준으로 한다(상§44③). 변경출원의 기초가 된 출원이 제46조에 따라 우선권을 주장한 출원인 경우에는 제1항 및 제2항에 따라 변경출원을 한 때에 그 변경출원에 우선권 주장을 한 것으로 보며, 변경출원의 기초가 된 출원에 대하여 제46조에 따라 제출된 서류 또는 서면이 있는 경우에는 그 변경출원에 해당 서류 또는 서면이 제출된 것으로 보며(상§44⑤), 우선권 주장을 한 것으로 보는 변경출원에 대해서는 변경출원을 한 날부터 30일 이내에 그 우선권 주장의 전부 또는 일부를 취하할 수 있다(상§44⑥). 최초에 한 출원은 취하(取下)한 것으로 본다(상§44⑧).

8. 출원의 이전

상표등록출원인은 그 상표등록출원을 타인에게 이전할 수 있다(상§48).

상표등록출원의 승계는 상속 기타 일반승계 외에는 반드시 출원인변경신고를 요하며(상§48①), 분할이전이 가능하며(상§48②), 공유시 타공유자의 동의 없이 이전이 불가능하다(상§48⑤). 다만, 업무표장과 단체표장의 경우 원칙적으로 양도가 불가하나 전자는 사업과 함께, 후자는 법인의 합병의 경우 특허청장의 허가를 받은 경우에는 이전이 가능하다(상§48⑦ ⑨).

9. 지정상품 추가등록출원

상표권자 또는 상표등록출원인이 등록상표 또는 상표등록출원의 지정상품을 추가하여 등록을 받을 수 있는 것을 지정상품의 추가등록출원제도라고 한다(상§86①). 등록출원자는 동일구분 내에서는 그 중의 하나 또는 둘 이상의 상품을 일시에 지정할 수 있으나, 이것이 상표등록출원 후 또는 등록 후에 지정상품을 추가할 필요가 있으면 별도로 지정상품의 추가등록출원서를 특허청에 제출하여야 한다(상§86②). 이 제도는 상표등록출원시 지정상품을 누락한 경우 또는 등록 후의 사정변화에 따라 지정상품의 범위를 확대할 수 있도록 하기 위하여 도입한 제도이다.

요건은 출원분할이나 변경과 거의 같고, 효과는 지정상품이 추가등록되면 그 등록된 지정상품은 원상표권에 귀속되어 하나의 상표권이 된다. 한편, 2 이상의 지정상품이 있는 상표등록출원에 대한 상표등록결정을 받은 자 등은 상표등록료를 납부하는 때에 지정상품별로 이를 포기할 수 있다(상§73).

10. 존속기간갱신등록신청

존속기간갱신등록신청이란 상표권의 존속기간이 만료되기 전에 소정의 요건

(상§84)과 절차를 갖추어 상표권의 존속기간 갱신등록신청을 하면 상표권의 존속기간을 10년씩 갱신하여 주는 제도이다(상§83②). 상표권 이외의 다른 산업재산권은 일정한 기간만을 국가가 독점배타적인 권리를 부여하고 그 기간이 지나면 누구나 사용하게 하는 것이 산업발전에 이바지한다고 보고 있으나, 상표는 다른 산업재산권과 달리 상품 및 서비스의 오인 · 혼동이 일어나지 않게 하는 것이 수요자를 위한다고 보기 때문에 이러한 갱신등록제도를 인정하는 것이다.

상표의 존속기간을 갱신하려면, 상표권의 존속기간 만료 전 1년 이내에 갱신신청하여야 한다(상§84② 본). 다만 그 기간이 경과한 경우에도 상표권존속기간의 만료 후 6월 이내에 갱신신청할 수 있다(상§84② 단).

11. 상품분류전환등록제도

1998년 2월 28일 이전의 상품류구분에 따라 상표권을 등록한 자는 당해 상표권의 존속기간 만료일 1년 전부터 만료 후 6월 이내에 현행 상품류구분에 따라 상품분류전환등록을 하도록 하고, 동 기간 내에 상품분류전환등록을 하지 아니한 때에는 당해 상표권의 존속기간 만료일부터 10년이 경과한 날에 상표권이 소멸되도록 하였다.[121)]

구체적으로 제도의 내용을 살펴보면 상표권의 존속기간갱신등록출원만 하고 법정기간 내에 상품분류전환등록을 하지 않은 경우 또는 상품분류전환등록신청

121) 2001년 개정 이전의 법에서는 상표권의 존속기간갱신등록출원에 의하여 상품분류를 전환하였지만 2001년 개정법에서는 갱신절차와 독립된 '상품분류전환등록'절차를 신설하여 상품분류를 신 상품분류인 니스분류로 통일하기로 하였다(상표법 제10장 상품분류전환의 등록 등). 이렇게 개정하게 된 이유는 상표법 조약 제13조 제4항에서 조약에 규정된 사항 이외의 것을 갱신과 관련하여 아무것도 요구할 수 없도록 규정하고 있어 현재의 갱신절차와 연계된 상품분류전환등록체제를 계속하여 존치할 수 없기 때문이다. 따라서 상표권의 갱신등록출원시 지정상품을 통상산업부령이 정하는 상품분류에 일치시키도록 하는 요건을 폐지하고 구 상품분류로 등록된 상표는 구 상품분류 그대로 갱신등록출원하여 등록하도록 한 것이다. 다만, 상품분류의 통일을 도모하기 위하여 갱신등록출원절차와 독립된 상품분류전환등록제도를 신설하여 갱신등록출원기간 이내에 구 상품분류로 등록된 상표의 지정상품을 국제상품분류로 전환등록하게 함으로써 상품분류를 니스분류로 모두 전환하도록 하였다. 현재 일본은 갱신등록절차와 독립된 개서(改書)절차에 의해 구 상품분류로 등록된 상표의 지정상품을 신 상품분류인 니스분류로 전환하도록 규정하고 있다.

2001년 개정법이 시행되기 전에 한 상표권의 존속기간갱신등록출원에 대한 심사는 종전의 규정에 의하므로 2001년 7월 1일 전까지는 갱신출원시 상품분류를 모두 니스상품분류로 전환하여야 갱신등록 받을 수 있다(상§209, §211).

을 취하한 경우, 상품분류전환등록에 관한 절차가 무효가 된 경우, 상품분류전환등록거절결정이 확정된 경우 또는 상품분류전환등록을 무효로 한다는 심결이 확정된 경우에 상품분류전환등록신청기간의 종료일에 속하는 존속기간의 만료일에 상표권이 소멸하게 된다.[122)]

12. 조약에 의한 우선권주장

상표법상의 우선권이란 파리협약 동맹국인 1국에 상표출원한 자가 동일한 상표를 다른 동맹국에 상표등록출원을 하는 경우에 최초의 상표출원을 한 날(1국에의 출원일)로부터 6월 이내에 하면 최초로 출원한 1국의 출원일과 동일하게 취급하여 주는 것을 말한다(상§46). 이 규정은 파리협약의 기본원칙인 내외국인 평등의 원칙과 상표독립의 원칙과 함께 우선권의 3대원칙이며, 이 협약 제4조에 의

---

122) 2001년 개정법 제46조의2 제2항에서는 상표권의 존속기간갱신등록출원절차와 상품분류전환등록절차를 완전히 분리할 경우 출원인이 두 개의 서로 독립된 서류를 신청하여야 하는 부담을 갖기 때문에 출원인이 원하는 경우 상표권의 존속기간갱신등록 출원시 상품분류전환등록을 동시에 병합하여 신청할 수 있도록 규정하였다.

상품분류전환등록을 하기 위해서는 i) 상표권자의 동일, 즉 주체가 동일하여야 한다. 상표권자와 상품분류전환등록신청자와 동일하여야 하며 그렇지 아니하면 전환등록신청이 거절된다. ii) 상표가 동일하여야 한다. 등록된 상표와 상품분류전환등록 하고자 하는 상표는 동일하여야 한다. iii) 당해 상표권존속기간 이내는 물론 상표권존속기간 갱신등록출원시와 동시에 등록신청하여야 한다. iv) 상품은 현행 시행하고 있는 분류표에 해당 지정상품별로 상품분류전환등록 하여야 한다는 요건을 구비하여야 한다.

심사관은 상품분류전환등록신청이 i) 상품분류전환등록신청의 지정상품을 당해 등록상표의 지정상품이 아닌 상품으로 하거나 지정상품의 범위를 실질적으로 확장한 경우, ii) 상품분류전환등록신청의 지정상품이 산업통상자원부령이 정하는 상품류구분에 일치하지 아니하는 경우, iii) 상품분류전환등록을 신청한 자가 당해 등록상표의 상표권자가 아닌 경우, iv) 상표법 제210조 규정에 위반한 경우, v) 상표권이 소멸하거나 상표권의 존속기간갱신등록신청을 포기·취하하거나 존속기간갱신등록신청이 무효로 된 경우에는 그 신청에 대하여 상품분류전환등록거절결정을 하여야 한다(상§210 ①).

특허청장은 심사관이 전환등록신청의 심사결과 상표법 제49조 제2항의 규정에 의하여 준용되는 제30조의 규정에 의한 상품분류전환등록결정이 있는 경우에는 지정상품의 분류를 전환하여 등록하여야 한다(상§211).

상품분류전환등록신청이 적법하면 전환등록이 되며, 전환등록된 상표는 당해 분류상품에 등록된 것으로 보고, 하나의 독립된 상표권으로 존재한다. 전환등록상표는 원등록상표와 마찬가지로 새로이 존속기간이 설정되는 것이고, 분류전환등록 되기 전의 등록상표 등록일부터 10년간 존속하고, 존속기간 만료되기 전 1년 이내에 상표권 존속기간 갱신등록신청을 하여야 한다.

해 출원의 최우선과 정규성 그리고 파리협약상의 권리능력을 가진 자의 출원이어야 한다.

이러한 우선권은 제1국에서 정식으로 출원한 것이어야 하고 그것이 다른 국가(제2국)에서 우선권의 혜택을 받기 위해서는 제2국에서 상표등록출원을 하고 우선권주장이라는 별도의 절차를 밟아야 한다(파리협약§4D). 이때 정규의 출원이어야 하고 출원이 협약국 중에서 최초의 출원이어야 하며, 우선권 기간 내이어야 한다. 또 출원인과 상표 및 지정상품도 동일하여야 한다.

우선권 주장의 효과는 제2국의 출원일을 제1국에서의 출원일과 동일하게 취급한다(파리협약§4B, 상§46①). 만약 우선권의 요건과 절차에 흠결이 있는 경우에는 우선권의 효력이 상실된다(파리협약§4D④, 상§46⑤).

제3절 | 상표등록심사절차

Ⅰ. 서

우리나라는 심사주의를 채택하고 있어 상표등록출원을 하면 모두 심사하게 된다. 이때 심사는 형식적인 구비서류(출원서 양식, 첨부서류 등)의 불비(不備)만을 체크하는 방식심사와 출원한 내용의 절차적 요건[123)]과 실체적 요건[124)]을 심사하여 독점배타적인 권리를 부여하느냐 않느냐를 심사하는 실체심사로 나누어진다.

보통 심사라면 후자인 실체심사를 의미한다. 이러한 심사는 특허청 심사관이 한다(상§50①).

---

123) 절차적 요건으로는 ⅰ) 선출원주의(상§35), ⅱ) 1 상표 1 출원주의(상§38), ⅲ) 외국인의 권리능력(상§27), ⅳ) 조약의 규정에 위반된 경우(상§54①ⅱ), ⅴ) 기타 상표출원인 요건(상§54①ⅲ) 등이 이에 해당한다.

124) 실체적 요건으로는 ⅰ) 명칭표장(상§33①ⅰ,ⅱ), ⅱ) 記述標章(상§33①ⅲ), ⅲ) 지리적 명칭표장(상§33①ⅳ), ⅳ) 姓(상§33①ⅴ), ⅴ) 식별력이 없는 표장(상§33①ⅲ,ⅵ,ⅶ), ⅵ) 공공적 표장(상§34①ⅰ,ⅲ,ⅴ), ⅶ) 공익적 표장(상§34①ⅱ,ⅳ,ⅵ) 등이 이에 해당된다.

II. 심사에 있어서의 제 제도

1. 출원에 있어서 서류

상표등록출원에 대한 심사는 그 출원서류가 특허청에 수리(受理)되는 것을 전제로 한다. 즉 특허청에 수리되지 않는 것으로 보는 경우는 다음과 같다(상규칙 §2①). i) 출원 또는 서류의 종류가 불명확한 것인 경우, ii) 상표등록에 관한 출원청구 기타의 절차를 밟는 자의 성명 또는 출원인 코드가 기재되지 아니한 경우, iii) 국어로 기재되지 아니한 경우, iv) 등록출원서에 지정상품을 기재하지 아니한 경우(단, 상표권의 존속기간갱신등록출원서인 경우는 제외) 등이다.

특허청장은 이상과 같이 서류의 불비(不備)가 있을 때에는 그 서류를 제출자에게 반려하기 위하여 출원서류 등을 반려하고자 하는 취지, 반려이유와 소명기간을 기재한 통지서를 송부한다(상규칙§2②).

2. 심사절차에 있어서 심판규정 준용(상§71)

상표법은 상표등록출원에 대한 심사에 관하여 상표법이 특별히 규정한 i) 심사주의와 심사관에 관한 규정(상§50), ii) 상표등록 거절결정 및 거절이유통지(상§54, §55), iii) 출원공고(出願公告)(상§57), iv) 상표등록이의신청(상§60), v) 상표등록 출원공고 후의 직권에 의한 상표등록 거절결정(상§67), vi) 상표등록 이의신청의 경합(상§65), vii) 상표등록결정(상§68), viii) 상표등록여부결정의 방식(상§69) 등을 제외하고는 심판 및 민사소송법에 관한 규정을 준용한다(상§71).

3. 심 사

특허청장은 먼저 출원절차에 관한 서류가 적법하게 작성된 것인가의 여부를 심사한 후, 이에 불비(不備)가 있는 경우에는 보정(補正)을 명할 수 있다([도표 14] 참조).

그러나 불비가 발견되지 않을 때에는 심사관이 실질적 요건에 대하여 심사하여야 한다. 심사한 결과 상표등록출원이 후술하는 거절이유 중 어느 하나에 해당하는 때에는 그 지정상품에 대하여만 거절결정을 해야 하고(상§54), 거절이유를 발견할 수 없을 때에는 출원공고결정을 하여야 한다(상§57①).

(1) 거절이유

심사관은 출원된 내용이 등록요건을 충족하고 또 부등록사유에 해당하지 않으면 출원공고결정을 하게 되나 그렇지 않고 상표법 제54조에 해당하여 상표등록거절결정을 하고자 할 때에는 그 출원인에게 거절이유를 통지하고 기간을 정하여 의견서를 제출할 수 있다. 이 경우 2 이상의 지정상품의 일부 또는 전부에 거절이유가 있는 때에는 심사관은 그 해당 지정상품별로 거절이유와 근거를 구체적으로 적어야 한다(상§55②).

(2) 거절결정

출원인이 거절이유에 대한 의견서를 제출하면 심사관은 다시 심사하며, 다시 심사한 결과 거절이유를 번복할 수 없으면 최후로 거절결정을 한다. 이 거절결정은 심사의 종결을 의미한다.

심사관은 출원공고 후 거절이유를 발견한 경우 직권에 의하여 거절결정을 할 수 있다(상§67). 또한 상표등록출원서에 기재된 지정상품 중 일부에 대해서만 거절이유가 있는 경우 나머지 지정상품은 상표등록을 받을 수 있도록 하는 부분거절제도를 도입하였다(상§54후단).[125]

한편, 심사관의 상표등록거절결정 이후 지정상품 범위의 감축 등으로 그 거절이유를 간단하게 해소할 수 있는 경우에는 반드시 심판절차를 거칠 필요 없이 심사관에게 재심사를 청구할 수 있도록 하였다. 즉 상표등록거절결정을 받은 자는 그 결정 등본을 송달받은 날부터 3개월(거절결정불복심판 청구기간이 연장된 경우에는 그 연장된 기간을 포함한다) 이내에 지정상품 또는 상표를 보정하여 해당 상표등록출원에 관한 재심사를 청구할 수 있다.[126] 이 경우 출원인은 재심사의 청구와 함께 의견서를 제출할 수 있다(상§55의2②). 다만, 재심사를 청구할 때 이미 재심사에 따른 거절결정이 있거나 거절결정불복심판 청구가 있는 경우에는 그러하지 아니하다(상§55의2①). 재심사가 청구된 경우 그 상표등록출원에 대하여 종전에 이루어진 상표등록거절결정은 취소된 것으로 본다. 다만, 재심사의 청구절차가 방식심사에서 무효로 된 경우에는 그러하지 아니하다(상§55의2③).

출원인은 심사관의 상표등록거절결정 등본을 받으면 특허청 특허심판원에

125) [시행 2023.2.4.] [법률 제18817호, 2022.2.3., 일부개정]

126) 다만, 재심사를 청구할 때 이미 재심사에 따른 거절결정이 있거나 제116조에 따른 심판청구가 있는 경우에는 그러하지 아니하다.(상§55의2①)

상표등록거절결정 불복심판을 청구할 수 있으며, 이 청구는 상표등록 거절결정등본을 송달받은 날로부터 3개월 이내에 거절결정된 지정상품의 전부 또는 일부에 관하여 심판을 청구하여야 한다(상§116).

(3) 상표등록결정

등록결정은 심사관의 출원공고의 결정이 있고, 이를 상표공보에 30일간 게재하는 동안 일반국민의 이의신청이 없는 경우나 또는 심사관의 거절이유의 발견으로 인한 직권에 의한 거절결정이 없는 경우[127][128]에 취하여지는 것으로서 심사의 마지막 절차이다(상§68). 출원인은 등록결정통지를 받은 후 등록료를 납부하여야 상표설정등록이 된다(상§72①). 한편, 심사관은 상표등록결정을 한 출원에 대하여 명백한 거절이유를 발견한 경우에는 직권으로 상표등록결정을 취소하고 그 상표등록출원을 다시 심사할 수 있다(상§68의2①).

---

127) 일부 지정상품에 대하여 거절이유가 있는 경우에는 그 지정상품에 대한 거절결정이 확정된 경우를 말한다.

128) 심사관은 법률에 의하여 부여된 권한을 기초로, 등록요건 구비여부 내지는 거절이유에 해당되는지 여부를 적극적으로 탐지하여 심사에 반영할 수 있다. 이를 직권탐지주의라고 한다.

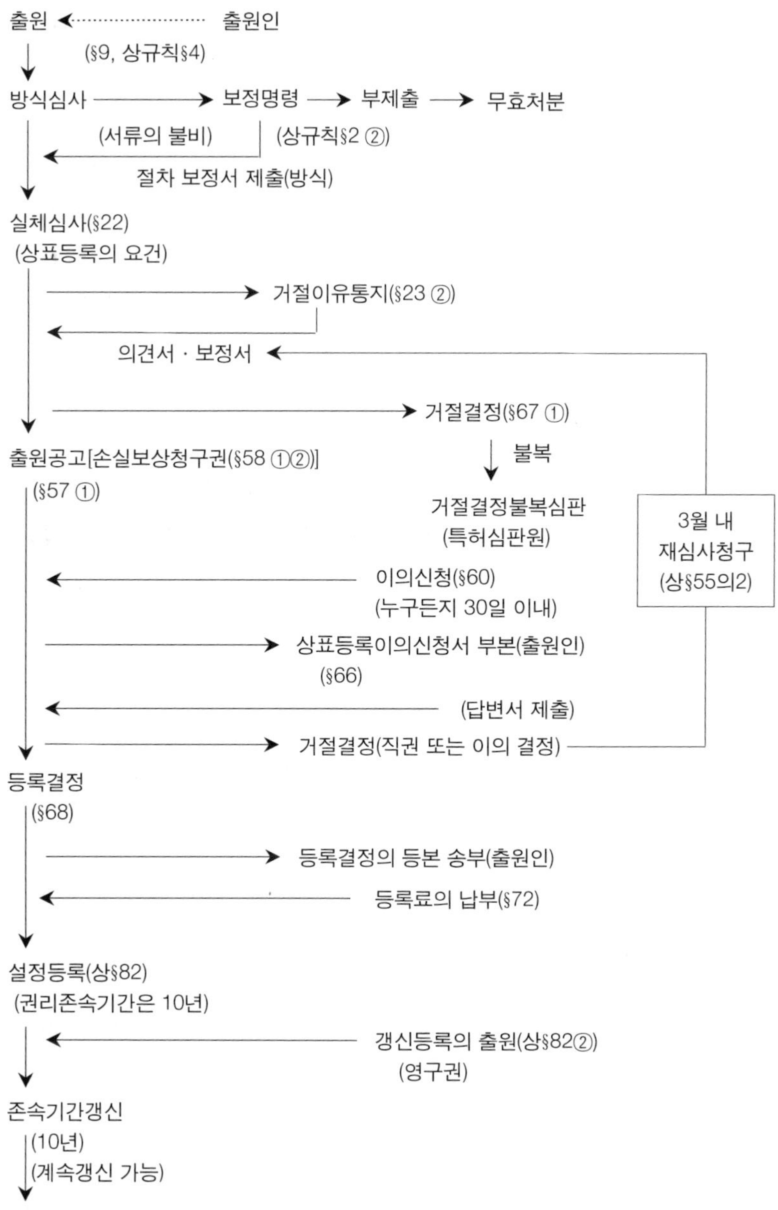
출원
출원인
(§9, 상규칙§4)
방식심사
보정명령
부제출
무효처분
(서류의 불비)
(상규칙§2 ②)
절차 보정서 제출(방식)
실체심사(§22)
(상표등록의 요건)
거절이유통지(§23 ②)
의견서 · 보정서
거절결정(§67 ①)
불복
출원공고[손실보상청구권(§58 ①②)]
(§57 ①)
거절결정불복심판
(특허심판원)
3월 내
재심사청구
(상§55의2)
이의신청(§60)
(누구든지 30일 이내)
상표등록이의신청서 부본(출원인)
(§66)
(답변서 제출)
거절결정(직권 또는 이의 결정)
등록결정
(§68)
등록결정의 등본 송부(출원인)
등록료의 납부(§72)
설정등록(상§82)
(권리존속기간은 10년)
갱신등록의 출원(상§82②)
(영구권)
존속기간갱신
(10년)
(계속갱신 가능)

(4) 상표출원보정각하

상표출원보정각하라 함은 출원인이 지정상품을 추가하거나 상표견본의 중요부분을 보정함으로써 출원의 요지가 변경된 경우에 심사관이 그 보정(補正)을 부적법하다 하여 받아 주지 않겠다는 심사관의 행정처분이다.

보정각하의 대상은 상표 · 지정상품의 요지변경이나, 출원공고결정등본송달 전의 보정은 출원공고결정등본 송달 후의 보정에 비하여 폭이 넓고 어느 정도는 자유로우나 등본송달 후의 보정은 부득이한 경우에만 가능하다. 이 보정제도는 출원공고제도가 있던 구 특허법 · 실용신안법과 유사하다. 즉, 보정은 요지부분을 정정 · 변경할 수 없으며, 처음 출원된 내용의 범위 내에서만 해야 하고, 이를 위반하면 각하사유가 된다(상§42①). 이 보정각하는 출원서 전체를 각하하는 것이 아니고 출원서의 내용 중 보정한 내용, 즉 보정서를 이유 없다 하여 각하하는 것이다.

한편, 심사관은 각하결정이 있는 때에는 제115조에 따른 보정각하결정에 대한 심판청구기간이 지나기 전까지는 당해 상표등록출원에 대한 상표등록여부결정을 하여서는 아니 되며, 출원공고할 것을 결정하기 전에 각하결정이 있는 때에는 출원공고결정도 하여서는 아니 된다(상§42②). 또, 출원인이 보정각하결정에 대한 심판을 청구한 때에는 그 심판의 심결이 확정될 때까지 그 상표등록출원의 심사를 중지하여야 한다(상§42③).

또한, 심사관은 상표법 제41조(출원공고결정 후의 보정)의 규정에 의한 보정이 출원의 요지를 변경하는 것인 때에는 결정으로 그 보정을 각하하여야 한다(상§42①). 이 각하결정에 대하여는 불복할 수 없다. 다만, 제116조의 규정에 의한 거절결정에 대한 심판을 청구하는 경우에는 그러하지 아니하다(상§42⑤).

보정각하의 절차에 대해서는 특허법을 참조하기 바란다.

(5) 출원공고

출원공고는 심사관이 등록출원에 대하여 심사한 결과 거절이유를 발견할 수 없는 경우에는 그 출원내용을 공고(공중에 公表)하여 일반공중의 열람에 제공함으로써 심사의 공정성확보, 상표정보의 제공을 함과 동시에 그 내용에 이의가 있는 때에는 이의신청을 제기할 수 있도록 하여 심사관의 심사의 공정을 기함과 동시에 등록 후에 있어서의 상표분쟁을 미연에 방지하고자 하는 제도이다(상§57).[129]

심사관은 상표등록출원에 대하여 상표법에 규정된 상표등록요건과 부등록요건에 대한 심사를 한 후 거절이유를 발견할 수 없는 경우[130]는 출원공고할 것을 결정하여야 한다(상§57①). 특허청장은 출원공고결정이 있을 때에는 그 결정의 등본을 상표출원인에게 송달하고 상표공보에 게재하여 출원공고를 하여야 한다(상§57②). 특허청장은 출원공고가 있는 날부터 30일간 상표등록출원서류 및 그 부속서류를 특허청에서 공중의 열람에 제공하여야 한다(상§57③).

상표등록출원의 공고일은 당해 상표등록출원이 공고된 취지를 게재한 상표등록공고용 상표공보가 발행된 날이다(상규칙§100). 상표공보는 산업통상자원부령이 정하는 바에 의하여 전자적 매체로 발행할 수 있다(상§221②). 전자적 매체로 상표공보를 발행하는 경우에는 특허청장은 정보통신망을 활용하여 상표공보의 발생사실 · 주요목록 및 공시송달에 관한 사항을 알려야 한다(상§221③).

상표공보에 게재할 사항에는 출원인의 성명 및 주소(법인의 경우에는 그 명칭 · 영업소 소재지), 상표, 지정상품 및 그 류구분(類區分), 출원번호 및 출원연월일, 출원공고번호 및 공고연월일, 색채상표 또는 입체상표임을 나타내는 표시(색채상표 또는 입체상표등록출원인 경우에 한한다), 지정상품의 추가등록출원인 경우에는 등록상표의 등록번호 또는 상표등록출원의 번호, 상표등록출원 또는 지정상품의 추가등록출원에 관계되는 사항, 정관의 요약서, 지리적 표시 단체표장의 취지, 색채 또는 색채의 조합만으로 된 상표, 홀로그램상표, 동작상표 또는 그 밖에 시각적으로 인식할 수 있는 것으로 된 상표의 경우에는 해당 상표에 대한 설명 등 상표등록과 관련한 기타사항이 공고된다(상령§3).

상표공보에 게재된 출원공고사항에 ⅰ) 상표 또는 지정된 상품의 전부 또는 일부가 누락되었을 경우, ⅱ) 공고된 상표가 출원서에 첨부된 상표와 상이한 경우, ⅲ) 상표 또는 지정상품을 인터넷공보상에서 판독할 수 없는 경우, ⅳ) 해당 상품류구분이 변경되었을 경우, ⅴ) 출원공고된 시각적 표현이 출원서에 기재된 시각적 표현과 상이한 경우에는 정정공고를 한다.[131] 정정공고가 있을 때에는 그

---

129) 출원공고제도는 상표분쟁을 미연에 방지하고 제3자의 불측의 손해를 방지하려는 데 그 취지가 있고, 또 현실적으로 특허청의 자료가 방대하여 심사관이 심사에 적합한 자료를 찾아내어 이용한다는 것은 어느 정도 한계가 있기 때문에 출원공고제도를 두었다고 보는 견해도 있다(최선배, 「상표이의신청제도 고찰」, 특허청 국제특허연수원, 1989).

130) 일부 지정상품에 대하여 거절이유가 있는 경우에는 그 지정상품에 대한 거절결정이 확정된 경우를 말한다(일명 부분거절제도라 한다).

131) 상표심사기준 2023.2.4. 특허청예규 제130호 제6부 제1장 6.2.1. (60112면).

때에 출원공고한 것으로 취급하고 상기 사항 이외의 사항이 오기 또는 누락되는 경우에 그 부분이 심사에 본질적인 영향을 미치지 아니할 때에는 정정공고를 하지 않는다.[132)]

출원공고의 효과는 다시 출원공고결정의 효과와 공고의 효과로 나눌 수 있다. 전자인 출원공고결정의 효과는 출원공고결정등본의 송달 후에는 보정의 시기와 대상범위가 제한되며(상§40, §41), 공고 후의 보정에 대한 보정각하에 대해서는 설정등록 후에 발견되면 보정하지 않은 출원에 관하여 상표권이 설정등록된 것으로 간주된다(상§40③). 후자인 출원공고의 효과는 출원공고일로부터 30일 이내에 누구나 상표등록이의신청을 할 수 있으며, 또한 출원공고가 있은 후부터는 지정상품과 동일 · 유사한 상품 및 상표를 사용하는 자에게 서면으로 경고한 후 손실보상청구권을 청구할 수 있다(상§58).

(6) 상표등록이의신청

상표등록이의신청이란 심사관의 심사 결과, 거절할 이유를 발견하지 못하여 출원공고된 상표등록출원에 대하여 거절이유가 있다고 생각하는 일반공중으로 하여금 이의를 제기할 수 있는 기회를 부여하는 제도이다.

출원공고가 있는 때에는 누구든지[133)134)] 출원공고일로부터 30일 이내에 그 이유를 기재한 상표등록 이의신청서와 필요한 증거를 첨부하여 특허청장에게 상표등록이의신청을 할 수 있다(상§60). 이의신청의 이유는 상표법 제54조에 규정하는 거절이유가 원칙적이지만 상표법 제117조의 무효사유도 이의신청의 이유로 간주한다.

또 이의신청의 보정은 이의신청의 기간 경과 후 30일 이내에 이유 및 증거를 보정할 수 있다(상§61).

상표등록이의신청이 있는 때에는 심사관은 상표등록 이의신청서 부본(副本)을 출원인에게 송달하고 기간을 정하여 답변서를 제출할 수 있는 기회를 주어야

---

132) 상표심사기준 2019. 12. 24. 특허청예규 제112호 제6부 제1장 4.2.3. (60108면).

133) 이의신청은 누구나 할 수 있으나 권리능력이 없는 사단법인명으로는 이의신청을 하지 못한다. 다만 그 대표나 관리인이 정해져 있으면 이의신청을 할 수 있다. 이의신청의 지위승계에 대해서는 긍정론과 부정론이 대립하고 있으나 심사실무관행은 부정론으로 지위의 승계를 인정하지 않는다.

134) 다만, 상표법 제54조 제1항 제3호를 이유로 하는 경우에는 정당한 권리자만이 이의신청인이 될 수 있다.

한다(상§66①).

이렇게 보정함에도 불구하고 이의신청에 이유가 있다고 인정되면 출원상표는 거절된다. 이(상표등록이의신청결정)에 대하여 불복할 수 없고(상§66⑥), 거절결정에 대한 심판으로 해결할 수밖에 없다(상§126). 그리고 이의신청에 이유가 없다고 하면 출원상표는 등록결정된다.

[도표 15] 이의신청비교표

대 상		공고방법	이의신청기간	조 문
디자인	심 사	등록 후 등록공고	이의신청제도 없음	
	일부심사	등록 후 등록공고	공고 후 3월 이내	디§68①
상 표		출원공고	공고 후 2개월 이내	상§60

(7) 심사절차의 종료

심사는 상표등록거절결정(상§54, §67)과 상표등록결정에 의하여 모든 심사절차는 종료한다(상§68). 상표등록결정에 의하지 않은 종료는 출원의 취하(取下), 포기, 무효 등으로 심사는 종료한다.

이러한 상표등록여부결정은 서면으로 하여야 한다(상§69).

(8) 설정등록

상표등록결정이 끝나면 소정의 등록료(상§72)를 납부하고 특허청에 비치하는 상표등록원부에 소정사항을 기재(상§80)하는 절차를 총칭하여 상표권의 설정등록이라 한다. 상표등록료를 납부한 때에는 특허청장은 직권으로 설정등록을 해야 한다(상§82②). 상표권은 설정등록에 의하여 발생한다(상§82①).

(9) 상표등록증

특허청장은 상표권의 설정등록을 한 때에는 상표권자에게 상표등록증을 교부하여야 한다(상§81①). 등록증에는 상표등록증, 서비스표 등록증, 업무표장 등록증 및 단체표장 등록증이 있다.

제4절 | 상표권

Ⅰ. 서

상표권이란 설정등록을 받은 상표를 법이 정한 범위 내에서 독점배타적으로 사용할 수 있는 권리를 말한다.

상표권[135]은 설정등록에 의하여 발생하며(상§82①), 이는 상표권자만이 등록상표를 지정상품에 독점적으로 사용할 수 있는 권리이다(상§89). 설정등록이 되지 않은 주지 · 저명상표는 상표법에 의해 보호받는 것이 아니라 부정경쟁방지 및 영업비밀보호에 관한 법률 등에 의해 보호를 받을 수 있다. 다시 말하면 우리 상표법은 먼저 출원하여 등록된 상표를 보호하는 것이 원칙이고, 특정의 경우에는 사용주의를 가미하고 있다.

이러한 상표권 효력의 범위는 시간 · 지역 · 내용에 따라 다르나 상표출원서에 기재된 상표에 의하여 정하여지고, 지정상품의 보호범위는 상표등록출원서 또는 상품분류전환등록신청서에 기재된 상품에 의하여 정하여진다(상§52). 또한 상표권의 효력이 제한을 받을 수도 있다(상§89, §90, §92, §93, §95, §102, §160).

Ⅱ. 상표권자의 의무

국가는 상표권자에게 독점적으로 사용할 수 있는 권리를 부여(상§89 본)하는 대가로 ⅰ) 사용의무, ⅱ) 정당사용의 의무, ⅲ) 표시의무, ⅳ) 등록료의 납부의무 등을 부과하고 있다.

1. 상표의 사용의무

상표는 상품의 얼굴이기 때문에 사용으로 인하여 고객흡입력(good will)을 가진다. 즉 상표는 그 사용에 의하여 자타상품의 식별기능 · 출처표시기능 · 품질보

135) 우리나라의 상표권은 상표권과 서비스표권, 업무표장권과 단체표장권, 단독상표권과 공동상표권, 자연인상표권과 법인상표권으로 분류할 수 있다.

증기능 등의 상표의 기능이 형성되고, 이를 통하여 상품의 유통질서가 유지되는 것을 목적으로 하기 때문에 상표를 등록한 후에 이를 사용하지 않는 것은 상표법의 목적에 반하게 된다. 따라서 상표권자 및 사용권자가 정당한 이유 없이 국내에서 등록상표를 그 지정상품에 계속하여 3년 이상 사용하지 않은 경우에는 이해관계인의 취소심판청구에 의하여 상표등록이 취소되게 된다(상§119①iii). 그러므로 상표권자에게는 사용의 의무가 부과된다.

2. 상표의 정당사용의 의무

상표권자는 고의로 지정상품에 등록상표와 유사한 상표를 사용하고 또는 지정상품과 유사한 상품에 등록상표 또는 이와 유사한 상표를 사용함으로써 상품의 품질의 오인 · 혼동, 출처의 오인 · 혼동을 일으켜서는 안 된다. 이것을 상표권자의 정당사용의무라고 한다. 즉 지정상품에 대해 정당사용의무를 위반하였을 때에는 상표법 제119조 제1항 제2호로 취소할 수 있으며, 단체표장의 정관에 반하게 사용하는 경우에는 상표법 제119조 제1항 제5호 및 제6호에 따라 취소할 수 있다. 다만, 단체표장권자가 소속단체원의 감독에 상당한 주의를 한 경우에는 그러하지 아니하다.

3. 표시의무

상표권자는 지정상품 또는 지정상품의 포장에 등록상표를 부착하여 판매할 때에는 등록상표(®)를 명확하게 기재하여야 한다. 이 규정은 반드시 표시하여야 하는 것이 아니라 표시할 수 있다라고 하여 훈시적 규정이다(상§222). 그리하여 위반하여도 무효나 형사벌과 같은 제재를 받지 않는다. 그러나 만약 허위로 등록표시를 할 경우에는 허위표시죄에 해당된다(상§224, §233).

4. 등록료의 납부의무[136)]

상표의 설정등록을 받기 위해서는 소정의 등록료를 납부하여야 한다. 또 존속기간 갱신등록을 하고자 하는 경우에도 마찬가지이다(상§72). 한편, 상표등록료를 납부할 때에 일부 지정상품을 포기할 수 있다(상§73).

---

136) 등록결정서를 받은 날로부터 30일 이내에 납부해야 하나 30일 연장이 가능하며 이해관계인이 납부할 수도 있다. 이는 일시불이며 특허법에서의 감면제도는 채택하지 않고 있다.

5. 감독의무

상표권자 및 정당사용권자는 지정상품 또는 이와 유사한 상품에 등록상표 또는 이와 유사한 상표를 무권리자가 부당하게 사용함으로써 수요자로 하여금 상품의 품질오인 또는 타인의 업무에 관련된 상품과의 혼동을 일으키게 한 경우에는, 상표법상의 목적에 반하므로 상표권자에게 감독의무를 부과하고 있으며, 상표법 제119조 제1항 제5호(단체표장), 제8호(전용사용권자 · 통상사용권자의 오인 · 혼동 유발)의 경우 상표권이 취소될 수 있다.

6. 이전시의 의무

상표법 제119조 제1항 제4호에 의거 상표법 제93조 제1항 후단(유사한 지정상품과 함께 이전) 및 제2항(공유와 질권의 문제), 제4항(업무표장), 제5항(공익), 제6항(단체표장), 제7항(증명표장)에 위반하여 이전시 이를 취소할 수 있다.

Ⅲ. 상표권의 효력

상표권은 심사에 의하여 등록된 권리를 말하며, 이러한 권리는 대한민국에서 10년간(상§82, §83①) 지정상품(상§91)에 대하여 독점적으로 사용할 수 있다. 이러한 상표권의 효력은 적극적 효력과 소극적 효력으로 분류할 수 있다.

상표권의 적극적 효력이란 상표권자가 상표등록출원서에 기재된 상표 · 상품에 대하여(상§91) 국내에서 상표권의 존속기간 내에 그 상표를 독점적으로 사용할 수 있다는 것이고(상§89), 소극적 효력이란 제3자가 동일 · 유사상표를 지정상품과 동일 · 유사상품에 사용하는 것을 배제할 수 있다는 것이다(상§107, §108).

1. 적극적 효력

상표가 일단 등록이 되면 다른 산업재산권과 같이 지정상품에 그 상표를 사용할 권리를 독점한다(상§89). 여기서 '지정상품'이란 상품 중에는 많은 상품이 있으므로 행정의 편의상 이를 동종의 상품끼리 분류하여 류구분표(類區分表)를 만들어 그 상표를 출원하고자 할 때는 이 류구분표에 있는 상품을 지정하는 것을 말한다(상규칙§6 별표 1, 2참조).

'지정상품의 보호범위'는 상표등록출원서 또는 상품분류전환등록신청서에 기재된 상품에 의하여 정하여진다(상§91②).

'사용'이란 상표를 상품에 직접 사용하는 경우뿐만 아니라 상품과의 관계에서 사용하는 경우도 포함된다. 따라서 상표를 직접 상품에 부착시켜 사용하는 것만을 의미하지 않는다.

우리 상표법 제2조 제1항 제11호에서는 다음과 같이 상표의 사용형태를 예시하고 있다.

i) 상품 또는 상품의 포장에 상표를 표시하는 행위

ii) 상품 또는 상품의 포장에 상표를 표시한 것을 양도 · 인도하거나 전기통신회선을 통하여 제공하는 행위 또는 이를 목적으로 전시하거나 수출 · 수입하는 행위

iii) 외국에서 상품 또는 상품의 포장에 상표를 표시한 것을 운송업자 등 타인을 통하여 국내에 공급하는 행위

iv) 상품에 관한 광고 · 정가표 · 거래서류, 그 밖의 수단에 상표를 표시하고 전시하거나 널리 알리는 행위

상표법 제2조 제1항 제11호 가목부터 라목까지의 규정에 따른 상품, 상품의 포장, 광고, 간판 또는 표찰에 상표를 표시하는 행위에는 상품, 상품의 포장, 광고, 간판 또는 표찰을 표장의 형상이나 소리 또는 냄새로 하는 것을 포함한다. 이상의 사용형태 외에도 디지털 상품의 온라인 유통행위를 상표의 사용 행위도 포함하며, TV, 라디오, 신문, 잡지, 팸플릿, 달력 등의 인쇄물에 상품명과 표장(標章)을 표시하는 행위 또는 영수증 · 납품서 · 주문서 · 샘플 등에 사용하는 것도 상표사용에 포함된다고 본다.

2. 소극적 효력

상표권은 상표권자 자신이 지정한 상품에 대하여 등록상표를 독점적으로 사용할 권리를 가짐과 동시에, 정당한 권리자가 아닌 자가 등록상표를 사용하는 것을 배제할 수 있는 권리도 함께 가진다. 이를 소극적 권리라고 한다.

이러한 권리로서 침해금지청구권(상§107), 손해배상청구권(상§109), 신용회복청구권(상§113), 손실보상청구권(상§58), 부당이득반환청구권 등의 민사적 구제방법과 침해죄, 위증죄, 허위표시죄, 사위행위죄 등의 형사적인 처벌방법도 있다(상

세한 것은 상표권 침해에 대한 구제 및 벌칙 부분에서 보기로 한다).

Ⅳ. 상표권의 효력제한

1. 서

상표가 설정등록되면 상표권자는 자기에게 주어진 권리의 범위 내에서 최대한도로 사용할 수 있음은 특허법에서 살펴본 바와 같다. 다만 장소적 제한을 받는 것은 특허법과 동일하나 보호기간과 내용적인 제한에 있어서는 약간의 차이가 있다.

여기서 내용적 제한을 보기로 한다. ⅰ) 공익적 이유(상§90)에 의해 일정한 제한을 받는 경우, ⅱ) 상표권자가 사용하는 것보다 타인에게 사용하게 하여 로열티를 받는 것이 유리하다고 하여 사용허락을 하는 경우(상§95, §97), ⅲ) 상표권이 타인의 특허권, 디자인권 또는 저작권에 저촉될 경우(상§92), ⅳ) 재심(再審)에 의하여 회복한 상표권의 효력이 제한되는 경우(상§160), ⅴ) 상표를 이전하는 경우 유사한 지정상품과 함께 이전하지 않으면 안 되며(상§93①), ⅵ) 공유인 경우에는 다른 공유자 전원의 승낙이 없으면 그 지분을 양도할 수 없다(상§93⑤).

그 외에도 타법(他法)에 의해 제한을 받을 수 있다.

2. 법률로 정한 제한

상표법 제90조는 공익적인 측면에서 상표권의 효력이 미치지 않는 범위를 규정하고 있다.

첫째, 상표법 제90조 제1항 제1호는 "자기의 성명 · 명칭 또는 상호(商號) · 초상(肖像) · 서명(署名) · 인장(印章) 또는 저명한 아호(雅號) · 예명(藝名) · 필명(筆名)과 이들의 저명한 약칭을 보통으로 사용하는 방법으로 표시하는 상표에는 상표권의 효력이 미치지 아니한다."라고 규정하고 있다. 이 규정은 자기의 성명 또는 상호 등의 명칭 등은 그 자가 사용할 권리를 가진다는 것이 사회통념상 당연한 것이라 본 것이다. 그러나 상표권의 설정등록이 있은 후에 부정경쟁의 목적으로 자기의 성명 · 명칭 또는 상호 · 초상 · 서명 · 인장 또는 저명한 아호 · 예명 · 필명과 이들의 저명한 약칭을 사용하는 경우에는 적용하지 아니한다(상§90③).

둘째, 상표법 제90조 제1항 제2호는 "등록상표의 지정상품과 동일 또는 유사한 상품의 보통명칭 · 산지(産地) · 품질 · 원재료 · 효능 · 용도 · 수량 · 형상(形象)(포장의 형상을 포함) · 가격 또는 생산방법 · 가공방법 · 사용방법 및 시기를 보통으로 사용하는 방법으로 표시하는 상표에는 상표권의 효력이 미치지 아니한다."라고 규정하고 있다. 설사 타인이 이러한 것들에 대하여 상표권을 가진다 하더라도 그것을 보통 사용하는 방법으로 표시하여 사용하는 경우에는 이들에게 상표권의 효력을 미치게 할 수는 없는 것이다. 왜냐하면 이들에게 효력을 미치게 한다면 산업발전을 저해할 뿐만 아니라 수요자(소비자)에게 상품의 출처에 관하여 오인을 일으키게 하는 등의 불이익만을 가져오기 때문이다.

셋째, 상표법 제90조 제1항 제3호는 "입체적 형상으로 된 등록상표에 있어서 그 입체적 형상이 누구의 업무에 관련된 상품을 표시하는 것인지 설명할 수 없는 경우에 등록상표의 지정상품과 동일하거나 유사한 상품에 사용하는 등록상표의 입체적 형상과 동일하거나 유사한 형상으로 된 상표는 상표권의 효력이 미치지 아니한다."라고 규정하고 있다.

넷째, 상표법 제90조 제1항 제4호는 "등록상표의 지정상품과 동일 · 유사한 상품에 대하여 관용(慣用)하는 상표와 현저한 지리적 명칭 및 그 약어(略語) 또는 지도로 된 상표에는 상표권의 효력이 미치지 아니한다."라고 규정하고 있다.

관용상표는 동종류(同種類)의 상품에 관하여 동업자간에 일반적으로 상용(常用)되기에 이르렀으므로 자타상품의 식별력이 없는 것이어서 등록을 받을 수 없는 것이나 설령 타인이 관용상표에 대하여 상표권을 가지고 있다 하더라도 상표권의 효력은 미치지 않는다.

다섯째, 상표법 제90조 제1항 제5호는 "등록상표의 지정상품 또는 그 지정상품의 포장의 기능을 확보하는 데 불가결한 입체적 형상으로 되거나 색채 또는 색채의 조합으로 된 상표는 법률상으로 제한을 받는다."라고 규정하고 있다.

3. 사용허락에 의한 제한

상표권자가 설정등록된 상표를 자기 자신이 직접 사용하지 아니하고 타인에게 사용하도록 하고 그 대신 상표권자는 전용사용권자 또는 통상사용권자로부터 일정의 로열티를 받는 경우에는 상표권자는 자기의 상표라도 그 사용에 제한을 받는다(상§95, §97)(상세한 것은 전용 · 통상사용권을 참조).

4. 선사용자에 대한 효력의 제한

상표는 장기간 사용함으로써 상표가 주지 저명하게 되었을 경우에 이를 보호하기 위하여 상표법 제34조 제1항 제9호에서 제11호까지 부등록사유를 규정하고 있다. 주지상표가 타인의 악의에 의해 등록되었다 하더라도 주지사용자에게는 권리를 주장하지 못한다. 또 미등록의 상표가 상품에 부착되어 일반사회에서 유통된 후, 타인이 후에 동일상표를 등록하였다 하더라도 이미 거래된 상품에는 효력이 미치지 않는다.

또한 상표법 제99조에는 "타인의 등록상표와 동일하거나 유사한 상표를 그 지정상품과 동일하거나 유사한 상품에 사용하는 자가 i) 부정경쟁의 목적이 없이 타인의 상표등록출원 전부터 국내에서 계속하여 사용하고 있을 것, ii) i)의 규정에 따라 상표를 사용한 결과 타인의 상표등록출원시에 국내 수요자 간에 그 상표가 특정인의 상품을 표시하는 것이라고 인식되어 있을 것의 요건을 모두 갖춘 자(그 지위를 승계한 자를 포함한다. 이하 이 조에서 "선사용자"라 한다)는 해당상표를 그 사용하는 상품에 대하여 계속하여 사용할 권리를 가진다"(상§99①)라고 하여 상표권의 효력이 제한된다. 이와 함께 "자기의 성명·상호 등 인격의 동일성을 표시하는 수단을 상거래 관행에 따라 상표로 사용하는 자로서 제1항 제1호의 요건을 갖춘 자는 해당 상표를 그 사용하는 상품에 대하여 계속 사용할 권리를 가진다"(상§99②)라고 하여 상표권의 효력이 제한된다.

5. 상표권이 타인의 특허권, 디자인권, 저작권 또는 부정경쟁방지법에 저촉되어 효력이 제한되는 경우

상표권자·전용사용권자 또는 통상사용권자가 그 등록상표를 사용하는 것이 그 사용상태에 따라 그 상표등록출원일 전에 출원된 타인의 특허권·실용신안권·디자인권 또는 그 상표등록출원일 전에 발생한 타인의 저작권과 저촉되는 경우에는 지정상품 중 저촉되는 지정상품에 대한 상표의 사용에 관하여 특허권자·실용실안권자·디자인권자 또는 저작권자의 동의를 얻지 아니하면 그 등록상표를 사용할 수 없다(상§92).

(1) 디자인권과의 저촉관계

오늘날 선전광고에 있어서는 상표에 디자인의 심미적(審美的) 요소를 가능한 한 가미하여 상표를 통한 보다 많은 고객의 유인을 도모하려고 한다. 따라서 상표의 디자인화의 경향이 생기고 그 경향은 필연적으로 상표의 사용이 디자인과 저촉하는 결과를 낳게 된다. 즉 상표권과 디자인권의 저촉(抵觸)은 등록상표의 구성과 디자인의 구성이 동일 또는 유사한 경우 등록상표를 사용하는 모습 중 등록상표를 디자인에 관한 물품과 동일 또는 유사한 물품에 붙이는 경우에 발생한다.

(2) 저작권과의 저촉관계

저작권과 저촉되는 경우란 저작권의 효력이 미치는 회화, 모형 등을 상표로서 사용하는 경우를 말한다. 디즈니의 미키마우스 만화가 저작권으로 보호되는 경우에 이러한 만화의 캐릭터가 상표권으로 등록되어 있고, 이 만화의 캐릭터가 표현된 어린이용 피복류가 지정상품으로 되어 있는 경우에는 이런 등록상표를 어린이용 피복류에 사용할 때에는 저작권과 저촉된다. 저작권의 목적인 저작물에 대하여 저작권자의 허락을 받지 않고 이들과 저촉되는 상표를 자의로 사용하면 저작권의 침해가 생긴다. 따라서 이와 같은 저작권의 존재가 상표권의 효력을 제한하는 것이다.

(3) 부정경쟁방지법과의 저촉관계

상표권자 · 전용사용권자 또는 통상사용권자는 그 등록상표의 사용이 「부정경쟁방지 및 영업비밀보호에 관한 법률」 제2조 제1호 카목에 따른 부정경쟁행위에 해당할 경우에는 같은 목에 따른 타인의 동의를 받지 아니하고는 그 등록상표를 사용할 수 없다.

6. 재심에 의하여 회복한 상표권의 효력에 대한 제한

상표권에 관한 당해 무효 또는 취소 심결이 확정된 후 재심청구의 등록 전에 선의(善意)로 당해 등록상표와 동일한 상표를 그 지정상품과 동일한 상품에 사용한 행위 및 유사한 상표를 그 지정상품과 동일 또는 유사한 상품에 사용하는 행위(상§108① i)에 해당하는 경우에는 상표권의 효력이 미치지 아니한다(상§160 본문).

상표권의 효력이 제한[137]되는 것은(상§160 각호) i) 상표등록 또는 상표권의 존속기간 갱신등록이 무효로 된 후 재심에 의하여 그 효력이 회복된 경우, ii) 상

137) 요건은 i) 등록상표의 심결확정 후 재심청구에 대한 예고등록 전의 등록상표의 독점권의 범위에 속하는 사용일 것, ii) 등록상표의 심결확정 후 재심청구에 대한 예고등록 전의 등록상표의 금지권의 범위에 속하는 사용일 것, iii) 등록상표의 심결확정 후 재심청구에 대한 예고등록 전의 침해로 보는 행위에 해당하는 행위일 것, iv) 선의일 것이 요구된다.

표등록이 취소된 후 재심에 의하여 그 효력이 회복된 경우, iii) 상표권의 권리범위에 속하지 아니한다는 심결이 확정된 후 재심에 의하여 이와 상반되는 심결이 확정된 경우가 그 대상이 된다.

이 규정은 등록상표가 무효나 취소로 되었으나 재심에 의하여 회복되었을 경우에 당해 심결이 확정된 후 재심청구의 등록 전에 이를 알지 못하고, 즉 선의로 상표를 동종(同種)의 상품에 사용한 자에게 상표권의 효력을 배제하여 선의(善意)의 사용자를 보호하자는 취지이다.

7. 저촉하는 타 산업재산권의 만료 후에 상표권의 효력이 제한되는 경우

상표등록출원일 전 또는 상표등록출원일과 동일한 날에 출원되어 등록된 특허권이 그 상표권과 저촉되는 경우 그 특허권의 존속기간이 만료되는 때에는 그 원특허권자는 원특허권의 범위 안에서 그 등록상표의 지정상품과 동일하거나 이와 유사한 상품에 대하여 그 등록상표와 동일하거나 이와 유사한 상표를 사용할 권리를 가진다. 다만, 부정경쟁의 목적으로 그 상표를 사용하는 경우에는 그러하지 아니하다. 실용실안권과 디자인권의 경우에도 이와 동일하다(상§98①⑥).

8. 기　타

상표는 영업과 함께 이전하지 않아도 되나, 상표권이 공유인 경우에는 각 공유자는 다른 공유자 전원의 동의를 얻지 아니하면 그 지분을 양도하거나 그 지분을 목적으로 하는 질권을 설정할 수 없다(상§93②). 또 업무표장과 단체표장은 이전할 수 없다(상§93④⑥⑦).

Ⅴ. 상표권의 변동

1. 상표권의 이전

(1) 서

'상표권의 이전'이란 상표권이 동일성을 유지하면서 종전의 권리자로부터 새로운 권리자로 그 주체가 옮겨가는 것을 말한다. 상표권은 재산권의 일종으로서 다른 산업재산권과 마찬가지로 타인에게 양도할 수 있다.

상표권은 상표권자의 자유의사에 의한 양도, 상속 기타 일반승계에 의하여 이전되고 강제집행에 의한 이전도 가능하다. 다만, 상표법의 목적과 관련하여 일정한 제한이 따른다. 상표권 이전의 형태는 특정승계와 일반승계로 나누어지는데, 전자는 구법과 달리 영업과 분리하여 이전이 가능하며 지정상품이 둘 이상인 경우 지정상품을 분할하여 이전할 수도 있다(상§93, §94①). 또 후자는 상속, 포괄승계, 법인의 합병에 의해 이루어지며 일간신문에 공고하지 않거나 등록을 하지 않아도 효력이 발생한다.

(2) 상표권 이전의 제한

상표권은 영업과 분리하여 자유롭게 양도할 수 있으나, 공유상표·업무표장·단체표장 등 특수한 관계에 있는 상표의 이전에 대해서는 일정한 제한이 있다.

1) **공유상표의 경우**　상표권이 공유인 경우에는 각 공유자는 다른 공유자 전원의 동의를 얻지 아니하면 그 지분을 양도하거나 그 지분을 목적으로 하는 질권을 설정할 수 없다(상§93②). 이 규정은 공유자 상호간의 신뢰관계와 자본능력 등을 고려하여 상표권의 양도시에는 공유자의 동의를 구하도록 한 것이다.

2) **업무표장의 경우**　업무표장권은 비영리를 목적으로 하는 사업에만 사용하는 표장이라는 특수성 때문에 양도를 금지하고 있다. 다만, 그 업무와 함께 양도하는 경우에는 그러하지 아니하다(상§93④).

3) **단체표장의 경우**　단체표장권은 이전할 수 없다. 다만, 법인의 합병의 경우에는 특허청장의 허가를 받아 이전할 수 있다(상§93⑥).

4) **증명표장의 경우**　증명표장권은 이전할 수 없다. 다만, 해당 증명표장에 대하여 제3조의3에 따라 등록받을 수 있는 자에게 그 업무와 함께 이전할 경우에는 특허청장의 허가를 받아 이전할 수 있다(상§93⑦).

5) **특허·실용신안·디자인권의 권리 저촉의 경우**　상표와 저촉관계인 특허·실용신안·디자인권의 권리가 만료된 후 상표를 사용할 수 있는 권리를 이전하고자 하는 때에는 상표권자 또는 전용사용권자의 동의를 얻어야 한다(상§98⑤).

6) **국가·공공단체 등이 등록한 상표권의 경우**　국가·공공단체 또는 이들의 기관과 공익법인의 영리를 목적으로 하지 아니하는 업무 또는 영리를 목적으로 하지 아니하는 공익사업을 표시하는 표장으로 저명한 것과 동일 또는 유사한 상표는 공공단체 등만이 상표등록을 받을 수 있다(상§34①iii 단).

(3) 상표권의 이전방법

상표권의 이전제한 규정에 반하는 경우 그 상표권에 대한 이해관계인은 상표등록 취소심판을 청구할 수 있다(상§119①). 그러나 상표법 제34조 제5항의 적용대상은 아니며 심판청구 후 당해 청구사유의 하자가 치유되면 심판청구 자체가 부적격하여 각하된다(상§119④). 상표권의 이전에는 등록이 효력발생요건이므로 상속 기타 일반승계의 경우를 제외하고는 상표권의 이전 · 변경 · 포기에 의한 소멸, 존속기간의 갱신, 상품분류전환, 지정상품의 추가 또는 처분의 제한 등을 등록하여야만 그 효력이 발생한다(상§96① i).

한편, 일반승계는 승계사유의 발생시에 당연히 이전되나 상표권자의 사망 후 3년 내에 그 상속권자가 이전등록을 하지 않으면 사망일로부터 3년이 경과되는 다음날에 상표권은 소멸된다(상§106).

2. 상표권의 공유

상표권은 공유할 수 있다(상§93②③). 즉 상표권은 무체재산권이기 때문에 따로 상표법에서 규정하고 있으므로 민법상의 준공유(準共有)(민§278) 규정은 2차적으로 적용된다. 따라서 공유권의 지분에 대해 타인이 침해하였을 때에는 각자가 금지청구권을 행사할 수 있다.

그리고 공유인 상표권은 다른 공유자의 동의 없이 그 지분의 양도나 질권의 설정을 할 수 없고(상§93②), 사용권도 설정할 수 없다(상§93③). 또 심판청구시 전원이 심판의 청구인 또는 피청구인이 되어야 하며 위반시에 부적법한 심판청구에 해당되어 심결이 각하된다(상§124).

한편, 존속기간 갱신등록 출원은 공유자 전원이 공동으로 하여야 한다(상§84①).

공유관계의 해소를 위하여 공유물의 분할을 청구할 수 있으나, 그 객체의 무체성(無體性)으로 인하여 현물(現物) 분할은 불가능하므로 대금(代金) 분할이나 가격배상의 방법에 의할 수밖에 없다. 다만, 예외적으로 지정상품별로의 이전이나 사용권의 분할수단으로서의 이전이 가능하다고 본다. 또 다른 무체재산권과 같은 자유사용의 여부에 대해 명문규정은 없으나 당연히 자유사용을 할 수 있다고 본다.

3. 상표권의 소멸

상표권의 소멸이란 일단 유효하게 설정등록된 상표권이 일정한 법정사유에 해당됨으로 인하여 그 효력이 상실되는 것을 말한다. 이러한 소멸사유에는 넓은 의미에서 무효와 취소를 포함하나, 협의의 소멸사유는 존속기간의 만료(상§83①), 상표권의 포기(상§101), 상속인의 부존재, 상속인이 이전등록 절차를 밟지 않는 경우(상§106①), 청산절차가 진행 중인 법인이 상표권의 이전등록을 하지 아니한 경우(상§106③[138]), 상표권의 상속이 개시된 때 상속인이 없는 경우(상§106②) 등이다.

1) '취소'라 함은 일단 유효하게 성립한 상표권이 일정한 법정사유에 해당함을 이유로 심판에 의하여 그 등록의 효력을 상실시키는 것을 말한다. 관계 규정은 상표법 제119조로서, 후술하는 '취소심판'에서 상세히 보기로 한다.

2) '무효'라 함은 일단 유효하게 성립한 상표권이 일정한 법정사유에 해당함을 이유로 심판에 의하여 그 성립당초까지 소급하여 상표권을 상실시키는 것을 말한다. 이에 대해서는 '무효심판'에서 상세히 보기로 한다.

3) '포기'라 함은 상표권자가 일방적 단독행위로 자기의 상표권의 일부 또는 전부를 소멸시키는 처분행위로서 상표법 제101조에서 지정상품마다 상표권을 포기할 수 있으며, 다만 그 상표권에 대해 제3자의 권리가 있는 경우 포기가 제한된다.

4) 상품분류전환등록이 없는 경우 등의 상표권의 소멸은 상품분류전환등록의 대상이 되는 지정상품으로서 상표법 제209조의 규정에 의한 상품분류전환등록신청서에 기재되지 아니한 지정상품에 관한 상표권은 상품분류전환등록신청서에 기재된 지정상품이 상표법 제213조의 규정에 의하여 전환등록 되는 날에 소멸한다(상§209).

이상에서 본 바와 같이 상표권이 소멸하면 그에 부수되는 권리인 사용권, 질권 등도 함께 소멸한다.

4. 상표권의 분할

상표권의 지정상품이 2 이상인 경우에는 그 상표권을 지정상품별로 분할할 수 있다(상§94①). 분할요건은 상표권이 현재 존속중이어야 하고, 원상표권자와 분할된 상표권자는 동일하여야 하고, 등록된 지정상품이 2 이상이 존재하여야 하

---

138) 청산절차가 진행 중인 법인의 상표권은 법인의 청산종결등기일(청산종결등기가 되었더라도 청산사무가 사실상 끝나지 아니한 경우에는 청산사무가 사실상 끝난 날과 청산종결등기일부터 6개월이 지난 날 중 빠른 날로 한다. 이하 이 항에서 같다)까지 그 상표권의 이전등록을 하지 아니한 경우에는 청산종결등기일의 다음 날에 소멸된다. 〈개정 2023. 10. 31.〉

며, 분할기간 내에 분할하여야 한다. 이렇게 분할되면, 분할된 상표권은 원상표권의 설정등록일부터 권리가 존속하고 존속기간도 원상표권의 존속기간과 같다. 또 분할된 상표권은 원상표권과는 무관하게 상표권이 독자적으로 존속된다. 이러한 상표권의 분할은 무효심판이 청구된 때에는 심결이 확정되기까지는 상표권이 소멸된 후에도 할 수 있다(상§94②).

VI. 사용권

상표권자는 설정등록된 상표를 자기 자신이 직접 사용할 수도 있고, 타인에게 설정 등록된 상표의 사용을 허락할 수도 있다. 후자의 경우에 상표사용을 허락받은 자의 입장에서 본 상표사용의 권리를 상표사용권이라 한다. 이러한 사용권은 상표권을 전제로 하여 성립하며, 상표권이 소멸하면 함께 소멸한다. 상표사용권에는 전용사용권(상§95)과 통상사용권(상§97)이 있다.

1. 전용사용권

(1) 의 의

전용사용권이란 상표권자와의 계약에 의하여 설정행위로 정한 범위 내에서 등록상표를 독점적으로 사용할 수 있는 권리이다(상§95③). 즉 그 범위 내에서는 상표권자도 사용권이 제한된다. 이는 물권적인 성질을 가진다.

(2) 등록의 효력[139)]

상표권자는 그 상표권에 대하여 타인에게 전용사용권을 설정할 수 있다(상§95①). 그러나 업무표장권이나 단체표장권 또는 증명표장권은 전용사용권을 설정할 수 없다(상§95②). 전용사용권은 설정행위로서 원칙적으로 상표권자와 사용권을 설정받고자 하는 자 사이의 설정계약에 의하여 행하여진다. 전용사용권은 등록하지 않으면 제3자에게 대항할 수 없다(상§100①). 전용사용권을 등록한 때에

---

139) 종래에는 전용사용권은 등록이 효력발생요건이였으나, 2011년 개정 상표법에서는 「대한민국과 미합중국 간의 자유무역협정」의 합의사항에 따라 전용사용권을 등록하지 않더라도 그 효력이 발생토록 하고 등록을 제3자 대항요건으로 변경하여 상표사용권자의 보호를 강화하였다.

는 그 등록 후에 상표권 또는 전용사용권을 취득한 자에 대하여도 그 효력이 발생한다(상§100②). 전용사용권의 설정·이전(상속 기타 일반승계에 의한 경우는 제외)·변경·포기에 의한 소멸, 처분의 제한은 등록이 대항요건이다.

한편, 상표권이 공유인 경우에는 각 공유자는 다른 공유자 전원의 동의를 얻지 아니하면 그 상표권에 대하여 전용사용권을 설정할 수 없다(상§93③).

(3) 범 위

전용사용권은 상표권 중 일정범위(지역, 수량, 사용기간, 거래처, 지정상품 등)에 한정하여 설정할 수도 있고(상§95③), 상표권의 전범위에 걸쳐서 사용을 허락할 수도 있다.

(4) 침해에 대한 구제 및 의무

전용사용권자는 설정된 범위 내에서 상표권자와 동일한 권리를 가진다. 따라서 상표권자와 같은 독점적 사용권(상§95③)과 배타적 금지권[침해금지청구권(상§107①), 침해물의 제거청구권(상§107②), 손해배상청구권(상§109), 법정손해배상청구권(상§111), 신용회복조치청구권(상§113), 서류제출 요구권(상§114) 등]을 가진다. 또한, 전용사용권을 침해하였을 때는 침해죄로 고소할 수도 있다(상§230).

전용사용권의 권리침해의 경우에 이에 대한 보호에 따르는 전용권자의 의무도 있다. 즉 상표권의 범위 내에서의 권리행사, 타인의 특허·디자인·저작권과의 저촉에 의한 상표사용의 제한, 공유시의 제한[즉, 전용사용권이 공유일 때에는 그 지분의 이전이나 질권설정의 경우에는 타 공유자의 동의가 필요하며, 전용사용권의 포기시에는 상표권자의 동의는 필요 없으나, 통상사용권자 또는 질권 등이 설정된 경우에는 각각의 이해관계인의 동의를 받지 않으면 안 된다(상§102②)], 전용사용권에 대한 제3자의 권리설정에 대한 제한을 지켜야 하며, 전용사용권자는 상품에 자기의 성명 또는 명칭을 표시하여야 한다(상§95④). 이 외에도 상표사용과 관련하여 수요자로 하여금 상품의 품질의 오인·혼동을 생기게 하면 아니 된다(상§119①ⅱ). 즉 품질동일성 유지의무, 상표의 정당사용의무 등이 주어진다.

(5) 이 전

전용사용권자는 상속 기타 일반승계의 경우를 제외하고는 상표권자의 동의를 얻지 아니하면 그 전용사용권을 이전할 수 없다(상§95⑤). 다만, 상표권의 이전은 일간신문에 공고(公告)할 것을 요하지 않으며 등록에 의해 이전의 효력이 발생한다.

(6) 질권 · 통상사용권

전용사용권에 대하여 질권을 설정하거나 통상사용권을 설정할 때는 상표권자의 동의가 필요하다(상§95⑥).

(7) 소 멸

전용사용권은 설정기간의 만료, 설정계약의 해제, 권리의 포기 등에 의해 소멸되며, 그 설정계약의 기초가 된 상표권이 소멸되었을 때도 소멸된다. 그러므로 상표권자가 상표권을 포기할 때는 전용사용권자의 동의를 얻지 아니하면 아니 된다(상§102①).

2. 통상사용권

(1) 의 의

통상사용권[140]이란 상표권자 또는 전용사용권자로부터 상표권에 관한 사용허락을 받은 자가 사용허락의 범위 내에서 사용할 수 있는 권리를 말한다(상§97②).

통상사용권은 상표권을 독점적으로 사용할 수 있는 권리가 아니라 상표권자 · 전용사용권자 및 타통상사용권자와 함께 사용할 수 있는 권리이다. 따라서 침해금지청구권 등의 소권(訴權)이 인정되지 않는 채권적인 성질을 가진 권리이다.

(2) 등록의 효력

통상사용권은 등록하지 않으면 제3자에게 대항할 수 없다(상§100①). 통상사용권을 등록한 때에는 그 등록 후에 상표권 또는 전용사용권을 취득한 자에 대하여도 그 효력이 발생한다(상§100②). 통상사용권의 설정 · 이전(상속 기타 일반승계에 의한 경우는 제외) · 변경 · 포기에 의한 소멸, 처분의 제한은 등록이 대항요건이다.

(3) 범 위

상표권자가 통상사용권 계약을 체결할 때 사용권자 이외의 자와는 물론이고 상표권자 자신도 사용하지 않겠다는 계약을 체결하는 경우도 있을 수 있고(독점적 통상사용권이라 한다), 또 등록상표를 지정상품 중의 일부 또는 일정지역, 수량, 기간 등을 한정하여 사용권을 허락하는 경우도 있다(상§97②). 이것이 일반적인 통상사용권이다.

---

140) 독점적 통상사용권도 채권적 권리로 본다. 또 통상사용권의 등록은 대항요건으로 본다.

(4) 통상사용권의 종류

1) **허락에 의한 통상사용권** 허락에 의한 통상사용권이란 상표권자 또는 전용사용권자와 상표의 사용을 희망하는 자와의 계약에 의해 상표를 사용할 수 있는 권리를 취득하는 것을 말한다(상§95⑥, §97①). 상표권이 공유인 경우에는 다른 공유자의 동의를 요한다(상§93③, §95⑦).

2) **법정사용권** 법정사용권이라 함은 법률의 규정에 의해서 상표권을 사용할 수 있는 권리를 말한다. 상표법 제160조(再審에 의하여 회복한 상표권의 효력의 제한)와 상표법 제104조의2(질권행사 등으로 인한 상표권의 이전에 따른 통상사용권), 상표법 제98조(특허권 등의 존속기간 만료 후에 상표를 사용하는 권리), 상표법 제99조(선사용에 따른 상표를 계속 사용할 권리)이 이에 해당한다. 이 중 선사용에 의한 통상사용권의 경우 상표권자나 전용사용권자는 선사용권자에게 자기의 상품과 선사용자의 상품 간의 출처의 오인이나 혼동을 방지할 수 있는 적당한 표시를 할 것을 청구할 수 있다(상§99②).

그러나 상표법에는 특허법과는 달리 강제사용권제도를 두고 있지 않다.

(5) 침해에 대한 구제

통상사용권자는 계약에 의하여 정해진 범위 내에서 그 등록상표를 사용할 권리를 가지나 배타적 금지권과 소권(訴權)은 없다. 그러나 민법 제404조에 의거한 금지청구권의 대위행사는 가능하다.

(6) 이 전

상표권자와 전용사용권자의 동의를 받은 경우 및 상속 기타 일반승계의 경우에 한하여 이전할 수 있다(상§97③). 기타 이전시 제한사항은 전용사용권 이전의 경우와 같다.

(7) 질 권

상표권자, 전용사용권자의 동의를 받은 경우에 한하여 질권을 설정할 수 있다(상§97④).

(8) 소 멸

통상사용권의 소멸원인도 전용사용권과 같이 설정기간의 만료, 설정계약의 해제, 권리의 포기, 그 설정계약의 기초가 된 상표권의 소멸 등의 사유로 소멸한다. 통상사용권이 설정된 경우 상표권이나 전용사용권의 포기는 제한되며(상§102①②), 통상사용권에 질권이 설정된 경우에는 통상사용권의 포기가 제한된다(상

§102③).

Ⅶ. 상표권침해에 대한 구제 및 벌칙

1. 서

상표권은 법률의 범위 내에서 독점배타적으로 사용할 수 있는 권리이므로 이를 침해하게 되면 일정한 제재를 받게 된다. 즉 상표권자 이외의 제3자는 정당한 이유 없이 상표권의 효력범위에 속하는 행위를 해서는 안 되며, 이를 위반하는 행위를 침해행위라 한다.

상표권은 독점적으로 사용할 수 있는 권리인 적극적 효력 외에 정당한 권리자가 아닌 경우에 이를 금지할 수 있는 권리인 소극적 효력이 있다. 즉 상표권자가 침해를 받는 경우에는 이를 구제할 수 있는 민·형사적인 구제방안이 상표법에 규정되어 있다. 한편 상표법상 상표권 침해죄는 다른 산업재산권법과 달리 비친고죄로서 상표권자의 고소를 불문하고 처벌할 수 있다(상§230). 이는 상표법 제1조의 공익적 성격을 반영한 것이다.

2. 상표권침해의 성립요건

상표권침해의 일반요건은 상표권이 유효하게 존재하고 상표권의 권리사용범위 내의 침해이며(유사상표, 속지주의) 정당한 권원 없이 위법적인 사용으로 상표법 제90조(상표권의 효력이 미치지 아니하는 범위) 및 동법 제160조(재심에 의하여 회복한 상표권의 효력의 제한)의 효력제한범위 내의 사용이 아니고 업(業)으로서의 사용이면 1회 사용일지라도 침해요건으로 성립한다.

3. 상표권 침해유형

상표권의 침해행위는 직접침해, 간접침해 및 지리적표시 단체표장권 침해로 나누어 볼 수 있다.

(1) 직접침해(상§107)

상표권자는 지정상품에 대하여 그 등록상표를 사용할 권리를 독점하는 독점배타적인 권리를 가지므로 제3자는 그 권리를 침해하지 못한다. 제3자가 정당한 이유 없이 등록상표와 동일한 상표를 그 지정상품과 유사한 상품에 사용하거나 등록상표와 유사한 상표를 그 지정상품과 동일 또는 유사한 상품에 사용하는 행위도 상표권 또는 전용사용권을 침해한 것으로 본다.

(2) 간접침해(상§108①)

등록상표의 기능을 효과적으로 보호하기 위하여 그 독점권이나 유사범위를 침해하는 행위 외에 등록상표의 기능을 해칠 염려가 있는 침해의 예비적 행위에 대해서도 상표권을 침해하는 것으로 이를 배제하기 위하여 일정한 예비적 행위를 침해로 간주하는 규정을 두고 있는바 이를 간접침해라 한다.

간접침해로 되는 행위는 i) 타인의 등록상표와 동일 또는 유사한 상표를 그 지정상품과 동일 또는 유사한 상품에 사용할 목적이나 사용하게 할 목적으로 교부 또는 판매하거나 위조 · 모조 또는 소지하는 행위(상§108①ii), ii) 타인의 등록상표를 위조 또는 모조할 목적이나 위조 또는 모조하게 할 목적으로 그 용구를 제작 · 교부 · 판매 또는 소지하는 행위(상§108①iii), iii) 타인의 등록상표 또는 이와 유사한 상표가 표시된 지정상품과 동일 또는 유사한 상품을 양도 또는 인도하기 위하여 소지하는 행위(상§108①iv)를 말한다.

(3) 지리적 표시 단체표장권 침해(상§108②)

지리적 표시 단체표장권 침해로 되는 행위는 i) 타인의 지리적 표시 등록단체표장과 유사한 상표(동음이의어 지리적 표시를 제외)를 그 지정상품과 동일하거나 수요자 간에 동일하다고 인식되어 있는 상품에 사용하는 행위(상§108② i), ii) 타인의 지리적 표시 등록단체표장과 동일 또는 유사한 상표를 그 지정상품과 동일하거나 수요자 간에 동일하다고 인식되어 있는 상품에 사용하거나 사용하게 할 목적으로 교부 · 판매 · 위조 · 모조 또는 소지하는 행위(상§108② ii), iii) 타인의 지리적 표시 등록단체표장을 위조 또는 모조하거나 위조 또는 모조하게 할 목적으로 그 용구를 제작 · 교부 · 판매 또는 소지하는 행위(상§108②iii), iv) 타인의 지리적 표시 등록단체표장과 동일 또는 유사한 상표가 표시된 지정상품과 동일하거나 수요자 간에 동일하다고 인식되어 있는 상품을 양도 또는 인도하기 위하여 소지하는 행위(상§108②iv)를 말한다.

4. 상표권침해에 대한 구제방법

상표권이나 전용사용권의 침해에 대하여는 민사적인 구제방법과 형사적인 구제방법이 있다.

(1) 민사적인 구제방법

1) 상표권 침해금지예방청구권

㈎ 의 의 상표권자 또는 전용사용권자가 자기의 권리를 침해한 자 또는 침해할 우려가 있는 자에 대하여 그 침해의 금지 또는 예방을 청구할 수 있는 권리이다(상§107①).

㈏ 요 건

a) 상표권자 또는 전용사용권자의 청구가 있어야 한다.

b) 상표권이 현실로 침해되었거나 침해당할 우려가 있어야 한다.

c) 고의, 과실, 책임능력을 요건으로 하지 않는다. 객관적 위법요소로서 침해사실이 현존하면 된다.

㈐ 권리남용의 금지 상표권자가 자기의 권리범위를 넘어서 권리남용을 한 경우에는 오히려 법의 제재를 받게 되므로, 권리의 범위 내에서 상표권을 행사하여야 한다.

㈑ 청구권행사방법

a) 상표권자 또는 전용사용권자는 침해행위를 조성한 물건의 폐기, 침해행위에 제공된 설비의 제거 기타 침해의 예방에 필요한 행위를 청구할 수 있다(상§107②).

b) 침해금지청구권은 침해행위를 금지시키는 청구권이므로 상대편에게 부작위(不作爲)를 청구하는 것이 통례이다. 그러나 절차면에서는 등록상표를 일정한 상품에 사용해서는 안 된다는 가처분(假處分)명령을 법원에 청구하는 것에 의한다(민집§300 이하).

2) 손해배상청구권

㈎ 의 의 상표권자 또는 전용사용권자가 타인이 고의 또는 과실에 의하여 자기의 상표권 또는 전용사용권을 침해한 경우에 손해배상을 청구할 수 있는 권리를 말한다(상§109②).

㈏ 요 건

a) 손해배상을 청구하기 위해서는 침해자에게 고의 또는 과실이 있어야 한다.

b) 침해로 손해가 발생하여야 한다.

c) 위법한 침해행위가 있어야 한다.

d) 침해행위와 손해와는 상당한 인과관계가 있어야 한다.

(다) 손해배상의 범위　배상할 손해는 손해행위와 상당한 인과관계가 있는 모든 손해이다. 이러한 손해배상은 금전배상에 한한다.

a) 손해액의 추정　상표권자 또는 전용사용권자는 자기의 상표권 또는 전용사용권을 고의 또는 과실로 침해한 자에 대하여 그 침해에 의하여 자기가 받은 손해의 배상을 청구하는 경우 침해한 자가 그 침해행위를 하게 한 상품을 양도한 때에는 그 상품의 양도수량에 상표권자 또는 전용사용권자가 그 침해행위가 없었다면 판매할 수 있었던 상품의 단위수량당 이익액을 곱한 금액을 상표권자 또는 전용사용권자의 손해액으로 할 수 있다. 이 경우 손해액은 상표권자 또는 전용사용권자가 생산할 수 있었던 상품의 수량에서 실제 판매한 상품의 수량을 뺀 수량에 단위수량당 이익액을 곱한 금액을 한도로 한다. 다만, 상표권자 또는 전용사용권자가 당해 침해행위 외의 사유로 판매할 수 없었던 사정이 있는 때에는 당해 침해행위 외의 사유로 판매할 수 없었던 수량에 따른 금액을 빼야 한다(상§110①②).

상표권자 또는 전용사용권자가 침해자에 대하여 손해배상을 청구하는 경우에 그 자가 침해행위에 의하여 이익을 받았을 때에는 이 이익의 액을 상표권자 또는 전용사용권자가 받은 손해액으로 추정한다(상§110③). 상표권자 또는 전용사용권자가 손해액을 입증하는 경우에 자기가 입은 손해액의 입증보다 침해자가 얻은 이익의 입증이 더 용이하기 때문에 이같이 규정한 것이다.

b) 사용료 상당액　상표권자 또는 전용사용권자는 그 등록상표의 사용에 대하여 통상 받을 수 있는 금액에 상당하는 액을 손해액으로 하여 그 손해배상을 청구할 수 있다(상§110④).

c) 초과금액의 청구　상표권자는 손해액이 통상 받을 수 있는 금액을 초과하는 경우에는 그 초과금액에 대하여도 손해배상을 청구할 수 있다. 이 경우 상표권 또는 전용사용권을 침해한 자에게 고의 또는 중대한 과실이 없는 때에는 법원은 손해배상의 액을 정함에 있어서 이를 참작할 수 있다(상§110⑤).

d) 법원의 재량권　법원은 상표권 또는 전용사용권의 침해행위에 관한 소송에 있어서 손해가 발생된 것은 인정되나 그 손해액을 입증하기 위하여 필요한 사실을 입증하는 것이 해당 사실의 성질상 극히 곤란한 경우에는 제1항 내지

제4항의 규정에 불구하고 변론 전체의 취지와 증거조사의 결과에 기초하여 상당한 손해액을 인정할 수 있다(상§110⑥).

㈑ 법정손해배상제도 상표권 침해의 경우는 그 특성상 침해에 대한 손해의 입증이 어려우므로 상기의 경우처럼 일정한 경우 손해액을 추정하는 규정을 두고 있다. 그럼에도 불구하고 손해의 입증이나 손해액을 추정하기 곤란한 경우 상표권자 또는 전용사용권자의 권리 보호가 어려운 경우가 있었다. 이에 2011년 개정 상표법은 1억원 이하의 손해액에 대하여는 상표권자 또는 전용사용권자의 입증책임을 완화하는 법정손해배상제도를 신설하여 상표권자 또는 전용사용권자가 실손해액과 법정손해액 중 선택하여 청구할 수 있도록 하였다(상§111). 법정손해액을 청구하는 경우 법원은 변론전체의 취지와 증거조사의 결과를 고려하여 상당한 손해액을 인정할 수 있다(상§111①). 또한 침해행위에 대하여 제110조에 따라 손해배상을 청구한 상표권자 또는 전용사용권자는 법원이 변론을 종결할 때까지 그 청구를 제1항에 따른 청구로 변경할 수 있다(상§111②).

㈒ 징벌적 손해배상제도 법원은 고의적으로 상표권자 또는 전용사용권자의 등록상표와 동일 · 유사한 상표를 그 지정상품과 동일 · 유사한 상품에 사용하여 상표권 또는 전용사용권을 침해한 자에게 손해로 인정된 금액의 5배를 넘지 아니하는 범위에서 배상액을 정할 수 있도록 하고 있다. 이는 손해액 산정방식 중 하나인 통상적으로 받을 수 있는 금액이 시장의 기준보다 낮게 산정되어 적정한 손해액 산정이 되지 않는다는 지적이 있어 이를 합리적으로 받을 수 있는 금액으로 기준을 변경하여 손해액을 시장의 현실에 부합하게 산정할 수 있도록 한 것이라고 한다(상§110⑦).[141)]

5배손해배상액을 판단하기 위해서는 i) 침해행위로 인하여 해당 상표의 식별력 또는 명성이 손상된 정도, ii) 고의 또는 손해 발생의 우려를 인식한 정도, iii) 침해행위로 인하여 상표권자 또는 전용사용권자가 입은 피해규모, iv) 침해행위로 인하여 침해한 자가 얻은 경제적 이익, v) 침해행위의 기간 · 횟수 등, vi) 침해행위에 따른 벌금, vii) 침해행위를 한 자의 재산상태, viii) 침해행위를 한 자의 피해구제 노력의 정도를 고려하여야 한다(상§110⑧).

3) **손실보상청구권** 마드리드 의정서 가입과 관련하여 개정된 내용 중의

---

141) 법률 제17531호, 2020. 10. 20, 일부개정 이유 참조.

하나로 종전법에서는 출원인이 상표를 출원한 후 타인이 출원인의 출원상표와 동일하거나 이와 유사한 상표를 출원하고 사용하는 경우 상표등록 전에는 타인의 상표사용에 대하여 구제받을 수 있는 길이 없었으나 개정법에서는 원칙적으로 출원공고가 있은 후에는 출원인이 경고를 하고 업무상 손실에 상당하는 보상금을 청구할 수 있도록 하며, 출원공고 전에도 상표등록출원의 사본을 제시하고 경고하는 경우에는 보상금을 청구할 수 있도록 하였다(상§58①). 다만, 손실보상청구권의 행사는 당해 상표등록출원에 대한 상표권의 설정등록이 있은 후에 가능하다(상§58③).

이렇게 개정하게 된 이유는 국제등록의 효력에 관한 마드리드 의정서 제4조(1)(a) 규정에 의하면 지정국 관청에서 국제사무국에 대하여 거절통지를 하지 않았거나 거절통지를 사후에 철회한 경우 당해 국제등록에 관한 상표는 국제등록일(또는 사후지정일)부터 소급하여 그 상표가 당해 지정국의 관청에 등록한 것과 동일한 것으로 보호를 하고 있기 때문이다.

또한, 국제상표등록출원에 대하여만 손실보상청구권을 인정하는 것은 국내상표등록출원과의 형평성을 해치므로 국내상표등록출원에 대하여도 손실보상청구권 제도를 인정하도록 하였다.

4) **신용회복청구권** 타인이 상표권자 또는 전용사용권자의 권리를 침해한 경우 신용회복을 위해 필요한 조치를 청구할 수 있는 권리를 신용회복청구권이라 한다.

법원은 고의 또는 과실에 의하여 상표권 또는 전용사용권을 침해함으로써 상표권자 또는 전용사용권자의 업무상의 신용을 실추(失墜)하게 한 자에 대하여는 상표권자 또는 전용사용권자의 청구에 의해 손해배상에 갈음하거나 손해배상과 함께 상표권자 또는 전용사용권자의 업무상의 신용회복을 위해 필요한 조치를 명할 수 있다(상§113).

신용회복조치의 방법으로는 침해자의 비용으로 패소한 민사손해배상판결, 형사명예훼손죄의 유죄판결 등을 신문 · 잡지에 게재하게 하거나, 명예훼손 기사의 취소광고 등의 조치를 하는 방법 등이 있다.

5) **보전처분신청** 보전처분신청은 민사집행법 제276조에 의해 가압류조치를 취할 수 있으며 민사집행법 제300조의 침해금지가처분신청에 의해 민사상의 구제를 받을 수 있다.

6) **비밀유지명령**(상§227) 법원은 상표권 또는 전용실시권의 침해에 관한 소송에 있어서 그 당사자가 보유한 영업비밀에 대하여 당사자의 신청에 따라 결정으로 ① 당해 영업비밀을 당해 소송의 수행 목적 이외의 목적으로 사용하는 것, ② 당해 영업비밀에 관련하여 비밀유지명령을 받은 자 이외의 자에게 공개하는 것을 금지할 수 있다.

7) **기 타** 부당이득 반환청구권은 상표법상에는 명문의 규정은 없으나 민법의 규정이 적용된다.

(2) 형사적인 구제방법 및 행정 구제

상표권의 침해가 있을 때에는 상표법에는 그 권리자에 대하여 손해배상청구권, 손실보상청구권, 침해예방·금지청구권, 신용회복청구권 등의 민사적인 구제방법 외에도 형사적인 구제방법이 있다. 이를 형벌이라고도 한다.

1) **침해죄**(상§230)

(가) 의 의 상표권을 침해하는 자를 처벌하는 죄이다. 이 죄는 타인이 무단으로 상표권자·전용사용권자의 권리를 침해할 때에 민사상의 제재와 더불어 침해죄로 고소(告訴)할 수 있다.

(나) 침해죄의 구성요건 첫째, 일반범죄의 성립요건으로 범죄구성요건에 해당하고, 범죄구성요건을 충족하는 위법성이 존재하여야 하며 그리고 범죄구성요건을 충족하는 위법·유책(有責)의 행위가 있어야 한다. 둘째, 상표권의 침해죄가 성립하기 위해서는 상표법 제89조(상표권의 효력)에 저촉되거나 제108조(침해로 보는 행위)에서 규정하는 행위가 있어야 한다. 셋째, 상표권의 침해행위에는 고의가 있어야 한다. 즉 일반형법상의 범죄는 과실범을 처벌하는 규정이 있으나, 산업재산권의 침해행위에는 고의가 존재하여야만 처벌할 수 있고, 과실범을 처벌하는 규정은 없다.

(다) 처 벌 상표권 및 전용사용권의 침해행위를 한 자는 7년 이하의 징역 또는 1억원 이하의 벌금에 처한다(상§230). 또 본죄는 비친고죄이다.

2) **위증죄** 상표법에 의하여 선서한 증인·감정인 또는 통역인이 특허심판원에 대하여 허위의 진술·감정 또는 통역을 한 때에는 5년 이하의 징역 또는 5천만원 이하의 벌금에 처한다(상§232①). 그러나 죄를 범한 자가 그 사건의 결정 또는 심결의 확정 전에 자수한 때에는 그 형을 감경 또는 면제할 수 있다(상§232②). 이 죄는 국가의 심사 및 심판기능을 보호하기 위한 죄이다.

3) **거짓표시의 죄** 허위표시죄는 등록을 하지 아니한 상표 또는 출원을 하지 아니한 상표를 등록상표 또는 등록출원 중인 것같이 상품이나 영업용 광고·간판·표찰·팜플렛 등에 사용하였거나 상표권 소멸 후에 등록표시 등을 사용한 자를 처벌하기 위한 규정이다. 예를 들면 등록상표, 등록상표 제○○호, Ⓡ, 등록출원 중, 등록출원 제○○호 등의 표시를 사용하는 것이다.

본죄를 범한 자는 3년 이하의 징역 또는 3천만원 이하의 벌금에 처한다(상§233). 그리고 비친고죄이다.

4) **거짓행위의 죄** 사위행위의 죄는 사위 기타 부정한 행위로 상표등록, 지정상품의 추가등록, 상표권의 존속기간갱신등록, 상품분류전환등록 또는 심결을 받은 경우에 성립하는 죄이다(상§234).

이 죄는 형법 제347조의 사기죄(타인을 기망하여 재물의 교부를 받거나 재산상의 이익을 취득한 때에는 10년 이하의 징역 또는 2천만원 이하의 벌금에 처한다)와 비슷한 내용이다. 즉, 상표법의 사위행위의 죄는 국가의 행정작용과 준사법작용을 보호하는 면이 강한 데 비하여 형법의 사기죄는 개인적 법익을 보호하는 면이 강하다.

또 상표법의 사위행위는 기수범을 대상으로 하며 미수범은 처벌되지 않는다. 즉 심판관·심사관 등을 기망하였으나 결과가 발생하지 않았을 때에는 상표등록이 되지 않기 때문이다. 그러나 형법의 사기죄는 기수범은 물론이고 미수범도 처벌한다.

본죄를 범한 자는 3년 이하의 징역 또는 3천만원 이하의 벌금에 처한다(상§234). 그리고 비친고죄이다.

5) **비밀유지명령 위반죄(상§231)** 국내외에서 정당한 사유 없이 제224조의3 제1항에 따른 비밀유지명령을 위반한 자는 5년 이하의 징역 또는 5천만원 이하의 벌금에 처한다(상§231). 이 죄는 비밀유지명령을 신청한 자의 고소가 없으면 공소를 제기할 수 없다.

6) **양벌규정** 상표법 제235조는 침해죄, 허위표시죄, 사위행위죄에 해당하는 죄를 범한 때에는 그 위반행위를 한 행위자뿐만 아니라 행위자가 소속되어 있는 법인이나 사업주에게도 침해죄를 인정하여 3억원 이하의 벌금형, 허위표시죄와 사위행위죄는 6천만원 이하의 벌금형을 과한다(상§235). 다만, 법인 또는 개인이 그 위반행위를 방지하기 위하여 해당 업무에 관하여 상당한 주의와 감독을 게을리하지 아니한 경우에는 그러하지 아니하다(상§235단).

(3) 몰 수

상표권 침해행위에 의한 상표권 또는 전용사용권의 침해행위에 제공되거나 그 침해행위로 인하여 생긴 상표·포장 또는 상품과 상표 또는 포장의 제작용구는 이를 몰수한다. 만약 상품이 기능 및 외관을 해치지 아니하고 상표 또는 포장과 쉽게 분리될 수 있는 경우에는 그 상품은 이를 몰수하지 아니할 수 있다(상§236).

(4) 과태료

1) **당사자의 허위진술에 대한 과태료** 민사소송법 제299조 제2항[142] 또는 제367조[143]의 규정에 의하여 선서를 한 자가 특허심판원에 대하여 허위진술한 때에는 행정질서벌인 과태료의 제재를 받는다(상§237① i).

이러한 과태료는 50만원 이하이며, 보다 구체적인 사항은 대통령령이 정하는 바에 의하여 특허청장이 부과·징수한다(상§237②).

2) **서류 등의 부제출에 대한 과태료** 특허심판원으로부터 증거조사 또는 증거보전에 관하여 서류 기타 물건의 제출 또는 제시의 명령을 받은 자가 정당한 이유 없이 그 명령에 응하지 않을 경우에 행정상의 질서유지를 위하여 과하는 과태료의 제재를 받는다(상§237① ii). 과태료액과 절차 등은 '당사자의 허위진술에 대한 과태료'와 동일하다.

3) **불출석 등의 과태료** 특허심판원으로부터 증인·감정인 또는 통역인으로 소환된 자가 정당한 이유 없이 소환에 응하지 아니하거나 또는 선서·진술·증언·감정이나 통역을 거부한 경우에 과태료의 제재를 받는다(상§237①iii). 과태료액과 절차 등은 '당사자의 허위진술에 대한 과태료'의 경우와 동일하다.

---

142) 민사소송법 제299조 제2항의 규정이란 疏明하는 대신에 당사자가 그 진실함을 선서하는 경우를 말한다.

143) 민사소송법 제367조의 규정이란 법원이 증거조사에 의하여 心證을 얻지 못한 때에 직권 또는 당사자의 신청에 의하여 당사자인 본인을 訊問할 경우에 당사자에게 선서시키는 것을 말한다.

제5절 | 심판 및 소송

Ⅰ. 심 판

심판이라 함은 특허청에 의하여 부여된 상표권에 대하여 분쟁이 발생하면 그 문제를 해결하기 위해 특허청 특허심판원 심판관의 합의체에 의하여 분쟁을 심리 결정하는 쟁송절차의 한 과정을 말한다. 이는 준사법적(準司法的) 절차라고 볼 수 있다.

1. 심판에 관한 특허법규정의 준용과 2011년 개정법의 태도

상표에 관한 심판에서는 심판의 청구방식, 심판기관, 심리방식, 심판비용, 심판의 종료 등에 관하여 모두 특허법을 준용하고 있었다. 그러나 2011년 개정 상표법은 특허법을 준용하던 규정들을 상표법에 직접 규정함으로써, 상표법만으로도 상표제도를 쉽게 이해할 수 있도록 하였다. 즉 종래 상표법 제77조는 상표에 관한 심판에 있어서 특허법 규정을 준용하는 경우를 열거하였으나, 2011년 개정 상표법은 제77조부터 제77조의29를 신설하여 특허법 규정을 준용하는 것을 대신하였다.

이에 대하여는 특허법에서 모두 설명한 것이므로 특허법편을 참조하여 주기 바란다.

2. 심판의 종류

(1) 상표등록무효심판

1) 의 의 　상표등록의 무효란 일단 유효하게 설정등록된 상표를 일정한 법정사유에 해당함을 이유로 심판절차에 의하여 성립 당초부터 그 등록이 없었던 것으로 하여 효력을 소멸시키는 제도를 말한다.

이와 같은 무효는 지정상품의 추가등록에도 같이 적용된다. 따라서 상표권에 무효사유가 있다고 해서 자연적으로 무효가 되는 것이 아니고 특허심판원의 심결에 의하지 아니하고는 그 상표권을 무효시킬 수 없다.

이 규정은 설정등록된 상표가 심사관의 과오로 등록되었을 경우, 이를 방치하면 타 상표권자 등에 대한 권리의 제한이 생기거나 본래 누구나 자유로이 사용

- 심판
  - 독립적 심판
    - 결정계심판
      - 거절결정에 대한 불복심판(상§116,155)
        - 지정상품의 추가등록 거절결정
        - 상표권의 존속기간 갱신등록거절결정
        - 상품분류전환등록 거절결정
      - 보정각하결정에 대한 불복심판(상§115)
    - 당사자계심판
      - 상표등록의 무효심판(상§117①)
      - 상표권의 존속기간 갱신등록무효심판(상§118)
      - 상표등록 취소심판(상§119)
        - 전용사용권 또는 통상사용권 등록의 취소심판(상§120)
        - 등록상표의 불사용에 의한 취소심판(상§119①iii)
        - 등록상표의 부정사용에 의한 취소심판(상§119①)
        - 조약당사국에 등록된 상표에 관한 권리자의 대리인 등에 의한 상표의 부당등록에 대한 취소심판(상§119①vi)
      - 상표권에 대한 권리범위 확인심판(상§121)
      - 상품분류전환등록의 무효심판(상§214)
  - 부수적 심판
    - 참가심판(상§142)
    - 제척 · 기피 심판(상§135, §136)
    - 증거보전심판(상§144)
    - 심판비용심판(상§152)
  - 재 심
    - 일반재심(상§157)
    - 사해심결에 관한 재심(상§158)

할 수 있는 상표사용을 제한하게 되므로 상표제도의 목적에 반하게 된다는 취지에서 마련된 것이다.

2) **상표등록의 무효사유** 이해관계인 또는 심사관은 상표등록 또는 지정상품의 추가등록이 상표법 제117조 제1항 각호의 1에 해당하는 경우에는 무효 심판을 청구할 수 있으며, 이 경우 등록상표의 지정상품이 2 이상 있는 경우에는 지정상품마다 청구할 수 있다(상§117①).

㈎ 상표등록 · 지정상품추가등록의 무효사유

a) 원시적 사유[(주체에 관한 것은 상표법 제3조 단서, 제4조, 제117조 제1항 제3호)+(권리객체에 관한 것은 상표법 제2조 제1항 제1호~제4호, 제33조 제1항 각호, 제34

조, 제35조, 제48조 제2항 후단, 제5항, 제7항~제10항)] 상표법 제3조 단서(재직 중인 특허청직원이 상표등록을 받은 경우), 제33조(상표등록요건을 위반한 경우), 제34조(상표등록을 받을 수 없는 상표가 등록된 경우), 제8조(先願主義에 위반된 경우), 제48조 제2항 후단(출원중 유사한 지정상품을 함께 이전하지 않은 경우), 제48조 제5항(공유인 상표등록출원이 타 공유자의 동의 없이 지분을 양도한 경우), 제48조 제7항(업무표장 등록출원이 그 업무와 함께 양도되지 않은 경우), 제48조 제8항(공익단체 등의 상표등록출원이 그 업무와 함께 양도되지 않은 경우), 제48조 제9항(단체표장 등록출원이 특허청장의 허가 없이 이전된 경우), 제54조 제1호(표장의 정의규정에 위배되거나 지리적 표시와 표장의 정의 규정에 위배된 경우), 제5호(지리적 표시 단체표장등록출원에 있어서의 단체가입을 실질적으로 허용하지 아니한 경우), 제6호(단체표장의 사용에 관한 사항의 전부 또는 일부의 기재가 없는 경우), 제4호(단체표장, 증명표장 및 업무표장의 등록을 받을 수 있는 자에 해당하지 않는 경우), 제7호(증명표장등록출원에 있어서 정관 또는 규약에 충족하기 어려운 사용조건을 규정하는 등 실질적으로 사용을 허락하지 아니한 경우), 제27조(권리능력이 없는 외국인에 대하여 상표등록이 된 경우)의 규정에 위반된 경우.

b) 조약에 위반(원시적 사유) 상표등록 또는 지정상품의 추가등록이 조약에 위반된 경우(상§117①ii).

c) 정당한 승계인이 아닌 자에 의한 등록(원시적 사유) 상표등록 또는 지정상품의 추가등록이 그 상표등록출원에 의하여 발생한 권리를 승계하지 아니한 자에 의한 경우(상§117①iii).

d) 후발적 사유(상§4) 상표등록 후 그 상표권자가 제27조(외국인의 권리능력) 규정에 의하여 상표권을 향유할 수 없는 자로 되거나 그 등록상표가 조약에 위반된 경우[이는 후발적 무효사유로서 처음부터 그 권리를 상실케 하는 것이 아니라 사후적으로 권리를 소멸시키는 것이다(상§117①iv)].

e) 후발적 사유(상§33) 상표등록이 된 후에 그 등록상표가 제33조 제1항[상표가 등록된 후 사후적으로 식별력을 상실한 경우(존속기간 갱신등록출원에 대한 실체심사 폐지에 대한 보완)] 각호의 1호에 해당하게 된 경우[제33조 제2항(사용에 의한 식별력 취득)에 해당하게 된 경우를 제외한다](상§117①v).

f) 후발적 사유(상§82) 제82조(상표권의 설정등록)의 규정에 따라 지리적 표시 단체표장등록이 된 후에 그 등록단체표장을 구성하는 지리적 표시가 원산지 국가에서 보호가 중단되거나 사용되지 아니하게 된 경우(상§117①vi).

(나) 제척기간[144] 상표등록의 무효사유가 상표법 제34조 제1항 제6호(저명한 他人의 성명 등), 제7호(先出願에 의한 타인의 등록상표), 제8호(상표권이 소멸한 날로부터 1년을 경과하지 아니한 타인의 등록상표), 제9호(주지상표), 제10호(타인의 지리적 표시와 동일 또는 유사한 상표), 제16호(포도주 · 증류주의 산지에 관한 지리적 표시), 제35조(선출원), 제118조 제1항 제1호(상표권 존속기간 갱신등록 출원기간 위배), 제214조 제1항 제3호[상품분류전환신청기간(존속기간 만료일 1년 전부터 존속기간 만료 후 6개월 이내) 위반]에 해당하는 것을 사유로 하는 상표등록 무효심판, 상표권의 존속기간갱신등록의 무효심판은 상표등록일, 상표권의 존속기간갱신등록일로부터 5년이 경과한 후에는 이를 청구할 수 없다(상§122①). 이는 사실 상태를 존중하고 불안정한 권리관계를 조속히 확정시켜 권리의 안정을 도모하기 위해 5년이 지나면 다툴 수 없게 한 것인데, 이를 무효심판의 제척기간이라 한다.

(다) 청구인 적격 불필요하고 무모한 심판의 청구를 억제함으로써 권리의 안정과 행정의 효율화를 위하여 청구권자를 심사관 또는 이해관계인으로 한정하고 있으며, 피청구인은 현재의 상표권자가 된다.

(라) 효 과(소급효) 상표등록을 무효로 한다는 심결이 확정된 때에는 그 상표권은 처음부터 없었던 것으로 본다(상§117③ 본). 다만 적법하게 설정된 상표등록이 그 후에 그 상표권자인 외국인이 권리능력을 상실하거나 조약의 개폐 등으로 인하여 상표등록이 조약에 위반됨을 이유로 그 등록을 무효로 하는 심결이 확정된 경우에는 그 무효사유에 해당하게 된 때부터 상표권은 그 효력을 상실한다(상§117③ 단). 그때를 특정할 수 없는 경우에는, 무효심판이 청구되어 그 청구내용이 등록원부에 공시된 때부터 당해 상표권이 없었던 것으로 본다(상§117④). 무효심판의 심결이 확정등록 되거나 판결이 확정된 때에는 누구든지 동일사실 · 동일증거에 의하여 무효심판을 청구할 수 없다(상§123).

(2) 상표권의 존속기간갱신등록의 무효심판

상표권의 존속기간갱신등록의 무효심판은 상표등록무효심판과 거의 동일하므로 여기서는 무효사유와 효과만 보기로 한다.

1) **상표권 존속기간갱신등록의 무효사유** 이해관계인 또는 심사관은 상표

144) 특허의 무효심판과는 달리 상표법상에 제척기간을 두는 이유는 이익보호적인 무효사유에 대해서 권리의 안정화를 도모하기 위함이다. 무효심판의 청구는 권리가 소멸한 후라도 가능하다(상§117②, §118②).

권의 존속기간갱신등록이 상표법 제118조 제1항 각호의 1(상표권 존속기간갱신등록의 무효사유)에 해당할 경우에는 상표권의 소멸의 전후를 불문하고 심판에 의하여 그 갱신등록을 무효로 할 수 있다. 이 경우 갱신등록된 등록상표의 지정상품이 2 이상 있는 경우에는 지정상품마다 청구할 수 있다(상§118①).

㈎ 상표권의 존속기간갱신등록이 상표법 제84조 제2항의 규정에 위반하여 등록이 되었을 경우(상§118① ii) 상표권의 존속기간 갱신등록출원은 존속기간 만료 전 1년 이내에 출원해야 하며 이 기간 내에 출원하지 아니한 자는 기간만료 후 6월 이내에 출원하여야 함에도 불구하고 그 기간경과 후에 갱신등록절차를 밟은 것이 등록되었거나 갱신등록출원이 없는 것이 등록된 것을 말한다.

㈏ 상표권의 존속기간갱신등록이 당해 상표권자가 아닌 자에 의하여 상표권의 존속기간갱신등록출원이 되었을 경우(상§118①iii) 상표권의 갱신등록은 권리주체의 동일성이 요구되기 때문에 상표권자 자신이나 그 상속인, 상표권을 양도받은 승계인이 아니면 상표권의 갱신등록절차를 밟을 수 없는 것이다.

㈐ 심판청구를 할 수 있는 자는 이해관계인 또는 심사관이다. 또 상표법 제118조 제1항 제2호의 경우 5년의 제척기간이 있고 그 밖의 경우는 소멸 후에도 무효심판을 청구할 수 있다(상§122①).

2) **효 과** 상표권의 존속기간갱신등록을 무효로 한다는 심결이 확정된 때에는 상표권의 존속기간갱신등록은 처음부터 없었던 것으로 본다(상§118③).

⑶ 상품분류전환등록의 무효심판

이해관계인 또는 심사관은 상표등록 또는 지정상품의 추가등록에 대하여 일정한 경우 무효심판을 청구할 수 있도록 한 것과 동일한 취지로 상품분류전환등록에 대하여 i) 상품분류전환등록이 당해 등록상표의 지정상품이 아닌 상품으로 되거나 지정상품의 범위가 실질적으로 확장된 경우, ii) 상품분류전환등록이 당해 등록상표의 상표권자가 아닌 자의 신청에 의하여 행하여진 경우, iii) 상품분류전환등록이 상표법 제209조의 규정에 위반되는 경우에 무효심판을 청구할 수 있다(상§214).

⑷ 상표등록의 취소심판

1) **의 의** 상표등록의 취소라 함은 일단 유효하게 상표등록이 된 후에 일정한 법정 취소사유에 해당됨을 이유로 등록취소의 심판청구가 있는 경우 심판절차를 거쳐 그 등록의 효력을 장래에 향하여 소멸시키는 행정처분을 말한다. 상표

권에 취소사유가 있다고 하더라도 심판에 의하지 아니하고는 그 상표권을 취소시킬 수 없다. 상표권이 취소심판에 의하여 취소가 확정되면 대세적 효력이 발생한다. 취소심판은 무효심판과는 달리 소급효는 발생하지 않는다.

2) 상표등록의 취소사유

㈎ 상표권자의 부정사용에 의한 경우 상표권자가 고의로 지정상품에 등록상표와 유사한 상표를 사용하거나 지정상품과 유사한 상품에 등록상표 또는 이와 유사한 상표를 사용함으로써 수요자로 하여금 상품의 품질의 오인 또는 타인의 업무에 관련된 상품과의 혼동을 생기게 한 경우에는 취소의 대상이 된다(상 §119① i). 상표의 부정사용은 고의성이 있어야 한다. 이러한 행위는 일반공중의 이익과 상거래의 안전을 위협하므로 아무리 상표권자라도 계속 보호하는 것이 도리어 상표법의 목적에 반하기 때문에 상표등록 취소의 사유로 두었다고 본다.

이 규정에 의한 취소는 상표 및 상품 간에 어느 것이나 각각 유사관계가 존재할 것을 필요로 하며, 그 범위에 한정되는 것이다. 유사범위의 사용은 모두 취소심판대상이 된다고 할 것이다. 그러나 상표권자가 부기 · 변경하여 사용하는 상표가 자기의 등록상표와 동일 또는 유사하지 아니한 경우에는 제119조 제1항 제1호에 해당되지 않는다. 다만, 자기의 등록상표와 유사하지는 아니하나 타인의 등록상표와 동일 또는 유사한 경우에는 제119조 제1항 제1호에 의한 등록상표의 취소사유는 되지 않고 타인의 상표권침해 여부가 문제될 뿐이다.

부정사용은 상표권자만이 아니고 전용사용권자 또는 통상사용권자에 의한 행위도 규제하도록 하고 있다. 상표법 제119조 제1항 제2호의 규정은 상표권자로부터 사용허락을 받은 전용사용권자, 통상사용권자도 사용권의 범위 내에서 정당하게 사용할 의무가 있고 또 상표권자는 그 행사가 상표법의 목적에 위배되지 않도록 사용권자를 감독할 의무가 있다는 취지이다.

사용자가 여러 사람인 경우 그 중 한 사람이 오인 · 혼동행위를 하였더라도 등록상표는 취소될 수 있을 것이고, 이 경우 다른 사용권자가 손해를 보는 불합리한 점이 있기는 하나 상호간의 감독의무를 인정하고 있다고 해석된다.

㈏ 상표불사용에 의한 경우 상표권자 · 전용사용권자 또는 통상사용권자 중 어느 누구도 정당한 이유[145] 없이 등록상표를 그 지정상품에 대하여 취소심

---

145) '정당한 이유'에 대하여 특별히 규정한 바 없으므로 법령의 해석이나 판례 등에 따를 수밖에 없다. 즉, 등록상표의 지정상품이 수입금지 품목이거나 상표권자 · 사용권자의 질병, 기타

판청구일 전 계속하여 3년 이상 국내에서 사용하고 있지 아니한 경우에는 취소의 대상이 된다(상§119①iii).[146] 이 규정은 상표권의 권리남용의 방지와 타인의 상표 선택의 자유 등을 보장하기 위해서 등록주의하에서 사용주의를 가미한 제도라고 할 수 있다.

(다) 상표권 이전요건에 위반한 경우　상표를 이전함에 있어서 유사한 지정상품과 함께 이전하지 않은 경우(상§93① 후), 공유인 경우 공유자의 동의를 얻지 아니한 경우(상§93②), 업무와 분리하여 업무표장을 양도한 경우(상§93④), 국가 · 공공기관 등의 표장(標章)(상§34①iii 단)의 규정에 의하여 등록된 저명한 업무표장과 동일 · 유사한 상표를 업무와 분리하여 양도한 경우(상§93⑤), 단체표장을 법인의 합병에 의하지 아니하고, 또 특허청장의 허가를 받아야 함에도 불구하고 그 허가를 받지 않고 양도한 경우(상§93⑥) 등의 사실이 드러났을 때에는 취소의 대상이 된다(상§119①iv).

(라) 단체표장을 타인에게 사용케 한 경우　단체표장에 있어서 소속단체원이 그 단체의 정관의 규정을 위반하여 단체표장을 타인에게 사용하게 한 경우 또는 소속단체원이 그 단체의 정관의 규정을 위반하여 단체표장을 사용함으로써 수요자로 하여금 상품의 품질 또는 지리적 출처에 관하여 오인을 초래하게 하거나 타인의 업무에 관련된 상품과 혼동을 생기게 한 경우에는 취소의 대상이 된다. 다만, 단체표장권자가 소속단체원의 감독에 상당한 주의를 한 경우에는 그러하지 아니하다(상§119①vii). 이 규정은 단체표장제도의 목적에 반하기 때문이다. 즉 공익적인 이유에 의한 취소이다.

(마) 단체표장의 정관을 변경하여 수요자를 오인 · 혼동케 한 경우　단체표장설정등록 후 그 정관을 변경함으로써 수요자로 하여금 상품의 품질의 오인 또는 타인의 업무에 관련된 상품과의 혼동을 생기게 할 염려가 있는 경우에 취소의 대상이 된다(상§119①vii).

천재지변 등 불가피한 사유 등이 여기에 해당된다(대법원 1990.6.26.선고, 89후599 판결; 대법원 1991.12.27.선고, 91후684 판결 등 참조). 또한 상품의 생산 · 판매가 관계당국의 허가를 받아야 하는 허가품목인 경우에는 허가를 받은 사실이 있어야 상표의 사용으로 인정되며(대법원 1990.7.10.선고, 89후1240 판결), 단순히 허가를 받지 않았다 하여 상표를 사용하지 아니한 것으로 단정할 수는 없을 것이다(대법원 1993.1.12.선고, 92후612 판결).

146) 심판청구 후의 사용은 취소심판에 영향을 미치지 아니하고 취소심판청구시 사용이 계속 중이면 심판청구는 부적격한 것이 된다.

㈓ 부정경쟁방지법 제2조 제1호 차목에 의한 주지 · 저명한 상표가 등록된 경우 상표법 제92조 제2항은 "상표권자 · 전용사용권자 또는 통상사용권자는 그 등록상표의 사용이 「부정경쟁방지 및 영업비밀보호에 관한 법률」 제2조 제1호 차목에 따른 부정경쟁행위에 해당하는 경우에는 같은 목에 따른 타인의 동의를 받지 아니하고는 그 등록상표를 사용할 수 없다"라고 규정하여, 부정경쟁방지법과의 조화를 위하여 타인의 상당한 투자나 노력으로 만들어진 성과 등을 무단으로 사용하기 위해 상표등록을 한 경우 이를 사용할 수 없도록 하는 규정을 2014년 개정 시에 신설하였다.

등록상표의 사용이 부정경쟁방지법 제2조 제1호 차목의 부정경쟁행위, 즉 "타인의 상당한 투자나 노력으로 만들어진 성과 등을 공정한 상거래 관행이나 경쟁질서에 반하는 방법으로 자신의 영업을 위하여 무단으로 사용함으로써 타인의 경제적 이익을 침해하는 행위"에 해당할 경우에는 상표권자 등은 그 타인의 동의를 받지 않으면 등록상표를 사용할 수 없다. 이 규정을 상표법에서도 실효성을 확보하기 위하여 상표등록이 된 경우에는 취소사유로 규정하게 된 것이다(상§119① vi). 즉 상표법 제92조 제2항에 해당하는 상표가 등록된 경우에 그 상표에 관한 권리를 가진 자가 해당 상표등록일부터 5년 이내에 취소심판을 청구할 수 있도록 하고 있다. 이 경우의 취소심판 청구인은 이해관계인만이 청구할 수 있고(상§119⑤ 단), 피청구인은 취소심판 청구당시의 상표권자이다.

취소심결이 확정되면, 그 상표권은 그때부터 소멸되고(상§119⑥본), 그 부수적 권리인 전용사용권이나 통상사용권도 소멸한다.

㈔ 사용권자가 상품의 오인 · 혼동을 일으킨 경우 전용사용권자 또는 통상사용권자가 지정상품 또는 이와 유사한 상품에 등록상표 또는 이와 유사한 상표를 사용함으로써 수요자로 하여금 상품의 품질의 오인 또는 타인의 업무에 관련된 상품과의 혼동을 생기게 한 경우에는 취소의 대상이 된다. 다만, 상표권자가 상당한 주의를 한 경우에는 그러하지 아니하다(상§119①ii). 이 규정은 상표사용권제도를 인정하는 대신에 상표권자의 사용권자에 대한 감독의무를 철저히 하여 거래질서의 교란과 일반수요자(소비자)의 피해 등을 방지하기 위하여 둔 조항이라 본다.

㈕ 상표권의 이전으로 인하여 유사한 등록상표가 각각 다른 상표권자에게 속하게 되고 그 중 1인이 자기의 등록상표의 지정상품과 동일 또는 유사한 상품에

부정경쟁을 목적으로 자기의 등록상표를 사용함으로써 수요자로 하여금 상품의 품질의 오인 또는 타인의 업무에 관련된 상품과의 혼동을 생기게 한 경우 취소의 대상이 된다(상§119① v).

상표법 제34조 제1항 제7호 단서(등록을 받을 수 없는 상표라도 선출원에 의한 등록상표권자로부터 동의를 받은 경우) 또는 제35조 제6항(선출원권자로부터 동의를 받은 경우)에 따라 등록된 상표의 권리자 또는 그 상표등록에 대한 동의를 한 자 중 1인이 자기의 등록상표의 지정상품과 동일 · 유사한 상품에 부정경쟁을 목적으로 자기의 등록상표를 사용함으로써 수요자에게 상품의 품질을 오인하게 하거나 타인의 업무와 관련된 상품과 혼동을 불러일으키게 한 경우도 취소의 대상이 된다(상§119① v 의2).

㈑ 단체표장에 있어서 제3자가 단체표장을 사용함으로써 수요자로 하여금 상품의 품질 또는 지리적 출처에 관하여 오인을 초래하게 하거나 타인의 업무에 관련된 상품과 혼동을 생기게 하였음에도 단체표장권자가 고의로 상당한 조치를 취하지 아니한 경우 취소의 대상이 된다(상§119①vii).

㈒ 지리적 표시 단체표장등록을 한 후 단체표장권자가 지리적 표시를 사용할 수 있는 지정상품을 생산 · 제조 또는 가공하는 것을 업으로 영위하는 자에 대하여 정관에 의하여 단체의 가입을 금지하거나 정관에 충족하기 어려운 가입조건을 규정하는 등 단체의 가입을 실질적으로 허용하지 아니한 경우 또는 그 지리적 표시를 사용할 수 없는 자에 대하여 단체의 가입을 허용한 경우 취소의 대상이 된다(상§119①viii).

㈓ 지리적 표시 단체표장에 있어서 단체표장권자 또는 그 소속단체원이 제90조의2의 규정을 위반하여 단체표장을 사용함으로써 수요자로 하여금 상품의 품질에 대한 오인 또는 지리적 출처에 대한 혼동을 초래하게 한 경우 취소의 대상이 된다(상§119①viii).

㈔ 증명표장에 있어서 i) 증명표장권자가 제36조 제4항에 따라 제출된 정관 또는 규약을 위반하여 증명표장의 사용을 허락한 경우, ii) 증명표장권자가 제3조의3 제3항 단서를 위반하여 증명표장을 자기의 상품 또는 서비스업에 대하여 사용하는 경우, iii) 증명표장의 사용을 허락받은 자가 정관 또는 규약을 위반하여 타인에게 사용하게 한 경우 또는 사용을 허락받은 자가 정관 또는 규약을 위반하여 증명표장을 사용함으로써 수요자로 하여금 상품 또는 서비스업의 품질, 원산

지, 생산방법이나 그 밖의 특성에 관하여 오인을 초래하게 한 경우(다만, 증명표장권자가 사용을 허락받은 자에 대한 감독에 상당한 주의를 한 경우에는 그러하지 아니하다.), ⅳ) 증명표장권자로부터 사용을 허락받지 아니한 제3자가 증명표장을 사용함으로써 수요자로 하여금 상품 또는 서비스업의 품질, 원산지, 생산방법이나 그 밖의 상품의 특성에 관하여 오인을 초래하게 하였음에도 증명표장권자가 고의로 상당한 조치를 취하지 아니한 경우, ⅴ) 증명표장권자가 해당 증명표장을 사용할 수 있는 상품을 생산 · 제조 · 가공 또는 판매하는 것을 업으로 영위하는 자나 서비스업을 영위하는 자에 대하여 정당한 사유 없이 정관 또는 규약으로 사용을 허락하지 아니하거나 정관 또는 규약에 충족하기 어려운 사용조건을 규정하는 등 실질적으로 사용을 허락하지 아니한 경우에는 취소의 대상이 된다(상§119①ix).

3) **취소심판의 청구**

㈎ 심판청구인 상표등록의 취소심판은 원칙적으로는 누구든지 취소심판을 청구할 수 있다. 다만, 상표법 제119조 제1항 제4호 및 제6호에 해당하는 것을 사유로 하는 심판은 이해관계인이 청구할 수 있다(상§119⑤ 본). 상표권의 취소심판은 상표권존속기간 중에만 청구할 수 있다.

㈏ 입증책임 상표법 제119조 제1항 제1호(상표권자의 부정사용), 제2호(사용권자가 오인 · 혼동행위를 한 경우), 제4호(상표권 이전요건에 위반한 경우), 제5호(등록상표의 분리이전에 따른 혼동방지), 제7호(단체표장을 타인에게 사용케 한 경우, 단체표장을 오인 · 혼동케 한 경우)의 규정에 의한 취소심판에 대한 입증책임은 심판청구인에게 있고, 상표법 제119조 제1항 제3호(불사용에 의한 취소사유)의 규정에 대한 취소심판의 입증책임은 피심판청구인인 상표권자에게 있다. 다만 피청구인이 사용하지 아니한 데 대한 정당한 이유를 증명한 때에는 그러하지 아니하다(상§119③).

㈐ 제척기간 취소심판 청구기간에는 제척기간이 인정되고 있다. 즉 상표법 제119조 제1항 제1호(상표권자의 부정사용), 제2호(사용권자가 오인 · 혼동행위를 한 경우), 제5호(등록상표의 분리이전에 따른 혼동방지), 제7호(단체표장을 타인에게 사용케 한 경우, 단체표장을 오인 · 혼동케 한 경우), 제8호(지리적 표시단체에 가입을 저지하는 경우, 단체표장권을 위반하여 사용하는 경우), 제9호(증명표장권을 위반하여 사용하는 경우) 및 제120조 제1항(전용사용권 또는 통상사용권 등록취소심판)에 해당하는 것을 사유로 하는 상표등록의 취소심판은 취소사유에 해당하는 사실이 없어진 날로부터 3년이 경과한 후에는 취소심판을 청구할 수 없다(상§122②).

4) 상표등록취소의 효과

(가) 상표권의 취소　　상표등록을 취소한다는 심결이 확정된 때에는 그 상표권은 그때부터 소멸한다(상§119⑥).

(나) 일사부재리의 효력　　취소심결이 확정된 때에는 누구든지 동일사실, 동일증거에 의하여 그 심판을 다시 청구할 수 없다(상§150).

(다) 상표권자 또는 사용권자는 상표법 제119조 제1항 제1호부터 제3호까지 및 제5호부터 제9호까지의 규정에 해당하는 것을 이유로 하는 상표등록의 취소심판이 청구되고 그 청구일 이후에 상표권자가 ⅰ) 상표권 또는 지정상품의 일부를 포기하거나, ⅱ) 상표등록취소의 심결이 확정된 경우, ⅲ) 존속기간의 만료로 인하여 상표권이 소멸한 경우에는 상표권자 및 그 상표를 사용한 타인은 포기한 날 또는 그 심결이 확정된 날로부터 3년이 경과한 후가 아니면 소멸된 등록상표와 동일 또는 유사한 상표를 그 지정상품과 동일 또는 유사한 상품(지리적 표시 단체표장의 경우에는 동일한 상품에 한한다)에 대하여 상표등록을 받을 수 없다(상§34④). 즉 일정기간 동안 상표의 재등록을 금지하는 규정이다.

(5) 사용권등록의 취소심판

1) 의　의　　사용권등록의 취소라 함은 상표권자와의 계약에 의하여 설정된 전용 또는 통상사용권을 일정한 법정사유에 해당함을 이유로 장래를 향하여 그 효력을 상실시키는 것을 말한다. 즉 전용 또는 통상사용권에 취소사유가 있다고 하더라도 심판에 의하지 아니하고는 그 사용권을 취소시킬 수 없다. 이를 전용 또는 통상사용권등록의 취소심판이라고 한다. 이는 전용사용권자나 통상사용권자에게도 상표사용에 대한 정당사용을 강제함으로써 건전한 상거래질서를 확립하고자 하는 데 의의가 있다.

또한, 이 심판은 전용사용권 또는 통상사용권의 등록만을 취소시킨다는 점에서 상표법 제119조 제1항 제2호에서 규정한 상표등록의 취소심판과 구별된다. 전용사용권 또는 통상사용권 등록의 취소심판을 청구한 후 그 심판청구사유에 해당하는 사실이 없어진 경우에도 취소에는 영향을 미치지 않는다(상§120②).

2) **취소사유**　　전용사용권자 또는 통상사용권자가 지정상품 또는 이와 유사한 상품에 등록상표 또는 이와 유사한 상표를 사용함으로써 수요자로 하여금 상품의 품질의 오인 또는 타인의 업무에 관련된 상품과의 혼동을 생기게 한 경우(단, 상표권자가 상당한 주의를 한 경우에는 그러하지 아니하다)에 취소의 대상이 된다(상

§120①).

3) **취소의 요건**

(가) 전용사용권자 또는 통상사용권자가 등록상표를 부정하게 사용한 경우

(나) 전용사용권자 또는 통상사용권자가 부기 · 변경하여 사용한 상표는 그 상표가 등록상표와 동일 또는 유사할 것

(다) 전용사용권자 또는 통상사용권자가 부기 · 변경하여 사용한 상표는 등록상표의 지정상품과 동일 또는 유사한 상품일 것

(라) 전용사용권자 또는 통상사용권자가 등록상표를 부기 · 변경하여 사용한 상표는 타인의 상표 또는 상품과 동일하거나 유사할 것

(마) 등록상표를 부기 · 변경하여 사용함으로써 수요자에게 상품의 품질의 오인 또는 타인의 업무에 관련된 상품과의 혼동을 생기게 한 경우

4) **취소심판의 청구 및 효과** 상표법 제120조에 별도로 규정하고 있으나, 상표등록의 취소심판(상§119)과 동일하므로 상표등록의 취소심판을 참조하기 바란다.

(6) 상표권의 권리범위확인심판

1) **의 의** 권리범위확인심판[147]이란 설정등록된 상표권의 권리침해문제가 발생되었을 경우 그 상표권의 범위에 속하는지 아니한지의 여부를 확인하는 심판을 말한다. 이 심판은 무효심판과 달리 상표권의 존부와는 관계없고, 단지 상표권의 권리범위를 확인하는 심판에 지나지 않는다.[148]

권리범위확인심판은 민사소송법상의 확인의 소와 비슷하나, 권리범위확인심판은 대세적 효력이 결여되어 있는 데 반하여, 민사소송법상의 확인의 소는 대세적 효력이 있기 때문에 제3자를 구속한다.

2) **청구기간 및 청구인** 상표권 존속기간중에는 언제든지 상표권자 · 전용사용권자 또는 이해관계인이 청구할 수 있다(상§121).

3) **효 과** 권리범위확인심판의 효력은 당사자만을 구속하고 제3자에게는 효력이 미치지 않으므로 대세적 효력은 없다. 또 일사부재리의 효력이 발생한다

---

147) 권리범위확인심판은 권리 대 권리 범위확인을 하는 적극적 심판과 권리 대 비권리 범위를 확인하는 소극적 심판으로 대별된다.

148) 따라서 권리범위를 공적(公的)으로 확인하는 사실판단이며 상표권의 효력에 대한 침해여부는 법원이 판단할 사안이다.

(상§150).

(7) 거절결정에 대한 불복심판

상표등록거절결정, 지정상품의 추가등록거절결정, 상품분류전환등록 거절결정이 있고, 그 결정을 받은 자가 불복이 있을 때에는 거절결정등본의 송달을 받은 날로부터 3개월 이내에 거절결정된 지정상품의 전부 또는 일부에 관하여 심판을 청구할 수 있다(상§116). 이를 거절결정에 대한 불복심판이라 한다.

심판에 있어서 거절결정에서 등록거절한 이유와 다른 이유(새로운 거절이유를 발견한 경우)를 들어 기각하고자 할 때는 그 이유를 심판청구인에게 통지하고 의견서제출의 기회를 주어야 한다(상§123③, §54②).

또 거절결정에 대한 심판청구가 이유 있다고 인정되는 경우에는 소정의 절차를 거쳐 최종적으로 등록결정을 하거나 파기환송하여 심사관으로 하여금 다시 심사하게 한다.

이 심판은 출원인을 보호하는 제도이므로 일반심판제도와 같이 서면심리를 원칙으로 한다.

(8) 보정각하결정에 대한 심판

1) **의　의**　　보정각하결정에 대한 불복심판이란 출원인이 상표나 지정상품을 보정한 것을 이유 없다 하여 각하결정한 경우 이에 대한 불복심판을 청구하는 제도를 말한다. 즉 출원인은 보정기간내에 상표나 지정상품을 요지변경되지 아니하는 범위 내에서 보정할 수 있으나 그렇지 아니하고 요지변경인 경우에는 심사관의 결정으로 보정을 각하하며, 출원인은 출원공고결정 전의 보정에 대한 보정각하결정에 대하여 불복심판을 청구할 수 있다(상§115 → §47①). 이 제도는 심사관의 보정각하결정에 대한 불복신청제도이기 때문에 각하된 보정에 대한 구제방법으로서 출원인을 보호하기 위한 제도이다.

2) **심판청구**　　보정각하결정에 대한 심판청구인은 출원인이고, 청구기간은 보정각하결정등본을 송달받은 날로부터 3개월 이내에 심판을 청구하여야 한다(상§115).

3) **심결의 효과**　　보정각하결정에 대한 심판의 심결에는 취소심결과 기각심결이 있다.

㈎ 취소심결　　심판관이 보정각하결정을 취소한다는 심결을 하면 그 사건은 특허청 심사국으로 환송되어 다시 심사하게 되고 특별한 사유가 없는 한 그 보

정은 요지변경이 아니다.

(나) 기각심결 심판관은 심판청구내용을 심리한 결과 보정각하결정이 적법하다면 심판청구는 이유 없다는 심결을 내린다. 그러면 심판청구인은 심결등본을 받은 날로부터 30일 이내에 특허법원에 소를 제기할 수 있다.

II. 재 심

1. 서

재심이란 확정심결에 중대한 하자가 있는 경우에 그 심결 등의 취소와 사건의 재심판을 구하는 비상(非常)불복신청방법이다(상§157, §158).

심결이 일단 확정된 후 단지 그 판단이 부당하다는 이유로 불복을 인정하면, 법적 안정성을 해칠 수 있다. 그러나 심판절차상 또는 심판관의 중대한 오류 기타 중대한 하자가 있음에도 불구하고 그냥 둔다면, 심결의 신뢰성이 없어지는 것은 물론 제3자와 당사자에게도 막대한 손해를 입히게 된다. 이를 시정하기 위하여 상표법에서도 특허법과 마찬가지로 재심제도를 인정하고 있다.

2. 재심사유

재심사유를 둘로 나누어 보면, 일반재심사유(상§157②, 특§178②)와 사해심결(詐害審決)에 관한 재심사유(상§158, 특§179)가 있다. 이 규정은 특허법과 동일하므로 특허편의 재심을 참조하기 바란다. 기타 청구적격, 관할기관, 재심청구기간, 재심의 심리 또한 특허법의 제 규정을 준용한다.

3. 재심 청구기간

당사자는 심결 확정 후 재심의 사유를 안 날부터 30일 이내에 재심을 청구하여야 하고, 대리권의 흠결을 이유로 하여 재심을 청구하는 경우에 위의 기간은 청구인 또는 법정대리인이 심결등본의 송달에 의하여 심결이 있는 것을 안 날의 다음 날부터 기산한다. 재심청구는 심결 확정 후 3년을 지난 때에는 재심을 청구할 수 없다.

4. 재심의 효력

재심의 심결이 확정되면 형식적 확정력과 실체적 확정력이 발생하고 일사부재리의 원칙이 적용되는 점은 일반심판에서 심결이 확정되는 경우와 같다.

다만, 상표법은 재심의 특수한 효과로서 재심에 의하여 회복한 상표권의 효력이 제한되는 경우를 규정하고 있다. 즉 무효나 취소된 상표등록 또는 무효로 된 존속기간갱신등록에 관한 상표권이 재심에 의하여 회복되었을 경우에 당해 심결이 확정된 후 재심청구의 등록 전에 선의로 한 '침해로 보는 행위'(상§160 각호)에는 회복된 상표권의 효력이 미치지 않는다. 이것은 재심에 의하여 회복된 상표권의 효력이 제한되는 경우이다.

기타 상표에 관한 재심에서는 제159조(재심청구기간), 제161조(재심에 있어서 각 심급규정의 준용) 및 민사소송법 제459조 제1항의 규정은 재심의 절차 및 재심의 청구에 관하여 준용한다(상§86①).

Ⅲ. 소 송

상표에 관한 소송은 상표법 제162조부터 제166조까지 규정되어 있다. 종래 상표법은 특허법을 준용하고 있었으나, 2011년 개정 상표법은 이를 상표법에 모두 규정하였으나, 내용은 특허법과 동일하다.

Ⅳ. 의정서에 의한 국제출원

의정서가 대한민국에 대하여 효력을 발생하는 날부터 시행(상§167~§208)한다. 마드리드 의정서에 가입하기 위해서 국내에서 현행 상표법과 맞지 않는 부분에 대해서 개정작업을 하여 왔다. 그러한 결과로 현행 상표법이 개정이 되었다. 이러한 개정 내용은 크게 손실보상청구권, 본국관청으로서의 절차, 지정국 관청으로서의 절차, 재출원에 관한 특례로 나누어서 설명할 수 있다.

1. 손실보상청구권

손실보상 청구권에 대한 내용은 앞에서 설명을 했기 때문에 생략하도록 하겠다.

2. 본국관청으로서의 절차

(1) 개정이유

1) 마드리드 의정서에 가입하면, 특허청은 본국관청으로서 국제출원을 수리하여 기재사항을 심사한 후 국제사무국에 국제출원서 및 필요한 서면을 송부하여야 하므로, 이에 관한 근거 및 절차를 규정한다.

2) 출원인의 편의를 위하여 사후지정 등은 국제사무국에 직접 할 수도 있고 특허청을 통하여도 할 수 있도록 한다. 다만, 새로이 발생하는 행정수요를 위하여 수수료를 납부하도록 하고, 납부명령에도 불구하고 납부하지 않는 경우에는 당해 절차를 무효처분 하도록 한다.

[도표 16] 본국관청(the office of origin)으로서의 특허청에서의 절차
한국국민이 해외로 출원하는 경우

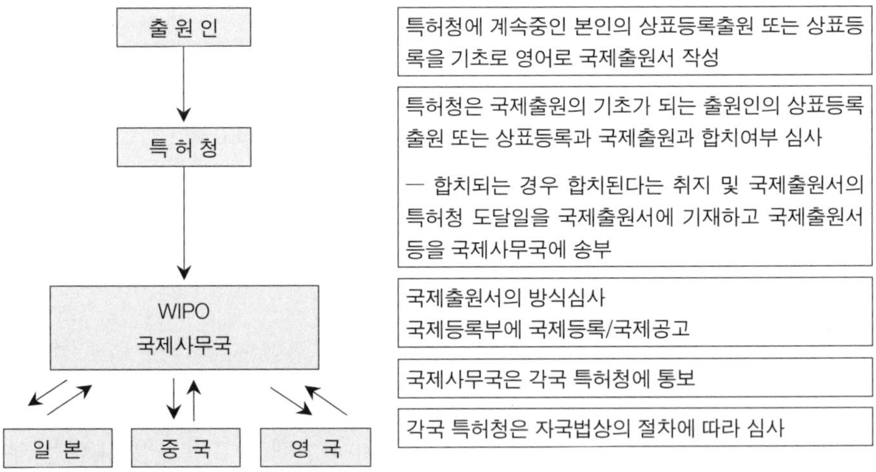

(2) 개정내용

1) **국제출원의 근거 및 절차** 대한민국의 국민 또는 대한민국 내에 주소 또는 영업소를 가진 자는 특허청에 계속중인 본인의 상표등록출원 또는 본인의 상표등록을 기초로 하여 국제출원을 할 수 있도록 규정한다(상§167, §168).

2) **기재사항의 심사** 특허청은 국제출원서의 기재사항이 기초출원 또는 기초등록과 합치되는지 여부를 심사한 후 국제사무국에 국제출원서 및 필요한 서류를 송부한다(상§171).

3) **사후지정 등** 사후지정, 존속기간의 갱신등록출원 또는 국제등록의 명의변경신청은 특허청을 통하여도 할 수 있도록 한다(상§172~§174).

4) **수수료** 국제출원 등을 하는 경우에 특허청에 수수료를 납부하도록 하고, 수수료를 납부하지 않는 경우에는 보정을 명하되, 보정명령에도 불구하고 수수료를 납부하지 않는 경우에는 당해 절차를 무효로 할 수 있다(상§175~§177).

3. 지정국 관청으로서의 절차

(1) 개정이유

1) 대한민국을 지정한 국제출원에 대하여 원칙적으로 국내상표등록출원에 관한 규정을 적용하기 위하여 그 국제출원을 국제등록일 또는 사후지정일에 출원된 국내상표등록출원으로 간주한다.

2) 마드리드 의정서에 의하면, 국제출원에 있어서는 출원의 분할 · 출원의 변경 · 상표권의 분할 등이 인정되지 아니하고, 상속 기타 일반승계의 경우에도 국제사무국에 명의변경신고를 하여야 효력이 발생되며, 존속기간의 갱신도 국제사무국에 신청하여야 하는 등 국내상표등록출원에 관한 규정과 합치되지 아니하는 부분이 있으므로, 이 부분에 관하여는 특례를 규정한다.

3) 마드리드 의정서 제4조의2의 규정은 일정 요건하에 국제등록이 국내등록을 대체한다고 규정하고 있는바, "대체한다"는 효력의 구체적 내용과 관련하여 일본 및 영국의 입법례와 유사하게 출원일을 소급시키는 것으로 규정하고, 대체에 관한 사항을 상표원부에 직권등록하도록 한다.

4) 마드리드 의정서에 의하면 국제사무국에 거절통지를 한 경우에 한하여 국제사무국에 최종결정을 통지하지 아니하므로, 출원인의 자진보정이 있더라도 거절이유를 발견할 수 없는 때에는 국제사무국이 관리하는 국제등록부에 반영할 수가 없으므로, 출원공고결정등본 송달 전의 보정을 제한하였다.

5) 마드리드 의정서 제6조의 규정에 의하면, 국제등록일부터 10년간 국제등록이 유효하므로, 국제등록에 기초한 상표권의 존속기간은 설정등록이 있는 날부터 국제등록일 후 10년이 되는 날까지로 한다.

(2) 개정내용

1) **원칙적으로 국내출원에 관한 규정 적용** 대한민국을 지정한 국제출원을 국제등록일 또는 사후지정일에 출원된 상표등록출원으로 간주하여 원칙적으로 국내출원에 관한 규정이 적용되도록 한다(상§180).

2) **마드리드 의정서에 부합되지 않는 내용에 대하여 특례규정** 출원의 승계 · 분할 · 변경, 상표권의 설정등록 · 분할 · 등록의 효력 및 존속기간의 갱신 등 마드리드 의정서에 합치되지 아니하는 국내출원에 관한 규정에 대하여 특례를 규정한다(상§181, §182, §185 등).

3) **등록상표가 있는 경우의 국제상표등록출원의 효과** 상표 및 사용권자가 동일하고 등록상표에 관한 모든 지정상품이 국제상표등록출원에서의 지정상품에 포함되어 있으며 대한민국을 지정한 효과가 등록상표의 상표등록일 후에 발생된 경우에는 국제상표등록출원의 출원일을 등록상표에 관한 상표등록출원의 출원일로 소급하여 인정한다(상§184).

4) **특허청을 통한 보정의 제한** 국제상표등록출원의 출원인은 출원공고결정의 등본이 송달된 후에는 국내상표등록출원의 출원인과 동일하게 보정을 할 수 있으나, 출원공고결정의 등본이 송달되기 전에는 원칙적으로 거절이유의 통지를 받은 때에 한하여 보정을 할 수 있도록 한다(상§185).

거절이유의 통지를 받지 아니한 경우에 자진보정을 하고자 하는 출원인은 국제사무국에 직접 보정할 수 있다.

5) **국제등록에 기초한 상표권의 존속기간** 국제등록기초상표권의 존속기간은 설정등록이 있는 날부터 국제등록일 후 10년이 되는 날까지로 규정한다(상§198).

4. 재출원에 관한 특례

(1) 개정이유

마드리드 의정서 제9조의5 및 제15조(5)의 규정에 의하면, 집중공격에 의하여 국제등록이 소멸된 경우 또는 외국의 의정서 폐기에 의하여 출원인이 출원인 적격을 잃게 된 경우에는 일정 요건하에 출원일을 소급시키도록 규정하고 있다.

(2) 개정내용

1) 집중공격에 의하여 국제등록이 소멸된 경우 또는 외국의 의정서 폐기에

의하여 출원인이 출원인 적격을 잃게 된 경우에는 특허청에 재출원을 할 수 있도록 하고, 일정 요건하에 출원일을 소급시킨다(상§205, §206).

2) 국제등록기초상표권이었던 재출원에 관한 특례 규정　　대한민국에서 설정등록되어 상표권이었던 것에 관한 재출원에 대하여는 재심사를 하지 아니하고 상표등록결정을 하고, 원래의 국제등록에 관한 국내상표등록에 대하여 무효심판의 제척기간이 경과한 때에는 재출원에 관한 국내상표등록에 대하여도 재척기간이 경과한 것으로 본다(상§207, §208).

[도표 17] 지정국관청(the office of designated contracting parties)으로서의 특허청 에서의 절차: 외국인(예: 일본인)이 한국을 지정국으로 지정한 경우

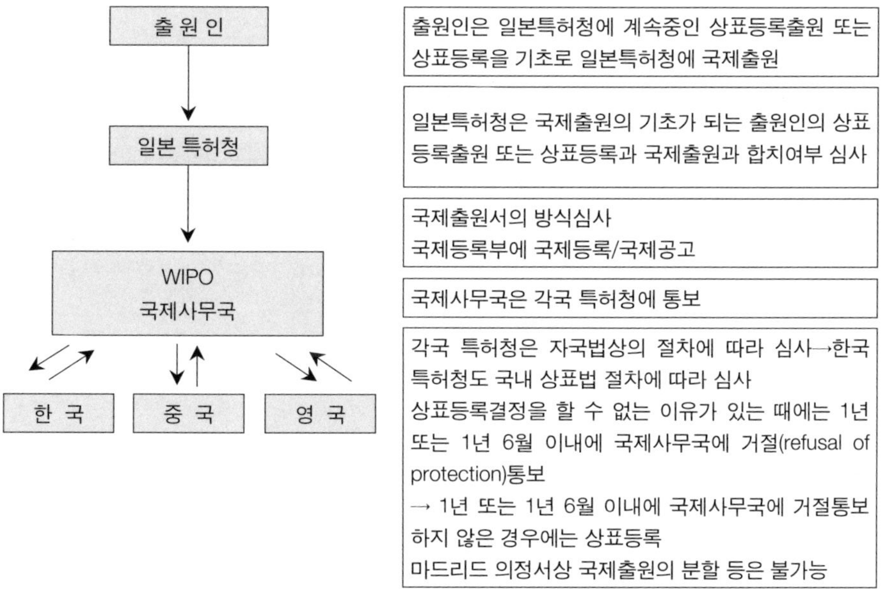

※ 재출원에 관한 특례

사례1: 기초출원 또는 기초등록이 소멸한 경우의 재출원

외국인(예: 일본인)이 한국을 지정국으로 지정한 경우 국제등록일로부터 5년 이내 국제출원의 기초가 되는 상표등록출원에 대한 등록이 거절되거나 상표등록이 취소 또는 무효되어 국제등록이 소멸

→ 한국 특허청에 재출원하면 국제출원의 출원일로 출원일 소급

사례2: 의정서 가입탈퇴에 따른 재출원

외국(예: 일본)이 마드리드 의정서가입을 탈퇴하여 출원인 외국인(예: 일본인)이 출원인 적격을 상실

→ 한국 특허청에 재출원하면 국제출원의 출원일로 출원일 소급

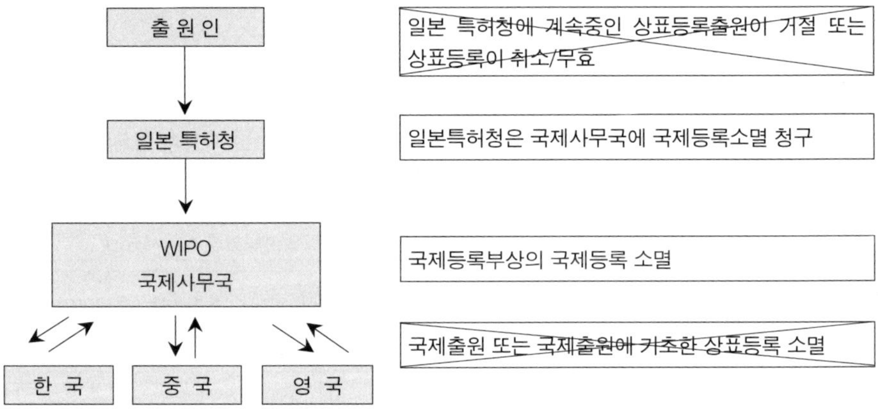

제6장

저작권법

제1절 | 서 설

Ⅰ. 저작의 의미

인간의 내면에 있는 것은 하루아침에 생겨나서 표현되는 것이 아니다. 자기가 속한 사회에서 사회화를 거치는 과정에서 배우고 습득한 것, 즉 머릿속에 머무르는 것을 정신적 · 육체적 노력을 통해 외부로 표현하게 된다. 존재하지 않던 어떤 것에 새로운 생명을 불어 넣어 그것을 구체화 · 형상화하여 나타내는 것이다. 구체화 · 형상화하는 수단으로는 언어, 문자, 그림과 같은 것을 활용한다. 이렇게 표현된 것을 넓은 의미에서 저작이라고 한다.

저작은 시대와 기술의 수준에 따라 표현방법이나 보호의 대상이 변하게 된다. 그리하여 종래의 저작이라고 하면 문학, 학술 또는 예술의 범위에 속하는 저작물을 대상으로 하였으나, 최근 정보통신분야의 발달로 기존의 대상에서 컴퓨터 프로그램 등과 같은 것까지 확대되고 있다.

이러한 저작활동에 의해 생성된 것을 저작물이라 하고, 저작권법은 저작자의 권리와 이에 인접하는 권리를 보호하고 저작물의 공정한 이용을 도모함으로써 문화 및 관련 산업의 향상발전에 이바지함을 목적으로 한다(저§1).

II. 저작권의 연혁

1. 대두된 배경

저작권의 시작은 인쇄술의 발달로부터 시작했다고 한다. 1450년 구텐베르크의 활판인쇄술의 발명으로부터 시작했다고 할 수 있다. 이는 저작권자를 보호하기 위한 것이라기보다는 출판권자의 보호를 위한 것에서 출발하였다. 그 후 프랑스 혁명이 일어나고 출판업자에 대한 출판특허제도는 퇴색되고, 저작물에 대한 저작자의 권리보호에 눈을 돌린 것이다.

그 후 1710년 영국에서는 이러한 경향을 반영하여 앤 여왕법을 최초로 성문법으로 만들었고, 우리나라의 경우에는 1908년 8월 16일 칙령 200호로 일본 저작권법이 의용되다가 1910년 8월 한일합방으로 일본 明治勅令 제338호로 일본 저작권법이 적용되었다.

2. 우리나라의 저작권법 연혁

(1) 1957년 저작권법

그 후 1945년 8월 15일 일본으로부터 벗어나 미군정기를 거쳐 1948년 정부수립 후 제헌국회에서 헌법이 제정되었다. 제헌헌법 제100조[1]에 의해 일본 저작권법이 시행되다가 우리나라에서는 1957년 1월 28일 법률 제432호로 총 5장 75개 조문으로 된 최초의 저작권법을 공포하였다.

주요 내용은 무방식주의 채택, 저작권의 존속기간의 정함(생존기간과 사후 30년), 저작권의 등록을 통한 제3자에의 대항, 외국인의 저작물은 조약이 있는 경우와 국내에서 처음으로 저작물을 발행한 자에 한해서 보호를 했다는 점, 음반·녹음필름 등을 공연 또는 방송에 사용하는 것 등 상당히 넓은 범위의 이용행위를 저작권비침해행위로 규정했다는 점이다.

(2) 1986년 저작권법

1957년 법의 미비한 점을 보완하기 위해서 1986년 12월 31일 법률 제3916호로 저작권법을 전면 개정하였다. 이 법의 시행(1987년 7월 1일)과 동시에 세계저작권협약(Universal Copyright Convention: UCC)조약과 음반의 무단복제에 대한 음반

---

1) 현행법령은 이 헌법에 저촉되지 아니하는 한 효력을 가진다.

저작자의 보호에 관한 협약에 가입하기 위해 개정을 하였다.

주요내용은 용어의 정리, 외국인 저작물의 보호규정 보완, 법인 · 단체 저작물의 경우 그 귀속관계(정함이 없으면 법인에게 귀속), 저작재산권의 세분(복제권 · 공연권 · 방송권 · 전시권 · 배포권 · 2차적 저작물작성권)과 존속기간의 연장(50년), 저작재산권의 제한에 대한 구체화, 공표된 저작물에 대한 협의 불성립에 따른 이용(문화체육부장관의 승인과 공탁이용), 저작인접권 신설, 저작권자가 영상화를 허락한 경우 복제 · 배포 · 공개상영권 등까지 허락한 것으로 보며, 영상저작물 제작에 참여한 자의 저작물 이용권리가 영상제작자에게 양도된 것으로 보도록 규정, 저작권위탁관리(문화체육부장관허가 필요)제도 신설, 저작심의회를 저작권심의조정위원회로 확대 · 개편, 저작권 침해 우려에 대해 침해의 정지 · 예방 · 손해배상담보를 청구가능, 저작물 복제시 부수산정 곤란에 대한 부수산정의 추정치를 두는(출판물 5천부, 음반 1만부) 등이다.

(3) 1994년 저작권법

한미 지적재산권협상 · 우루과이라운드협상의 진전으로 인해 저작권법의 개정이 요구되어, 1994년 1월 7일 법률 제4717호로 법을 정비하게 되었다.

주요내용은 데이터베이스를 편집저작물로 보호를 명확히 함, 교과용 저작물의 게재의 경우에도 저작권자에게 보상규정(경과조치로 5년간 유예), 음반배포권자 · 실연자 · 음반제작자에게도 판매용 음반의 영리목적대여에 허락권을 주며, 저작인접권의 보호기간연장(50년으로), 저작권위탁관리업 중 대리 · 중개만 하는 경우 신고제로 변경, 저작권 및 저작권법을 침해한 물건을 그 정을 알고 배포목적 소지한 경우에도 침해행위로 보며, 벌금액의 상향조정 등이다.

(4) 1995년 저작권법

WTO 출범에 따른 의무 이행과 베른조약에의 가입에 대비하여 저작권 보호를 국제적인 수준으로 변경하기 위해 1995년 12월 6일 법률 제5015호로 개정하였다.

주요내용은 조약발효일 이전에 공표된 저작물의 소급보호, 단체명의 저작권 및 영상저작물의 저작재산권의 공표유예기간을 50년으로 연장, 번역권의 강제허락제도 폐지, 실연자에게 녹음 · 녹화 · 촬영된 자신의 실연을 복제할 권리 인정, 소급하여 보호되는 외국인의 저작물 보호기간을 조정, 개정법시행 전의 적법한 이용행위 면책 경과조치를 둠이다.

(5) 2000년 저작권법

멀티미디어의 발달로 인해서 저작권의 침해가 날로 심해짐에 따라 저작권의 보호를 위해 한층 강화된 제도를 마련함이 주요 현안이었다.

주요내용으로는 전송권제도 도입, 도서관 등에서의 저작물 보호, 공연과 방송의 개념 재정립, 응용미술저작물의 보호 명백화, 공연개념의 확대, 저작자의 등록사항 확대, 저작권 침해행위에 대한 손해배상 추정, 저작권심의조정위원회의 저작권등록업무에 대한 수탁기관 명시, 법정허락제도에 대한 권한을 저작권심의위원회에 이양(음반 등 저작인접물까지 확대), 벌금의 상향조정, 공중용 복제기에 의한 복제에 대한 저작자의 이용허락 필요 등이 있다.

(6) 2003년 저작권법

인터넷 기술의 발달로 인하여, i) 도서관 면책규정을 국제규범과 양립할 수 있도록 조정하고, ii) 기술적 보호조치와 권리관리정보에 관한 규정을 신설하고, iii) 온라인 서비스 제공자(OSP)의 면책규정을 신설하고, iv) 독창성이 없는 데이터베이스 보호를 위한 신설규정을 마련하였다.

(7) 2004년 저작권법

실연자 및 음반제작자에게 전송권을 부여함으로써 인터넷 등을 활용한 실연 및 음반의 이용에 대한 권리를 명확히 하였다.

(8) 2006년 개정저작권법

1957년 저작권법 제정 이래 잦은 개정으로 흐트러진 법체계를 바로잡고, WIPO실연음반조약 등 국제조약 가입을 위해 저작인접권에 대한 보호를 강화하는 한편, 인터넷상 저작권 침해를 방지하고 저작물의 원활한 이용을 도모하여 문화산업의 발전을 촉진하기 위하여 2006년 12월 28일 법률 제8101호로 전면개정을 하였다. 종전 12개의 장에서 11개장으로 축소하여 장 · 절 · 관 편제로 정비하였으며 총 142개 조문으로 정비하였다.

주요내용은 각종 정의규정 신설 또는 변경(저작물의 개념 확대, 공중송신 및 디지털음성송신 개념 신설, 발행의 정의 변경, 공중의 정의 신설 등), 학교 수업목적을 위한 전송 허용, 각종 미분배 보상금의 공익목적 사용 허용, 법정허락 대상에서 외국인의 저작물 제외, 법정허락된 저작물의 재허락절차 간소화, 저작권인증제도 도입, 보호받는 음반의 범위 확대, 실연자의 인격권 · 배포권 · 생실연(生實演, Live 공연) 공연권 등 신설, 실연자 및 음반제작자의 대여권 강화, 외국인 실연자 및 음반제작자의 방송보상청구권 인정(상호주의 적용), 실연자 및 음반제작자의 디지털 음성송신 보상청구권 신설, 음반의 보호기간 기산점을 '고정'에서 '발행'한 때로 변경, 특수한 유형의 온라인서비스제공자에게 권리자의 요청이 있는 경우에 저작물의 불법적인 전송을 차단하는 기술적 조치 등의 의무화, 저작권신탁관리업의 허가요건 및 과징금처분 규정 신설, 저작권심의조정위원회를 저작권위원회로 변경, 저작권위원회의 감정제도 도입, 문화관광부장관의 불법복제물의 수거 · 폐기 및 삭제명령 도입, 저작재산권 등의 기증제도 도입, 영리 · 상습적으로 저작권을 침해하는 경우의 원칙적으로 비친고죄가 적용된다.

(9) 2009년 개정저작권법

우리나라는 컴퓨터프로그램 보호에 있어서 저작권법과 분리된 특별법에 의한 보호체계를 가지고 있었다. 이는 일반저작물과 컴퓨터프로그램 저작물을 특징을 감안하여 별도의 보호체계를 통해 보호하고 있었다.[2] 하지만, 2008년 2월 29

---

2) 1984년에 문교부는 저작권법 개정안을 작성하고 1985년 10월에 관계부처(문교부, 과학기술처, 상공부, 외무부) 회의에서 컴퓨터프로그램을 특별입법으로 보호하기로 결정하고 그 관할을 과학기술처로 했다. 이를 수용한 과학기술처는 컴퓨터프로그램법안을 작성하고 1986년 3월 27일부터 20일간의 공청회를 개최했다.

그 후 1986년 7월 21일에 합의된 「지적재산권에 관한 한미(韓美)간의 양해각서」에서 저작권법에 관한 사항을 추가 · 보완하여 정부안으로 제출했고, 약간의 수정을 거쳐 국회를 통과했다.

이렇게 하여 확정된 「저작권법」은 전체가 9장으로 이루어지고, 본문 103개조, 부칙 8개조를 포함하는 합계 111개조로 구성되어 있으며, 컴퓨터프로그램보호법은 6장으로 이루어지고 본문 37개조, 부칙 2개조로 구성되었다. 한편, 「컴퓨터프로그램보호법 시행령」은 1987년 7월 24일 대통령령 제12218호로 공표되고 같은 날 시행되었다.

그 후 프로그램법의 1993년 개정의 주요 방향은 주로 세계적인 보호경향과 그 보조를 맞추기 위한 것이었다. 1995년 개정은 1996년 7월부터 효력이 발생하는 WTO/TRIPs 협정 사항의 이행을 위하여 보호기간 등의 개정이 이루어졌다. 이로 인해 컴퓨터 프로그램은 세계적으로 단일한 보호규범에 편입되었다. 1998년 개정은 정보화사회의 중요한 매체로 대두된 인터넷 등의 네트워크 환경과 컴퓨터 환경을 고려하여 전송권을 신설하고, 교과용 도서에 게재하는 컴퓨터 프로그램에 보상금을 지급하도록 하는 규정 등을 두었다. 이 법은 2000년에는 법률 제6233호로 전면 개정하였고, 2001년 1월 16일에는 리버스 엔지니어링에 관한 규정을 시행령에서 법률로 하고, 프로그램복제물의 접수 및 프로그램저작권의 이전등록 등에 관한 업무를 프로그램보호위원회에 위탁할 수 있도록 하였으며, 프로그램보호위원회의 조정조서에 대하여 재판상의 화해와 동일한 효력이 있도록 개정하였다.

2002년 12월에 공포되어 2003년 7월부터 시행되는 법률의 주요내용을 살펴보면, 프로그램 저작권 제한사유에 수사를 위해 필요한 경우를 포함시켰고, 허용되는 행위의 유형에 복제 외에 배포를 추가시켰다. 뿐만 아니라 프로그램 전부의 양도를 계약한 때에는 개작권도 일 정부조직법 개정으로 인해 컴퓨터프로그램에 대한 보호를 관장하던 정보통신부가 문화체육관광부와 통합되기에 이르렀다. 이에 저작권보호 정책의 수립 및 업무추진 일관성 유지 및 효율성의 제고를 위해 컴퓨터프로그램 보호법을 저작권법과 통합하는 법안이 제출되었으며, 해당 법안은 2009년 4월 22일 공포되어 같은 해 7월 23일 시행되었다. 이 법안은 저작권법과 컴퓨터프로그램 보호법의 통합뿐만 아니라 한국저작권위원회의 설립, 온라인 불법복제 방지를 위한 내용을 담고 있다.

또한, 문화체육관광방송통신위원회의 대안으로 도서관 등에서의 온라인 자료보관, 시각장애인에 대한 규정, 판매용 음반을 사용하여 공연하는 자의 실연자에 대한 보상에 관한 법안이 통과되어 저작권법의 체계를 새롭게 구성하였다.

(10) 2011년 개정저작권법

한 · EU FTA 비준동의안이 2011년 2월 17일 유럽의회를, 2011년 5월 4일에 우리나라 국회를 통과하여 2011년 7월 1일부터 발효하게 됨에 따라 저작권 보호와 관련한 협정상의 의무를 이행하기 위하여 저작권법이 개정(2011년 6월 30일)되었다.

개정 저작권법의 주요 내용으로 우선, 저작권 보호기간이 저작자 사후 50년에서 70년으로 연장된 것을 살펴볼 수 있다. 다만, 저작권 보호기간의 연장은 사회에 미치는 영향을 최소화할 필요가 있어, 한 · EU FTA 관련 규정에 따라 발효 후 2년이 되는 날부터 시행하기로 하는 유예기간을 두게 되었다. 저작인접권자인 실연자 · 음반제작자 및 방송사업자에게는 일정한 요건에 따라 권리를 가진 것으로 추정 받을 수 있게 되었으며, 방송사업자가 가질 수 있는 권리에 공중의 접근이 가능한 장소에서 방송의 시청과 관련하여 입장료를 받는 경우에 한하여 공연권이 포함되게 되었다. 이용통제 기술적 보호조치에 더하여 접근통제 기술적 보

양도한 것으로 추정한다고 개정하였으며 최근 활발하게 논의되던 온라인서비스 제공자(Online Service Provider: OSP)의 책임과 제한에 대한 규정, 알선제도, 프로그램 임치제도를 도입하였다.

2006년 10월 개정에 의해서 인터넷 혹은 온라인상에서 이루어질 수 있는 침해에 대해서 적절하게 더욱 대응하기 위해서 프로그램보호위원회의 명칭을 프로그램보호위원회로 변경하며 그 기능을 강화하였으며, 해당 위원회는 온라인서비스제공자에게 프로그램 삭제 등의 시정권고를 할 수 있게 하였다. 그리고 창작 후 1년이 경과한 프로그램의 등록허용하고, 프로그램저작권 침해에 대한 벌칙을 강화하였다.

호조치에 관한 규정이 도입되었으며, 현행법에서 권리침해 행위로 간주되고 있는 기술적 보호조치 무력화 행위를 금지행위로 규정하되, 암호 연구, 미성년 보호, 국가의 법 집행을 위해 필요한 경우 등 기술적 보호조치 무력화 행위 금지의 예외가 허용될 수 있는 규정이 마련되어 있다. 또한, 기존 호스팅 서비스를 중심으로 규정된 온라인 서비스제공자 책임제한 규정을 단순도관, 캐싱, 호스팅, 정보검색의 네 가지 유형으로 나누어 각 유형별로 면책요건이 세분화되어 있다.

한편, 한 · EU FTA에 이어 한 · 미FTA가 발효됨에 따라 2011년 12월 2일 저작권법이 개정되었으며, 주요 내용은 다음과 같다.

첫째, 복제의 범위에 일시적 저장이 추가되었다(제2조 제22호, 제35조의2 및 제101조의3 제2항 신설). 디지털 환경에서 저작권자의 권리를 균형되게 보호하기 위하여 일시적 저장을 복제의 범위에 명시하되, 원활하고 효율적인 정보처리를 위하여 필요하다고 인정되는 범위에서 일시적으로 복제하는 경우 등은 허용되도록 하였다.

둘째, 저작물의 공정한 이용제도가 도입되었다(제35조의3 신설). 저작물의 통상적인 이용방법과 충돌하지 아니하고 저작자의 정당한 이익을 부당하게 해치지 아니하는 경우에는 저작재산권자의 허락을 받지 아니하고 저작물을 이용할 수 있도록 하고, 공정한 이용에 해당하는지를 판단하는 기준으로 이용 목적 및 성격 등을 규정하였다.

셋째, 배타적 발행권이 도입되었다[제7절(제57조, 제58조, 제58조의2 및 제59조부터 제62조까지), 제7절의2(제63조 및 제63조의2) 신설]. 출판권과 프로그램배타적발행권의 경우에만 인정되고 있는 배타적 권리를 모든 저작물의 발행 및 복제 · 전송에 설정할 수 있도록 하고, 배타적 발행권에서 출판권을 제외하여 배타적 발행권과 출판권의 관계를 명확히 하였다.

넷째, 저작인접권 보호기간을 연장하였다(제86조 제2항). 방송을 제외한 저작인접권의 보호기간을 2013년 8월 1일부터 50년에서 70년으로 연장하였다. 이와 관련하여 부칙 제4조를 신설하여 "저작인접권 보호기간의 특례"를 마련하였다. 즉, 1987년 7월 1일부터 1994년 6월 30일 사이에 발생한 저작인접권의 보호기간을 발생한 때의 다음 해부터 기산하여 50년간 존속하도록 하였다.

다섯째, 온라인서비스제공자의 책임제한 요건을 구체화하였다(제102조 제1항 제1호 다목 및 라목 신설). 온라인서비스제공자가 저작권 등의 침해에 대한 책임을 지지 아니하는 요건으로 저작권 등을 침해하는 자의 계정을 해지하는 방침을 채택하고 합리적으로 이행한 경우 등을 추가하였다.

여섯째, 복제 · 전송자에 관한 정보제공 청구제도를 도입하였다(제103조의3 신설). 권리주장자가 소 제기 등을 위하여 온라인서비스제공자에게 복제 · 전송자에 관한 정보를 요청하였으나 거절당한 경우에는 문화체육관광부장관에게 해당 온라인서비스제공자에 대하여 그 정보의 제공을 명령해 줄 것을 청구할 수 있도록 하였다.

일곱째, 저작권자의 권리침해행위 금지유형을 추가하였다(제104조의4부터 제104조의7까지 신설). 저작권자의 권리침해를 방지하기 위하여 암호화된 방송 신호를 무력화하는 행위, 위조라벨을 배포하는 행위, 영화상영관 등에서 저작재산권자의 허락 없이 영상저작물을 녹화 · 공중송신하는 행위 및 방송 전 신호를 제3자에게 송신하는 행위 등을 금지하였다.

여덟째, 법정손해배상제도를 도입하였다(제125조의2 신설). 현재는 불법행위에 대하여 실손해배상 원칙을 적용하고 있으나, 신속한 손해배상을 위하여 실손해배상과 법정손해배상 중 선택적으로 청구할 수 있도록 하고, 법정손해배상액은 실제손해액 등을 갈음하여 침해된 각 저작물 등마다 1천만원 이하의 범위에서 상당한 금액으로 하도록 하였다.

아홉째, 정보제공명령제도를 도입하였다(제129조의2 신설). 법원은 당사자의 신청에 따라 증거를 수집하기 위하여 필요한 경우에는 다른 당사자에게 그가 보유하고 있는 불법복제물의 생산 및 유통 경로에 관한 정보 등을 제공하도록 명할 수 있고, 다른 당사자는 영업비밀 보호를 위한 경우 등에는 정보제공을 거부할 수 있도록 하였다.

열째, 비밀유지명령제도를 도입하였다(제129조의3부터 제129조의5까지 신설). 법원은 제출된 준비서면 등에 포함되어 있는 영업비밀이 공개되면 당사자의 영업에 지장을 줄 우려가 있는 경우 등에는 당사자의 신청에 따라 결정으로 해당 영업비밀을 알게 된 자에게 소송수행 외의 목적으로 영업비밀을 사용하는 행위 등을 하지 아니할 것을 명할 수 있으며, 이러한 비밀유지명령 신청 및 취소와 관련된 절차 등을 규정하였다.

(11) 2013년 개정저작권법

2013년에는 두 차례의 저작권법의 개정이 있었다. 우선 2013년 7월 16일에는 청각장애인과 관련한 저작재산권의 제한 규정을 신설하는 개정이 있었다. 구 저작권법에는 공표된 저작물에 대한 시각장애인을 위한 저작재산권의 제한 규정만 있었고 청각장애인에 관한 규정은 없었다. 이에 따라 신설된 제33조의2는 공표된 저작물에 대한 저작재산권을 제한하여 청각장애인 등을 위한 복제 등이 가능하도록 규정하였다.

그리고 2013년 12월 30일(2014년 7월 1일 시행)의 개정저작권법은 국가나 지방자치단체에서 업무상 작성한 저작물은 공익 목적으로 예산을 투입하여 제작된 저작물이므로 저작재산권의 보호를 배제하고 납세자인 일반 국민들의 자유로운 이용을 보장하는 한편, 현행 규정상 학교 등에서의 수업목적이나 수업지원목적으로 저작물의 일부분을 "복제 · 배포 · 공연 · 방송 또는 전송"할 수 있도록 하고 있으나, 최근 교육현장의 수업방식이 다양화되고 있는 현실을 고려하여 저작권자의 이용허락 없이 저작물을 이용할 수 있는 학교교육 목적의 저작물 이용형태에 '전시'를 추가하고 '방송 또는 전송'을 상위개념인 '공중송신'으로 변경하였다.

(12) 2014년 및 2017년 개정 저작권법

2014년[법률 제12137호, 2013.12.30.] 일부개정에서는 국가나 지방자치단체에서 업무상 작성한 저작물은 공익 목적으로 예산을 투입하여 제작된 저작물이므로 저작재산권의 보호를 배제하고 납세자인 일반 국민들의 자유로운 이용을 보장하는 한편, 현행 규정상 학교 등에서의 수업목적이나 수업지원목적으로 저작물의 일부분을 "복제 · 배포 · 공연 · 방송 또는 전송"할 수 있도록 하고 있으나, 최근 교육현장의 수업방식이 다양화되고 있는 현실을 고려하여 저작권자의 이용허락 없이 저작물을 이용할 수 있는 학교교육 목적의 저작물 이용형태에 '전시'를 추가하고 '방송 또는 전송'을 상위개념인 '공중송신'으로 변경하였고, 2016년[법률 제14083호, 2016.3.22.]의 일부개정에서는 음이 유형물에 고정된 것을 '음반'으로 정의하고 있어 디지털음원의 포함 여부나 '판매용 음반'의 범위에 대해 시장에서 혼란이 발생하고 있으므로 이를 명확히 하였고, 또 공정이용 조항은 다양한 분야에서 저작물 이용행위를 활성화함으로써 문화 및 관련 산업을 발전시키는 중요 목적을 수행하여야 할 것이나, 그 목적 및 고려 사항이 제한적이어서 목적 달성에 어려움이 있는바 이를 정비하였다. 그 외 저작권보호센터와 한국저작권위원회로 이원화되어 있는 저작권 보호업무를 통합하고 '한국저작권보호원'을 설립하는 규정을 신설하였다.

2017년[법률 제14634호, 2017.3.21.]의 일부개정에서는 금치산 및 한정치산 제도를 폐지하고 성년후견제도 등을 도입하는 내용으로 「민법」이 개정됨에 따라 저작권신탁관리업자, 저작권대리중개업자의 결격사유에서 "금치산자 또는 한정치산자"를 "피성년후견인 또는 피한정후견인"으로 대체하였다.

(13) 2018년 및 2019년 개정 저작권법

2018년[법률 제15823호] 일부개정은 학교교육 목적 등에의 이용에 따른 보상금 분배단체의 미분배 보상금의 사용 가능 시기를 보상금 분배 공고 후 3년에서 5년으로 변경하고, 일정 비율의 미분배 보상금을 적립하여 추후 보상권리자에 대한 정보가 확인되는 경우 보상금을 지급할 수 있도록 개정하였다.

(14) 2020년 개정 저작권법

2020년[법률 제16600호, 2019.11.26.] 일부개정은 가상·증강 현실 기술을 이용한 산업의 발전을 뒷받침하기 위하여 촬영 등의 주된 대상에 부수적으로 다른 저작물이 포함되는 경우 저작권 침해를 면책할 수 있는 근거를 마련하고, 공공문화시설이 저작자불명저작물을 활용하여 문화향상 발전에 이바지할 수 있도록 저작자불명저작물을 이용할 수 있는 근거를 마련하는 한편, 저작물 유통의 허브 역할을 하고 있는 저작권위탁관리업자에 대한 주무관청의 관리감독을 강화하고, 저작권보호심의의 공정성과 효율성을 제고하기 위하여 저작권보호심의위원회 위원의 수와 자격 요건을 조정하는 등 현행 제도의 운영상 나타난 일부 미비점을 개선·보완하였고, 2020년 8월 5일 시행하는 일부개정 법[법률 제16933호, 2020.2.4.,일부개정]은 온라인 등을 통한 다양한 교육 콘텐츠 제공이 가능하도록 교과용도서에 게재된 공표된 저작물을 공중송신할 수 있는 근거를 마련하고, 저작권 관련 권리관계를 신속하게 확정하고 진정한 저작권자의 권리를 보호할 수 있도록 등록 관련 제도와 절차를 정비하는 한편, 저작권과 관련한 분쟁을 신속하고 효율적으로 해결할 수 있도록 직권조정결정 제도를 도입하는 등 현행 제도의 운영상 나타난 일부 미비점을 개선·보완하였다.

동년 8월 5일[법률 제16933호, 2020. 2. 4., 일부개정] 시행에서는 온라인 등을 통한 다양한 교육 콘텐츠 제공이 가능하도록 교과용도서에 게재된 공표된 저작물을 공중송신할 수 있는 근거를 마련하고, 저작권 관련 권리 관계를 신속하게 확정하고 진정한 저작권자의 권리를 보호할 수 있도록 등록 관련 제도와 절차를 정비하는 한편, 저작권과 관련한 분쟁을 신속하고 효율적으로 해결할 수 있도록 직권조정결정 제도를 도입하였다.

(15) 2025년 [법률 제20841호, 2025. 3. 25.] 일부개정은 저작재산권자에 대한 보상금의 적극적인 분배를 위하여, 종전에는 보상금 분배 공고 후 5년이 지나면 미분배 보상금을 공익목적으로 사용할 수 있도록 하던 것을 앞으로는 공고 후 10년이 지나야 미분배 보상금을 공익목적으로 사용할 수 있도록 하는 한편, 과도한 형벌 규정으로 인한 민간 경제활동의 어려움을 경감하기 위하여, 종전에는 저작재산권자의 표지를 하지 아니한 배타적발행권자 등에 대하여 500만원 이하의 벌금에 처하도록 하던 것을 앞으로는 500만원 이하의 과태료를 부과하도록 개정하였다.

Ⅲ. 저작권이란

저작권이라 함은 소설을 쓰거나 작곡을 하여 그것을 출판하거나 방송에 이용하는 것에 대해 그것을 쓴 사람이나 작곡한 사람에게 법률로써 인정하는 권리라고 말할 수 있다. 소설이나 작곡과 같이 저작권의 보호대상이 되는 것을 저작물이라고 말하며, 이러한 것들을 창작한 사람을 저작자라고 한다.

이 권리는 특정한 사람에게만 주장할 수 있는 권리가 아니고 누구에게라도 주장할 수 있는 배타적인 권리이기 때문에 소유권과 비슷하나, 일반 소유권과 저작권은 보호대상, 권리의 구성, 권리의 기간 등에서 차이가 난다. 이러한 차이점을 살펴보면, ⅰ) 소유권은 그 보호의 대상을 유체물(동산, 부동산)로 하고 있다면 저작권은 무체물인 저작물을 보호대상으로 하고 있다. ⅱ) 유체물은 동시에 복수이용이 불가능하지만 무체물은 동시에 복수이용이 가능하다. ⅲ) 이러한 특징은 무체물의 경우 직접지배가 불가능하기 때문에 침해시 발견과 입증이 곤란하여 간접침해, 손해액의 추정규정 등을 두고 있다.

권리의 구성을 살펴보면 일반 소유권은 재산권을 중심으로 하고 있는 데 비해, 저작권은 저작재산권과 저작인격권을 중심으로 하고 있다. 이 중 저작인격권은 일신전속적인 특징을 가지기 때문에 저작권 양도 혹은 이전의 경우 저작인격권과 저작재산권의 분리현상이 일어나기도 한다.

소유권은 당해 유체물을 직접 혹은 간접 점유 등을 통해 지배하고 있는 한 영구적인 권리를 행사할 수 있다. 그렇기 때문에 목적물이 멸실된 때에 권리가 소멸한다. 하지만 저작권은 목적물이 멸실된다고 할지라도 권리가 소멸되지 않고, 일정기간까지만 그 권리를 보호하여 주고 있기 때문에 그 기간이 지나면 목적물의 멸실과는 관계없이 그 권리가 소멸하게 된다.

즉, 무체물인 저작권은 사권(私權)이자 준물권(準物權)이라는 점에서 민법상의 재산권과 유사하여 저작권법에 특별한 규정이 없는 경우에는 민법의 규정이 유추적용된다.

저작권은 특허권, 디자인권, 상표권 등과 같이 무체재산권(지적재산권) 중의 하나이다. 특허권, 실용신안권, 디자인권, 상표권 등의 산업재산권은 산업발전에 이바지함을 목적으로 하고, 저작권은 문화관련산업발전에 이바지함을 목적으로 한다.[3] 양법의 기본보호대상은 인간의 지적 · 정신적 활동의 성과를 보호한다는 점에서 동일하고, 권리에 대해서 분쟁이 발생하면, 침해에 대한 분쟁은 양법 모두가 일반법원에서 이루어지나,[4] 권리 자체에 대해 분쟁이 발생한 경우에는 산업재산권은 1차적으로 특허심판원에서 다투고, 심판원의 결정에 불복하는 경우에는 전문법원인 특허법원에서 다툴 수 있다. 그러나 저작물의 경우에는 모두 일반법원에서만 분쟁을 해결할 수 있다. 또 산업재산권은 표현형식과 특정의 기술적 사상이 발명이라는 방법으로 나타난 것을 보호대상으로 하는 데 비해, 저작권법은 사상 · 감정이 외부로 표현된 것을 그 보호대상으로 한다.

또한, 산업재산권은 권리의 발생을 위해서는 절차를 요하는 심사주의를 취하고 있으며, 저작권법은 심사의 절차를 요하지 않고 그 저작물의 완성과 동시에 권리가 발생하는 무방식주의를 취하고 있다. 산업재산권은 심사를 통해 등록을 하게 되고 이러한 등록을 유지하기 위해서는 존속기간 중에는 계속해서 필요한 비용을 납부하여야 하는 데 비해 무방식주의를 취하는 저작권은 이러한 비용납부를 할 필요가 없다.

그리고 특허권(산업재산권)은 신규성, 진보성, 산업상 이용가능성이 있으면

3) 최근 산업발전, 문화발전에 이바지한다는 기준은 모호해지고 있다. 그 이유는 문화발전적인 것도 결국 산업으로 연결되어 산업에 이바지하게 되고, 산업적으로 성공하기 위해서는 그 사회 사람들이 가지는 문화적인 가치에 적합해야 하기 때문이다.

4) 침해사건의 경우에는 동일하게 일반법원에서 이루어지지만 권리 자체에 관한 다툼의 경우 특허심판원 · 특허법원과 저작권위원회 등에서 분리하여 분쟁을 해결하고 있다.

권리가 발생하게 되나, 저작권은 창작성만 있으면 권리가 발생한다. 권리의 구성에 있어서도 산업재산권은 재산권을 중심으로 구성되어 있으나, 저작권은 재산권과 인격권을 구별하여 명시하고 있다.[5] 이러한 권리는 독점성을 가지는데 여기에도 차이가 있다. 산업재산권은 독점배타성이 강하여 하나의 권리만 존재하는 데 비해, 저작권은 복수의 권리가 존재할 수 있어 상대적 독점권이라고 할 수 있다.

이러한 저작권을 규정하고 있는 법률을 '저작권법'이라고 한다. 저작권을 보호하는 이유에 대해서는, 저작물 자체에 저작자의 인격적 · 재산적 가치를 인정하기 때문에 보호한다고 보는 견해와 저작물은 저작자의 지적 활동의 성과이므로, 이를 보호하지 않으면 지적 노력을 들여 저작물을 제작하려고 하는 사람이 없어지므로 이를 권리로서 인정한다고 보는 사람도 있다. 이러한 논의를 별론으로, 저작권제도는 저작자의 인격적 · 재산적 이익을 보호하고 나아가서는 문화 및 관련 산업의 향상발전에 기여함을 목적으로 하고 있다(저§1).

이러한 저작권법은 저작권에 대해서 규정하고 있을 뿐만 아니라 저작권에 인접한 권리를 보호하기 위한 '저작인접권(著作隣接權)' 제도를 두어 실연자(實演者), 음반제작자, 방송사업자를 보호하고 있다.

Ⅳ. 저작권 보호에 관한 시책의 수립

저작권법은 저작자의 권리와 이에 인접하는 권리를 보호하고 저작물의 공정한 이용을 도모함으로써 문화 및 관련 산업의 향상발전에 이바지함을 목적으로 한다(저§1).

문화체육관광부장관은 이 법의 목적을 달성하기 위하여 ⅰ) 저작권의 보호 및 저작물의 공정한 이용 환경 조성을 위한 기본 정책에 관한 사항, ⅱ) 저작권 인식 확산을 위한 교육 및 홍보에 관한 사항, ⅲ) 저작물 등의 권리관리정보 및 기술적 보호조치의 정책에 관한 사항의 시책을 수립 · 시행할 수 있다(저§2의2①). 이에 따른 시책의 수립 · 시행에 필요한 사항은 대통령령으로 정한다(저§2의2②).

5) 산업재산권이 재산권적 성격이 강하다고 하여 인격권적인 요소가 없다는 것은 아니다. 산업재산권의 경우에도 그 권리의 귀속, 발명자게재권과 같은 권리를 설명하기 위해서는 이러한 인격권적인 요소가 없으면 안 된다.

2016년 저작권법을 개정하여 한국저작권보호원 설립규정을 신설하고, 저작권보호업무규정(저§122의5)을 제8장의2에 두고 있다.

Ⅴ. 타법과의 관계

1. 헌 법

헌법 제22조 제1항은 "모든 국민은 학문과 예술의 자유를 가진다"(헌§22①)고 규정하여 저작권법이 존립할 수 있는 근거규정을 마련하고 있으며, 제2항은 "저작자 · 발명가 · 과학기술자와 예술가의 권리는 법률로써 보호한다"(헌§22②)고 하여 저작권자 등의 사유재산권을 보장하고 있다.

2. 민 법

저작권은 사권적 성질을 가지고 있어 저작권법에도 민법의 일반원리가 적용되며, 구(舊)저작권법(1957년)에서는 민법의 특별법적 지위를 가진다고 명시한 경우도 있었다.[6] 특히, 공유 · 질권 · 상속 등에 해당하는 부분은 저작권법의 규정이 미흡하여 많은 부분에 민법이 준용되고 있다.

3. 형 법

저작권은 사권의 일종이며 공권적인 요소도 있어 저작권법 제9장에 벌칙규정을 두고 있다. 그 외에도 저작권위원회와 저작권보호원의 위원과 직원, 그리고 심의위원회의 심의위원에 대하여 형법상 일정한 범죄로 처벌함에 있어서는 공무원으로 의제하는 규정(저§131) 등이 있다.

4. 디자인보호법

디자인보호법과의 관계에서는 디자인보호법 제45조 제3항을 비롯하여 평면디자인, 글자체 등의 중복보호 및 저촉문제가 있다. 그러나 앞의 디자인보호법편

6) 1957년 저작권법 제62조(민법 기타 법령의 준용): 저작권을 침해한 행위에 대하여서는 본법에 특별한 규정이 있는 경우 외에는 민법 기타의 법령을 적용한다.

에서 살펴보았기 때문에 여기서는 생략하기로 한다.

5. 상표법

상표법과의 관계에서는 상표법 제92조의 타인 저작권과 저촉되는 경우를 비롯하여 캐릭터, 서적물의 제호, 슬로건 등의 중복보호 및 저촉문제가 있다. 그러나 앞의 상표법편에서 살펴보았기 때문에 여기서는 생략하기로 한다.

6. 부정경쟁방지 및 영업비밀보호에 관한 법률

저작권법상의 저작물이 주지 · 저명한 경우에는 부정경쟁방지 및 영업비밀보호에 관한 법률이 적용되는 경우가 있다. 예를 들면, 서적물의 제호와 같이 저작권법상의 저작물이 되기는 어려우나 주지 · 저명한 경우에는 부정경쟁방지 및 영업비밀보호에 관한 법률로 보호받을 수 있을 것이다.

7. 특허 · 실용신안법

(1) 목 적

저작권법은 저작자의 권리와 이에 인접하는 권리를 보호하고 저작물의 공정한 이용을 도모함으로써 문화 및 관련산업 발전에 그 목적이 있는 데 반해(저§1), 특허 · 실용신안법의 경우에는 산업의 발전을 그 목적으로 한다.

(2) 보호대상

저작권법은 독창적인 표현형식 그 자체를 보호대상으로 하는 데 비해, 특허 · 실용신안법은 표현형식뿐만 아니라 기술적 사상을 보호대상으로 하므로 동일 내용의 다른 방식의 표현은 보호의 대상이 되지 않는다는 데 차이가 있다.

(3) 권리의 발생

저작권은 저작물을 완성, 즉 창작행위의 완료와 동시에 저작권이 발생하는 무방식주의를 따르고 있으며, 특허법에서는 심사를 통한 등록을 통해 권리를 인정하는 심사주의를 취하고 있다.

또한 저작권의 경우에는 같은 내용이더라도 유사성과 접근 가능성이 없다면 독창적인 권리라고 인정되고 병존하는 권리로서 존립이 가능한 데 비해서, 특허 · 실용신안의 경우에는 동일 내용의 병존가능한 권리가 발생할 수 없다.

(4) 권 리

저작권은 상대적인 독점권이지만 이에 반해 특허 · 실용신안의 경우에는 독점 · 배타적인 권리이다.

(5) 권리보호기간

저작권은 인격권의 경우에는 일신전속적으로 권리가 귀속이 되고 재산권의 경우에는 70년의 보호기간을 갖는다. 이에 반해 특허권의 경우에는 20년의 보호기간의 적용을 받는다(실용신안권은 10년).

제2절 | 저작권의 주체(저작자)

Ⅰ. 저작자의 정의

저작자란 저작물을 창작한 자[7]이다(저§2 ii). 이때 창작에 동인(動因)을 제공하거나 힌트를 준 사람, 그림의 주문자, 건축주 등과 같은 저작물의 의뢰자, 저작자에게 조언을 한 사람, 작업에 수족이 된 사람은 저작자가 될 수 없고[8] 직접 작업을 통해 저작물을 창작한 자가 저작자가 된다.[9] 이러한 논리에서 조수는 직접 창작을 하는 자의 수족에 불과한 것이기 때문에 저작자가 될 수 없다.[10][11]

---

7) 당사자 사이에 처음부터 저작권을 저작자 아닌 자에게 귀속시키기로 합의하더라도 저작권의 발생은 원저작자에게 있는 것이고 양도에 의해 후발적으로 이전하는 것으로 보아야 할 것이다.

8) 사법연수원, 「저작권법 I」, 2001, p.150.

9) 편곡된 가요를 기계적, 전자적으로 메모리칩에 입력시켰을 뿐 … 별도의 저작권이 있다고 볼 수는 없다(서울고법 1996.6.27.선고, 95나30774 판결).
창작성이 있는 작업은 등장인물과 배경의 데생 및 셀칼라 지정작업에 있다 할 것이고, … 색깔을 칠하는 작업은 기계적인 작업 … 창작성을 가미시킨 자의 것이다(서울고법 1995.5.19.선고, 95나8746 판결).

10) 송영식 · 이상정 · 황종환, 「지적소유권법」, 육법사, 2001.9, p.510.

11) 일본의 판례에서도 주문자측에서 지도의 제도자에게 상세한 지시가 있었을 경우에 해당 지도의 제작자는 제도자가 아니라 주문자라는 판례(東京地裁 1969.3.30.)가 있다. 이와는 다르게 제작의뢰자가 지도에 넣어야 할 주요 도로, 기타를 지시하고 숲이나 강을 채색하도록 지시 · 주문하였다고 하더라도 그 저작자는 도형, 무늬에 의하여 구체적으로 표현 · 제작한

저작권법에서 말하는 "자"는 자연인은 물론 법인 등 단체도 포함하는 것으로 해석하고 있다. 즉, 사상이나 감정을 독창적으로 표현한 것으로서 학문이나 예술의 범주에 속하는 것을 창작한 자는 모두가 저작자로 취급되는 것이다. 따라서 행위무능력자 또는 2차적 저작물 작성자나 편집저작물 작성자도 저작자에 포함된다.[12] 법인 · 단체 그 밖의 사용자의 기획 하에 법인 등의 업무에 종사하는 자가 업무상 작성하는 저작물로서 법인 등의 명의로 공표된 것의 저작자는 계약 또는 근무규칙 등에 다른 정함이 없는 때에는 그 법인 등의 저작이 된다.

저작권법은 시간, 노력의 투하로 창작된 저작물을 보호함으로써 창작활동을 권장하기 위한 것으로, 원래 "만들어 낸" 저작물을 대상으로 하는 것이므로, 저작자 아닌 자를 저작자로 하여 저작물을 공표한 경우인 이른바 '부(負)의 저작물'은, 이름을 모용당한 자의 인격권 침해가 되는지 여부는 별론으로 하고 그의 저작권을 침해하였다고 볼 수는 없다.[13]

II. 저작자의 종류

1. 단독저작자

단독저작이란 한 사람에 의해서 창작된 것이다. 이전에는 한 사람이 단독으로 저작활동을 하는 경우가 많았기에 이러한 형태가 대부분을 차지했었다. 하지만, 시대가 흐르면서 많은 인력과 자원이 드는 창작물을 만들어내는 시도가 이루어지게 되었다. 이러한 상황을 반영한 것이 바로 공동저작자 또는 법인저작자 등의 개념이다.

화가이며, 제작주문자는 아니라는 판례(東京地裁 1964.12.26.)도 있다. 또한 이와 같은 취지로 곤충삽화를 제작함에 있어 출판사에서 상세한 편집방침 등의 지시가 있었다고 하더라도 미술저작물의 경우는 화가로서 감각과 기술을 구사하여 사실적으로 그린 것이 인정되기 때문에 저작자는 당해 삽화를 그린 화가라고 하였다(송영식 · 이상정, 「저작권법개설」, 세창출판사, 2003.8, p.105).

12) 우리나라에는 행위무능력자에 대한 저작자 제한 규정이 없기 때문에 논란이 있을 수 있으나 행위무능력자가 창작을 할 수 없는 것이 아니기 때문에 이를 인정하더라도 문제가 없을 것 같다.

13) 서울지법 1995.6.23.선고, 94카합9230 판결.

2. 공동저작자

공동저작이란 둘 이상의 사람에 의해서 창작을 한 것이다. 이렇게 만들어진 저작물을 공동저작물이라고 한다. 즉, 공동저작물[14]이란 2인 이상이 공동으로 창작한 저작물로서 각자의 이바지한 부분을 분리하여 이용할 수 없는 것을 말한다(저§2 xxi).[15] 판례는 작성자가 특정부분을 나누어 집필한 것이 아니라 공동의 조사내용을 토대로 공동으로 작성한 보고서와 수록 자료별로 작성자가 특정되어 있으나 전체적으로 통일된 기획에 따라 각자가 작성한 뒤 이를 유기적으로 종합한 전체적인 보고서는 각자의 이바지한 부분을 분리하여 이용할 수 없는 것으로 공동저작물이라고 하였다.[16] 이렇게 공동으로 저작물을 제작한 사람이 공동저작자가 되고 이들은 공동으로 저작권을 가진다. 그래서 권리의 행사에 있어서도 공동으로 하여야 한다. 공동저작물의 예로는 영상저작물, 토론회나 좌담회에서의 대담, 조각이나 벽화의 공동제작 등이 있다.[17]

3. 업무상저작자(직무저작자)

업무상저작물은 법인 · 단체 그 밖의 사용자(이하 법인 등)의 기획하에 법인 등의 업무에 종사하는 자가 업무상 작성하는 저작물을 말한다(저§2 x x x i). 앞에서도 언급했듯이 저작자는 자연인뿐만 아니라 법률에 의해서 인정되는 법인에게도 인정된다.[18]

---

14) 유사한 개념으로 1957년 저작권법 제12조 제2항은 수인(數人)이 창작한 것으로서 각 저작물의 분담부분이 분명하지 아니한 이른바 "합저작물"을 규정한 바 있는데, 이는 공동저작물과 같은 개념이라고 할 수 있다.

15) 극본 집필에 있어서 보조작가들이 단순히 그 자료수집이나 조언 등의 보조적인 단계에 머물렀던 것이 아니라 작가와 거의 대등한 입장에서 적극적으로 창의를 발휘하고 정신적 노력을 하는 등으로 공동저작한 것은 공동저작물에 해당한다(서울민사지법 1995.10.24. 95카합3860 결정).

16) 서울민사지법 1995.4.28.선고, 94가합50354 판결.

17) 공동저작자가 창작한 공동저작물과 유사한 개념으로 결합저작물이 있다. 결합저작물이란 둘 이상의 사람에 의해 창작된 것을 결합한 것이다. 옴니버스 형식의 소설을 하나의 저작물이지만 다수의 저작자가 특정항목을 개별적으로 나누어 저작한 후 편집하여 집필부분을 표시한 것, 가요, 오페라, 뮤지컬에서의 곡과 가사, 삽화가 들어 있는 신문소설 등이 있을 수 있다. 이러한 결합저작물의 경우 각각이 독립된 저작자로 취급되기도 한다(사법연수원, 「저작권법 I」, 2001, p.153).

18) 독일 저작권법에서는 법인부정설에 입각하여 자연인이 아닌 법인이나 단체는 저작자로 인정하지 않으나, 미국, 일본 등 많은 국가들의 저작권법과 우리 구법(1957년)은 법인저작자

또한, 법인 등의 명의로 공표되는 업무상저작물의 저작자는 계약 또는 근무규칙 등에 다른 정함이 없는 때에는 그 법인 등이 된다.[19] 다만, 컴퓨터프로그램저작물의 경우 공표될 것을 요하지 아니한다(저§9).

업무상저작물이 성립하기 위해서는 법인·단체 그 밖의 사용자가 저작물의 작성을 기획할 것, 법인 등의 업무에 종사하는 자가 작성할 것, 종업원이 업무상 작성할 것, 법인 등의 명의로 공표되는 것일 것, 법인 등의 사용자와 종업원 사이에 계약이나 근무규칙 등에 다른 정함이 없을 것을 요건으로 하고 있다.[20]

4. 외국인저작자

외국인은 우리나라가 가입 또는 체결한 조약에 따라 보호함을 원칙으로 하되(저§3①), 우리나라에 상시 거주하는 외국인(무국적자 및 우리나라 내에 주된 사무소가 있는 외국법인을 포함)의 저작물과 맨 처음 대한민국 내에서 공표된 외국인의 저작물(외국에서 공표된 날로부터 30일 이내에 대한민국 내에서 공표된 저작물을 포함한다)은 우리 저작권법으로 보호한다(저§3②). 다만 이 경우에도 그 외국에서 대한민국 국민의 저작물을 보호하지 아니하는 경우에는 그에 상응하게 조약 및 이 법에 의한 보호를 제한할 수 있도록 하여 상호주의를 취하고 있으며(저§3③), 그 외국에서 보호기간이 만료된 경우에는 이 법에 따른 보호기간을 인정하지 아니한다(저§3④).

5. 월북저작자

우리 헌법 제3조는 "대한민국의 영토는 한반도와 그 부속도서로 한다"고 규정하고 있기 때문에 월북작가나 재북한작가의 저작물도 대한민국에서 당연히 보호된다. 관련 판결을 살펴보면 "헌법 제3조 규정에 의하면 북한지역은 한반도의 일부이므로 대한민국의 주권과 부딪치는 어떠한 주권의 정치도 법리상 인정될 수 없는 것[21]이므로 우리 헌법에 의거하여 제정·시행된 저작권이나 민법 등 모든 법령의 효력은 당연히 북한지역에 미친다고 보아야 하며 … 따라서 북한지역에

를 인정한다(허희성, 「신저작권법축조해설」, 저작권아카데미, 2000.10, p.40).

19) 단체명의저작물의 저작권에 관한 저작권법 9조를 해석함에 있어서 이 규정이 예외규정인 만큼 이를 제한적으로 해석하여야 하고 확대 내지 유추해석하여 저작물의 제작에 관한 도급계약에까지 적용할 수는 없다(대법원 1992.12.24.선고, 92다31309 판결).

20) 사법연수원, 「저작권법 I」, 2001, pp.159~160.

21) 대법원 1961.9.28.선고, 4292행상48 판결.

거주한 자의 저작물은 우리 저작권법에 의해 보호되는 저작권을 취득하였으며, 그가 사망함에 따라 남한에 있는 상속인에게 그 상속지분에 따라 저작권을 상속하였다고 할 것이다"[22]라고 함으로써 북한작가도 우리나라 작가와 동일한 취급을 하고 있다.

Ⅲ. 저작자의 추정

저작권에 대한 다툼이 있는 경우 제3자는 진정한 저작권자가 누구인지 분명하지 않아 권리침해가 발생하였을 경우의 입증문제를 용이하게 하고 저작물의 이용과 유통의 활성화를 촉진하기 위해 저작권법은 저작권자 추정규정을 두고 있다.[23] 즉, 저작물의 원본이나 그 복제물에 저작자로서의 성명 또는 그의 예명·아호·약칭 등으로서 널리 알려진 것이 일반적인 방법으로 표시된 자나 저작물을 공연 또는 공중송신함에 있어서 저작자로서의 실명 또는 저작자의 널리 알려진 이명으로서 표시된 자의 경우에는 저작자로서 그 저작물에 대한 저작권을 가지는 것으로 추정한다(저§8①). 이때 이러한 저작자의 표시가 없는 저작물에 있어서는 발행자, 공연자 또는 공표자로 표시된 자가 저작권을 가지는 것으로 추정한다(저§8②).

이러한 추정의 효과로 인해 반증[24]이 없는 한 저작권의 주체는 바뀌지 않는다. 이 경우에 추정은 저작권자에게 유리한 것뿐만 아니라 불리한 것도 추정의 대상이 된다. 그리고 추정의 효과는 소급한다.[25]

22) 판례와 같은 취지로 월북작가의 허락을 받지 않고 복제·배포한 행위에 대해 저작권침해라고 하였으며(서울형사지법 1989.12.12.선고, 89고단4609 판결), 북한이 UCC에 가입하지 않았다고 하더라도 북한저작물은 상호주의와 관계없이 우리 저작권법상의 보호를 받는다(서울민사지법 1994.2.14.선고, 93카합2009 판결)고 하였다.

23) 상업성이 강한 응용미술작품의 경우 당사자 사이의 계약에 의하여 실제로 제작하지 아니한 자를 저작자로 할 수는 없다고 할 것이다(대법원 1992.12.24.선고, 92다31309 판결).

24) 반증이 있는 경우 저작권의 귀속은 물론이고 그 효과 모두가 원래대로 소급한다.

25) 송영식·이상정·황종환, 「지적소유권법」, 육법사, 2001, pp.511~512.

Ⅳ. 저작자와 저작권자

저작자는 저작활동을 한 사람이고 저작권자는 저작물에 대한 권리를 가지는 사람이다. 즉, 저작권자는 저작권의 귀속 주체이다. 원칙적으로 저작을 한 사람은 저작권자가 된다.[26][27] 이는 저작권이 특허권 · 디자인권 등의 산업재산권과 같이 일정한 요건을 갖추어 등록함으로써 권리가 발생하는 것이 아니라 저작자가 저작한 때부터 권리가 자동적으로 발생하는 것이기 때문에 나타나는 현상이다. 하지만, 저작자와 저작권자가 분리되는 현상이 생길 수도 있는데 이것은 저작재산권이 양도, 상속에 의해서 이전이 가능하기 때문이다.[28] 그리고 원저작자의 표시가 없는 저작물의 경우 발행자, 공연자 또는 공표자로 표시된 자가 저작권을 가지는 것으로 추정되기 때문에 저작자와 저작권자가 달라질 수 있다.

제3절 | 저작권의 객체(저작물)

Ⅰ. 서

저작권은 저작물의 이용에 대하여 인정하는 권리이지만, 무엇이 저작물로서 보호되는가는 국제적으로도 난문(難問)으로 되어 있다.

조약이나 각국의 국내법령에서 저작물로 예시하고 있는 소설, 연극, 회화, 음악 등이 저작물이 되는 것은 어느 누구도 의심하지 않지만 경계선(border line)상에 있는 것의 판단이 아주 미묘하다. 저작물인가 아닌가로 다투는 경우에는 최종

---

26) 번역사무실을 차려 놓고, 어학에 능통한 자들을 고용하여 번역한 경우에도 저작자는 당해 번역을 한 번역자이며, 번역사무실의 운영자가 아니다(서울민사지법 1994.6.1.선고, 94가합3724 판결).

27) 단순한 문안 인사나 사실의 통지에 불과한 편지는 저작권의 보호대상이 아니지만, 학자 · 예술가가 학문상의 의견이나 예술적 견해를 쓴 편지뿐만 아니라 자신의 생활을 서술하면서 자신의 사상이나 감정을 표현한 편지는 저작권의 보호대상이 되고, 그 경우 편지 자체의 소유권은 수신인에게 있지만 편지의 저작권은 통상 편지를 쓴 발신인에게 남아 있게 된다(서울지법 1995.6.23.선고, 94카합9230 판결).

28) 사법연수원, 「저작권법 Ⅰ」, 2001, p.152.

적으로 법원이 저작물인가 아닌가를 판단할 수밖에 없다. 그러므로 판례가 많이 쌓여 저작물의 범위가 구체적이고 명확하게 되어야 한다고 본다. 예를 들면 직업별 전화번호부는 저작물이고, 단순한 인명부(人名簿)는 저작물이 아니라는 판례가 있다.[29)]

2006년 개정법에서는 저작물의 정의를 "문학 · 학술 또는 예술의 범위에 속하는 창작물"에서 "인간의 사상 또는 감정을 표현한 창작물"로 변경하였다(저§2 i). 이는 최근 데이터베이스, 컴퓨터프로그램 등 문학 · 학술의 범주에 해당되지 않는 것도 저작물로 인정하는 등 저작물의 범주가 확대되고 있는 추세를 반영한 것이다.

독일의 경우 "본법상 저작물이란 인간의 정신적 창작물에 한한다"라고 규정하고 있다(독일저§2②). 일본의 경우 "사상 또는 감정을 창작물로 표현한 것으로서, 문예 · 학술 · 미술 또는 음악의 범위에 속하는 것"이라고 정의하고 있으며, 저작권법 제10조에서 저작물을 예시하고 있다.[30)] 이 규정은 베른협약의 "문학 · 학술 및 예술의 범위에 속하는 모든 창작물을 포함한다"는 규정을 반영하여 만들어진 것이다. 하지만, 이 조약도 저작물의 개념 자체는 명기하고 있지는 아니하다. 여기서 저작물의 성립요건을 살펴보면 다음과 같다.

1) 창작물

㈎ 창작성의 정의　　창작성이란 기존의 다른 저작물을 베끼지 않았다는 것 또는 저작물의 작성이 개인적인 정신적 활동의 결과라는 것을 의미하며, 사상 · 감정 자체는 독창성이 없다고 하여도 표현의 형식 또는 방법에 독창성이 있으면 족하다. 따라서 저작물의 창작성은 기존의 사상으로부터 완전히 새로운 것을 요구하는 발명의 신규성과 다르며, 그것이 실질적으로 모방하지 않고 창작된 것이라면 동일 대상에 대한 권리의 병존(竝存)이 인정되는 상대적인 개념이다.[31)]

---

29) 東京地裁 1919.6.21. 판결.

30) 일본도 구법에서는 저작물에 대한 정의규정이 없었으나 현행법 개정시에 판례[大阪高判 昭和11年5月19日(法律新聞 4006号, p.12)은 "정신적 노작(勞作)의 소산(所産)인 사상감정(思想感情)의 독창적(獨創的) 표현으로서 객관적 존재를 가지고, 문예 · 학술 또는 미술의 범위에 속하는 것이다."라고 판시하였다.]와 학설에 의해 현재 정의규정을 두고 있다.

31) 최성우, 「제2판 저작권법」, 한빛지적소유권센터(2000), p.42. "저작권법상의 창작성은 기존의 사상이나 기술로부터 전혀 새로운 것을 요구하는 발명과 실용적 고안의 신규성이나 기존의 의장과 동일 또는 유사하지 않을 것을 필요로 하는 디자인의 신규성과는 다른 개념이다. 왜냐하면, 인간의 문화 · 창작활동은 절대적인 무(無)에서 유(有)를 창조하는 행위가 아니라

창작물에 대해 사전에는 창작성에 대한 개념설명이 없으나, 창조(創造)란 개념은 기존의 요소 혹은 소재(素材)의 독창적인 편성에 의한 새로운 타입의 사물의 산출에서부터 완전 무(無)에서의 세계 그 자체의 창출에 이르는 넓은 범위에 쓰이는 말이다.[32] 즉 이제까지 없었던 것을 새로 만들어내는 일을 의미한다.

(나) 창작성의 판단기준 저작물의 성립요건으로서 창작성 판단기준은 노동이론과 유인이론으로 나누어진다.

노동이론(Sweat of the brow theory)은 저작자에게 권리를 부여하는 것은 저작물을 작성하는 데 투자한 시간과 노력 등을 중시하여, 그 저작물의 창작성 수준이 고도(高度)하지 않아도 보호하자는 이론인 데 반하여, 유인이론(誘引理論)은 저작자가 저작물의 창작에 많은 투자와 노력 등을 함으로써 궁극적으로 문화발전을 유인해 준 대가로 보호하자는 이론이다.

인사문의 저작물성에 대해, 정형적인 인사문, 즉 '근하신년', '새해 복 많이 받으세요', '건강하세요', '부자 되세요' 등과 같은 저작물은 시간과 노력 등이 투입되었다고 보기 어려우므로 저작물이 되지 않는다고 본다. 즉, 이러한 저작물은 '사상 또는 감정'이 내포되었다고 하더라도 누구나 생각할 수 있는 표현이기 때문에 저작물성이 없다. 예를 들면, 일본의 어떤 출판사가 잡지의 휴・폐간의 인사말을 모아서 원 형태대로 복제・수록한 책을 출판한 데 대해 잡지사는 책을 출판한 출판사에 대해 저작권침해로 사용금지 및 손해배상을 청구했다(일명 '라스트메세지 최종호사건'). 법원은 i) 해당 잡지가 이번 호에 한하여 휴간 또는 폐간한다는 취지의 고지, ii) 독자에 대해 감사의 뜻 혹은 사과의 표명, iii) 휴간 또는 폐간하는 유감의 뜻의 표명, iv) 해당 잡지의 지금까지 편집방침의 골자, v) 휴간 또는 폐

선인(先人)의 문화유산이나 동 시대의 사조(思潮) 또는 기존의 저작물에 구현된 아이디어・소재・형식 등의 영향을 받아 창작하는 경우가 대부분으로 전인미답(全人未踏)의 감정표현일 수 없기 때문이다. 따라서 저작물은 동일・유사한 것이 2 이상 존재할 수 있다.

한편, 진보성에 대해, 특허법이나 실용신안법에서는 진보성을 요구하나, 저작권법상 저작물은 '문학・학술 또는 예술의 범위에 속하는 창작물로서 사상 또는 감정이 표현된 것'을 보호대상으로 하기 때문에 진보의 개념이 존재하지 않는다고 본다. 그러나 의장의 디자인도 진보성이 요구되지 않아 언뜻 보기에는 저작권법상의 저작물과 유사하게 보이지만, 디자인보호법상의 창작성은 기존의 주지(周知)의 형상(形狀)・모양 등으로부터 당업자(當業者)가 용이하게 창작할 수 없는 정도의 객관적・절대적 수준의 창작성을 요구하는 것이지만, 저작권법상의 창작성은 저작물의 수준에 대한 요구가 아니라 실질적으로 모방하지 않고 독립적으로 창작된 것임을 요구하는 상대적인 창작성의 개념이다."

32) 두산세계대백과 EnCyber.

간 후의 재발행이나 새로운 잡지발행 등의 예정 설명, 동 관련 잡지를 계속하여 애독하여 줄 것을 요망하는 취지를 "누구나가 생각할 수 있는 표현으로 기술한 것에 불과한 것은 창작성이 결여되어 있기 때문에 저작물로 보기 어렵다."라고 판단하면서 저작물을 판단함에 있어서 개개의 인사문을 검토하여 "일상에서 잘 사용하는 표현, 흔한 말 정도"로 되어 있기 때문에 이상과 같은 인사문은 창작성이 없다고 판단하였다.[33]

그러나 '중의원당락예상표(衆議院當落豫想表)'에 대해서 작성자에게 "지적·정신적 활동의 소산으로 해석되며, 그 표현형식이 동인의 개성이 잘 표현되어 있다."[34]라고 하여 저작물성이 있다고 판단하였다.

우리 대법원의 판결은 "창작성이란 완전한 의미의 독창성을 말하는 것은 아니며, 단지 어떠한 작품이 남의 것을 단순히 모방한 것이 아니고 작자 자신의 독자적인 사상 또는 감정의 표현을 담고 있음을 의미할 뿐이어서 이러한 요건을 충족하기 위하여는 단지 저작물에 그 저작자 나름대로의 정신적 노력의 소산으로서의 특성이 부여되어 있고, 다른 저작자의 기존의 작품과 구별할 수 있을 정도이면 충분하다고 할 것이다."[35]라고 하여 창작성설(獨創性說)보다는 개성설(個性說)[36]을 따르고 있다고 볼 수 있다. 그 외에 독창성에 창조성을 더한 기준을 제시하는 학자도 있다.[37]

2) 사상 또는 감정

(가) '사상 또는 감정'을 저작물 성립요건의 하나로 해석하게 된 배경

저작권법의 보호대상은 '저작물'이다. 이러한 저작물이 되기 위해서는 먼저 인간의 '사상 또는 감정'이 외부로 표현된 것이어야 한다. 그래서 우리 판례도 '사상 또는 감정'을 저작물의 한 요건으로 인정하고 있다. 예를 들면 "만화제명 '또복이'는 사상 또는 감정의 표현이라고 볼 수 없어 저작물로서 보호받을 수 없다."라고 대법원은 선고하였다.[38] 이로써 우리나라에서도 판례와 해석으로 '저작물'이

---

33) 東京地判 平成7年12月18日 知的財産權關係民事·行政判例集 27卷 4號, p.787; 判例時報 1567號, p.126; 田村善之「平成8年重要判例解說」ジュリスト、1113號, p.256.

34) 東京高判 昭和62年2月19日 無體財産權判例集 19卷 1号, p.30; 判例時報 1225号, p.111(當落豫測表事件).

35) 대법원 1995.11.14.선고, 94도2238 판결.

36) 作花文雄,「詳解著作權法」ぎょうせい(2000), p.79.

37) 中山信弘,「ソフトウェアの法的保護(新版)」, 有斐閣, 1988, p.104.

되기 위해서는 '사상 또는 감정이 외부로 표현된 것'이어야 한다고 보고 있다.

(나) '사상 또는 감정'의 개념 및 보호대상 위에서도 살펴보았듯이 저작권법상의 저작물이 되기 위해서는 첫 번째 요건이 '사상 또는 감정'을 표현한 것이어야 한다. 그렇기 때문에 인간의 정신적 활동의 성과가 아닌 '자연계의 현상 혹은 사실'이나, 사회 등에서 존재하는 '사실' 그 자체는 저작물의 범위에서 제외된다고 본다.[39] 예를 들면, 자연계의 현상이라 함은 "해는 동쪽에서 떠서 서쪽에서 진다"라든지, "물은 위에서 아래로 흐르는 것" 등이고, 자연계의 사실이라 하면 "지구는 둥글다"라든가, "조개에 의해 진주가 만들어진다"는 것 등이 될 것이다. 그리고 사회의 단순한 사실이라 함은 「오늘 교통사고는 몇 건이고, 누가 수석을 했고, 코미디언 이○○ 씨는 2002년 ×월 ×일에 죽었고, 그는 한때 국회의원에 당선되기도 하였다, 또 누구는 장관에 임명되었다」 등일 것이다. 그리고 단순한 사실이 아닌 조사·연구에 의해 알 수 있는 경우, 「독도는 울릉도에서 동쪽으로 몇 미터이고 수심은 몇 미터이다. 우리나라의 벚꽃의 만개(滿開)시기는 ○월 ○일부터 ○월 ○일까지이다」 등과 같이 조사연구의 성과에 의해 발견, 확인한 사실의 데이터 등도 사상과 감정이 포함되어 있다고 보기 어려울 것이다. 즉 사실 그 자체는 만인 공유의 지식이라 독점을 인정하면 다른 사람은 사용할 수 없기 때문에 이를 저작권법상 저작물로 보아서는 아니 된다고 본다.

우리 저작권법 제7조 제5호에서 "사실의 전달에 불과한 시사보도"는 저작물에 해당하지 않는다고 규정한 취지는 저작물의 정의에 해당하는 '사상 또는 감정'의 뜻이 내포되지 않은 단순한 사실 그 자체는 보호하지 않겠다고 하는 당연한 규정이므로 이는 주의규정(注意規定)에 불과하다고 본다.[40] 그러나 사실전달이라도 그 표현에 있어 '사상 또는 감정'이 반영된 경우도 많으며, "지도, 전기, 역사에 관한 기술(記述), 신문잡지 등의 보도기사 등의 경우도 많은 경우 저작물로서 보호를 받는 경우가 있기 때문에 이 규정의 적용범위는 한정적(限定的)으로 해석할 필요가 있다."라고 한다.[41] 즉 대부분의 신문기사의 경우, 사건의 선택, 정세분석, 평

---

38) 대법원 1977.7.12.선고, 77다90 판결; 이와 같은 취지의 일본 판결은 東京地判 昭和40.8.31. 下民集 16巻 8号, p.1377.

39) 吉田大輔, "著作權の射程距離," 知財管理 Vol.51 No.3, 2001, p.359.

40) 加戶守行, 「三訂新版著作權法逐條講義」, 著作權情報センター, 2000, p.122.

41) 吉田大輔, "事實に密着した著作物の著作權の侵害," 齊登博·牧野利秋 編 「裁判實務大系27 知的財産關係訴訟法」, p.138; 吉田大輔, "著作權の射程距離," 知財管理 Vol.51, No.3, 2001,

가, 문장의 구성 등의 작업이 내재(內在)되어 있기 때문에 저작권법상의 저작물에 해당된다고 보아야 할 것이다.[42] 또한, 신문이나 잡지 전부가 사실전달에 불과한 기사로 집합되었더라도 '사실'의 선택 또는 배열에 창작성이 있으면 신문사나 잡지사의 편집저작물이 된다.

한편, 인간이 작성한 계약서안,[43] 선하증권,[44] 소송일지[45] 등은 어느 정도 사고(思考, 思想)에 의해 작성되는 것이나 일본 판례는 저작물로 인정하고 있지 않다. 물론 누구나 같이 생각할 수 있는 계약서나 증권, 소송 · 중개 등의 일지 등이라면 사상과 감정이 내포되어 있지 않다고 보지만, 대부분의 계약서나 일지 등은 작성자의 어느 정도의 사상과 감정이 내포[46]되어 있는 경우가 많기 때문에 저작권법으로 보호하여도 큰 문제가 없다고 본다.[47]

물론 인간이 표현한 것이라도 아무 생각 없이 연습장이나 흑판 · 흙에 그리거나 쓰는 경우 또는 어떤 사회 · 자연현상을 보고 정리하거나 그대로 쓰거나 그리는 경우에는 사상 또는 감정이 표현된 것이라고 볼 수 없다. 그렇다고, '사상 또는 감정'을 철학적 혹은 심리학적 개념으로 좁게 해석할 것이 아니라 '생각'과 '기분' 정도로 넓은 의미로 해석하여야 할 것이다.[48] 즉 '사상 또는 감정'이란 인간의 정신적 · 정적(情的)인 측면이지만, 고도(高度)한 것까지 요구되는 것은 아니다.[49]

---

p.358.

42) 福岡地裁 大牟田支判 昭和59年9月28日 無體裁集 16卷 3號, p.705(日刊情報事件)에서는 三池爭議中 勞働組合에 의해 발생된 기관지의 號外로서의 성격을 가진 「日刊情報」를 노동조합이 쟁의를 진전시키기 위해 정세분석, 투쟁방침이나 요구를 기사에 포함시킨 것으로서 사실전달에 불과한 雜報 및 시사보도에 해당한다고 인정하지 않고, 사상 또는 감정을 창작적으로 표현한 것으로서 학술의 범위에 속하는 것에 준하는 것으로 인정하였다고 한다[中山信弘, "著作權法における思想 · 感情," 特許硏究 No.33(2002.3), p.15 재인용].

43) 東京地判 昭和62年5月14日, 判例時報 1273号, p.76(契約書案事件)에서는 상대방에게 송부한 계약서 안에 대해서 '사상 · 감정을 창작적으로 표현한 것이 아니다'라고 저작물성을 부정하였다.

44) 東京地判 昭和40年8月31日, 判例時報 424号, p.40; 判例タイムズ 185号, p.216(船荷證券事件)에서는 B/L에 표시되어 있는 것은 피고 내지 그 거래상대방의 장래에 대한 계약의 의사표시에 불과한 것이어서 원고의 사상에 대한 어떤 것도 표시되어 있지 않기 때문에 그것에 저작권이 생길 여지가 없다고 판단하였다.

45) 中山信弘, "著作權法における思想 · 感情," 特許硏究 No.33(2002.3), p.9(재인용).

46) 中山信弘, ジュリスト No.989, p.106.

47) 半田正夫, 「著作權法概說(第9版)」, 一粒社(1999), p.80; 中山信弘, "著作權法における思想 · 感情," 特許硏究 No.33(2002.3), p.10.

48) 半田正夫, 「著作權法概說(第9版)」, 一粒社(1999), p.80.

어디까지나 '사상 또는 감정'은 표현된 저작물에서 핵심적으로 존재할 필요가 있다.[50] 물론 저작물의 표현대상의 객체는 사상 또는 감정이 없어도 되나, 표현된 것에는 사상 또는 감정이 나타나 있어야 한다. 예를 들면, 북한산을 그릴 경우 또는 피사체(被寫體)로서 사진을 찍는 경우, 보통의 의미에 있어서는 그림이나 사진의 대상은 북한산이 되지만, 북한산은 사실 그 자체이지 사상 또는 감정이 아니다. 다시 말하자면, 북한산을 그릴 경우에 그리는 과정 중에 어떠한 각도에서 붓 · 색 등의 사용방법이나 사진촬영에서 앵글, 셔터의 스피드 등을 통해서 그린 그림이나 찍은 사진은 사상 또는 감정이 표현된 것으로 본다.[51]

여기서 '사상 또는 감정'은 본능에 의한 표현과 분리하여 생각할 필요가 있다. 그래서 동물이 그린 그림이나 AI(인공지능)이나 컴퓨터 프로그램 등의 기계적인 방법에 의해 만들어진 것들은 사상과 감정이 표현되어 있다고 볼 수 없다고 한다.[52] 그렇다면 '사상 또는 감정'은 인간만이 할 수 있다.

물론 아이디어인 '사상' 그 자체만은 저작권법상의 보호대상은 아니다. 즉, "아이디어는 만인의 공유(共有)에 속하는 것이므로 독점권을 인정하지 않는다."라는 의미로 해석하고 있다.[53] 이와 같은 취지의 규정은 WTO/TRIPs 협정 제9조 제2항 "저작권은 표현된 것을 보호하고, 아이디어, 절차, 운용방법이나 수학적 개념은 보호되지 않는다."라는 규정과 WIPO 저작권조약 제2조도 같은 규정을 두고 있다.[54] 또 미국 저작권법 제102조에서도 같은 취지의 규정을 명시하고 있다.[55]

---

49) 中山信弘, "著作權法における思想 · 感情," 特許硏究 No.33(2002.3), p.6; 최성우, 「제2판 저작권법」, 한빛지적소유권센터(2000), p.43.

50) 加戸守行, 「三訂新版著作權法逐條講義」, 著作權情報センター, 2000, p.19.

51) 中山信弘, "著作權法における思想 · 感情," 特許硏究 No.33(2002. 3), p.6.

52) 加戸守行, 「三訂新版著作權法逐條講義」, 著作權情報センター, 2000, p.18; 오승종 · 이해완, 「개정판 저작권법」, 박영사(2000), p.37.

53) 吉田大輔, "著作權の射程距離," 知財管理 Vol.51 No.3, 2001, p.359; Paul Goldstein, Copyright, Vol. I, 2nd ed., 2.2.1, Little Brown Company, p.223; 사법연수원, 「저작권법 II」, 1999, p.42; 오승종 · 이해완, 「개정판 저작권법」, 박영사(2000), p.38(재인용).

54) WIPO 저작권조약 제2조(저작권의 보호): 저작권 보호는 표현에는 미치지만 생각, 절차, 운용방법 또는 수학적 개념에는 미치지 아니한다.

55) 17 U.S.C. §102(b): In no case does copyright protection for an original work of authorship extend to any idea, procedure, process, system, method of operation, concept, principle, or discovery, regardless of the form in which it is described, explained, illustrated, or embodied in such work.

그러나 특허법은 아이디어인 '사상(思想)'을 그 보호대상으로 하고 있다. 그렇다면 저작권법상의 '사상'과 '표현'을 2분법으로 해석하는 것이 필요하다.

저작권법에서 아이디어인 '사상'은 저작권법상의 보호대상이 아니라 만인의 공유라고 학자들이 주장하는 것은 머릿속에 있는 아이디어인 '사상' 그 자체와 '표현'이 일치(一致)하면 저작권법으로 보호하지 않고, '사상'은 독창적으로 '표현'되지 않으면 안 되기 때문이라고 2분법(론)[56]으로 설명하는 것 같다.

그러면 '사상(思想) 또는 감정(感情)'이란 과연 무엇을 지칭하는 것일까? 어떤 학자는 이를 총칭하여 '아이디어'라 하는 경우도 있으나[57] 이는 함께 해석할 문제가 아니라 분리하여 해석할 필요가 있다. 왜냐하면, 우리 특허법 제2조 제1호에서는 "'발명'이라 함은 자연법칙을 이용한 '기술적 사상'의 창작으로 고도한 것"이라 하여 '사상'만을 보호대상으로 하고, '발견'은 '사상'이 포함되어 있지 않다고 하여 특허법의 보호대상에서 제외시키고 있다. 또한 일본 저작권법에서 "사상 또는 감정"으로 명확히 분리한 것을 보면 분명히 그 뜻이 달리 있으리라 생각된다. 국어사전을 찾아보면, '사상'은 "생각" 또는 "사고작용의 결과로 얻어진 체계적 의식내용"으로 설명하고 있으며, '감정'은 "느끼어 일어나는 심정, 마음, 기분" 또는 "어떠한 대상이나 상태에 따라 일어나는 기쁨·노여움·슬픔·두려움·쾌감·불쾌감 따위 마음의 현상"으로 설명하고 있다. 그러므로 '사상 또는 감정'을 함께 묶어 '아이디어'로 설명하는 것은 바람직하지 않다고 본다.

즉, 저작권법에서의 '사상(思想)'은 "생각" 또는 "사고작용의 결과로 얻어진 체계적 의식내용"으로서 특허법에서의 '사상'보다 넓은 의미로 '생각 또는 아이디어'라는 용어로 사용하고 있다고 할 수 있으나, '감정(感情)'은 "느끼어 일어나는 심정, 마음, 기분" 또는 "어떠한 대상이나 상태에 따라 일어나는 기쁨·노여움·슬픔·두려움·쾌감·불쾌감 따위 마음의 현상"으로 이는 '아이디어'에 포함시키는 것은 바람직하지 않다고 본다. 그리하여 특허법에서는 '감정'은 보호대상이 아니다. 그러나 저작권법에서는 '감정의 표현'에 '독창성'이 있다면 당연히 보호된다고 본다.

또한 저작권법이나 특허법은 인간의 정신적 활동의 성과물인 것을 보호하

---

56) 오승종·이해완, 「개정판 저작권법」, 박영사(2000), pp.43~57; 中山信弘, "著作權法における思想·感情," 特許硏究 No.33(2002.3), pp.11~14 참조.

57) 오승종·이해완, 「개정판 저작권법」, 박영사(2000), p.38.

는 법이기는 하지만, 특허법의 (보호대상인 발명의 요건인) 기술적 사상은 자연법칙을 이용한 객관적인 존재이지만, 저작권법상의 (저작물의 요건인) '사상 또는 감정'은 인간의 정신적인 측면을 중시한 주관적인 존재라는 점에서 차이가 있다.[58]

스포츠나 게임의 룰은 인간의 사상이 들어 있다고 할 수 있지만, 자연법칙을 이용한 것은 아니므로 특허법상의 발명에는 해당되지 않으나, 저작권법상의 저작물은 될 수 있다. 그러나 룰 자체(自體)는 아이디어 그 자체이기 때문에 저작물이 되지 않지만, 그 룰을 구체적으로 표현한 것이라면 저작물이 될 수 있다.[59] 한편 특허출원명세서는 사상이 표현되어 있고, 학술적 분야에 속하기 때문에 저작물성이 있다고 본다.

3) 표현(Expression)된 것

㈎ 정 의 인간의 사상이나 감정이 머릿속에서 구상된 것을 어떤 방법이나 형태로(媒體를 통하여) 외부로 나타낸 것을 의미한다.

㈏ 표현을 저작물의 성립요건으로 사용하게 된 배경 및 해석 우리 구저작권법 제2조 제1호의 저작물의 정의에서는 "문학·학술 또는 예술의 범위에 속하는 창작물"이라 하여 사상 또는 감정을 표현한 것이라는 뜻을 직접적으로 찾기 어려웠다. 그러나 대부분의 국내의 구저작권법 서적에서는 일본의 저작권법 제2조 제1항의 "사상 또는 감정을 창작적으로 표현한 것으로서, 문예·학술, 미술 또는 음악의 범위에 속하는 것"이란 정의규정을 일본학자들이 해석한 '사상 또는 감정을 표현한 것'이 하나의 저작물의 성립요건으로 소개된 것을 아무런 연구·검토 없이 그대로 받아들여 우리나라도 일본과 같이 저작물의 성립요건 중의 하나로 이해하고 있었다.

1993년 12월 15일 우루과이라운드가 타결됨과 더불어 부속협정 중의 하나인 TRIPs 협정 제9조 제2항에는 "저작권은 표현된 것을 보호하고, 아이디어, 절차, 운용방법이나 수학적 개념은 보호되지 않는다."라고 규정하고 있으며, WIPO 저작권조약 제2조도 같은 규정을 두고 있다. 이와 같은 시기에 우리나라 법원도 일본의 법률과 판결 그리고 TRIPs 협정 제9조 제2항의 영향을 받아 "…저작권법이 보호하고 있는 것은 사상, 감정을 말, 문자, 음, 색 등에 의하여 구체적으로 외

---

58) 中山信弘, "著作權法における思想・感情," 特許硏究 No.33(2002.3), p.6.

59) 東京地裁 八王子支部 判決 昭和59年2月10日 無體裁集 16卷 1號, p.78(게이트볼사건), 判例時報 1111号, p.134, 判例タイムズ 523号, p.242.

부에 표현한 창작적인 표현형식이고, 그 표현되어 있는 내용, 즉 아이디어나 이론 등의 사상 및 감정 그 자체는 설사 그것이 독창성, 신규성이 있다 하더라도 소설의 스토리 등의 경우를 제외하고는 원칙적으로 저작물이 될 수 없다"고 판시하였다.[60] 이로써 우리 저작권법상의 저작물의 요건으로 해석할 수 있게 되었다. 아울러, 2006년 개정 저작권법에서 저작물의 정의를 "인간의 사상 또는 감정을 표현한 창작물"이라고 규정하여 이러한 문제점을 해결하였다.

㈐ 표현의 방법　　표현이란 인간의 내면(內面)에서 외면(外面)으로 나타내는 것으로 그 형태나 방법에는 아무런 제한이 없다. 일반적으로 그 방법에는 문자(언어), 소리, 영상, 동작, 그림, 기호 등을 생각할 수 있다. 즉 우리 저작권법은 '인간의 머릿속에서 외부로 표현된 것'이면 족하다. 그러나 어떤 아이디어 표현이 어떤 (일상적)표현밖에 없는 경우, 즉 '아이디어인 사상과 표현이 일치하는(통일되는)' 경우, 그 표현을 저작권으로 보호하게 된다면 저작권이 먼저 표현한 사람에게 아이디어(사상의 통일된 표현)를 독점적으로 지배하는 것을 인정하는 것이 된다. 하지만, 이러한 경우 표현되어 있더라도 해당 아이디어인 사상에 대해서 하나의 표현방법밖에 없거나 혹은 그것을 가장 효율적으로 표현하려면 그 표현을 사용하여야만 한다면 저자의 창조적인 선택의 여지가 없기 때문에 창작성의 요소 중 하나인 창조성이 결여된다. 그래서 누구(일반인)라도 그러한 아이디어나 감정을 그렇게 표현할 수 있을 경우에는 그 표현은 저작물성이 없다고 본다. 이러한 견지에서 단순한 모방의 경우에도 저작물성이 없다고 본다.[61] 또 표현이 '사실(事實)' 그 자체인 경우, 즉 한국인구, 서울인구가 몇만 명인가? 한 해 교통사고의 건수가 몇 건인가? 국내 특허출원건수가 몇만 건인가? 전철 내에 게시되어 있는 전철시간표 및 요금표, 식당의 메뉴표 등과 같은 사실이나 데이터 그 자체는 지적활동의 성과를 '표현'한 것이 아니기 때문에 저작물의 보호대상이 되지 않는다.[62]

저작권법상의 저작물이란 인간의 '사상 또는 감정이 표현된 것'을 보호대상으로 하고, 여기서 '표현'이라고 하면 저작권자의 사상을 '외면적 형식'인 문자, 언

60) 대법원 1993.6.8.선고, 93다3078, 3080 판결; 허희성, 「2000 신저작권법축조해설(상)」, 저작권아카데미(2000), p.37 재인용.

61) 金井重彦, 「著作權法コンメンタール(上)」, 東京布井出版社(2000), p.23.

62) 鷹取政信, "著作權法雜考," パテント Vol.54, No.12, p.21; 作花文雄, 「詳解著作權法」ぎょうせい(2000), p.78; 半田正夫, 「著作權法概說(第9版)」, 一粒社(1999), p.80.

어, 소리, 영상, 동작 등의 방법 및 형태로 표현된 것이 타인이 지각(知覺)할 수 있는 매개물(媒介物)을 통하여 객관적 존재가 되는 외부적 구성을 의미하고, '내면적 형식'이란 '외면적 형식'에 대응하여 저작자의 내심(內心)에서 일정한 질서를 가지고 형성된 사상의 체계를 의미한다고 한다.[63]

㈑ '것'(固定性)　　우리 저작권법상 저작물의 정의에서는 '것'(固定性)이라고 명시되어 있지 않지만, '인간의 사상 또는 감정을 표현한 창작물(創作物)'의 '물(物)'에는 해당된다고 본다. 여기서 '물(物)'과 '것'은 같은 뜻으로 해석하여야 할 것이다.

'물(物)'과 '것'은 어떠한 형식이나 방법으로 사상 또는 감정을 창작적으로 표현된 것을 보호대상으로 하고 있다. 여기서 '표현된 것'이라면 소설이 쓰여진 원고나 서적, 가사 · 악곡이 녹음되어 있는 테이프나 CD, MD와 같은 유체물을 의미하는 것은 아니다. 예를 들면 타인이 소유하고 있는 책을 훔쳐간 경우에는 절도죄는 적용되나 저작권침해는 되지 않는다. 즉 보호받는 저작물이 되기 위해 종이나 화폭, 테이프나 CD 등에 반드시 '고정(固定)'될 필요는 없다. 그러나 저작물의 성격상 어떤 유체물의 형태(서적, 테이프, CD, MD)로 표현된다. 그렇다고 하여 그 유체물 자체가 저작물이 되는 것은 아니다.

그러나 로마시대의 유스티니아누스법에서는 "타인의 종이, 양피 등에 시(詩)를 쓰거나 그림을 그린 경우에는 일체(一體)의 권리가 그 재료의 소유자에게 귀속된다."라고 하여 저작물의 가치를 그 표현물체(表現物體)에 가치를 귀속시켰다고 한다.

또 원고 없이 한 즉흥적 연주나 강연, 무용 등도 '사상 또는 감정'이 내포되어 '표현된 것'이라면, 우리 저작권법으로 보호가 된다.[64] 다시 말해, 표현이 '유형의 매체에 고정화'할 필요는 없다. 단 예외적으로 우리 저작권법 제2조 제13호의 "영상저작물"은 성립요건으로 "일정한 장치에 의해 재생할 수 있는 것"을 요건으로 하고 있다.

그러나 영국 저작권법 제3조 제2항과 미국 저작권법 제102조(a)는 저작권법이 보호하는 저작물로 성립하기 위해서는 반드시 "유형(有形)의 매체(媒體)에 고

---

63) 半田正夫, 「著作權法概說(第9版)」, 一粒社(1999), p.84.

64) 이러한 유형의 매체를 통하지 않은 것들은 저작권침해가 발생하면, 소송상 입증이 곤란한 것이 문제이다[加戶守行, 「改訂新版著作權法逐條講義」, 著作權情報センター, 1994, p.21; 최성우, 「제2판 저작권법」, 한빛지적소유권센터(2000), p.44].

정화(固定化)"가 되어야 한다고 규정하고 있어 '표현'이 '유형의 매체에 고정화'되어야 한다.

한편 베른협약 제2조(2)에서는 고정(固定)요건의 여부에 대하여 각국의 입법에 유보(留保)하고 있다.

이상에서 저작물에 대해 살펴본 바와 같은 문제는 아날로그시대에는 예상하지 못하였던 문제였으나, 디지털시대가 되면서 문제가 되고 있는 것이다.

그 외에 법 해석의 문제로서 AI나 소프트웨어 등의 기계적인 방법에 의해서 만들어진 것을 '사상 또는 감정'과 '창작성'이 포함되었다고 판단해야 할지에 대해서는 연구·검토할 사항이다.

한편, 국내에서 저작물로서 보호를 받을 수 있는 것은 i) 한국국민의 저작물이거나, ii) 국내에서 최초로 공표된 저작물 또는 iii) 조약에 의해 우리나라가 보호해야 할 의무가 있는 외국인의 저작물(저§3)이다.

II. 저작물의 분류

1. 강학상의 분류

저작물에 대해서 강학상의 분류를 하면 다음과 같다.

1) 저작자의 인원에 따른 분류로는 단독저작물, 결합저작물, 공동저작물로 분류할 수 있고, 이러한 분류는 보호기간(저§39②), 권리행사제한(저§15, §48)에서 구별실익이 있다.

2) 성립순서에 따른 분류는 원저작물과 2차적 저작물로 분류할 수 있고, 2차적 저작물의 작성 및 이용에 원저작물의 저작권자의 동의 또는 이용권(저§22) 등이 필요하다.

3) 공표유무에 따른 분류로는 공표와 미공표저작물로 분류할 수 있고, 이에 대한 구별은 저작재산권의 제한(저§23 이하)과 저작물 이용의 법정허락(저§50 이하), 보호기간 등에서 구별실익이 있다.

4) 저작의 명의에 따른 분류로는 실명저작물, 이명(異名)저작물, 무명저작물로 분류할 수 있고, 이러한 분류는 저작자추정(저§8), 보호기간의 기산점(저§44) 등에서 구별실익이 있다.

5) 계속성의 유무에 따른 분류로는 일회적 저작물과 계속적 저작물(신문 잡지 등이 그 예이다)로 분류할 수 있고, 이러한 분류는 보호기간의 산정에서 그 구별실익이 있다.

6) 표현방식에 따라 어문, 음악, 연극, 미술 등으로 분류할 수도 있다.

7) 그 외에 기타의 사항에 속하는 분류로는 문예적 저작물(예로는 저작권법 §4에 열거된 9종이 있다)과 기능적 저작물(S/W, D/B, 건축설계도 등)로 분류할 수 있다.

2. 법률상의 분류

현행 저작권법에서는 저작물을 종류별로 알기 쉽게 예시한 데 불과하므로 이 규정에 예시되지 않은 것도 저작물의 성립요건을 갖추면 저작물이 된다고 본다. 여기서는 현행 저작권법에서 예시하고 있는 것을 중심으로 살펴보기로 한다.

(1) 원저작물

1) 어문저작물[65] 어문저작물이란 소설 · 시 · 논문 · 강연 · 연설 · 각본 등으로 언어나 문자에 의해 표현된 저작물을 말한다(저§4① i).

'언어'에 의한 것이란 강연, 강의, 설교, 축사(祝辭) 등 구두로 전달하는 저작물이고, '문자'에 의한 것이란 소설, 시, 논문, 동화, 수필, 교과서 등 일정한 글씨 또는 기호의 형태[66]로 나타내는 저작물을 말한다. 단 단순한 표어 · 캐치프레이즈 · 슬로건 · 단순한 제호(題號)[67] 등과 사실의 전달에 불과한 잡보(雜報)나 시사보도는 저작물에 해당하지 않는다(저§7 v). 그러나 편지나 신문의 사설은 사실전달에 그치지 않고 표현 자체에 창작성이 인정되는 때에는 저작물에 해당된다고 본다.

2) 음악저작물 음악저작물이란 사상 또는 감정이 규칙적으로 연속되어 나오는 음(선율)에 의해 표현되어 있는 저작물을 말한다(저§4① ii). 음악은 멜로디, 하모니, 리듬 및 형식의 4요소로서 성립하고, 이러한 것이 일체가 되어 하나의 악곡으로 되어야 한다.[68] 음악이라고 하면 악곡과 가사가 합한 것을 지칭하며, 이렇

---

65) 유형저작물과 무형저작물로 나눌 수 있다.

66) 기호형태란 암호문서를 말하며, 언어로 置換할 수 있으면 '어문저작물'로 본다.

67) 대법원 1996.8.23.선고, 96다273 판결.

68) 東京地判 昭和43年5月13日 下民集 19巻 5・6合併号, p.257(ワン・レイニイ・ナイト・イン・トーキョー事件).

게 합하여진 음악은 공동저작물이 아니라 결합저작물이다. 그리고 우리 저작권법은 음(音)의 고정성을 요하지 않으나, 영미법계에서는 고정성을 필요로 한다. 즉 악보, 녹음물 등에의 고정이 필요하다.

이러한 음악저작물의 예로서는 교향곡, 현악곡, 재즈, 댄스곡, 행진곡 등이 여기에 해당된다. 이 외에도 오페라 · 뮤지컬 등도 포함된다(우리나라는 즉흥적인 연주나 가창과 같은 것도 독창성이 있으면 음악저작물로 보호받을 수 있다).

3) 연극저작물 연극, 무용, 무언극(팬터마임)의 저작물이란 사상 또는 감정이 사람의 몸짓, 움직임, 정지, 형 등의 동작에 의해 표현되어 있는 저작물을 말한다(저§4①iii). 이러한 저작물이 되기 위해서는 일정한 스토리성(性)이나 동작에 룰이 있는 등의 정식화(定式化)된 '형(形)[69]'이어야 한다.

또 영미법계에서는 표현행위의 유체물에의 고정성을 요건으로 하기 때문에 이러한 연극저작물은 저작권법의 보호대상이 될 수 없으나,[70] 우리나라나 일본은 고정되지 않더라도 안무처럼 창작한 연기나 무용의 형(形)을 실연에 의해 나타내면, 나타낸 일련(一連)의 형(形)도 저작물이 된다고 본다. 예를 들면 연극의 각본, 무용의 무보(舞譜), 발레(ballet), 댄스, 무언극 등이 이에 해당된다. 단, 연극이나 무용 그 자체는 실연으로서 저작인접권의 보호대상이다.

4) 미술저작물 미술저작물이란 사상 또는 감정이 선 · 색채 · 명암을 가지고 평면적 또는 입체적으로 표현된 저작물을 말한다. 현행 저작권법은 회화, 서예,[71] 조각, 판화, 공예, 응용미술작품[72][73] 등으로 예시하고 있다(저§4①iv).

이 외에 건축저작물도 미술저작물에 포함된다고 보는 것이 일반적이나 현행 저작권법은 별도로 예시하고 있다.

그리고 최근에 문제되는 것 중 캐릭터의 경우에는 미술저작물이 되고, 만화의 경우에는 그것이 스토리를 가지고 있으면 어문저작물이 되지만 그렇지 않으면

---

69) 여기서 '형(形)'이란 고정성을 의미하는 것이 아니라 일정한 형식을 의미한다.

70) 미국 저작권법 제102조(a); 프랑스 영국 등도 규정이 있음.

71) 체계화된 글씨체의 작품을 말한다. Type face와 같이 인쇄매체에 이용되는 활자의 서체(도안)는 미술저작물로 인정되지 않는다(판례).

72) 저작권법 제2조 제15호: 응용미술저작물이란 물품에 동일한 형상으로 복제될 수 있는 미술저작물로서 그 이용된 물품과 구분되어 독자성을 인정할 수 있는 것을 말하며, 디자인 등을 포함한다.

73) 대법원 1996.2.23.선고, 94도3266 판결.

미술저작물이 될 수 있다.

응용미술품으로는 크리스마스 등에 이용하기 위하여 만든 그림, 계란의 광고 도안 등이 미술저작물이다.

5) **건축저작물** 저작권법은 건축에 대하여 건축저작물을 인정하고 있다. 건축저작물이란 사상 또는 감정이 토지 위의 공작물에 의해 표현되어 있는 저작물을 말한다.

현행저작권법은 건축물, 건축을 위한 모형 및 설계도서를 포함해 건축저작물로 규정하고 있다(저§4①ⅴ). 건축물의 설계도는 도면으로 건축물은 아니지만, 어떤 건축물의 설계도에 의해 건축물을 완성했을 때는 건축저작물이 가진 복제권의 침해가 된다. 즉 설계도는 도형저작물이나(저§4①ⅷ) 현행법은 건축저작물에 포함시키고 있다.

건축물의 경우에는 그 건축을 위한 모형 또는 설계도서에 따라 건축물을 시공하는 것을 복제라 정의하고 있다(저§2xxii). 건축저작물을 건축으로 복제하는 행위 이외는 건축저작물을 누구나 자유로이 이용할 수 있다(저§35②ⅰ). 건축저작물의 저작권 침해행위는 건축에 관한 도면에 따라 건축물을 완성하는 것이기 때문에 완성된 건축물을 사진으로 촬영하거나 그림으로 그리거나 하여 복제하여도 그것은 건축저작물의 침해가 되지 않는다고 해석된다. 모방건축과 그 모방된 건축물의 양도만을 금지하면 충분하며, 일단 토지에 정착하여 자연의 일부가 된 사실에서 이 건축물의 다른 저작물로의 이용의 길을 여는 것은 표현의 자유로의 길을 여는 것이 되기 때문이다(저§35②ⅰ). 건축저작물의 저작권자에게는 원작품인 건축물에 접근할 권리조차 없다. 따라서 건축물의 내부를 그림이나 사진으로 복제하여도 침해가 되지 않는다. 물론 건축물 소유자의 소유권이나 프라이버시권 등에 의하여 복제자가 출입을 금지당하게 될 것이라 생각된다. 결론부터 말하면 사진가가 미술적으로 훌륭한 건축물의 촬영을 위하여 건축물 소유자의 출입허가를 받았다면 건축가의 촬영허가를 얻지 않고 촬영하고 그것을 복제하거나 출판하는 것은 자유로이 할 수 있다고 해석되는 것이다. 그래서 이것으로 정말 건축물의 보호, 나아가서는 건축가의 보호가 되는지 재검토해야 할 과제이다.

건축저작물은 어떠한 건축이라도 범위에 포함된다고 해석되지만 입법 당시에는 상당히 높은 미술성을 갖춘 것에 한정하는 취지였다고 한다. 그렇다고 해도 건축저작물이 보호되는 범위는 원건축물의 모방건축과 그 모방된 건축물의 양도

[도표 18] 著作物의 종류

- 著作物
  - 원저작물(§4)
    - 어문저작물
    - 음악저작물
    - 연극저작물
    - 미술저작물
    - 건축저작물
    - 사진저작물
    - 영상저작물
    - 도형저작물
    - 컴퓨터프로그램 저작물
  - 2차적 저작물(§5)
    - 번역저작물
    - 편곡저작물
    - 변형저작물
    - 각색저작물
    - 영상제작저작물
    - 기 타
  - 편집저작물(§6)
  - 법인명의저작물(또는 직무저작물, 업무상저작물)(§9)
  - 공동저작물(§2xxi)
  - 권리가 발생하지 않는 저작물(§7)
    - 헌법 등의 법령
    - 국가 · 지방공공단체의 고시 · 공고 · 훈령 등
    - 법원의 판결 · 결정 · 명령 및 행정심판절차에 의한 의결(議決) · 결정(決定) 등
    - 국가 · 지방공공단체가 작성한 上記의 번역물 또는 편집물
    - 사실전달에 불과한 시사보도

를 금지할 수 있는 데 그친다. 즉 이러한 건축물을 저작물로서 보호하는 취지는 건축물에 의해 표현된 미적 형상을 모방(模倣)건축에 의한 도용(盜用)으로부터 보호하기 위한 것이다. 따라서 많은 일반빌딩이나 일반주택은 저작물로서 보호되지 않지만 예술성이 높은 빌딩, 주택, 절, 공공기관의 건물 등은 사회통념상 미술의 범위에 속하는 것으로 인정되는 경우에는 건축저작물로 보아야 할 것이다. 다리나 탑과 같은 구조물과 인공정원(造園) 등도 보호대상에 포함된다고 본다.

따라서 그 전제로 되어 있는 건축설계도도 원건축물의 설계도의 복제와 그

양도에 한하여 보호된다고 해석된다. 건축물의 설계도에 표현된 건축물에 대한 외형디자인이나 기능에 관한 아이디어는 그것 자체가 보호의 대상이 되지 않는다. 그러나 건축의 실시설계도 각 도면의 기본적 구성에 의거한 구체적 표현에 사상, 감정이 표현되어 있다면 그 표현에서만 도면의 창작성이 존재한다고 해석된다.[74)]

6) 사진저작물 사진이란 광학적으로 형성된 영상을 고정시킨 정지화면으로서, 실재 존재하는 사실이나 물건을 일정시간 존재하게 하는 상태의 평면적 복제이다. 따라서 사진은 복제기술로서의 사진과 표현수단으로서의 사진이 있다. 사진이 저작권법에서 보호되기 위해서는 사상 또는 감정을 창작적으로 표현하는 것이 필요하다. 그것을 갖춘 것은 미술저작물이 성립한다고 해석된다. 그것이 없을 때에는 단순한 사실의 복제에 지나지 않는다고 해석된다.

일례를 들어보면 다음과 같은 사례가 있다. 판화의 원작품을 소개하기 위하여 촬영한 사진에 관하여 일본 법원은 “촬영대상이 평면적인 작품일 경우에는 정면에서 촬영하는 이외에 촬영할 위치를 선택할 여지가 없는데다가 위 인정과 같은 기술적인 배려도 원화를 가능한 한 충실하게 재현하기 위하여 이루어지는 것이지 독자적으로 무언가를 추가하는 것은 아니기 때문에 그와 같은 사진은 사상이나 감정을 창작적으로 표현한 것이라 할 수 없다.”라고 하여 당해 사진의 저작물성을 부정하고 있다.[75)] 이것은 원작품의 판화를 일정시간 존재하게 하는 사실상태를 평면적으로 유형적으로 재현한 것에 지나지 않기 때문이라고 생각된다.

즉 사진저작물이란 사상 또는 감정을 일정한 영상에 의해 표현하는 저작물을 말한다. 이러한 사진은 기계를 이용하여 피사체(被寫體)의 선정, 광량(光量)의 조절, 구도의 결정, 현상, 색의 배합 등의 처리에서 독창적인 방법으로 된 것을 말한다. 이러한 것들이 저작물성의 판단기준이 된다. 즉, 단순히 기계적인 방법을 통하여 피사체를 다시 재현시킨 증명용 사진 등은 저작물성이 인정되지 않는다. 이는 창작성이 없는 것으로 본다. 이 외에도 인물사진의 경우 초상권과 경합하여 일부 권리가 제한되기도 한다.

또한, 나체사진이나 외설적인 사진도 저작물이 될 수 있다. 이러한 외설적인 사진을 인터넷 등에서 공개하는 것은 타법상의 문제이다.

---

74) 東京高裁 2001년 8월 9일.

75) 東京地裁 1998년 1월 30일.

현행 저작권법도 사진 및 이와 유사한 제작방법[76]으로 작성된 것을 사진저작물이라고 한다(저§4①vi). 영국과 미국 같은 나라에서는 사진저작물을 미술저작물에 포함시키고 있으며, 독일과 이탈리아는 사진저작물과 일반사진을 구분하여 사진저작물인 경우에는 일반저작물과 같이 보호하고, 일반사진인 경우에는 저작인접권으로 보호하고 있다.[77]

7) **영상저작물** 영상저작물이란 음의 수반 여부에 관계없이 연속적인 영상이 수록된 창작물로서 그 영상을 기계 또는 전자장치에 의하여 재생하여 볼 수 있거나 보고 들을 수 있는 것으로 사상 또는 감정이 영상의 연속에 의해 표현되어 있는 저작물을 말한다(저§2 xiii, §4①vii).

예를 들면 극장용 영화, TV 영화, 비디오테이프, LD, CD 등이다. 단 TV나 비디오로 사실 그대로를 연속적으로 표현한 것이라면 영상저작물로 보기 어려우나 어느 정도 독창적으로 편집이 되었다면 영상저작물로 보아야 할 것이다. 단, 생방송은 포함되지 않으나, 방송을 위한 일시적인 과정으로 녹화된 것이라면 영상저작물로서 보호받을 수 있을 것이다.

영상제작자와 영상저작물의 제작에 협력할 것을 약정한 자가 그 영상저작물에 대하여 저작권을 취득한 경우 특약이 없는 한 그 영상저작물의 이용을 위하여 필요한 권리는 영상제작자가 이를 양도받은 것으로 추정한다(저§100①). 이러한 특례는 다수인이 참여하여 권리의 귀속문제가 발생할 수 있기 때문에 분쟁을 미리 방지하기 위해 마련한 것이라고 보여진다.

8) **도형저작물** 도형저작물이란 사상 또는 감정이 도형(圖形)의 형상 · 모형[78]에 의해 표현되어 있는 저작물을 말한다. 현행 저작권법은 지도, 도표, 설계도, 약도, 모형 등으로 예시하고 있다(저§4①viii).

이러한 도형저작물은 양면성을 가지고 있어, 어떠한 경우는 미술저작물에 해당하기도 하고 도형저작물이 되기도 한다.[79] 이 경우에도 반드시 미술적 요소가 필요한 것은 아니나, 학술적인 측면만 있으면 가능하다고 본다. 또 어떤 경우에는

76) 유사한 제작방법이란 청사진 · 전송사진 · 자외선사진 · 사진적 판화 기타 인쇄물을 이용한 오프셋 · 그라비아 · 염색에 응용한 사진모양 · 사진염색 · 사진직물 등에 의하여 제작된 저작물을 말한다[尾中普子 外 3人, 「全訂版 著作權法」, 學陽書房(1990), p.54].

77) 허희성, 「신저작권법축조개설」, 저작권아카데미(2000), p.113.

78) 예로 입체적 지구모형, 인체모형, 동물모형 등을 들 수 있다.

79) 예로 관광지도, 학교지도 등이 있다.

건축저작물과 양면성을 가지는 경우도 있다. 예를 들면 설명서, 모형 등이 건축물의 건축을 위한 경우라면 건축저작물과 도형저작물이 될 수 있다.

한편, 도형저작물은 그 특수성에 의해 실질적인 저작권은 당해 도형 등을 그대로 복사하는 복제권만 작용하는 것이다. 왜냐하면 현행저작권법 제2조 제22호에서 복제의 정의에 건축을 위한 설계도 또는 모형에 따른 건축물의 시공은 복제에 포함되지만, 그 외에 설계도나 모형에 의한 기계 등의 제작(설계도에 의한 비행기나 자동차, 배 등의 제작)은 복제의 개념에서 제외되었기 때문이다. 따라서 도형저작물은 설계도 등을 그대로 복사하거나 모형 등을 모방하여 만드는 것에만 저작권이 미친다.

9) 컴퓨터프로그램저작물(=기능적 저작물)

(가) 의　의　　컴퓨터프로그램[80]저작물이란 특정한 결과를 얻기 위하여 컴퓨터 등 정보처리능력을 가진 장치 내에서 직접 또는 간접으로 사용되는 일련의 지시·명령으로 표현된 창작물을 말한다(저§4①ix, §2 xvi).

이 규정은 컴퓨터프로그램 보호법의 모체가 되는 규정이었으나, 2009년 개정 시에 저작권법으로 흡수되었다. 컴퓨터프로그램[81]저작물을 별도의 법으로 보호한 것은 기존의 저작물과 달리 기능성이 강하기 때문이라고 생각된다.[82][83] 이를 '정보저작권'이라고 하는 학자도 있다.[84] 그러나 편집저작물이나 녹음 등도 2차적 저작물이나, 현행법은 편집저작물(저§6)로 분리하여 보호하고, 녹음은 복제에 포함시켜(저§2xxii) 2차적 저작물에서는 제외시켰다.

(나) 프로그램저작물의 보호요건

a) 정보처리능력을 가진 장치 내에서 사용되는 것

b) 일련의 지시 또는 명령일 것

---

80) 표현이 아니라 기능이다.

81) 프로그램이라는 용어와 혼용되고 있는 표현으로 소프트웨어라는 용어가 있는데 WIPO(세계지적재산권기구)에서는 그 의미를 엄밀히 구별하여 정의하고 있다[WIPO 모델조항(The Legal Protection of Computer Software — The WIPO MODEL Provisions) 제1조]. 즉 소프트웨어는 프로그램을 포함해 프로그램 記述書(program description), 프로그램 명세서(program specification), 그 외의 보조자료(supporting material) 등을 포함한다.

82) 허희성, 「2000년 신저작권법축조개설(上)」, 저작권아카데미, 2000, p.119에 의하면 "컴퓨터프로그램 저작물은 표현이 아니고 기능이다"라고 하고 있다.

83) 中山信弘, 「マルチメデイアと著作權」, 岩波新書, 1996, pp.53~59.

84) 오승종·이해완, 「저작권법」, 박영사, 2000, p.587 이하.

c) 표현된 것

d) 특정한 결과를 얻을 수 있을 것

e) 창작성이 있을 것

㈐ 프로그램의 종류 및 범위

a) 원시(原始)프로그램(source code)과 목적(目的)프로그램(object code)

각 프로그램 언어로 표현된 원시프로그램은 인간이 인식할 수 있어 그것에 대하여 저작권성을 인정하여 보호하는 데 이견이 없으나 원시프로그램에 컴파일이나 어셈블리 과정을 거쳐 생성된 목적프로그램의 경우 그 저작물성의 인정에는 많은 논란이 있어 왔다. 그러나 현재 목적프로그램도 보호받을 수 있는 저작물임은 명백하다.[85)]

b) OS프로그램과 응용프로그램 프로그램은 각 컴퓨터를 시동하는 OS프로그램과 그것을 기반으로 작성된 응용프로그램이 있다. 응용프로그램이 보호되는 프로그램임은 말할 필요 없으나, OS프로그램의 경우 프로그램의 특성의 하나인 범용성의 문제 때문에 그 보호에 주저할 수밖에 없었다. 그러나 양자의 프로그램은 컴퓨터에 무엇인가를 지령하는 것으로서 실질적인 차이점은 없으며 OS프로그램도 보호대상이 된다.[86)]

c) 펌웨어(firmware)와 마이크로코드(microcode) 펌웨어는 하드웨어인 컴퓨터와 소프트웨어인 프로그램의 중간적 성격을 갖는 것으로서 ROM에 내장된 형태의 프로그램이다. 그리고 마이크로코드는 마이크로 프로세서를 작동시키는 프로그램으로서 ROM에 격납되어 있다는 점에서 펌웨어의 일종이라고 할 수 있다. 이들은 모두 성질상 프로그램임은 틀림없으나 저장매체와 활용범위에 있어 하드웨어성이 강해 보호의 여부에 있어 논쟁이 있었다. 그러나 매체의 이질성을 이유로 보호대상에서 제외된다면 CD-ROM, 베르누이 상자 등이나 앞으로 등장할 새로운 저장용 주변기기의 출현에 따라 그 보호에 끝없는 논쟁을 계속하여야 할 것이다. 펌웨어[87)]와 마이크로코드[88)]도 보호대상이다.

---

85) Williams v. Arndt, 626 F. Supp.571(D. Mass. 1985).

86) Apple Computer, Inc. v. Formula International, Inc., 725 F. 2d 521(9th Cir. 1984).

87) Apple Computer, Inc. v. Franklin Computer Corp., 714 F. 2d 1240(3rd Cir. 1983) cert. denied, 464 U.S. 1033(1984); Dennis S. Karjala, 椙山敬士, 「コンピュータ 著作權法」, 日本評論社, 1989, pp.105~106.

88) NEC Corp.v. INTEL Corp., 645 F. Supp.590(N.D.Cal.1986); 자세한 내용은 Dennis S.

d) 시험용 프로그램(beta version) 흔히 베타 버전이라고 하는 시험용 프로그램도 프로그램법상의 보호대상이다. 프로그램은 시험용이라는 목적과는 상관없이 그 저작권이 인정된다. 그러므로 시험용 프로그램을 무단복제하거나 허용기간 이후의 사용을 위한 개변(改變) 등은 복제권 내지는 사용권, 동일성유지권 등을 침해하는 것이 된다.

e) 공유프로그램(shareware)과 공개프로그램(freeware) 소위 셰어웨어와 프리웨어라고 하는 프로그램은 저작권자가 자발적으로 저작재산권의 전부 또는 일부를 유보한 프로그램이다. 이는 권리의 행사를 유보한 것에 불과하고 권리를 포기한 것이 아니다. 그런 면에서, 저작자가 아예 권리를 포기하거나 여러 이유로 권리를 상실한 PDS(Public Domain Software)와는 구별되며 보호되는 프로그램임은 분명하다.

일반적으로 무명저작물의 경우, 초기의 프로그램은 프리웨어로 시작하여 점차 지명도를 얻어 정식제품으로 출시하는 경우가 있을 것이다. 이 경우 정품에 대한 사용을 광고할 목적 내지는 체험하게 함으로써 자신의 제품에 기간 혹은 기능에 제한을 걸어 일반인들이 사용할 수 있게 한다.

셰어웨어의 특수한 문제점은 셰어웨어를 정식으로 사용할 수 있게 하는 시리얼번호(serial number)를 도용하여 정식 프로그램처럼 사용할 경우 어떻게 규율할 것인가이다.[89] 이 경우 기간을 제한하는 셰어웨어와 기능을 제한하는 셰어웨어로 나누어 생각해야 할 것이다. 기간을 제한하는 경우에는 제한기간 이상 사용하게 함으로써 제한 기간 이후 사용하는 부분은 프로그램저작권 침해를 구성하게 될 것이며, 기능을 제한하는 경우에는 동일성유지권 등의 침해를 구성하게 될 것이다. 위 두 경우 공통적으로 저작권자의 동의를 얻지 아니한 사용에 따른 라이선스 위반을 한 것이며, 기능 변경에 따른 동일성유지권 침해, 기술적 보호조치 침해를 구성하게 될 것이다.

f) 글자꼴(typefaces)의 폰트 파일, 폰트 프로그램 글자꼴이란 서로간에 통일과 조화를 이루어 만들어진 한 벌의 글자들[90]을 의미한다. 글자꼴의 보호는

Karjala, 椙山敬士,「コンピュータ 著作権法」, 日本評論社, 1989, pp.245~251.

89) 한때 인터넷상에서는 Batman이라는 애칭을 가진 해커에 의해 주요 공유프로그램의 시리얼번호가 유출되어 공유프로그램 저작권자들을 당황하게 했다. 그에 의해 유출된 프로그램 시리얼번호는 1,000여개를 넘는다.

별론으로 하고 그 글자들을 담고 있는 폰트 파일의 경우와 폰트 프로그램의 경우는 프로그램법으로써의 보호의 여지를 논할 필요가 있다. 단순한 폰트 파일의 경우 프로그램의 일부로서 취급될 수 있으며, 그 파일을 무단 복제하여 사용할 경우 복제권과 사용권의 침해[91]가 되며, 또한 제3자가 폰트 파일을 변경하여 자신의 프로그램에 이용하였을 경우 개작권과 동일성유지권의 침해가 된다. 폰트 파일의 헤더 부분에 저작자의 성명 등이 표시되었을 경우 제3자가 개작(改作) 중 그 명칭을 삭제하였을 경우 성명표시권의 침해가 될 수도 있다.

그리고 폰트 프로그램[92]의 경우 폰트 파일 자체와 폰트 드라이버를 포함하는 설치프로그램(install program)의 형태로 구성되므로, 실제적으로 그 폰트를 이용하려면 설치프로그램을 불법적으로 사용하여야 하고, 제3의 프로그램에 이용하기 위해서는 드라이버 프로그램의 복제와 같은 형태로 침해하는 것을 피할 수 없으므로, 폰트 프로그램도 보호되는 프로그램이 된다. 다만 폰트 드라이버의 경우 보호의 대상에서 제외되는 '규약'으로서 이해하여 보호되지 않는다고 할 수 있으나 규약도 구체적 프로그램의 형태를 띠었을 경우 보호[93]되어야 하므로 결론에 있어서는 같다.

g) 순서도(flow chart)와 모듈(module) 특히 C언어와 같은 고급언어의 경우 그것의 각 모듈이 창작성을 가진 프로그램으로서의 가치를 지닌다. 즉 C언어의 경우 각 모듈은 조립품으로서의 성격을 가진다. 실제로 프로그램에 한글을 구현하는 라이브러리 등은 독자적인 프로그램으로서 취급된다. 그러나 순서도의 경우, 일반적으로 저작권법상의 어문저작물로서 보호될 수 있음은 물론 순서도만으로 프로그램을 제작할 수 있을 정도의 것과 창작성을 구비한 경우는 그 자체가 어문저작물로서 보호할 수 있으며, 그에 따라 작성된 프로그램의 경우는 2차적 저작물이 된다.

h) 비디오게임 프로그램[94] 비디오게임은 그 자체의 보호뿐만 아니라

90) "a set of letters or other symbolic characters."

91) 서울지법 1997.11.28.선고 95가합11403 판결; 대법원 1997.2.11.선고 96도1935 판결; 서울고법 1999.4.7.선고 98나23616 판결; 대법원 2001.5.15.선고 98도732 판결; 대법원 2001.6.26.선고 99다50552 판결; 대법원 2001.6.29.선고 99다23246 판결.

92) 이것의 구체적 예는 '墨香' 등의 프로그램을 들 수 있다.

93) 물론 이에 반대하는 의견도 있다.

94) 전자게임은 비디오게임과 PC게임으로 나뉘는데, 비디오게임은 TV를 별도로 연결해야 하는

퍼웨어의 저작물성이나, 영상 · 음향의 저작물성, 프로그램의 공동저작물의 여부 등에서 이 분야에 끼친 영향이 크다. 이것은 비디오게임의 특수한 성격 때문에 야기된 것이고 비디오게임도 보호대상에 편입되었음은 당연하다.

(2) 2차적 저작물

2차적 저작물이란 원(原)저작물을 번역(국어↔외국어) · 편곡(피아노용↔바이올린용) · 변형[95] · 각색[96] · 영상제작 등의 방법으로 작성한 것을 말한다(저§5①). 예를 들면 어떤 외국소설을 우리말로 번역한다든가 영화화한다든가 하는 것이다. 즉 기존의 저작물을 토대로 하여 그것에 새로운 창작성이 가하여져 새로운 형태의 저작물이 작성된 경우를 말한다. 이를 2차적 저작물이라고 하며, 이는 원저작물과 별도로 저작권법의 보호를 받는다(저§5①). 그러나 편집저작물이나 녹음 등도 2차적 저작물이나, 현행 저작권법은 편집저작물은 별개의 저작물(저§6)로 분리하여 보호하고, 녹음은 복제에 포함시켜(저§2xxii) 2차적 저작물에서는 제외시켰다.

2차적 저작물에 대한 보호는 그 원저작물의 저작자의 권리에 영향을 미치지 아니한다(저§5②). 즉 법 제5조 제2항의 규정은 2차적 저작물의 권리자의 권리와 원저작물의 저작자의 권리가 중복적으로 보호된다는 뜻이다.

2차적 저작권자가 원저작물을 이용하는 경우에는 원저작권자의 동의가 필요하다. 2차적 저작물의 저작자가 원저작물을 번안하는 권리를 독점할 수 있는 것은 2차적 저작물이 원저작물에 의거하여 번안한 결과 새로이 창작된 저작물임이 인정되기 때문이다. 그러나 원작이 소설 등의 문학적 언어로써 그 일부의 표현에 의거하여 TV방송용 각본을 작성하고, 원저작물의 표현부분이 단지 사실을 객관적으로 표현한 것에 지나지 않는 것일 때에는 그 사실표현부분에 의거하여 그것에 변경을 가하여 2차적 저작물로 하여도 그 각본에는 원작의 저작권이 미치지 아니한다.[97]

오락 전용기와 오락실용의 게임기를 통한 게임을 말한다. 반면에 PC게임은 보통의 컴퓨터에서 소프트웨어의 형태로 존재하는 것을 통칭한다.

95) 변형이란 미술저작물 등을 다른 형식에 의해 표현하는 것을 말한다. 예를 들면 그림을 조각으로, 조각을 그림으로, 성인용을 어린이용으로, 어린이용을 어른용으로, 소설을 만화로, 만화를 소설로 바꾸는 것을 말한다.

96) 각색(脚色)이란 기존의 저작물을 번안하거나, 영화화하는 등 원저작물의 틀이나 주(主)되는 구성 등의 내면형식을 유지하면서 외면형식을 변화시키는 것을 말한다.

97) 日本最高裁 2002年 6月 28日.

[도표 19] 저작물 및 2차적 저작물의 형성도

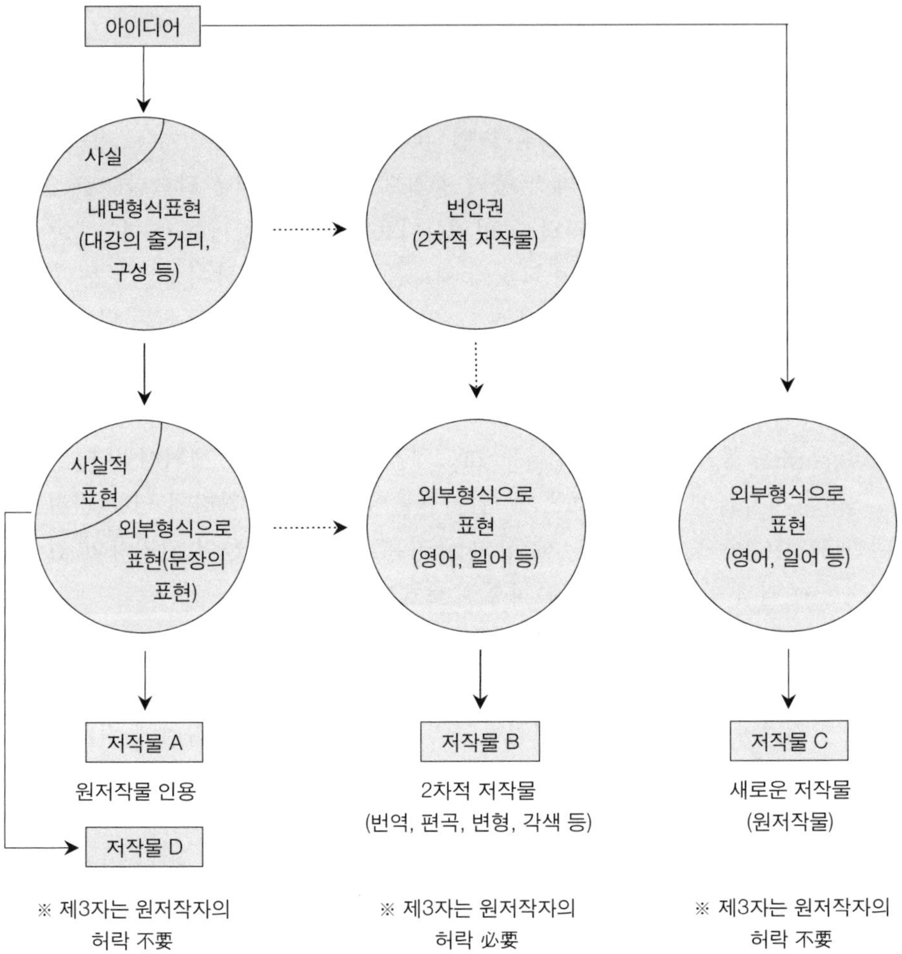

※ 2차적 저작물의 표현내용이 원저작물(原著作物)의 외부형식표현과 본질적 특징이 직접적으로 전체가 동일하게 느낄 경우에는 '복제'에 해당한다. 2차적 저작물의 표현내용이 원저작물의 외부형식과 본질적 특징이 직접적으로 느낄 수는 없지만, 내부형식표현이 동일한 때에는 2차적 저작물로 볼 수 있다. 즉, 2차적 저작물의 표현의 아이디어가 원저작물의 아이디어와 같지만, 외부형식표현은 같지 않은 경우이다. 단, 2차적 저작물이 원저작물의 외부표현형식과 일치하지 않고, 내부표현형식도 일치하지 않는 경우 또는 그 표현 자체가 원저작물의 본질적 특징을 직접적으로 감지할 수 없는 경우에는 원저작물과 전혀 관계없는 새로운 저작물이 성립되었다고 보아야 한다.

※ 저작권법에 의하면 '사실'과 '사실의 표현'은 저작물의 대상이 아니고, '창작(創作)된 표현(表現)'만이 보호대상이다.

(3) 편집저작물과 데이터베이스(Database: DB)

편집저작물이란 시집, 백과사전, 문학전집, 법령집, 판례집, 사전, 신문, 잡지, 영어단어집, 전화번호부, 사전 등과 같이 소재의 저작물성을 묻지 않고 그곳에 수록될 것을 독창적으로 선택하고 배열 또는 구성함에 의해 이루어지는 편집물을 말한다. 이때 편집물이란 저작물이나 부호 · 문자 · 음 · 영상 그 밖의 형태의 자료(이하 "소재"라 한다)의 집합물을 말하며, 데이터베이스를 포함한다(저§2 xvii). 이러한 저작물은 원저작물들과 별도로 독립한 저작물로 보호된다(저§6①).[98)][99)]

베른조약에서도 보호대상으로 하고 있는 편집저작물은 국제적으로 인정되고 있는 저작물이기도 하다. 편집물은 그 소재를 선택하고 그리고 그 선택된 소재를 배열하는 구성으로 이루어지기 때문에 이 두 요건이 "창작성"의 성립에 필수요건이라고 해석된다. 그러나 선택과 배열의 쌍방 또는 선택이나 배열의 어느 쪽에 창작성이 있는 경우에도 성립한다고 해석된다. 배열은 소재의 배치위치나 배치순위 등의 결정의 정신적 활동의 성과로 표현된 배열표현이다. 선택은 소재의 종류, 양, 수집방법이나 분류방법 등의 결정의 정신적 활동의 성과로서 표현된 선택표현이다. 편집저작물이 편집에서 사용하는 소재는 정보나 사실 또는 저작물인 경우도 있다. 그 소재가 저작물인 경우에는 소재 자체가 저작물인 저작권과 편집저작물인 저작권이 쌍방 모두 성립하여 개별 독립된 저작권으로 보호되므로 편집저작물의 구성부분이 되는 소재의 저작권 그 밖에 저작권법에 의하여 보호되는 권리에 영향을 미치지 아니한다(저§6②). 따라서 저작권으로서의 권리의 보호기간, 권리의 효력이나 제한, 저작자명 등이 개별 독립된다.

그 소재가 저작물이 아닌 사실이나 사실적 정보인 경우, 이마에 땀을 흘리며 사실이나 사실적 정보를 모은 자를 보호해야 한다는 생각도 있을 수 있다. 이렇게 하여 일정한 노력과 투자를 한 자를 보호해야 하는 것일까? 편집저작물은 저작물이 아닌 것을 소재로 선택하고 배열한다면 그 부분에 창작성이 있는 한 편집저작물로서 보호되지만,[100)] 소재 자체가 저작물이 아닌 사실이나 사실적 정보에서는 저작권법에 의한 저작권보호도 없기 때문에 양자의 조정은 되지 않는다.

편집저작물의 저작권 침해는 정당한 권한이 없는 제3자에 의해 편집저작물

98) 대법원 1996.12.6.선고, 96도2440 판결.

99) 대법원 1993.1.21.선고, 92마1081 판결.

100) 東京地裁 1993年 8月 30日.

의 전부가 복제 등에 의하여 위법적으로 이용되는 것이다. 소재가 단순한 사실이나 사건 자체일지라도 선택 · 배열의 대상이 되는 소재의 내용 · 취지가 실질적으로 동일하다면 양 소재의 구체적 표현의 차이를 고려하지 않고 편집저작물의 저작권 침해가 된다.[101] 소재가 단순한 사실이나 사건 자체일지라도 편집저작물로서 창작성이 인정되는 경우가 있으므로 제3자가 무단으로 정당한 이유 없이 그 편집저작물과 동일하거나 유사한 선택 및 배열로 같은 문서를 작성, 배포하는 행위는 편집저작물의 복제권을 침해한다고 해석된다.[102] 소재를 포함하여 일부가 이용된 경우에 침해가 되는가를 검토해 보면 그 일부 복제된 부분에 창작성의 포인트가 있느냐의 여부로 침해의 유무를 판단해야 할 것이다. 편집의 선택과 배열에 창작성이 있는 일부가 이용되었는지가 기준이며 일부 복제된 부분의 소재가 창작성이 없는 사실이나 사실적 표현 자체일 때에는 물론 침해가 되지 않는다고 해석된다. 여기서 중요한 것은 편집저작물의 일부가 어떻게 복제되었느냐 하는 것과 같은 이용행위에 주목해야 한다. 선택 또는 배열의 편집방법 등 편집과정에 대한 실질적 참가 유무 등도 고려하여 판단되어야 한다.

편집저작물은 선인(先人)의 학술적 연구의 성과를 참고로 하여 작성되는 경우가 있다. 예를 들면 영한사전의 편집에서와 같이 일반적으로 학술저작물에서는 선인의 학술적 연구의 성과, 즉 선행하는 학술저작물을 참고로 하며, 이를 참고로 하여 후행의 저작이 이루어지는 경우가 많으며, 오히려 양심적인 학술적 저작물일수록 선행의 동종 문헌을 참조하고 참고로 하는 비율이 높아진다고 하며 그 결과 저작물의 내용도 상당히 유사하게 되는 경우가 있다. 그리고 이것 자체는 학문의 성질상 사회적으로 상당한 행위로서 당연히 허용되며 이로써 선인의 학술적 저작물을 모방했다고 할 수는 없다. 편집저작물에서도 마찬가지로 선인의 학술적 편집저작물을 참고로 한 다음 스스로 소재의 선택을 한 결과 상당히 유사한 것이 될 수 있다. 소재의 선택 폭이 한정되어 있는 경우에는 동일한 것을 선택하지 않으면 언젠가 일방의 학술적 가치에 의문을 낳게 될 수밖에 없는데 이로써 선행의 선택행위를 모방했다고 하는 것은 적당하지 않다. 이에 비하여 소재의 선택 폭이 넓고 선인의 저작물을 참고로 하는 데 있어서 독자가 선택을 하는 것이 얼마든지 가능하며, 다른 소재를 선택한다 하여도 그것이 적절한 것인 한 학술적 가치를 손

101) 東京地裁 1993년 8월 30일.
102) 東京地裁 1993년 8월 30일.

상시킬 우려가 없는 때까지 안이하게 선인이 선택한 소재를 그대로 또는 일부 수정하여 이용하는 것은 그 소재의 선택에 소요된 선인의 노력에 무임승차하는 것이며 학술적 저작물이라 해도 선인의 선택행위를 모방했다는 비난을 면할 수 없다. 이것은 영한사전의 편집에도 적용할 수 있는데, 문례의 선택에 관하여 말하자면 관용적 문장에 대하여는 전자가 선택의 폭이 좁은 경우에 해당하며, 관용적이 아닌 문장에 대하여는 후자가 선택의 폭이 넓은 경우에 해당한다고 하겠다.[103)]

이러한 편집저작물의 종류에는 저작물의 창작성이 있는 편집창작물로서 백과사전, 문학전집 등이 있을 수 있으며, 저작물의 창작성이 없는 편집저작물로는 영어단어집, 전화번호부 등이 있을 수 있다. 또한, 혼성저작물로는 신문, 잡지 등이 있을 수 있다.

이 편집저작물 규정은 데이터베이스 보호의 근거규정이 되는 조항인데 이는 WTO/TRIPs 협정 결과 데이터베이스의 보호를 규정하면서 그 보호방법을 편집저작물로 한정하였기 때문이다.

그러나 데이터베이스의 보호는 시대적으로 필요한 것이나, 그 보호방법에 있어 편집저작물로의 보호는 적절하지 못하다. 편집저작물은 과거의 백과사전류의 데이터베이스의 보호에는 문제가 없으나 오늘날 프로그램 형태의 데이터베이스에는 그 적용이 적절치 못하다. 그 이유는, 편집저작물이 그 저작물 보호의 기준으로서 제시하고 있는 것은 "소재의 선택 또는 배열에 창작성"이 있다고 보고 있으나 이는 컴퓨터프로그램을 이용한 데이터베이스의 성격상 '일관된 규약의 부여', '최적화된 검색', '검색방법의 다양화', '검색속도의 신속성' 등을 요구하고 있는 것에 비추어 그 거리감이 현저하다. 이로 말미암아 그 보호가 적절히 이루어질 수 없어, 2003년 개정법에서 땀의 이론을 도입하였다.

저작권법상 데이터베이스의 보호가 편집저작물의 형태로 이루어지나 구컴퓨터프로그램 보호법으로의 보호도 가능하였다. 검색 프로그램과 순전한 데이터의 분리는 그것을 가능하게 한다. 실제로 LX와 같은 판례검색 프로그램은 컴퓨터프로그램의 형태로의 보호가 가능하다. 그러나 CD-ROM 형태의 데이터베이스 프로그램은 그 보호의 성격이 애매하다.

데이터베이스란 소재를 체계적으로 배열 또는 구성한 편집물로서 그 소재에

---

103) 東京地裁 1984년 5월 14일.

개별적으로 접근 또는 검색할 수 있도록 한 것을 말한다(저§2xix). 데이터베이스로 그 정보의 선택 또는 체계적인 구성에 의해 창작성을 가지는 것은 편집저작물의 저작권으로서 보호되는 것은 물론이고, 창작성이 없는 데이터베이스도 저작권법으로 보호를 받을 수 있다. 데이터베이스 정보의 선택은 어떤 정보가 컴퓨터 검색에 적당한가를 결정하는 정신적 활동의 성과로서의 선택이다. 데이터베이스 정보의 체계적인 구성은 소재의 배치 위치나 배치의 순위 등의 결정이 아니라 컴퓨터로 검색할 수 있게 어떠한 분류체계, 표의 구조, 데이터구조나 포맷 등에서 적절히 검색할 수 있는 구성이냐 아니냐 하는 점이다.

데이터베이스의 유형은 호스트 프로그램에 접속하여 그 데이터를 수신받는 형태와 CD-ROM, 디스켓을 이용한 독립 프로그램 방식으로 나뉘며, 이 경우 적용법규도 앞서 언급한 이유로 차이가 나게 된다. 또한, 각각 그 공표시기도 다르게 나타난다. 즉 호스트 컴퓨터 방식은 그 검색에 제공된 때이며, 독립 프로그램 방식은 프로그램을 배포한 때가 된다.

데이터베이스는 베른조약에서는 편집저작물에 포함된다고 해석되고 있으므로 다른 국가에서도 그렇게 해석되고 있는 예가 많다. 일본에서는 데이터베이스도 편집저작물의 한 종류로 생각하는데, 특히 저작권법에서 다루고 있는 것은 종전의 편집물과 다르기 때문에 새로이 규정한 것이다.

(4) 공동저작물

'공동저작물'이란 2인 이상이 공동으로 창작한 저작물로서 각자의 이바지한 부분을 분리하여 이용할 수 없는 것을 말한다(저§2xxi). 예를 들면 공동으로 조각을 하는 경우 등이 이에 해당한다고 본다. 단 책을 쓰는 경우에 제1장은 누구, 제2장은 누구, 제3장은 누구로 하여 분담하는 곳을 정하여 쓰는 경우에는 공동저작물에 해당하지 않고, 누가 어디를 쓸까를 명확히 구별하지 않고 공동으로 쓴 책은 공동저작물에 해당된다.

공동저작물에 있어서는 저작자들의 인격적 일체성을 고려하여, 인격권에 대해 별도의 규정을 두지 않고 공동저작물의 인격권 행사에 대해서만 규정하고 있다. 공동저작물의 인격권행사는 저작자 전원의 합의에 의하도록 하고 있으며, 대표자를 정하여 대표자에 의한 권리행사도 가능하도록 하고 있다(저§15①②). 또한, 공동저작물의 저작재산권 처분과 행사에 관하여도 지분의 양도는 전원의 동의하에, 행사는 전원의 합의하에 하여야 한다(저§48①).

(5) 법인[104)]명의저작물(직무저작물)(=업무상저작물)

현행 저작권법에서는 법인명의저작물을 업무상저작물이라고 표현하고 있다. 즉 "법인 · 단체 그 밖의 사용자의 기획하에 법인 등의 업무에 종사하는 자가 업무상 작성하는 저작물"(저§2 xxxi)로서 법인 등의 명의로 공표되는 업무상저작물의 저작자는 계약 또는 근무규칙 등에 다른 정함이 없는 때에는 그 법인 등이 된다. 다만, 컴퓨터프로그램저작물의 경우에는 공표될 것을 요하지 아니한다(저§9).

종전에는 법인 등의 명의로 공표된 저작물에 한정하여 '단체명의저작물(업무상저작물)'로 인정하여 공표되지 않은 저작물에 대해서는 누구의 저작물인지 의견이 있으므로, 비록 미공표 상태에 있더라도 공표를 예정하고 있다면 이의 저작자를 법인 등으로 보는 것이 법적 안정성을 지킬 수 있다는 점에서 2006년 개정법에서 "공표된"을 "공표되는"으로 변경하였다. 업무상저작물의 대표적인 예로 정부백서(政府白書)인 경제백서, 공정거래백서, 특허청 연보 등이 여기에 해당한다.

저작자가 될 수 있는 자는 보통 실제 창작활동을 행한 자연인인 개인이지만 법률에 의해 개인 이외에도 저작자가 될 수 있다고 정하고 있다. 예를 들면 신문기자에 의해 쓰여진 신문기사나 공무원에 의해 작성된 각종 보고서와 같이 회사나 국가의 직원 등에 의해서 저작물이 창작된 경우 등에는 그 직원이 저작자가 되는 것이 아니고, 회사나 국가 등이 저작자로 되는 것이다.

그러나 국가나 회사의 직원 등이 창작한 저작물 모든 것에 대하여 국가나 회사 등이 저작자로 되는 것은 아니다. 즉 ⅰ) 그 저작물을 만들 기획을 국가 또는 법인 등이 하였을 것, ⅱ) 법인 등의 업무에 종사하는 자의 창작에 의한 것일 것, ⅲ) 직무상(업무상) 작성된 것일 것, ⅳ) 공표할 때에 국가나 회사 등 그 법인의 명의로 공표되는 것일 것, ⅴ) 계약 또는 근무규칙 등에서 직원을 저작자로 하는 규정이 없을 것이라는 요건을 모두 갖추었을 때에 한하여 국가나 회사 등이 저작자가 된다.

---

104) 법인의 경우 저작재산권의 주체는 될 수 있지만 저작인격권의 주체는 될 수 없다.

Ⅲ. 권리가 발생하지 않는 저작물(=정보공유)

저작물성이 인정되는 경우라도 일반에게 널리 알릴 필요성이 있는 저작물은 저작권법에 의해 보호를 받지 못한다(저§7). 아래에 언급된 것들은 저작권법상의 보호를 받지 못하며, 이러한 것들을 이용하고자 하는 자는 자유로이 이용할 수 있다.

1) **헌법 · 법률 · 조약 · 명령 · 조례 및 규칙** 헌법을 비롯한 각종 법률과 그 부속법령, 그리고 국제조약에 이르기까지 공익적인 견지에서 국민에게 널리 알려 국민들이 자신의 권리와 의무에 대해 피해를 보지 않도록 하기 위하여 본호를 둔 것이다. 그러므로 정부가 작성한 법률안이나 개정요강(改正要綱) 등도 본호에 해당된다고 보아야 할 것이다. 그러나 학자 등의 사인(私人)이 작성한 법률개정시(초)안[法律改正試(草)案]은 본호에 해당되지 않는 것으로 보아야 할 것이다.[105]

2) **국가 · 지방자치단체의 고시 · 공고 · 훈령 등** 본호는 행정청인 국가나 지방자치단체 등의 의사를 국민 내지 지역주민 등에게 알리기 위하여 만든 공문서이므로 저작물성이 있다고 하여도 정책적으로 배제한 것이다. 여기서 고시 · 공고 · 훈령 등은 예시에 불과한 것이다. 미국은 연방정부의 공문서만 보호대상에서 제외(미저§105)하고 있으며, 독일은 공공저작물이라고 하여 법령, 고시, 판결 등 일반에게 주지시키기 위하여 공표한 저작물은 보호대상에서 제외시키고 있다.[106]

3) **법원의 판결 · 결정 · 명령 및 심판이나 행정심판절차 그 밖에 이와 유사한 절차에 의한 의결 · 결정 등** 본호는 법원의 판결 및 결정 등과 준사법적인 절차로 특허심판원, 해난심판원 등이 행하는 행정청의 의결 및 결정 등도 저작물성은 인정되나 입법정책상 제외시키고 있다. 그러나 판결에 감정인의 의견서나 타인의 저작물이 첨부된 경우, 도면이나 사진이 첨부된 경우에는 예외로 보아야 할 것이다. 그렇지 않고 저작물이 재판에서 한번 사용됨으로써 일체의 권리행사를 하지 못하게 되면 너무 가혹할 수 있다. 그러나 타인의 저작물(감정서, 도면, 사진 등)을 제외시키고 판결문 등을 보면 전체를 파악하는 데 문제가 생길 수 있으므로 사안별로 검토하여야 할 것이다.

---

105) 小畑明彦, 金井重彦 · 小倉秀夫 編, 「著作權法コンメンタール(上)」, 東京布井出版社(2000), p.251.

106) 독일저작권법 제5조.

4) 국가 · 지방자치단체가 작성한 상기[1), 2), 3)]의 번역물 또는 편집물

본호는 상기 1호에서 3호까지의 저작물을 국가나 지방자치단체 등이 필요에 의해 번역하거나 편집하는 경우에는 국민 등이 알 필요가 있기 때문에 정책적으로 보호대상에서 제외시키고 있다. 다만 사인(私人)이 상기의 것들을 편집하거나 번역하는 경우에는 편집저작물 또는 2차적 저작물로서 보호받을 수 있다.

5) 사실전달에 불과한 시사보도 사실전달에 지나지 않는 잡지기사 및 시사보도는 어문저작물에 해당하지 않는다(저§7 v). 이것은 사실 자체는 누가 표현해도 똑같이 될 수밖에 없으며 그 표현내용도 흔한 것이기 때문에 창작성이 인정되지 않는다는 것을 정한 규정이다. 베른조약에서는 "단순한 사실의 보도에 지나지 않는 시사의 보도 또는 잡보는 저작권보호를 적용하지 아니한다."라는 취지를 규정하고 있다(베른조약§2⑧).

그렇지만 일본 법원은 "사실을 보도하는 신문기사의 작성 경위는 보도해야 할 주제를 발견하고 그에 대응할 취재원을 탐지하고 거기에서 기사의 내용이 되는 소재를 수집한 다음 수집한 소재 중에서 기사에 담을 사실을 선택하고 일정한 구성으로 배열하고 조립하여 적절한 문체, 수사로 표현하는 것이라고 인정된다. 그런데 위와 같은 보도해야 할 주제의 발견, 취재원의 탐지, 소재의 수집은 저작권에 의한 보호대상은 아니기 때문에 그것이 어렵게 발견, 탐지, 수집된 것일지라도 이미 보도된 신문기사에 의하여 그 기사를 주제로 다루어진 사항이나 취재원을 알고 그 취재원으로부터 똑같은 소재를 수집하고 그 결과 원기사와 똑같은 사실을 포함하는 기사가 작성되었다 해도 원기사의 저작권을 침해하는 것이라고는 할 수 없다. 그렇지만 객관적인 사실을 소재로 하는 신문기사라 할지라도 수집한 소재 중에서 기사에 담을 사항의 선택과 그 배열, 조립, 그 문장표현의 기법은 다양한 선택, 구성, 표현이 가능하며 신문기사의 저작자는 수집한 소재 중에서 일정한 관점과 판단기준에 의거하여 기사로 할 사항을 선택, 구성, 표현하는 것이며, 저작물이라 할 수 있을 정도의 내용을 포함하는 기사라면 직접 문장표현상으로는 객관적 보도라 할지라도 선택된 소재의 내용, 양, 구성 등에 따라 적어도 그 기사의 주제에 관한 저작자의 상찬(賞讚), 호의, 비판, 단죄, 정보가치 등에 대한 평가 등의 사상, 감정이 표현되어 있는 것이라 하겠다. 그와 같은 기사의 주요한 부분을 포함하여 그 기사가 표현하고 있는 사상, 감정과 주요한 부분에서 동일한 사상의 감정을 표현하고 있는 요약은 원기사의 번안에 해당하는 것이다"라고 판결

했다.[107)]

따라서 사실 보도에 관한 기사를 이용할 경우에는 "선택된 소재의 내용, 양, 구성 등에 따라 그 기사의 주제에 관하여 저작자의 사상, 감정이 표현되는 것은 저작물이 되고 또한 편집저작물도 되기 때문에 그러한 기사"의 이용방법에 유의할 필요가 있다. 당연하지만 신문기사가 편집저작물의 영역을 벗어나 사건의 배경, 요인 또는 사실관계를 추궁하여 취재과정에서 수집한 사실정보 등으로 구성한 기사일 경우에는 문학저작물에 해당할 가능성이 있다고 해석되기 때문에 단순한 사실보도에 지나지 않는 시사의 보도 또는 잡보라 할지라도 그러한 것들을 이용할 때에는 충분한 주의가 필요할 것이다.

Ⅳ. 외국인의 저작물

외국인의 저작물은 우리나라가 가입한 국제조약에 의해서 보호되며, 우리나라에 상시 거주하는 외국인의 저작물이나 우리나라에서 맨 처음 공표된 저작물의 경우도 저작권법의 보호를 받을 수 있다. 그러나 그 외국에서 한국인의 저작물을 보호하지 아니하는 경우에는 그에 상응하게 조약 및 저작권법에 의한 보호를 제한할 수 있으며, 보호기간이 만료된 경우에는 법에 따른 보호기간을 인정하지 아니한다.

즉, 외국인의 저작물은 대한민국이 가입 또는 체결한 조약에 따라 보호된다(저§3①).

107) 東京地裁 1994년 2월 18일.

제4절 | 저작자의 권리

Ⅰ. 서

저작물에 대해 저작권자가 가지는 권리는 크게 인격적 이익을 보호하는 저작인격권과 재산적 이익을 보호하는 저작재산권으로 나눌 수 있다.

저작인격권은 공표권, 성명표시권, 동일성유지권으로 나눌 수 있고 저작재산권은 원저작물을 그대로 사용하는 복제권, 공연권, 공중송신권, 전시권, 배포권, 대여권과 원저작물을 변형하는 권리인 번역권, 편곡권, 변형권, 기타 편집저작물을 작성하거나 이용할 수 있는 권리로 나눌 수 있다.[108]

이러한 저작권은 특허권・디자인권 등의 산업재산권과 같이 일정한 요건을 갖추어 등록함으로써 권리가 발생하는 것이 아니라 저작자가 저작한 때(즉 소설을 쓰거나 그림을 그리거나 작곡을 하거나 번역을 한 때)부터 권리가 자동적으로(어떠한 절차나 형식의 이행을 필요로 하지 않고) 저작자에게 저작인격권과 저작재산권이 발생한다(저§10②). 이를 무방식주의[109][110]라고 한다.

이러한 저작이라는 사실만으로 생기는 저작자의 권리 중 저작재산권에 대해서는 그 보호기간이 정해져 있어(저§39~§44) 그 기간이 지나면(즉 보호기간의 만료 또는 저작자 사망 이후 그 상속인이 없는 경우에는 권리가 소멸한다) 누구나 그 저작물을 자유롭게 이용할 수 있다.

이에 대해 저작인격권은 일신전속성에 의하여 저작자 생존기간 동안 보호되나, 저작자의 인격적 이익은 영원히 보호된다고 본다(저§14). 즉, 저작자가 사망한

108) 저작권법은 문화발전적인 기능을 충분히 하게 하기 위해 저작자의 권리를 보호할 뿐만 아니라 이의 이용을 도모하기 위해 저작자가 아닌 다른 이, 즉 저작물을 전달하는 역할을 하는 사람들에게도 권리를 부여한다. 이를 인접권이라 한다.

109) 1976년 미국 저작권법은 모든 저작물에 ⓒ기호와 저작연도, 저작자 성명을 표시하고, 저작권청에 등록을 하여야 저작물로서의 완전한 보호를 받도록 하고 있었으나, 베른조약에 가입하기 위해 이러한 저작권 표시의 의무제도를 원칙적으로 폐지하고, 미국인의 경우에만 전과 같이 조치하였다.

110) 방식주의는 UCC조약에 의한 방법이며, 통상적으로 ⓒ 저작자명, 연월일, 국가 등의 순으로 표기한다.

[도표 20] 저작자의 권리

※ 관계조약: 세계저작권조약, 베른조약, 로마협약, WIPO 실연 · 음반조약

후에 그 유족[111]이나 유언집행자는 당해 저작물에 대하여, 저작자의 사망 후에 그의 저작물을 이용하는 자는 저작자가 생존하였더라면 그 저작인격권의 침해가 될 행위를 하여서는 아니 된다(저§14②)는 규정에 위반하거나 위반할 우려가 있는 자에 대하여는 침해의 정지(저§123)를 청구할 수 있으며, 고의 또는 과실로 저작인격권을 침해하거나 저작권법 제14조 제2항의 규정에 위반한 자에 대하여는 손해배상이나 명예회복 등의 청구를 할 수 있다(저§127).[112]

111) 사망한 저작자의 배우자 · 자 · 부모 · 손 · 조부모 또는 형제자매를 말한다(저§128).

112) 망인인 이광수의 허락을 받지 아니하고 그의 소설을 다소 수정한 내용을 실은 도서를 출판 · 판매하였으나, 수정한 내용이 주로 해방 후 맞춤법 표기법이 바뀜에 따라 오기를 고치거나 일본식 표현을 우리말 표현으로 고친 것으로서, 망인 스스로 또는 그 작품의 출판권을 가진 출판사에서 원작을 수정한 내용과 별로 다르지 않다면 그 수정행위의 성질 및 정도로 보아 사회통념상 저작자의 명예를 훼손한 것으로 볼 수 없어 저작자 사망 후의 저작인격권(저작물의 동일성유지권) 침해가 되지 아니한다고 본 판례(대법원 1994.9.30.선고, 94다7980 판결), 모델소설을 쓰려는 목적을 밝힌 작가에게 고인의 편지를 그의 어머니가 주었다면 그 편지의 공표와 이용에 대한 묵시적 허락이 있었다고 볼 것이며, 이 사건 소설에서 그 편지의 일부를 변경하였다고 하더라도 이는 저작자의 사망 후에 행해진 것으로 고인의 명예

그러나 현행 저작권법은 생전에는 인격권, 죽은 후에는 명예권으로 파악하고 있다. 이러한 저작인격권은 양도는 물론 상속의 대상이 되지 않는다. 이 외에, 초상권(프라이버시권),[113] 퍼블리시티권(right of publicity),[114] 캐릭터 등의 보호문제도 현존하고 있다.

II. 저작인격권

저작인격권이란 저작자의 인격과 관련된 것으로서 저작자가 저작한 저작물을 공표할 것인가 말 것인가를 결정할 수 있는 공표권과 자신이 저작한 저작물에 자신의 성명을 표시할 것인가 말 것인가를 결정할 수 있는 성명표시권, 그리고 자신이 저작한 것을 이용과정 중에 제목 · 내용 등이 바뀌지 않도록 하는 동일성유지권이 있다. 이러한 저작인격권은 저작권법 이외의 민법에 의해서도 보호받을 수 있지만, 저작인격권에 대해서는 민법과 같은 일반법에 의한 보호만으로는 불충분하여 저작권법에 특별규정을 둔 것이다.

공동저작물의 저작인격권은 저작자 전원의 합의에 의하지 아니하고는 이를 행사할 수 없다. 이 경우 각 저작자는 신의에 반하여 합의의 성립을 방해할 수 없다. 또한, 공동저작물의 저작자는 그들 중에서 저작인격권을 대표하여 행사할 수 있는 자를 정할 수 있다. 이때 권리를 대표하여 행사하는 자의 대표권에 가하여진

가 높아지는 등 그 행위의 성질 및 정도에 비추어 사회통념상 고인의 명예를 훼손하였다고 할 수 없다는 판례(서울민사지법 1995.6.23.선고, 94카합9230 판결) 등이 있다.

113) 초상권이란 자기의 초상이 허가없이 촬영되거나 또는 공표되지 않을 권리를 뜻한다. 초상권을 인격권의 일부로 보는 견해와 프라이버시권의 일부로 보는 견해가 있다. 이러한 견해는 우리나라의 현행법상 초상권에 관한 직접적인 규정은 없어서 학자들의 견해가 나뉜다. 우리 헌법상의 인간의 존엄과 가치권(§10전단)에 근거하는 일반적 인격권에 포함되는 것으로 보고 있다. 1982년 7월 23일 서울 민사지방법원이 본인의 동의 없이 사진을 낸 책을 판매금지한다는 최초의 초상권 침해 판결을 내린 바 있다. 그러나 초상을 상업적으로 이용하는 경우가 많아지고 있는 상황에 맞추어 사망한 유명인의 초상까지 보호되어야 한다는 공표(publicity)법이 1895년 미국 캘리포니아 주에서 제정되기도 하였다.

114) 퍼블리시티권이란 초상 사용권이라고도 하며, 유명인 · 연예인 · 스포츠 스타 등 개인의 이름, 초상, 서명, 목소리, 이미지, 캐릭터 등으로 인격적인 요소가 있는 재산적 가치를 가지는 것을 뜻하며, 권리자가 독점적으로 지배하는 권리이다. 이를 동의 없이 상업적으로 이용할 수 없도록 하는 게 퍼블리시티권이다.

제한이 있을 때에는 그 제한은 선의의 제3자에게 대항할 수 없다(저§15).

판례는 이러한 저작인격권에 대해 다음과 같이 해석한다. 저작인격권이란 저작자가 저작물의 내용,[115] 형식 및 제호의 동일성을 유지할 권리이다.[116] 이 권리를 해석하는 데 있어 저작재산권과는 달리 일신전속적인 권리로서 이를 양도하거나 이전할 수 없는 것이라 할 것이므로 비록 그 권한 행사에 있어서는 이를 대리하거나 위임하는 것이 가능하다 할지라도 이는 어디까지나 저작인격권의 본질을 해하지 아니하는 한도 내에서만 가능하다 할 것이고 저작인격권 자체는 저작권자에게 여전히 귀속되어 있는 것이라 보아야 할 것이다.[117]

1. 공표권

공표권이란 자신의 저작물을 대외적으로 공개하는 권리이다. 즉, 아직 공표하지 않은 자신의 저작물을 공표할지 말지를 결정할 수 있는 권리를 말한다(저§11①). 만약 공표한다면 언제 어떤 방법으로 할 것인가를 결정할 수 있는 권리도 포함된다고 볼 수 있다. 즉 책상서랍 속에 있는 원고를 공표할 것인가 아니면 마음에 들지 않아 버릴 것인가 또는 수정가필(修正加筆)할 것인가는 저작자 자신밖에 판단할 사람이 없다. 이것을 무단으로 공표하는 것은 저작자에게 회복하기 어려운 정신적 고통을 줄 우려가 있기 때문에 그 공표를 저작자만이 결정할 수 있게 하여 저작자의 인격적 이익을 보호하고자 하는 취지이다.

그렇기 때문에 한번 공표된 저작물에는 이 권리가 미치지 않는다. 또 공표에는 출판하든지 또는 방송하든지 저작권의 행사가 수반되기 때문에 작가가 미공표 소설의 저작권을 양도한 경우에는 작가는 그 소설을 공표하라고 말할 수 없다. 이 경우 저작권자로부터 저작권을 양수받은 자가 그 저작권을 행사하여 소설을 공표할 것에 대해서 동의를 하느냐 하지 않느냐의 권리밖에 없으며 그것도 저작권양도의 계약서 등에 특별히 기재를 해 두지 않는 한 저작자가 공표에 동의한 것으로 추정한다. 같은 이유로 이용허락 계약을 체결한 경우, 배타적 발행권 또는 출판권을 설정한 경우에는 상대방에게 저작물의 공표를 동의한 것으로 추정한다(저§11②).

저작자가 공표되지 아니한 미술저작물 · 건축저작물 또는 사진저작물(이하

115) 대법원 1994.9.30.선고, 94다7980 판결 참조.
116) 서울고법 1990.6.25.고지, 89라55 결정.
117) 대법원 1995.10.2.고지, 94마2217 결정.

"미술저작물 등"이라 한다)의 원본을 양도한 경우에는 그 상대방에게 저작물의 원본의 전시방식에 의한 공표를 동의한 것으로 추정하며(저§11③), 생전에 공표되지 않았던 유서는 저작자가 살아 있다면 그 공표를 거부했을 것이라고 생각되는 사정이 없다면 저작권자의 허락을 얻어 공표해도 지장이 없다고 추정한다. 또한, 원저작자의 동의를 얻어 작성된 2차적 저작물 또는 편집저작물이 공표된 경우에는 그 원저작물도 공표된 것으로 본다(저§11④).

공표하지 아니한 저작물을 저작자가 도서관 등에 기증한 경우 별도의 의사를 표시하지 않는 한 기증한 때에 공표에 동의한 것으로 추정한다(저§11⑤). 판례도 공표[118]를 해석함에 있어 "공표란 저작물을 공연, 공중송신 또는 전시 그 밖의 방법으로 일반공중에게 공개하는 경우와 저작물을 발행하는 경우를 말하는 것"[119]이라고 했다(저§2 xxv).

2. 성명표시권

성명표시권이란 자신의 저작물을 공표할 때에 저작자명을 표시할까 말까, 표시한다면 실명으로 할까 이명[異名(變名)]으로 할까를 결정하는 권리를 말한다(저§12①). 다만, 저작물을 이용하는 자는 그 저작자의 특별한 의사표시가 없는 때에는 저작자가 그의 실명 또는 이명을 표시한 바에 따라 이를 표시하여야 한다. 그러나, 저작물의 성질이나 그 이용의 목적 및 형태 등에 비추어 부득이하다고 인정되는 경우에는 그러하지 아니하다(저§12②).

이 성명표시권은 공표권과 달리 저작물을 처음 내놓을 때뿐만 아니라 저작물을 이용할 때마다 항상 문제가 되는데, 이용하는 측은 특별히 저작자로부터 요청이 있는 경우는 별도지만, 이미 저작자가 공표하고 있는 예에 비추어 표시한다면 일일이 저작자에게 묻지 않아도 상관없다.

그렇기 때문에 성명표시권은 실질적으로는 이미 표시되어 있는 저작자명을 무단으로 바꾼다거나[120] 숨기거나 해서는 안 된다는 것이라고도 하겠다. 또한, 라

118) 문교부 산하 국립교육평가원에서 실시하던 대학입학학력고사 또는 대학수학능력시험과는 달리, 15년 만에 부활되어 1994년부터 실시된 각 대학별 대학입시문제가 일반대중에게 널리 공표된 것으로 보이지는 아니하다(서울지법 1997.8.12.선고, 97노50 판결).

119) 서울민사지법 1993.10.15.선고, 92가합35610 판결.

120) 대법원 1989.10.24.선고, 88다카29269 판결.

디오 드라마 속에서 가요곡을 부르는 경우나 호텔 등에서의 배경음악과 같이 저작자명을 일일이 표시하는 것이 곤란하며, 더구나 저작자의 인격적 이익을 손상시키지 않는다고 인정되는 경우에는 저작자명의 표시를 생략하는 것이 허용된다고 본다.

판례는 성명표시권과 관련하여 "저작물이 아닌 선전광고문에 책자의 저자표시를 하지 않았다거나 공동저자 중 다른 저자의 약력만을 소개하는 행위가 저작자가 자기의 창작물임을 주장할 수 있는 권리를 침해하는 저작권법 제12조에 위반하는 행위라고 할 수 없다."[121]라고 하였다.

그리고 성명표시권과 밀접한 관련이 있는 서명에 대해, "화가가 그의 미술저작물에 표시한 서명은 그 저작물이 자신의 작품임을 표시하는 수단에 불과하여 특별한 사정이 없는 한 그 자체가 예술적 감정이나 사상의 표현을 위한 것이라고는 할 수 없어 저작권법상의 독립된 저작물이라고 보기 어려우나, 이러한 서명은 저작자인 화가가 저작권법 제12조 제1항에 의한 성명표시권에 의하여 자기 저작물의 내용에 대한 책임의 귀속을 명백히 함과 동시에 저작물에 대하여 주어지는 사회적 평가를 저작자 자신에게 귀속시키려는 의도로 표시하는 것이다. … 저명한 화가로서의 명성을 떨어뜨려 그 화가의 저작물들에 대한 평가는 물론 그 화가의 명예를 훼손하는 것으로서 그 유족의 고인에 대한 추모경애의 마음을 손상하는 행위에 해당하여 사회 일반의 도덕관념인 선량한 풍속에 반할 뿐만 아니라, 이러한 상표는 저명한 고인의 명성에 편승하여 수요자의 구매를 불공정하게 흡인하고자 하는 것으로서 공정하고 신용 있는 상품의 유통질서를 침해할 염려가 있다 할 것이다. … 이러한 경우에 그 저명한 화가가 생존해 있었더라면 자신의 저작물임을 나타내기 위하여 표시해 오던 서명을 타인이 자신과 전혀 무관한 상품의 상표로 무단등록하여 공표하고 사용하는 것은 저명한 미술저작자로서의 인격권을 침해하는 불법행위에 해당한다 할 것이고, 저작권법 제128조, 제14조 제2항에 의하면 사망한 저작자의 저작인격권을 침해하는 행위에 대하여 그 저작자의 유족이 그 침해행위의 금지를 청구하는 등의 조치를 취할 수 있음에 비추어, 그 저명한 화가의 유족으로서는 고인의 인격권과 유족 자신의 고인에 대한 추모경애의 마음을 침해하는 상표의 사용금지를 청구할 수 있음은 물론 그 등록무효심판을 청구

121) 대법원 1989.1.17.선고, 87도2604 판결.

할 이해관계가 있다고 봄이 상당하다."[122]라고 하였다.

3. 동일성유지권

동일성유지권이란 저작물의 성질 그리고 그 이용목적 및 형태에 비추어 부득이하다고 인정되는 경우 이외에 자신의 저작물의 내용·형식(비극을 희극으로 하거나 주인공을 죽이거나 살리는 경우, 일부의 내용삭제 등 시대적 배경, 장소적 배경의 변경 등) 및 제호(영화의 제호 변경)를 자신의 뜻에 반하여 멋대로 바꾸지 않도록 할 권리를 말한다(저§13①). 그러나 부득이한 경우에는 변경할 수도 있다. 즉, ⅰ) 제25조의 규정에 따라 저작물을 이용하는 경우에 학교교육 목적을 위하여 부득이하다고 인정되는 범위 안에서의 표현의 변경, ⅱ) 건축물의 증축·개축 그 밖의 변형, ⅲ) 특정한 컴퓨터 외에는 이용할 수 없는 프로그램을 다른 컴퓨터에 이용할 수 있도록 하기 위하여 필요한 범위에서의 변경, ⅳ) 프로그램을 특정한 컴퓨터에 보다 효과적으로 이용할 수 있도록 하기 위하여 필요한 범위에서의 변경, ⅴ) 그 밖에 저작물의 성질이나 그 이용의 목적 및 형태 등에 비추어 부득이하다고 인정되는 범위 안에서의 변경의 경우이다. 다만, 본질적인 내용의 변경은 그러하지 아니하다(저§13②).

예를 들면, 어려운 한자를 한글로 고치거나 학년에 따라 쉬운 단어로 표현하는 경우가 이에 해당된다. 다만 본질적인 내용의 변경은 그러하지 아니하다(저§13②).

여기서 문제되는 것이 패러디(parody)이다. 패러디는 원작을 사회문제에 풍자하거나 농담조로 과장하여 작품을 변경하는 경우이다. 미국에서는 상업성이 있는 패러디는 인정하지 않는다.

동일성 유지권과 관련하여, 판례는 "… 저작자의 명예와 성망을 해친 것이 되려면 저작물의 내용을 자의로 변개한 것만으로는 부족하고 그 변개의 내용이 잘못되어 그로 말미암아 저작자의 명예와 성망을 훼손시킨 때에 그 요건이 충족되는 것…"이라고 하였다.[123] "저작권법상 동일성유지권이란 저작물의 내용, 형식 및 제호의 동일성을 유지할 권리, 즉 무단 변경, 절제, 기타 개변을 당하지 아니할 저작자의 권리로서 이는 원저작물 자체에 어떤 변경을 가하는 것을 금지하는 내용의 권리라 할 것이므로, 원저작물에 변경을 가하는 것이 아니고 원저작물과 동

122) 대법원 2000.4.21.선고, 97후884 판결.
123) 대법원 1969.10.28.선고, 15다1340 판결.

일성의 범위를 벗어나 전혀 별개의 저작물을 창작하는 경우에는 비록 그 제호가 동일하다 하더라도 원저작물에 대한 동일성유지권을 침해하는 것으로 볼 수 없다"[124]고 하였으며, 동일성유지권을 해석하는 데 있어 "원저작물을 원형 그대로 복제하지 아니하고 다소의 변경을 가한 것이라 하여도 원저작물의 재제 또는 동일성이 감지되는 정도이면 복제가 되는 것이고, 이와 같은 복제물이 타인의 저작물로 공표되게 되면 원저작자의 성명표시권의 침해가 있다고 보아야 할 것이고, 원저작자의 동일성유지권을 침해한 경우에 해당한다고 보아야 할 것"[125]이라는 기준을 제시해 주고 있다.

즉, 저작자의 동의 없이는 저작자의 성명, 칭호를 은닉, 변경하거나 저작물에 개작 기타 변경을 할 수 없다 할 것이며, 저작물의 동일성을 해하지 않는 범위 내라거나 또는 저작물의 가치를 한층 높이게 되는 경우라 하여도, 저작자의 동의 없이는 저작물의 외형, 내용을 수정, 증감하거나 그 표현형식을 개변할 수 없다 할 것이다.[126] 그리고 문학작품에 있어서는 구두점이나 느낌표 또는 단어들을 고치는 것도 동일성유지권의 침해가 될 것이다. 나체화에 옷을 입은 것과 같은 효과를 얻기 위하여 그림의 소유자가 그림 위에 색을 칠하거나(나체화 사건),[127] 영화제목을 멋대로 바꾸거나, 영화의 결말을 변경하거나, 흑백영화를 컬러화하거나,[128] 시대나 장소의 배경을 대체하는 것은 모두 동일성유지권의 침해라고 할 수 있을 것이다. 또한 캐릭터를 제작한 사람의 경우 그의 의무인 도안의 수정을 거절함은 그 도안의 양수인이 도안을 변경하더라도 이의를 제기하지 않겠다는 묵시적인 동의를 하였다고 인정하는 것이 상당하여 이를 변경하여 사용하였다고 하여 동일성유지권침해가 되지 않는다고 판시한 것[129] 등도 있다.

---

124) 서울민사지법 1991.4.26.선고, 90카98799 판결.

125) 대법원 1989.10.24.선고, 89다카12824 판결.

126) 대법원 1962.10.29.선고, 62마12 결정.

127) 일본의 시사주간지에 '한국으로부터의 누드, 비장사진을 일거 대공개'라는 제호로 게재된 저작물인 사진 중 일부를 국내 잡지에 전재하면서 '사진예술작품들 일본으로 건너가 포르노성 기획으로 둔갑'이라는 제호를 붙인 경우 사진저작자의 저작물의 제호를 개변함으로써 제호에 대한 동일성유지권을 침해한 것이라기보다는 위 잡지들에 게재한 인용저작물의 제호라고 보아야 할 것이므로 제호의 변경이나 개변이 있었다고 볼 수 없다(대법원 1990.10.23.선고, 90다카8845 판결).

128) 프랑스 법원은 미국 흑백영화의 컬러판의 방영에 대해 사망한 감독의 저작인격권을 인정하여 이의 방영을 금지시켰다[1988년 11월 23일 파리 파기원 판결(송영식 · 이상정, 「저작권법개설」, 세창출판사, 2000.8, p.141 재인용)].

또한 프로그램저작자는 자신의 프로그램을 자신이 창작한 그대로 유지할 권리를 갖는다. 즉, 특정한 컴퓨터 외에는 이용할 수 없는 프로그램을 다른 컴퓨터에 이용할 수 있도록 하기 위하여 필요한 범위에서의 변경하는 경우와 프로그램을 특정한 컴퓨터에 보다 효과적으로 이용할 수 있도록 하기 위하여 필요한 범위에서의 변경하는 경우를 제외하고[130] 저작물의 내용·형식 및 제호의 동일성을 유지하여야 한다(저§13②iii,iv).

Ⅲ. 저작재산권

저작재산권은 경제적인 권리로서 소유권과 같이 배타적인 권리이며, 누구라도 저작권자의 허락 없이는 그 저작물을 이용할 수 없다. 이러한 저작재산권에는 복제권, 공연권, 공중송신권, 전시권, 배포권, 대여권과 2차적 저작물 작성권이 포함된다.[131] 그러나 이러한 저작재산권도 경우에 따라 제한을 받기도 한다(저§23~§38).

공동저작물의 저작재산권은 그 저작재산권자 전원의 합의에 의하지 아니하고는 이를 행사할 수 없으며, 다른 저작재산권자의 동의가 없으면 그 지분을 양도하거나 질권의 목적으로 할 수 없다. 이 경우 각 저작재산권자는 신의에 반하여 합의의 성립을 방해하거나 동의를 거부할 수 없다(저§48①). 하지만 공동저작물의 침해의 경우 공동저작물의 각 저작자 또는 각 저작재산권자는 다른 저작자 또는 다른 저작재산권자의 동의 없이 침해의 정지청구를 할 수 있으며, 그 저작재산권의 침해에 관하여 자신의 지분에 관한 손해배상의 청구를 할 수 있다(저§129).

공동저작물의 이용에 따른 이익은 공동저작자 간에 특약이 없는 때에는 그 저작물의 창작에 이바지한 정도에 따라 각자에게 배분된다. 이 경우 각자의 이바지한 정도가 명확하지 아니한 때에는 균등한 것으로 추정하고(저§48②), 공동저작

129) 대법원 1992.12.24.선고, 92다31309 판결.

130) 저작권법 제13조 제2항 제5호에서는 "그 밖에 저작물의 성질이나 그 이용의 목적 및 형태 등에 비추어 부득이하다고 인정되는 범위 안에서의 변경"이 가능하다.

131) 현행 우리나라 저작권법(§16~§22)은 7종의 저작재산권으로 분류하여 규정하고 있으나, 나라에 따라 달리 정하고 있다. 예를 들면 프랑스는 복제권과 공연권만으로 분류하고, 미국은 5종으로, 독일은 7종으로, 일본은 9종으로 규정하고 있다.

물의 저작재산권자는 그 공동저작물에 대한 자신의 지분을 포기할 수 있으며, 포기하거나 상속인 없이 사망한 경우에 그 지분은 다른 저작재산권자에게 그 지분의 비율에 따라 배분된다(저§48③). 그리고 공동저작물의 인격권행사에서와 마찬가지로 대표자를 선정하여 행사할 수 있다(저§48④).

1. 원저작물에 대한 권리

(1) 복제권(저§16)

복제권이란 저작자가 저작물을 인쇄, 사진촬영, 복사, 녹음, 녹화 그 밖의 방법으로 일시적 또는 영구적으로 유형물에 고정하거나 다시 제작하는 것을 말한다(저§2 xxii). 즉 소설을 인쇄한다든가, 회화를 사진으로 찍는다거나, 논문을 복사기로 복사한다든가, 강연을 테이프에 녹음한다든가 또는 음악을 레코드나 CD, MD, 테이프에 고정하는 것에 미치는 권리이다.

2011년 개정 저작권법에서 디지털 환경에서 저작권자의 권리를 보호하기 위하여 일시적 저장을 복제의 범위에 명시하였다.

한편, 설계도에 따라서 건축물을 완성하는 것은 형식적으로는 설계도의 복제라 할 수 없고 건축물의 복제라고도 할 수 없어 이러한 것들이 침해될 우려가 있으므로 저작권법에서 건축물의 경우 그 건축을 위한 모형 또는 설계도서에 따라 이를 시공하는 것을 복제의 개념에 포함하는 것으로 명백히 규정하고 있다(저§2 xxii). 그리고 저작권법상의 복제란 유형물에 고정하거나 다시 제작하는 것에 한하므로 공연, 방송, 연주 등의 무형적 복제는 포함하지 않고, 공연권, 공중송신권을 따로 두고 있다.

판례는 복제를 해석함에 있어, 저작물을 복제하는 경우라 함은 기존의 저작물에 의거한 것일 뿐만 아니라 그 저작물의 내용 및 형체를 충분히 주지할 수 있도록 게재되어 그와 동일한 것이라고 볼 수 있을 때를 가리키고, 이러한 의거성 내지 동일성의 여부는 구체적으로 원문의 번역에 임하는 기본적 태도를 바탕으로 신중하게 판단해야 한다고 하고 있다.[132] 또 저작물의 무단복제 여부도 어디까지나 저작물의 표현형식에 해당하고 또 창작성이 있는 부분만을 대비하여 볼 때 상호간에 실질적 유사성이 있다고 인정할 수 있는지 여부에 의하여 결정되는 것이

132) 서울지법 1997.11.5.고지, 97카합2072 결정.

어서, 원칙적으로 표현내용이 되는 아이디어나 그 기초이론 등에 있어서의 유사성은 그에 아무런 영향을 미칠 수 없을 뿐만 아니라 표현형식에 해당하는 부분이라 하여도 창작성이 인정되지 아니하는 부분은 이를 고려할 여지가 없다[133]고 하였다. 즉, 다른 사람의 저작물을 원저작자의 이름으로 무단 복제하면 복제권의 침해가 되는 것이고 이 경우 저작물을 원형 그대로 복제하지 아니하고 다소의 수정 증감이나 변경을 가하더라도 원저작물의 재제 또는 동일성이 인식되거나 감지되는 정도이면 복제로 보아야 할 것이며 원저작물의 일부분을 재제하는 경우에도 그것이 원저작물의 본질적인 부분의 재제라면 역시 복제에 해당한다. 이 같은 복제물이 타인의 저작물로 공표되게 되면 원저작자의 성명표시권의 침해가 있었다고 보아야 할 것이고, 원저작물을 복제함에 있어 함부로 그 저작물의 내용, 형식, 제호에 변경을 가한 경우에는 원저작자의 동일성유지권을 침해한 경우에 해당한다고 하였다.[134]

이 외에도 최근 정보통신기술의 발달로 인터넷 등을 통하여 새로운 형태의 서비스가 등장함으로 인해 복제인지의 여부가 논란되었다. 즉, 플로피디스크나 하드디스크와 같은 장치에 영구적으로 고정되는 것이 아니라 RAM이나 디스크의 일부에 잠시 저장되었다 사라지는 이른바 일시적 저장이 그 대표적인 예이다.

또한, 최근 정보통신기술의 발달로 인터넷 등을 통하여 서버(server)의 자료에 접속하고 업로드(upload)나 다운로드(download) 없이 컴퓨터 모니터상에서 디스플레이(display), 즉 열람 또는 감상만 하는 경우에 이를 전시로 볼 것인가 아니면 복제로 보아야 할 것인가가 문제이다.[135] 그러나 현행 저작권법은 일시적 또는 영구적으로 유형물에 고정하거나 다시 제작하는 것을 복제로 정의하고 있어 일시적 복제도 복제이므로, 이와 같이 RAM에 일시적으로 복제되는 것은 복제로 보아야 할 것이다.

(2) 공연권

저작자는 그의 저작물을 공연할 권리를 가진다(저§17).

법 제2조 제3호에서 '공연'이라 함은 저작물 또는 실연·음반·방송을 상

133) 대법원 1999.10.22.선고, 98도112 판결.

134) 대법원 1989.10.24.선고, 89다카12824 판결.

135) 허희성 씨는 이러한 경우는 전시로 보지 않고, 복제로 보고 있다[허희성, 「신저작권법축조개설(상)」, 저작권아카데미, 2000, p.243].

연 · 연주 · 가창 · 구연 · 낭독 · 상영 · 재생 그 밖의 방법으로 공중에게 공개하는 것을 말하며, 동일인의 점유에 속하는 연결된 장소 안에서 이루어지는 송신(전송을 제외한다)을 포함한다.

여기서 '공연'이란 개인적인 연극 · 연주가 아니고 직접 공중(특정다수를 포함)에 보여주거나 또는 들려주는 것을 목적으로 하는 것을 말한다. 연극 · 연주에는 저작물의 연극 · 연주로 녹음하거나 또는 녹화한 것을 재생하는 것 및 저작물의 연극 · 연주를 전기통신설비를 사용하여 전달하는 것[136](방송, 유선방송 또는 상영에 해당하는 것을 제외)도 포함된다고 본다. 예를 들면 이벤트회장에서 음악을 연주하는 것(이를 연주권이라 한다), 이벤트회장에서 영화를 상영하는 것(이를 상영권이라 한다) 등이 여기에 해당한다.

판례는 시판되는 음반에 실린 음악저작물에 대하여 이미 복제사용료가 지급되어 있다고 하더라도 그 녹음물을 재생하여 일반공중에게 공개하는 것은 별도의 저작권법 제2조 제3호 소정의 공연에 해당한다고 하였다.[137] 일반공중에게 공개한다 함은 불특정인 누구에게나 요금을 내는 정도 외에 다른 제한 없이 공개된 장소 또는 통상적인 가족 및 친지의 범위를 넘는 다수인이 모여 있는 장소에서 저작물을 공개하거나, 반드시 같은 시간에 같은 장소에 모여 있지 않더라도 위와 같은 불특정 또는 다수인에게 전자장치 등을 이용하여 저작물을 전파 · 통신함으로써 공개하는 것을 의미한다고 할 것이므로, 노래방의 구분된 각 방실이 소수의 고객을 수용할 수 있는 소규모에 불과하다고 하더라도, 일반고객 누구나 요금만 내면 제한 없이 이를 이용할 수 있는 공개된 장소인 노래방에서 고객들로 하여금 노래방 기기에 녹음 또는 녹화된 음악저작물을 재생하는 방식으로 저작물을 이용하게 하였다면, 이는 일반공중에게 저작물을 공개하여 공연한 행위에 해당되고, 공연법상 공연의 의미가 저작권법의 그것과 다르다거나, 「음반 · 비디오물 및 게임물에 관한 법률」에서 노래연습장업을 별도로 규율하는 규정을 두고 있다고 하더라도 위 각 법률과 저작권법은 그 입법목적, 규정사항, 적용범위 등을 달리하고 있으므로, 위와 같은 다른 법률의 규정이 있다는 사정만으로는 노래방 영업이 저작권법 소정의 공연에 해당[138]하지 않는다고 볼 수도 없다[139]고 하였다.

---

136) 대법원 1996.3.22.선고, 95도1288 판결.

137) 전주지법 1988.12.7.선고, 88가소16995 판결.

138) "…별도의 허락 없이 다시 그 컴퓨터칩을 사용하여 음악저작물을 공연하는 때에는 음악저

이 외에도 상업용 음반을 방송국이나 음악감상실 등에서 구입하여 시청자나 손님에게 들려주거나 단란주점 등에서 손님에게 노래반주기를 틀어 주는 것[140]도 공연의 범위에 해당하므로 저작권자의 허락을 받아야 하는 것이다.

공연권에 대하여 비영리적 이용 등의 경우에는 저작권법상 제한규정을 두고 있다(저§29).

(3) 공중송신권

저작자는 그의 저작물을 공중송신할 권리를 가진다(저§18). 2006년 개정법에서 종전의 방송권 및 전송권을 포괄하는 개념으로 공중송신권을 신설하였다. '공중송신'이란 "저작물 등을 공중이 수신하거나 접근하게 할 목적으로 무선 또는 유선통신의 방법에 의하여 송신하거나 이용에 제공하는 것"을 말한다(저§2vii). 기술의 발달, 방송통신융합 등에 따라 지금과는 전혀 다른 형태의 새로운 저작물 이용형태가 등장하고 있으나 종전에는 방송과 전송이라는 두 가지 범주만 인정하고 있어서 저작자 등의 권리보호에 한계가 있었기 때문이다. 따라서 이를 포괄하는 최상위 개념인 공중송신의 개념을 신설함으로써 저작자는 어떠한 형태의 저작물 사용형태가 등장하더라도 확실하게 보호받을 수 있도록 하였다.

'방송'이란 "공중송신 중 공중이 동시에 수신하게 할 목적으로 음·영상 또는 음과 영상 등을 송신하는 것"을 말한다(저§2viii). 공중이 정해진 시간에 TV나 라디오로 영상이나 음악을 수신받는 경우가 방송의 예이다.

'전송'이란 "공중송신 중 공중의 구성원이 개별적으로 선택한 시간과 장소에서 접근할 수 있도록 저작물 등을 이용에 제공하는 것을 말하며, 그에 따라 이루어지는 송신을 포함한다"(저§2x). 메신저 등으로 선택된 시간과 장소에서 저작물을 송신하거나, 공중이 언제 어디서든지 접근할 수 있도록 공개서버 등에 저작물을 올려두는 것은 전송의 예에 해당된다.

2006년 개정법에서는 "공중송신 중 공중의 구성원의 요청에 의하여 개시되는 디지털 방식의 음의 송신(전송 제외)"으로 공중송신권의 일종인 디지털음성송신을 신설하였다(저§2xi). 이는 기존의 음악 웹캐스팅이 방송인지, 전송인지 의견

작권자들의 저작재산권 중 공연권의 침해가 될 수 있는바…"(서울민사지법 1994.6.17.선고, 93나42781 판결).

139) 대법원 2001.9.28.선고, 2001도4100 판결.

140) 대법원 1996.3.22.선고, 95도1288 판결.

이 분분했던 점을 감안, 음악(음성)에 한정한 것이기는 하지만 소위 웹캐스팅을 포함하는 개념으로서 디지털음성송신을 신설하게 된 것이다. 이는 디지털음성송신 사업자가 온라인을 통해 실시간으로 음악(음성)을 서비스하고, 이용자는 흘러나오는 음악(음성)을 실시간으로 듣는 것을 기본 개념으로 한다. 이에 따르면 인터넷상의 음악 웹캐스팅은 앞으로 디지털음성송신에 따른 권리보호를 받게 되며, 영상물을 포함하는 웹캐스팅은 방송의 범주에 포함시켜 보호받을 수 있게 되었다. 공중송신의 개념을 도식화하면 다음과 같다.

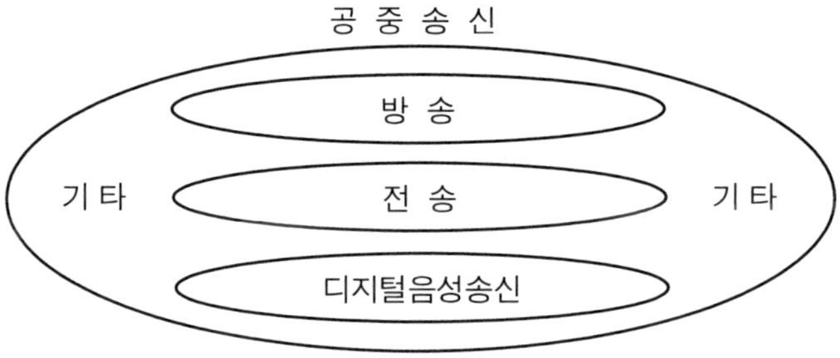

한편, 공중의 개념을 신설하였는데, '공중'이란 "불특정 다수인(특정 다수인을 포함한다)"을 말한다(저§2xxxii). 그 동안 공중은 정의규정 없이 법원의 해석에 맡겨져 있었으며 불특정다수인을 의미하는 것으로 이해되어 왔다. 하지만 기술의 발전에 따라 동호회 등 특정 다수인에 의해 저작권을 침해당하는 사례가 빈번해지는 점을 감안하여 경우에 따라 특정다수인도 공중의 범위에 포함하는 것으로 하였다. 참고로 일본 저작권법 제2조 제5항에서는 "이 법률에서 말하는 공중에는 특정 및 다수의 자를 포함하는 것으로 한다."라고 하여 공중의 개념에 특정다수인을 포함하고 있다.

(4) 전시권

저작자는 미술저작물 등의 원본이나 그 복제물을 전시할 권리를 가진다(저§19).

'원본'이라고 하는 것은 예를 들면 화가가 그린 그림을 말하며, 복제품이 아닌 것을 말한다. 전시권이란 저작물을 전시회장이나 통행인 등이 볼 수 있는 건축물의 외벽 기타 개방된 장소 등의 곳에 전시할 수 있는 권리를 말하며, 자택 응접실에 걸어두는 것에는 권리가 미치지 아니한다. 전시권을 가지는 저작물은 미술저작물 외에도 사진저작물이 있을 수 있다. 또한, PC 화면을 통해서 열람 또는 감상하게 하는 것도 전시인가가 문제된다.

(5) 배포권

저작자는 저작물의 원본이나 그 복제물을 배포할 권리를 가진다(저§20). '배포'는 저작물 등의 원본 또는 그 복제물을 공중에게 대가를 받거나 받지 아니하고 양도 또는 대여하는 것을 말한다(저§2 xxiii). 그러나 저작물의 원본이나 그 복제물이 해당 저작재산권자의 허락을 받아 판매 등의 방법으로 거래에 제공되는 경우에는 그러하지 아니하다(저§20단). 이를 최초판매의 원칙(First Sale Doctrine)이라 한다.

(6) 대여권

저작권법 제20조 단서의 규정(최초판매의 원칙)에 불구하고 저작자는 상업적 목적으로 공표된 음반(이하 "상업용 음반"이라 한다)이나 상업적 목적으로 공표된 프로그램을 영리를 목적으로 대여할 권리를 가진다(저§21). 저작권법 제21조에서 규정하고 있는 대여권의 객체는 상업용 음반과 상업적 목적으로 공표된 프로그램으로 한정하고 있다. 따라서 비영리를 목적으로 하는 음반이나 프로그램은 본조에 해당하지 않는다.

한편, 배포권은 성질상 대여권까지를 포함하나, 대여권의 경우, 독립된 권리로서의 가치를 가지고 있어 WTO/TRIPs 협정에도 그 인정에 관한 규정을 두고 있어 배포권자에게 독립된 대여권을 인정하도록 하고 있다. 그러나 원칙상 저작권자가 배포권자가 되나, 음악저작물의 음반, 컴퓨터프로그램저작물의 경우는 계약에 의하여 각기 저작권자와 배포권자가 분리되는 특성을 가지게 된다. 그러므로 실연자(實演者), 음반제작자, 프로그램저작권자 등은 대여권을 독립하여 가지게 된다.

2. 2차적 저작물에 대한 권리

저작자는 그의 저작물을 원저작물로 하는 2차적 저작물을 작성하여 이용할 권리를 가진다(저§22).

2차적 저작물(저작물의 종류에서 기술했으므로 참조)의 이용에 대해서는 2차적 저작물의 저작자뿐만 아니라 원저작자도 저작자와 같은 권리를 가진다. 예를 들면, 윤정희 작(作)의 「홍길동」을 영화화한 회사는 그 영화의 복제권이나 상영권(공연권) 등의 권리를 가지지만 윤정희라는 작가도 원저작자로서의 권리를 가진다. 이러한 권리로는 번역권(번역권이란 저작물의 내용을 변경 또는 개정하지 않고 다른 언어로 표현할 수 있는 권리를 말한다), 편곡권(편곡권이란 원저작물인 음악곡을 새로운 창작행위를 통하여 다른 형태로 개변(改變)하여 연주할 수 있는 권리를 말한다), 변형권(변형권이란 미술, 사진, 건축, 지도나 도형 등의 원저작물에 대하여 그것에 사용된 표현수단이나 방법을 바꾸어 나타낼 수 있는 권리를 말한다), 각본화권(각본화권이란 소설을 방송프로그램으로서 드라마화할 수 있는 권리를 말한다), 그 외에도 많은 권리가 있다.

판례는 "2차적 저작물이란 기존의 어떤 저작물(원저작물)을 번역, 개작, 편집하거나 그 밖의 방법으로 작성한 창작물을 말하는 것으로서 창작자의 동의를 얻어 2차적 저작물을 저작한 사람은 원저작자의 권리를 해하지 아니하는 범위 내에서 그 2차적 저작물 자체에 대한 저작권을 가진다고 할 것인바, 서적, 카세트테이프, 카드 등이 원저작자의 캐릭터를 책표지 등에 나타내고, 원저작물의 영어예문에 우리말 번역문, 해설문장 등을 배열하거나 첨가하여 엮은 것이라면, 원저작물과 그 번역문 또는 한국말로 된 해설은 불가분적으로 결합되어 하나의 저작물을 이루었다고 볼 것이고, 따라서 이는 일체로서 2차적 저작물로 파악하는 것이 옳다. 원저작물을 우리말로 번역하고 해설한 2차적 저작물에 대한 복제·반포권을 계약에 의하여 취득한 경우 거기에는 당연히 원저작물의 원문을 포함하여 복제·반포할 권리가 포함되어 있다고 할 것이나, 이것이 원문만의 또는 원문 그대로의 복제·반포권도 포함되어 있음을 뜻하는 것은 아니다."[141]라고 하였다. 그리고 건축저작물을 모방, 변형토록 도급을 시키고 그것에 대해 건축허가를 받은 행위는 원저작자의 2차적 저작물 작성권을 침해한 것이라고 한다.[142]

3. 저작재산권의 보호기간

저작권은 저작자를 보호하는 동시에 저작물을 이용하여 새로운 창작을 창출하도록 하기 위하여 특허권·디자인권 등과 같이 일정기간이 지나면 권리가 소멸한다. 이와 같이 저작물도 창작 후 일정한 기간이 지나면 누구나 자유롭게 이용할 수가 있다. 이는 문화적 소산인 저작물은 선인들의 유산인 저작물을 이용하여 새로이 창작한 것이기 때문에 무한정으로 재산권을 보호하는 것은 타당하지 않다. 또한, 저작재산권을 다른 소유권과 같이 영구적으로 보호하는 경우 새로운 저작물이 창작되지 못하기 때문에 오히려 문화향상에 도움이 되기보다는 발전을 방해

141) 대법원 1992.9.22.선고, 91다39092 판결.
142) 서울민사지법 1995.8.18.선고, 95가합52463 판결.

할 수 있기 때문이다. 그리하여 일정한 기간만을 보호한다.

저작권이나 저작인접권 등의 저작권법상의 권리는 원칙적으로는 저작자가 저작물을 창작한 때부터 권리가 발생하여(저§10②), 저작자의 생존기간과 사후 70년간 존속한다(저§39①본).[143][144]

그러나 다음과 같은 경우에는 예외로 하고 있다.

(1) 공동저작물

공동저작물의 경우 저작자가 여러 명이기 때문에 제일 마지막 저작자가 사망한 때를 기산점으로 잡고 70년간의 존속기간으로 산정한다(저§39②).

(2) 무명 또는 이명저작물의 보호기간

무명 또는 널리 알려지지 아니한 이명이 표시된 저작물의 저작재산권은 공표된 때부터 70년간 존속한다(저§40①). 여기서 '무명'이란 유명하지 않다는 것이 아니라 저작자명이 없다는 것을 말한다. 또 '널리 알려지지 아니한 이명이 표시된 저작물'이란 저작자 본인이라고 일반적으로 인식될 수 없는 이명이 표시된 저작물을 말한다. 그리고 무명 또는 이명저작물은 공표 후 70년이나 이 기간내에 저작자가 사망한 지 70년이 경과하였다고 인정할 만한 정당한 사유가 발생한 경우에는 사망 후 70년이 경과하였다고 인정되는 때에 저작권이 소멸된 것으로 보며(저§40①단), 실명(實名)과 주지이명(周知異名)의 경우, 실명등록이 있는 경우에는 저작자 사후(死後) 70년의 보호기간이 적용된다(저§40②).

(3) 업무상저작물의 보호기간

업무상 저작물의 저작재산권은 공표한 때부터 70년간 존속한다. 다만, 창작한 때부터 50년 이내에 공표되지 아니한 경우에는 창작한 때부터 70년간 존속한다(저§41).

(4) 영상저작물의 보호기간

영상저작물의 저작재산권은 공표한 때로부터 70년간 존속한다. 다만, 창작한 때부터 50년 이내에 공표되지 아니한 경우에는 창작한 때부터 70년간 존속한다(저§42).

---

143) 이 보호기간은 저작재산권에는 해당하나 저작인격권에는 해당하지 않는다.

144) 단 70년의 저작권 보호기간은 2011년 개정저작권법(법률 제10807호)에 따른 것으로서 유예기간이 만료되는 시점(2013년 7월 1일) 이전에는 저작자 사후 50년까지가 저작권 보호기간이 된다. 이하 무명 또는 이명 저작물의 보호기간(저§40), 업무상저작물의 보호기간(저§41), 영상저작물의 보호기간(저§42)에 관한 규정도 동일하게 적용된다.

(5) 저작인접권의 보호기간

저작인접권의 보호기간(실연자의 인격권을 제외)은 ① 실연의 경우에는 그 실연을 한 때(다만, 실연을 한 때부터 50년 이내에 실연이 고정된 음반이 발행된 경우에는 음반을 발행한 때), ② 음반의 경우에는 그 음반을 발행한 때(다만, 음을 음반에 맨 처음 고정한 때의 다음 해부터 기산하여 50년이 지난 때까지 음반을 발행하지 아니한 경우에는 음을 음반에 맨 처음 고정한 때)의 다음 해부터 기산하여 70년간 존속하고, ③ 방송의 경우에는 그 방송을 한 때의 다음 해부터 기산하여 50년간 존속한다.

(6) 계속적 간행물 등의 공표시기

신문 · 잡지와같은 정기간행물이나 백과사전과 연속간행물의 공표시기는 매책(每册) · 매호(每號) 또는 매회(每回)의 공표시를 공표시기로 보며 수회에 걸쳐 동일주제에 관한 논문을 발표하는 경우와 같이 일부분씩 순차적으로 공표하여 완성하는 저작물에 있어서는 최종부분이 공표된 때를 공표시기로 보되, 계속되어야 할 부분이 3년 이상 중단된 경우에는 그때까지 공표된 부분 중 맨 마지막의 부분이 공표된 때를 공표시기로 본다(저§43). 그리고 잡지 등과 같이 실제 발행시기와 명목상 발행시기가 다른 경우[145]에는 실제 발행시기를 공표시기로 본다.

(7) 보호기간의 기산방법

보호기간은 계산방법을 간단하게 하기 위해 사망, 공표, 창작한 해 다음해 1월 1일부터 기산한다(저§44). 이 규정은 보호기간의 계산을 간명하고 용이하게 하기 위하여 그 기준점이 되는 해의 다음해부터 기산하기로 하였다.

Ⅳ. 저작권의 제한

1. 서

저작권법에서는 일정한 경우에 저작권을 제한하여 저작권자에게 허락을 받지 않고 자유로이 이용할 수 있는 경우를 정하고 있다.

저작물을 이용할 때에는 어떠한 경우라도 저작물을 이용하고자 할 때마다 저

145) 신년호라고 하는 1월호의 경우, 인쇄나 배포, 경쟁적 요인 등으로 인해 실제로는 12월 말경에 발행되는 경우가 많다. 현행법상 보호기간은 年을 기준으로 하므로 이 경우 외의 경우는 그 구별실익이 적다.

작권자의 허락을 받고, 사용료를 지불하여야 한다면 문화적 소산인 저작물의 공정하고 원활한 이용이 방해되어 오히려 문화발전에 기여할 것을 목적으로 하는 저작권제도의 취지에 반하게 되기 때문이다.

저작권이 제한되어 저작물을 자유로이 이용할 수 있는 경우는 i) 저작물이용의 성질로 보아 저작권이 미친다고 보는 것이 타당하지 않은 것, ii) 공익상의 이유에서 저작권을 제한하는 것이 필요하다고 인정되는 것, iii) 다른 권리와의 조정을 위하여 저작권을 제한할 필요가 있는 것, iv) 사회관행으로서 행해지고 있어 저작권을 제한하여도 저작권자의 경제적 이익을 부당하게 해치지 않는다고 인정되는 것 등으로 문화적 소산의 공정한 이용을 고려하여 정한 경우라 할 수 있다.

그러나 저작권자의 이익을 부당하게 침해하지 않 도록 하여야 하고, 또 저작물의 이용이 방해받지 않도록 그 조건이 엄밀하게 정해져 있다. 이러한 규정에 의거하여 복제된 것을 목적 외에 사용하는 것은 금지되고 있다. 또 이용에 있어서는 원칙으로 출처의 명시를 할 필요가 있다(저§37).

2. 저작권의 제한유형

(1) 재판 등에서의 복제

재판 또는 수사를 위하여 필요한 경우이거나 입법 · 행정의 목적을 위한 내부자료로서 필요한 경우에는 그 한도 안에서 저작물을 복제할 수 있다. 다만, 그 저작물의 종류와 복제의 부수 및 형태 등에 비추어 저작재산권자의 이익을 부당하게 침해하는 경우에는 그러하지 아니하다(저§23).

이 규정은 재판 또는 수사를 위하여 필요한 경우나 국회, 관공서 등에서 입법 · 행정상의 내부자료로서 필요한 경우에 소량의 부수를 복제하는 것이다. 행정상 필요하다고 하여 광고 · 홍보지에 게재하거나 외부에 배포하거나 내부직원 전원에게 참고자료로서 배부하는 것은 허용하지 않는다.

(2) 정치적 연설 등의 이용

공개적으로 행한 정치적 연설 및 법정 · 국회 또는 지방의회에서 공개적으로 행한 진술은 어떠한 방법으로도 이용할 수 있다. 다만, 동일한 저작자의 연설이나 진술을 편집하여 이용하는 경우에는 그러하지 아니하다(저§24).

이는 2006년 신설된 규정으로 베른협약 제2조의2 제1항은 재판절차에서의 진술 및 정치적 연설의 제한에 대해서는 동맹국의 재량에 맡기고 있는바, 이를 폭

넓게 반영하고 다른 선진국의 예에 따라 기존규정에 포함되어 있지 않았던 "공개적으로 행한 정치적 연설"을 저작권 제한대상으로 확대하여 국민의 알권리를 충족시키고자 하였다. 다만, 공개적으로 행한 정치적 연설, 법정·국회 또는 지방의회에서 공개적으로 행한 진술이라 하더라도 동일한 저작자의 것을 편집하여 이용하는 경우에는 보호받는 저작물로 인정하는 예외를 두었는데 이는 베른협약 제2조의2 제3항에서 '재판절차에서의 진술 및 정치적 연설' 등의 저작자는 편집저작물을 작성할 권리를 갖도록 하고 있는 데 따른 것이다.

(3) 공공저작물의 자유이용

국가 또는 지방자치단체가 업무상 작성하여 공표한 저작물이나 계약에 따라 저작재산권의 전부를 보유한 저작물은 허락 없이 이용할 수 있다. 다만, 국가안전보장에 관련되는 정보를 포함하는 경우, 개인의 사생활 또는 사업상 비밀에 해당하는 경우, 다른 법률에 따라 공개가 제한되는 정보를 포함하는 경우 및 한국저작권위원회에 등록된 저작물로서 「국유재산법」에 따른 국유재산 또는 「공유재산 및 물품 관리법」에 따른 공유재산으로 관리되는 경우에는 그렇지 않다(저§24조의2①).

그리고 국가는 공공기관(「공공기관의 운영에 관한 법률」 제4조)이 업무상 작성하여 공표한 저작물이나 계약에 따라 저작재산권의 전부를 보유한 저작물의 이용을 활성화하기 위하여 대통령령으로 정하는 바에 따라 공공저작물 이용활성화 시책을 수립·시행할 수 있다(저§24조의2②). 또한 국가 또는 지방자치단체는 공공저작물 중 자유로운 이용을 위하여 필요하다고 인정하는 경우 「국유재산법」 또는 「공유재산 및 물품 관리법」에도 불구하고 대통령령으로 정하는 바에 따라 사용하게 할 수 있다(저§24조의2③).

이 규정에 따른 이용 시에 번역을 하여 이용할 수 있고(저§36②), 출처의 명시를 하여야 한다(저§37).

(4) 학교교육목적 등에의 이용

공표된 저작물을 학교교육목적[146]을 위하여 자유롭게 이용할 수 있도록 하기 위하여 규정한 조항이다.

고등학교 및 이에 준하는 학교 이하의 학교의 교육목적을 위하여 필요한 교

146) 저작권자가 교과서에 수록을 한 경우 이를 저작권자의 허락 없이 참고서(예를 들어 표준전과)에 내용을 수록하였다면 이는 저작권침해가 된다.

과용도서에는 공표된 저작물을 게재할 수 있다(저§25①). 즉, 특별법에 따라 설립된 학교이거나 유아교육법, 초·중등교육법 또는 고등교육법에 따른 학교, 국가나 지방자치단체가 운영하는 교육기관·교육훈련기관 및 이들 교육기관의 수업을 지원하기 위하여 국가나 지방자치단체에 소속된 교육지원기관은 그 수업[147] 또는 지원 목적[148]상 필요하다고 인정되는 경우에는 공표된 저작물의 일부분을 복제·배포·공연·전시 또는 공중송신할 수 있다(저§25②③). 다만, 저작물의 성질이나 그 이용의 목적 및 형태 등에 비추어 저작물의 전부를 이용하는 것이 부득이한 경우에는 전부를 이용할 수 있다(저§25④). 이 경우 주의해야 할 점은 해당 규정에 따라 교육기관이 전송을 하는 경우에는 저작권 그 밖에 이 법에 의하여 보호되는 권리의 침해를 방지하기 위하여 복제방지조치 등 대통령령이 정하는 필요한 조치[149]를 하여야 한다(저§25⑫).

---

147) 第25조(학교교육 목적 등에의 이용)

③ 다음 각 호의 어느 하나에 해당하는 학교·교육기관 또는 교육훈련기관이 수업 목적으로 이용하는 경우에는 공표된 저작물의 일부분을 복제·배포·공연·전시 또는 공중송신(이하 이 조에서 "복제 등"이라 한다)할 수 있다. 다만, 공표된 저작물의 성질이나 그 이용의 목적 및 형태 등에 비추어 해당 저작물의 전부를 복제 등을 하는 것이 부득이한 경우에는 전부 복제 등을 할 수 있다.

1. 특별법에 따라 설립된 학교
2. 「유아교육법」, 「초·중등교육법」 또는 「고등교육법」에 따른 학교
3. 국가나 지방자치단체가 운영하는 교육기관
4. 「학점인정 등에 관한 법률」 제3조에 따라 평가인정을 받은 학습과정을 운영하는 교육훈련기관(정보통신매체를 이용한 원격수업기반 학습과정에 한정한다)

④ 국가나 지방자치단체에 소속되어 제3항에 따른 학교 또는 교육기관의 수업을 지원하는 기관(이하 "수업지원기관"이라 한다)은 수업 지원을 위하여 필요한 경우에는 공표된 저작물의 일부분을 복제 등을 할 수 있다. 다만, 공표된 저작물의 성질이나 그 이용의 목적 및 형태 등에 비추어 해당 저작물의 전부를 복제 등을 하는 것이 부득이한 경우에는 전부 복제 등을 할 수 있다. 〈신설 2020. 2. 4., 2024. 2. 27.〉

⑤ 제3항 각 호의 학교·교육기관 또는 교육훈련기관에서 교육을 받는 자는 수업 목적을 위하여 필요하다고 인정되는 경우에는 제3항의 범위 내에서 공표된 저작물을 복제하거나 공중송신할 수 있다.

148) 第25조(학교교육 목적 등에의 이용)② 교과용도서를 발행한 자는 교과용도서를 본래의 목적으로 이용하기 위하여 필요한 한도 내에서 제1항에 따라 교과용도서에 게재한 저작물을 복제·배포·공중송신할 수 있다.

149) 저작권법 시행령 제9조는 불법 이용을 방지하기 위하여 전송하는 저작물을 수업을 받는 자 외에는 이용할 수 없도록 하는 접근제한 조치, 전송하는 저작물을 수업하는 자 외에는 복제할 수 없도록 하는 복제방지조치를 하여야 하며, 저작물에 저작권 보호관련 경고문구의 표시 및 전송과 관련한 보상금을 산정하기 위한 장치의 설치를 규정하고 있다.

이와 같이 저작물을 이용하려는 자는 문화체육관광부장관이 정하여 고시하는 기준에 따른 보상금을 해당 저작재산권자에게 지급하여야 한다. 다만, 고등학교 및 이에 준하는 학교 이하의 학교에서 위의 복제 · 배포 · 공연 · 방송 또는 전송을 하는 경우에는 보상금을 지급하지 아니한다(저§25⑥).

또한, 위 규정에 따른 보상을 받을 권리는 보상금수령단체를 통해서 행사되어야 하는데, 이러한 보상금수령단체는 ⅰ) 대한민국 내에서 보상을 받을 권리를 가진 자(이하 "보상권리자"라 한다)로 구성된 단체, ⅱ) 영리를 목적으로 하지 아니할 것, ⅲ) 보상금의 징수 및 분배 등의 업무를 수행하기에 충분한 능력이 있을 것이라는 요건을 갖춘 단체로서 문화체육관광부장관이 지정한다. 문화체육관광부장관이 그 단체를 지정할 때에는 미리 그 단체의 동의를 얻어야 한다(저§25⑦). 그리고 이 단체는 그 구성원이 아니라도 보상권리자로부터 신청이 있을 때에는 그 자를 위하여 그 권리행사를 거부할 수 없다. 이 경우 그 단체는 자기의 명의로 그 권리에 관한 재판상 또는 재판 외의 행위를 할 권한을 가진다(저§25⑧).

보상금 분배 공고를 한 날부터 10년이 경과한 미분배 보상금에 대하여 위 단체는 문화체육관광부장관의 승인을 받아 공익목적(1. 저작권 교육 · 홍보 및 연구, 2. 저작권 정보의 관리 및 제공, 3. 저작물 창작 활동의 지원, 4. 저작권 보호 사업, 5. 창작자 권익옹호 사업, 6. 보상권리자에 대한 보상금 분배 활성화 사업, 7. 저작물 이용 활성화 및 공정한 이용을 도모하기 위한 사업)을 위하여 사용할 수 있다(저§25⑩).

문화체육관광부장관은 위 단체가 ⅰ) 지정을 위한 요건을 갖추지 못한 때, ⅱ) 보상관계 업무규정을 위배한 때, ⅲ) 보상관계 업무를 상당 기간 정지하여 보상권리자의 이익을 해할 우려가 있을 때에는 그 지정을 취소할 수 있다(저§25⑨). 위 단체의 지정과 취소 및 업무규정, 보상관계 공고, 미분배 보상금의 사용 승인 등에 필요한 사항은 대통령령으로 정한다(저§25⑪).

한편, 교육은 피동적으로 교사의 자료제공만으로 한정될 수 없고 수업을 받는 학생 각자의 자료제공도 포섭하는 쌍방향적인 성격을 가지는 것이 이상적이므로 교육기관에서 교육을 받는 자는 수업목적을 위하여 필요하다고 인정되는 경우에는 일정한 범위 내에서 공표된 저작물을 복제하거나 전송할 수 있다(저§25⑤).

(5) 시사보도를 위한 이용

방송 · 신문 그 밖의 방법에 의하여 시사보도를 하는 경우에 있어서 그 과정에서 보이거나 들리는 저작물은 보도를 위한 정당한 범위 안에서 복제 · 배포 · 공연 또는 공중송신할 수 있다(저§26).

이 규정의 이용의 객체가 되는 저작물은 시사보도를 하는 과정에서 보이거나 들리는 저작물이다. 예를 들면 TV뉴스시간에서 내일 보는 조간신문을 방영할 때 신문의 논설(論說)이나 사진 등이 방영되는 경우, 월드컵 개막식, 올림픽경기나 아시안게임의 개회식을 뉴스시간에 보도할 때 들리는 입장행진곡이나 대회와 관련된 노래 등의 것을 방송할 수 있다. 허용되는 범위는 정당한 범위 내이다.

(6) 시사적인 기사 및 논설의 복제 등

정치 · 경제 · 사회 · 문화 · 종교에 관하여 신문(인터넷신문 포함), 뉴스통신에 게재된 시사적인 기사나 논설은 이용을 금지하는 표시가 없는 한 다른 언론기관이 복제 · 배포 또는 방송할 수 있다(저§27). 이는 기사 등은 국민의 알 권리 충족을 위해 국민에게 원활하게 전달될 필요가 있다는 점이 고려되어 2006년 신설되었다. 그리고 2005년 「신문 등의 자유와 기능보장에 관한 법률」[150]의 제정에 따라 인터넷신문도 언론매체의 일종으로 들어간 점을 감안하여 인터넷 신문도 대상에 포함하였다. 또한, 외국의 시사적인 기사 및 논설에 대해서도 이용이 담보되어야 실효성이 있으므로 개정법 제36조 제2항을 통해 타 언론사 기사를 번역하여 전재할 수 있도록 하였으며 제37조에서 기사 전재의 경우 반드시 출처를 표시하도록 의무화하고 있다.

(7) 공표된 저작물의 인용

공표된 저작물은 보도 · 비평 · 교육 · 연구 등을 위하여는 정당한 범위 안[151]에서 공정한 관행에 합치되게 이를 인용할 수 있다(저§28).

이 규정은 자신의 저작물 중에 타인의 저작물을 사용하는 경우에 적용된다. 즉 자기 자신의 설(說)을 뒷받침하기 위하여 논문 중에 타인의 학설을 인용하거나 소설 중에서 타인의 시가(詩歌)를 사용하는 것이 이러한 예이다.

---

150) 이 법은 2009년 7월 31일 전면개정을 통하여 「신문 등의 진흥에 관한 법률」로 법명이 바뀌었다.

151) "정당한 범위 안(內)"이란 인용되는 분량 · 내용상의 주종(主從)의 구분, 인용의 목적 등에 따라 구체적 · 개별적으로 판단되어야 한다. 예를 들면 ⅰ) 인용은 원칙적으로 타인의 저작물의 일부분이어야 한다. 그러나 사진저작물이나 시조 · 명언 등은 전부 인용하지 않으면 아니 되기 때문에 전부인용이 가능하다고 본다. ⅱ) 인용되는 저작물은 주(主)가 되면 아니 된다. 어디까지나 저작물 중에서 종(從)이어야 한다. ⅲ) 인용의 목적이 정당하여야 한다.

(8) 비영리의 공연 · 방송

이미 공표된 저작물은 i) 영리를 목적으로 하지 않고, ii) 청중이나 관중 또는 제3자로부터 요금을 받지 않고, iii) 출연자에게 출연료 등의 보수를 지불하지 않는 경우에는 공개적으로 연극 · 연주 · 상영 등을 할 수 있다(저§29①). 예로는 학예회에서의 연극이나 군악대의 야외연주회, 양로원, 고아원 등에서의 연주가 전형적인 것이다.

자선쇼(charity show) 등은 수익 전부가 공익에 기부되는 경우 영리의 목적이 아니라고 할 수 있지만 청중이나 관중으로부터 요금을 거두어서, 그것을 기부하기 때문에 본조(本條)에는 해당하지 않는 것으로 본다.

한편, 청중이나 관중으로부터 해당 공연에 대한 대가를 지급받지 아니하는 경우에는 상업용 음반 또는 상업용 영상저작물을 재생하여 일반공중에게 공연할 수 있다. 다만, 대통령령이 정하는 경우에는 그러하지 아니하다(저§29②).

여기서 "대통령령이 정하는 경우"란 저작권법 시행령 제11조에서 정한 i) 식품위생법시행령 제21조 제8호 다 · 라목의 규정에 의한 단란주점 · 유흥주점에서의 공연, ii) i)에 해당하지 아니하는 영업소에서 하는 공연으로서 음악 또는 영상저작물을 감상하는 설비를 갖추고 음악이나 영상저작물을 감상하게 하는 것을 영업의 주요내용의 일부로 하는 공연, iii) 경마장, 경륜장 및 경정장 에서의 공연, iv) 골프장, 스키장, 에어로빅장, 무도장, 무도학원 또는 일정한 전문체육시설 등에서의 공연, v) 항공기, 선박, 여객용 열차에서의 공연, vi) 호텔, 휴양콘도미니엄, 카지노 등 유원시설에서의 공연, vii) 대형마트, 전문점, 백화점 또는 쇼핑센터에서의 공연, viii) 숙박업 및 목욕장에서 영상저작물을 감상하게 하기 위한 설비를 갖추고 하는 상업용 영상저작물의 공연, ix) 영상저작물을 감상하기 위한 설비를 갖춘 국가 및 지방자치단체의 청사 및 그 부속시설, 공연장, 박물관 및 미술관, 도서관, 지방문화원, 사회복지관, 여성관련시설, 청소년 수련관, 공공시설 중 시 · 군 · 구민회관에서는 발행일로부터 6개월이 지나지 아니한 상업용 영상저작물을 재생하는 형태의 공연 등을 말하고, 이러한 경우에는 저작권자의 동의가 없으면 저작재산권의 침해가 된다.

(9) 사적 이용을 위한 복제

공표된 저작물을 영리를 목적으로 하지 아니하고 개인적으로 이용하거나 가정 및 이에 준하는 한정된 범위 안에서 이용하는 경우에는 그 이용자는 이를 복제할 수 있다. 다만, 일반 공중의 사용에 제공하기 위하여 설치된 복사기기, 스캐너, 사진기 등 문화체육관광부령으로 정하는 복사기기에 의한 복제는 그러하지 아니하다(저§30).

예를 들면 강의나 강연을 필기하거나 음악방송을 가정 내에서 녹음하는 경우가 해당된다. 그러나 회사 등의 단체내부에서 업무상 이용하기 위하여 복제하는 경우는 사적 사용이라고 볼 수 없다.

또 사용자 본인이 복제할 것을 요한다. 따라서 복제업자 등에게 복제를 의뢰하는 경우는 아무리 사적 목적이라고 해도 사적 이용을 위한 복제라고 볼 수 없을 것이다.

(10) 도서관 등에서의 복제

「도서관법」에 따른 도서관과 도서·문서·기록 그 밖의 자료(이하 "도서 등"이라 한다)를 공중의 이용에 제공하는 시설 중 대통령령이 정하는 시설(해당 시설의 장을 포함하며, 이하 "도서관 등"이라 한다)은 i) 조사·연구를 목적으로 하는 이용자의 요구에 따라 공표된 도서 등의 일부분의 복제물을 1인 1부에 한정하여 제공하는 경우, ii) 도서 등의 자체 보존을 위하여 필요한 경우, iii) 다른 도서관 등의 요구에 따라 절판(絶版) 그 밖의 이에 준하는 사유로 구하기 어려운 도서 등의 복제물을 보존용으로 제공하는 경우에 해당하는 때에는 그 도서관 등에 보관된 도서 등(제1호의 경우에는 제3항의 규정에 따라 당해 도서관 등이 복제·전송받은 도서 등을 포함한다)을 사용하여 저작물을 복제할 수 있다. 다만, i) 및 iii)의 경우에는 디지털 형태로 복제할 수 없다(저§31①). 이 규정은 도서관 등에서 일정한 요건하에서 저작권자의 동의 없이도 저작물을 복제할 수 있도록 규정한 조항이다.

또, 2000년 동법 동조 제2항에 도서관에서의 디지털 복제와 전송에 관한 규정이 신설되었으며, 2003년 개정법에서 보완되었다. 도서관 등은 컴퓨터를 이용하여 이용자가 그 도서관 등의 안에서 열람할 수 있도록 보관된 도서 등을 복제하거나 전송할 수 있다. 이 경우 동시에 열람할 수 있는 이용자의 수는 그 도서관 등에서 보관하고 있거나 저작권 그 밖에 이 법에 따라 보호되는 권리를 가진 자로부터 이용허락을 받은 그 도서 등의 부수를 초과할 수 없다(저§31②).

제3항은 "도서관 등은 컴퓨터를 이용하여 이용자가 다른 도서관 등의 안에서 열람할 수 있도록 보관된 도서 등을 복제하거나 전송할 수 있다. 다만, 그 전부 또는 일부가 판매용으로 발행된 도서 등은 그 발행일로부터 5년이 지나지 아니한 경

우에는 그러하지 아니하다."라고 규정하고 있으며, 제4항에서는 "도서관 등은 제1항 제2호의 규정에 따른 도서 등의 복제 및 제2항과 제3항의 규정에 따른 도서 등의 복제의 경우에 그 도서 등이 디지털 형태로 판매되고 있는 때에는 그 도서 등을 디지털 형태로 복제할 수 없다."라고 규정하고 있다.

제5항에서는 "도서관 등은 제1항 제1호의 규정에 따라 디지털 형태의 도서 등을 복제하는 경우 및 제3항의 규정에 따라 도서 등을 다른 도서관 등의 안에서 열람할 수 있도록 복제하거나 전송하는 경우에는 문화체육관광부장관이 정하여 고시하는 기준에 의한 보상금을 당해 저작재산권자에게 지급하여야 한다. 다만, 국가, 지방자치단체 또는 「고등교육법」 제2조의 규정에 따른 학교를 저작재산권자로 하는 도서 등(그 전부 또는 일부가 판매용으로 발행된 도서 등을 제외한다)의 경우에는 그러하지 아니하다."라고 규정하고 있다.

제6항은 "제5항의 보상금의 지급 등에 관하여는 제25조 제7항부터 제11항까지의 규정을 준용한다"라고 하며, 제7항은 "제1항 내지 제3항의 규정에 따라 도서 등을 디지털 형태로 복제하거나 전송하는 경우에 도서관등은 저작권 그 밖에 이 법에 따라 보호되는 권리의 침해를 방지하기 위하여 복제방지조치 등 대통령령이 정하는 필요한 조치를 하여야 한다."라고 규정하고 있으며, 제8항은 "도서관법 제22조에 따라 국립중앙도서관이 온라인 자료의 보존을 위하여 수집하는 경우에는 해당 자료를 복제할 수 있도록 하고 있다.

이 규정은 도서관에서 도서 · 문서 · 기록 그 밖의 자료를 디지털화하여 당해 도서관 내의 이용자가 컴퓨터를 통해 온라인으로 열람할 수 있도록 복제 · 전송을 허용하고 있으나, 다른 도서관으로의 전송은 불가하며, 권리자로부터 이용허락을 받은 부수에 한정되며, 복제 · 전송이 허용되는 경우에도 디지털 형태의 도서 등이 판매되고 있는 경우에는 디지털 형태로 복제가 불가능하다.

(11) 시험문제로서의 복제

학교의 입학시험이나 그 밖에 학식 및 기능에 관한 시험 또는 검정을 위하여 필요한 경우에는 그 목적을 위하여 정당한 범위에서 공표된 저작물을 복제 · 배포 또는 공중송신할 수 있다. 다만, 영리를 목적으로 하는 경우에는 그러하지 아니하다(저 §32).

(12) 시각 · 청각장애인 등을 위한 복제 등

누구든지 공표된 저작물은 시각장애인 등을 위하여 점자로 복제 · 배포할 수 있고(저§33①), 시각장애인 등의 복리증진을 목적으로 하는 시설 중 대통령령이 정하는 시설(당해 시설의 장을 포함한다)은 영리를 목적으로 하지 아니하고 시각장애인 등의 이용에 제공하기 위하여 공표된 저작물 등에 포함된 문자 및 영상 등의 시각적 표현을 시각장애인 등이 인지할 수 있는 대체자료로 변환하여 이를 복제 · 배포 · 공연 또는 공중송신할 수 있고(저§33②), 시각장애인 등과 그의 보호자는 공표된 저작물 등에 적법하게 접근하는 경우 시각장애인 등의 개인적 이용을 위하여 그 저작물 등에 포함된 문자 및 영상 등의 시각적 표현을 시각장애인 등이 인지할 수 있는 대체자료로 변환하여 이를 복제할 수 있다(저§33③). 따라서 맹인용 점자로 복제할 경우에는 그것이 영리를 위하여 한 것이라도 저작자의 동의를 요하지 아니한다.

저작권법 제33조의2 제1항에 의하면, 누구든지 공표된 저작물은 청각장애인 등을 위하여 공표된 저작물을 한국수어로 변환할 수 있고, 이러한 한국수어를 복제 · 배포 · 공연 또는 공중송신할 수 있다(저§33의2①). 청각장애인 등의 복리증진을 목적으로 하는 시설 중 대통령령으로 정하는 시설은 영리를 목적으로 하지 아니하고 청각장애인 등의 이용에 제공하기 위하여 필요한 범위에서 공표된 저작물 등에 포함된 음성 및 음향 등을 자막 등 청각장애인이 인지할 수 있는 방식으로 변환할 수 있고, 이러한 자막 등을 청각장애인 등이 인지할 수 있는 대체자료로 변환하여 이를 복제 · 배포 · 공연 또는 공중송신할 수 있다(저§33의2②). 또한 청각장애인도 시각장애인과 같이 청각장애인 등과 그의 보호자는 공표된 저작물 등에 적법하게 접근하는 경우 청각장애인 등의 개인적 이용을 위하여 그 저작물 등에 포함된 음성 · 음향 등을 자막 등 청각장애인 등이 인지할 수 있는 대체자료로 변환하여 이를 복제할 수 있다(저§33의2③).

(13) 방송사업자의 일시적 녹음 · 녹화

방송사업자는 저작물을 스스로의 방송을 위하여 자체 수단으로 녹음 또는 녹화할 수 있다(저§34①).

방송사업자는 생방송이 아닌 비디오를 찍어 나중에 방송하려는 경우에는 일시적으로 찍는 것에 대해 저작권자에게 복제의 허락을 따로 받을 필요가 없다. 단 제1항의 규정에 의하여 만들어진 녹음물 또는 녹화물은 녹음일 또는 녹화일로부터 1년을 초과하여 보존할 수 없다. 다만, 그 녹음물 또는 녹화물이 기록의 자료로서 대통령령이 정하는 장소에 보존되는 경우에는 그러하지 아니하다(저§34②). 이

때 대통령령이 정하는 장소란 ⅰ) 기록의 보존을 목적으로 국가나 지방자치단체가 설치 · 운영하는 시설, ⅱ) 방송용으로 제공된 녹음물이나 녹화물을 기록 자료로 수집 · 보존하기 위하여 방송법 제2조 제3호에 따른 방송사업자가 운영하거나 그의 위탁을 받아 녹음물 등을 보존하는 시설을 말한다(저령§16).

(14) 미술저작물 등의 전시 또는 복제

1) 미술저작물 등의 원본의 소유자나 그의 동의를 얻은 자는 그 저작물을 원본에 의하여 전시할 수 있다. 다만, 가로(街路) · 공원 · 건축물의 외벽 그 밖에 공중에게 개방된 장소에 항시 전시하는 경우에는 그 저작권자의 허락을 받아야 한다(저§35①). 이렇게 허락을 받아 개방된 장소에 항시 전시되어 있는 미술저작물 등은 어떠한 방법으로든지 이를 복제할 수 있다. 다만, ⅰ) 건축물을 건축물로 복제하는 경우, ⅱ) 조각 또는 회화를 조각 또는 회화로 복제하는 경우, ⅲ) 개방된 장소 등에 항시 전시하기 위하여 복제하는 경우, ⅳ) 판매의 목적으로 복제하는 경우(저§35②)에 해당하는 경우에는 그러하지 아니하다.

2) 저작권법 제35조 제1항의 규정에 의하여 전시를 하는 자 또는 미술저작물 등의 원본을 판매하고자 하는 자는 그 저작물의 해설이나 소개를 목적으로 하는 목록 형태의 책자에 이를 복제하여 배포할 수 있다(저§35③). 단, 일반인에게 판매 또는 배포할 목적으로 그림엽서나 복제그림 등으로 만들어 판매 또는 배포하는 것은 본항에 의하여 허용되지 않는다.

3) 위탁에 의한 초상화 또는 이와 유사한 사진저작물의 경우에는 위탁자의 동의가 없는 때에는 이를 이용할 수 없다(저§35④).

(15) 저작물 이용과정에서의 일시적 복제

2011년 개정 저작권법에서 일시적 저장이 복제의 개념에 편입됨에 따라 인터넷을 이용하는 과정에서 복제권 침해가 문제될 수 있다.[152] 이를 해소하기 위하여 컴퓨터에서 저작물을 이용하는 경우에는 원활하고 효율적인 정보처리를 위하여

---

152) 최근 음악, 영화 등 많은 저작물은 스트리밍 서비스 등 하드디스크에 저장되지 않고 램(RAM: Random Access Memory)에 복제하여 이용, 즉 일시적 저장기술을 이용하여 서비스되고 있다. 일시적인 저장은 여러 경우에 발생한다. 인터넷의 이용과정에서 이용자가 컴퓨터 화면을 훑어보는 과정에서 자신의 컴퓨터 메모리에 저장되는 것, 온라인서비스제공자의 서버를 이용하면서 그 서버 메모리에 저장되는 것, 전자우편을 주고받으면서 발신자와 수신자의 컴퓨터 또는 이들이 속한 LAN, 서버, 메모리에 저장되는 것 등이 일시적 저장이라 할 수 있다(조용순, 「문화콘텐츠와 저작권」, 전략과 문화, 2008, p.138).

필요하다고 인정되는 범위 안에서 그 저작물을 그 컴퓨터에 일시적으로 복제할 수 있도록 규정하였다. 다만, 그 저작물의 이용이 저작권을 침해하는 경우에는 그러하지 아니하다(저§35의2).

(16) 부수적 복제 등

사진촬영, 녹음 또는 녹화(이하 "촬영 등"이라 한다)를 하는 과정에서 보이거나 들리는 저작물이 촬영 등의 주된 대상에 부수적으로 포함되는 경우에는 이를 복제 · 배포 · 공연 · 전시 또는 공중송신할 수 있다. 다만, 그 이용된 저작물의 종류 및 용도, 이용의 목적 및 성격 등에 비추어 저작재산권자의 이익을 부당하게 해치는 경우에는 그러하지 아니하다(저§35의3).

이 규정은 도시의 거리 등을 촬영하는 경우, 저작권이 있는 저작물도 자연스럽게 찍힌다. 이렇게 찍힌 배경 중에는 저작물이 있는 부분도 사진이나 동영상 등의 일부분이 되기 때문에 이용목적과 형태 등을 고려하여 어쩔 수 없는 경우에는 저작권자의 재산권도 제한받을 수밖에 없다.[153]

(17) 문화시설에 의한 복제 등

국가나 지방자치단체가 운영하는 문화예술 활동에 지속적으로 이용되는 시설 중 대통령령[154]으로 정하는 문화시설(해당 시설의 장을 포함한다.)은 대통령령으로 정하는 기준에 해당하는 상당한 조사를 하였어도 공표된 저작물(외국인의 저작물을 제외한다.)의 저작재산권자나 그의 거소를 알 수 없는 경우 그 문화시설에 보관된 자료를 수집 · 정리 · 분석 · 보존하여 공중에게 제공하기 위한 목적(영리를 목적으로 하는 경우를 제외한다)으로 그 자료를 사용하여 저작물을 복제 · 배포 · 공연 · 전시 또는 공중송신할 수 있다(저§35의4①).

이 규정은 저작재산권자가 불명인 저작물의 이용에 관한 규정에 대한 특례에 해당하는 것으로 이해해야 한다.[155]

---

153) 대법원 2014.8.26. 선고 2012도10777 판결. 일본 저작권법 제30조의2 참조.

154) "대통령령으로 정하는 문화시설"이란 다음 각 호의 어느 하나에 해당하는 시설(이하 "문화시설"이라 한다)을 말한다.
1. 「국회법」 제22조에 따른 국회도서관
2. 「도서관법」 제18조에 따른 국립중앙도서관 및 같은 법 제22조에 따른 지역대표도서관
3. 「박물관 및 미술관 진흥법」 제10조에 따른 국립중앙박물관 · 국립현대미술관 및 국립민속박물관

155) 임원선, 「제6판 실무자를 위한 저작권법」 한국저작권위원회, 2020, P.233.

3. 저작물의 공정한 이용

저작권의 제한 규정(저§23~§35의4, 저§101의3~§101의5)에 열거된 이외에 경우라도 "저작물의 일반적인 이용 방법과 충돌하지 아니하고 저작자의 정당한 이익을 부당하게 해치지 아니하는 경우"에는 "보도 · 비평 · 교육 · 연구 등"을 위하여 저작물을 이용할 수 있다(저§35의5①). 단, 저작물 이용행위가 저작물의 공정한 이용에 해당하는지를 판단할 때에는 ⅰ) 이용의 목적 및 성격, ⅱ) 저작물의 종류 및 용도, ⅲ) 이용된 부분이 저작물 전체에서 차지하는 비중과 그 중요성, ⅳ) 저작물의 이용이 그 저작물의 현재 시장 또는 가치나 잠재적인 시장 또는 가치에 미치는 영향 등을 고려하여야 한다(저§35의5②).

4. 번역 등에 의한 이용

공공저작물의 자유이용(저§24의2), 학교교육목적 등에의 이용(저§25), 비영리의 공연 · 방송(저§29), 사적 이용을 위한 복제(저§30), 부수적 복제 등(저§35의3), 문화시설에 의한 복제 등(저§35의4), 저작물의 공정한 이용(저§35의5)에 의하여 저작물을 이용하는 경우에는 그 저작물을 번역 · 편곡 또는 개작하여 이용할 수 있다(저§36①). 또한, 재판절차 등에서의 복제(저§23), 정치적 연설 등의 이용(저§24), 시사보도를 위한 이용(저§26), 시사적인 기사 및 논설의 복제(저§27), 공표된 저작물의 인용(저§28), 시험문제로서의 복제(저§32), 시각장애인 등을 위한 복제(저§33) 또는 청각장애인 등을 위한 복제(§33의2)에 의하여 저작물을 이용하는 경우에는 그 저작물을 번역하여 이용할 수 있다(저§36②).

5. 출처의 명시

저작재산권의 제한규정에 따라 저작물을 이용하려는 자는 시사보도를 위한 경우(저§26), 영리를 목적으로 하지 아니하는 공연 · 방송(저§29), 사적 이용을 위한 복제(저§30), 도서관 등에서의 복제 등(저§31), 시험문제로서의 복제(저§32), 방송사업자의 일시적 녹음 · 녹화(저§34) 및 저작물 이용과정에서의 일시적 복제(제§35의2), 부수적 복제 등(저§35의3), 문화시설에 의한 복제 등(저§35의4)의 경우를 제외하고는 그 출처를 명시하여야 한다(저§37①). 출처의 명시는 저작물의 이용 상황에 따라 합리적이라고 인정되는 방법으로 하여야 하며, 저작자의 실명 또는 이명이 표시된 저작물인 경우에는 그 실명 또는 이명을 명시하여야 한다(저§37②).

6. 프로그램에 있어서 적용 예외

프로그램에 대하여는 제23조(재판절차 등에서의 복제) · 제25조(학교교육 목적 등에의 이용) · 제30조(사적 이용을 위한 복제) 및 제32조(시험문제로서의 복제)를 적용하지 아니한다(저§37의2).

저작권법 제101조의3에서 공표된 프로그램을 목적상 필요한 범위에서 복제 또는 배포할 수 있도록 하고 있다. 여기서 '목적상 필요한 범위'란 재판 또는 수사를 위하여 복제하는 경우(저§101의3① i), 학교교육 목적 등에의 복제 또는 배포하는 경우(저§101의3① ii ,iii), 사적 이용을 위한 복제하는 경우(저§101의3①iv), 시험문제로서의 복제 또는 배포하는 경우(저§101의3① v), 프로그램의 기초를 이루는 아이디어 및 원리를 확인하기 위하여 프로그램의 기능을 조사 · 연구 · 시험할 목적으로 복제하는 경우(정당한 권한에 의하여 프로그램을 이용하는 자가 해당 프로그램을 이용 중인 때에 한한다)(저§101의3①vi)에는 적용되지 아니한다. 다만, 프로그램의 종류 · 용도, 프로그램에서 복제된 부분이 차지하는 비중 및 복제의 부수 등에 비추어 프로그램의 저작재산권자의 이익을 부당하게 해치는 경우에는 그러하지 아니하다(저§101의3①).

7. 저작권의 제한과 인격권

저작권의 제한에 대한 위 내용들은 저작인격권에 영향을 미치는 것으로 해석되어서는 아니 된다(저§38).

Ⅴ. 저작재산권의 변동

저작권 중 인격권은 양도가 되지 않는 일신전속적인 성격을 가지고 있으나, 그 중 저작재산권의 경우에는 양도와 이용을 위한 허락이 인정된다.

1. 저작재산권의 양도

1) 저작재산권은 전부 또는 일부를 양도할 수 있다(저§45①). 저작재산권의 전부양도란 저작자가 저작물을 만들어 냄으로써 원시적으로 취득하게 된 권리 중 경제적 이익의 보호를 위한 일체의 권리를 말하고, 저작재산권의 일부양도란 분

할양도와 제한양도를 합한 것을 말한다. 여기서 분할양도란 저작권자가 저작재산권 중 복제권은 출판사 A에게, 공중송신권은 B에게, 공연권은 C에게 분리하여 양도하는 것을 말한다. 제한양도란 저작자가 저작권을 양도하는 경우에 시간적 · 장소적 · 내용적으로 제한을 하여 양도하는 것을 말한다.

2) 저작재산권의 전부를 양도하는 경우에 특약이 없는 때에는 2차적 저작물을 작성하여 이용할 권리는 포함되지 아니한 것으로 추정한다. 다만, 프로그램의 경우 특약이 없는 한 2차적 저작물작성권도 함께 양도된 것으로 추정한다(저§45). 이는 양도계약에 2차적 저작물 등의 작성권을 포함한다는 의사표시를 분명히 하지 않는 한 저작재산권의 양도에 포함되지 않고, 양도자인 저작재산권자에게 유보되어 있는 것으로 추정한 것이다. 예를 들어 신문, 잡지사의 신춘문예의 경우 "응모한 작품의 저작재산권은 당사에 귀속한다."라고 약정한 경우에는 저작재산권 전부의 양도계약이 있는 것으로 보고 2차적 저작물 작성권에 대해서는 별도로 명시하는 경우에 특약이 있는 것으로 본다.

2. 저작물의 이용허락

저작재산권자는 다른 사람에게 그 저작물의 이용을 허락할 수 있다(저§46①).[156] 그 허락을 받은 자는 허락받은 이용방법 및 조건의 범위 안에서 그 저작물을 이용할 수 있고(저§46②),[157] 그 허락에 의하여 저작물을 이용할 수 있는 권리는 저작재산권자의 동의 없이 제3자에게 이를 양도할 수 없다(저§46③). 자세한 내용은 제5절의 저작물의 이용을 참조하기 바란다.

이용허락에는 독점적 이용허락과 비독점적 이용허락이 있으나, 이를 구별할 실익이 없고 계약을 어떻게 체결하느냐에 달려 있는 문제이다.[158]

3. 저작재산권을 목적으로 하는 질권의 행사

저작재산권을 목적으로 하는 질권은 그 저작재산권의 양도 또는 그 저작물의 이용에 따라 저작재산권자가 받을 금전 그 밖의 물건(배타적 발행권 및 출판권 설정의 대가를 포함한다)에 대하여도 행사할 수 있다. 다만, 이들의 지급 또는 인도 전에

156) 서울고법 1995.3.21.선고, 94나6668 판결.
157) 대법원 1996.3.22.선고, 95도1288 판결.
158) 출판권은 전용실시권과 유사하다.

이를 압류하여야 한다(저§47①). 이 경우 질권의 목적으로 된 저작재산권은 설정 행위에 특약이 없는 한 저작재산권자가 이를 행사한다(저§47②).

4. 공동저작물의 저작재산권의 행사

1) 공동저작물의 저작재산권은 그 저작재산권자 전원의 합의에 의하지 아니하고는 이를 행사할 수 없으며, 다른 저작재산권자의 동의가 없으면 그 지분을 양도하거나 질권의 목적으로 할 수 없다. 이 경우 각 저작재산권자는 신의에 반하여 합의의 성립을 방해하거나 동의를 거부할 수 없다(저§48①).

2) 공동저작물의 이용에 따른 이익은 공동저작자 간에 특약이 없는 때에는 그 저작물의 창작에 이바지한 정도에 따라 각자에게 배분된다. 이 경우 각자의 이바지한 정도가 명확하지 아니한 때에는 균등한 것으로 추정한다(저§48②).

3) 공동저작물의 저작재산권자는 그 공동저작물에 대한 자신의 지분을 포기할 수 있으며, 포기하거나 상속인 없이 사망한 경우에 그 지분은 다른 저작재산권자에게 그 지분의 비율에 따라 배분된다(저§48③).

4) 공동저작물의 저작인격권(저§15②③)의 규정은 공동저작물의 저작재산권의 행사에 이를 준용한다(저§48④). 이 경우 '저작인격권'은 이를 '저작재산권'으로 본다. 이 항은 공동저작물의 저작재산권의 행사에 있어서 저작인격권의 대표자에 의한 행사를 준용하는 규정이다. 즉 공동저작물의 저작재산권자들은 그들 중에서 그들을 대표하여 저작재산권을 행사할 수 있는 자를 선정할 수 있도록 한 규정이다.

5. 저작재산권 등의 기증

저작재산권자 등은 자신의 권리를 문화체육관광부장관에게 기증할 수 있다(저§135①). 기증받은 저작재산권 등에 대해서 문화체육관광부장관은 저작재산권자등으로부터 기증된 저작물 등의 권리를 공정하게 관리할 수 있는 단체를 지정할 수 있다(저§135②). 이렇게 지정된 단체는 영리를 목적으로 또는 당해 저작재산권자 등의 의사에 반하여 저작물 등을 이용할 수 없다(저§135③). 기타 기증절차와 단체의 지정 등에 관하여 필요한 사항은 대통령령으로 정한다(저§135④).

6. 저작재산권의 소멸

저작재산권은 배타적 지배권을 가지는 재산권이라는 점에서 소유권과 유사한 성질을 갖지만, 저작재산권의 객체는 무형의 저작물이라는 점에서 소유권과 구별된다. 이러한 저작재산권의 경우 그 보호기간이 명시되어 있기 때문에 그 보호기간이 경과하면 소멸하게 된다.

그러나 그 외에도 다음에 해당하는 경우에는 저작재산권이 소멸하게 된다(저 §49). ⅰ) 저작재산권자가 상속인 없이 사망한 경우에 그 권리가 민법 그 밖의 법률의 규정에 따라 국가에 귀속되는 경우, ⅱ) 저작재산권자인 법인 또는 단체가 해산되어 그 권리가 민법 그 밖의 법률의 규정에 따라 국가에 귀속되는 경우에 저작재산권이 소멸함으로써 누구나 그 저작물의 자유 이용이 허용되나 저작인격권은 영구적인 것이므로 어떠한 경우에도 소멸하지 않는다고 본다. 한편, 저작재산권을 목적으로 하는 질권이 설정되었거나, 또는 저작재산권자가 출판권의 설정이나 저작물의 이용허락을 한 경우에는 이들의 권리를 위하여 저작재산권을 포기할 수 없다.

제5절 | 저작물의 이용

저작권자가 아니면서 타인의 저작물을 이용할 수 있는 경우는 ⅰ) 저작권자와 계약에 의하여 이용하는 경우(계약허락), 저작권자와의 계약에 의하지 않고, ⅱ) 법률에 의하여 이용할 수 있는 경우(법정허락)와 ⅲ) 정부기관이나 특정단체의 허락을 받고 이용하는 경우(강제허락)로 나누어 볼 수 있을 것이다.

이용허락이란 저작물을 이용하고자 하는 자에 대하여 일정한 범위 내지 방법으로의 저작물의 이용을 인정하는 저작권자의 의사표시를 말한다. 보호기간이 끝나지 않은 타인의 저작물을 이용하려는 자는 저작물의 자유이용이 허용되는 경우(저 §23~§35)를 제외하고는 저작권자로부터 저작물의 이용허락을 받지 않으면 아니 된다.

허락할 때에는 허락료 또는 사용료의 명목으로 저작권자가 일정액의 금액을 청구하는 것이 보통이고, 이에 의해 저작권자의 경제적 수익이 생기기 때문이므로 허락권은 저작권자가 가지는 권리능력 중에 가장 중요한 것이라고 할 수 있다. 허락은 저작권자와 저작물을 이용하려는 자 간에 저작물이용계약(출판계약, 방송계약, 영화화계약 등을 말하고, 이를 허락계약이라고도 한다)에 의해 저작권자로부터 저작물의 이용을 원하는 자에게 대하여 허여(許與)하는 것이다.

여기서는 우리 저작권법을 중심으로 저작물이용계약 중의 하나인 법정허락, 출판권계약과 강제허락에 대하여 보기로 한다.

Ⅰ. 법정허락

1. 저작재산권자 불명인 저작물의 이용

누구든지 대통령령이 정하는 기준에 해당하는 상당한 노력을 기울였어도 공표된 저작물(외국인의 저작물을 제외한다)의 저작재산권자나 그의 거소(居所)를 알 수 없어 그 저작물의 이용허락을 받을 수 없는 경우에는 대통령령이 정하는 바에 따라 문화체육관광부장관의 승인을 얻은 후 문화체육관광부장관이 정하는 기준에 의한 보상금을 한국저작권위원회에 지급[159]하고 이를 이용할 수 있다(저§50①). 이때 저작물을 이용하는 자는 그 뜻과 승인연월일을 표시하여야 하고(저§50②), 법정허락된 저작물이 다시 법정허락의 대상이 되는 때에는 대통령령이 정하는 기준에 해당하는 상당한 노력의 절차를 생략할 수 있다. 다만, 그 저작물에 대한 법정허락의 승인 이전에 저작재산권자가 대통령령이 정하는 절차에 따라 이의를 제기하는 때에는 그러하지 아니하다(저§50③).

저작권법상의 법정허락이란 저작재산권자의 의사와는 관계없이 공익적인 견지에서 권한 있는 기관이 저작재산권자를 대신하여 이용을 허락하는 것을 말한다. 이러한 법정허락은 법률상 일정한 조건이 구비된 경우에 저작물의 이용에 대하여 당연히 저작권자의 허락이 있는 것과 같이 되는 것을 말한다.

문화체육관광부장관은 대통령령이 정하는 바에 따라 법정허락 내용을 정보통신망에 게시하여야 한다(저§50④).

---

159) 저작권법 제50조(저작재산권자 불명인 저작물의 이용)

⑤ 제1항에 따른 보상을 받을 권리는 위원회를 통하여 행사되어야 한다. 〈신설 2019. 11. 26., 2020. 2. 4.〉

⑥ 위원회는 제1항에 따라 보상금을 지급받은 날부터 10년이 경과한 미분배 보상금에 대하여 문화체육관광부장관의 승인을 얻어 제25조 제10항 각 호의 어느 하나에 해당하는 목적을 위하여 사용할 수 있다. 〈신설 2019. 11. 26., 2020. 2. 4.〉

⑦ 제1항 및 제6항에 따른 보상금 지급 절차・방법 및 미분배 보상금의 사용 승인 등에 필요한 사항은 대통령령으로 정한다. 〈신설 2019. 11. 26.〉

2. 실연 · 음반 및 방송이용의 법정허락

저작재산권자 불명인 저작물의 이용(저§50), 공표된 저작물의 방송(저§51),[160] 상업용 음반의 제작(저§52)[161] 규정은 실연 · 음반 및 방송의 이용에 관하여 준용한다(저§89).

II. 강제허락

저작권자와 저작물을 이용하려는 자와의 협의가 성립되지 않을 때에 저작권자에 대하여 그 저작물의 이용을 강제하는 것을 강제허락이라고 말한다. 저작권자와의 협의를 전제로 한다는 점에서는 법정허락과 다르지만, 저작권자의 의사에 반하여도 저작물을 이용할 수 있다는 점에서는 법정허락과 동일하다. 현행법상 강제허락이 인정되는 경우는 다음의 2가지가 있다.

1. 공표된 저작물의 방송

공표된 저작물을 공익을 위한 필요에 의하여 방송하고자 하는 방송사업자가 그 저작재산권자와 협의하였으나 협의가 성립되지 아니하는 경우에는 대통령령이 정하는 바에 따라 문화체육관광부장관의 승인을 얻은 후 문화체육관광부장관이 정하는 기준에 의한 보상금을 당해 저작재산권자에게 지급하거나 공탁하고 이를 방송할 수 있다(저§51).

2. 상업용 음반의 제작

상업용 음반이 우리나라에서 처음으로 판매되어 3년이 지난 경우 그 음반에

---

160) 공표된 저작물을 공익상 필요에 의하여 방송하고자 하는 방송사업자가 그 저작재산권자와 협의하였으나 협의가 성립되지 아니하는 경우에는 대통령령이 정하는 바에 따라 문화체육관광부장관의 승인을 얻은 후 문화체육관광부장관이 정하는 기준에 의한 보상금을 당해 저작재산권자에게 지급하거나 공탁하고 이를 방송할 수 있다.

161) 상업용 음반이 우리나라에서 처음으로 판매되어 3년이 경과한 경우 그 음반에 녹음된 저작물을 녹음하여 다른 상업용 음반을 제작하고자 하는 자가 그 저작재산권자와 협의하였으나 협의가 성립되지 아니하는 때에는 대통령령이 정하는 바에 따라 문화체육관광부장관의 승인을 얻은 후 문화체육관광부장관이 정하는 기준에 의한 보상금을 당해 저작재산권자에게 지급하거나 공탁하고 다른 상업용 음반을 제작할 수 있다.

녹음된 저작물을 녹음하여 다른 상업용 음반을 제작하고자 하는 자가 그 저작재산권자와 협의하였으나 협의가 성립되지 아니하는 때에는 대통령령이 정하는 바에 따라 문화체육관광부장관의 승인을 얻은 후 문화체육관광부장관이 정하는 기준에 의한 보상금을 당해 저작재산권자에게 지급하거나 공탁하고 다른 상업용 음반을 제작할 수 있다(저§52). 즉 음악작품이 최초로 녹음된 상업용 음반은 발매된 때부터 3년간만 특정음반제작자 등에게 음반제작을 독점하도록 하고, 그 후부터는 문화관광부장관의 승인을 받아 누구나 상업용 음반을 제작할 수 있게 한 것인데, 이는 최초 음반제작자를 보호하기 위한 규정이다. 여기서 승인대상은 저작권법 제4조 제1항 제2호의 음악저작물로서 악곡과 가사가 이에 해당된다. 단 오페라와 같은 악극적인 저작물은 제외된다고 본다.[162)]

Ⅲ. 배타적 발행권

1. 의 의

2011년 개정 저작권법에는 출판권과 프로그램배타적발행권의 경우에만 인정되고 있는 배타적 권리를 모든 저작물의 발행 및 복제 · 전송에 설정할 수 있도록 배타적 발행권을 신설하였다. 단, 배타적 발행권에서 출판권을 제외하여 배타적 발행권과 출판권의 관계를 명확히 하였다. 출판권에 대해서는 후술한다.

저작물을 발행[163)]하거나 복제 · 전송(이하 "발행 등"이라 한다)할 권리를 가진 자는 그 저작물을 발행 등에 이용하고자 하는 자에 대하여 배타적 권리(이하 "배타적 발행권"이라 하며, 제63조에 따른 출판권은 제외한다)를 설정할 수 있다(저§57①). 배타적 발행권은 저작자만 가지는 권리가 아니라 발행 등의 권리를 가진 제3자도 행사할 수 있다. 저작재산권자는 그 저작물에 대하여 발행 등의 방법 및 조건이 중첩되지 않는 범위 내에서 새로운 배타적 발행권을 설정할 수 있으며(저§57②), 배타적 발행권을 설정받은 자(이하 "배타적 발행권자"라 한다)는 그 설정행위에서 정하는 바에 따라 그 배타적 발행권의 목적인 저작물을 발행 등의 방법으로 이용할

---

162) 허희성, 「신저작권법축조개설(上)」, 저작권아카데미, 2000, p.445.

163) "발행"은 저작물 또는 음반을 공중의 수요를 충족시키기 위하여 복제 · 배포하는 것을 말한다(저§2ⅹⅹⅳ).

권리를 가진다(저§57③). 저작재산권자는 그 저작물의 복제권 · 배포권 · 전송권을 목적으로 하는 질권이 설정되어 있는 경우에는 그 질권자의 허락이 있어야 배타적 발행권을 설정할 수 있다(저§57④).

이러한 배타적 발행권은 그 설정행위에 특약이 없는 때에는 맨 처음 발행 등을 한 날부터 3년간 존속한다. 다만, 저작물의 영상화를 위하여 배타적 발행권을 설정하는 경우에는 5년으로 한다(저§59①). 배타적 발행권은 산업재산권법상 '전용실시권'과 동일한 성질을 가지는 권리라고 볼 수 있다.

2. 배타적 발행권자의 의무

1) 배타적 발행권자[164]는 그 설정행위에 특약이 없는 때에는 배타적 발행권의 목적인 저작물을 복제하기 위하여 필요한 원고 또는 이에 상당하는 물건을 받은 날부터 9월 이내에 이를 발행 등의 방법으로 이용하여야 한다(저§58①).

2) 배타적 발행권자는 그 설정행위에 특약이 없는 때에는 관행에 따라 그 저작물을 계속하여 발행 등의 방법으로 이용하여야 한다(저§58②). 여기에서 "계속하여 발행 등의 방법으로 이용하여야 한다"라고 한 것은 저작물이 항상 복제 · 배포 · 전송 등의 방법으로 항상 시중에 유통상태에 있도록 발행 등의 행위를 반복하는 것을 의미한다. 또한 계속발행은 완전하고 영속성을 요구하는 것이 아니라 "관행에 따라서" 발행하면 된다.

3) 배타적 발행권자는 특약이 없는 때에는 각 복제물에 대통령령이 정하는 바에 따라 저작재산권자의 표지를 하여야 한다.다만, 「신문 등의 진흥에 관한 법률」 제9조 제1항에 따라 등록된 신문과 「잡지 등 정기간행물의 진흥에 관한 법률」 제15조 및 제16조에 따라 등록 또는 신고된 정기간행물의 경우에는 그러하지 아니하다(저§58③).

3. 저작자의 권리

(1) 저작물의 수정증감권

배타적 발행권자가 배타적 발행권의 목적인 저작물을 발행 등의 방법으로 다시 이용하는 경우에 저작자는 정당한 범위 안에서 그 저작물의 내용을 수정하거

164) 배타적발행권자란 저작물을 발행하거나 복제 · 전송할 권리를 가진 자로부터 그 저작물을 발행하거나 복제 · 전송할 수 있는 배타적 권리를 설정받은 자를 말한다.

나 증감할 수 있다. 배타적 발행권자는 배타적 발행권의 목적인 저작물을 발행 등의 방법으로 다시 이용하고자 하는 경우에 특약이 없는 때에는 그때마다 미리 저작자에게 그 사실을 알려야 한다(저§58의2).

(2) 배타적 발행권 소멸통고권

저작재산권자는 배타적 발행권자가 배타적 발행권의 목적인 저작물을 복제하기 위하여 필요한 원고 또는 이에 상당하는 물건을 받은 날부터 9월 이내에 발행하지 않거나, 관행에 따라 그 저작물을 계속하여 발행 등의 방법으로 이용하지 않는 경우에는 6월 이상의 기간을 정하여 그 이행을 최고하고 그 기간 내에 이행하지 아니하는 때에는 배타적 발행권의 소멸을 통지할 수 있다(저§60①). 만약, 배타적 발행권자가 그 저작물을 발행 등의 방법으로 이용하는 것이 불가능하거나 이용할 의사가 없음이 명백한 경우에는 저작재산권자는 즉시 배타적 발행권의 소멸을 통지할 수 있다(저§60②).

이와 같이 저작재산권자가 배타적 발행권의 소멸을 통지한 경우에는 배타적 발행권자가 통지를 받은 때에 배타적 발행권이 소멸한 것으로 본다(저§60③). 이 경우에는 저작재산권자는 배타적 발행권자에 대하여 언제든지 원상회복을 청구하거나 발행 등을 중지함으로 인한 손해의 배상을 청구할 수 있다(저§60④).

(3) 배타적 발행권 소멸 후의 복제물의 배포금지요구권

배타적 발행권이 그 존속기간의 만료 그 밖의 사유로 소멸된 경우에는 그 배타적 발행권을 가지고 있던 자는 ⅰ) 출판권 설정행위에 특약이 있는 경우, ⅱ) 발행권의 존속기간 중 저작재산권자에게 그 저작물의 발행에 따른 대가를 지급하고 그 대가에 상응하는 부수의 복제물을 배포하는 경우를 제외하고는 그 배타적 발행권의 존속기간 중 만들어진 복제물을 배포할 수 없다(저§61).

이 규정은 배타적 발행권의 소멸 후에 저작재산권자가 종전의 배타적 발행권자 이외의 다른 사람에게 배타적 발행권을 설정하거나 또는 발행을 허락하는 경우에 발생할 수 있는 경합관계를 피하기 위하여 종전의 배타적 발행권자가 그 배타적 발행권의 존속기간 중에 제작한 복제물을 배타적 발행권이 소멸한 후에도 배포할 수 있는 경우를 한정한 것이라고 할 수 있다.

4. 배타적 발행권의 존속기간 및 양도 · 제한 등

배타적 발행권은 그 설정행위에 특약이 없는 때에는 맨 처음 발행 등을 한 날

로부터 3년간 존속한다. 다만, 저작물의 영상화를 위하여 배타적 발행권을 설정하는 경우에는 5년으로 한다(저§59①). 저작재산권자는 배타적 발행권 존속기간 중 그 배타적 발행권의 목적인 저작물의 저작자가 사망한 때에는 제1항에도 불구하고 저작자를 위하여 저작물을 전집 그 밖의 편집물에 수록하거나 전집 그 밖의 편집물의 일부인 저작물을 분리하여 이를 따로 발행 등의 방법으로 이용할 수 있다(저§59②).

배타적 발행권은 일종의 재산권이므로 이전성을 갖는다. 따라서 그 양도·입질도 가능하다. 다만, 배타적 발행권자는 저작재산권자의 동의 없이 배타적 발행권을 양도하거나 또는 질권의 목적으로 할 수 없다(저§62①).[165]

5. 배타적 발행권의 소멸

배타적 발행권은 다음과 같은 경우에 소멸한다.

1) 배타적 발행권 존속기간만료에 의한 소멸

2) 발행의무 또는 계속발행의무의 위반으로 인한 소멸통고에 의한 소멸

3) 발행불가능 또는 발행할 의사의 명백한 부재로 인한 소멸통고에 의한 소멸

4) 설정행위에서 특약한 사유에 의한 소멸

5) 민법상 계약해제권의 행사에 따라 배타적 발행권 설정계약의 해제로 인한 소멸

6) 저작재산권자의 복제권·배포권·전송권의 소멸에 의한 배타적 발행권의 소멸

7) 배타적 발행권과 복제권·배포권·전송권의 혼동에 의한 소멸

Ⅳ. 출판에 대한 특례

2011년 저작권법이 개정되어 배타적 발행권이 신설됨에 따라 출판권 관련 규정

---

165) 제62조(배타적 발행권의 양도·제한 등) ② 배타적 발행권의 목적으로 되어 있는 저작물의 복제 등에 관하여는 제23조, 제24조, 제25조 제1항부터 제5항까지, 제26조부터 제28조까지, 제30조부터 제33조까지, 제35조 제2항 및 제3항, 제35조의2부터 제35조의5까지, 제36조 및 제37조를 준용한다. 〈개정 2019. 11. 26., 2020. 2. 4.〉

이 배타적 발행권으로 편입되고 일부 규정만 남아 "출판에 관한 특례"로 바뀌었다.

출판이란 어떠한 사람이 자기의 사상·감정 등을 많은 사람들에게 전달하려고 기계적인 방법을 이용하여 서적, 도화 등을 만드는 것을 말한다. 이렇게 만든 서적·도화 등을 복제·배포할 수 있는 권리를 출판권이라고 한다.

이러한 출판권은 저작권자만이 행사할 수 있으나 제3자에게 맡길 수도 있다. 저작권법 제63조 제1항은 "저작물을 복제·배포할 권리를 가진 자(이하 "복제권자"라 한다)는 그 저작물을 인쇄 그 밖에 이와 유사한 방법으로 문서 또는 도화로 발행하고자 하는 자에 대하여 이를 출판할 권리(이하 "출판권"이라 한다)를 설정할 수 있다"고 규정하고 있다. 출판권을 설정받은 자(이하 "출판권자"라 한다)는 그 설정행위에서 정하는 바에 따라 그 출판권의 목적인 저작물을 원작 그대로 출판할 권리를 가진다(저§63②). 따라서 원작을 개변(改變)하는 것은 허용하지 않으나 오자(誤字)나 탈자(脫子)를 고치거나 맞춤법이 틀린 것을 수정하는 것은 가능하다고 본다. 그러나 저작물의 내용이나 형태를 변화시키는 수정은 불가능하다.

복제권자는 그 저작물의 복제권을 목적으로 하는 질권이 설정되어 있는 경우에는 그 질권자의 허락이 있어야 출판권을 설정할 수 있다(저§63③).

배타적 발행권자의 의무(저§58), 저작물의 수정증감(저§58의2), 배타적 발행권의 존속기간 등(저§59), 배타적 발행권의 소멸통고(저§60), 배타적 발행권 소멸 후의 복제물의 배포(저§61), 배타적 발행권의 양도·제한 등(저§62)의 규정은 출판권에 관하여 준용된다. 이 경우 "배타적 발행권"은 "출판권"으로, "저작재산권자"는 "복제권자"로 본다(저§63의2).

제6절 | 저작인접권

Ⅰ. 서

저작물의 창작자는 아니지만 저작물을 공중에게 전달하는 데 중요한 역할을 하는 실연자, 음반제작자, 방송사업자 등에게 인정한 권리가 저작인접권이다(저§64).[166]

166) 서울민사지법 1991.5.23.선고, 90가합7420 판결.

예를 들어 가수의 가창(歌唱)에 대해 보면, 가수는 저작물(음악)을 노래부르는 것이지, 노래함으로써 새로운 저작물을 창작하는 것은 아니다. 그러나 가수가 노래하는 방법에 따라 듣는 사람이 다르게 느낄 수 있으므로, 가창도 저작물의 창작에 준하는 창작행위에 해당한다고 말할 수 있다. 음반제작자, 방송사업자에 대해서도 똑같이 인정한다.

저작인접권의 보호를 받는 것도 저작권의 경우와 같이 일체의 절차가 필요하지 않다.

저작인접권에 관한 국제조약은 음반보호조약(제네바조약), 인접권조약(로마조약), WTO/TRIPs 등이 있으며, 이 중 WTO/TRIPs의 경우, 저작인접권(neighbouring right)을 관련권리(related right)라고 규정하여, 로마조약과 구별하고 있다.

II. 저작인접권의 종류

1. 실연자의 권리

(1) 실연의 정의

저작물을 "연기(演技)·무용·연주·가창(歌唱)·구연·낭독 그 밖의 예능적 방법으로 표현하거나 저작물이 아닌 것을 이와 유사한 방법으로 표현"하는 것을 말한다(저§2iv).

(2) 실연자

배우, 가수, 연주자 등의 실연을 하는 자 및 실연을 지휘·연출 또는 감독하는 자를 말한다(저§2iv). 이 외에 마술이나 서커스도 포함된다. 다만, 운동경기는 여기서 제외된다.[167)]

(3) 보호를 받는 실연

국내에서 보호를 받을 수 있는 실연은 i) 대한민국 국민(대한민국 법률에 의하여 설립된 법인 및 대한민국 내에 주된 사무소가 있는 외국법인을 포함)이 행하는 실연, ii) 대한민국이 가입 또는 체결한 조약에 따라 보호되는 실연, iii) 음반에 고정된 실연, iv) 방송에 의하여 송신되는 실연(송신 전에 녹음 또는 녹화되어 있는 실연을 제외한다) 등이다(저§64① i). 조약에 따라 보호되는 실연은 WTO/TRIPs상의

167) 사법연수원, 「저작권법 I」, 1999, p.277.

저작인접권 보호규정에 따라 추가된 것이다.

(4) 권리의 내용(실연자의 권리)

실연자는 저작물의 창작자는 아니지만 저작물의 전달자로서 창작에 준하는 활동을 통해 저작물의 가치를 증진시킨다는 차원에서 저작권에 준하는 권리를 부여하는 것이다.

실연자의 권리는 실연자인격권인 성명표시권, 동일성유지권 및 복제권, 배포권, 대여권, 공연권, 방송권, 전송권, 2차사용료 청구권 등이 있다.

1) **실연자 인격권** 2006년 개정법에서는 실연자에게 성명표시권과 동일성유지권에 대한 내용을 신설하였다. 실연이 사회적으로 많이 이용됨에 따라 실연의 주체가 누구인지를 밝힐 필요가 있으며(성명표시권), 실연은 실연자의 인격의 반영이라는 측면이 강하므로 자신의 실연내용과 형식이 변형되지 않도록 할 필요가 있기 때문이다(동일성유지권).

실연자는 그의 실연 또는 실연의 복제물에 그의 실명 또는 이명을 표시할 권리를 가진다(저§66①). 실연을 이용하는 자는 그 실연자의 특별한 의사표시가 없는 때에는 실연자가 그의 실명 또는 이명을 표시한 바에 따라 이를 표시하여야 한다. 다만, 실연의 성질이나 그 이용의 목적 및 형태 등에 비추어 부득이하다고 인정되는 경우에는 그러하지 아니하다(저§66②).

실연자는 그의 실연의 내용과 형식의 동일성을 유지할 권리를 가진다. 다만, 실연의 성질이나 그 이용의 목적 및 형태 등에 비추어 부득이하다고 인정되는 경우에는 그러하지 아니한다(저§67).

실연자 인격권은 실연자 일신에 전속한다(저§68). 실연자에게도 인격권이 부여되었으므로 실연자는 인격권을 침해한 자에 대하여 손해배상에 갈음하거나 손해배상과 함께 명예회복을 위하여 필요한 조치를 청구할 수 있다(저§127).

2) **복제권(녹음 · 녹화권 등)** 실연자는 그의 실연을 복제할 권리를 가진다(저§69). 따라서 실연을 맨 처음 녹음 · 녹화 · 촬영하는 경우는 물론 실연이 수록된 녹음 · 촬영 · 녹화된 것을 무단으로 증제(增製) · 판매하는 행위는 복제권의 침해가 된다.

3) **배포권** 실연자는 그의 실연의 복제물을 배포할 권리를 가진다. 다만, 실연의 복제물이 실연자의 허락을 받아 판매 등의 방법으로 거래에 제공된 경우에는 그러하지 아니하다(저§70). 실연의 복제물의 유통에 대한 실연자의 통제권을 강화시킬 필요가 있고 WIPO실연 · 음반조약도 청각 실연자에게 배포권을 부여할

것을 체약국의 의무로 규정하고 있는 점을 감안하여 2006년 개정법에서 실연자에게 배포권을 새로이 부여하였다. 저작자의 배포권과 마찬가지로 실연자의 배포권도 한번 거래에 제공됨으로써 소진된다(최초판매의 원칙). 한편, 실연자의 배포권을 신설하게 됨에 따라 실연자의 배포권도 특약이 없는 한 영상제작자가 이를 양도받은 것으로 추정된다(저§100③).

4) **대여권** 실연자는 제70조의 단서의 규정에 불구하고 그의 실연이 녹음

[도표 21] 저작인접권자의 권리

- 저작인접권자의 권리
  - 실연자 (§2 iv)
    - 실연자인격권
      - 성명표시권(§66)
      - 동일성유지권(§67)
    - 저작인접권
      - 복제권(§69)
      - 배포권(§70)
      - 대여권(§71)
      - 공연권(§72)
      - 방송권(§73)
      - 전송권(§74)
    - 청구권(채권)
      - 상업용 음반의 방송사업자에 대한 보상금청구권(§75①)
      - 디지털음성송신보상청구권(§76)
      - 상업용 음반을 사용하여 공연하는 자의 실연에 대한 보상(§76의2)
  - 음반제작자 (§2 vi)
    - 저작인접권
      - 복제권(§78)
      - 배포권(§79)
      - 대여권(§80)
      - 전송권(§81)
    - 청구권(채권)
      - 상업용 음반의 방송사업자에 대한 보상금청구권(§82)
      - 디지털음성송신사업자의 음반제작자에 대한 보상(§83)
      - 상업용 음반을 사용하여 공연하는 자의 음반제작자에 대한 보상(§83의2)
  - 방송사업자 (§2 ix)
    - 저작인접권
      - 복제권(§84)
      - 동시중계방송권(§85)
      - 공연권(§85의2)

※ 관계조약: 실연자, 음반제작자 및 방송사업자의 보호를 위한 국제조약, 실연 · 음반조약, 음반보호조약 등

된 상업용 음반을 영리를 목적으로 대여할 권리를 가진다(저§71). WIPO실연 · 음반조약에서는 실연이 고정된 음반의 대여를 허락할 배타적 권리를 부여하고 있음에 따라 2006년 개정법에서는 이를 반영하여 실연자에게 대여권을 부여한 것이다. 종전에는 음반대여권에 대해 배타적 권리를 부여하면서도 대여권의 구체적인 행사방법과 관련하여서는 지정단체를 통해서 하는 보상청구권으로 이를 행사하도록 하고 있었다.

5) **공연권** 실연자는 그의 고정되지 아니한 실연을 공연할 권리를 가진다. 다만, 그 실연이 방송되는 실연인 경우에는 그러하지 아니하다(저§72). 실연자의 공연권도 2006년 개정법에서 신설되었다. 이에 따라 생실연(Live 공연)을 확성기나 멀티비전 등을 통하여 실연장소 이외의 지역에 있는 공중에게 실시간으로 제공하는 행위에 대하여 실연자는 권리를 행사할 수 있다.

6) **방송권** 실연자는 그의 실연을 방송할 권리를 가진다. 다만, 실연자의 허락을 받아 녹음된 실연에 대하여는 그러하지 아니하다(저§73). 재방송의 경우에는 실연자의 권리가 미치지 아니한다. 이미 실연자가 자신의 실연을 녹음하는 것을 허락한 경우에, 이를 방송하기 위하여 다시 실연자의 허락을 받을 필요가 없고(저§73단), 실연자는 방송사업자에게 보상을 청구할 권리만을 가진다(저§75①). 즉, 실연자는 그 음반이 방송에 사용된 경우에만 보상금을 받을 수 있다.

7) **전송권** 실연자는 그의 실연을 전송할 권리를 가진다(저§74).

8) **방송사업자의 실연자에 대한 보상**

(가) 방송사업자가 실연이 녹음된 판매용 음반을 사용하여 방송하는 경우에는 상당한 보상금을 그 실연자에게 지급하여야 한다. 다만, 실연자가 외국인인 경우에 그 외국에서 대한민국 국민인 실연자에게 이 항의 규정에 따른 보상금을 인정하지 아니하는 때에는 그러하지 아니하다(저§75①). 외국인의 실연을 방송하는 경우에도 외국에서 우리나라 국민에게 보상금을 지급하는 것을 전제로(상호주의) 그 외국인에게 방송보상청구권을 인정한다.

(나) 제2항의 규정에 따른 단체가 보상권리자를 위하여 청구할 수 있는 보상금의 금액은 매년 그 단체와 방송사업자가 협의하여 정한다(저§75③, 저§25⑤).

(다) (나)의 규정에 따른 단체는 그 구성원이 아니라도 보상권리자로부터 신청이 있을 때에는 그 자를 위하여 그 권리행사를 거부할 수 없으며, 이 경우에 그 단체는 자기의 명의로 그 권리에 관한 재판상 또는 재판 외의 행위를 할 권한을 가

진다(저§75②).[168)]

㈑ ㈏의 규정에 따른 단체가 보상권리자를 위하여 청구할 수 있는 보상금의 금액은 매년 그 단체와 방송사업자가 협의하여 정한다(저§75③).

㈒ ㈑의 규정에 따른 협의가 성립되지 아니하는 경우에 그 단체 또는 방송사업자는 대통령령이 정하는 바에 따라 한국저작권위원회에 조정을 신청할 수 있다(저§75④).

9) **디지털음성송신사업자의 실연자에 대한 보상**

㈎ 디지털음성송신사업자가 실연이 녹음된 음반을 사용하여 송신하는 경우에는 상당한 보상금을 그 실연자에게 지급하여야 한다(저§76①). 2006년 개정법에 디지털음성송신권이 신설됨에 따라 실연자에게 디지털음성 송신에 대한 보상청구권을 새로이 부여하였다. 인터넷방송 또는 동시 웹캐스팅의 형태로 소리를 송신하는 디지털음성송신은 방송과 구별하기 곤란하므로 디지털음성송신사업자가 음반에 녹음된 실연자를 일일이 찾아다니며 계약을 맺도록 하는 것(배타적 권리)보다 방송과 마찬가지로 보상청구권을 부여하는 것이 타당하다는 논지에 따른 것이다. 다만, 외국인 실연자의 방송보상청구권은 상호주의에 따라 인정하도록 하였으나 디지털음성송신은 인터넷을 기반으로 하고 국경을 초월하여 송신된다는 점을 감안하여 상호주의 적용을 배제하여 내외국인을 불문하고 보상하도록 하였다.

㈏ 보상금 지급은 문화체육관광부가 지정한 단체를 통해서 하되, 그 금액은 그 단체와 디지털음성송신사업자가 협의하여 정하도록 하였으며, 이에 대한 절차는 방송보상청구권의 행사와 동일하다(저§76②)[169)].

㈐ ㈏의 규정에 따른 단체가 보상권리자를 위하여 청구할 수 있는 보상금의 금액은 매년 그 단체와 디지털음성송신사업자가 대통령령이 정하는 기간 내에 협의하여 정한다(저§76③).

㈑ ㈐의 규정에 따른 협의가 성립되지 아니한 경우에는 문화체육관광부장관이 정하여 고시하는 금액을 지급한다(저§76④).

10) **상업용 음반을 사용하여 공연하는 자의 실연에 대한 보상**(저§76의2)

실연이 녹음된 상업용 음반을 사용하여 공연을 하는 자는 상당한 보상금을 해당 실연자에게 지급하여야 한다. 다만, 실연자가 외국인인 경우에 그 외국에서

---

168) 제1항에 따른 보상금의 지급 등에 관하여는 제25조 제7항부터 제11항까지의 규정을 준용한다.
169) 제1항에 따른 보상금의 지급 등에 관하여는 제25조 제7항부터 제11항까지의 규정을 준용한다.

대한민국 국민인 실연자에게 이 항의 규정에 따른 보상금을 인정하지 아니하는 때에는 그러하지 아니하다(저§76의2①). 보상금의 지급 및 행사방법은 디지털음성송신사업자의 실연자에 대한 보상과 같다(저§76의2②).[170)]

11) 공동실연자(저§77)

(가) 2인 이상이 공동으로 합창 · 합주 또는 연극 등을 실연하는 경우에 있어서의 실연자의 권리(실연자의 인격권은 제외한다)는 공동으로 실연하는 자가 선출하는 대표자가 이를 행사한다. 다만, 대표자의 선출이 없는 경우에는 지휘자 또는 연출자 등이 이를 행사한다(저§77①).

(나) 이와 같이 공동실연자에 의한 권리를 행사하는 경우에 독창 또는 독주가 함께 실연된 때에는 독창자 또는 독주자의 동의를 얻어야 한다(저§77②).

(다) 이 경우 공동저작물의 저작인격권 내용은 공동실연자의 인격권 행사의 경우에도 동일하게 적용된다(저§77③).

2. 음반제작자의 권리

(1) 음반의 정의

음(음성 · 음향을 말한다)이 유형물에 고정된 것을 말한다(음을 디지털화한 것을 포함한다)(저§2ⅴ). 단, 여기서 '유형물'이란 녹음된 유형물 자체를 말하는 것이 아니라 녹음물에 음이 고정되어 있는 추상적인 존재를 의미하는 것이다. 따라서 '음반의 복제'라고 할 경우에 복제란 디스크나 CD 등의 유형물을 그대로 복사하는 것이 아니라 CD 등에 수록되어 있는 음을 다른 녹음 유형물에 고정 · 수록하는 것을 말한다. 그리고 현재까지 알려진 것으로 음이 고정된 유형물로는 디스크와 자기테이프 외에 CD, MD(mini disk), 소노시트(sonosheet), 포노시트(phonosheet), 오르골(orgel) 및 음부를 데이터화하여 수록한 ROM(독해전용기억장치) 등이 있다.[171)]

(2) 음반제작자의 정의

음반을 최초로 제작하는 데 있어 전체적으로 기획하고 책임을 지는 자를 음반제작자라 한다(저§2ⅵ). 음반제작자란 음반을 제작하는 사람을 말하는 것이 아니고, 음을 이 세상에 맨 처음으로 유형물에 고정한 사람을 말하는 것이다. 예를

---

170) ② 제1항에 따른 보상금의 지급 및 금액 등에 관하여는 제25조 제7항부터 제11항까지 및 제76조 제3항 · 제4항을 준용한다. 〈개정 2020. 2. 4.〉

171) 허희성, 「신저작권법 축조개설(上)」, 저작권아카데미, 2000, p.49.

들면, 음반제작자에 의해 제작된 녹음물을 재생하여 만들어진 테이프나 CD 등에 수록하는 것은 맨 처음의 고정이 아니라 음반 복제이고, 이렇게 만드는 자는 복제자에 해당된다. 또, 여기서 '고정하는 데 있어 전체적으로 기획하고 책임을 지는 자'란 물리적 의미에서의 녹음자가 아니고 녹음행위의 법률적인 주체를 말하는 것이므로 기획사와 같은 법인도 포함된다.

(3) 보호를 받을 음반

국내에서 보호를 받을 수 있는 음반은 i) 대한민국 국민을 음반제작자로 하는 음반, ii) 음(音)이 맨 처음 대한민국 내에서 제작된 음반, iii) 대한민국이 가입 또는 체결한 조약에 따라 보호되는 음반으로서 체약국 내에서 최초로 제작된 음반, iv) 대한민국이 가입 또는 체결한 조약에 따라 보호되는 음반으로서 체약국의 국민(당해 체약국의 법률에 따라 설립된 법인 및 당해 체약국 내에 주된 사무소가 있는 법인을 포함한다)을 음반제작자로 하는 음반이다(저§64① ii).

(4) 권리의 내용

음반제작자는 배타적 권리로 복제권, 배포권, 대여권, 전송권과 보상청구권으로 방송보상청구권, 디지털음성송신보상청구권, 상업용 음반의 사용에 대한 공연보상청구권을 가진다.

1) **복제권** 음반제작자는 그의 음반을 복제할 권리를 가진다(저§78). 여기서 음반의 복제란 음반의 증제 또는 음악을 노래반주기 등에 기계적·전자적으로 메모리칩에 입력시키는 것도 포함된다.[172)]

2) **배포권** 음반제작자는 그의 음반을 배포할 권리를 가진다. 다만, 음반의 복제물이 음반제작자의 허락을 받아 판매 등의 방법으로 거래에 제공된 경우에는 그러하지 아니하다(저§79). 음반제작자의 배포권도 저작자 및 실연자의 배포권과 마찬가지로 한번 거래에 제공됨으로써 소진된다(최초판매의 원칙).

3) **대여권** 음반제작자는 제79조의 단서의 규정에 불구하고 상업용 음반을 영리를 목적으로 대여할 권리를 가진다(저§80). 2006년 개정법에서 실연자의 경우와 마찬가지로 종전의 보상청구권에서 배타적 권리로 규정하였다.

4) **전송권** 음반제작자는 그의 음반을 전송할 권리를 가진다(저§81).

5) **방송사업자의 음반제작자에 대한 보상**

172) 서울고법 1996.6.27.선고, 95나30774판결.

㈎ 방송사업자가 상업용 음반을 사용하여 방송하는 경우에는 상당한 보상금을 그 음반제작자에게 지급하여야 한다. 다만, 음반제작자가 외국인인 경우에 그 외국에서 대한민국 국민인 음반제작자에게 이 항의 규정에 따른 보상금을 인정하지 아니하는 때에는 그러하지 아니하다(저§82①).

㈏ 보상금의 지급 및 금액에 대하여는 제25조 제7항 내지 제11항 및 제75조 제3항 · 제4항의 규정을 준용한다(저§82②).

6) 디지털음성송신사업자의 음반제작자에 대한 보상

㈎ 디지털음성송신사업자가 음반을 사용하여 송신하는 경우에는 상당한 보상금을 그 음반제작자에게 지급하여야 한다(저§83①).

㈏ 보상금의 지급 및 금액에 대하여는 제25조 제7항 내지 제11항 및 제76조 제3항 · 제4항의 규정을 준용한다(저§83②).

7) 상업용 음반을 사용하여 공연하는 자의 음악제작자에 대한 보상(저§82의2)

상업용 음반을 사용하여 공연을 하는 자는 상당한 보상금을 해당 음반제작자에게 지급하여야 한다. 다만, 음반제작자가 외국인인 경우에 그 외국에서 대한민국 국민인 음반제작자에게 이 항의 규정에 따른 보상금을 인정하지 아니하는 때에는 그러하지 아니하다(저§82의2①).

보상금의 지급 및 금액에 대해서는 제25조 제7항부터 제11항까지 및 제76조 제3항 · 제4항을 준용한다(저§82의2②).

3. 방송사업자의 권리

(1) 방송의 정의

공중송신 중 공중이 동시에 수신하게 할 목적으로 음 · 영상 또는 음과 영상 등을 송신하는 것을 말한다(저§2viii).

(2) 방송사업자의 정의

방송을 업으로 하는 자를 말한다(저§2ix). 즉, 본호는 방송에 대한 권리주체로서의 방송사업자, 방송을 위한 법정허락체로서의 방송사업자(저§51), 상업용 음반에 대한 보상의무자로서의 방송사업자(저§75, §82)를 말한다.

(3) 보호를 받는 방송

국내에서 보호를 받을 수 있는 방송은 i) 대한민국 국민인 방송사업자의 방송, ii) 대한민국 내에 있는 방송설비로부터 행하여지는 방송, iii) 대한민국이 가입 또는 체결한 조약에 따라 보호되는 방송으로서 체약국의 국민인 방송사업자가 당해 체약국 내에 있는 방송설비로부터 행하는 방송(저§64①iii)이다.

(4) 권리의 내용

방송사업자는 그의 방송을 복제할 권리(저§84), 동시중계방송할 권리(저§85), 공중의 접근이 가능한 장소에서 방송의 시청과 관련하여 입장료를 받는 경우에 그 방송을 공연할 권리(저§85의2)를 가진다. 이 외에도 유선방송사업자도 명문의 규정은 없으나 이 규정이 적용된다고 본다.[173)]

Ⅲ. 저작인접권의 등록

저작인접권 또는 저작인접권의 배타적 발행권도 저작자의 권리와 같이 '저작인접권 등록부'에 등록할 수 있다(저§90). 즉, 저작인접권 또는 저작인접권의 배타적 발행권도 저작재산권과 같이 질권의 설정, 이전, 변경 등에 관하여 등록하는 것을 말한다.

Ⅳ. 저작인접권의 보호기간

저작인접권은 ⅰ) 실연의 경우에는 그 실연을 한 때, ⅱ) 음반의 경우에는 그 음을 맨 처음 음반에 고정한 때, ⅲ) 방송의 경우에는 그 방송을 한 때로부터 권리가 발생하며(저§86①), 그 다음 해부터 기산하여 70년간 존속한다(방송의 경우에는 50년)[174)](저§86②). 단, ⅱ) 음반의 경우에는 그 음반을 발행한 때부터 기산하되, 음을 음반에 맨 처음 고정한 때의 다음 해부터 기산하여 50년이 지난 때까지 음반을 발행하지 아니한 경우에는 음을 음반에 맨 처음 고정한 때로부터 기산된다(저§86

173) 허희성, 「신저작권법축조개설(上)」, 저작권아카데미, 2000, pp.53, 56.

174) 이 규정은 2013년 8월 1일부터 적용되며, 그 이전까지는 종전과 같이 50년간 보호된다. 한편, 부칙 제4조를 신설하여 "저작인접권 보호기간의 특례"를 마련하였다. 즉, 1987년 7월 1일부터 1994년 6월 30일 사이에 발생한 저작인접권의 보호기간을 발생한 때의 다음 해부터 기산하여 50년간 존속하도록 하였다.

②ii). 한편, 외국인의 실연 · 음반 및 방송이라도 그 외국에서 보호기간이 만료된 경우에는 우리 저작권법에 따른 보호기간을 인정하지 아니한다(저§64②).

Ⅴ. 저작인접권의 제한 · 양도 · 행사 · 소멸 등

저작권법 제2장 제4절 제2관의 저작재산권의 제한(저§87), 제4관의 저작재산권의 양도 · 행사 · 이용의 허락 · 소멸에 관한 규정이 준용된다(저§88).

제7절 | 데이터베이스제작자 및 온라인서비스제공자의 보호

Ⅰ. 데이터베이스제작자

1. 의 의

데이터베이스(Database)란 논리적으로 연관된 하나 이상의 자료 모음으로 그 내용을 고도로 구조화함으로써 검색과 갱신의 효율화를 꾀한 것이다. 즉, 몇 개의 자료 파일을 조직적으로 통합하여 자료 항목의 중복을 없애고 자료를 구조화하여 기억시켜 놓은 자료의 집합체라고 할 수 있다.

저작권법 제2조 19호에서 "데이터베이스란 소재를 체계적으로 배열 또는 구성한 편집물로서 그 소재를 개별적으로 접근 또는 검색할 수 있도록 한 것"을 말하고, 동조 20호에서는 "데이터베이스제작자란 데이터베이스의 제작 또는 그 소재의 갱신 · 검증 또는 보충(이하 '갱신 등'이라 한다)에 인적 또는 물적으로 상당한 투자를 한 자"로 규정하고 있다.

2. 보호받을 수 있는 자

저작권법으로 보호를 받을 수 있는 자는 ⅰ) 대한민국 국민, ⅱ) 데이터베이스의 보호와 관련하여 대한민국이 가입 또는 체결한 조약에 따라 보호되는 외국인에 해당하는 자의 데이터베이스는 이 법에 의한 보호를 받는다고 규정하고 있다(저§91①). 그러나 외국인의 데이터베이스에 대해서는 상호주의를 적용하여 그 외국에서 우리 국민의 데이터베이스를 보호하지 않는 경우에는 그에 상응하게 보호가 제한될 수 있다(저§91②).

3. 데이터베이스 보호의 적용제외

저작권법 제92조는 i) 데이터베이스의 제작·갱신 등 또는 운영에 이용되는 컴퓨터프로그램, ii) 무선 또는 유선통신을 기술적으로 가능하게 하기 위하여 제작되거나 갱신 등이 되는 데이터베이스에 대하여는 저작권법 제4장의 규정을 적용하지 아니한다.

4. 데이터베이스제작자의 권리

데이터베이스제작자는 당해 데이터베이스의 전부 또는 상당한 부분을 복제·배포·방송 또는 전송(이하 '복제 등'이라 한다)할 권리를 가진다(저§93①).

데이터베이스제작자의 정당한 이익을 보호하면서도 정보의 원활한 유통이 저해되지 않도록 하기 위해 데이터베이스의 개별 소재는 보호대상이 되지 않으며, 데이터베이스의 보호는 데이터베이스의 구성부분이 되는 소재의 저작권 그 밖에 이 법에 의하여 보호되는 권리에 영향을 미치지 아니한다(저§93③). 다만, 데이터베이스의 개별 소재 또는 그 상당한 부분에 이르지 못하는 부분의 복제 등이라 하더라도 반복적이거나 특정한 목적을 위하여 체계적으로 함으로써 해당 데이터베이스의 일반적인 이용과 충돌하거나 데이터베이스제작자의 이익을 부당하게 해치는 경우에는 해당 데이터베이스의 상당한 부분의 복제 등으로 본다(저§93②).

5. 데이터베이스제작자의 권리제한

저작재산권의 제한규정은 데이터베이스제작자에게도 준용한다. 즉, 재판절차 등에서의 복제(저§23), 공표된 저작물의 인용(저§28), 영리를 목적으로 하지 아니하는 공연 및 방송(저§29), 사적 이용을 위한 복제(저§30), 도서관 등에서의 복제 등(저§31), 시험문제로서의 복제(저§32), 시청각장애인 등을 위한 복제 등(저§33), 방송사업자의 일시적 녹음 및 녹화(저§34), 저작물 이용과정에서의 일시적 복제(저§35의2), 문화시설에 의한 복제 등(저§35의4), 저작물의 공정한 이용(저§35의5), 번역 등에 의한 이용(저§36), 출처의 명시(저§37) 규정은 데이터베이스제작자의 권리의 목적이 되는 데이터베이스의 이용에 관하여 준용한다(저§94①).

또, i) 교육 · 학술 또는 연구를 위하여 이용하는 경우(다만, 영리를 목적으로 하는 경우에는 제외), ii) 시사보도를 위하여 이용하는 경우에는 누구든지 데이터베이스의 전부 또는 그 상당한 부분을 복제 · 배포 · 방송 또는 전송할 수 있다. 다만, 해당 데이터베이스의 일반적인 이용과 저촉되는 경우에는 그러하지 아니하다(저§94②).

6. 데이터베이스의 보호기간

데이터베이스제작자의 권리는 데이터베이스의 제작을 완료한 때부터 발생하며, 그 다음 해부터 기산하여 5년간 존속한다(저§95①).

데이터베이스의 갱신 등을 위하여 인적 또는 물적으로 상당한 투자가 이루어진 경우에 당해 부분에 대한 데이터베이스제작자의 권리는 그 갱신 등을 한 때부터 발생하며, 그 다음 해부터 기산하여 5년간 존속한다(저§95②).

즉, 데이터베이스의 갱신 등을 위하여 인적 또는 물적으로 상당한 투자가 이루어진 경우에 그 부분의 보호기간은 별도로 진행된다. 이는 데이터베이스의 경우에 일부분만이 지속적으로 갱신되는 경향이 있으므로 그 일부의 갱신으로 인하여 데이터베이스 전체의 보호기간이 연장되지 않도록 하기 위함이다.[175)]

7. 데이터베이스제작자의 권리의 양도 · 행사 등

저작권법 제20조 단서(최초판매의 원칙)의 규정은 데이터베이스의 거래제공에, 제45조 제1항(저작재산권의 양도)의 규정은 데이터베이스제작자의 권리의 양도에, 제46조(저작물의 이용허락)의 규정은 데이터베이스의 이용허락에, 제47조(저작재산권을 목적으로 하는 질권의 행사)의 규정은 데이터베이스제작자의 권리를 목적으로 하는 질권의 행사에, 제48조(공동저작물의 저작재산권의 행사)의 규정은 공동데이터베이스의 데이터베이스제작자의 권리행사에, 제49조(저작재산권의 소멸)의 규정은 데이터베이스제작자의 권리의 소멸에 관하여 각각 준용한다(저§96).

175) 임원선, "개정저작권법해설," 「계간 저작권」 2003년 여름호, p.5.

8. 데이터베이스 이용의 법정허락

저작권법 제50조(저작재산권자 불명인 저작물의 이용) 및 제51조(공표된 저작물의 방송)의 규정은 데이터베이스의 이용에 관하여 준용한다(저§97).

9. 데이터베이스제작자의 권리의 등록

데이터베이스제작자의 저작권의 등록(저§53), 권리변동 등의 등록 및 효력(저§54), 등록의 절차(저§55) 및 착오 · 누락의 통지 및 직권 경정(저§55의2), 변경등록 등의 신청 등(저§55의3), 직권 말소등록(저§55의4), 비밀유지의무(저§55의5) 규정은 데이터베이스제작자의 권리의 등록에 관하여 준용한다. 저작권등록(저§55), 착오 · 누락의 통지 및 직권 경정(저§55의2), 변경등록 등의 신청 등(저§55의3)에 있어서 '저작권등록부'는 '데이터베이스제작자권리등록부'로 본다(저§98).

II. 온라인서비스제공자

1. 의 의

온라인서비스제공자란 i) 이용자가 선택한 저작물 등을 그 내용의 수정 없이 이용자가 지정한 지점 사이에서 정보통신망(「정보통신망 이용촉진 및 정보보호 등에 관한 법률」 제2조 제1항 제1호의 정보통신망을 말한다. 이하 같다)을 통하여 전달하기 위하여 송신하거나 경로를 지정하거나 연결을 제공하는 자, ii) 이용자들이 정보통신망에 접속하거나 정보통신망을 통하여 저작물 등을 복제 · 전송할 수 있도록 서비스를 제공하거나 그를 위한 설비를 제공 또는 운영하는 자를 말한다(저§2xxx).

2. 온라인서비스제공자의 의무

최근 IT기술의 발달로 인터넷이 생활화되면서 저작권 침해가 많이 일어나고 있다. 인터넷통신망을 이용하여 정당한 권원 없이 타인의 저작물을 전송한 자가 저작권 침해자이다. 그러나 이러한 침해자는 배상능력이 없는 경우가 대부분이고, 또 전세계에 걸쳐 있어 저작권자가 권리행사를 하기가 어렵다. 그래서 그 실효성을 거두기 위해서 직접적인 침해는 아닐지라도 저작권의 침해를 할 수 있게 한 온라인서비스제공업자에게 일정한 의무(복제 및 전송 중단의무와 공지의무)를 부과하여 저작권 침해를 최소화하게 하며, 그 의무를 이행한 온라인서비스제공자에게는 책임을 면책시켜 주고 있다.

3. 온라인서비스제공자의 책임의 제한

저작권법 제102조 제1항에서는 온라인서비스제공자의 책임 제한사유를 각 호의 분류에 따라 각 목의 요건을 규정하고 있다. 그 내용으로는 다음과 같다. 즉, ⅰ) 내용의 수정 없이 저작물 등을 송신하거나 경로를 지정하거나 연결을 제공하는 행위 또는 그 과정에서 저작물 등을 그 송신을 위하여 합리적으로 필요한 기간 내에서 자동적·중개적·일시적으로 저장하는 행위[인터넷 접속 서비스(도관)]를 규정하고 이와 관련하여, ㉮ 온라인서비스제공자가 저작물 등의 송신을 시작하지 아니한 경우, ㉯ 온라인서비스제공자가 저작물 등이나 그 수신자를 선택하지 아니한 경우, ㉰ 저작권 그 밖에 이 법에 따라 보호되는 권리를 반복적으로 침해하는 자의 계정(온라인서비스제공자가 이용자를 식별·관리하기 위하여 사용하는 이용권한 계좌를 말한다. 이하 이 조, 제103조의2, 제133조의2 및 제133조의3에서 같다)을 해지하는 방침을 채택하고 이를 합리적으로 이행한 경우, ㉱ 저작물 등을 식별하고 보호하기 위한 기술조치로서 대통령령으로 정하는 조건을 충족하는 표준적인 기술조치를 권리자가 이용한 때에는 이를 수용하고 방해하지 아니한 경우를 두고 있으며, ⅱ) 서비스이용자의 요청에 따라 송신된 저작물 등을 후속 이용자들이 효율적으로 접근하거나 수신할 수 있게 할 목적으로 그 저작물 등을 자동적·중개적·일시적으로 저장하는 행위[캐싱(caching) 서비스]를 규정하고, 이와 관련하여 ㉮ 제1호 각 목의 요건을 모두 갖춘 경우와 ㉯ 온라인서비스제공자가 그 저작물 등을 수정하지 아니한 경우, ㉰ 제공되는 저작물 등에 접근하기 위한 조건이 있는 경우에는 그 조건을 지킨 이용자에게만 임시저장된 저작물 등의 접근을 허용한 경우, ㉱ 저작물 등을 복제·전송하는 자(이하 "복제·전송자"라 한다)가 명시한, 컴퓨터나 정보통신망에 대하여 그 업계에서 일반적으로 인정되는 데이터통신규약에 따른 저작물 등의 현행화에 관한 규칙을 지킨 경우(다만, 복제·전송자가 그러한 저장을 불합리하게 제한할 목적으로 현행화에 관한 규칙을 정한 경우에는 그러하지 아니한다), ㉲ 저작물 등이 있는 본래의 사이트에서 그 저작물 등의 이용에 관한 정보를 얻기 위하여 적용한, 그 업계에서 일반적으로 인정되는 기술의 사용을 방해하

[온라인서비스제공자 유형별 책임제한 요건]

책임면제 조건 \ 온라인서비스 유형	도 관 서비스	캐 싱 서비스	호스팅 서비스	정보검색 서비스
저작물의 송신을 개시하지 않을 것(제1호 가목)	○	○	○	○
저작물과 수신자를 지정하지 않을 것(제1호 나목)	○	○	○	
반복적 침해자의 계정을 해지하는 방침의 채택 및 이행(제1호 다목)	○	○	○	
표준적인 기술조치의 권리자의 이용을 수용하고 방해하지 않을 것(제1호 라목)	○	○	○	
저작물 등을 수정하지 않을 것(제2호 나목)		○		
일정조건 충족하는 이용자만 캐싱된 저작물에 접근허용(제2호 다목)		○		
복제·전송자가 제시한 현행화 규칙 준수(제2호 라목)		○		
저작물 이용 정보를 얻기 위하여 업계에서 인정되는 기술의 사용을 방해하지 않을 것(제2호 마목)		○		
본래의 사이트에서 접근할 수 없게 조치된 저작물에 접근할 수 없도록 조치(제2호 바목)		○		
침해행위 통제 권한 있는 경우, 직접적 금전적 이익이 없을 것(제3호 나목)			○	○
침해행위 인지시 해당 저작물 복제·전송 중단(제3호 다목)			○	○
복제·전송 중단 요구 대상자 지정 및 공지			○	○

※ 출처: 문화체육관광부·한국저작권위원회, 한·EU FTA 이행 개정 저작권법 해설, 2011, p.15(개정 사항 보완).

지 아니한 경우, ㉥ 제103조 제1항에 따른 복제 · 전송의 중단요구를 받은 경우에 본래의 사이트에서 그 저작물 등이 삭제되었거나 접근할 수 없게 된 경우 또는 법원, 관계 중앙행정기관의 장이 그 저작물 등을 삭제하거나 접근할 수 없게 하도록 명령을 내린 사실을 실제로 알게 된 경우에 그 저작물 등을 즉시 삭제하거나 접근할 수 없게 한 경우를 두고 있다. iii) 복제 · 전송자의 요청에 따라 저작물 등을 온라인서비스제공자의 컴퓨터에 저장하는 행위[호스팅(저장) 서비스] 또는 정보검색도구를 통하여 이용자에게 정보통신망상 저작물 등의 위치를 알 수 있게 하거나 연결하는 행위를 규정하고, 이와 관련하여 ㉮ 제1호 각 목의 요건을 모두 갖춘 경우, ㉯ 온라인서비스제공자가 침해행위를 통제할 권한과 능력이 있을 때에는 그 침해행위로부터 직접적인 금전적 이익을 얻지 아니한 경우, ㉰ 온라인서비스제공자가 침해를 실제로 알게 되거나 제103조 제1항에 따른 복제 · 전송의 중단요구 등을 통하여 침해가 명백하다는 사실 또는 정황을 알게 된 때에 즉시 그 저작물 등의 복제 · 전송을 중단시킨 경우, ㉱ 제103조 제4항에 따라 복제 · 전송의 중단요구 등을 받을 자를 지정하여 공지한 경우를 두고 있다. 아울러 제2항에서는 "제1항에도 불구하고 온라인서비스제공자가 제1항에 따른 조치를 취하는 것이 기술적으로 불가능한 경우에는 다른 사람에 의한 저작물 등의 복제 · 전송으로 인한 저작권, 그 밖에 이 법에 따라 보호되는 권리의 침해에 대하여 책임을 지지 아니한다."고 하고, 제3항에서는 "제1항에 따른 책임 제한과 관련하여 온라인서비스제공자는 자신의 서비스 안에서 침해행위가 일어나는지를 모니터링하거나 그 침해행위에 관하여 적극적으로 조사할 의무를 지지 아니한다."고 규정하고 있다.

4. 복제 · 전송의 중단

저작권법 제103조 제1항은 "온라인서비스제공자(제102조 제1항 제1호의 경우는 제외한다.)의 서비스를 이용한 저작물 등의 복제 · 전송에 따라 저작권, 그 밖에 이 법에 따라 보호되는 자신의 권리가 침해됨을 주장하는 자(이하 "권리주장자"라 한다)는 그 사실을 소명하여 온라인서비스제공자에게 그 저작물 등의 복제 · 전송을 중단시킬 것을 요구할 수 있다."라고 하고 있어 도관 서비스의 경우 권리주장자가 불법 복제물의 복제 · 전송 중단 요구를 할 수 있는 대상에서 제외가 되어 있다.

온라인서비스제공자는 복제 · 전송의 중단요구를 받은 경우에는 즉시 그 저작물 등의 복제 · 전송을 중단시키고 권리주장자에게 그 사실을 통보하여야 한다. 다만, 제102조 제1항 제3호의 온라인서비스제공자는 그 저작물 등의 복제 · 전송자에게도 이를 통보하여야 한다(저§103②). 이러한 통보를 받은 복제 · 전송자가 자신의 복제 · 전송이 정당한 권리에 의한 것임을 소명하여 그 복제 · 전송의 재개를 요구하는 경우 온라인서비스제공자는 재개요구사실 및 재개예정일을 권리주장자에게 지체 없이 통보하고 그 예정일에 복제 · 전송을 재개시켜야 한다. 다만, 권리주장자가 복제 · 전송자의 침해행위에 대하여 소를 제기한 사실을 재개예정일 전에 온라인서비스제공자에게 통보한 경우에는 그러하지 아니하다(저§103③).

온라인서비스제공자는 위 복제 · 전송의 중단 및 그 재개의 요구를 받을 자(이하 '수령인'이라 한다)를 지정하여 자신의 설비 또는 서비스를 이용하는 자들이 쉽게 알 수 있도록 공지하여야 한다(저§103④).

온라인서비스제공자가 공지를 하고, 그 저작물 등의 복제 · 전송을 중단시키거나 재개시킨 경우에는 다른 사람에 의한 저작권 그 밖에 이 법에 따라 보호되는 권리의 침해에 대한 온라인서비스제공자의 책임 및 복제 · 전송자에게 발생하는 손해에 대한 온라인서비스제공자의 책임을 면제한다. 다만, 이러한 감면 규정은 온라인서비스제공자가 다른 사람에 의한 저작물 등의 복제 · 전송으로 인하여 그 저작권 그 밖에 이 법에 의하여 보호되는 권리가 침해된다는 사실을 안 때부터 권리주장자에 의한 복제 및 전송 중단을 요구하기 전까지 발생한 책임에는 적용하지 아니한다(저§103⑤).

2011년 개정 저작권법 이전에는 온라인서비스제공자를 구분하지 않고 권리주장자 및 복제 · 전송자에게 통보를 하도록 규정되어 있었으나, 현행 저작권법 하에서는 캐싱 서비스에 관한 OSP는 권리주장자에게만, 저장 및 검색서비스에 관한 OSP는 권리 주장자 및 복제 · 전송자에게 복제 · 전송중단에 관한 통보를 하도록 규정되어 있다.

한편 정당한 권리 없이 저작물 등의 복제 · 전송의 중단이나 재개를 요구하는 자는 그로 인하여 발생하는 손해를 배상하여야 하며(저§103⑥), 본조 제1항부터 제4항까지의 규정에 의한 소명, 중단, 통보, 복제 · 전송의 재개, 수령인의 지정 및 공지 등에 관하여 필요한 사항은 대통령령으로 정한다. 이 경우 문화체육관광부장관은 관계 중앙행정기관의 장과 미리 협의하여야 한다(저§103⑦).

5. 온라인서비스제공자에 대한 법원 명령의 범위

온라인서비스제공자가 책임제한에 관한 제102조 제1항 제1호의 요건(도관 서비스에 관한 요건)을 모두 충족한 경우에 그리고 저작권법상 권리를 침해한 자에 대한 침해의 정지 등의 청구, 침해 물건의 폐기 및 필요한 조치의 청구 및 형사기소가 있어 법원이 원고 또는 고소인의 신청에 따라 임시로 침해행위의 정지 또는 침해행위로 말미암아 만들어진 물건의 압류 그 밖의 필요한 조치를 명하는 경우(저§123③)에, 법원은 특정 계정의 해지 및 특정 해외 인터넷 사이트에 대한 접근을 막기 위한 합리적 조치만을 명할 수 있다(저§103조의2①).

그리고 온라인서비스제공자가 책임제한에 관한 제102조 제1항 제2호부터 제4호까지의 요건(캐싱 서비스, 호스팅 서비스 및 정보검색 서비스에 관한 요건)을 충족한 경우에 그리고 저작권법상 권리를 침해한 자에 대한 침해의 정지 등의 청구, 침해 물건의 폐기 및 필요한 조치의 청구 및 형사기소가 있어 법원이 원고 또는 고소인의 신청에 따라 임시로 침해행위의 정지 또는 침해행위로 말미암아 만들어진 물건의 압류 그 밖의 필요한 조치를 명하는 경우(저§123③)에, 법원은 제102조 제1항 제2호 및 제3호의 요건을 충족한 온라인서비스제공자에게 제123조 제3항에 따라 필요한 조치를 명하는 경우에는 불법복제물의 삭제, 불법복제물에 대한 접근을 막기 위한 조치, 특정 계정의 해지 및 그 밖에 온라인서비스제공자에게 최소한의 부담이 되는 범위에서 법원이 필요하다고 판단하는 조치만을 명할 수 있다(저§103조의2②).

6. 복제 · 전송자에 관한 정보제공의 청구

2011년 개정 저작권법에서는 복제 · 전송자에 관한 정보제공 청구제도를 도입하였다. 권리주장자가 민사상의 소제기 및 형사상의 고소를 위하여 해당 온라인서비스제공자에게 그 온라인서비스제공자가 가지고 있는 해당 복제 · 전송자의 성명과 주소 등 필요한 최소한의 정보 제공을 요청하였으나 온라인서비스제공자가 이를 거절한 경우 권리주장자는 문화체육관광부장관에게 해당 온라인서비스제공자에 대하여 그 정보의 제공을 명령하여 줄 것을 청구할 수 있다(저§103의3①). 문화체육관광부장관은 이러한 청구가 있으면 저작권보호심의위원회의 심의를 거쳐 온라인서비스제공자에게 해당 복제 · 전송자의 정보를 제출하도록 명할 수 있다(저§103의3②).

온라인서비스제공자는 정보제공명령을 받은 날부터 7일 이내에 그 정보를 문화체육관광부장관에게 제출하여야 하며, 문화체육관광부장관은 그 정보를 청구를 한 자에게 지체 없이 제공하여야 한다(저§103의3③). 이에 따라 해당 복제·전송자의 정보를 제공받은 자는 해당 정보를 제1항의 청구목적 외의 용도로 사용하여서는 아니 된다(저§103의3④).

그 밖에 복제·전송자에 관한 정보의 제공에 필요한 사항은 대통령령으로 정한다(저§103의3⑤).

7. 특수한 유형의 온라인서비스제공자의 의무

다른 사람들 상호간에 컴퓨터를 이용하여 저작물 등을 전송하도록 하는 것을 주된 목적으로 하는 온라인서비스제공자(이하 "특수한 유형의 온라인서비스제공자"라 한다)는 권리자의 요청이 있는 경우 해당 저작물 등의 불법적인 전송을 차단하는 기술적인 조치 등 필요한 조치를 하여야 한다. 이 경우 권리자의 요청 및 필요한 조치에 관한 사항은 대통령령으로 정한다(저§104①).

'다른 사람들 상호간에 컴퓨터 등을 이용하여 저작물 등을 전송하도록 하는 것을 주된 목적으로 하는 서비스제공자'는 주로 P2P나 웹하드 등의 서비스업자를 의미한다고 할 것이다. 따라서 P2P는 사용자들 간의 자유로운 저작물의 전송을 주된 목적으로 하므로 앞으로 권리자들의 요청이 있을 경우 자신의 저작물이 더 이상 공유되지 못하도록 대통령령이 정한 보호조치를 취하도록 강제하는 취지로 2006년 개정법에 관련 규정이 신설된 것이다.

문화체육관광부장관은 위 규정에 따른 특수한 유형의 온라인서비스제공자의 범위를 정하여 고시할 수 있다(저§104②).[176]

---

176) 문화체육관광부 고시 제2009-46호(2009.9.1.)에 의하여 개정 고시된 특수한 유형의 온라인서비스제공자의 범위는 다음과 같다

1. 개인 또는 법인(단체 포함)의 컴퓨터 등에 저장된 저작물 등을 공중이 이용할 수 있도록 업로드한 자에게 상업적 이익 또는 이용편의를 제공하는 온라인서비스제공자

※ 유형 예시: 적립된 포인트를 이용해 쇼핑, 영화 및 음악감상, 현금교환 등을 제공하거나, 사이버 머니, 파일 저장공간 제공 등 이용편의를 제공하여 저작물 등을 불법적으로 공유하는 자에게 혜택이 돌아가도록 유도하는 서비스

2. 개인 또는 법인(단체 포함)의 컴퓨터 등에 저장된 저작물 등을 공중이 다운로드할 수 있도록 기능을 제공하고 다운로드 받는 자가 비용을 지불하는 형태로 사업을 하는 온라인서비스제공자

그리고 2020년 2월 4일 개정에서는 문화체육관광부장관은 저작권법 제104조 제1항에 따른 기술적인 조치 등 필요한 조치의 이행 여부를 정보통신망을 통하여 확인하여야 하고(저§104③), 문화체육관광부장관은 제3항에 따른 업무를 대통령령으로 정하는 기관 또는 단체에 위탁할 수 있도록 규정하였다(저§104④).

8. 침해에 대한 구제

이 부분은 '형사상의 구제'에서 살펴보기로 한다.

III. 영상저작물에 관한 특례

1. 의 의

영상저작물은 대개 2차적저작물인 동시에 공동저작물로서 종합예술의 한 형태이며, 그 저작물의 창작에는 수많은 사람들, 즉 원작자, 시나리오작가, 감독, 배우, 음악, 촬영기사, 필름현상자, 장치·의상담당자, 편집자 등이 참여하여 각각 예술적, 기술적 기여를 하고 있을 뿐 아니라 영상제작자가 별도로 존재하여 참여한다.[177] 그런데 영상제작자는 흥행의 성패가 불분명한 상태에서 위험을 무릅쓰고 영상저작물의 제작에 많은 자본을 투자하는데, 영상저작물의 창작과정에 실제로 관여한 사람들이 모두 제작자로서 권리를 행사하게 되면, 영상제작자는 영상저작물을 원활히 유통시킬 수 없게 되므로 이들 사이의 이해관계를 명확히 해 둘 필요가 있다.[178] 이에 따라 저작권법은 영상저작물에 관한 특례를 규정하였다.

※ 유형 예시: 저작물 등을 이용시 포인트 차감, 쿠폰사용, 사이버머니 지급, 공간제공 등의 방법으로 비용을 지불해야 하는 서비스

3. P2P 기술을 기반으로 개인 또는 법인(단체 포함)의 컴퓨터 등에 저장된 저작물 등을 업로드하거나 다운로드할 수 있는 기능을 제공하여 상업적 이익을 얻는 온라인 서비스제공자

※ 유형예시: 저작물 등을 공유하는 웹사이트 또는 프로그램에 광고게재, 타사이트 회원가입 유도 등의 방법으로 수익을 창출하는 서비스

4. 개인 또는 법인(단체 포함)의 컴퓨터 등에 저장된 저작물 등을 검색하여 전송할 수 있는 프로그램의 제공을 주된 목적으로 하는 온라인서비스제공자

177) 계승균 외, 로스쿨 지적재산권법, 법문사, 2010, p.590.

178) 계승균 외, 앞의 책, p.590.

2. 저작물의 영상화

저작재산권자가 저작물의 영상화를 다른 사람에게 허락한 경우에 특약이 없는 때에는 영상저작물을 제작하기 위하여 저작물을 각색하는 것, 공개상영을 목적으로 한 영상저작물을 공개상영하는 것, 방송을 목적으로 한 영상저작물을 방송하는 것, 전송을 목적으로 한 영상저작물을 전송하는 것, 영상저작물을 그 본래의 목적으로 복제 · 배포하는 것, 영상저작물의 번역물을 그 영상저작물과 같은 방법으로 이용하는 것에 대한 권리를 포함하여 허락한 것으로 추정한다(저§99①). 그렇지만 저작재산권자는 그 저작물의 영상화를 허락한 경우에 특약이 없는 때에는 허락한 날부터 5년이 경과한 때에 그 저작물을 다른 영상저작물로 영상화하는 것을 허락할 수 있다(저§99②).

3. 영상저작물에 대한 권리

영상제작자와 영상저작물의 제작에 협력할 것을 약정한 자가 그 영상저작물에 대하여 저작권을 취득한 경우 특약이 없는 한 그 영상저작물의 이용을 위하여 필요한 권리는 영상제작자가 이를 양도받은 것으로 추정한다(저§100①). 그렇지만 이 규정에 의해 영상저작물의 제작에 사용되는 소설 · 각본 · 미술저작물 또는 음악저작물 등의 저작재산권은 영향을 받지 않는다(저§100①②). 즉, 영상저작물에 포함된 개별 저작물은 양도된 것으로 추정하지 않으며, 이에 대해서는 저작물의 영상화에 대한 규정에 따른다.

그리고 영상제작자와 영상저작물의 제작에 협력할 것을 약정한 실연자의 그 영상저작물의 이용에 관한 복제권, 배포권, 방송권 및 전송권은 특약이 없는 한 영상제작자가 이를 양도받은 것으로 추정한다(저§100③).

4. 영상제작자의 권리

영상제작자는 제작한 영상저작물에 대한 권리가 있는데, 이에 포함되어 있는 영상저작물의 제작에 협력할 것을 약정한 자로부터 양도받는 권리 및 실연자로부터 영상제작자가 양도받는 권리에 대해서는 다음과 같은 권리가 있다. 우선 영상저작물의 제작에 협력할 것을 약정한 자로부터 영상제작자가 양도받는 영상저작물의 이용을 위하여 필요한 권리는 영상저작물을 복제 · 배포 · 공개상영 · 방송 · 전송 그 밖의 방법으로 이용할 권리로 하며, 이를 양도하거나 질권의 목적으로 할 수 있다(저§101①). 그리고 실연자로부터 영상제작자가 양도받는 권리는 그 영상 저작물을 복제 · 배포 · 방송 또는 전송할 권리로 하며, 이를 양도하거나 질권의 목적으로 할 수 있다(저§101②).

제8절 | 프로그램에 관한 특례

Ⅰ. 서

2009년 개정을 통해 컴퓨터프로그램 보호법을 폐지하고, 프로그램에 대한 보호를 저작권법으로 통합하였다. 하지만, 프로그램에 대한 특수성을 감안하고, 기존 법에 의한 보호 수준을 유지하고자 저작권법에 '제5장의2 프로그램에 관한 특례' 규정을 도입하였다. 이하에서는 저작권법상의 프로그램 특례에 대해서 살펴보도록 하겠다.

Ⅱ. 프로그램 보호대상

저작권법 제101조의2에서는 프로그램을 작성하기 위하여 사용하는 프로그램 언어 · 규약 · 해법에 대해서는 저작권법을 적용되지 않는다고 규정하고 있다.[179] 이렇게 규정한 이유는 프로그램의 범용성과 표준화의 필요성 때문이다. 이 규정은 일본 저작권법[180]의 규정을 수용한 것으로 보이며, 미국 저작권법[181]에는 아이디어 등만을 저작권 범위에서 제외하고 있다.

1. 언 어

프로그램 언어[182]란 "프로그램을 표현하는 수단으로서의 문자 · 기호 및 그

179) WIPO모델조항 제4조에도 같은 규정이 있다.
180) 日本 著作權法 제10조 제3항.
181) US Copyright Act §102(b).

체계"를 말한다(§101의2). 프로그램을 작성하기 위하여 사용되는 프로그램 언어는 저작권법의 보호대상이 아니다. 그러나 프로그램 언어 자체가 독창적인 기능을 갖고 있어 그 언어의 기능을 사용하고자 할 때는 적용제외가 아니고 보호대상이 된다고 보아야 할 것이다.[183)]

2. 규 약

규약이란 "특정한 프로그램에 있어서의 프로그램 언어의 용법에 관한 특별한 약속"을 말한다(저§101의2 ii). 즉, 규약은 프로그램 언어의 사용방법을 기술한 사용설명서, 규칙 또는 규약으로서 프로그램과 시스템분석에 있어서 인정되는 표준적 약속들이다. 구체적으로 약어 · 기호 등과 프로그램을 개발하기 위하여 만들어지는 특별한 약속을 말한다.

3. 해법(알고리즘)

해법은 "프로그램에서 지시 · 명령의 조합방법(저§101의2iii)"으로서, 설정된 문제를 해결하기 위한 일련의 명령 또는 순서로서 알고리즘(algorithm)을 포함하고, 프로그램의 배후에 있는 '원리 · 논리' 등 아이디어는 보호대상에서 제외시키고 있다. 이 알고리즘이 프로그램에 있어 필수불가결한 것임에 틀림없으나, 표현만을 보호하는 현행법상 아이디어에 가까운 알고리즘은 보호되지 않는다. 이 법리를 이용하여 소위 리버스 엔지니어링(reverse engineering)을 통한 기존 프로그램의 알고리즘 분석그룹과 그 알고리즘을 이용한 새 프로그램의 개발그룹을 분리하여 프로그램 개발에 활용하기도 한다.[184)] 이런 방법은 기술수준이 낮은 후발 프로그램업자에게는 꼭 필요한 방법으로서, 한때 舊컴퓨터프로그램보호법 1995년 개정안에 명시적으로 인정규정을 두었으나 선진국 등의 압력의 대상이 되어 입법화되지 못하였다. 이후 2000년에서야 비로소 리버스 엔지니어링에 관한 규정이 舊컴퓨터프로그램보호법 제12조 제6호에 신설되었다.

---

182) 프로그램 언어는 컴퓨터 프로그램을 작성 또는 표시하기 위하여 사용되는 기계어(Machine Language)가 아닌 언어로서 어셈블리어(Assembly Language), 부호기계어, 절차적 언어(COBOL, FORTRAN 등), 문제중심언어, 대수언어(代數言語) 등이 있다.

183) 신각철, 「최신 컴퓨터 프로그램 보호법」, 법영사(2001), p.27.

184) 이를 Isolation Booth 기법이라고 한다.

Ⅲ. 프로그램의 저작재산권의 제한

저작권법 제101조의3에서는 프로그램 저작재산권에 대한 제한규정을 두고 있다. 이런 제한규정을 둔 목적은 저작권자의 권리만을 절대적으로 보호하게 될 경우 일반인들에게 프로그램의 접촉기회를 줄이며 산업발전에도 도움이 되지 않는 등 공익적인 입장에서 도움이 되지 않기 때문이다. 그러나 이러한 제한의 경우에도 정당한 권리자의 피해를 최소화하기 위해 한정적으로 해석하여야 한다.

1. 프로그램 저작권의 제한 범위

프로그램 저작재산권이 제한된다고 하더라도 전부가 제한되는 것은 아니고, 재판 또는 수사를 위하여 복제하는 경우, 교육목적, 가정과 같은 한정된 장소에서 개인적인 목적으로의 사용, 시험문제 및 프로그램의 기능을 조사 · 연구 · 시험할 목적으로 복제하는 경우에 그 목적상 필요한 범위에서 공표된 프로그램을 복제 또는 배포할 수 있다. 하지만, 프로그램의 종류 · 용도, 프로그램에서 복제된 부분이 차지하는 비중 및 복제의 부수 등에 비추어 프로그램의 저작재산권자의 이익을 부당하게 해치는 경우에는 그러하지 아니하다(저§101조의3①).

2. 사 유

(1) 재판 또는 수사를 위한 복제

프로그램은 재판 또는 수사를 위하여 복제하는 경우에는 저작재산권이 제한된다(저§101조의3① i). 이는 저작권법 제23조의 재판절차 등에서의 복제에 대한 특별규정이라고 할 수 있을 것이다. 그러나 일반 저작물과 같이 입법이나 행정의 목적을 위한 내부자료로서 필요한 경우에 대해서는 규정하고 있지 않는 것이 특징이다.

그리고 재판 또는 수사에 따른 감정을 위하여 복제하는 경우에도 권리가 제한된다(저§101조의3① i 의2).

(2) 수업과정에서의 제공 목적 복제 및 배포

유아교육법, 초 · 중등교육법, 고등교육법에 따른 학교 및 다른 법률에 따라 설립된 교육기관(초등학교 · 중학교 또는 고등학교를 졸업한 것과 같은 수준의 학력이 인정되거나 학위를 수여하는 교육기관으로 한정한다.)에서 교육을 담당하는 자가 수업과정에 제공할 목적으로 복제 또는 배포하는 경우에는 프로그램 저작재산권이 제한된다(저§101조의3① ii). 이 경우 다른 법률에 의한 교육기관은 교육법에 의하여 설립된 것뿐만 아니라 경찰대학, 세무대학, 과학기술원 등 다른 법률에 의해 설립된 것도 포함한다.[185] 그러나 대학 부설연수원 등은 포함되지 않는다.

(3) 교과용 도서에 게재하기 위한 복제

초・중등교육법에 따른 학교 및 이에 준하는 학교의 교육목적을 위한 교과용 도서에 게재하기 위하여 복제하는 경우에는 프로그램 저작권이 제한된다. 이때 '교육목적을 위한'이라는 조건이 붙는다. 여기서는 영리성 여부가 문제되지 않아 사기업이 발행한 월간학습지도 포함된다는 판례[186]가 있으나, 이는 일반저작물에 관한 것이다.

동법 제101조의3 제3항에서는 "제1항 제3호에 따라 프로그램을 교과용 도서에 게재하려는 자는 문화체육관광부장관이 정하여 고시하는 기준에 따른 보상금을 해당 저작재산권자에게 지급하여야 한다. 이 경우 보상금 지급에 관하여는 제25조 제7항부터 제11항까지의 규정을 준용한다".

(4) 한정된 장소에서 개인적 목적의 복제

가정과 같은 한정된 장소에서 개인적인 목적(영리를 목적으로 하는 경우를 제외한다)으로 복제하는 경우에는 프로그램 저작권이 제한된다(저§101조의3① iv).

舊컴퓨터프로그램보호법 1986년법과 1993년법에서는 '비영리성'이란 단어가 존재하지 않았으나 1995년 개정법에서 추가되었다.[187] 그럼에도 불구하고 이 경우에는 문제의 여지가 남아 있었다. 프로그램 자체가 가정용으로서 개인적인 목적으로 사용하여야 할 게임 프로그램이나 홈 소프트웨어의 경우, 그 복제권 및 사용권의 제한이 무한히 확대될 여지가 있다.[188] 그래서 엄격한 조건하에 적용되어야 하는데 舊컴퓨터프로그램법(컴§12 iv)과 저작권법(저§27)을 종합하여 몇 가지 조건을 추출하여 보면, 첫째 공표된 프로그램이어야 하며, 둘째 가정과 같은 한정된

185) 통신과학기술위원회, 「컴퓨터프로그램 보호법 중 개정법률안 심사보고서」, 1995.11, p.11.

186) 대법원 1979.6.26.선고, 76도1505 판결; 임준호, "지적소유권에 관한 제문제(下)," 「재판자료」 제57집, 법원행정처, 1992, p.517.

187) 東京地判 제2198호(1977.7.22)는 이 경우에는 영리・비영리를 불문하나 영업의 목적에는 해당하지 않는다고 한다.

188) 이 경우를 입법론으로 해결하여 보호하자는 견해가 있다. 임준호, "지적소유권에 관한 제문제(下)," 「재판자료」 제57집, 법원행정처, 1992, p.518.

장소에서의 복제 또는 사용이어야 하며, 셋째 비영리이며 영업목적이 아니어야 하고, 넷째 이용자 자신이 직접 복제하여야 한다. 그리고 노트북 컴퓨터의 경우 개인목적을 위하여 항시 휴대할 경우 '한정된 장소'의 개념에서 제외하여 제한사유에 해당하지 않는다고 새겨야 한다. 그리하여 2001년 개정에서 이러한 문제점을 보완하기 위하여 '가정 및 이에 준하는 한정된 장소'에서 '가정과 같은 한정된 장소'로 개정하였다. 그리고 2002년 개정에서는 가정과 같은 한정된 장소에서 개인적 목적으로 하는 경우를 개정하여 개인적 목적으로 복제하는 경우로 한정하였다. 이후 최근 2009년 저작권법 통합에 의해서 제101조의3 제1항 제4호에서 "가정과 같은 한정된 장소에서 개인적인 목적(영리를 목적으로 하는 경우를 제외한다)으로 복제하는 경우"로 규정하게 되었다.

(5) 시험 및 검정을 목적으로 하는 복제 및 배포

초 · 중등교육법, 고등교육법에 따른 학교 및 이에 준하는 학교의 입학시험이나 그 밖의 학식 및 기능에 관한 시험 또는 검정을 목적(영리를 목적으로 하는 경우를 제외한다)으로 복제 또는 배포하는 경우에는 프로그램 저작권이 제한된다(저§101의3①ⅴ).

舊컴퓨터프로그램보호법 1995년 개정법에서 母法인 저작권법(저§29)과의 균형을 유지하고, 그간 워드프로세서 검정 등에서 제기되었던 침해 논의를 배경으로 제정되었다. 단 '시험 또는 검정'은 반드시 비영리를 목적으로 하는 것이어야 한다. 따라서 영리를 목적으로 하는 학원의 경우 해당 제한 사유에 따른 저작권 제한이 적용되지 않는다.[189] 이에 2002년 개정에서 시험 또는 검정을 목적으로라는 부분을 명확히 하여 시험 또는 검정을 목적으로 복제 또는 배포하는 경우로 규정하였다(컴§12ⅴ). 이후 2009년 저작권법 개정에 의해서 저작권법 제101조의3 제1항 제5호로 편입되게 되었다.

(6) 프로그램의 기능 조사 · 연구 · 시험 목적의 복제

프로그램의 기초를 이루는 아이디어 및 원리를 확인하기 위하여 프로그램의 기능을 조사 · 연구 · 시험할 목적으로 복제하는 경우(정당한 권한에 의하여 프로그램을 이용하는 자가 해당 프로그램을 이용 중인 때에 한한다)에는 프로그램 저작권이 제한된다(저§101의3①ⅵ).

---

189) 대법원 1997.5.23.선고 97도286 판결.

해당 규정은 舊컴퓨터프로그램보호법에서 프로그램의 기능 알고리즘 아이디어를 찾아내고 이를 이용하여 새로운 프로그램의 창작을 목적으로 하는 일정한 범위 내(분석 · 교육 · 연구)에서 프로그램 산업의 발전과 저작물의 공정사용이라는 공익적 차원에서 역분석(리버스 엔지니어링)을 할 수 있도록 1999년 개정에 규정을 신설하였다. 그러나 리버스 엔지니어링에 대하여 보다 명확히 하기 위하여 2001년 개정시 동호도 개정을 하여, 프로그램의 기초를 이루는 아이디어 및 원리를 확인하기 위하여 프로그램의 기능을 조사 · 연구 · 시험하는 경우에는 그 목적상 필요한 범위 내에서 공표된 프로그램을 복제 또는 사용할 수 있도록 하였다. 그러나 정당한 권원(權原)에 의하여 당해 프로그램을 사용하는 자가 당해 프로그램을 사용중인 때에 한한다. 2002년 개정에서 조사 · 연구 · 시험하는 경우를 조사 · 연구 · 시험목적으로 복제하는 경우로 한정하여 규정하였다. 이후 해당 조문은 2009년 저작권법 개정에 의해서 저작권법 제101조의3 제1항 제6호로 편입되게 되었다.

(7) 유지 · 보수를 위한 일시적 복제

컴퓨터의 유지 · 보수를 위하여 그 컴퓨터를 이용하는 과정에서 프로그램을 일시적으로 복제할 수 있다. 단, 이러한 경우는 정당하게 취득한 경우에 한정된다(저§101의3②).

(8) 프로그램코드역분석

프로그램코드역분석은 독립적으로 창작된 컴퓨터프로그램저작물과 다른 컴퓨터프로그램과의 호환에 필요한 정보를 얻기 위하여 컴퓨터프로그램저작물코드를 복제 또는 변환하는 것을 말한다(저§2 xxxiv).

일반적으로 '리버스 엔지니어링(reverse engineering)'이라 함은 특정 제품을 해석(解析)하여 그에 구현되어 있는 제조방법, 기술수준, 노하우 등의 평가를 행하고 자신의 기술수준의 향상에 도움을 주도록 하는 행위를 말한다. 그런데 프로그램코드역분석은 '오브젝트 코드'를 '소스코드'로 변환하여 프로그램의 기능과 해법(알고리즘)을 추출하는 활동을 말하며, 다양한 목적으로 활용되지만 저작권법에서의 정의는 호환에 필요한 정보를 얻기 위한 경우를 규정하고 있다.

이와 관련하여 '리버스 엔지니어링'은 일정한 범위 내에서 프로그램 산업의 발전과 저작물의 공정한 이용(fair use)이라는 공익적 차원에서 허용된다는 것이 미국의 판례와 학설에서 통설이라고 한다.[190]

정당한 권한에 의하여 프로그램을 이용하는 자 또는 그의 허락을 받은 자는 호환에 필요한 정보를 쉽게 얻을 수 없고 그 획득이 불가피한 경우에는 해당 프로그램의 호환에 필요한 부분에 한하여 프로그램의 저작재산권자의 허락을 받지 아니하고 프로그램코드역분석을 할 수 있다(저§101의4①). 다만, 이 경우에도 호환 목적 외의 다른 목적을 위하여 이용하거나 제3자에게 제공하는 경우나 프로그램코드역분석의 대상이 되는 프로그램과 표현이 실질적으로 유사한 프로그램을 개발·제작·판매하거나 그 밖에 프로그램의 저작권을 침해하는 행위에 이용하는 경우에 해당하는 경우에는 프로그램코드역분석을 통해 얻은 정보는 이용할 수 없다(저§101의4②).

(9) 정당한 이용자에 의한 보존을 위한 복제 등

프로그램의 복제물을 정당한 권한에 의하여 소지·이용하는 자는 그 복제물의 멸실·훼손 또는 변질 등에 대비하기 위하여 필요한 범위에서 해당 복제물을 복제할 수 있다(저§101의5①). 만약, 프로그램의 복제물을 소지·이용하는 자가 해당 프로그램의 복제물을 소지·이용할 권리를 상실한 때에는 그 프로그램의 저작재산권자의 특별한 의사표시가 없는 한 복제한 것을 폐기하여야 한다. 다만, 프로그램의 복제물을 소지·이용할 권리가 해당 복제물이 멸실됨으로 인하여 상실된 경우에는 그러하지 아니하다(저§101의5②).

일반저작물과는 다른, 프로그램 고유의 제한사유를 명문화하고 있다. 단 이 규정에 의해 인정되는 것은 보존용에 한하며, 대여 또는 양도할 수 없다. 보존목적인 한 그 부수에는 제한이 없으나 물리적 멸실이 아닌, 권리의 상실이 있게 되면 모든 보존용 복제물은 폐기하여야 한다.

3. 프로그램배타적발행권

2011년 개정 저작권법에 따라 프로그램배타적발행권에 대한 규정은 배타적발행권 관련 규정에 통합되어 종전의 규정인 제101조의6은 삭제되었다. 제5절 Ⅲ. 배타적 발행권 참조.

4. 프로그램의 임치

舊컴퓨터프로그램보호법 2002년 개정에서 프로그램 저작자와 프로그램의

190) 신각철, 「최신 컴퓨터 프로그램 보호법」, 법영사(2001), p.119.

사용을 허락받은 자 그리고 프로그램 이용자들과의 관계에 있어 이용자들이 안정적으로 프로그램 이용서비스를 받도록 하기 위해 프로그램 임치제도를 도입하였으며, 2009년 저작권법 개정에서 저작권법 제101조의7로 편입되었다.

프로그램의 저작재산권자와 프로그램의 이용허락을 받은 자는 대통령령으로 정하는 자(이하 '수치인'이라 한다)와 서로 합의하여 프로그램의 원시코드 및 기술정보 등을 수치인에게 임치할 수 있다(저§101조의7①). 프로그램의 이용허락을 받은 자는 위 합의에서 정한 사유가 발생한 때에 수치인에게 프로그램의 원시코드 및 기술정보 등의 제공을 요구할 수 있다(저§101조의7②). 인터넷상의 온라인 임치 시스템(www.swes.or.kr)을 통해 한국저작권위원회를 직접 방문하지 않고도 임치 계약이 가능하다.

제9절 | 저작권의 등록 및 위탁관리업

Ⅰ. 저작권의 등록

저작권의 등록이란 저작권법상의 일정한 사항에 관하여 저작권등록부(프로그램등록부), 출판권등록부, 저작인접권등록부 또는 데이터베이스제작자권리등록부에 그 사실을 기재하는 행위 또는 그러한 기재를 말한다(저§55, §63③, §90, §98).

우리 저작권은 앞에서 본 것과 같이 무방식주의를 채택하고 있으므로(저§10②), 저작권의 등록은 권리발생의 요건이 아님은 물론 저작재산권의 이전 등에 있어서도 효력발생요건이 아니라 대항요건으로 되어 있다. 그 외에도 우리 저작권법은 저작자이익보호를 위한 특별한 등록제도를 마련하고 있다. 이의 관련규정은 다음과 같다.

1. 등록의 종류

(1) 저작권의 등록(저§53①)

저작자는 ⅰ) 저작자의 성명 · 이명(異名)(공표 당시에 異名을 사용한 경우에 한 한다) · 국적 · 주소 또는 거소, ⅱ) 저작물의 제호 · 종류 · 창작연월일, ⅲ) 공표의 여부 및 맨 처음 공표된 국가 · 공표연월일, iv) 기타 대통령령으로 정하는 사항을 등록할 수 있다.

(2) 상속인 등에 의한 등록(저§53②)

저작자가 사망한 경우 저작자의 특별한 의사표시가 없는 때에는 그의 유언으로 지정한 자 또는 상속인이 등록을 할 수 있다.

(3) 출판권의 등록(저§63③)

출판권은 다른 저작권과 같이 그를 등록할 수 있다. 이에는 따로 '출판권등록부'가 작성되며, 저작권 등록의 규정이 준용된다.

(4) 저작인접권의 등록(저§90)

저작인접권도 독립적으로 등록이 가능하다. 이는 '저작인접권등록부'가 작성되며, 이 또한 저작권 등록의 규정이 준용된다.

2. 등록의 효력

(1) 대항요건

다음의 경우에는 등록하지 아니하면 제3자에게 대항할 수 없다. i) 저작재산권의 양도(상속 기타 일반승계의 경우를 제외한다) 또는 처분제한, ii) 저작재산권을 목적으로 하는 질권의 설정 · 이전 · 변경 · 소멸 또는 처분 제한(저§54).[191]

(2) 공표 · 발행의 추정

저작자로 실명이 등록된 자는 그 등록저작물의 저작자로, 창작연월일 또는 맨 처음의 공표연월일이 등록된 저작물은 등록된 연월일에 창작 또는 맨 처음 공표된 것으로 추정한다. 다만, 저작물을 창작한 때부터 1년이 경과한 후에 창작연월일을 등록한 경우에는 등록된 연월일에 창작된 것으로 추정하지 아니한다(저§53③).

(3) 과실의 추정(손해배상)

등록되어 있는 저작권, 배타적발행권, 출판권, 저작인접권 또는 데이터베이스제작자의 권리를 침해한 자는 그 침해행위에 과실이 있는 것으로 추정한다(저§125④).

191) 대법원 1995.9.26.선고, 95다338 판결.

(4) 법정손해배상의 청구 요건

저작재산권자 등이 법정손해배상의 청구를 하기 위해서는 침해행위가 일어나기 전에 그 저작물 등이 등록되어 있어야 한다(저§125의2③). 즉, 등록은 법정손해배상 청구의 전제가 된다.

3. 등록의 절차 등(저§55)

1) 저작권법 제53조 및 제54조에 따른 등록은 문화체육관광부장관이 저작권등록부(프로그램의 경우에는 프로그램등록부를 말한다.)에 기재하여 행한다.

2) 문화체육관광부장관은 ⅰ) 등록 신청한 사항이 등록할 것이 아닌 때, ⅱ) 등록 신청이 문화체육관광부령으로 정한 서식에 적합하지 아니하거나 그 밖의 필요한 자료 또는 서류를 첨부하지 아니한 때에는 신청을 반려할 수 있다. 다만, 신청의 흠결이 보정될 수 있는 경우에 신청인이 당일 이를 보정하였을 때에는 그러하지 아니하다.[192] 그간 저작권 등록 신청시 관련서류가 미비할 경우에도 이를 반려할 법적 근거가 없어 실무적인 어려움이 있었으나 2006년 개정법에서 이를 보완한 것이다.

3) 문화체육관광부장관은 1)에 따라 저작권등록부에 기재한 등록에 대하여 등록공보를 발행하거나 정보통신망에 게시하여야 하며, 신청한 자가 있는 경우에는 저작권등록부를 열람하게 하거나 그 사본을 교부하여야 한다(저§55⑤⑥⑦).

4) 1) 내지 3)의 규정에 따른 등록, 등록신청의 반려, 등록공보의 발행 또는 게시, 저작권등록부의 열람 및 사본의 교부 등에 관하여 필요한 사항은 대통령령으로 정한다(저§55⑧).

---

192) 제55조(등록의 절차 등) ②위원회는 다음 각 호의 어느 하나에 해당하는 경우에는 신청을 반려할 수 있다. 다만, 신청의 흠결이 보정될 수 있는 경우에 신청인이 그 신청을 한 날에 이를 보정하였을 때에는 그러하지 아니하다. 〈개정 2008. 2. 29., 2020. 2. 4.〉

1. 등록을 신청한 대상이 저작물이 아닌 경우
2. 등록을 신청한 대상이 제7조에 따른 보호받지 못하는 저작물인 경우
3. 등록을 신청할 권한이 없는 자가 등록을 신청한 경우
4. 등록신청에 필요한 자료 또는 서류를 첨부하지 아니한 경우
5. 제53조 제1항 또는 제54조에 따라 등록을 신청한 사항의 내용이 문화체육관광부령으로 정하는 등록신청서 첨부서류의 내용과 일치하지 아니하는 경우
6. 등록신청이 문화체육관광부령으로 정한 서식에 맞지 아니한 경우

4. 등록업무 수행자 등의 비밀유지의무

저작권 등록 업무(저§53~§55, 제55조의2부터 제55조의4까지의 규정)를 수행하는 자 및 그 직에 있었던 자는 직무상 알게 된 비밀을 다른 사람에게 누설하여서는 아니 된다(저§55의5).

5. 권리자 등의 인증(저§56)

저작물의 해외 수출 및 거래 등 저작물의 거래의 안전과 신뢰보호를 위해 누가 진정한 권리자인지 여부에 대한 '인증제도'를 도입할 필요성이 제기되어 2006년 개정법에서 저작권에 대한 인증제도가 도입되었다.

1) 문화체육관광부장관은 저작물 등의 거래의 안전과 신뢰보호를 위하여 인증기관을 지정할 수 있다.

2) 1)에 따른 인증기관의 지정과 지정취소 및 인증절차 등에 관하여 필요한 사항은 대통령령으로 정한다.

3) 1)에 따른 인증기관은 인증과 관련한 수수료를 받을 수 있으며 그 금액은 문화체육관광부장관이 정한다.

II. 저작권위탁관리업

1. 의 의

저작권위탁관리업은 저작권신탁관리업과 저작권대리중개업으로 나뉜다. 저작권신탁관리업은 저작재산권자, 출판권자, 저작인접권자 또는 데이터베이스제작자의 권리를 가진 자를 위하여 그 권리를 신탁받아 이를 지속적으로 관리하는 업을 말하며, 저작물 등의 이용과 관련하여 포괄적으로 대리하는 경우를 포함한다(저§2xxvi).

저작권대리중개업은 저작재산권자, 출판권자, 저작인접권자 또는 데이터베이스제작자의 권리를 가진 자를 위하여 그 권리의 이용에 관한 대리 또는 중개행위를 하는 업을 말한다(저§2xxvii). 즉 업(業)으로 저작권자나 출판권자 · 저작인접권자를 위하여 저작권 등을 신탁받아 관리[193]하거나, 권리행사의 대리[194]나 중개[195]를 하고자 하는 경우에는 대통령령이 정하는 바에 의하여 문화체육관광부장관의 허가를 받거나 신고를 하여야 한다(저§105①). 이와 관련하여 저작권법 제7장에 상세하게 규정하고 있다.

2. 관리업의 내용

㈎ 업무의 대상이 되는 권리는 저작재산권, 설정출판권, 저작인접권, 데이터베이스제작권

㈏ 권리자를 위한 단체일 것

㈐ 대리 · 중개 또는 신탁관리일 것

㈑ 업으로 할 것

3. 허 가

저작권법 제105조 제1항의 규정에 의하여 저작권신탁관리업의 허가를 받고자 하는 자는 ⅰ) 저작권신탁계약 약관, ⅱ) 저작물이용계약 약관에 관한 사항을 포함한 저작권신탁관리업 업무규정을 작성하여 이를 저작권신탁관리업허가신청서와 함께 문화체육관광부장관에게 제출하여야 하며(저령§47), 저작권대리중개업을 하고자 하는 자는 저작권대리중개 계약약관, 저작물 이용계약 약관을 포함한 저작권대리중개업 업무규정(전자문서를 포함한다)을 첨부한 신고서를 문화체육관광부 장관에게 제출하여야 한다(저령§48).

4. 요 건

저작권신탁관리업을 하고자 하는 자는 ⅰ) 저작물 등에 관한 권리자로 구성된 단체이어야 하고, ⅱ) 영리를 목적으로 하지 아니하여야 하며, ⅲ) 사용료의 징수 및 분배 등의 업무를 수행하기에 충분한 능력이 있어야 하며, 대통령령으로 정하는 바에 따라 저작권신탁관리업무규정을 작성하여 이를 저작권신탁관리허가신청서와 함께 문화체육관광부장관에게 제출하여야 한다(저§105②본).

---

193) 신탁관리업무란 신탁계약에 의하여 권리자로부터 권리의 전부 또는 일부를 신탁받아 위탁자의 이익을 위하여 그 권리를 관리하는 업무를 말한다.

194) 대리란 권리자를 대신하여 이용자와 이용계약을 체결하고, 그 효과가 직접 권리자에게 귀속되게 하는 것으로 그 대가의 수령도 포함한다.

195) 중개란 권리자와 이용자간에 계약이 성립될 수 있도록 주선해 주는 사실행위만을 하는 것을 말한다.

또한 저작권대리중개업의 신고를 하려는 자는 대통령령으로 정하는 바에 따라 저작권대리중개업무규정을 작성하여 저작권대리중개업 신고서와 함께 문화체육관광부장관에게 제출하여야 한다(저§105③).

저작권신탁관리업의 허가를 받은 자가 문화체육관광부령으로 정하는 중요사항을 변경하고자 하는 경우에는 문화체육관광부령으로 정하는 바에 따라 문화체육관광부장관의 변경허가를 받아야 하며, 저작권대리중개업을 신고한 자가 신고한 사항을 변경하려는 경우에는 문화체육관광부령으로 정하는 바에 따라 문화체육관광부장관에게 변경신고를 하여야 한다(저§105④).

5. 수수료의 징수

저작권위탁관리업의 허가를 받거나 신고를 한 자(이하 저작권위탁관리업자라 한다)는 그 업무에 관하여 저작재산권자 그 밖의 관계자로부터 수수료를 받을 수 있다(저§105⑧). 이때 수수료의 요율 또는 금액 및 저작권위탁관리업자가 이용자로부터 받는 사용료의 요율 또는 금액은 저작권위탁관리업자가 문화체육관광부장관의 승인을 받아 이를 정한다. 이 경우 문화체육관광부장관은 대통령령으로 정하는 바에 따라 이해관계인의 의견을 수렴하여야 한다(저§105⑨).

만약 사용료의 요율 또는 금액에 관한 승인 신청이 있는 경우 및 승인을 한 경우 문화체육관광부장관은 대통령령이 정하는 바에 따라 그 내용을 공고하여야 하며(저§105⑪), 문화체육관광부장관은 저작재산권자 그 밖의 관계자의 권익보호 또는 저작물 등의 이용 편의를 도모하기 위하여 필요한 경우에는 승인 내용을 변경할 수 있다(저§105⑫).

또한 문화체육관광부장관은 위 수수료의 요율 및 금액에 대한 승인의 경우에 위원회의 심의를 거쳐야 하며 필요한 경우에는 기간을 정하거나 신청된 내용을 수정하여 승인할 수 있다(저§105⑩).

6. 자 격

ⅰ) 피성년후견인 또는 피한정후견인, ⅱ) 파산선고를 받고 복권되지 아니한 자, ⅲ) 금고 이상의 실형을 선고받고 그 집행이 종료(집행이 종료된 것으로 보는 경우를 포함한다)되거나 집행이 면제된 날부터 1년이 지나지 아니한 자, ⅳ) 대한민국 내에 주소를 두지 아니한 자, ⅴ) 금고 이상의 형의 집행유예 선고를 받고 그

유예기간 중에 있는 자, vi)이 법을 위반하거나 「형법」 제355조 또는 제356조를 위반하여 금고 이상의 형의 선고유예를 받고 그 유예기간 중에 있는 자이거나 벌금형을 선고받고 1년이 지나지 아니한 자의 어느 하나에 해당하는 자, vii) 제1호부터 제6호까지의 어느 하나에 해당하는 사람이 대표자 또는 임원으로 되어 있는 법인 또는 단체의 어느 하나에 해당하는 자가 그 대표자 또는 임원으로 되어 있는 법인 또는 단체는 저작권법 제105조 제1항의 규정에 의한 저작권신탁관리업 또는 저작권대리중개업의 허가를 받거나 신고를 할 수 없다(저§105⑦).

7. 의무 등

저작권신탁관리업자는 그가 관리하는 저작물 등의 목록과 이용계약 체결에 필요한 정보를 대통령령이 정하는 바에 따라 분기별로 도서 또는 전자적 형태로 작성하여 주된 사무소에 비치하고 인터넷 홈페이지를 통하여 공개하여야 한다(저§106①).

저작권신탁관리업자는 이용자가 서면으로 요청하는 경우에는 정당한 사유가 없는 한 관리하는 저작물 등의 이용계약을 체결하기 위하여 필요한 정보로서 대통령령으로 정하는 정보를 상당한 기간 이내에 서면으로 제공하여야 한다(저§106②).

문화체육관광부장관은 음반을 사용하여 공연하는 자로부터 제105조 제9항에 따른 사용료를 받는 저작권신탁관리업자 및 상업용 음반을 사용하여 공연하는 자로부터 제76조의2와 제83조의2에 따라 징수하는 보상금수령단체에게 이용자의 편의를 위하여 필요한 경우 대통령령으로 정하는 바에 따라 통합 징수를 요구할 수 있다. 이 경우 그 요구를 받은 저작권신탁관리업자 및 보상금수령단체는 정당한 사유가 없으면 이에 따라야 한다(저§106③).

저작권신탁관리업자 및 보상금수령단체는 제3항에 따라 사용료 및 보상금을 통합적으로 징수하기 위한 징수업무를 대통령령으로 정하는 자에게 위탁할 수 있고(저§106④), 저작권신탁관리업자 및 보상금수령단체가 제4항에 따라 징수업무를 위탁한 경우에는 대통령령으로 정하는 바에 따라 위탁수수료를 지급하여야 한다(저§106⑤). 동법 동조 제6항에서는 "제3항에 따라 징수한 사용료와 보상금의 정산 시기, 정산 방법 등에 관하여 필요한 사항은 대통령령으로 정한다"고 규정하고 있다.

저작권신탁관리업자는 그가 신탁관리하는 저작물 등을 영리목적으로 이용하는 자에 대하여 당해 저작물 등의 사용료 산정에 필요한 서류의 열람을 청구할 수 있다. 이 경우 이용자는 정당한 사유가 없는 한 이에 응하여야 한다(저§107).

8. 감 독

문화체육관광부장관은 저작권위탁관리업자에게 저작권위탁관리업의 업무에 관하여 필요한 보고를 하게 할 수 있으며, 저작자의 권익보호와 저작물의 이용편의를 도모하기 위하여 저작권위탁관리업자의 업무에 대하여 필요한 명령을 할 수 있다(저§108①②).

9. 업무정지 및 허가취소

(1) 업무정지

문화체육관광부장관은 저작권위탁관리업자가 ⅰ) 제105조 제9항의 규정에 따라 승인된 수수료를 초과하여 받은 경우, ⅱ) 제105조 제9항의 규정에 따라 승인된 사용료 이외의 사용료를 받은 경우, ⅲ) 제108조 제1항의 규정에 따른 보고를 정당한 사유 없이 하지 아니하거나 허위로 한 경우, ⅳ) 제108조 제2항의 규정에 따른 명령을 받고 정당한 사유 없이 이를 이행하지 아니한 등의 경우에는 6월 이내의 기간을 정하여 업무의 정지를 명할 수 있다(저§109①).

(2) 허가의 취소 및 영업 폐쇄명령

문화체육관광부장관은 저작권위탁관리업자가 ⅰ) 거짓 그 밖의 부정한 방법으로 허가를 받거나 신고를 한 경우, ⅱ) 제1항의 규정에 따른 업무의 정지명령을 받고 그 업무를 계속한 경우에는 저작권위탁관리업의 허가를 취소하거나 영업의 폐쇄명령을 할 수 있다(저§109②). 이 경우 문화체육관광부장관은 제109조에 따라 저작권위탁관리업의 허가를 취소하거나 저작권위탁관리업자에 대하여 업무의 정지 또는 영업의 폐쇄를 명하려는 경우에는 청문을 실시하여야 한다(저§110).

(3) 과징금 처분

문화체육관광부장관은 저작권위탁관리업자가 업무정지처분 사유에 해당하여 업무의 정지처분을 하여야 할 때에는 그 업무정지처분에 갈음하여 대통령령으로 정하는 바에 따라 직전년도 사용료 및 보상금 징수액의 100분의 1 이하의 과징금을 부과·징수할 수 있다(저§111①). 만약 이러한 과징금 부과처분을 받은 자가 과징금을 기한 이내에 납부하지 아니하는 때에는 문화체육관광부장관은 국세체

납처분의 예에 의하여 이를 징수한다(저§111②).

이렇게 징수한 과징금은 징수주체가 건전한 저작물 이용 질서의 확립을 위하여 사용할 수 있으며(저§111③), 과징금을 부과하는 위반행위의 종별·정도 등에 따른 과징금의 금액 및 과징금의 사용절차 등에 관하여 필요한 사항은 대통령령으로 정한다(저§111④).

Ⅲ. 기술적 보호조치 및 권리관리정보

1. 서

저작권자 등이 저작물의 불법복제로부터 자신의 권리를 보호하기 위하여는 복제방지장치 등 기술적 보호조치가 필요하며, 디지털시대에 저작물의 관리를 효율적으로 하기 위해서는 저작자의 성명, 제호, 저작물의 이용조건 등 저작물에 관한 권리관리정보를 저작물에 부착하는 것이 효율적이다. 이러한 기술적 보호조치의 파괴 및 권리관리정보의 변경 등의 침해행위로부터 이를 보호하기 위하여 2003년 기술적 보호조치 및 권리관리정보에 대한 규정을 두게 되었다. 이 규정은 1996년 성립된 WIPO 저작권조약 및 WIPO실연·음반조약상의 규정을 국내에 반영한 것이다.

2. 정 의

기술적 보호조치란 저작권, 그 밖에 이 법에 따라 보호되는 ⅰ) 권리의 행사와 관련하여 이 법에 따라 보호되는 저작물 등에 대한 접근이나, ⅱ) 권리에 대한 침해 행위를 효과적으로 방지하거나 억제하기 위하여 그 권리자나 권리자의 동의를 받은 자가 적용하는 기술적 조치를 말한다(저§2xxviii).

권리관리정보는 ⅰ) 저작물 등을 식별하기 위한 정보, ⅱ) 저작자·저작재산권자·출판권자·프로그램배타적발행권자·저작인접권자 또는 데이터베이스제작자를 식별하기 위한 정보, ⅲ) 저작물 등의 이용 방법 및 조건에 관한 정보나 그 정보를 나타내는 숫자 또는 부호로서 각 정보가 저작물 등의 원본이나 그 복제물에 부착되거나 그 공연·실행 또는 공중송신에 수반되는 것을 말한다(저§2xxix).

3. 침해구제

현행 저작권법은 기술적 보호조치의 무력화 금지와 같이 권리관리정보의 제거 · 변경 등을 금지하고 있다(저§104조의2, 3). 이러한 금지행위 위반에 대해서는 저작권, 그 밖에 이 법에 따라 보호되는 권리를 가진 자가 침해의 정지 · 예방, 손해배상의 담보 또는 손해배상이나 이에 갈음하는 법정손해배상의 청구를 할 수 있으며(저§104조의8), 이에 관한 상세한 것은 제11절에서 살펴보기로 한다.

제10절 | 한국저작권위원회

Ⅰ. 한국저작권위원회의 설립

저작권과 그 밖에 이 법에 따라 보호되는 권리(이하 이 절에서는 저작권이라 한다)에 관한 사항을 심의하고 저작권에 관한 분쟁(이하 분쟁이라 한다)을 알선 · 조정하며, 저작권 등록 관련 업무를 수행하고, 권리자의 권익증진 및 저작물 등의 공정한 이용에 필요한 사업을 수행하기 위하여 한국저작권위원회(이하 위원회라 한다)를 둔다(저§112①).

위원회는 법인으로 하며(저§112②), 위원회에 관하여 이 법에서 정하지 아니한 사항에 대하여는 민법의 재단법인에 관한 규정을 준용한다. 이 경우 위원회의 위원은 이사로 본다(저§112③).

위원회가 아닌 자는 한국저작권위원회의 명칭을 사용하지 못한다(저§112④).

Ⅱ. 위원회의 구성

위원회는 위원장 1명, 부위원장 2명을 포함한 20명 이상 25명 이내의 위원으로 구성한다(저§112조의2①).

위원은 ⅰ) 대학이나 공인된 연구기관에서 부교수 이상 또는 이에 상당하는 직위에 있거나 있었던 자로서 저작권 관련 분야를 전공한 자, ⅱ) 판사 또는 검사의 직에 있는 자 및 변호사의 자격이 있는 자, iii) 4급 이상의 공무원 또는 이에 상당하는 공공기관의 직에 있거나 있었던 자로서 저작권 또는 문화산업 분야에 실무경험이 있는 자, iv) 저작권 또는 문화산업 관련 단체의 임원의 직에 있거나 있었던 자, v) 그 밖에 저작권 또는 문화산업 관련 업무에 관한 학식과 경험이 풍부한 자 중에서 문화체육관광부장관이 위촉하며, 위원장과 부위원장은 위원 중에서 호선한다. 이 경우 문화체육관광부장관은 이 법에 따라 보호되는 권리의 보유자와 그 이용자의 이해를 반영하는 위원의 수가 균형을 이루도록 하여야 하며, 분야별 권리자 단체 또는 이용자 단체 등에 위원의 추천을 요청할 수 있다(저§112조의2②).

위원의 임기는 3년으로 하며, 한 차례만 연임할 수 있다. 다만, 직위를 지정하여 위촉하는 위원의 임기는 해당 직위에 재임하는 기간으로 한다(저§112조의2③).

만약 위원에 결원이 생겼을 때에는 위원의 위촉 규정에 따라 보궐위원을 위촉하여야 하며, 그 보궐위원의 임기는 전임자 임기의 나머지 기간으로 한다. 다만, 위원의 수가 20명 이상인 경우에는 보궐위원을 위촉하지 아니할 수 있다(저§112조의2④).

위원회의 업무를 효율적으로 수행하기 위하여 분야별로 분과위원회를 둘 수 있다. 분과위원회가 위원회로부터 위임받은 사항에 관하여 의결한 때에는 위원회가 의결한 것으로 본다(저§112조의2⑤).

Ⅲ. 위원회의 업무

위원회는 i) 분쟁의 알선 · 조정, ii) 제105조 제10항의 규정에 따른 저작권위탁관리업자의 수수료 및 사용료의 요율 또는 금액에 관한 사항 및 문화체육관광부장관 또는 위원 3인 이상이 공동으로 부의하는 사항의 심의, iii) 저작물 등의 이용질서 확립 및 저작물의 공정한 이용 도모를 위한 사업, iv) 저작권 보호를 위한 국제협력, v) 저작권 연구 · 교육 및 홍보, vi) 저작권 정책의 수립 지원, vii) 기술적 보호조치 및 권리관리정보에 관한 정책 수립 지원, viii) 저작권 정보 제공을 위한 정보관리 시스템 구축 및 운영, ix) 저작권의 침해 등에 관한 감정, x) 저작권 등록에 관한 업무 xi) 법령에 따라 위원회의 업무로 정하거나 위탁하는 업무, xii) 그 밖에 문화체육관광부장관이 위탁하는 업무를 행한다(저§113).

1. 알 선

분쟁에 관한 알선을 받으려는 자는 알선신청서를 위원회에 제출하여 알선을 신청할 수 있다(저§113조의2①). 위원회는 위 알선의 신청을 받은 때에는 위원장이 위원 중에서 알선위원을 지명하여 알선을 하게 하여야 한다(저§113조의2②).

알선이 성립한 때에 알선위원은 알선서를 작성하여 관계 당사자와 함께 기명날인하여야 한다(저§113조의2⑤).

알선위원은 알선으로는 분쟁해결의 가능성이 없다고 인정되는 경우에 알선을 중단할 수 있으며(저§113조의2③), 알선 중인 분쟁에 대하여 이 법에 따른 조정의 신청이 있는 때에는 해당 알선은 중단된 것으로 본다(저§113조의2④).

기타 알선의 신청 및 절차에 관하여 필요한 사항은 대통령령으로 정한다(저§113조의2⑥).

2. 조 정

(1) 조정의 의의 및 신청 등

저작권법상의 분쟁조정이란 소송 외의 분쟁해결 방식의 하나로서, 저작권법에 의해 보호되는 권리에 관한 분쟁에 대하여 위원회가 간이한 절차에 따라 분쟁당사자들로부터 각자의 주장을 듣고 그들에게 서로 양보하고 타협하여 합의를 하도록 주선·권고함으로써 이들로 하여금 종국적으로 화해에 이르게 하는 법적 절차를 말한다.

이러한 분쟁의 조정을 받으려는 자는 신청취지와 원인을 기재한 조정신청서를 위원회에 제출하여 그 분쟁의 조정을 신청할 수 있다(저§114의2①). 이러한 분쟁의 조정의 신청이 있는 경우에는 저작권법 제114조의 조정부가 조정을 행하게 된다(저§114의2②).

(2) 조정의 대상

조정을 받을 수 있는 분쟁은 저작인격권, 저작재산권, 저작인접권, 보상금에 관한 분쟁으로 나눌 수 있다.

1) **저작인격권에 관한 분쟁** 저작자의 허락 없이 미공표 저작물을 공표한 경우, 저작자의 허락 없이 저작자의 성명을 표시하지 않거나 다르게 표시한 경우, 저작자의 허락 없이 저작물의 제호나 형식 및 내용을 변경한 경우에는 저작인격권의 침해로 조정의 대상이 된다.

2) **저작재산권에 관한 분쟁** 저작권자의 허락 없이 저작물을 인쇄, 복사, 녹음·녹화 등의 방법으로 복제한 경우, 저작권자의 허락 없이 저작물을 연기, 연주, 가창, 상영 등의 방법으로 공연한 경우, 저작권자의 허락 없이 저작물을 유선 또는 무선통신의 방법으로 방송한 경우, 저작권자의 허락 없이 그림, 사진 등을 전시한 경우, 저작권자의 허락 없이 번역, 편곡, 각색 또는 영화로 제작한 경우에는 저작재산권의 침해로 조정의 대상이 된다.

3) **저작인접권에 관한 분쟁** 가수, 연주자 등 실연자의 허락 없이 그의 실연을 사진촬영, 녹음·녹화 또는 방송하거나, 그의 실연이 녹음된 판매용 음반을 영리목적으로 대여한 경우, 음반제작자의 허락 없이 그의 음반을 복제·배포한 경우와 영리목적으로 대여한 경우, 방송사업자의 허락 없이 그의 방송을 동시중계방송하거나 녹음·녹화 또는 사진으로 촬영한 경우 저작인접권의 침입을 이유로 조정의 대상이 된다.

4) **보상금에 관한 분쟁** 판매용 음반을 사용하여 방송함에 있어, 방송사업자가 실연자와 음반제작자에게 지급하는 보상금에 관하여 합의가 되지 않는 경우에는 보상금에 관한 분쟁을 이유로 조정의 대상이 된다.

(3) 조정부의 구성 및 조정

위원회의 분쟁조정업무를 효율적으로 수행하기 위하여 위원회에 1인 또는 3인 이상의 위원으로 구성된 조정부를 두되, 그 중 1인은 변호사의 자격이 있는 자이어야 한다(저§114①). 이러한 조정부의 구성 및 운영 등에 관하여 필요한 사항은 대통령령으로 정한다(저§114②).

조정부가 진행하는 조정절차는 비공개를 원칙으로 한다. 다만, 조정부의 장은 당사자의 동의를 얻어 적당하다고 인정하는 자에게 방청을 허가할 수 있다(저§115).

조정절차에서 당사자 또는 이해관계인이 한 진술은 소송 또는 중재절차에서 원용하지 못한다(저§116).

(4) 조정의 성립[196]

조정은 당사자 간에 합의된 사항을 조서에 기재함으로써 성립된다(저§117①). 이러한 조서는 재판상의 화해와 동일한 효력이 있다. 다만, 당사자가 임의로 처분할 수 없는 사항(조정 결과 당사자 간에 합의가 성립한 경우와 직권조정결정에 대하여 이의 신청이 없는 경우)에 관한 것은 그러하지 아니하다(저§117⑤).

(5) 조정비용 등

위원회가 정한(저§118③) 조정비용은 신청인이 부담한다. 다만, 조정이 성립된 경우로서 특약이 없는 때에는 당사자 각자가 균등하게 부담한다(저§118①). 그리고 기타 조정의 신청 및 절차, 조정비용의 납부방법에 관하여 필요한 사항은 대통령령으로 정한다(저§118②)[197].

3. 감 정

위원회는 법원 또는 수사기관 등으로부터 재판 또는 수사를 위하여 저작권의 침해 등에 관한 감정을 요청받은 경우, 제114조의2에 따른 분쟁조정을 위하여 분쟁조정의 양 당사자로부터 프로그램 및 프로그램과 관련된 전자적 정보 등에 관한 감정을 요청받은 경우에는 감정을 실시할 수 있다(저§119①).

위원회는 이러한 감정을 실시한 때에는 위원회가 정하는 감정 수수료를 받을 수 있다(저§119③). 기타 감정절차 및 방법 등에 관하여 필요한 사항은 대통령령으

---

196) 제117조(조정의 성립) ② 3명 이상의 위원으로 구성된 조정부는 다음 각 호의 어느 하나에 해당하는 경우 당사자들의 이익이나 그 밖의 모든 사정을 고려하여 신청 취지에 반하지 아니하는 한도에서 직권으로 조정을 갈음하는 결정(이하 "직권조정결정"이라 한다)을 할 수 있다. 이 경우 조정부의 장은 제112조의2 제2항 제2호에 해당하는 사람이어야 한다. 〈신설 2020. 2. 4.〉

1. 조정부가 제시한 조정안을 어느 한쪽 당사자가 합리적인 이유 없이 거부한 경우

2. 분쟁조정 예정가액이 1천만원 미만인 경우

③ 조정부는 직권조정결정을 한 때에는 직권조정결정서에 주문(主文)과 결정 이유를 적고 이에 관여한 조정위원 모두가 기명날인하여야 하며, 그 결정서 정본을 지체 없이 당사자에게 송달하여야 한다. 〈신설 2020. 2. 4.〉

④ 직권조정결정에 불복하는 자는 결정서 정본을 송달받은 날부터 2주일 이내에 불복사유를 구체적으로 밝혀 서면으로 조정부에 이의신청을 할 수 있다. 이 경우 그 결정은 효력을 상실한다. 〈신설 2020. 2. 4.〉

197) 제118조의2(「민사조정법」의 준용) 조정절차에 관하여 이 법에서 규정한 것을 제외하고는 「민사조정법」을 준용한다.

로 한다(저§119②).

최근 법원이나 수사기관에서 저작권 관련 감정(표절 여부 등)을 의뢰하는 경우가 많지만 개인 수탁의 경우 중립적이고 전문적인 감정결과를 얻기 어려운 실정이었다. 이에 따라 법원 또는 수사기관 등이 재판 또는 수사를 위한 공적인 목적에 한해 저작권 침해 등에 관한 감정을 요청하여 온 때에는 저작권에 관한 전문기관인 저작권위원회가 이를 실시할 수 있도록 2006년 개정법에서 관련 규정을 신설하게 된 것이다.

Ⅳ. 저작권정보센터

위원회의 업무 중 기술적 보호조치 및 권리관리정보에 관한 정책 수립 지원, 저작권 정보 제공을 위한 정보관리 시스템 구축 및 운영 업무를 효율적으로 수행하기 위하여 위원회 내에 저작권정보센터를 둔다(저§120①). 저작권정보센터의 운영에 필요한 사항은 대통령령으로 정한다(저§120②).

제11절 | 저작권 등의 침해에 대한 구제와 벌칙

Ⅰ. 저작권 등을 침해하는 행위

저작권이 있는 저작물을 저작권자의 허락 없이 무단으로 이용하게 되면 저작권침해가 된다. 또 저작자의 저작물을 자기 마음대로 실명(實名)을 붙여 발행하게 되면 저작인격권의 침해가 된다. 즉 저작인격권, 저작재산권, 출판권 또는 저작인접권(이하 '저작권 등'이라 한다)을 침해한 행위가 행해진 경우 권리자는 법률에 의거하여 구제받을 수 있다.

II. 저작권 등의 침해에 대한 구제

저작권 등의 침해가 있었을 경우에 저작권자 등이 취할 수 있는 법률상의 수단으로는 민사상 구제와 형사상 구제로 크게 나눌 수 있다. 이하에서 저작권의 침해에 대한 것을 살펴보기 전에 공동저작물에 관한 권리의 침해에 대해 간단히 살펴본다.

공동저작물에 관한 권리가 침해된 경우에 각 저작자 또는 각 저작재산권자는 다른 저작자 또는 다른 저작재산권자의 동의 없이 저작권법 제123조의 규정에 의한 저작권 등의 침해행위금지청구를 할 수 있고, 동법 제125조에 의하여 저작재산권의 침해에 관하여 자신의 지분에 관한 손해배상의 청구를 할 수 있다. 판례는 "준공유자의 지분권은 그 목적인 권리 전부에 미치는 것이어서 지분권자는 그 목적인 권리 전부에 대한 방해배제청구권을 가지며, 이 방해배제는 방해 없는 상태로의 복귀를 의미하는 것이어서 보존행위에 해당하는 것이라 할 것이므로 준공유자 각자가 그 목적인 권리 전부에 대한 방해의 배제를 청구할 수 있다"[198]고 한다.

1. 민사상의 구제

(1) 침해행위정지 및 예방청구권

권리를 침해한 자 또는 침해할 우려가 있는 자에 대하여 그 침해의 정지 또는 예방을 청구할 수 있다(저§123①). 이 권리는 저작권의 준물권적 성질에 유래한 일종의 물권적 청구권이며 침해자의 고의 · 과실을 묻지 않는다.

여기서 침해정지 및 예방청구권자는 저작재산권자, 저작인격권자, 출판권자, 저작인접권자이다.

1) 침해정지, 예방청구권 및 손해배상의 담보 저작권 그 밖에 이 법에 따라 보호되는 권리[제25조(학교교육 목적 등에의 이용) · 제31조(도서관 등에서의 복제 등) · 제75조(방송사업자의 실연자에 대한 보상) · 제76조(디지털음성송신사업자의 실연자에 대한 보상) · 제76조의2(상업용 음반을 사용하여 공연하는 자의 실연자에 대한 보상) · 제82조(방송사업자의 음반제작자에 대한 보상) · 제83조(디지털음성송신사업자의 음반제작자에 대한 보상) 및 제83조의2(상업용 음반을 사용하여 공연하는 자의 음반제작

198) 서울민사지법 1989.7.26.선고, 89카13692 판결.

자에 대한 보상)의 규정에 따른 보상을 받을 권리를 제외한다]를 가진 자는 그 권리를 침해하는 자에 대하여 침해의 정지를 청구할 수 있으며, 그 권리를 침해할 우려가 있는 자에 대하여 침해의 예방 또는 손해배상의 담보를 청구할 수 있다(저§123①).

저작권 그 밖에 이 법에 따라 보호되는 권리를 가진 자는 이러한 청구를 하는 경우에 침해행위에 의하여 만들어진 물건의 폐기나 그 밖의 필요한 조치를 청구할 수 있다(저§123②).

위 두 경우 또는 이 법에 따른 형사의 기소가 있는 때에는 법원은 원고 또는 고소인의 신청에 따라 담보를 제공하거나 제공하지 아니하게 하고, 임시로 침해행위의 정지 또는 침해행위로 말미암아 만들어진 물건의 압류 그 밖의 필요한 조치[199]를 명할 수 있다(저§123③). 이 경우에 저작권 그 밖에 이 법에 따라 보호되는 권리의 침해가 없다는 뜻의 판결이 확정된 때에는 신청자는 그 신청으로 인하여 발생한 손해를 배상하여야 한다(저§123④).

2) **침해의 간주**(침해로 보는 행위)　　직접침해를 하지 않은 경우에도 일정한 경우에는 침해와 동일하게 간주하는 내용이다. 즉, 수입시에 대한민국 내에서 만들어졌더라면 저작권 그 밖에 이 법에 따라 보호되는 권리의 침해로 될 물건을 대한민국 내에서 배포할 목적으로 수입하는 행위, 저작권 그 밖에 이 법에 따라 보호되는 권리를 침해하는 행위에 의하여 만들어진 물건(앞의 수입물건을 포함한다)을 그 사실을 알고 배포할 목적으로 소지하는 행위, 프로그램의 저작권을 침해하여 만들어진 프로그램의 복제물(앞의 수입물건을 포함한다)을 그 사실을 알면서 취득한 자가 이를 업무상 이용하는 행위는 저작권 그 밖에 이 법에 따라 보호되는 권리의 침해로 본다(저§124①).

그리고 저작자의 명예를 훼손하는 방법으로 그 저작물을 이용하는 행위는 저작인격권의 침해로 본다(저§124②).

---

199) 2011년 개정 저작권법에 따라 법원은 제102조 제1항 제1호에 따른 요건을 충족한 온라인서비스제공자[인터넷접속서비스(도관)]에게 제123조 제3항에 따라 필요한 조치를 명하는 경우에는 i) 특정 계정의 해지, ii) 특정 해외 인터넷 사이트에 대한 접근을 막기 위한 합리적 조치만을 명할 수 있으며(저§103의2①), 제102조 제1항 제2호부터 제4호까지의 요건을 충족한 온라인서비스제공자[캐싱서비스, 호스팅(저장)서비스, 정보검색도구 서비스]에게 제123조 제3항에 따라 필요한 조치를 명하는 경우에는 i) 불법복제물의 삭제, ii) 불법복제물에 대한 접근을 막기 위한 조치, iii) 특정 계정의 해지, iv) 그 밖에 온라인서비스제공자에게 최소한의 부담이 되는 범위에서 법원이 필요하다고 판단하는 조치만을 명할 수 있다(저§103의2②).

(2) 폐기청구권

권리자는 침해행위 정지 및 예방을 청구하는 경우에 침해행위에 의하여 만들어진 물건의 폐기나 그 밖의 필요한 조치를 청구할 수 있다(저§123②).

(3) 손해배상청구권 및 손해액의 추정

1) **손해배상청구권** 고의·과실로 인하여 타인의 권리를 침해한 자에게 그 손해로 입은 손해의 배상을 청구할 수 있다(저§125①). 손해배상을 청구하기 위해서는 i) 침해자의 고의·과실이 있어야 하고, ii) 위법성이 존재하여야 하며, iii) 손해발생이 있어야 한다. 그리고 iv) 저작권 침해행위와 손해발생 간에 인과관계가 존재하여야 한다. 이러한 것은 모두 저작권의 침해를 주장하는 저작권자가 입증하여야 한다. 저작권자 등의 손해의 입증책임을 경감시키기 위하여 손해액의 추정 규정과 손해배상을 청구하는 경우에는 그 권리의 행사로 일반적으로 받을 수 있는 금액에 상당하는 액을 그 손해배상으로 청구할 수 있다(저§125②).[200]

2) **손해액의 추정** 저작재산권 그 밖에 이 법에 따라 보호되는 권리(저작인격권 및 실연자의 인격권을 제외한다)를 가진 자(이하 저작재산권자 등이라 한다)가 고의 또는 과실로 권리를 침해한 자에 대하여 그 침해행위에 의하여 자기가 받은 손해의 배상을 청구하는 경우에 그 권리를 침해한 자가 그 침해행위에 의하여 이익을 받은 때에는 그 이익의 액을 저작재산권자 등이 받은 손해의 액으로 추정한다(저§125①).

저작재산권자 등이 고의 또는 과실로 그 권리를 침해한 자에 대하여 그 침해행위에 의하여 자기가 받은 손해의 배상을 청구하는 경우에 그 권리의 행사로 통상 받을 수 있는 금액에 상당하는 액을 저작재산권자 등이 받은 손해의 액으로 하여 그 손해배상을 청구할 수 있다(저§125②). 이러한 규정에 불구하고 저작재산권자 등이 받은 손해의 액이 이 규정에 따른 금액을 초과하는 경우에는 그 초과액에 대하여도 손해배상을 청구할 수 있다(저§125③).

등록되어 있는 저작권·배타적 발행권·출판권·저작인접권 또는 데이터베이스제작자의 권리를 침해한 자는 그 침해행위에 과실이 있는 것으로 추정한다(저§215④).

3) **법정손해배상의 청구** 2011년 개정 저작권법에서는 법정손해배상제도

---

200) 대법원 1996.6.11.선고, 95다49639 판결.

를 도입하였다. 현재는 불법행위에 대하여 실손해배상 원칙을 적용하고 있으나, 신속한 손해배상을 위하여 실손해배상과 법정손해배상 중 선택적으로 청구할 수 있도록 하였다. 즉, 저작재산권자 등은 고의 또는 과실로 권리를 침해한 자에 대하여 사실심(事實審)의 변론이 종결되기 전에는 실제 손해액이나 제125조 또는 제126조에 따라 정하여지는 손해액을 갈음하여 침해된 각 저작물 등마다 1천만원(영리를 목적으로 고의로 권리를 침해한 경우에는 5천만원) 이하의 범위에서 상당한 금액의 배상을 청구할 수 있다(저§125의2①). 이러한 경우 둘 이상의 저작물을 소재로 하는 편집저작물과 2차적 저작물은 제1항을 적용하는 경우에는 하나의 저작물로 본다(저§125의2②).

저작재산권자 등이 법정손해배상의 청구를 하기 위해서는 침해행위가 일어나기 전에 그 저작물 등이 등록되어 있어야 하며(저§125의2③), 법원은 법정손해배상의 청구가 있는 경우에 변론의 취지와 증거조사의 결과를 고려하여 각 저작물 등마다 1천만원(영리를 목적으로 고의로 권리를 침해한 경우에는 5천만원)의 범위에서 상당한 손해액을 인정할 수 있다(저§125의2④).

4) **손해액의 인정** 법원은 손해가 발생한 사실은 인정되나 손해액 추정 규정에 따른 손해액을 산정하기 어려운 때에는 변론의 취지 및 증거조사의 결과를 참작하여 상당한 손해액을 인정할 수 있다(저§126). 기술적 보호조치의 무력화 금지에 관한 규정(저§104조의2), 권리관리정보의 제거 · 변경 등의 금지에 관한 규정(저§104조의3) 및 암호화된 방송 신호의 무력화 등의 금지에 관한 규정(저§104조의4)을 위반한 자에 대하여 침해의 정지 · 예방, 손해배상의 담보 또는 손해배상이나 이를 갈음하는 법정손해배상의 청구를 할 수 있으며, 고의 또는 과실 없이 접근통제 기술적 보호조치의 무력화(제104조의2 제1항)의 행위를 한 자에 대하여는 침해의 정지 · 예방을 청구할 수 있다. 이 경우 상기한 내용, 즉 침해의 정지 등 청구(저§123), 손해배상의 청구(저§125), 법정손해배상의 청구(저§125조의2), 손해액의 인정(저§126) 공동저작물의 권리침해(저§129)의 규정이 준용된다.

5) **정보제공명령** 2011년 개정 저작권법에 따라 정보제공 명령제도가 신설되었다. 법원은 저작권, 그 밖에 이 법에 따라 보호되는 권리의 침해에 관한 소송에서 당사자의 신청에 따라 증거를 수집하기 위하여 필요하다고 인정되는 경우에는 다른 당사자에 대하여 그가 보유하고 있거나 알고 있는 ⅰ) 침해 행위나 불법복제물의 생산 및 유통에 관련된 자를 특정할 수 있는 정보, ⅱ) 불법복제물의

생산 및 유통 경로에 관한 정보를 제공하도록 명할 수 있다(저§129의2①).

법원의 정보제공 명령에도 불구하고 다른 당사자는 i) 다른 당사자, 다른 당사자의 친족이거나 친족 관계가 있었던 자, 다른 당사자의 후견인 중 어느 하나에 해당하는 자가 공소 제기되거나 유죄판결을 받을 우려가 있는 경우, ii) 영업비밀[201] 또는 사생활을 보호하기 위한 경우이거나 그 밖에 정보의 제공을 거부할 수 있는 정당한 사유가 있는 경우에 해당하는 경우에는 정보의 제공을 거부할 수 있다(저§129의2②). 이러한 경우 법원은 영업비밀, 사생활보호, 기타 정보의 제공을 거부할 수 있는 정당한 사유가 있는지를 판단하기 위하여 필요하다고 인정되는 경우에는 다른 당사자에게 정보를 제공하도록 요구할 수 있다. 이 경우 정당한 사유가 있는지를 판단하기 위하여 정보제공을 신청한 당사자 또는 그의 대리인의 의견을 특별히 들을 필요가 있는 경우 외에는 누구에게도 그 제공된 정보를 공개하여서는 아니 된다(저§129의2④).

다른 당사자가 정당한 이유 없이 정보제공 명령에 따르지 아니한 경우에는 법원은 정보에 관한 당사자의 주장을 진실한 것으로 인정할 수 있다(저§129의2③).

6) **비밀유지명령** 법원은 제출된 준비서면 등에 포함되어 있는 영업비밀이 공개되면 당사자의 영업에 지장을 줄 우려가 있는 경우 등에는 당사자의 신청에 따라 결정으로 해당 영업비밀을 알게 된 자에게 소송수행 외의 목적으로 영업비밀을 사용하는 행위 등을 하지 아니할 것을 명할 수 있으며, 비밀유지명령 신청, 취소, 소송기록 열람 등 신청의 통지 등에 대하여 규정하고 있다. 2011년 개정 저작권법에서 신설되었다(저§129의3 내지 저§129의5).

(4) 명예회복 등의 조치청구권

저작자 또는 실연자는 고의 또는 과실로 저작인격권 또는 실연자의 인격권을 침해한 자에 대하여 손해배상에 갈음하거나 손해배상과 함께 명예회복을 위하여 필요한 조치를 청구할 수 있다(저§127). 명예회복에 적절한 조치로는 '사죄광고'의 형태가 많이 이루어졌으나 사죄광고의 강요에 대한 헌법재판소의 위헌결정으로 인해, 이 방법은 거의 쓰이지 않고 있다. 그러나 명예회복에 적절한 조치로서의 사죄광고 그 자체는 아직도 유효하며, 다만 양심의 자유까지를 침해하는 정도의 강요만이 인정되지 않을 뿐이다. 이 방법은 오히려 가해자에게 지나친 손해배상

201) 여기서 영업비밀이라 함은 「부정경쟁방지 및 영업비밀 보호에 관한 법률」 제2조 제2호의 영업비밀을 의미한다.

을 대치하는 형태로서 이루어짐으로써 가해자에게도 유리할 수 있다.

한편 저작자가 사망한 후에 그 유족(사망한 저작자의 배우자 · 자 · 부모 · 손 · 조부모 또는 형제자매를 말한다)이나 유언집행자는 당해 저작물에 대하여 사후인격권 침해(저§14②)의 규정을 위반하거나 위반할 우려가 있는 자에 대하여는 제123조에 따른 침해정지, 침해의 예방 및 손해배상의 담보청구를 할 수 있으며, 고의 또는 과실로 저작인격권을 침해하거나 사후인격권 침해 규정(저§14②)을 위반한 자에 대하여는 제127조의 규정에 따른 명예회복 등의 청구를 할 수 있다(저§128).

(5) 부당이득 반환청구권(민§741)

법률상 원인 없이 타인의 재산 또는 노무로 인하여 이익을 얻고 이로 인하여 타인에게 손해를 가한 자는 그 이익을 반환하여야 한다.

2. 형사상의 규제

저작권의 침해는 민사적인 책임뿐만 아니라 형사적 책임도 지게 되는데, 미국 등의 압력, 저작권에 대한 일반 인식의 향상과 관계 당국의 보호에 대한 의지로 인하여 몇 차례의 개정을 통해 보호가 강화되어 왔다. 이에 따라 침해자에 대해 최고 5년 이하의 징역 또는 5천만원 이하의 벌금을 과할 수 있으며, 일정한 경우 병과할 수도 있다(저§136).

저작권자의 권리를 침해하여 만들어진 복제물과 그 복제물의 제작에 주로 사용하기 위하여 제공된 도구나 재료 중에서 침해자나 인쇄자, 배포자, 공연자의 소유에 속하는 것은 필요적으로 몰수하도록 규정하고 있다(저§139). 그러나 이미 일반인에게 인계된 것에는 그 적용이 없다.

법인의 대표자나 법인 또는 개인의 대리인 · 사용인 그 밖의 종업원이 그 법인 또는 개인의 업무에 관하여 이 장의 죄를 범한 때에는 행위자를 벌하는 외에 그 법인 또는 개인에 대하여도 각 해당조의 벌금형을 과한다. 다만, 법인 또는 개인이 그 위반행위를 방지하기 위하여 해당 업무에 관하여 상당한 주의와 감독을 게을리하지 아니한 경우에는 그러하지 아니하다(저§141).

(1) 권리침해죄

1) 저작재산권, 그 밖에 이 법에 따라 보호되는 재산적 권리(제93조의 데이터베이스제작자의 권리를 제외한다)를 복제 · 공연 · 공중송신 · 전시 · 배포 · 대여 · 2차적 저작물 작성의 방법으로 침해한 자는 5년 이하의 징역 또는 5천만원 이하의

벌금에 처하거나 이를 병과(倂科)할 수 있다(저§136① i). 이 죄는 원칙적으로 친고죄이나(저§140본), 영리를 목적으로 또는 상습적으로 하는 경우 비친고죄이다(저§140 i).

2) 저작인격권 또는 실연자의 인격권을 침해하여 저작자 또는 실연자의 명예를 훼손한 자에 해당하는 경우에는 3년 이하의 징역 또는 3천만원 이하의 벌금에 처하거나 이를 병과할 수 있다(저§136② i). 이 죄는 친고죄이다(저§140본).

(2) 비밀유지명령 위반죄

법원은 저작권, 그 밖에 이 법에 따라 보호되는 권리의 침해에 관한 소송에서 그 당사자가 보유한 영업비밀에 대하여 다음 각 호의 사유를 모두 소명한 경우에는 그 당사자의 신청에 따라 결정으로 다른 당사자, 당사자를 위하여 소송을 대리하는 자, 그 밖에 해당 소송으로 인하여 영업비밀을 알게 된 자에게 해당 영업비밀을 해당 소송의 계속적인 수행 외의 목적으로 사용하거나 해당 영업비밀과 관계된 이 항에 따른 명령을 받은 자 외의 자에게 공개하지 아니할 것을 명할 수 있다(저§129의3①).

이와 같은 법원의 비밀유지명령을 정당한 이유 없이 위반하는 경우에는 5년 이하의 징역 또는 5천만원 이하의 벌금에 처해지거나 이를 병과할 수 있다(저§136①ii). 이는 친고죄이다(저§140본). 이는 2011년 개정 저작권법에 추가된 벌칙이다.

(3) 허위등록죄

저작권의 등록(저§53) 및 등록의 효력(제63조 제3항, 제90조, 제98조 및 제101조의6 제6항에 따라 준용되는 경우를 포함한다)에 따른 등록을 거짓으로 한 자는 3년 이하의 징역 또는 3천만원 이하의 벌금에 처하거나 이를 병과할 수 있다(저§136②ii). 이 죄는 비친고죄이다(저§140 ii).

(4) 데이터베이스제작자의 권리침해죄

데이터베이스제작자는 당해 데이터베이스의 전부 또는 상당한 부분을 복제·배포·방송 또는 전송(이하 '복제 등'이라 한다)할 권리를 가진다. 이러한 권리를 침해한 자는 3년 이하의 징역이나 3천만원 이하의 벌금에 처하거나 이를 병과할 수 있다(저§136②iii). 이 죄는 원칙적으로 친고죄이나(저§140본), 영리를 목적으로 하는 경우 비친고죄이다(저§140 ii).

(5) 암호화된 방송 신호의 무력화

암호화된 방송 신호[202]를 방송사업자의 허락 없이 복호화(復號化)하는 데에 주로 사용될 것을 알거나 과실로 알지 못하고, 그러한 목적을 가진 장치 · 제품 · 주요부품 또는 프로그램 등 유 · 무형의 조치를 제조 · 조립 · 변경 · 수입 · 수출 · 판매 · 임대하거나 그 밖의 방법으로 전달하는 행위(다만, 제104조의2 제1항 제1호 · 제2호 또는 제4호에 해당하는 경우에는 그러하지 아니하다), 암호화된 방송 신호가 정당한 권한에 의하여 복호화된 경우 그 사실을 알고 그 신호를 방송사업자의 허락없이 영리를 목적으로 다른 사람에게 공중송신하는 행위는 금지된다(저§104의4 i, ii). 이를 위반하는 자는 3년 이하의 징역 또는 3천만원 이하의 벌금에 처하거나 이를 병과할 수 있다(저§136②iii의 v).

또한 암호화된 방송 신호가 방송사업자의 허락없이 복호화된 것임을 알면서 그러한 신호를 수신하여 청취 또는 시청하거나 다른 사람에게 공중송신하는 행위도 금지되며(저§104의4iii), 이러한 행위를 하는 자는 1년 이하의 징역 또는 1천만원 이하의 벌금에 처하거나 이를 병과할 수 있다(저§137①iii의 ii). 이들은 모두 비친고죄이며(저§140 i, ii), 2011년 개정 저작권법에서 추가된 벌칙이다.

(6) 라벨위조 등의 금지

저작물 등의 라벨[203]을 불법복제물이나 그 문서 또는 포장에 부착 · 동봉 또는 첨부하기 위하여 위조하거나 그러한 사실을 알면서 배포 또는 배포할 목적으로 소지하는 행위, 저작물 등의 권리자나 권리자의 동의를 받은 자로부터 허락을 받아 제작한 라벨을 그 허락범위를 넘어 배포하거나 그러한 사실을 알면서 다시 배포 또는 다시 배포할 목적으로 소지하는 행위, 저작물 등의 적법한 복제물과 함께 배포되는 문서 또는 포장을 불법복제물에 사용하기 위하여 위조하거나 그러한 사실을 알면서 위조된 문서 또는 포장을 배포하거나 배포할 목적으로 소지하는 행위를 하여서는 아니 된다(저§104의5). 이를 위반하는 경우 3년 이하의 징역 또는 3천만원 이하의 벌금에 처하거나 이를 병과할 수 있다(저§136②iii의vi). 이는 비친고죄이며(저§140 ii), 2011년 개정 저작권법에서 추가된 벌칙이다.

---

202) "암호화된 방송 신호"란 방송사업자나 방송사업자의 동의를 받은 자가 정당한 권한 없이 방송(유선 및 위성 통신의 방법에 의한 방송에 한한다)을 수신하는 것을 방지하거나 억제하기 위하여 전자적으로 암호화한 방송 신호를 말한다(저§2viii의 ii).

203) "라벨"이란 "그 복제물이 정당한 권한에 따라 제작된 것임을 나타내기 위하여 저작물 등의 유형적 복제물 · 포장 또는 문서에 부착 · 동봉 또는 첨부되거나 그러한 목적으로 고안된 표지"를 말한다(저§2xxxv).

(7) 방송전 신호의 송신금지

누구든지 정당한 권한 없이 방송사업자에게로 송신되는 신호(공중이 직접 수신하도록 할 목적의 경우에는 제외한다)를 제3자에게 송신하여서는 아니 된다(저§104의7). 이를 위반하는 경우 3년 이하의 징역 또는 3천만원 이하의 벌금에 처하거나 이를 병과할 수 있다(저§136②iii의vii).

(8) 온라인서비스제공자의 업무방해죄

자신에게 정당한 권리가 없음을 알면서 고의로 저작권법 제103조 제1항[온라인서비스제공자(제102조 제1항 제1호의 경우는 제외한다)의 서비스를 이용한 저작물 등의 복제·전송에 의하여 저작권, 그 밖에 이 법에 의하여 보호되는 자신의 권리가 침해됨을 주장하는 자는 그 사실을 소명하여 온라인서비스제공자에게 그 저작물 등의 복제·전송을 중단시킬 것을 요구할 수 있다] 또는 제3항(저작권법 제103조 제2항의 규정에 의한 통보를 받은 복제·전송자가 자신의 복제·전송이 정당한 권리에 의한 것임을 소명하여 그 복제·전송의 재개를 요구하는 경우 온라인서비스제공자는 재개요구사실 및 재개예정일을 권리주장자에게 지체 없이 통보하고 그 예정일에 복제·전송을 재개시켜야 한다)의 규정에 의한 복제·전송의 중단 또는 재개요구를 하여 온라인서비스제공자의 업무를 방해한 자는 1년 이하의 징역 또는 1천만원 이하의 벌금에 처한다(저§137vi).

(9) 저작자의 성명 등 사칭죄

저작자 아닌 자를 저작자로 하여 실명·이명을 표시하여 저작물을 공표한 자는 1년 이하의 징역 또는 1천만원 이하의 벌금에 처한다(저§137 i).[204] 이 죄는 비친고죄이다(저§140 ii).

(10) 저작자사후의 인격이익침해죄

저작자의 사후에도 인격적인 이익보호가 있으므로 제14조 제2항의 규정에 위반한 자는 1년 이하의 징역 또는 1천만원 이하의 벌금에 처한다(저§137iii). 이 죄는 비친고죄이다(저§140 ii).

(11) 영상저작물 녹화 등의 금지

누구든지 저작권으로 보호되는 영상저작물을 상영 중인 영화상영관 등[205]에서 저작재산권자의 허락 없이 녹화기기를 이용하여 녹화하거나 공중송신하여서

204) 대법원 1992.12.8.선고, 92도2296 판결.

205) "영화상영관 등"이란 "영화상영관, 시사회장, 그 밖에 공중에게 영상저작물을 상영하는 장소로서 상영자에 의하여 입장이 통제되는 장소"를 말한다(저§2 x x x vi).

는 아니 된다(저§104의6). 이는 영화 등의 도촬방지를 위한 것으로 2011년 개정 저작권법에서 추가된 벌칙이다. 이러한 행위를 하는 자는 1년 이하의 징역 또는 1천만원 이하의 벌금에 처한다(저§137①iii의iii). 이는 비친고죄이며(저§140ii), 미수범은 처벌한다(저§137②).

(12) 무허가 신탁관리사업

행정질서를 유지하기 위하여 저작권신탁관리업의 허가를 받지 아니하고 저작권 신탁관리업을 한 자는 1년 이하의 징역 또는 1천만원 이하의 벌금에 처한다(저§137iv). 이 죄는 비친고죄이다(저§140ii).

(13) 침해행위간주죄

1) **배포목적 수입·소지죄**　　i) 수입시에 대한민국 내에서 만들어졌더라면 저작권 그 밖에 이 법에 따라 보호되는 권리의 침해로 될 물건을 대한민국 내에서 배포할 목적으로 수입하는 행위, ii) 저작권 그 밖에 이 법에 따라 보호되는 권리를 침해하는 행위에 의하여 만들어진 물건(i의 수입물건을 포함한다)을 그 사실을 알고 배포할 목적으로 소지하는 행위, iii) 프로그램의 저작권을 침해하여 만들어진 프로그램의 복제물(i에 따른 수입 물건을 포함한다)을 그 사실을 알면서 취득한 자가 이를 업무상 이용하는 행위에 해당하는 행위(저§124①)는 권리의 침해로 보며, 이러한 행위를 한 자에 대해서는 3년 이하의 징역 또는 3천만원 이하의 벌금에 처하거나 이를 병과할 수 있다(저§136②iv). 이 죄는 원칙적으로 친고죄이나(저§140본), 영리를 목적으로 하는 경우에는 비친고죄이다(저§140ii). 다만 iii)의 경우에는 피해자의 명시적 의사에 반하여 처벌하지 못하는 반의사불벌죄로 규정되어 있다(저§140iii).

2) **저작인격권 침해죄**　　저작자의 명예를 훼손하는 방법으로 그 저작물을 이용하는 행위는 저작인격권의 침해로 보며(저§124②), 이러한 행위를 한 자는 1년 이하의 징역 또는 1천만원 이하의 벌금에 처한다(저§137v). 이 죄는 친고죄이다(저§140본).

3) **기술적 보호조치 침해죄**　　업으로 또는 영리를 목적으로 저작권법 제104조의2 제1항[누구든지 정당한 권한 없이 고의 또는 과실로 제2조 제28호 가목의 기술적 보호조치를 제거·변경하거나 우회하는 등의 방법으로 무력화하여서는 아니 된다. 다만, 암호 분야의 연구에 종사하는 자가 저작물 등의 복제물을 정당하게 취득하여 저작물 등에 적용된 암호 기술의 결함이나 취약점을 연구하기 위하여 필요한 범위에서 행하는 경우(다

만, 권리자로부터 연구에 필요한 이용을 허락받기 위하여 상당한 노력을 하였으나 허락을 받지 못한 경우에 한한다), 미성년자에게 유해한 온라인상의 저작물 등에 미성년자가 접근하는 것을 방지하기 위하여 기술 · 제품 · 서비스 또는 장치에 기술적 보호조치를 무력화하는 구성요소나 부품을 포함하는 경우(다만, 제2항에 따라 금지되지 아니하는 경우에 한한다), 개인의 온라인상의 행위를 파악할 수 있는 개인 식별 정보를 비공개적으로 수집 · 유포하는 기능을 확인하고, 이를 무력화하기 위하여 필요한 경우(다만, 다른 사람들이 저작물 등에 접근하는 것에 영향을 미치는 경우는 제외한다), 국가의 법집행, 합법적인 정보수집 또는 안전보장 등을 위하여 필요한 경우, 제25조 제2항에 따른 교육기관 · 교육지원기관, 제31조 제1항에 따른 도서관(비영리인 경우로 한정한다) 또는 「공공기록물 관리에 관한 법률」에 따른 기록물관리기관이 저작물 등의 구입 여부를 결정하기 위하여 필요한 경우(다만, 기술적 보호조치를 무력화하지 아니하고는 접근할 수 없는 경우에 한한다), 정당한 권한을 가지고 프로그램을 사용하는 자가 다른 프로그램과의 호환을 위하여 필요한 범위에서 프로그램코드역분석을 하는 경우, 정당한 권한을 가진 자가 오로지 컴퓨터 또는 정보통신망의 보안성을 검사 · 조사 또는 보정하기 위하여 필요한 경우, 기술적 보호조치의 무력화 금지에 의하여 특정 종류의 저작물 등을 정당하게 이용하는 것이 불합리하게 영향을 받거나 받을 가능성이 있다고 인정되어 대통령령으로 정하는 절차에 따라 문화체육관광부장관이 정하여 고시[206]하는 경우(이 경우 그 예외의 효력은 3년으로 한다)에는 그러하지 아니하다] 또는 제2항(누구든지 정당한 권한 없이 기술적 보호조치의 무력화를 목적으로 홍보, 광고 또는 판촉되는 것, 기술적 보호조치를 무력화하는 것 외에는 제한적으로 상업적인 목적 또는 용도만 있는 것, 기술적 보호조치를 무력화하는 것을 가능하게 하거나 용이하게 하는 것을 주된 목적으로 고안, 제작, 개조되거나 기능하는 것과 같은 장치, 제품 또는 부품을 제조, 수입, 배포, 전송, 판매, 대여, 공중에 대한 청약, 판매나 대여를 위한 광고, 또는 유통을 목적으로 보관 또는 소지하거나, 서비스를 제공하여서는 아니 된다)을 위반한 자는 3년 이하의 징역이나 3천만원 이하의 벌금에 처하거나 이를 병과할 수 있다(저§136②iii의2). 이 죄는 비친고죄이다(저§140ⅱ).

4) **권리관리정보 침해죄** 업으로 또는 영리를 목적으로 저작권법 제104조

206) 제104조의2 제1항 제8호에 문화체육관광부장관이 3년마다 접근통제 기술적 보호조치의 무력화 금지에 대한 예외를 추가적으로 설정할 수 있도록 규정함에 따라, 여섯 개 조항의 추가적인 예외를 설정한 문화체육관광부장관의 고시가 2012년 1월 31일에 처음으로 고시되어 시행되고 있으며, 2015년에 새로운 내용의 고시를 마련하여 시행할 예정이다.

의3 제1항(누구든지 정당한 권한 없이 저작권, 그 밖에 이 법에 따라 보호되는 권리의 침해를 유발 또는 은닉한다는 사실을 알거나 과실로 알지 못하고 i) 전자적 형태의 권리관리정보를 고의로 제거 · 변경 또는 허위 부가하는 행위, ii) 권리관리정보가 정당한 권한 없이 제거 또는 변경되었다는 사실을 알면서 그 권리관리정보를 배포하거나 배포할 목적으로 수입하는 행위, iii) 전자적 형태의 권리관리정보가 제거 · 변경되거나 또는 허위로 부가된 사실을 알고 해당 저작물 등의 원본이나 그 복제물을 배포 · 공연 또는 공중송신하거나 배포의 목적으로 수입하는 행위를 하여서는 아니 된다)을 위반한 자. 다만, 국가의 법집행, 합법적인 정보수집 또는 안전보장 등을 위하여 필요한 경우에는 적용하지 아니하며(저§104의3②), 과실로 저작권 또는 이 법에 따라 보호되는 권리 침해를 유발 또는 은닉한다는 사실을 알지 못한 자는 제외한다. 이 규정에 위반한 자는 3년 이하의 징역이나 3천만원 이하의 벌금에 처하거나 이를 병과할 수 있다(저§136②iii의3). 이 죄는 비친고죄이다(저§140 ii).

(14) 출처명시위반죄

출처명시(제87조 및 제94조의 규정에 따라 준용되는 경우를 포함한다)의 규정에 위반한 자(저§138 ii) 또는 제35조(미술저작물 등의 전시 또는 복제) 제4항의 규정에 위반한 자(저§138 i)는 500만원 이하의 벌금에 처한다. 이 죄는 친고죄이다(저§140 본).

(15) 저작재산권자 표지불이행죄 등

저작재산권자 표지불이행자(저§142③) 또는 제58조의2(저작물의 수정증감) 제2항의 규정에 위반한 자(저§138iv)는 500만원 이하의 벌금(단, 제58조 제3항을 위반한 자에 대하여는 5백만원 이하의 과태료이며, 비친고죄이다.)에 처한다. 이 죄는 친고죄이다(저§140본).

(16) 행정규칙 및 명령위반죄

저작권위탁관리업의 신고를 하지 아니하고 저작권대리중개업을 하거나 또는 영업폐쇄명령을 받고 계속 그 영업을 한 자는 500만원 이하의 벌금에 처한다(저§138 v). 이 죄는 비친고죄이다(저§140 ii).

(17) 비밀유지 위반죄

저작권법 제53조 내지 제55조의 규정에 따른 등록업무를 수행하는 자 및 그 직에 있었던 자의 직무상 비밀유지의무를 위반한 경우(제63조 제3항, 제90조, 제98조 및 제101조의6 제6항에 따라 준용되는 경우를 포함한다)에는 1년 이하의 징역 또는 1천만원 이하의 벌금에 처한다(저§137vii). 이 죄는 비친고죄이다(저§140 ii).

(18) 몰 수

저작권, 그 밖에 이 법에 따라 보호되는 권리를 침해하여 만들어진 복제물과 그 복제물의 제작에 주로 사용하기 위하여 제공된 도구나 재료 중 그 침해자·인쇄자·배포자 또는 공연자의 소유에 속하는 것은 몰수한다(저§139). 그러나 이미 일반인에게 인계된 것에는 그 적용이 없다.

(19) 양벌규정

법인의 대표자나 법인 또는 개인의 대리인·사용인 그 밖의 종업원이 그 법인 또는 개인의 업무에 관하여 이 장의 죄를 범한 때에는 행위자를 벌하는 외에 그 법인 또는 개인에 대하여도 각 해당조의 벌금형을 과한다. 다만, 법인 또는 개인이 그 위반행위를 방지하기 위하여 해당 업무에 관하여 상당한 주의와 감독을 게을리하지 아니한 경우에는 그러하지 아니하다(저§141). 저작권법 제131조는 위원회의 위원 및 직원은「형법」제129조 내지 제132조의 규정을 적용하는 경우에는 이를 공무원으로 본다.

3. 행정적 구제

(1) 과태료

특수한 유형의 온라인 서비스제공자가 불법적인 저작물 등의 전송을 차단하기 위한 기술적 조치 등(저§104①) 필요한 조치를 하지 아니한 자에게는 3천만원 이하의 과태료를 부과한다(저§142①).

저작권신탁관리업자가 그가 관리하는 저작물 등의 목록을 적절하게 열람할 수 있게 하거나, 복제·전송자에 관한 정보 제공의 청구에 따른 문화체육관광부장관의 명령을 이행하지 아니한 자(저§103의3②), 이용자가 서면요청하는 경우 이용계약에 필요한 정보를 상당한 기간 내에 서면으로 제공해야 하는 의무를 이행하지 아니한 자(저§106), 이용허락의 거부금지를 위반하여 정당한 이유 없이 이용허락을 거부한 자(저§106의2), 위원회가 아닌 자는 한국저작권위원회의 명칭을 사용할 수 없는데(저§112④) 이를 위반하여 한국저작권위원회의 명칭을 사용한 자, 한국저작권보호원의 설립을 위반하여 한국저작권보호원의 명칭을 사용한 자(저§112의2⑤), 문화체육관광부장관이 저작권법 제133조의2 제1항, 제2항, 제4항에 따라 불법복제물 등에 대해서 온라인서비스제공자에 명하는 명령을 이행하지 아니한 자(저§133의2 ①,② 및 ④), 온라인서비스제공자가 저작권법 제133조의2 제3

항에 따른 통지, 제5항에 따른 게시 및 제6항에 따른 통보를 하지 아니한 경우에는 1천만원 이하의 과태료를 부과한다(저§142②). 배타적 발행권자(출판권, 저작인접권, 데이터베이스제작자)의 표지의무인 저작재산권자의 표지를 하지 아니한 자에게는 5백만원 이하의 과태료를 부과한다(저§142③).

이러한 과태료는 대통령령이 정하는 바에 따라 문화체육관광부장관이 부과 및 징수한다(저§142④).

(2) 시정권고

위원회는 온라인서비스제공자의 정보통신망을 조사하여 불법복제물 등이 전송된 사실을 발견한 경우에는 이를 심의하여 온라인서비스제공자에 대하여 ⅰ) 불법복제물 등의 복제 · 전송자에 대한 경고, ⅱ) 불법복제물 등의 삭제 또는 전송중단, ⅲ) 반복적으로 불법복제물 등을 전송한 복제 · 전송자의 계정 정지에 해당하는 시정 조치를 권고할 수 있다(저§133의3①).

온라인서비스제공자는 ⅰ), ⅱ)에 따른 권고를 받은 경우에는 권고를 받은 날부터 5일 이내에, ⅲ)의 권고를 받은 경우에는 권고를 받은 날부터 10일 이내에 그 조치결과를 보호원에 통보하여야 한다(저§133의3②).

만약 온라인서비스제공자가 위 시정조치에 따른 권고에 따르지 아니하는 경우 보호원은 문화체육관광부장관에게 제133조의2 제1항 및 제2항에 따른 불법복제물 등의 복제 · 전송자에 대한 경고, 삭제 또는 전송중단 및 계정 정지 등의 명령을 하여 줄 것을 요청할 수 있다(저§133의3③). 이 경우에는 심의위원회의 심의가 필요하지 아니한다(저§133의3④).

4. 불법 복제물의 처리 등

(1) 불법복제물의 수거 · 폐기 및 삭제

문화체육관광부장관, 특별시장 · 광역시장 · 도지사 · 특별자치도지사 또는 시장 · 군수 · 구청장(자치구의 구청장을 말한다)은 저작권 그 밖에 이 법에 따라 보호되는 권리를 침해하는 복제물(정보통신망을 통하여 전송되는 복제물은 제외한다) 또는 저작물 등의 기술적 보호조치를 무력하게 하기 위하여 제작된 기기 · 장치 · 정보 및 프로그램을 발견한 때에는 대통령령으로 정한 절차 및 방법에 따라 관계공무원으로 하여금 이를 수거 · 폐기 또는 삭제하게 할 수 있다(저§133①). 문화체육관광부장관은 이러한 업무에 대해서 필요한 기구를 설치 · 운영할 수 있으며(저

§133⑤), 대통령령이 정한 단체에 위탁할 수 있다. 이 경우 이에 종사하는 자는 공무원으로 본다(저§133②). 뿐만 아니라, 문화체육관광부장관은 공무원 등이 수거 · 폐기 또는 삭제를 하는 경우 필요한 때에는 관련 단체에 협조를 요청할 수 있다.

(2) 정보통신망을 통한 불법복제물의 삭제명령 등

문화체육관광부장관은 정보통신망을 통하여 저작권이나 그 밖에 이 법에 따라 보호되는 권리를 침해하는 복제물 또는 정보, 기술적 보호조치를 무력하게 하는 프로그램 또는 정보(이하 불법복제물 등이라 한다)가 전송되는 경우에 심의위원회의 심의를 거쳐 대통령령으로 정하는 바에 따라 온라인서비스제공자에게 불법복제물 등의 복제 · 전송자에 대한 경고 및 불법복제물 등의 삭제 또는 전송 중단 조치를 할 것을 명할 수 있다(저§133의2①).

불법복제물 등의 복제 · 전송자에 대한 경고를 3회 이상 받은 복제 · 전송자가 불법복제물 등을 전송한 경우에 심의위원회의 심의를 거쳐 대통령령으로 정하는 바에 따라 온라인서비스제공자에게 6개월 이내의 기간을 정하여 해당 복제 · 전송자의 계정(이메일 전용계정은 제외되며, 해당 온라인서비스제공자가 부여한 다른 계정을 포함한다)을 정지할 것을 명할 수 있다(저§133의2②). 이러한 계정정지 명령을 받은 온라인서비스제공자는 해당 복제 · 전송자의 계정을 정지하기 7일 전에 대통령령으로 정하는 바에 따라 해당 계정이 정지된다는 사실을 해당 복제 · 전송자에게 통지하여야 한다(저§133의2③).

문화체육관광부장관은 온라인서비스제공자의 정보통신망에 개설된 게시판(「정보통신망 이용촉진 및 정보보호 등에 관한 법률」 제2조 제1항 제9호의 게시판 중 상업적 이익 또는 이용 편의를 제공하는 게시판을 말한다) 중 불법복제물 등의 삭제 또는 전송 중단 명령이 3회 이상 내려진 게시판으로서 해당 게시판의 형태, 게시되는 복제물의 양이나 성격 등에 비추어 해당 게시판이 저작권 등의 이용질서를 심각하게 훼손한다고 판단되는 경우에는 심의위원회의 심의를 거쳐 대통령령으로 정하는 바에 따라 온라인서비스제공자에게 6개월 이내의 기간을 정하여 해당 게시판 서비스의 전부 또는 일부의 정지를 명할 수 있다(저§133의2④). 이러한 명령을 받은 온라인서비스제공자는 해당 게시판의 서비스를 정지하기 10일 전부터 대통령령으로 정하는 바에 따라 해당 게시판의 서비스가 정지된다는 사실을 해당 온라인서비스제공자의 인터넷 홈페이지 및 해당 게시판에 게시하여야 한다(저§133의2⑤).

온라인서비스제공자는 저작권법 제133조의2 제1항에 따른 불법복제물 등의 복제 · 전송자에 대한 경고 및 불법복제물 등의 삭제 또는 전송 중단 명령을 받은 경우에는 명령을 받은 날부터 5일 이내에, 제2항에 따른 계정정지 명령을 받은 경우에는 명령을 받은 날부터 10일 이내에, 제4항에 따른 게시판 일부 또는 전부 정지명령을 받은 경우에는 명령을 받은 날부터 15일 이내에 그 조치결과를 대통령령으로 정하는 바에 따라 문화체육관광부장관에게 통보하여야 한다(저§133의2⑥).

문화체육관광부장관은 저작권법 제133조의2 제1항, 제2항 및 제4항의 명령의 대상이 되는 온라인서비스제공자와 제2항에 따른 명령과 직접적인 이해관계가 있는 복제 · 전송자 및 제4항에 따른 게시판의 운영자에게 사전에 의견제출의 기회를 주어야 한다. 이 경우 행정절차법 제22조 제4항부터 제6항까지 및 제27조를 의견제출에 관하여 준용한다(저§133의2⑦).

문화체육관광부장관은 저작권법 제133조의2 제1항, 제2항 및 제4항에 따른 업무를 수행하기 위하여 필요한 기구를 설치 · 운영할 수 있다(저§133의2⑧).

Ⅲ. 분쟁의 조정

저작권에 관한 분쟁에 관하여 간편하고 신속한 해결을 도모하기 위하여 저작권위원회를 두고 있다(저§112①). 해당 위원회는 업무로서 알선, 조정 및 감정을 하고 있으며, 해당 내용은 제10절 Ⅲ. 위원회의 업무를 참조 바람.

제7장

부정경쟁방지 및 영업비밀보호에 관한 법률

제1절 | 총 설

Ⅰ. 의 의

우리나라의 경제질서는 사유재산제를 바탕으로 자유경쟁을 존중하는 자본주의적 자유시장경제질서를 근간으로 하고 있다. 따라서 자유경쟁 내지 경쟁행위는 그 필수적 요건이라 할 수 있다. 한편, 경제질서라는 개념 자체에서 알 수 있듯이 경제질서 내의 활동, 즉 경쟁행위는 일정한 당위의 법칙 내지 사회규범이 지켜지는 상태에서의 것이어야 한다. 이에 법은 경쟁행위의 공정성 담보가 우리 경제질서를 유지하기 위한 최소한의 전제임을 확인하고, 비록 그 행위가 재산권 보장으로서의 불법행위에 해당하지 않을지라도 자유로운 경쟁질서를 파괴하는 비건설적 · 비기여적 경쟁행위인 경우에는 이를 규제하고 있으며, 특히 부정경쟁방지 및 영업비밀보호에 관한 법률을 두어 사인의 부정경쟁행위에 대한 행위의 금지 및 손해배상청구권 등을 인정하고 있다.

부정경쟁방지 및 영업비밀보호에 관한 법률(이하 부정경쟁방지법)은 특허법, 실용신안법, 디자인보호법, 상표법, 상법상의 상호 등과 같이 지적재산권법의 한 부분이다. 예컨대 부정경쟁방지법에 규정하고 있는 부정경쟁행위 중 혼동야기행위의 규제는 상표법과 함께 영업상의 신용에 화체된 재산을 보호하는 것이며, 영업비밀의 보호는 특허법 등과 함께 사람의 창작활동을 보호하는 것이다. 다만 특허법 · 상표법 등은 객체에 권리를 부여하여 지적재산의 보호를 하려는 것에 반해 부정경쟁방지법은 부정경쟁행위의 규제를 통하여 지적재산을 보호하려고 하는 점에서 차이가 난다. 또한, 부정경쟁방지법은 지적재산권법으로서, 특히 상표법이나 특허법 등의 다른 산업재산권법이 미치지 않는 영역의 지적재산권까지를 포함하는 지적재산권법의 일반법이라고 할 수 있다.

II. 연혁과 구성

1. 연 혁

우리나라 부정경쟁방지법의 기원은 일본이 1934년 3월에 제정 · 공포한 부정경쟁방지법(법률 제14호)[1]을 의용하도록 한 조선부정경쟁방지령(朝鮮不正競爭防止令)(制令 제24호)이라 할 수 있다. 동령(同令)은 광복 이후에도 사실상 사문화된 상태에서 존치되어 오다가 1961년 12월 30일 입법근대화를 위한 법령정비사업의 일환으로 법률로써 제정되었다(1961.12.30. 법률 제911호). 그러나 "본법안은 헌법 제100조에 의하여 유효한 조선부정경쟁방지령을 법령정비사업의 하나로서 정리대치(整理代置)하려는 것입니다."[2]라고 밝히고 있는 제안이유서에서 알 수 있듯, 본법의 제정은 부정한 경쟁행위를 금지시켜야 한다는 필요에서 기인한 것이라기보다는 주권국가로서의 위신을 고려한 입법에 불과한 것이라 하겠다.[3]

그러나 1960년대 이래의 산업화와 대외지향적 경제성장은 부정경쟁행위에 대한 실효적 규제의 요구를 낳았다. 특히 1980년 4월 14일 국제거래에서 우수한 상품에 대한 위조 내지 모조를 막고 건전한 국제상거래질서를 확립하기 위한 「산업재산권보호를 위한 파리협약」(1980.4.14. 조약 제707호: 이하 「파리협약」이라 한다)에 가입함에 따라 부정경쟁현상을 규율할 조약상의 의무를 부담하게 되었다. 이에 1986년 12월 31일부로 특허법 · 상표법과 함께 개정 · 공포되어, 1987년 7월 1일부터 시행되었다. 그 후 한미통상협상 등으로 1991년 12월 31일 부정경쟁방지법에 영업비밀에 관한 조문 등을 신설하였다. 이와 함께 현행 부정경쟁방지법은

---

1) 이는 1934년 5월 파리협약 런던회의에 참석하기 위해서는 부정경쟁방지법을 제정할 의무를 부과하는 헤이그 개정조약을 비준하여야 했고, 이에 따라 商工省이 조약상의 의무이행 차원에서 작성하여 제국의회를 통과한 법률이다.

2) 1961년 12월 14일 국회 재정경제위원장이 제안한 「부정경쟁방지법안」(議案番號: AA 0310).

3) 이상정, "不正競爭禁止法理의 發展," 「競爭法硏究」 제1권, p.89.

제정법 이래의 목적조항(부§1)을 변경하고, 부정경쟁행위에 대하여는 금지청구를 하는 경우에 부정경쟁행위를 조성한 물건의 폐기, 설비의 제거 기타 예방조치의 강구를 청구할 수 있게 하였으며(부§4②), 손해배상청구의 요건으로 삭제하였던 행위자의 고의 · 과실을 명시하였다(부§5).

그 후 기술의 발전과 더불어 우리의 기술이 유출됨에 따라 정부는 1998년 12월 31일 이에 대처할 수 있도록 손해배상청구소송(부§14의2, §14의3)을 용이하게 수행할 수 있도록 하였고, 영업비밀을 외국에 사용하거나 누설한 경우는 무겁게 처벌할 수 있도록 하였으며(부§18①), 또 현 임직원뿐만 아니라 전직 임직원도 처벌할 수 있도록(부§18②) 하였으며, 법명도 「부정경쟁방지법」에서 「부정경쟁방지 및 영업비밀보호에 관한 법률」로 변경하였다.

또한, 2001년 개정에 의하여 유명상표의 식별력 또는 명성의 손상행위를 부정경쟁행위의 유형으로 규정하고(부§2 i 다), 고의에 의한 경우 민 · 형사적 책임을 지도록 하였으며(부§5, §18③ i), 대리인의 상표권자 동의 없는 상표의 사용행위도 부정경쟁행위로 추가되었다(부§2 i 사). 이 밖에도 국기 · 국장 등의 사용금지와 관련하여 상표법조약 체약국의 국기 · 국장 등이 추가되었으며(부§3), 손해액 추정의 산정방식을 개선하여(부§14의2) 2001년 7월 1일부터 시행되었다.

2003년 12월 22일 국회 본회의를 통과한 개정 법률(2004년 1월 20일 시행)은 국내에 널리 인식된 타인의 성명 · 상호 · 상표 등과 동일 · 유사한 도메인이름을 등록 · 보유 · 이전 또는 사용하는 행위, 이른바 사이버스쿼팅 행위를 부정경쟁행위의 한 유형으로 포함시켰다(부§2i아). 또한 영업비밀 침해행위에 대한 처벌을 강화하기 위한 일련의 개정이 이루어졌다. 즉 종전에는 영업비밀 침해행위의 처벌대상을 해당 기업의 전 · 현직 임직원으로 한정하고 있었으나, 부정한 이익을 얻거나 기업에 손해를 가할 목적으로 영업상의 비밀을 침해한 자라면 누구든지 처벌할 수 있도록 하였다(부§18①②). 보호대상 영업비밀 역시 기술상의 영업비밀로 한정되던 것을 경영상의 정보를 포함하는 모든 유형의 영업비밀로 확대하였다(부§18①②). 이 밖에도, 기업의 영업비밀 침해죄와 관련된 친고죄 규정을 삭제하고, 미수범과 예비음모자를 처벌하도록 하는 규정을 마련하여 처벌규정을 강화하였으며(부§18의2, §18의3 신설), 기업의 영업비밀을 침해한 행위자 외에 법인 등에 대하여도 양벌규정의 적용을 받도록 하였다(부§19).

2007년 개정법에서는 해외로 유출되는 영업비밀이 늘어나고, 그 방법이 갈수록 지능화, 대형화되는 실정에 맞추어 이를 적절하게 규제하기 위해서, 제18조 제1항의 징역형을 7년 이하에서 10년 이하로 강화하여 규정하는 것을 주요 내용으로 담고 있었다.

2008년 개정법에서는 기존의 양벌규정에 있어서 문언상 영업주가 종업원 등에 대한 관리·감독상 주의의무를 다하였는지 여부에 관계없이 영업주를 처벌하도록 하고 있어 책임주의 원칙에 위배될 소지가 있으므로, 제19조의 양벌규정에 단서를 추가하여 영업주가 종업원 등에 대한 관리·감독상 주의의무를 다한 경우에는 처벌을 면하게 함으로써 양벌규정에도 책임주의 원칙이 관철되도록 규정을 새롭게 하였다.

2009년 개정법은(2009년 3월 25일 공포) 향후 개발도상국과의 무역장벽 철폐로 인한 위조품의 대량유입 등 악영향에 대비하고 관련 업무를 강화하기 위하여 특허청장이 부정경쟁방지 및 영업비밀보호를 위한 연구·교육 및 홍보, 부정경쟁방지를 위한 정보관리시스템 구축 및 운영 등의 사업을 할 수 있도록 하고, 전문기관에 대한 업무위탁 및 업무지원에 소요되는 비용의 지원근거를 마련하였다. 이에 제2조의2 및 제17조의2를 신설하고, 제17조를 정비하여 국제정세의 변화에 대비하고 있다.

2010년 개정법에서는(2009년 12월 30일 개정 및 2010년 3월 31일 시행) 부정한 이익을 얻거나 기업에 손해를 입힐 목적으로 그 기업에 유용한 영업비밀을 외국에서 사용될 것임을 알면서 취득·사용한 자는 10년 이하의 징역 또는 그 재산상 이득액의 2배 이상 10배 이하에 상당하는 벌금에 처하도록 하였으며, 「질서위반행위규제법」의 제정으로 불필요해진 과태료의 부과·징수 절차 등에 관한 내용을 정비하였다.

2011년에는 두 번의 개정이 있었는데, 먼저 첫 번째 개정은 법률 제10810호(2011.6.30. 개정)로 한·EU FTA의 합의사항을 반영하기 위하여 협정에 따라 보호되는 지리적 표시를 정당한 권원이 없는 자가 사용하지 못하도록 하고, 그 사용행위로 인하여 정당한 권리자의 영업상 이익이 침해되는 경우 침해행위의 금지청구, 손해배상의 청구를 할 수 있도록 하는 등 해당 지리적 표시의 권리자를 보호하는 한편, 타인의 상표·상호 등을 부정하게 사용하는 부정경쟁행위를 확인하기 위하여 관계 공무원이 영업시설 또는 제조시설에 출입하여 관계 서류나 장부·제품 등을 조사하고, 시정권고 하는 등 부정경쟁행위에 대한 조사 등에 관한 업무를 중앙행정기관과 지방자치단체가 공동으로 수행할 수 있도록 하기 위하여 특허청장의 사무로 하고 있던 해당 업무를 특허청장과 시·도지사 및 시장·군수·구청장의 공동사무로 조정하려는 것이다. 그리고 두 번째 개정은 법률 제11112호(2011.12.2. 개정)로 한미FTA[4]의 합의사항을 반영하기 위하여 부정경쟁행위 또는 영업비밀 침해행위에 관한 소송에서 비밀유지명령제도를 도입하고, 일부 표현상의 불명료한 부분을 정비함으로써 제도운영의 효율성을 도모하려 하였다. 2013년 개정법(2014년 1월 시행)은 부정경쟁행위에 관한 보충적 일반조항을 신설하였으며, 부정경쟁행위와 관련하여 신고포상금 지급 제도를 도입하였다. 영업비밀 침해 관련 소송시 영업비밀 보유 사실의 입증 부담을 완화하기 위하여 영업비밀 원본증명제도를 도입하였으며, 기업 외에 비영리기관 등이 보유한 영업비밀의 유출행위도 형사처벌이 가능하도록 개정하였다.

2015년 개정법은 비밀유지에 필요한 "상당한 노력"을 "합리적인 노력"으로 완화하고, 원본증명서를 발급받은 자는 전자지문의 등록 당시에 해당 전자문서의 기재 내용대로 정보를 보유한 것으로 추정하는 규정을 신설하였다. 2017년 개정법은 타인이 제작한 상품의 형태를 모방한 상품을 양도·대여·전시하는 행위 등의 부정경쟁행위도 조사·검사의 대상으로 추가하고, 타인의 상품을 모방하는 경우 3년 이하의 징역 또는 3천만원 이하의 벌금에 처하도록 하였다. 2018년 개정법은 국내에 널리 인식된 타인의 상품 판매·서비스 제공방법 또는 간판·외관·실내장식 등 영업제공 장소의 전체적인 외관과 동일하거나 유사한 것을 사용하여 타인의 영업상의 시설 또는 활동과 혼동하게 하는 행위를 금지(소위 '트레이드드레스'의 보호)하였고, 사업제안, 입찰, 공모 등 거래교섭 및 거래과정에서 경제적 가치를 가지는 타인의 기술적 또는 영업상의 아이디어를 그 제공목적에 위반하여 자신 또는 제3자의 영업상 이익을 위하여 부정하게 사용하거나 타인에게 제공하여 사용하게 하는 행위를 부정경쟁행위 유형으로 신설하고, 제공받은 아이디어가 동종업계에서 널리 알려진 것이거나 아이디어를 제공받은 자가 제공받을 당시 이미 알고 있었던 사실을 입증하는 경우에는 면책되도록 하며, 위반행위에 대해서 조사·시정권고 권한을 부여하였다. 그리고 부정경쟁행위에 대한 손해배상청구의 소가 제기된 경우 법원이 특허청에 대해 조사기록의 송부를 요구할 수 있도록

4) 개정법의 부칙에서는 「대한민국과 미합중국 간의 자유무역협정」이 우리나라에 대하여 효력을 발생한 날로부터 시행한다고 규정하고 있다.

하였다.

2019년 개정은 기업의 영업비밀보호를 강화하기 위하여 보호대상이 되는 영업비밀의 요건을 완화하고, 영업비밀 침해행위에 대해 손해액의 3배의 범위에서 징벌적 손해배상제도를 도입하며, 영업비밀 침해행위의 유형을 확대하고, 영업비밀 유출에 대한 벌칙 수준을 상향하는 등 현행 제도의 운영상 나타난 일부 미비점을 개선 · 보완한 것이다.

2021년 개정은 데이터를 부정하게 사용하는 행위와 유명인의 초상 · 성명 등 인적 식별표지를 무단사용하는 행위를 각각 부정경쟁행위의 유형으로 명확히 규정하여 제재함으로써 건전한 거래 질서를 확립하고, 부당한 피해로부터 소비자를 보호하고자 하였다. 이에 따라 기존의 제2조 제1호 카목을 파목으로 하고, 같은 호에 카목 및 타목을 신설하였다.

2022년 개정은 데이터의 경우 「민법」상 물건에 해당하지 않아 소유권이 인정되기 어렵고, 초상 등의 경우도 일신전속적 성격상 권리의 양도 · 상속이 불가능하여 상표권과 권리충돌이 발생하는 등 그 특성상 복잡한 논란이나 부작용이 야기될 소지가 있다는 지적이 있었으나, 최근 대법원은 타인이 영업 목적으로 공개한 데이터와 유명인의 초상 · 성명 등이 지닌 경제적 가치를 '상당한 투자와 노력의 성과'로 인정하여 이를 무단사용한 행위를 부정경쟁행위로 제재한 바 있다. 이에 따라 데이터를 부정하게 사용하는 행위와 유명인의 초상 · 성명 등 인적 식별표지를 무단사용하는 행위를 각각 부정경쟁행위의 유형으로 명확히 규정하여 제재함으로써 건전한 거래질서를 확립하고, 부당한 피해로부터 소비자를 보호하려고 하였다.

2023년 개정은 국내에 널리 인식된 타인의 상품표지 또는 영업표지의 오인 · 혼동행위에 대하여 부정한 목적 없이 먼저 사용한 경우에는 부정경쟁행위에서 제외하고, 타인은 선의의 선(先)사용자에게 그의 상품 또는 영업과 자기의 상품 또는 영업 간에 출처의 오인이나 혼동을 방지하는 데 필요한 표시를 할 것을 청구할 수 있도록 하며, 아이디어 탈취에 대하여 영업상의 이익이 침해되거나 침해될 우려가 있다는 사실 및 그 부정경쟁행위자를 안 날부터 3년, 그 부정경쟁행위가 시작된 날부터 10년이 지나면 침해금지청구를 하지 못하도록 하는 한편, 부정경쟁행위 등의 행정조사 대상을 관계 서류나 장부뿐만 아니라 디지털 파일 등도 포함할 수 있도록 관계 자료도 확대하고, 원본증명기관이 보조금을 다른 목적으로 사용한 경우에는 기간을 정하여 반환을 반드시 명하도록 하는 등 현행 제도의 운영상 나타난 일부 미비점을 개선 · 보완하였다.

2024년 개정은 부정경쟁행위 등 조사의 당사자가 특허청장 등에게 부정경쟁행위 확인 등을 위한 조사와 관련된 자료의 열람 및 복사를 요구할 수 있는 근거를 마련하고, 부정경쟁행위를 한 자에 대한 특허청장의 시정명령제도를 도입하며, 누구든지 정당한 권한 없이 또는 허용된 권한을 넘어 타인의 영업비밀을 훼손 · 멸실 · 변경하는 것을 금지하고, 아이디어 탈취 및 영업비밀 침해행위가 고의적인 것으로 인정되는 경우에 부과하는 징벌적 손해배상액의 한도를 손해액의 3배에서 5배로 상향하며, 영업비밀 침해행위를 조성한 물건 등에 대한 몰수 근거를 마련하고, 부정경쟁행위 범죄나 영업비밀 침해죄에 관한 법인의 벌금형 상한을 행위자의 3배로 강화하며, 영업비밀 침해죄에 관한 법인의 공소시효를 10년으로 하는 등 현행 제도의 운영상 나타난 일부 미비점을 개선 · 보완하였다.

2. 구 성

부정경쟁방지법은 모두 38개조로 된 법률로서 먼저 타인의 상호 · 상표 등을 부정하게 사용하는 등의 부정경쟁행위와 타인의 영업비밀을 침해하는 행위에 대한 법률적 요건을 규정하고, 각각의 법률효과를 규정하는 형태를 취하고 있다.

부정경쟁행위의 유형으로(부§2 i)는 i) 상품주체 혼동야기행위, ii) 영업주체 혼동야기행위, iii) 유명상표의 식별력 · 명성 손상행위, iv) 원산지 허위표시행위, v) 출처지 등 오인야기행위, vi) 상품의 사칭(詐稱) 및 질량 오인야기행위, vii) 상표권자의 동의 없는 대리인의 상표사용행위, viii) 정당한 권원이 없는 자의 도메인 이름 선점행위, ix) 타인이 제작한 상품의 형태를 모방한 상품의 사용행위가 있다. 또한 2014년 시행법에서는 부정경쟁행위에 관한 보충적 일반조항으로 “그 밖에 타인의 상당한 투자나 노력으로 만들어진 성과 등을 공정한 상거래 관행이나 경쟁질서에 반하는 방법으로 자신의 영업을 위하여 무단으로 사용함으로써 타인의 경제적 이익을 침해하는 행위”를 새로이 부정경쟁행위로 규정하고 있다. 그리고 이러한 부정경쟁행위와 별도로 협약이나 조약에 의해서 보호되는 국기 · 국장 그 밖의 휘장이나 상표 및 지리적 표시 등에 대해서도 별도로 규정을 하고 있다. 그에 대한 사법적 구제방법으로는 민사적 구제방법(부§4 내지 §6)과 행정규제(부§7 내지 §9) 및 형사적인 구제방법(형사제재: 부§18③, §19), 행정벌로서 과태료

(부§20) 등이 인정되고 있다. 특히 민사적 구제방법으로는 금지 · 예방청구권(부§4), 손해배상청구권(부§5, §14의2), 영업상의 신용회복청구권(부§6) 등이 있다.

영업비밀 침해행위의 유형(부§2iii)으로는 i) 부정취득 · 사용 · 공개행위, ii) 부정취득자로부터 악의취득, iii) 사후적 관여행위, iv) 신의성실의 위반유형(비밀유지 위반행위), v) 부정공개자로부터 취득한 행위, vi) 부정공개행위에 관한 사후적 관여행위유형이 있고, 사법적인 구제방법으로는 부정경쟁방지행위와 같이 민사적인 구제방법(부§10~§12)과 형사적인 제재(부§18①②, §18의2, §18의3, §18의4, §19) 등이 있다.

III. 목 적

부정경쟁방지법은 제1조에서 "이 법은 국내에 널리 알려진 타인의 상표 · 상호(상호) 등을 부정하게 사용하는 등의 부정경쟁행위와 타인의 영업비밀을 침해하는 행위를 방지하여 건전한 거래질서를 유지함을 목적으로 한다."라고 규정하고 있다. 즉, 우리나라 부정경쟁방지법은 '건전한 거래질서를 유지'하는 데 법규 전체의 의의와 목적을 두고 있음을 제1조에서 명시하고 있다. 이와 같은 부정경쟁방지법의 일반적 목적은 부정경쟁방지법을 제정하는 나라(목적 조항을 갖고 있든지 갖고 있지 않든지)에 있어서나 또는 일반 불법행위법에 의거하여 부정경쟁행위를 규율하는 나라의 경우에 있어서나 차이가 있지 아니하다. 모든 나라에서 부정경쟁방지법은 시장경제 내에서 경쟁의 품질, 즉 경쟁의 공정성에 이바지하는 데 그 목적을 두고 있기 때문이다.[5)]

한편 '건전한 거래질서의 유지'라는 공익의 보호와 함께 부정경쟁방지법은 개인의 인격권 내지 기업의 영업권의 침해로부터의 보호라는 역할을 수행하기도 한다. 특히 일체의 법률효과가 부정경쟁행위 내지 영업비밀 침해행위의 객관적 실제보다는 피침해자의 권리주장을 요건으로 한다는 점에서, 비록 공익의 보호라는 역할이 강조되는 것이 현재의 추세이나, 사권의 보호라는 목적 역시 간과될 수 없다 하겠다.

5) 정호열, 「부정경쟁방지법론」, 삼지원, 1993, p.50.

이러한 부정경쟁방지법의 목적을 달성하기 위해서 특허청장은 부정경쟁행위의 방지 및 영업비밀보호를 위하여 연구 · 교육 및 홍보, 부정경쟁방지를 위한 정보관리시스템 구축 및 운영, 그 밖에 대통령령으로 정하는 사업을 할 수 있다(부§2의2).

Ⅳ. 다른 법률과의 관계

1. 상법과의 관계

부정경쟁방지법과 상법이 관련되는 사항으로는 상호 보호에 관한 상법규정과의 관계 및 경업행위 등과 관련한 부정경쟁행위 내지 영업비밀 침해행위의 성립이다. 이 중 상호 보호에 관한 상법규정과 부정경쟁방지법과의 관계를 보면 1991년 개정 전의 부정경쟁방지법 제9조는 상호에 관한 상법규정에 대해서도 특별법적 지위를 부여하였다. 따라서 부정경쟁방지법은 신용회복청구권과 같이 상법상의 보호가 없는 경우에만 추가적으로 적용되는 보충적인 역할만을 하였다. 그러나 현행법으로의 개정과정에서 상호에 관한 상법규정을 특칙에서 의도적으로 삭제한 바 양법은 중복적용된다. 특히 부정경쟁방지법상의 보호는 상대방에게 부정목적이 있다는 점을 입증할 것을 전제하지 않으며 나아가 이종영업을 위해 동일하거나 유사한 상호를 사용하는 경우에도 그 사용의 중지청구가 가능하다는 점에서 상법상의 보호보다 강력하고 포괄적이다.

상법은 상업사용인(상§17), 영업양도인(상§41), 대리상(상§89) 및 합명회사와 합자회사의 무한책임사원(상§198, §269), 주식회사와 유한회사의 이사(상§397, §567) 등에 대하여 경업행위를 금지하고 있으며, 그 의무위반의 효과로서 영업주 또는 회사에 대하여 손해배상청구권과 해지권을 부여하고 나아가 개입권(介入權)을 인정하고 있다.

예컨대 영업양도의 경우 양도인이 경업금지의무(상§41)에 반하여 동종(同種) 영업을 한다면, 이는 일반 공중에게 구영업을 계속하고 있다는 것을 오인시킬 수 있어 영업양수인에 대한 부정경쟁행위가 된다고 할 수 있다. 이러한 면에서 상업사용인이나 이사 등의 경업행위나 겸직행위는 본인인 영업주나 회사 등에 대하여 부정한 경쟁행위를 구성하며, 상법의 경업 개념과 부정경쟁방지법상의 경쟁 개념은 동일한 것으로 풀이할 수 있을 것이다. 또한, 원칙적으로 회사경영에 참여하며 업무집행권이 없는 경우에도 감시권이 있기 때문에 회사의 기밀을 잘 알 수 있는 상태에서 합명회사의 무한책임사원이 경업적 활동을 한다면 이는 영업비밀을 부정하게 사용하는 행위일 수 있다. 이러한 의미에서 경업금지의무의 존재는 영업비밀의 부정공개행위에 있어서의 비밀유지의무의 존재를 판단하는 중요한 자료가 될 것이다.

2. 산업재산권법 등과의 관계

부정경쟁방지법 제15조는 특허법, 실용신안법, 디자인보호법, 상표법, 농수산물품질관리법, 저작권법 또는 개인정보보호법에 제2조부터 제6조까지 및 제18조 제3항과 다른 규정이 있으면 그 법에 따른다고 규정하고 있다. 즉, 특허법 등의 규정에 의하여 국가가 정당한 권리로서 인정한 것은 당해 법규정에 따라서 그 권리가 소멸되지 않는 한 부정경쟁방지법에 의해 규제하는 것은 타당하지 않다는 것이다.

그러나 산업재산권이 등기 · 등록의 형식적인 요건만의 충족으로 인정되는 것은 아니다. 즉 그것은 보호받을 가치가 있는 것이어야 하며, 보호받을 수 있는 자의 권리이어야 한다. 따라서 주지(周知)된 미등록의 상표임을 알면서 타인의 상표를 등록[6]하여 그 권리를 주장하는 자는 산업재산권의 보호범위를 벗어난 자라고 볼 것이다. 이에 부정경쟁방지법상의 공정한 경쟁질서의 담보는 산업재산권의 인정을 위한 전제라 할 것이며, 법 제15조의 규정과 관련하여도 그 해석을 엄격히 할 것이다.[7]

3. 독점규제법과의 관계

부정경쟁방지법은 「독점규제 및 공정거래에 관한 법률」(이하 "독점규제법"이라 한다),[8] 「표시 · 광고의 공정화에 관한 법률」, 「하도급거래 공정화에 관한 법률」과

---

6) 부정경쟁방지법상의 보호상표는 그 주지의 정도가 상표법상의 '현저하게 인식되어 있는' 정도보다는 완화된 것인바 양법의 보호가 충돌될 수 있다.

7) 우리법 제15조와 관련한 입법례로는 일본 구(舊)부정경쟁방지법 제6조를 들 수 있다. 그러나 이 규정에 학설은 비판적이었고, 판례 또한 권리남용을 이유로 이 규정의 적용을 부정하고 있어 1991년 개정 부정경쟁방지법에서는 그 규정을 삭제하였다.

8) 독점규제 및 공정거래에 관한 법률을 우리나라에서는 「공정거래법」 또는 「독점금지법」, 「독

같이 경쟁질서의 유지라는 역할을 수행하기 위한 법률이다. 다만, 독점규제법은 카르텔 · 사적 독점 등의 자유경쟁을 제한하는 행위를 금지함과 함께 공정한 경쟁을 저해하는 행위를 불공정한 거래방법으로서 금지하여 공정하고 자유로운 경쟁질서의 유지를 도모할 목적으로 하고 있는 반면, 부정경쟁방지법은 부정경쟁의 방지를 통하여 공정한 경쟁질서의 유지를 도모할 것을 목적으로 하고 있다.

또한, 목적달성을 위한 수단에 있어서 독점규제법은 공정거래위원회의 시정권고 · 명령 등의 행정규제를 중심으로 하는 것에 반해, 부정경쟁방지법은 공익에 대한 침해의 정도가 높은 것을 형사벌의 대상으로 하는 한편, 사익의 침해에 한정된 것은 사업자간의 사용금지청구, 손해배상청구, 신용회복청구 등의 민사적 청구에 의하게 되어 있다.

이러한 양법이 관련되는 경우는 주로 부정경쟁행위가 불공정거래행위에 해당하는 경우가 된다. 즉 부정경쟁행위 중 영업주체의 혼동야기행위는 불공정거래행위 중 사업자에 관하여 허위 또는 소비자를 기만 · 오인시킬 우려가 있는 행위에 해당하는 경우가 있을 것이다. 또 원산지를 허위표시하는 행위 · 상품의 출처지의 오인야기행위 및 상품의 품질이나 내용 또는 수량 등의 오인야기행위는 모두 상품이나 광고에 의하여 소비자를 기만하거나 오인시킬 우려가 있는 행위라는 점에서 공통되며, 이것도 불공정거래행위 중 허위 · 과장 표시광고행위에 해당하는 경우가 있을 수 있다.

4. 형법과의 관계

부정경쟁방지법 제15조 제2항에서는 국기 · 국장에 관하여 부정경쟁방지법상의 규정과 다른 형법상의 규정이 있는 경우에는 부정경쟁방지법의 적용을 배제하고 형법에 의하도록 하고 있다. 특히 이와 관련된 형법상의 규정으로는 제105조의 국기, 국장의 모독 규정 및 제109조의 외국의 국기, 국장의 모욕 규정을 들 수 있을 것이다. 다만, 형법상의 범죄가 성립하기 위하여는 '대한민국을 모욕할 목적으로' 내지 '외국을 모욕할 목적으로'라는 주관적 요건을 필요로 하며, '국기 또는 국장을 손상, 제거 또는 모욕한'이라는 객관적 요건을 필요로 한다. 따라서 국기 · 국장을 단순히 상표로 사용하는 경우에 대하여 국기모욕죄가 성립된다고는

점규제법」 등으로 약칭하나 모두 동일한 의미로 사용하고 있다. 本書에서는 편의상 독점규제법이라 칭한다.

할 수 없는바 적어도 형법과 관련한 부정경쟁방지법 제15조 제2항의 규정은 무의미하다고 하겠다.[9)]

제2절 | 부정경쟁행위

Ⅰ. 부정경쟁행위의 유형

종전의 부정경쟁방지법은 상표, 상호 등을 부정하게 사용하는 행위를 제한적으로 열거하여 부정경쟁행위를 규율하는 방식을 택하고 있다. 즉 부정경쟁방지법 제2조 제1호에서는 일정 행위를 부정경쟁행위로 한정하여 열거하고, 그 이외의 부정경쟁행위에 대하여는 민법, 형법, 상법 등 다른 법률에 의해 규제하였다. 그러나 현대 사회에서 기술의 발전과 시장의 변화에 따라 아바타, 인터넷 프레이밍 광고 등 법률에 규정되어 있지 않은 새로운 유형의 부정경쟁행위가 발생하고 있어, 새로이 등장하는 경제적 가치를 지닌 무형의 산물을 보호하기 위해 부정경쟁행위에 대한 보충적 일반조항의 도입이 이루어졌다. 이에 아래에서는 종전 법률에서 정한 9가지 유형의 부정경쟁방지행위와 함께 보충적 일반조항에 대하여 설명하도록 한다.

1. 상품주체의 혼동야기행위(부§2i 가)

상품주체 혼동야기행위란 "정당한 사유 없이 국내에 널리 인식된 타인의 성명 · 상호 · 상표 · 상품의 용기 · 포장 기타 타인의 상품임을 표시한 표지와 동일하거나 이와 유사한 것을 사용하거나 이러한 것을 사용한 상품을 판매 · 반포 또는 수입 · 수출하여 타인의 상품과 혼동을 일으키게 하는 행위"를 말한다. 즉 본목은 자기의 상품을 타인의 상품과 혼동하게 하는 행위를 규제하는 것이다. 단, 타인의 상품표지가 국내에 널리 인식되기 전부터 그 타인의 상품표지와 동일하거나 유사한 표지를 부정한 목적 없이 계속 사용하는 경우와 그 사용자의 승계인으로

---

9) 일본 舊不正競爭防止法의 경우에도 형법과의 관계를 나타내고 있지는 않았다.

서 부정한 목적 없이 계속 사용하는 경우에는 해당하지 않는다.

이는 영업주체 혼동야기행위와 더불어 사칭통용(詐稱通用: passing off)의 전형적인 형태로, 타인의 신용을 부당하게 이용하여 자기의 영업상 지위를 유리하게 하는 동시에 그 타인의 고객을 탈취하여 영업상의 이익을 침해하는 행위이다.

본목의 규정은 주지된 상품표지(商品標識)를 전제로, 그를 부당하게 이용하여 자신의 영업상 지위를 유리하게 하는 동시에 그 타인의 고객을 유인함으로써 영업상의 이익을 침해하는 행위를 규제하기 위한 것이다. 따라서 본목의 보호를 받기 위해서는 상표등록이나 상호등기와 같은 요건을 필요로 하지 않으나, 그 표지가 '국내에서 널리 인식된 것'[10]이어야 한다.

여기서 주지성(周知性)의 지역적 범위와 관련하여 주지의 지역적 범위가 우리나라 전역에 걸쳐 인식되어야 하는 것인지, 아니면 우리나라의 어느 지방 또는 지역에서 인식되는 것으로 충분한 것인지의 문제가 발생한다. 이러한 주지성의 인정여부는 경쟁관계에 있는 영업자와 다른 경쟁자의 영업활동이 미치는 주요지역에서 판단되어야 할 것이다. 따라서 기본적으로 상품주체인 영업자와 그 상대 경쟁자의 영업활동이 미치는 주요한 지역이라면 주지의 지역적 범위는 한 지방으로도 충분하고, 양 당사자의 영업활동이 전국적 또는 국제적이라면 전국적 주지성을 검토하여야 할 것이다. 다수견해[11]와 판례[12]도 같은 견해를 취하고 있다.

한편, 법은 명시적으로 주지성의 인식주체를 정하고 있지는 않다. 그러나 본조의 규정이 소비자를 포함한 일반 수요자의 상품출처에 관한 혼동을 방지함을 목적으로 하는 것이므로, 그 상품과 관련되는 일반 수요자가 바로 주지(周知)의 주체가 된다 할 것이다. 나아가 상품표지가 가진 신용은 일반 거래자 또는 수요자 사이에서도 형성될 수 있는바 현실적인 소비자만에 주지의 주체성이 한정되지 않고 일반거래자 또는 수요자로써 충분하다.

---

10) 파리협약 제10조의2나 영업상의 표지보호에 관한 독일 부정경쟁방지법 제16조가 주지성의 요건 없이 표시적 기능이 있는 영업표지를 그 보호대상으로 하는 점에서 본목의 보호대상을 한정하는 요건이라 하겠다.

11) 송영식 · 이상정 · 황종환, 「지적소유권법」, 육법사, 1987, p.760.

12) 대법원 1980.12.9.선고, 80다829 판결; 대법원 1976.2.10.선고, 74다1989 판결; 대법원 1995.7.14.선고, 94도399 판결; 대법원 1996.5.13.자 96마217 결정; 대법원 1997.2.5.자 96마364 결정; 대법원 2003.6.13.선고, 2001다52995 판결; 대법원 2003.9.26.선고, 2001다76861 판결; 대법원 2006.4.13.선고, 2003도7827 판결; 대법원 2008.9.11.선고, 2007도10562 판결.

본목의 보호대상이 되는 것은 국내에서 널리 인식된 타인의 상품표지(商品標識)이다. 타인은 원칙적으로 상품의 제조, 가공, 판매 기타 상품의 공급을 사업으로 하는 자로서 그 전형은 상인이며, 상인성(商人性)을 갖는 자라면 자연인뿐만 아니라 법인도 보호의 권리주체가 된다. 나아가 경쟁관계가 인정되기만 하면 상법상의 상인은 물론 변호사, 의사, 예술가 등 자유직업인과 기타 경제적 경쟁에 개입하는 모든 사업자가 여기의 타인에 해당된다.

상품임을 표시한 표지는 그 표지를 갖춘 상품이 누구로부터 나온 것인가를 알려 주어 다른 출처로부터 나온 상품과 구별시켜 주는 인식수단으로, 본목에서의 성명 · 상호 · 상표 · 상품의 용기 · 포장 등의 것은 예시적인 규정에 불과하다.

본목은 타인의 상품임을 표시한 표지(標識)와 "동일하거나 이와 유사한 것을 사용하거나 이러한 것을 사용한 상품을 판매, 반포 또는 수입, 수출하여" 타인의 상품과 혼동을 초래하는 것을 규정하여, 혼동초래의 구조를 "동일 또는 유사한 표지"를 "사용하는 등"으로 한정하고 있다. 그러나 본목의 규정이 상품주체 사이의 혼동야기행위를 금하는 것임을 이해할 때 혼동야기의 수단에 관한 제한은 무의미하다 할 것이며, 동일 또는 유사성의 판단 문제는 혼동위험의 인정이라는 관점에서 판단되어야 할 것이다. 즉 표지의 동일 또는 유사성은 혼동을 일으키는 하나의 요소 또는 수단으로서 혼동위험을 인정하기 위한 보조적 수단에 지나지 않으며, 이러한 동일성 또는 유사성의 검토는 구체적인 사안에서 상품에 관한 혼동을 초래하는가의 관점에서 판단되어야 한다.

'혼동'이라 함은 상품과 상품 사이의 혼동이 아니라 상품출처, 즉 상품주체 사이에서의 혼동을 일으키는 것을 의미한다. 따라서 상품주체간의 혼동이 일어나지 않는다면 표지 상호간에 혼동이 일어나는 사실만으로는 문제가 되지 않는다.

혼동은 혼동가능성의 객관적 존재로 충분하다. 따라서 표지의 모용자(冒用者)에게 부정경쟁의 목적이나 의사 또는 거래상 현실적으로 발생하는 혼동에 대한 인식 등의 주관적 요소가 요구되는 것도 아니며, 현실적인 상품주체의 혼동을 필요로 하지도 않는다. 다만 이러한 혼동위험은 형식적 · 추상적인 위험으로 부족하고 구체적인 사안에 있어서 개별적 · 구체적인 판단에 의해 인정되는 것이어야 한다.

2. 영업주체의 혼동야기행위(부§2i 나)

영업주체 혼동야기행위는 "정당한 사유 없이 국내에 널리 인식된 타인의 성명 · 상호 · 표장 그 밖에 타인의 영업임을 표시하는 표지(상품 판매 · 서비스 제공방법 또는 간판 · 외관 · 실내장식 등 영업제공 장소의 전체적인 외관을 포함한다)와 동일하거나 유사한 것을 사용하여 타인의 영업상의 시설 또는 활동과 혼동을 하게 하는 행위"를 말한다. 단, 타인의 영업표지가 국내에 널리 인식되기 전부터 그 타인의 영업표지와 동일하거나 유사한 표지를 부정한 목적 없이 계속 사용하는 경우와 그 사용자의 승계인으로서 부정한 목적 없이 계속 사용하는 경우에는 해당하지 않는다.

본목의 규정은 타인의 영업 자체를 나타내는 표지를 사용하여 타인의 영업상의 시설 또는 활동과 혼동을 일으키게 하는 행위를 규제하는 것으로, 타인의 신용을 화체(化體)한 표지를 이용하여 타인의 고객을 탈취하는 행위를 대상으로 하는 점은 가목의 상품주체 혼동야기행위와 같지만 상품에 관한 신용이 아니라 영업자체에 관한 신용을 보호한다는 점에서 상이하다.

본목의 '영업(營業)' 개념과 관련하여 이는 상법상의 영업에 한정되는가의 여부가 논의되고 있다. 그러나 부정경쟁방지법은 사실행위적 성격을 가지는 부정경쟁수단을 규율하는 것으로 법률행위를 그 적용대상으로 하는 상법상의 영업개념이 전적으로 인용될 수는 없다. 한편, 경쟁의 공정성 담보라는 부정경쟁방지법상의 의의를 보건대, 부정경쟁방지법은 경쟁 또는 경쟁관계가 발생하는 모든 사회분야에 적용되어야 하며 이 모두가 동법상의 '영업' 개념에 포섭된다. 따라서 여기서의 영업은 상업 · 공업은 물론 광업 · 임업 · 수산업 · 농업 등의 1차산업, 병원 · 약국 · 학원 등의 경영, 변호사 · 변리사 · 의사 · 공인회계사 · 설계사 · 예술가 등의 소위 자유직업, 학술이나 기술의 진흥을 목적으로 하는 사업, 사회복지나 문화활동상의 사업 등 경제적 경쟁이 수반되는 모든 사업을 포괄한다고 할 것이다.[13]

본목은 영업을 표시하는 표지로서 성명 · 상호 · 표장 기타 타인의 영업임을 표시하는 표지를 예시하고 있으며, 특히 본목의 성명 · 상호는 영업표지로서 작용

---

13) 판례는 반대의 입장으로 의사들의 의료행위는 국민보건의 보호증진에 기여함을 주목적으로 하는 것이므로 사회통념상 의료행위가 주목적인 의료기관의 개설 · 운영행위는 영업 또는 상거래에 해당한다고 볼 수 없다고 한다(서울고법 1983.6.10.선고, 83나274 판결).

한 것이다. 표장은 일정한 표지를 위하여 사용되는 형상으로, 예컨대 가게 앞의 입상(立像)(KFC 치킨집의 할아버지) 등이 있다.

상품주체 혼동야기행위에서와 같이 본목의 혼동도 국내에 널리 인식된 타인의 영업표지와 동일 또는 유사한 표지를 매개체로 하여 자신의 영업을 그 타인의 영업인 것처럼 거래자 또는 수요자에게 혼동을 일으키는 것으로, 영업의 출처 내지 영업주체에 관한 혼동을 의미한다. 이는 혼동의 가능성을 포함하며, 타인의 영업 자체는 아니라도 이것과 거래상, 경제상 또는 조직상 밀접한 관계가 있는가의 오인을 일으키는 것, 즉 광의의 혼동 또는 후원관계의 혼동을 포함한다.

한편, 2018년 개정을 통하여 "상품 판매 · 서비스 제공방법 또는 간판 · 외관 · 실내장식 등 영업제공 장소의 전체적인 외관"도 영엽표지로 포섭하여 소위 '트레이드드레스(Trade Dress)'까지도 보호할 수 있게 되었다.

3. 유명상표의 식별력 · 명성 손상행위(부§2i 다)

유명상표의 식별력 · 명성 손상행위란 "상품주체 및 영업주체의 혼동야기행위 외에 다음의 어느 하나에 해당하는 정당한 사유 없이 국내에 널리 인식된 타인의 성명 · 상호 · 상표 · 상품의 용기 · 포장 그 밖에 타인의 상품 또는 영업임을 표시한 표지(타인의 영업임을 표시하는 표지에 관하여는 상품 판매 · 서비스 제공방법 또는 간판 · 외관 · 실내장식 등 영업제공 장소의 전체적인 외관을 포함한다[14])와 동일하거나 유사한 것을 사용하거나 이러한 것을 사용한 상품을 판매 · 반포 또는 수입 · 수출하여 타인의 표지의 식별력이나 명성을 손상하게 하는 행위"를 말한다. 단, 타인의 성명, 상호, 상표, 상품의 용기 · 포장, 그 밖에 타인의 상품 또는 영업임을 표시한 표지가 국내에 널리 인식되기 전부터 그 타인의 표지와 동일하거나 유사한 표지를 부정한 목적 없이 계속 사용하는 경우에는 그러하지 않다.

이는 2001년 개정에서 추가된 사항으로 위 상품주체 및 영업주체의 혼동야기 행위(부§2 i 가, 나)는 원칙적으로 '혼동(confusion)'이론을 바탕으로 하고 있어, 유명상표의 보호를 강화하기 위해서는 '혼동'의 개념을 문리적 해석범위를 벗어나 확대하여 적용하는 것보다 명시적으로 유명상표의 희석화(稀釋化)방지 규정을 도입하는 것이 타당하다는 견해를 입법화한 것이다.

---

14) 제2조 제1호 나목과 같이 트레이드 드레스의 보호를 위하여 2018년 개정된 부분이다.

또한, 최근에는 인터넷 사용의 급증과 전자상거래의 활성화로 인하여 타인의 유명상표를 도메인 네임으로 선점하여 등록·사용함으로써 유명상표의 식별력이나 신용을 손상시키는 행위가 빈발하고 있으나, 기존의 혼동이론을 근간으로 하는 규정만으로는 유명상표에 대한 충분한 보호가 이루어지지 않아 이에 대한 적절한 구제책을 마련하고자 유명상표의 희석화방지 규정을 새로 규정하게 된 것이다.[15] 하지만, 이러한 보호만으로는 충분하지 않아 2004년 개정법에서 제2조 제1호의 아목을 신설하여 도메인네임의 보호를 강화하고 있다. 자세한 사항은 아래에서 다루기로 한다.

4. 원산지 허위표시행위(부§2i 라)

원산지 허위표시행위란 "상품이나 그 광고에 의하여 또는 공중이 알 수 있는 방법으로 거래상의 서류 또는 통신에 거짓의 원산지의 표지를 하거나 또는 이러한 표지를 한 상품을 판매·반포 또는 수입·수출하여 원산지의 오인을 일으키게 하는 행위"를 말한다. 즉 본목의 행위는 상품 또는 그 광고 기타에 허위의 원산지 표시를 하거나 이것을 표시한 상품을 취급하여 원산지의 오인을 일으키게 하는 행위를 규제한다.

본목의 행위는 상품에 관한 허위표시라는 점에서 가목의 상품주체의 혼동을 야기하는 행위와 비슷하나, 상품표시는 상품의 영업자와의 관계(상품주체)를 나타내는 것임에 대하여 원산지 허위표시는 상품의 산지만을 나타내는 점에서 구별된다. 또한, 본목의 원산지 허위표시행위는 특정된 타인의 이익을 해롭게 하는 행위가 아니고 사칭된 지역의 생산자 등의 전체 영업상의 이익에 관계되는 행위라는 점에서 가목 및 나목의 행위와 구별된다.

상품품질의 한 요소로서의 진실하지 않은 원산지의 표시방법은 사실상 존재하지 않는 가공의 지명을 원산지로 표시하는 경우와 실제 존재하는 지명을 원산지로 표시하되 그것이 당해 상품의 사실상의 원산지가 아닌 경우가 있다. 이때 전자의 경우가 마목의 상품의 출처지(원산지) 오인야기행위에 해당하는 반면, 후자는 본목에 해당하겠다. 다만, 본목의 허위표시는 오인유발적 표시보다 좁은 개념으로서 마목에 포섭된다고 할 것이며, 특히 오인을 유발하지 아니하는 허위표시

15) 특허청, 「개정 상표법·의장법 및 부정경쟁방지 및 영업비밀보호에 관한 법률의 주요내용」, 2001.2, pp.61~62.

가 가능하더라도 그러한 원산지허위표시는 그 자체가 타인의 상품 · 영업표지를 침해하지 않는 한 본법이 개입할 필요가 없다는 점에서 본목의 규정은 불필요한 규정이라 할 수 있다.

'원산지'는 농수산물이나 광산물 등의 천연산품의 산출지는 물론 상품이 제조 · 가공된 곳을 의미하는 것으로서 그 넓이에 관계없이 지리적 공간을 의미한다. 따라서 여기서의 '지(地)'란 일정한 지방이나 도(道) · 시(市) · 군(郡) 등의 행정구역, 사회경제적 구역 및 국가 등을 포함한다.

공산품의 생산에 있어 원료의 출소지(出所地)와 상품의 제조 또는 가공지가 다른 경우, 제조공정이 여러 단계로 여러 지역에서 이루어진 경우 등 원산지 확정의 문제가 제기될 수 있다. 이에 대하여는 상품의 주요소가 생산된 곳을 원산지로 본다든지 또는 그 장소를 원산지로 하는 것이 관습상 허용되는가의 여부에 달려 있다는 등의 견해도 있으나, 결국은 거래통념이 문제의 원산지표시에 결부시키는 의미를 탐구하여 개별적으로 결정하는 수밖에 없다. 일반적으로 농산물 · 수산물 · 광물 등의 천연산물은 재배 · 채취된 지역이 원산지가 되고, 섬유제품류 · 기계류 등과 같이 가공 또는 제조되는 것은 가공 또는 제조된 곳을 원산지로 보게 될 것이다.

'원산지표시'는 특정한 지리적 공간에서 어떤 상품이 유래되었다는 사실을 나타내는 일체의 객관적 표시로 도시나 지역의 명칭과 같이 특정한 지리적 개념이 표시되는 경우뿐만 아니라 화장품에 불어로 표기하는 것과 같이 지리적 개념이 포함되어 있지 않으나 다른 사실로부터 그 상품이 특정 지역으로부터 유래하였음을 추단(推斷)케 하는 경우를 포함한다.

'광고'는 넓은 의미에서 공중(公衆)을 대상으로 행하여진 표시로 민법이나 상법 기타 법규상의 공고, 공시, 선전 등을 모두 포함하며, 그 방법 및 매체는 신문, 잡지, TV, 라디오, 영화, 포스터, 견본, 전단, 방문광고, 실연에 의한 광고, 전광판, 포스터 등 원칙적으로 제한이 없다. '공중이 알 수 있는 방법'이란 어떤 표지가 그 표현 · 방법에 의하여 불특정다수인이 알 수 있는 성격을 갖는 것을 의미하며, 여기에서의 불특정다수는 일반 대중뿐만 아니라 당해 상품의 수요자나 거래관련자를 포함한다.

'거래상의 서류 또는 통신'은 영업거래상 사용되는 초청장 · 추천장 · 견적서 · 송장(送狀) · 계산서 · 거래서 · 영수증 · 편지지 · 봉투 등의 일체 서류 또는 전보 등 거래상의 의사표시행위를 포함하는 일체의 통신물을 의미한다. 그러나 사내전표나 사내연락문서 등 일반적으로 거래의 의사표시행위가 포함되어 있지 않은 것은 여기에서 제외된다.

법은 '허위의 원산지 표지를 한 상품을 판매·반포 또는 수입·수출하여 원산지의 오인을 일으키게 하는 행위'를 규제하고 있다. 즉 법은 허위의 원산지 표지를 한 상품을 매체로 한 일체의 행위가 원산지의 오인을 일으키게 하는 경우 이를 부정경쟁행위로 보고 있다. 이때 '오인을 일으키게 하는'의 뜻은 가·나목의 '혼동을 일으키게 하는'에 대한 해석이 대체로 적용된다. 따라서 오인은 선전(宣傳)의 대상거래권이 실제로 오인에 이르러야 하는 것을 뜻하는 것이 아니라 오인의 위험성만으로 족하며, 이는 개별적·구체적으로 판단하게 된다.

5. 상품출처지의 오인야기행위(부§2i 마)

출처지 등 오인야기행위란 "상품이나 그 광고에 의하여 또는 공중이 알 수 있는 방법으로 거래상의 서류 또는 통신에 그 상품이 생산·제조 또는 가공된 지역 이외의 곳에서 생산 또는 가공된 듯이 오인을 일으키게 하는 표지를 하거나 또는 이러한 표지를 한 상품을 판매·반포 또는 수입·수출하는 행위"를 말한다. 즉 본목의 행위는 상품 또는 그 광고 등에 그 상품이 생산·제조·가공된 지역 이외의 장소에서 생산·제조·가공된 것같이 오인을 일으키게 하는 표지를 하거나 또는 이러한 표지를 한 상품을 취급하는 행위로, 예컨대 중국산 파·고추 등의 농산물을 국산 파·고추 등이라고 하는 경우, 미국·호주산 쇠고기를 한우(韓牛)로 표시하는 등의 행위가 있겠다.

본목의 규정은 라목의 원산지 허위표시규정을 확장한 것이다. 즉 라목의 행위가 허위의 원산지를 표시함으로써 원산지를 오인하게 하는 행위인 반면, 본목의 행위는 허위 여부를 따지지 않고 출처지 등의 표지가 사실과 다르게 혼동을 일으키게 하는 행위 및 이러한 표지를 한 상품을 판매 기타의 방법으로 유통상태에 두는 행위 등을 포함한다. 특히 본목의 행위는 가공의 표지 또는 암시적인 표지를 포함한다.

'오인을 일으키는 행위'는 상품이 실제에 생산·제조·가공된 지역 이외의 곳에서 생산·제조·가공된 듯이 오인을 야기시키는 표지를 하는 행위이다. 여기서 생산은 농업·임업·광업·수산업 등의 제1차 산업의 원시적 생산을 말한다. 제조는 재료에 노력을 가하여 전혀 다른 종류의 물건을 만드는 것을 말하며, 가공은 물건의 종류를 변경하지 않는 정도에서 노력을 가하는 것을 뜻한다.

'지역'은 일반적으로 제한된 범위(지방)를 뜻하는 것이나 여기서는 그 밖의 국가까지를 포함한다. 따라서 국산제품을 외국품으로 오인할 수 있는 표지를 사용하는 경우도 본목의 행위가 된다.

오인을 일으키게 하는 표지인가의 여부는 전체적으로 판단하여야 한다. 지명이나 국명을 문자로 정확하게 표시하지 않아도 이를 상징하는 도형이나 색을 배합하거나 이러한 것과 문자의 결합으로 지명 또는 국명을 표시하는 것도 오인을 일으키게 하는 것은 본목의 표지가 된다. 부분적으로 불명확하거나 불완전한 표지 또는 가공의 표지도 전체적으로 출처지를 오인할 수 있는 것은 본목에 해당된다.

6. 상품의 품질 · 내용 · 수량의 오인야기행위(부§2i 바)

상품의 품질 · 내용 · 수량의 오인야기행위란 "타인의 상품을 사칭하거나 상품 또는 그 광고에 상품의 품질 · 내용 · 제조방법 · 용도 또는 수량의 오인을 일으키게 하는 선전 또는 표지를 하거나 이러한 방법이나 표지로써 상품을 판매 · 반포 또는 수입 · 수출하는 행위"를 말한다.

본목의 행위는 허위광고 · 과대광고 등의 행위로, 상품 또는 그 광고에 상품의 품질 · 내용 · 수량 등에 관하여 오인을 할 만한 표지를 하는 행위 및 그러한 표지를 한 상품을 판매 기타의 방법으로 유통상태에 두는 행위의 2가지 유형이 있다. 따라서 '타인의 상품을 사칭하는 행위'는 타인의 상품을 자기의 상품이나 또 다른 타인(제3자)의 상품으로 사칭하거나 이러한 방법으로 상품을 판매 · 반포 또는 수입 · 수출하는 행위를 말하며, 질량(質量: 품질 · 수량)오인야기행위는 수요자에 대한 부정수요조종행위(不正需要操縱行爲)이자 시장의 일반적 파괴를 가져오는 행위로서 라목의 원산지허위표시행위(原産地虛僞表示行爲)나 마목의 출처지 등 오인야기행위(出産地等誤認惹起行爲) 등과 같이 고객을 부정하게 획득하는 행위이다.

광고는 라목에서의 설명과 같이 '영업을 목적으로 공중을 대상으로 행하여진 표시 또는 선전'을 의미한다. 한편, 법은 '상품 또는 그 광고에 … 선전 또는 표지를 하거나'라 규정하여 상품상의 표지와 상품광고상의 선전을 구분하고 있는바 여기의 광고는 위 협의의 광고에서 표지를 배제한 것만을 지칭한다.[16)]

본목의 광고 역시 그 방법 · 매체에는 아무런 제한이 없다.

본목의 행위는 상품 또는 그 광고에 상품의 품질 · 내용 · 제조방법 · 용도 또는 수량의 오인을 일으키게 하는 선전 또는 표지를 하는 행위이다. 상품은 유형재화(有形財貨)를 의미하는 것으로 서비스는 여기의 상품에 해당되지 않는다. 따라서 예컨대 영업의 규모 · 조직형태 · 타기업과의 관계 등에 관하여 오인을 일으키게 하는 선전 또는 표지를 하는 행위는 본목에 해당되지 않는다.

품질에 관하여 오인을 일으키게 하는 선전 또는 표지는 일부 중고재료를 사용한 제품 · 중고품 또는 개조한 제품을 신품이라고 하는 경우나 하급품을 고급품이라고 하는 것과 같이 직접 품질을 과대 또는 허위로 광고하는 경우가 전형적인 경우이다. 뿐만 아니라 간접적인 환경청의 환경마크, 협회 · 산업통상자원부의 품질안전마크, 박람회 · 연구소 · 상공회의소 등 공사(公社)의 시설에 보증을 하게 하거나 또는 전문기술자에게 보증을 하게 하는 형식으로도 행하여질 수 있으며, 자사내에 상품을 검사하는 연구실 · 실험실이 있다고 사칭하는 경우도 있을 수 있다.

'내용'은 상품의 내용으로 널리 이해하는 경우에는 품질 · 제조방법 · 용도나 수량 등을 포함하는 급부의 내용이라 할 수 있다. 그러나 바목에서는 이들을 별도로 열거하고 있는바 상품의 원료와 재료, 성분과 함량, 부속품과 여분 등이 그 직접적인 대상이 된다. 나아가 보증의 내용과 그 기간, 애프터서비스의 유무와 그 기간 등의 상품거래조건도 상품의 내용에 포함시킬 수 있다.

'제조방법'이란 상품을 제조하는 방법으로 가공방법이나 조립방법을 포함한다. 나아가 공정 · 방수 또는 내역처리 등의 처리방법, 상품의 제조에 사용하는 기구와 설비 등 제조과정과 직접 · 간접으로 관련되는 사실 등이 여기의 제조방법에 포함된다.

'용도'란 상품의 품질관념을 전제로 한 개념으로 상품의 사용방법과 사용가능성, 그 효용형태, 용도의 수 등을 사실과 다르게 또는 과장하여 표시하는 경우가 본호의 용도에 관한 오인유발행위가 된다. 예컨대 화장품에 의약품이라는 인상을 심어 주는 표지를 사용하는 경우가 있겠다.

'수량'이란 상품의 수와 양(量), 즉 길이, 넓이, 무게, 용적과 체적, 중량 등을 의미하며, 상품의 무게나 양을 사실과 다르게 표시하는 행위, 상품의 과대포장,

---

16) 여기에서의 표지는 소비자들에게 자기가 공급하는 상품을 특정하고 식별시켜 계약체결로 이끄는 최종적 정보제공행위 또는 그 제공물을 말한다(정호열, 「부정경쟁방지법론」, 삼지원, 1993, p.200 참조).

거래단위인 수량을 광고보다 줄여서 판매하는 경우 등이 수량에 관한 오인야기행위에 해당한다.

7. 상표권자의 동의 없는 대리인의 상표사용행위(부§2i 사)

상표권자의 동의 없는 대리인의 상표사용행위란 "파리협약 당사국, WTO 회원국, 상표법조약 체약국에 등록된 상표 또는 이와 유사한 상표에 관한 권리를 가진 자의 대리인이나 대표자 또는 그 행위를 한 날부터 1년 이전에 대리인이나 대표자이었던 자가 정당한 사유 없이 당해 상표를 그 상표의 지정상품과 동일하거나 이와 유사한 상품에 사용하거나 그 상표를 사용한 상품을 판매·반포 또는 수입·수출하는 행위"를 말한다.

이는 2001년 개정에서 추가된 사항으로 대리인 등이 정당한 이유 없이 상표에 관한 권리를 가진 자의 동의를 받지 아니하고 그 상표의 지정상품과 동일 또는 유사한 상품에 사용하거나, 이러한 것을 사용한 상품을 판매·반포 또는 수입·수출하는 행위를 부정경쟁행위의 유형으로 추가하였으며, 이는 파리협약 제6조의7 제2항[17]의 내용을 반영하여 WTO/TRIPs 협정 제2조 제1항의 파리협약 이행의무[18] 및 상표법조약 제15조[19]상의 의무를 이행하기 위함이다.[20]

8. 정당한 권원이 없는 자의 도메인 이름 선점행위(부§2i 아)

2004년 1월 개정법은 정당한 권원이 없는 자가 상표 등 표지에 대하여 정당한 권원이 있는 자 또는 제3자에게 판매하거나 대여할 목적, 정당한 권원이 있는 자의 도메인이름의 등록 및 사용을 방해할 목적, 그 밖에 상업적 이익을 얻을 목적으로 국내에 널리 인식된 타인의 성명·상호·상표 그 밖에 타인의 상품 또는 영업임을 표시한 표지와 동일하거나 유사한 도메인 이름[21]을 등록·보유·이전

17) (2) The proprietor of the mark shall, subject to the provisions of paragraph (1), above, be entitled to oppose the use of his mark by his agent or representative if he has not authorized such use.

18) 1. In respect of Parts II, III and IV of this Agreement, Members shall comply with Articles 1 through 12, and Article 19, of the Paris Convention (1967).

19) Any Contracting Party shall comply with the provisions of the Paris Convention which concern marks.

20) 특허청, 「개정 상표법·의장법 및 부정경쟁방지 및 영업비밀보호에 관한 법률의 주요내용」, 2001.2, p.62.

또는 사용하는 행위를 부정경쟁행위의 한 유형으로 새로이 규정하고 있다.

이른바 사이버스쿼팅이라는 행위는 과거에는 존재하지 않았던 인터넷을 통한 상거래의 등장으로 온라인상의 상행위자를 식별하는 이름(상호)이라 할 수 있는 도메인 이름을 선점함으로써 이를 해당 도메인 이름에 대해 성명, 상호, 상표 등 표지에 관한 권원을 갖는 자에게 되팔아 이득을 취하려는 행위인데 본 규정은 이러한 행위를 규제하기 위한 것이다.

종전에 오프라인에서만 거래되던 상품이나 용역이 현재는 상당부분 온라인에서도 거래되고 있는 현실을 감안할 때 과거에 오프라인에서 인정되던 유명상표 등 표지에 관한 권리를 온라인상에서도 인정하는 것이 일반 소비자가 상품이나 상인에 대해 종전에 갖고 있던 신용이나 신뢰에 입각하여 안심하고 소비행위를 할 수 있도록 보호한다는 점, 또 타인이 정당한 권원을 갖고 있는 상표 등 표지를 자신의 도메인 이름으로 등록하는 행위는 정당한 표지에 관한 권리를 갖고 있는 자에 대한 상거래상의 신뢰를 저하시키고 소비자의 혼동을 야기함으로써 거래질서를 저해할 뿐 아니라 일반인의 인터넷 검색에 있어서의 사회적 총비용을 증가시키는 등의 폐해를 고려하여 신설된 규정이라 하겠다.

9. 타인이 제작한 상품의 형태를 모방한 상품의 사용행위(부§2i 자)

2003년 12월 개정법은 타인이 제작한 상품의 형태(형상 · 모양 · 색채 · 광택 또는 이들을 결합한 것을 말하며, 시제품 또는 상품소개서상의 형태를 포함한다)를 모방한 상품을 양도 · 대여 또는 이를 위한 전시를 하거나 수입 · 수출하는 행위를 새로이 부정경쟁행위의 한 유형으로 규정하고 있다. 이는 이른바 '데드 카피' 행위를 막기 위한 규정이라 하겠다.

다만 ⅰ) 상품의 시제품 제작 등 상품의 형태가 갖추어진 날부터 3년이 경과된 상품의 형태를 모방한 상품을 양도 · 대여 또는 이를 위한 전시를 하거나 수입 · 수출하는 행위, ⅱ) 타인이 제작한 상품과 동종의 상품(동종의 상품이 없는 경우에는 그 상품과 기능 및 효용이 동일 또는 유사한 상품을 말한다)이 통상적으로 갖는 형태를 모방한 상품을 양도 · 대여 또는 이를 위한 전시를 하거나 수입 · 수출하는 행위는 예외로 한다.

---

21) 도메인이름이란 인터넷상의 숫자로 된 주소에 해당하는 숫자 · 문자 · 기호 또는 이들의 결합을 말한다(부§2ix).

10. 타인의 아이디어를 부정하게 사용하는 행위(부§2i 차)

2018년 7월 개정법에서는 사업제안, 입찰, 공모 등 거래교섭 또는 거래과정에서 경제적 가치를 가지는 타인의 기술적 또는 영업상의 아이디어가 포함된 정보를 그 제공목적에 위반하여 자신 또는 제3자의 영업상 이익을 위하여 부정하게 사용하거나 타인에게 제공하여 사용하게 하는 행위가 부정경쟁행위의 한 유형으로 신설되었다. 이는 아이디어 사용에 대한 명시적 계약을 체결하지 않았거나 특허 등 등록에 의한 보호를 위한 구체적 요건을 구비하지 못한 경우 상당한 피해를 입더라도 구제해 줄 명확한 규정이 없어 손해배상은 물론 사용금지를 요청하기도 어려운 실정이므로, 본 개정을 통해 중소 · 벤처기업 및 개발자의 참신한 아이디어를 적극 보호하고, 이를 위반한 행위에 대하여 특허청장이 조사 · 시정권고를 함으로써 건전한 거래질서가 유지되도록 하려는 것이다. 특히 중소 · 벤처기업 또는 개발자 등의 경제적 가치를 가지는 아이디어를 거래상담, 입찰, 공모전 등을 통하여 취득하고 이를 아무런 보상 없이 사업화하여 막대한 경제적 이익을 얻으면서도 개발자는 오히려 폐업에 이르게 하는 등 기업의 영업활동에 심각한 폐해를 야기하는바, 사업제안, 입찰, 공모 등 거래교섭 및 거래과정에서 경제적 가치를 가지는 타인의 기술적 또는 영업상의 아이디어를 그 제공목적에 위반하여 자신 또는 제3자의 영업상 이익을 위하여 부정하게 사용하거나 타인에게 제공하여 사용하게 하는 행위를 부정경쟁행위 유형으로 신설한 것이다.

다만, "아이디어를 제공받은 자가 제공받을 당시 이미 그 아이디어를 알고 있었거나 그 아이디어가 동종 업계에서 널리 알려진 경우에는 그러하지 아니하다." 라고 명시함으로써, 제공받은 아이디어가 동종업계에서 널리 알려진 것이거나 아이디어를 제공받은 자가 제공받을 당시 이미 알고 있었던 사실을 입증하는 경우에는 면책되도록 하였다.

11. 데이터를 부정하게 사용하는 행위(부§2i 카)

2021년 개정법은 제2조 제1호 카목을 신설하여 데이터를 부정하게 사용하는 행위에 대해 부정경쟁의 유형으로 정의한다. 최근 4차산업혁명, 인공지능 등 디지털시대의 근간인 데이터의 중요성이 날로 커지고 있고 빅데이터를 활용하여 경제적 부가가치를 창출하고 있으나, 데이터를 보호할 수 있는 법적 기반이 미비하여 양질의 데이터가 원활하게 이용 · 유통되는 것을 저해하고 있다는 판단에 따른 것이다. 제2조 제1호 카목에서 보호하는 데이터는 「데이터 산업진흥 및 이용촉진에 관한 기본법」 제2조 제1호에 따른 데이터 중 업(業)으로서 특정인 또는 특정 다수에게 제공되는 것으로, 전자적 방법으로 상당량 축적 · 관리되는 기술상 또는 영업상의 정보(제2호에 따른 영업비밀은 제외한다)를 말하는 것으로 제2조 제1호 카목은 구체적인 금지행위로 4가지 행위유형을 규정하고 있다.

12. 유명인의 초상 · 성명 등을 무단으로 사용하는 행위(부§2i 타)

2021년 개정법은 제2조 제1호 타목을 신설하여 유명인의 초상 · 성명 등을 무단으로 사용하는 행위를 부정경쟁의 유형으로 정의하고 있다. 한류의 영향력이 확대되고 유명인의 초상 · 성명 등을 사용하는 제품 · 서비스가 다양해지면서 관련 불법 상품의 제작 · 판매 행위도 증가하고 있으나, 유명인 등의 재산적 손실이나 소비자에게 발생한 피해를 적절히 보호하는 데 한계가 있는 실정이기 때문이다. 이에 따라 국내에 널리 인식되고 경제적 가치를 가지는 타인의 성명, 초상, 음성, 서명 등 그 타인을 식별할 수 있는 표지를 공정한 상거래 관행이나 경쟁질서에 반하는 방법으로 자신의 영업을 위하여 무단으로 사용함으로써 타인의 경제적 이익을 침해하는 행위를 부정경쟁행위의 유형으로 명확히 규정하여 제재함으로써 건전한 거래 질서를 확립하고, 부당한 피해로부터 소비자를 보호하기 위한 것이다.

13. 부정경쟁행위의 보충적 일반조항(부§2i 파)

2014년 시행법에서는 위에서 규정한 부정경쟁행위 이외에 타인의 상당한 투자나 노력으로 만들어진 성과 등을 공정한 상거래 관행이나 경쟁질서에 반하는 방법으로 자신의 영업을 위하여 무단으로 사용함으로써 타인의 경제적 이익을 침해하는 행위를 부정경쟁행위로 정하였다. 이 규정은 입법자가 부정경쟁행위의 모든 행위를 규정하지 못한 점을 보완하여 법원에게 새로운 유형의 부정경쟁행위를 판단할 수 있는 유연성을 제공함으로써 변화하는 거래관념과 공동사회의 가치기준을 적시에 반영하여 부정경쟁행위를 규율할 수 있도록 한 부정경행위에 대한 일반조항이라 할 수 있다. 다만 이러한 일반조항의 도입을 통하여 종전의 법률이 규정한 부정경쟁행위 유형 규정은 제한적 열거 규정에서 예시 규정으로 전환된 것이라 평가할 수 있다.

II. 구제책

현행 부정경쟁방지법은 동법 제2조 제1호에서 열거된 행위나 제3조의2 제1항 또는 제2항을 위반하는 행위(이하 "지리적 표시에 위반한 행위"라 한다)에 의하여 자신의 영업상의 이익이 침해될 우려가 있다고 인정되는 영업자에 대하여 민사적 구제로서 금지청구권(부§4), 손해배상청구권(부§5) 및 신용회복조치청구권(부§6), 오인·혼동방지청구권(부§3의3) 등을 인정하고 있다. 또한, 이러한 부정경쟁행위나 지리적 표시에 위반한 행위를 행하는 자에 대하여 특허청장, 특별시장·광역시장·도지사·특별자치도지사 또는 시장·군수·구청장의 시정권고(부§8)와 과태료(부§20)라는 행정규제를 인정하고 있다. 그리고 동법 제18조(벌칙), 제18조의2(미수), 제18조의3(예비·음모), 제18조의4(비밀유지명령 위반죄)와 제19조(양벌규정)에서는 형사적 규제를 하고 있다.

1. 민사적 구제

부정경쟁방지법 제2조 제1호 소정의 행위나 제3조의2 제1항 또는 제2항을 위반하는 행위에 의하여 자신의 영업상의 이익이 침해되거나 침해될 우려가 있는 자는 그 부정경쟁행위나 지리적 표시에 위반한 행위의 금지를 청구할 수 있고(부§4), 나아가 이러한 행위로 자신의 영업상의 이익을 침해받은 영업자는 손해배상을 청구할 수 있으며(부§5), 손해배상에 갈음하여 또는 손해배상과 함께 영업상의 신용을 회복하는 데 필요한 조치를 청구할 수 있다(부§6). 즉 법은 영업상의 이익이 침해될 우려가 있는 자에 의한 직접적인 금지청구권을 기본으로 손해배상 및 신용회복조치를 사후적으로 인정함으로써 부정경쟁행위를 규제하고 있다.

(1) 금지청구권

공정한 경쟁질서를 유지하기 위하여는 부정경쟁행위 자체를 금지시키는 것이 가장 직접적이며 유효한 수단으로 부정경쟁방지법은 제4조 제1항에서 "부정경쟁행위나 제3조의2 제1항 또는 제2항을 위반하는 행위로 자신의 영업상의 이익이 침해되거나 침해될 우려가 있는 자는 부정경쟁행위나 제3조의2 제1항 또는 제2항을 위반하는 행위를 하거나 하려는 자에 대하여 법원에 그 행위의 금지 또는 예방을 청구할 수 있다."라고 규정하고 있으며, 나아가 동조 제2항에서는 "제1항에 따른 청구를 할 때에는 그 부정경쟁행위나 제3조의2 제1항 또는 제2항을 위반하는 행위를 조성한 물건의 폐기, 부정경쟁행위나 제3조의2 제1항 또는 제2항을 위반하는 행위에 제공된 설비의 제거, 부정경쟁행위나 제3조의2 제1항 또는 제2항을 위반하는 행위의 대상이 된 도메인이름의 등록말소, 기타 부정경쟁행위나 제3조의2 제1항 또는 제2항을 위반하는 행위의 금지 또는 예방을 위하여 필요한 조치를 함께 청구할 수 있다."고 규정하고 있다.

1) **청구권자**　부정경쟁행위나 지리적 표시에 위반한 행위의 금지청구권자는 그 행위로 인하여 자기의 영업상의 이익이 침해되거나 침해될 우려가 있는 자로 자연인뿐만 아니라 법인을 포함하며, 영업양도에 의하여 영업의 이전을 받은 영업양수인(營業讓受人)도 가능하다고 본다.

여기서 '영업'이란 영업주체 혼동야기행위에서의 영업개념과 같이 상법상의 행위뿐만 아니라 널리 경쟁적 활동을 수반하여 경제적 대가를 얻는 것을 목적으로 하는 사업을 포함한다 하겠다. '영업상의 이익'은 부정경쟁행위에 의한 침해로부터 영업상의 이익을 부정경쟁행위에 의한 침해로부터 보호받을 가치가 인정되어 그 행위의 금지를 구하는 것이 건전한 거래질서 유지의 이념에서 시인될 수 있는 정당한 이익으로[22] 현실적으로 침해된 경우뿐만 아니라 그 우려가 있다면 금지청구권은 인정된다 하겠다.

2) **의무자**　금지청구의 상대방은 부정경쟁행위나 지리적 표시에 위반한 행위를 하거나 하고자 하는 자이다. 법인의 대표자가 법인의 대표자 자격으로 부정경쟁행위를 하였거나 사용자인 법인이나 개인의 피용자가 사용자의 지시, 묵인 또는 관여하에 부정경쟁행위를 한 경우에는 당해 사용자에 대하여 금지청구를 행사할 수 있다. 대표자 개인이나 사용인은 상대방이 될 수 없다는 견해가 있으나, 법 제18조 및 제19조 규정에 비추어 부정경쟁행위를 한 법인의 대표자 · 피용자도 금지청구의 상대방이 된다 할 것이다.

3) **내　용**

㈎ 금지청구　부정경쟁행위나 지리적 표시에 위반한 행위를 하거나 하고자 하는 자에 대하여 그 행위의 금지 또는 예방을 청구할 수 있다. 즉 현실적으로 행하여지고 있는 부정경쟁행위에 의해 영업상의 이익이 침해되고 있는 경우에는 금지를 청구하고, 장래의 부정경쟁행위에 의해 영업상의 이익이 침해될 우려가

22) 대법원 1976.2.24.선고, 73다1238 판결.

있는 때에는 예방을 청구할 수 있다.

금지청구권 등은 장래의 새로운 부정경쟁행위의 방지를 목적으로 한다. 따라서 협의의 금지청구권이나 예방청구권은 문제가 된 부정경쟁행위가 계속되거나 장래에 행하여질 가능성을 전제로 하며, 전체 상황에 비추어 명백하게 반복의 위험이 없다면 금지청구권은 인정되지 않는다. 반면 예방청구권은 금지청구권의 특별한 형태로서 아직까지 부정경쟁행위가 있었던 것은 아니나 앞으로 그러한 행위가 행하여질 직접적인 가능성이 있다고 현재 확인할 수 있는 경우에 인정된다. 다만, 협의의 금지청구권의 행사에 있어서는 부정경쟁행위가 있다는 사실의 입증만으로 반복의 위험이 추정되는 데 비하여, 예방청구권자는 부정경쟁행위가 장래에 행하여질 가능성의 존재에 대하여 적극적으로 이를 인정할 만한 구체적인 사실관계 또는 상황을 입증하여야 한다.

한편, 제2조 제1호 차목의 부정경쟁행위의 금지 또는 예방을 청구할 수 있는 권리는 그 부정경쟁행위가 계속되는 경우에 영업상의 이익이 침해되거나 침해될 우려가 있는 자가 그 부정경쟁행위에 의하여 영업상의 이익이 침해되거나 침해될 우려가 있다는 사실 및 그 부정경쟁행위를 한 자를 안 날부터 3년간 행사하지 아니하면 시효의 완성으로 소멸한다. 그 부정경쟁행위가 시작된 날부터 10년이 지난 때에도 또한 같다(부§4③).

㈏ 폐기 등 조치의 청구　현행 부정경쟁방지법은 부정경쟁행위로 야기된 물적 상태의 제거를 통하여 장래의 침해 재발을 막아 금지의 실효를 거두기 위하여 금지 및 예방청구에 부수하여 부정경쟁행위나 제3조의2 제1항 또는 제2항을 위반하는 행위를 조성한 물건의 폐기, 부정경쟁행위나 제3조의2 제1항 또는 제2항을 위반하는 행위에 제공된 설비의 제거, 부정경쟁행위나 제3조의2 제1항 또는 제2항을 위반하는 행위의 대상이 된 도메인 이름의 등록말소, 그 밖에 부정경쟁행위나 제3조의2 제1항 또는 제2항을 위반하는 행위를 금지 또는 예방을 위하여 필요한 조치를 함께 청구할 수 있도록 규정하고 있다(부§4②). 다만, 본 청구권은 그 부대청구권적(附帶請求權的)인 성격에서 단독으로 독립해서 행사할 수 없고 반드시 금지 또는 예방청구에 수반해서 하여야 하는 것이며, 법 제4조 제1항의 금지청구와는 달리 작위(作爲)청구권이다.

이러한 폐기나 제거 등의 조치는 그 부대청구권적인 성격에 비추어 장래의 침해를 예방하는 데 필요한 최소한도의 범위 내에서 인정된다. 상품주체 또는 영업주체 혼동야기행위의 경우에는 위법한 표지를 부착한 간판 · 포장 · 상품 등의 폐기를 명하거나 위법표지 자체의 말소로서 간판 · 표찰 · 포장지 · 작업복 · 장부(帳簿) 등의 문자의 말소 등이 인정될 수 있다. 등기는 그대로 둔 채 사용만을 금지시킨다는 것은 금지청구권을 무의미하게 만들어 쓸데없는 혼란만을 가져오므로 부정경쟁행위의 금지를 실효 있게 하기 위하여는 등기상호의 말소청구권 등도 본항의 청구권에 포함한다. 질량(質量)오인야기행위에 있어서는 오인을 일으킨 광고표시의 정정(訂正), 기만적인 광고물의 폐기 등이 고려될 수 있을 것이다. 다만, 광고물의 폐기는 광고물의 거래권에서의 수거 등 보다 경한 수단이 권리보호에 충분하지 않는 경우에만 인정된다. 기타 필요한 조치로서 판결주문의 광고나 거래처에 대한 통지 등의 청구를 할 수 있을 것이다.

(2) 손해배상청구권

고의 또는 과실에 의한 부정경쟁행위(제2조 제1호 다목의 경우에는 고의에 의한 부정경쟁행위만을 말한다)나 제3조의2 제1항 또는 제2항을 위반하는 행위로 타인의 영업상 이익을 침해하여 손해를 가한 자는 그 손해를 배상할 책임을 진다(부§5). 손해배상청구권이 성립하기 위해서는 부정경쟁행위의 고의 · 과실, 제2조 제1호 소정의 부정경쟁행위자나 지리적 표시에 위반한 행위의 존재, 영업상 이익의 침해로 인한 손해의 발생 및 부정경쟁행위와 손해발생과의 인과관계라는 요건이 충족되어야 한다. 다만, 손해배상청구권이 성립하기 위해서는 금지청구권과는 달리 부정경쟁행위자의 고의 · 과실이 요구된다. 특히 2001년 개정에서 새로 추가된 유명상표의 식별력 · 명성 손상행위의 경우에는 고의에 의한 부정경쟁행위에 한하여 손해배상의 책임이 있다(부§5).

부정경쟁방지법은 상표법과 같이 일률적인 고의 내지 과실의 추정규정을 두고 있지 않으며, 1998년 12월 31일에 손해액의 추정규정인 제14조의2를 두게 되었다. 즉, 영업상의 이익을 침해한 자가 그 침해행위에 의하여 받은 이익의 액을 손해의 액으로 추정하고(부§14의2②), 부정경쟁행위나 지리적 표시에 위반한 행위의 대상이 된 상품 등에 사용된 표지 등의 사용에 대하여 통상 받을 수 있는 금액에 상당하는 액을 손해의 액으로 손해배상청구할 수 있도록 하였다(부§14의2③).

이 외에도 2001년 개정에서는 다른 산업재산권과 마찬가지로 침해자의 판매수량으로 손해액을 쉽게 산정할 수 있도록 손해액 추정의 산정방식(부§14의2①), 통상 받을 수 있는 금액을 초과하여 손해배상을 청구할 수 있는 근거 등에 대한 규정을 신설하고(부§14의2④), 손해의 발생은 확실하지만 입증이 해당 사실의 성질상 극히 곤란한 경우 법원이 손해액을 결정할 수 있도록 하였다(부§14의2⑤).

한편, 아이디어 탈취행위와 관련된 제2조 제1호 차목에 해당되는 행위가 고의적인 것으로 인정되는 경우에는 손해로 인정된 금액의 5배를 넘지 아니하는 범위에서 배상액을 정할 수 있도록 하는 소위 '징벌적 손해배상제도'가 도입되어 있다.

손해배상의 범위는 부정경쟁행위와 상당인과관계에 있는 모든 손해로서 적극적 손해, 소극적 손해 및 정신적 손해(위자료)가 모두 포함된다. 손해배상의 효과 및 그 행사에 관하여는 그 성질에 반하지 않는 한 일반 민법상의 불법행위에 의한 손해배상청구권의 규정이 유추적용된다. 따라서 손해배상청구권은 양도성을 가지며, 금지청구권에서와 같은 특별규정도 없는바 시효기간은 민법 제766조의 적용을 받는다.

(3) 신용회복조치권

법원은 고의 또는 과실에 의한 부정경쟁행위(제2조 제1호 다목의 경우에는 고의에 의한 부정경쟁행위만을 말한다)나 제3조의2 제1항 또는 제2항을 위반하는 행위로 타인의 영업상의 신용을 실추하게 한 자에 대하여는 부정경쟁행위나 지리적 표시에 위반한 행위로 인하여 자신의 영업상의 이익이 침해된 자의 청구에 의하여 제5조의 규정에 의한 손해배상에 갈음하거나 손해배상과 함께 영업상의 신용을 회복하는 데 필요한 조치를 명할 수 있다(부§6). 2001년 개정에서 새로 추가된 유명상표의 식별력·명성 손상행위의 경우에는 손해배상의 경우와 마찬가지로 고의에 의한 부정경쟁행위에 한하여 적용된다(부§6).

명예 또는 신용이 훼손된 경우에는 손해를 금전으로 평가하기 곤란하며 비록 금전배상을 하여도 훼손된 명예나 신용이 회복되기는 어렵다. 이에 법은 명예 또는 신용이 훼손된 경우에는 특히 원상회복적인 구제를 인정하고 있는 것이다.[23)] 예컨대 신용회복에 필요한 조치의 예로는 민사사건의 손해배상판결문이나 형사사건의 유죄판결문을 침해자의 비용으로 신문 등에 게재하는 정도의 조치가 가능할 것이다.

(4) 오인·혼동방지청구권

상품주체의 혼동야기행위(부§2i가) 또는 영업주체의 혼동야기행위(부§2i나)의

23) 상표법 제69조, 특허법 제131조, 실용신안법 제30조, 디자인보호법 제66조 등에서도 이와 비슷한 규정을 두고 있으며, 민법 제764조에서도 명예회복에 관하여 비슷한 규정을 두고 있다.

타인은 부정한 목적 없이 국내에 널리 인식되기 전부터 계속 사용하는 자에게 그의 상품 또는 영업과 자기의 상품 또는 영업 간에 출처의 오인이나 혼동을 방지하는 데 필요한 표시를 할 것을 청구할 수 있다(부§3의3).

2. 행정적 구제

(1) 조 사

특허청장, 시 · 도지사 또는 시장 · 군수 · 구청장(자치구의 구청장을 말한다. 이하 같다)은 제2조 제1호(아목과 파목은 제외한다)의 부정경쟁행위나 제3조, 제3조의2 제1항 또는 제2항을 위반한 행위를 확인하기 위하여 필요한 경우로서 다른 방법으로는 그 행위 여부를 확인하기 곤란한 경우에는 관계 공무원에게 영업시설 또는 제조시설에 출입하여 관계 자료나 제품 등을 조사하게 하거나 조사에 필요한 최소분량의 제품을 수거하여 검사하게 할 수 있다.

(2) 시정권고

특허청장, 시 · 도지사 또는 시장 · 군수 · 구청장(이하 "특허청장 등"이라 한다)은 제2조 제1호(아목과 파목은 제외한다)의 부정경쟁행위나 제3조, 제3조의2 제1항 또는 제2항을 위반한 행위가 있다고 인정되면 그 위반행위를 한 자에게 30일 이내의 기간을 정하여 위반행위의 중지, 표지 등의 제거나 수정, 향후 재발 방지, 그 밖에 시정에 필요한 사항을 권고하거나 시정을 명할 수 있다(부§8). 즉 법은 특허청장 등에게 부정경쟁행위의 시정을 권고하거나 명령을 할 수 있는 권한을 부여하고 있다.

특허청장 등은 위의 시정권고, 시정명령를 하기 위하여 필요하다고 인정할 때에는 대통령령이 정하는 바에 의하여 당사자 · 이해관계인 또는 참고인의 의견을 들어야 한다(부§9).

(3) 과태료

부정경쟁행위 조사에 따른 관계 공무원의 조사나 수거를 거부 · 방해 또는 기피한 자, 시정명령을 정당한 사유 없이 이행하지 아니한 자와 제9조의4 제5항을 이행하지 아니한 자에게는 2천만원 이하의 과태료를 부과하며, 이 경우 과태료는 대통령령으로 정하는 바에 따라 특허청장이 부과 · 징수한다(부§20①,②).

(4) 신고포상금 지급

위조상품 단속을 위해 2006년부터 실시하고 있는 위조상품 신고포상금제도의 법적 근거를 마련하기 위한 것으로, 특허청장은 부정경쟁행위를 한 자를 관계 행정기관 또는 수사기관에 신고한 자에 대하여 예산의 범위에서 신고포상금을 지급할 수 있다.

3. 형사적 구제

부정경쟁방지법 제2조 제1호에 규정된 부정경쟁행위를 한 자는 3년 이하의 징역 또는 3천만원 이하의 벌금에 처한다(부§18③). 단, 정당한 권원이 없는 자의 도메인 이름 선점행위(아목), 타인의 아이디어를 부정하게 사용하는 행위(차목), 데이터를 부정하게 사용하는 행위(카목 1)부터 3)까지[24]), 유명인의 초상 · 성명을 무단으로 사용하는 행위(타목), 부정경쟁행위의 보충적 일반조항(파목)의 경우 그 적용이 제외된다. 법인의 대표자나 법인 또는 개인의 대리인, 사용인, 그 밖의 종업원이 그 법인 또는 개인의 업무에 관하여 제18조 제1항부터 제3항까지의 어느 하나에 해당하는 위반행위를 하면 그 행위자를 벌하는 외에 그 법인 또는 개인에게도 해당 조문의 벌금형을 과(科)한다(부§19). 다만, 법인 또는 개인이 그 위반행위를 방지하기 위하여 해당 업무에 관하여 상당한 주의와 감독을 게을리하지 아니한 경우에는 그러하지 아니하다(부§19단).

제3절 | 국제협약 및 조약에 따른 외국국기 · 지리적 표시의 사용금지

Ⅰ. 의 의

부정경쟁방지법은 동법 제3조에서 파리협약 당사국의 국기 등이나 국제기구의 표장을 허가 없이 사용하는 것을 금지하고 있다. 이는 주권의 상징이라 할 수 있는 국기 · 국장에 대한 국가의 관리권(管理權) 침해를 규제하며 나아가 상품출처

24) 카목 4)는 열거되어 있지 않다. 따라서 정당한 권한 없이 데이터의 보호를 위하여 적용한 기술적 보호조치를 무력화하는 것을 주된 목적으로 하는 기술 · 서비스 · 장치 또는 그 장치의 부품을 제공 · 수입 · 수출 · 제조 · 양도 · 대여 또는 전송하거나 이를 양도 · 대여하기 위하여 전시하는 행위는 형사처벌의 대상이 된다.

에 관한 소비자의 오인 우려를 금지하는 규정으로 파리협약 제6조의3에 의해 동맹국에 부과된 의무를 이행하기 위한 규정이기도 하다.

제3조의2에서는 대한민국과 유럽연합 및 그 회원국 간의 자유무역협정의 합의사항을 반영하기 위해 협정에 따라 보호되는 지리적 표시에 관한 사항들을 규정하고 있다.

II. 요 건

부정경쟁방지법 제3조 제1항에서는 "파리협약 당사국, 세계무역기구 회원국 또는 「상표법 조약」 체약국의 국기 · 국장(國章), 그 밖의 휘장이나 국제기구의 표지와 동일하거나 유사한 것은 상표로 사용할 수 없다. 다만, 해당 국가 또는 국제기구의 허락을 받은 경우에는 그러하지 아니하다"라고 규정하고 있으며, 제2항에서는 "파리협약 당사국, 세계무역기구 회원국 또는 「상표법 조약」 체약국 정부의 감독용 또는 증명용 표지와 동일하거나 유사한 것은 상표로 사용할 수 없다. 다만, 해당 정부의 허락을 받은 경우에는 그러하지 아니하다"라고 규정하고 있다. 이하에서는 이들에 대한 자세한 요건을 알아보도록 하겠다.

1. 국기 · 국장 등의 무단사용행위

본조의 행위는 외국의 위신, 외국국민의 감정을 상하게 하며, 국가 등의 감독 · 증명의 권위를 해하며, 나아가 소비자에게 폐를 끼치는 행위이다. 이는 협의의 부정경쟁행위라고는 말할 수 없지만 경쟁질서에 있어서 반양속행위(反良俗行爲)라는 관점에서 부정경쟁행위에 해당하는 것이다.

2. 국제기구 표장의 무단사용행위

국제활동에 있어 국제기구는 독립 주권국가와 동일하게 그 기능을 수행하는 바 그 표지 · 명칭 등의 사용에 있어서도 국가의 그것과 같이 보호할 필요가 있다. 국제기구의 표지에는 '문장, 기(旗) 그 외의 기장'뿐만 아니라, '약칭 또는 명칭'도 포함된다. 국제기구의 표지의 예로서는 세계지적재산권기구(WIPO), 국제노동기구(ILO), 석유수출국기구(OPEC), 세계보건기구(WHO) 등의 표시를 들 수 있으며,

이는 국제기구 명칭의 약자(略字)의 사용도 포함된다. 본 규정은 파리협약 제6조의3 (1) (b)에 따른 규정이다.

3. 정부의 감독용 표지 등의 무단사용행위

정부의 감독용 표지란 정부가 산업 · 재정 · 무역 또는 경찰상의 견지에서 감독상의 필요에 따라 특정 상품에 붙이는 특정한 표지를 말하며, 정부의 증명용 표지를 관할관청이 특정 물품의 수량 · 산지 · 품질 · 재료 · 용도 · 효능 등을 증명하기 위하여 그 물품에 붙이는 표지를 의미한다. 감독용 표지는 증명용의 그것을 겸하는 경우도 있다(부§3②). 그러나 지방자치단체의 감독용 또는 증명용 표지 등은 여기에 해당하지 않는다고 본다. 본 규정은 파리협약 제6조의3(2)에 따른 규정이다.

4. 자유무역협정에 따라 보호하는 지리적 표시의 무단사용행위

정당한 권원이 없는 자는 대한민국이 외국과 양자간(兩者間) 또는 다자간(多者間)으로 체결하여 발효된 자유무역협정에 따라 보호하는 지리적 표시(이하 "지리적 표시"라 한다)에 대하여는 원산지 허위표시행위 또는 상품출처지의 오인야기행위의 부정경쟁행위 이외에도 지리적 표시에 나타난 장소를 원산지로 하지 아니하는 상품(지리적 표시를 사용하는 상품과 동일하거나 동일하다고 인식되는 상품으로 한정한다)에 관하여 진정한 원산지 표시 이외에 별도로 지리적 표시를 사용하는 행위, 지리적 표시를 번역 또는 음역하여 사용하는 행위, "종류," "유형," "양식" 또는 "모조품" 등의 표현을 수반하여 지리적 표시를 사용하는 행위를 할 수 없다(부§3의2①). 아울러 정당한 권원 없는 자는 위의 방식으로 지리적 표시를 사용한 상품을 양도 · 인도 또는 이를 위하여 전시하거나 수입 · 수출하는 행위, 원산지 허위표시행위 또는 상품출처지의 오인야기행위에 해당하는 방식으로 지리적 표시를 사용한 상품을 인도하거나 이를 위하여 전시하는 행위를 할 수 없다(부§3의2②). 다만, 위의 방식으로 상표를 사용하는 자로서 국내에서 지리적 표시의 보호개시일 이전부터 해당 상표를 사용하고 있으며, 이에 따라 상표를 사용한 결과 해당 지리적 표시의 보호개시일에 국내 수요자 간에 그 상표가 특정인의 상품을 표시하는 것이라고 인식되어 있을 요건을 모두 갖춘 자는 제1항에도 불구하고 해당 상표를 그 사용하는 상품에 계속 사용할 수 있다.

Ⅲ. 금지위반의 효과

1. 시정권고

특허청장, 시 · 도지사 또는 시장 · 군수 · 구청장은 부정경쟁방지법 제3조 및 제3조의2 제1항 또는 제2항의 규정에 위반하여 외국국기나 국제기구의 표지 또는 정부의 감독 · 증명용 표지와 동일 또는 유사한 것을 상표로 사용하는 행위, 자유무역협정에 따라 보호하는 지리적 표시의 무단사용행위가 있다고 인정되는 경우에는 그 위반행위를 한 자에 대하여 30일 이내의 기간을 정하여 그 행위를 중지하거나 표지를 제거 또는 폐기할 것 등 그 시정에 필요한 권고를 할 수 있다(부§8).

2. 벌 칙

부정경쟁방지법 제3조의 규정에 위반하여 파리협약 당사국, 세계무역기구 회원국 또는 상표법조약 체약국의 국기 · 국장 기타의 휘장, 국제기구의 표지, 국제기구의 표지 또는 파리협약 당사국, 세계무역기구 회원국 또는 상표법조약 체약국 정부의 감독 · 증명용 표지와 동일하거나 이와 유사한 것을 상표로 사용한 자에 대하여는 벌칙이 적용된다(부§18③ii, §19).

Ⅳ. 다른 법률과의 관계

법 제15조의 규정에 의해 특허법 · 실용신안법 · 디자인보호법 또는 상표법 등의 산업재산권법과 농산물품질관리법 또는 수산물품질관리법이 그 권리행사를 인정하면 부정경쟁방지법의 적용은 없다. 그러나 법이 이미 제3조 단서 규정에서 당해 정부 등의 허락을 예외로 규정하고 있으며, 우리 산업재산권법이 국기 · 국장 · 국제기구 표지 등의 상표사용을 허용하는 경우도 거의 없다. 즉 디자인보호법 제3조에 의하여 국기 · 국장 또는 국제기구의 표지와 동일 또는 유사한 디자인은 디자인등록이 될 수 없음을 명시하고 있으며, 상표법 제9조 제1항에서도 이러한 표지는 상표로 등록될 수 없다.

한편 형법에는 부정경쟁방지법 제3조와 관련되는 규정은 없으며, 독점규제법에 국기 · 국장 또는 국제기구의 표지, 정부의 감독 · 증명용 표지의 용어조차 없다.

따라서 부정경쟁방지법 제15조의 규정은 동법 제3조에 관한 한 별 의미가 없다.

제4절 | 영업비밀침해행위

Ⅰ. 영업비밀

상당한 자금과 시간을 투자하여 신제품을 개발하였음에도 불구하고 그러한 노력을 보호하는 법제가 없어 경쟁자로 하여금 이러한 신기술을 부당한 방법으로 입수하여 유사품을 생산하는 행위 등의 무임승차행위를 하게 한다면 이는 기술혁신에의 투자의욕을 저하시켜 국가산업발전을 저해하게 되며 건전한 자유경쟁질서를 파괴하는 사회적 손실을 초래한다. 이에 법은 특허권 등의 권리를 인정함으로써 개발자의 일정한 권리를 인정하고 있으며 전체적으로도 산업발전을 도모하고 있다.

한편, 오늘날과 같이 기술이 한층 복잡화되고 있는 상황에서 특허성은 없으나 생산활동에 불가결한 기술상의 노하우(know-how)가 점차 그 중요한 역할을 수행하게 되었다. 또한, 기업간의 경쟁이 활발해지는 한편 소비자의 양태가 다양화됨에 따라 고객명부 등의 경영정보가 그 중요성을 띠게 되었다. 반면 노동력의 이전이 원활해지면서 종업원의 스카웃, 퇴직 공무원의 경업행위 문제 등이 심각해지면서 재산적 정보와 관련한 분쟁이 부각되고 있다.

이에 법은 영업비밀의 보호라는 법 제도의 구비를 통해 재산적 정보의 보호 및 정보유통의 원활화를 확보하고자 하고 있다.

1. 영업비밀의 정의

'비밀'이라는 용어는 법률의 여러 분야에서 사용되고 있지만 통일적으로 규정된 정의는 존재하지 않는다. 다만, 부정경쟁방지법은 제2조 제2호에서 영업비밀에 관한 입법적 정의를 내리고 있으며, 이에 의하면 영업비밀이란 공연히 알려져 있지 아니하고 독립된 경제적 가치를 가지는 것으로서, 비밀로 관리된 생산방법, 판매방법, 그 밖에 영업활동에 유용한 기술상 또는 경영상의 정보를 말한다.

이러한 우리 법의 규정은 미국 통일영업비밀법(Uniform Trade Secrets Act: 이하 UTSA라고 한다) 제1조 제4항 제1 · 2호에서 정하는 영업비밀의 개념요소, 즉 신규성(novelty) · 경제성 · 비밀유지성 등의 요건과 대체로 부합하며, 일본 부정경쟁방지법 제2조 제4항이 정하는 의미 내용과 대체로 일치한다. 다만, 일본법은 우리 법과는 달리 경제성의 요건을 별도로 언급하지 아니하고 있다.

2. 영업비밀의 유형

영업비밀에 해당되는 정보로서 거론되는 것은 매우 다양하며 그 내용 또한 풍부하다. 예컨대 부정경쟁방지 및 영업비밀보호에 관한 법률은 영업비밀을 기술상의 정보와 영업상의 정보로 나누고 생산방법과 판매방법을 각각 그 예로서 제시하고 있다. 흔히 기술상의 정보는 특허능력이 있는 반면 영업상의 정보는 그러한 능력이 없다고 하나, 기술상의 정보는 특허능력이 있는 발명에 속하지 않는 것을 포함할 수 있다. 나아가 현실적으로 양자의 구별이 항상 가능한 것도 아니며 엄격히 구별할 실익도 없다고 하겠다. 기술상의 정보로는 성분, 처방(formula), 제조방법, 복합방법, 제조공정, 훈련방법, 청사진, 도면, 검사방법, 시험 및 실험방법, 편집기술, 미공표된 신제품의 정보, 기계의 사양, 조리법 등을 들 수 있으며(미 UTSA §1④), 영업상의 정보로는 고객명부, 대리점 명부, 재료의 구입처, 가격표, 입찰계획, 판매계획, 판매통계, 미발표의 대차대조표 및 재산목록, 합병계획, 광고계획 등을 들 수 있다.

영업비밀은 시각적으로 관찰할 수 있거나 물품 등으로 구체화한 유형적 정보와 기능이나 작용과 같은 무형적 정보로 나눌 수 있다. 특히 무형적 정보에 대하여는 부정경쟁방지 및 영업비밀보호에 관한 법률 제10조에 의거한 금지청구권의 행사와 관련하여 그 비밀정보가 항상 특정한 매체를 통해 고정됨으로써 법적 보호의 객체가 된다는 견해가 있다.[25] 그러나 부정경쟁방지 및 영업비밀보호에 관한 법률의 취지는 정보를 고정하는 수단이나 매체 그 자체를 보호하기 위함이 아니라 비밀로 유지되는 정보에 대한 부정한 취득이나 사용을 금지하는 데 있다. 따라서 일정한 매체를 통해 유형화되지 아니한 정보 그 자체도 법적 보호의 대상이 될 수 있다.

---

25) 황의창, 「영업비밀」, 육법사, 1992, p.38.

영업비밀은 인적 기업비밀, 물적 기업비밀 및 재무적 기업비밀로 구분하기도 한다. 인적 기업비밀은 최고 매니지먼트로서의 경영관리층, 중간 매니지먼트로서의 일반관리층, 그 외 모든 종업원의 인사재료에서 인사분배계획까지의 인사관리상의 노무관리를 포함하는 것으로 연구개발, M&A, 분리 등 기업의 조직 변동을 담당하는 부서의 업무 내용도 포함한다. 물적 기업비밀은 기업시설이나 중요한 서류, 문서, 견본품 등에 관한 비밀, 생산기술이나 연구개발 등에 관한 비밀, 판매계획, 고객리스트 등이 있다. 재무적 기업비밀로는 기업의 자금 · 자산 · 설비투자나 예산분배 등의 계획 등이 포함된다.

그 외에 공업적 기술비밀과 지식적 기업비밀로 구분하는 견해도 있다.

II. 영업비밀의 요건

부정경쟁방지법 제2조 제2호는 영업비밀의 개념요소(槪念要素)로서 세 가지를 들고 있는 것으로 풀이할 수 있다. 즉 법은 공연히 알려져 있지 않으면서(비공지성), 생산방법 또는 판매방법 그 밖에 영업활동에 유용한 기술상 또는 경영상의 정보로서 독립된 경제적 가치를 지니며(경제적 유용성), 비밀로 관리된 것(비밀유지성 또는 비밀관리성)이라는 세 가지 개념요소를 두고 있다.

1. 비공지성

비록 경제적 가치가 있고 그 보유자에 의해 비밀로서 관리되고 있다 할지라도 누구나 용이하게 접근하여 지득할 수 있는 정보라면, 그의 이용은 원칙적으로 자유로우며 그러한 이용이 타인의 권리 · 이익을 침해하는 것도 아니다. 나아가 원래의 보유자에게 배타적인 권리를 부여하는 등 당해 정보를 보호하는 것은 정당한 수단에 의해 이를 지득 · 사용하는 자에게 불측의 손해를 주어 역으로 사회적인 혼란을 초래할 가능성이 있기도 하다. 이에 부정경쟁방지법의 보호를 받는 영업비밀은 '공연히 알려지지 않은' 즉 비공지 상태의 것이 요구된다. 다만, 이때의 비공지성은 절대적인 것일 필요는 없고 상대적인 비공지성으로 충분하다.

2. 경제적 유용성

부정경쟁방지법상의 영업비밀을 "독립된 경제적 가치를 가지는 것으로서, … 생산방법 · 판매방법, 그 밖에 영업활동에 유용한 기술상 또는 경영상의 정보"로서 개념짓고 있다. 따라서 형식적으로 살펴보면, 본 규정은 경제성과 유용성을 별개의 요건으로 요구하고 있는 듯하며 그와 같이 이해하고 있는 견해[26]도 있다. 그러나 양자의 판단은 분리되어 이루어질 수 없으며, 분리하여 판단하는 것도 별 실익이 없는바 경제적 유용성이라 하여 함께 판단할 수 있겠다.

영업비밀의 보유자가 그 정보의 사용을 통해 상대 경쟁자에 대한 경제상의 이익을 얻을 수 있거나 그 정보의 취득이나 개발을 위해 상당한 비용이나 노력이 필요할 경우 당해 정보는 경제성을 가진다고 말할 수 있다. 따라서 비록 실패한 실험 데이터라 할지라도 그 정보의 경제적 가치가 인정될 수 있는 반면, 종교상의 교의를 담은 문서는 순전히 영적인 가치와 결부되어 영업비밀로서의 경제적 가치는 없다고 볼 것이다.

또한, 부정경쟁방지법은 근본적으로 경제상의 경쟁에서 부정한 수단을 규제함으로써 공정한 경쟁을 확보하기 위한 법이므로 부정경쟁으로부터 보호되는 '영업비밀' 역시 사회적 상당성(相當性)이 인정되는 것이어야 한다. 따라서 어느 기업에 있어서의 탈세사실(脫稅事實)이라든지 공해물질 유포사실 등 반사회적 정보는 일반적으로 경제적 유용성을 인정할 수 없으며, 이는 당해 정보가 사업활동에 유용한 성질을 갖는 경우에도 마찬가지이다.

3. 비밀관리성

비록 어느 정보가 경제적 유용성을 지닌 것으로 비공지상태에 있다 할지라도 당해 정보의 보유자가 그 정보의 비밀성을 유지하기 위해 아무런 조치를 취하고 있지 않다면 법이 구태여 이를 보호할 필요는 없다 할 것이다. 이에 부정경쟁방지법의 보호를 받는 영업비밀은 '비밀로 관리된 것'임이 요구된다.

부정한 수단에 의한 영업비밀침해행위란 논리적으로 당해 정보의 비밀유지를 위한 관리를 전제로 한다 할 것이며, 본 요건은 영업비밀 자체의 성질과 직접적인 관련을 갖기보다는 부정행위자의 행위태양(行爲態樣)과 비교하여 부정경쟁방

---

26) 金永喆, "營業秘密의 要件," 「法曹」 1992.7(통권 제430호), p.72 이하 참조.

지법상의 구제를 인정할 것인가를 판단하는 요소로서 작용한다. 한편, 본 요건은 유체물에 대한 점유나 등기·등록과 같은 공시(公示)의 방법이 적합하지 않은 영업비밀에 있어 비밀로서 관리되는 상태가 객관적으로 유지되는 정보에 한하여 그 보호를 인정함으로써 정보보유자와 제3자의 이해를 조정하는 기능을 수행한다.

영업비밀은 당해 기업의 종업원이나 외부의 제3자가 인식할 수 있을 정도로 비밀로 관리되는 상태가 객관적으로 유지되어야 한다. 즉 영업비밀은 보유자가 비밀에 접근하거나 접근하려는 자에 대하여 당해 정보가 영업비밀에 해당되는 사실을 인식할 수 있도록 조치한 것이어야 하며, 그 특정된 비밀에 대한 접근이 제한되어야 하고 접근자에게는 부당한 사용이나 공개를 금하는 수비의무(守秘義務)가 부과되어야 한다.

Ⅲ. 특허와의 비교

1. 목 적

특허법 제1조는 "이 법은 발명을 보호·장려하고 그 이용을 도모함으로써 기술의 발전을 촉진하여 산업발전에 이바지함을 목적으로 한다"라고 규정하고 있다. 즉 특허법은 산업정책입법화(産業政策立法化)로 새로운 기술을 공개한 자에게 그 대가로 일정기간 독점적 권리를 부여하고 제3자에게는 불가침의무(不可侵義務)를 과하고 그 대신 공개된 발명을 이용할 수 있는 기회를 줌으로써 기술의 발전을 촉진하고 더 나아가 궁극적으로는 산업발전에 기여하는 것을 그 목적으로 한다.

반면 부정경쟁방지법 제1조는 "이 법은 국내에 널리 알려진 타인의 상표·상호 등을 부정하게 사용하는 등의 부정경쟁행위와 타인의 영업비밀을 침해하는 행위를 방지하여 건전한 거래질서를 유지함을 목적으로 한다."라고 규정하여 영업상의 비밀을 타인의 침해로부터 보호하여 건전한 거래질서를 유지하는 것을 그 목적으로 한다.

2. 보호대상

특허법은 제2조 제1항 제1호에서 "발명이라 함은 자연법칙을 이용한 기술적 사상의 창작으로서 고도한 것을 말한다."라고 규정하고 있는바 자연법칙을 이용한 기술에 관한 것만이 그 보호대상이 된다. 반면 부정경쟁방지법상의 영업비밀에는 그와 같은 제한은 없다. 다만, 부정경쟁방지법 제2조 제2호의 정의규정에 비추어 공공연하게 알려진 것, 영업활동에 유용하지 않은 것, 비밀로서 관리되지 않은 것은 보호대상에서 제외된다.

3. 등 록

특허는 법정요건(法定要件)을 구비하였는가의 여부를 심사한 후에 배타적인 권리를 인정할 것인가를 결정하며 등록에 의해 처음으로 배타적인 권리가 발생한다. 반면 영업비밀은 이런 요식행위가 필요 없으므로 일정한 요건을 갖춘 때에 보호된다.

4. 비밀성

특허는 발명공개의 대상으로서 독점적·배타적인 권리를 인정하게 되는 것인바 특허는 공표하지 않으면 안 된다. 반면 영업비밀은 비밀이 생명이므로 누구에 의해서건 간에 그 비밀이 공개되었다면 그 영업비밀성은 소멸한다.

5. 신규성

특허법에서는 특허출원 전에 국내에서 공지되었거나 공연히 실시된 발명, 특허출원 전에 국내 또는 국외에서 반포된 간행물에 기재된 발명은 특허를 받을 수 없다고 규정하고 있어(특§29①), 특허의 요건으로서 신규성을 요구하고 있다. 이때 신규성 판단의 기준이 되는 공지상태의 의미에 관하여는 학설의 대립이 있으나 불특정인에게 객관적으로 인식가능한 상태에 있으면 충분하고(객관적 기준) 불특정 다수인이 그것을 현실적으로 인식하였는지의 여부는 문제되지 아니한다고 하는 것이 다수설[27]이며 판례[28]도 같은 취지이다. 따라서 특허법의 해석으로는 비밀유지의무를 부담하지 않는 자가 당해 정보를 알고 있으면 공지상태가 인정된다.

그러나 영업비밀은 특허권과 같이 배타적인 권리로서 인정되는 것이 아니라 비밀이라는 사실상태에 대한 보호인바, 영업비밀에서의 비공지개념을 특허법에서와 같이 엄격하게 해석할 필요는 없다. 따라서 특정한 자가 영업비밀 보유자에

27) 송영식·이상정·황종환, 「지적소유권법」, 육법사, 1987, p.125.
28) 대법원 1971.6.8.선고, 70후57 판결.

대하여 비밀유지의무를 부담하고 있지 않더라도 사실상 비밀상태를 유지하고 있거나, 보유자 이외의 제3자가 동종의 영업비밀을 독립적으로 개발한 경우 당해 발명자가 비밀로 관리하고 있다면 영업비밀은 비공지상태에 있다.

6. 진보성

특허를 받기 위해서는 어떤 발명이 단지 종래에 없었던 것이라는 신규성만으로는 충분하지 않으며, 당해 발명이 출원시의 기술수준에서 동업자가 용이하게 생각할 수 없는 정도의 것(특§29②)이라는 진보성을 갖춘 것이어야 한다. 반면 영업비밀의 경우에는 어느 정도의 진보성이 필요하다고는 보지만 그 정도는 불명확하다.[29)]

7. 보호기간

발명이 특허로 인정된 기술은 일정기간 특허권자가 독점적으로 이용할 수 있다. 예컨대 제3자가 특허로 등록된 기술과 동일한 기술을 독자적으로 개발하였더라도 특허권자로부터 허락을 받지 않고 그 기술을 사용하게 되면 특허권의 침해가 되어 사용금지 및 손해배상청구의 대상이 된다.

이에 반해 영업비밀은 독점적 배타권이 인정되지 않으므로 제3자가 동일기술을 독자적으로 개발하여 사용한다면 선발명자(先發明者)는 그 발명에 대해 사용금지 및 손해배상청구를 할 권한이 없다.

한편 독점적 배타권으로서의 특허권의 인정은 일정 기간의 제한(한국 · 일본에서는 등록일로부터 출원일 후 20년이며 미국에서는 등록일로부터 17년)이 있어 그 기간이 경과하면 그 기술은 누구나 사용할 수 있게 된다. 반면 영업비밀은 그 자체가 비밀로서 유지되고 있는 한 독점적으로 이용할 수 있다.

8. 한 계

특허법은 '자연법칙을 이용한 기술적 사상의 창작'이라 하여 기술적 노하우에

---

29) 미국에서는 특허법의 신규성과 같이 고도성을 요구하지 않은 판결로서는 Kawanee Oil Co. v. Bicron Corp.사건이 있다. 이 사건에서 연방최고법원은 "… 특허법처럼의 신규성은 Trade Secret에서는 요구되지 않는다"라고 하고 있다. 그러나 Milgrim, Trade Secrets at 2~189(1967)에서는 어느 정도의 진보성이 요구된다고 보고 있다.

한하여 특허를 받을 수 있으며 영업적 노하우, 즉 판매방법, 고객리스트, 거래정보, 가격설정정보, 원가표 등의 영업정보는 특허대상에서 제외된다. 또한, 전자의 기술적 노하우 중에서도 특허요건을 갖추지 못한 발명은 보호를 받지 못한다. 따라서 어떤 경제적 가치가 있는 발명을 특허출원하여 그 발명이 특허로서 등록이 되면 배타적인 권리를 인정받게 되지만 그 발명이 심사결과 특허등록이 되지 않는다면 그 발명은 특허로서는 물론 그 발명이 공개되었는바 영업비밀로서의 보호도 받지 못한다.

특허법은 공개된 발명을 누구나 이용할 수 있도록 함으로써 기술의 진보를 촉진하고 나아가 궁극적으로는 산업발전에 이바지하는 것을 목적으로 한다. 반면 영업비밀은 비공개(非公開)를 원칙으로 하는바 기술이 비닉화(秘匿化)됨으로써 기술의 진보를 촉진시키지 못함은 물론 산업발전에도 크게 이바지하지 못하는 한계가 있다.

[도표 22] 영업비밀보호제도와 저작권제도와의 비교

구 분 항 목	저작물(권)	영업 비밀
보호항목	문화발전에 기여	경제활동에 있어서 부정행위 방지
보호의 대상	창작적 표현(저작물)	영업상 또는 기술상의 정보(영업비밀)
대상의 확정성	객관적으로 확정	객관적 확정은 곤란
보호기간	장기간이지만 유한(생존기관과 사후 70년)	비밀로서 관리하는 한 무한
排他性	상대적	상대적

Ⅳ. 영업비밀의 침해행위유형

현행 부정경쟁방지법 제2조 제3호는 6가지의 영업비밀침해행위의 유형을 한정적으로 열거하고 있다. 동법상의 6가지 침해행위유형은 가목의 절도 등 부정한 수단으로 영업비밀을 취득·사용·공개하는 행위(不正取得行爲)와 라목의 계약관계 등에 의하여 영업비밀을 비밀로서 유지해야 할 의무가 있는 자가 부정한 이익을 얻거나 보유자(保有者)에게 손해를 가할 목적으로 영업비밀을 사용·공개하는 행위(秘密維持義務違反行爲)를 2가지 기본유형으로 하고 이 2가지 기본유형에 따른 사후적 관여행위 2가지를 각각 추가하여 규정하고 있다.

즉 제3자가 부정취득행위나 비밀유지의무 위반행위가 있었다는 사실을 취득 당시에 알거나 중대한 과실로 알지 못하고 당해 영업비밀을 취득 · 사용 · 공개하는 행위를 각각 나목과 마목에 규정하고, 부정취득행위나 비밀유지의무 위반행위를 취득 당시에는 알지 못하였으나 취득 후 알게 되거나 중대한 과실로 알지 못하고 당해 영업비밀을 사용 또는 공개하는 행위를 각각 다목과 바목에서 규정하고 있다.

1. 제1유형(부정취득 · 사용 · 공개행위유형)

절취 · 기망 · 협박 기타 부정한 수단으로 영업비밀을 취득하는 행위 또는 그 취득한 영업비밀을 사용하거나 공개(비밀을 유지하면서 특정인에게 알리는 것을 포함한다)하는 행위는 영업비밀 침해행위가 되어 금지청구 등의 대상이 된다(부§2ⅲ 가목).

본 규정은 정당한 수단에 의하여 영업비밀을 입수할 지위에 있지 않은 자가 절취 · 기망 · 협박 기타 형벌법규에 위반되는 것과 같은 위법한 수단을 사용하여 취득하는 행위를 기본으로 다시 이와 같이 취득한 정보를 스스로 사용하여 경쟁상의 이득을 얻거나 특정한 타인 또는 불특정다수인에게 그 비밀을 전파 · 공개하는 행위를 금지하는 것이다.

'부정한 수단'이란 형벌법규 위반의 행위 및 그와 동등의 위법성을 가졌다고 판단되는 일체의 반사회적 수단을 포함하는 개념으로, 법문상의 절취 · 기망 · 협박은 전형적인 부정한 수단의 예시에 지나지 않는다.

(1) 부정한 취득행위

영업비밀의 취득이란 영업비밀에 해당하는 문제의 정보를 입수 또는 확보하는 것으로 비밀이 화체된 문서 기타의 매체 그 자체에 대한 권한 없는 점유취득뿐만 아니라 영업비밀을 기억하는 등의 방법으로 권한 없이 문제의 정보를 확보하는 일체의 행위를 포함한다.

(2) 부정한 사용행위

사용행위란 영업비밀을 그 고유의 용도 내지 사용목적에 따라 활용하는 행위를 말한다. 다만. 취득자로부터 비밀을 전득한 자의 사용은 나목 또는 다목 소정의 구성요건에 해당하는바, 본목의 사용은 부정한 수단으로 영업비밀을 취득한 자 자신이 그 비밀을 이용하는 때에 한한다.

(3) 부정한 공개행위

부정한 수단으로 취득한 자의 행위로 영업비밀을 불특정인에게 공개하는 행위 및 비밀로 유지하면서 특정인에게 알리는 행위를 포함한다. 또한 영업비밀을 부정공개행위로부터 보호하는 바는 통상 입수할 수 없는 비밀, 지식 등을 제3자가 입수하는 것을 금지하는 데 있으므로 영업비밀의 전부뿐만 아니라 그 일부만을 알 수 있게 한 경우도 부정공개행위에 해당한다.

부정공개행위는 구두 · 서면뿐만 아니라 도면 · 모형의 전시에 의해서도 가능하며 제3자가 영업비밀을 알려고 하는 것을 방해하지 않는 부작위형식(不作爲形式)에 의한 공개행위도 인정된다. 또한, 공개행위의 유상성(有償性)을 요건으로 하지 않으며, 선의 여부 역시 문제되지 않는다.

2. 제2유형(부정취득자로부터 악의취득유형)

영업비밀에 대하여 부정취득행위가 개입된 사실을 알거나 중대한 과실로 알지 못하고 그 영업비밀을 취득하는 행위 또는 그 취득한 영업비밀을 사용하거나 공개하는 행위는 영업비밀 침해행위가 된다(부§2iii 나).

동산 등의 물건에 있어서는 일물일권의 요청상 하나의 물건 위에 그 내용이 서로 용납되지 않는 소유권과 같은 물권이 병존할 수 없다. 반면 정보는 동시에 복수의 자에 의한 보유가 가능한바 영업비밀이 부정취득되었거나 부정공개된 후에도 원래의 영업비밀 보유자는 그 영업비밀의 사용 등에 관한 이익을 상실하지 않으며, 이러한 이익의 보호를 위해 법은 전득자(轉得者)에 의한 영업비밀취득 등의 행위를 영업비밀 침해행위로서 규제하고 있는 것이다. 즉 본목의 규정은 가목에서 규정된 부정취득행위를 전제로 당해 영업비밀의 유통과정에서 부정취득이 개재된 사실에 관하여 악의 또는 중과실인 채 이를 전득하는 경우를 금하고 있는 것으로, 가목의 부정취득행위를 본범이라면 본목은 장물범(贓物犯)적 위치에 있다고 설명하기도 한다.[30)]

본목의 영업비밀 침해행위는 취득자가 자기의 직접 전자로부터 영업비밀을 취득하는 수단 그 자체는 정당한 것에 한한다. 따라서 영업비밀의 부정취득자로부터 다시 이를 부정한 수단으로 취득할 경우에는 원래의 보유자에 대한 부정취

30) 황의창, 「영업비밀」, 육법사, 1992, p.111.

득행위, 즉 법 제2조 제3호 가목에 해당한다.

그 비밀성이 유지되는 한 영업비밀과 관련한 일체의 행위는 당해 정보의 개발 · 형성에 기여한 자, 즉 본원적 보유자(本源的 保有者)의 권원 아래에서 인정되는 것이다. 따라서 여기의 부정취득의 의미란 취득자의 직접 전자가 다시 그 전자로부터 부정한 수단으로부터 취득한 사실은 물론 그 앞서의 영업비밀의 거래단계에서 부정취득이 있는 경우를 모두 포함한다 하겠으며, '부정취득행위가 개입된 사실'이란 영업비밀의 정당한 보유자로부터 자기의 전자에게 이르는 영업비밀의 유통과정 중에 부정한 수단에 의한 취득이 개입된 것을 의미한다.

본목은 단순히 영업비밀 부정취득행위가 개입된 사실을 인식하면서 또는 인식하지 못한 데 중대한 과실이 있으면서 영업비밀을 취득하거나 그것을 사용, 공개하는 행위로 족하다. 주관적인 요건으로서 악의 이외에 '중대한 과실'을 포함한 이유는 소송 중에 있어서 주관적 요건인 악의의 증명이 곤란하므로 행위자로서 조금만 주의를 기울였더라면 당연히 알 수 있었을 객관적 상황을 증명하면 중과실로 보아 악의와 동일시하려는 것이다. 이때 주관적 요건의 입증책임은 구제를 청구하는 영업비밀 보유자가 부담한다.

본목의 주관적 요건 판단의 기준이 되는 시점은 영업비밀 취득 당시이다. 이 점에서 다목의 사후적 악의자에 의한 영업비밀 침해행위가 취득 당시에는 선의 · 무중과실이었다가 취득한 이후 사용 · 공개할 당시에는 악의 또는 중과실로 전환된 것을 의미하는 것과 구별된다.

3. 제3유형(사후적 관여형)

영업비밀을 취득한 후에 그 영업비밀에 대하여 부정취득행위가 개입된 사실을 알거나 중대한 과실로 알지 못하고 그 영업비밀을 사용하거나 공개하는 행위는 영업비밀을 침해하는 행위가 된다(부§2iii 다). 즉 당해 영업비밀의 취득시에는 선의 · 무중과실이었으나 취득 후 악의 또는 중과실이 인정되는 사후적 악의자에 대하여 당해 영업비밀의 사용 등을 영업비밀의 침해행위로 보아 제한하는 것이다. 취득 당시에는 부정취득의 개입 여부에 관하여 선의, 무중과실이었던 자가 영업비밀의 보유자로부터 경고 또는 통보를 받거나 금지청구의 소장송달을 받게 되면 사후적 악의자가 된다. 그리고 보유자 등으로부터 경고나 소장의 송달을 받지 못했더라도 약간의 주의로 부정취득이 개재되었음을 알 수 있었던 경우에는 사후적 중과실이 인정된다.[31] 단 일정한 경우에는 제13조의 '선의자에 관한 특례' 규정이 적용된다.

4. 제4유형(신의칙의 위반유형)

계약관계 등에 의하여 영업비밀을 비밀로서 유지하여야 할 의무가 있는 자가 부정한 이익을 얻거나 그 영업비밀의 보유자에게 손해를 가할 목적으로 그 영업비밀을 사용하거나 공개하는 행위는 영업비밀 침해행위이다(부§2iii 라). 본 규정은 영업비밀의 정당한 보유자로부터 정당하게 영업비밀을 취득한 자가 비밀유지의무를 부담하고 있음에도 불구하고 부정한 목적을 가지고 위 의무에 위반하여 당해 정보를 사용 또는 공개하는 행위를 금하고 있는 것이다.

(1) 계약 등에 의하여 영업비밀을 비밀로서 유지하여야 할 의무가 있는 자

본호의 의무에 반하여 비밀을 공개 · 사용하는 자는 당해 비밀을 정당하게 보유하는 자로부터 취득한 자이어야 한다. 따라서 영업비밀 원래의 귀속주체가 사용 또는 공개하는 행위는 본목의 부정공개 등에 해당되지 아니하며, 부정하게 이를 지득(知得)한 자는 가목의 부정취득행위자가 된다.

부정경쟁방지법은 부정공개자가 비밀유지의무를 부담하는 근거에 관하여 "계약관계 등"으로 표현하고 있는데, 이는 법률상의 관계뿐만 아니라 보호가치가 인정되는 사실상의 신뢰관계를 포함한다. 이러한 신뢰관계 내지 비밀을 지켜야 할 관계는 기업체와 그 종업원, 회사와 그 임원, 조합계약의 당사자들 및 기업체와 기업체 사이에서 광범위하게 존재할 수 있다.

(2) 부정한 이익을 얻거나 그 영업비밀의 보유자에게 손해를 가할 목적

본목의 영업비밀 침해행위가 성립하기 위하여는 비밀의 본원적 보유자로부터 넘겨받은 영업비밀에 관하여 비밀을 유지해야 할 의무에 반하여 이를 공개하거나 사용한다는 객관적 요건 이외에도 "부정한 이익을 얻거나 그 영업비밀의 보유자에게 손해를 가할 목적"이라는 주관적 요건의 존재를 요한다. 따라서 명정상태(酩酊狀態)에서 무심결에 영업비밀을 누설한 종업원의 행위는 부정목적의 존재를 인정할 수 없는바 본목의 영업비밀 침해행위에 해당되지 않는다.

다만, 법이 이미 그 침해행위자를 "계약관계 등에 의하여 영업비밀을 비밀로

31) 정호열, 「부정경쟁방지법론」, 삼지원, 1993, pp.271~272.

서 유지하여야 할 의무가 있는 자"로 한정하고 있는 상태에서 이와 같은 주관적 요건이 필요한지 의심스럽다.

5. 제5유형(부정공개자로부터 취득한 유형)

계약관계 등에 의하여 영업비밀을 비밀로서 유지하여야 할 의무가 있는 자가 부정한 이익을 얻거나 그 영업비밀의 보유자에게 손해를 가할 목적으로 공개된 사실 또는 그러한 공개행위가 개입된 사실을 알거나 중대한 과실로 알지 못하고 영업비밀을 취득하는 행위 또는 그 취득한 영업비밀을 사용하거나 공개하는 행위는 영업비밀 침해행위이다(부§2iii 마). 본목의 규정은 부정취득자로부터의 악의취득행위와 그 취지를 같이한다. 본목의 영업비밀 침해행위 역시 나목의 영업비밀 침해행위에서와 같이 자기의 직접 전자로부터의 영업비밀을 취득하는 수단 그 자체는 정당한 것에 한한다. 따라서 비밀유지의무에 위반하여 부당한 공개행위를 한 자로부터의 취득행위가 기망 등의 부정한 수단을 사용하여 행해진 경우에는 가목의 부정취득행위에 해당한다.

본목은 주관적 요건을 가중한 라목의 부정공개행위가 개입되어 있는 사실을 인식하거나 또는 인식하지 못한 데 중대한 과실이 있으면서 영업비밀을 취득한다고 하는 이중(二重)의 주관적 요건을 가진다. 따라서 본목에 의거하여 금지청구 등을 하기 위하여는 취득자가 "부정한 이익을 얻거나 그 영업비밀 보유자에게 손해를 가할 목적"으로 영업비밀을 부정공개한다는 사실을 알면서 영업비밀을 취득한다고 하는 이중의 주관적 요건을 입증하여야 한다.

6. 제6유형(부정공개행위에 관한 사후적 악의유형)

영업비밀을 취득한 후에 그 영업비밀이 라목의 규정에 의하여 공개된 사실 또는 그러한 공개행위가 개입된 사실을 알거나 중대한 과실로 알지 못하고 그 영업비밀을 사용하거나 공개하는 행위는 영업비밀 침해행위이다(부§2iii 바).

본 규정은 마목과 같은 취지의 규정으로 부정공개된 영업비밀에 사후적으로 관여하는 것을 예방하기 위한 규정이며, 그 성립에 있어서는 다목 소정의 사후관여행위에서의 설명이 유효하다. 또한, 일정한 경우에는 제13조의 선의자 특례규정이 적용된다.

Ⅴ. 선의자의 보호유형

거래에 의하여 영업비밀을 정당하게 취득한 자가 그 거래에 의하여 허용된 범위 내에서 그 영업비밀을 사용하거나 공개하는 행위는 금지청구, 손해배상청구, 신용회복조치청구의 대상이 되지 않는다(부§13①). 즉 법은 선의자에 대한 특례를 두어 영업비밀 취득시에 그 영업비밀의 부정공개사실 또는 부정취득행위나 부정공개행위가 개입된 사실을 중대한 과실 없이 알지 못하고 거래에 의하여 당해 영업비밀을 취득한 자가 그 거래에 의하여 허용된 범위 안에서 그 영업비밀을 사용하거나 공개하는 행위에 대하여는 영업비밀 침해행위로 보지 않는 것으로 하여 부정경쟁방지법 제2조 제3호 다목 및 바목의 범위를 한정하고 있다.

1. 거래에 의하여

본조의 선의자 특례(善意者 特例)는 '거래에 의한' 영업비밀 취득의 경우에만 적용된다. 여기서 '거래'에는 매매 기타의 양도계약, 라이선스계약, 증여계약, 대물변제, 경락(競落)에 의한 경우를 모두 포괄하며,[32] 법률상의 전형적인 거래뿐만 아니라 비전형적인 사실상의 거래를 포함한다.[33] 반면 상속이나 합병에 의한 취득과 같이 법률의 규정에 의해 그 취득의 효과가 발생하는 경우에는 적용이 없다. 거래의 유상(有償)을 요하지도 않는다. 따라서 무상의 증여계약에 의한 취득의 경우에도 본조의 적용이 있다.

2. 영업비밀을 정당하게 취득한 자

'영업비밀을 정당하게 취득한 자'라 함은 영업비밀을 취득할 당시에 그 영업비밀이 부정하게 공개된 사실 또는 영업비밀의 부정취득행위나 부정공개행위가 개입된 사실을 중대한 과실 없이 알지 못한 자를 말한다(부§13②).

여기의 선의, 무중과실에 관하여는 영업비밀의 보유자가 아니라 선의자의 특

---

32) 通商産業省 知的財産政策室 監修, 「營業秘密—逐條解說 改正 不正競爭防止法」, 有斐閣, 1991, p.115.

33) 동조(同條)의 '거래' 속에 고용계약도 비전형적인 사실상의 거래에 포함되는지의 문제가 제기되는데, 만약에 포함된다면 인간도 고대의 노예제도와 같이 상거래의 대상물이라는 뜻을 포함하기 때문에 헌법의 기본적 인권의 문제가 발생할 것이다. 따라서 본규정의 '거래에 의하여'라는 표현은 부적당하다.

례적용을 주장하는 자인 제3취득자가 입증책임을 진다.

3. 거래에 의해 허용된 범위 내

본조 제1항은 선의로 영업비밀을 취득한 자는 거래에 의해 허용된 범위 내에서 그 영업비밀을 사용·공개할 수 있다고 하고 있다. 즉 영업비밀을 취득할 때의 거래에 있어서 정해진 조건의 범위 내에 한하여 선의자는 보호받는다.

VI. 영업비밀의 소멸시효

영업비밀 침해행위의 금지 또는 예방을 청구할 수 있는 권리는 영업비밀 침해행위가 계속되는 경우에 영업비밀 보유자가 그 침해행위에 의하여 영업상의 이익이 침해되거나 침해될 우려가 있는 사실 및 침해행위자를 안 날로부터 3년간 이를 행사하지 아니하면 시효로 소멸된다. 그 침해행위가 시작된 날로부터 10년을 경과한 때에도 또한 같다(부§14).[34]

여기서 3년은 시효기간이고 10년은 제척기간이다.

영업비밀 침해자가 영업비밀을 사용하여 생산·판매·연구개발활동 등을 장기간 계속하는 것을 영업비밀 보유자가 방치하면 당해 영업비밀 침해자는 그를 사용하여 사업활동을 전개할 것이며, 그로 인하여 많은 사람의 고용, 은행으로부터의 융자, 거래관계 등이 발생할 것이다. 이를 조기에 정지시키지 않고 방치하다가 침해자가 사업을 확장한 다음에 그 활동을 정지시키는 것은 사회적·법률적 안정을 기할 수 없다는 데 소멸시효 규정의 취지가 있다.

또한, 영업비밀의 보유자는 비밀을 항상 관리하고 있어야 하는 것이 영업비밀의 요건이므로 침해자가 사용하는 것을 장기간 방치하는 것은 영업비밀을 관리한다고 볼 수 없다. 이러한 관점에서 일정한 기간 내에 영업비밀 보유자가 침해행위를 알았음에도 불구하고 금지 또는 예방청구권을 행사하지 않은 경우에는 당해 영업비밀은 법적으로 보호할 필요가 없다는 측면에서 소멸시효규정을 두고 있는

34) 종래 우리법은 이에 관하여 1년, 3년으로 규정하고 있었고(1991.12.31. 개정법) 일본 부정경쟁방지법에서는 우리보다 더 장기인 3년, 10년으로 각 규정하고 있었다. 그러나 우리도 1998년 개정시 일본과 동일하게 하였다.

것이다.

한편, 법이 비록 단기의 소멸시효제도를 인정하고 있으나 시효중단이 계속되면 법적 관계의 불안정성은 계속된다. 이에 거래의 안정이라는 관점에서 법은 제척기간을 두어 장기에 걸쳐 계속되는 어떤 사실상태를 법률상 유효한 것으로 인정하고 있다.

각 기간의 기산점은 그 이익을 주장하는 자가 주장 · 입증할 책임을 진다.

Ⅶ. 영업비밀의 침해에 대한 구제

부정경쟁방지법은 영업비밀 침해행위에 대하여 민사적 구제수단으로 침해행위 금지청구권(부§10), 손해배상청구권(부§11) 및 신용회복청구권(부§12) 등을 인정하고 있다. 또한 형사적 처벌대상도 기업의 전현직 임직원으로 제한되던 과거의 태도에서 부정한 이익을 얻거나 기업에 손해를 가할 목적으로 영업상의 비밀을 침해하면 누구든지 처벌할 수 있도록 규정하고 있다. 또한 조직차원의 침해행위에 대하여 행위자 외에 법인도 처벌할 수 있도록 규정하고 있으며(부§18①②, §19), 미수(부§18의2)와 예비 · 음모(부§18의3)의 경우에 대해서도 처벌 조항을 두고 있다.

1. 민사적인 구제

부정경쟁방지법 제2조 제3호 가목에서 바목까지 영업비밀의 침해에 대한 유형을 명시하여, 동조에 해당하는 불법행위는 민사적인 구제의 특칙으로서 영업비밀의 침해행위에 대한 금지 또는 예방청구권, 침해행위에 의해 만들어진 물건에 대한 폐기청구권, 침해행위에 제공된 설비에 대한 제거청구권, 침해행위로 인해 발생한 손해에 대한 손해배상청구권, 영업비밀의 침해로 인해 정당한 보유자의 신용을 실추시킨 자에 대한 신용회복조치청구권 등을 규정하고 있다.

(1) 금지 또는 예방청구권

현행 부정경쟁방지법은 사후적 구제수단으로서 손해배상청구권을 인정할 뿐만 아니라 영업비밀 침해행위에 대한 직접적인 구제수단으로서 금지청구권을 인정하고 있다. 다만, 영업비밀 침해행위가 되기 위해서 고의 또는 중과실이나 부정한 이익을 얻거나 보유자에게 손해를 가할 목적과 같은 행위자의 주관적 태양(主觀的 態樣)의 존재를 요구하고 있으며, 나아가 영업비밀 침해행위에 해당한다 하더라도 금지청구가 인정되기 위해서는 그 행위에 의하여 영업상의 이익이 침해되거나 침해될 우려가 있어야 한다는 추가적 요건의 충족을 요구하고 있다.

여기서 '영업상의 이익'은 부정경쟁행위의 금지청구권에서와 같이 법적으로 보호할 가치가 있는 정당한 이익으로 당해 영업비밀의 보유자가 향유하는 경제적 이익을 말하며 원칙적으로 현존하는 것에 한정된다. 다만 이익은 잠재적인 것으로 족하고 반드시 현실적으로 구체화될 필요는 없다.

'침해될 우려'는 정보유통의 안정 내지 원활의 유지라는 면에서 단순한 일반적 · 추상적 이익침해의 가능성만으로는 부족하고, 침해가 일어날 것이 확실히 예상될 수 있다는 정도의 침해의 개연성이 필요하다.

1) **청구권자 및 의무자** 금지청구권자는 영업비밀 보유자이다. 당해 영업비밀을 개발하여 보유하고 있는 자 외에 그 양수인, 라이선스, 서브라이선스 등과 같이 정당한 권원에 기해서 일정한 지배를 하고 있는 자를 포함한다. 반면 영업비밀을 절취하여 지니고 있는 자와 같이 정당한 권원에 기하지 않고 단순히 사실상 지배하는 데 불과한 자는 법의 보호대상이 되지 않는다.

부정경쟁방지법 제2조 제3호에 열거되어 있는 영업비밀 침해행위를 하거나 하고자 하는 자가 금지청구의 상대방이 된다.

2) **내 용**

㈎ 금지청구 영업비밀 보유자는 부정행위자가 부정한 행위를 한 경우 또는 이러한 행위를 할 우려가 있는 자에게 그 행위의 금지 또는 예방을 법원에 청구할 수 있다(부§10①). 즉 현실로 행해지고 있는 영업비밀 침해행위에 의해 영업상의 이익이 침해되고 있는 경우에는 금지를, 장래의 영업비밀 침해행위에 의해 영업상의 이익이 침해될 우려가 있는 때에는 예방을 청구할 수 있다.

여기서 금지 또는 예방의 내용은 행위자에게 침해행위에 해당하는 당해 영업비밀의 취득, 사용, 공개행위를 하지 못하도록 하는 일정한 부작위를 명하는 것이 될 것이다. 부작위를 명함에 있어서는 일정한 시간적 · 장소적인 제한을 둘 수 있으며, 부작위의 명령을 위반하는 경우에는 간접강제의 방법(민집§261, §262)이 인정된다.

㈏ 폐기 · 제거청구권 나아가 금지 및 예방청구에 부수하여 침해행위를

조성한 물건의 폐기, 침해행위에 제공된 설비의 제거, 기타 침해행위의 금지 또는 예방을 위하여 필요한 조치를 함께 청구할 수 있다(부§10②). 즉 법은 영업비밀의 침해에 대해 금지 또는 예방청구를 할 당시에 침해한 자가 관리하는 곳에 영업비밀에 관련된 유체물이 남아 있을 경우에는 영업비밀 보유자가 장래에 침해행위가 재발하지 않도록 하기 위해 그 물건의 폐기·제거를 청구할 수 있도록 하고 있다. 이는 특허법 제126조 제2항 등에서 인정하고 있는 것과 마찬가지로 침해행위로 야기된 물적 상태의 제거를 통해 장래의 침해재발을 막아 금지청구의 실효를 거두기 위해 인정되는 것이다. 따라서 본 청구권은 단독으로 독립하여 행사할 수 없고 반드시 금지 또는 예방청구에 수반해서 하여야 하는 부대청구권(附帶請求權)이며, 협의의 금지청구권과는 달리 작위청구권(作爲請求權)이다.

폐기의 대상이 되는 "침해행위를 조성한 물건"은 도면, 설계도, 처방, 고객리스트 등 영업비밀이 화체(化體)된 매체, 영업비밀에 관련된 것을 제작하기 위한 재료 등을 의미하며, 제거의 대상으로 규정된 "침해행위에 제공된 설비"는 영업비밀을 사용하기 위한 기계, 설비, 생산설비 등을 말한다. 나아가 당해 영업비밀을 사용하여 만들어진 부정행위생성물도 폐기의 대상이 된다.

(2) 손해배상청구권

영업비밀에 대한 침해행위의 우려가 있는 행위에 대해서는 금지 또는 예방청구권이 인정되지만, 이미 영업비밀에 대한 침해행위로 손해가 발생한 경우는 손해배상청구권이 인정된다(부§11).

손해배상청구권이 성립하기 위해서는 i) 침해자의 고의 또는 과실, ii) 영업비밀 침해행위의 존재, iii) 영업비밀 보유자의 영업상 이익을 침해하여 손해를 발생시킬 것, iv) 영업비밀 침해행위와 손해발생과의 인과관계라는 요건이 충족되어야 한다.

영업비밀의 침해행위가 고의적인 것으로 인정되는 경우에는 특허법 등과 같이 일명 '징벌적 손해배상'이란 '3배 손해배상제도'를 도입하였고, 다시 5배로 상향하였다.

영업비밀은 공시가 되지 않으며 그 비밀성에 대해 법이 보호를 해 주는 것으로서 외부에 있는 제3자로서는 당해 정보가 영업비밀인지 아닌지 잘 모를 경우가 많다. 따라서 부정경쟁방지법은 정보거래의 안전성을 위해 특허법과 같은 일률적인 과실추정규정을 두고 있지 않다. 그러나 손해액 추정규정(부§14의2)은 1998년 개정시에 도입되었으며, 2019년 개정에 의하여 추가 보완되었다. 손해액의 추정과 관련하여 영업비밀의 침해행위가 고의적인 것으로 인정되는 경우에는 손해로 인정된 금액의 5배를 넘지 아니하는 범위에서 배상액을 인정할 수 있도록 하고 있다(부§14의2⑥). 이와 관련하여 영업비밀의 침해행위가 고의적인지 여부를 판단할 때에는 침해자의 우월적 지위 여부, 고의의 정도, 침해행위의 기간 및 횟수, 침해행위로 인하여 침해자가 얻은 경제적 이득의 정도 등을 고려하도록 하여 영업비밀 침해에 따른 피해 구제를 강화하였다(부§14의2⑦).

손해배상은 부정경쟁행위에 대한 손해배상에서와 같이 영업비밀의 침해와 상당인과관계에 있는 모든 손해로서 적극적 손해, 소극적 손해 및 정신적 손해(위자료)를 모두 포함한다.

(3) 신용회복조치청구권

법원은 고의 또는 과실에 의한 영업비밀 침해행위로 영업비밀 보유자의 영업상의 신용을 실추하게 한 자에 대하여는 영업비밀 보유자의 청구에 의하여 손해배상에 갈음하거나 손해배상과 함께 영업상의 신용회복을 위하여 필요한 조치를 명할 수 있다(부§12). 즉 영업비밀 보유자는 고의 또는 과실에 의한 영업비밀 침해행위로 영업비밀 보유자의 영업상의 이익을 실추하게 한 자에 대하여 법원에 금전배상에 갈음하거나 금전배상과 함께 영업상의 신용회복을 위하여 필요한 조치를 청구할 수 있다.

(4) 비밀유지명령

1) 의 의　영업비밀에 관련한 소송에서는 소송에 제출된 증거에 영업비밀이 포함되는 경우가 있다. 즉 영업비밀 관련 소송을 비롯하여 여러 형태의 소송에서, 침해를 주장하는 과정에서 제출하고자 한 준비서면이나 증거의 내용에 영업비밀이 포함되는 경우가 있는데, 이 경우 당해 영업비밀을 보유한 당사자는 상대방 당사자에 의하여 이를 소송수행 목적 이외의 목적에 사용되거나 제3자에게 공개되는 것으로 인하여 사업 활동에 지장이 발생할 우려가 있다. 이러한 우려에서 당해 영업비밀을 소송에서 표현하는 것을 주저하여, 충분한 주장입증을 다할 수 없는 사태가 발생할 수 있다.

이러한 경우, 증거에 포함된 영업비밀의 누설을 방지하기 위한 방법으로는 민사소송법 제163조의 비밀보호를 위한 열람제한절차나 영업비밀보호법에 의한 금지청구 · 손해배상청구 등이 존재한다. 그러나 이러한 절차로는 충분하지 않아, 영업비밀이라도 증거로서 제출하도록 하는 가운데, 당해 영업비밀을 보호하는 제도가 필요하다는 지적이 이루어졌다. 또한 한미 FTA 협정 제18.10조 11.(나)에서는 "소송절차에서 생성되거나 교환된 비밀정보의 보호에 관한 사법명령의 위반에 대하여, 민사 사법절차의 당사자, 변호인, 전문가 또는 법원의 관할권이 미치는 그 밖의 인에게 제재를 부과할 수 있는 권한"에 관한 규정을 두고 있어서 소송과정에서 언급된 비밀정보를 위반한 자에 대한 법원의 제재 권한을 부여하고 있다. 이에 2011년 12월에 통과된 제14차 개정법에서는 '비밀유지명령' 제도를 도입하였다.

2) **비밀유지명령에 의한 금지행위** 부정경쟁행위, 제3조의2 제1항이나 제2항을 위반한 행위 또는 영업비밀 침해행위로 인한 영업상 이익의 침해에 관한 소송에서 법원은 그 당사자가 보유한 영업비밀에 대하여 당사자의 신청에 따라 결정으로 ① 당해 영업비밀을 당해 소송의 수행목적 이외의 목적으로 사용하는 것, ② 당해 영업비밀에 관련하여 비밀유지명령을 받은 자 이외의 자에게 공개하는 것을 금지할 수 있다(부§14의4).

비밀유지명령에 의하여 금지되는 행위는 그 영업비밀을 ① 해당 소송의 계속적인 수행 외의 목적으로 사용하거나 ② 비밀유지명령을 받은 자 외의 자에게 영업비밀을 공개하는 행위이다. 따라서 해당 소송수행목적에서의 영업비밀 사용행위는 비밀유지명령대상에서 제외된다. 소송당사자의 방어권을 확보하기 위하여는 이러한 사용을 인정할 필요가 있으며, 소송 절차 중에서 영업비밀을 보호하는 제도가 정비되어 있고, 소송수행목적을 위한 사용에 의하여 영업비밀이 공지가 될 가능성은 극히 낮은 것에 따른 판단이다. 한편 소송수행목적에서 당해 영업비밀을 사용하는 행위는 허용되나, 이를 비밀유지명령을 받은 자 이외의 자에게 공개하는 행위는 비밀유지명령의 대상이고, 금지된다. 이는 소송수행의 목적에서도 당해 영업비밀이 공개되게 되면 영업비밀의 요건의 하나인 공지성이 결여되게 되고, 그 가치가 현저히 훼손되기 때문이다.

3) **비밀유지명령의 취소** 비밀유지명령 신청자 또는 비밀유지명령을 받은 자는 소송기록이 존재하는 법원에 신청하여 비밀유지명령을 취소할 수 있다. 취소 사유로는 ① 준비서면의 기재 또는 증거에 영업비밀이 포함되어 있는 것, ② 당해 영업비밀이 당해 소송의 수행목적 이외의 목적으로 사용 또는 공개되는 것으로, 당해 영업비밀에 근거한 사업활동에 지장이 생길 우려가 있고, 이를 방지하기 위하여 당해 영업비밀의 사용 또는 공개를 제한할 필요가 있는 것이라는 명령

요건을 갖추지 못하였거나 갖추지 못하게 된 경우이다. 구체적으로는 증거에 포함되어 있는 영업비밀의 내용이 바로 특허출원되고, 그 후 공개되게 되어 영업비밀로서의 요건을 충족하지 않게 된 경우 등을 들 수 있다.

4) **소송기록열람청구의 통지** 소송기록에서 영업비밀이 누설되는 것을 방지하기 위하여 민사소송법 제163조에서는 제3자의 열람 등을 제한하고 있으나, 이는 당사자에 의한 열람 등을 금지하지 않는다. 이 때문에 예컨대 법인이 당사자 등인 경우, 비밀유지명령을 받지 않은 종업원 등이 법인으로부터 위임을 받아 사실상 자유롭게 소송기록의 열람 등의 열람 청구절차를 통하여 영업비밀을 알게 될 가능성이 있다.

이에 부정경쟁방지법은 비밀유지명령이 내려진 소송에 관한 소송기록에 대하여는 민사소송법 제163조 제1항의 결정이 내려진 경우에서, 당사자로부터 민사소송법 제163조 제1항의 비밀기재부분의 열람 등의 청구가 있고, 그 청구 절차를 밟은 자가 비밀유지명령을 받은 자가 아닌 때는 법원 서기관은 민사소송법 제163조 제1항의 신청을 한 당사자에 대하여 그 청구 직후에 그 열람 등의 청구가 있었다는 사실을 알려야 한다.

이에 의하여 통지를 받은 당사자는 청구절차를 밟은 자에 대하여 비밀유지명령을 신청할 수 있다. 따라서 비밀유지명령을 받기 위하여 필요한 기간은 그 절차를 한 자의 열람 등은 제한된다. 다만 당사자 모두가 동의한 때에는 이 규정은 적용되지 않는다.

2. 형사적 구제

영업비밀의 침해는 내부자에 의한 침해, 외부자에 의한 침해, 내부자와 외부자와의 공모에 의한 침해, 라이선스계약의 상대방에 의한 침해, 하도급에 의한 침해 등 그 행위유형이 각양각색이다.

(1) 형사처벌 대상이 되는 영업비밀 침해행위

형사처벌과 관련하여 종전에는 '영업비밀을 취득, 사용하거나 제3자에게 누설한 자'로만 규정하고 있었는데, 2019년 개정을 통하여 침해행위의 유형을 구체적으로 규정하여 유사사례까지 포섭할 수 있도록 하였다.

형사처벌이 되는 영업비밀침해 행위유형은 동법 제18조 제1항에 규정하고 있다. 동조 제1항 제1호에서는 '부정한 이익을 얻거나 영업비밀 보유자에 손해를 입힐 목적으로 ① 영업비밀을 취득 또는 사용하거나 제3자에게 누설하는 행위, ② 영업비밀을 지정된 장소 밖으로 무단으로 유출하는 행위, ③ 영업비밀 보유자로부터 영업비밀을 삭제하거나 반환할 것을 요구받고도 이를 계속 보유하는 행위'를 열거하고 있다. 제2호는 '절취 · 기망 · 협박, 그 밖의 부정한 수단으로 영업비밀을 취득하는 행위', 제3호는 '제1호 또는 제2호에 해당하는 행위가 개입된 사실을 알면서도 그 영업비밀을 취득하거나 사용(제13조 제1항에 따라 허용된 범위에서의 사용은 제외한다)하는 행위'이다.

즉, 영업비밀을 국외로 유출하는 경우 "15년 이하의 징역 또는 15억원 이하의 벌금에 처하며, 다만, 벌금형에 처하는 경우 위반행위로 인한 재산상 이득액의 10배에 해당하는 금액이 15억원을 초과하면 그 재산상 이득액의 2배 이상 10배 이하의 벌금"에 처한다(부§18①). 국내유출의 경우 "10년 이하의 징역 또는 5억원 이하의 벌금에 처하며, 벌금에 처하는 경우 위반행위로 인한 재산상 이득액의 10배에 해당하는 금액이 5억원을 초과하면 그 재산상 이득액의 2배 이상 10배 이하에 상당하는 벌금"에 처하도록 규정하였다(부§18②).

(2) 영업비밀의 침해대상물

이 법에서 영업비밀의 정의를 부정경쟁방지법 제2조 제2호에서 "… 생산방법, 판매방법, 기타 영업활동에 유용한 기술상 또는 경영상의 정보"라고 하여 영업비밀의 대상을 '기술'상의 영업비밀과 '경영'상의 영업비밀로 명시하고 있다.[35)]

또한 영업비밀의 보유주체는 '영업비밀 보유자'로 명시하여 기업 외에 개인이나 비영리기관이 보유한 영업비밀도 보호의 대상이 되며, 기업 이외에 개인이나 비영리기관의 영업비밀을 유출한 자도 형사처벌의 대상으로 포함된다.[36)]

---

35) 종전법에서는 경영적인 영업비밀을 제외한 기술적인 영업비밀만을 형사처벌의 대상물로 국한시키고 있었다. 이를 2004년 개정법 제18조 제1항에서 '그 기업에 유용한 영업비밀'로 규정함으로써 침해대상물 범위를 확대하였는데, 본 개정으로 경영상 영업비밀(know-how)까지도 영업비밀의 침해대상물에 포함시킬 수 있게 되었다. 경영상의 정보와 기술상의 정보가 명확하게 구분되지 않는 상황에서 경영상의 영업비밀의 침해에 대해서는 민사적 구제수단만을 인정하는 것에 대한 한계가 지적되었다. 특히 경영상 영업비밀의 중요성에 대한 인식이 강화되면서, 경영상 정보와 기술상 보상에 대한 형사처벌에 있어서의 차별을 없앴다.

36) 종전의 법률에서는 기업이 보유한 영업비밀을 유출한 자만이 형사처벌의 대상이 되는 점에서, 개인이나 비영리기관의 영업비밀을 유출한 자에 대한 형사처벌 여부가 문제가 되었다. 이에 2014년 시행법에서는 '기업'이란 표현을 '영업비밀 보유자'로 변경함으로써 영업비밀 보유 주체에 대한 논란을 종식시키고 형사 처벌 대상 역시 명확히 하였다.

(3) 목적범

제18조에서 “누구든지 부정한 이익을 얻거나 기업에 손해를 가할 목적으로” 라고 규정하고 있다.[37] 따라서 형사처벌과 관련하여 구성요건상 고의 이외에 ‘부정한 이익을 얻거나 기업에 손해를 가할 목적’이라는 주관적 구성요건을 요구하는 목적범이라 하겠다. 다만 국외로의 ‘영업비밀’ 유출여부를 처벌의 가중요소로 규정하고 있다(부§18①②).

(4) 미수, 예비 · 음모죄의 처벌

제18조 제1항 및 제2항의 죄에 해당하는 경우에는 외국 유출의 경우에는 미수 및 예비 · 음모의 죄도 처벌한다. 제18조 제1항의 죄를 범할 목적으로 예비 또는 음모한 자는 3년 이하의 징역 또는 3천만원 이하의 벌금에 처하며, 제18조 제2항의 죄를 범할 목적으로 예비 또는 음모한 자는 2년 이하의 징역 또는 2천만원 이하의 벌금에 처한다(부§18의2, §18의3).

(5) 비밀유지명령 위반죄

국내외에서 정당한 사유 없이 제14조의4 제1항에 따른 비밀유지명령을 위반한 자는 5년 이하의 징역 또는 5천만원 이하의 벌금에 처한다(부§18의4①). 이는 비밀유지명령을 신청한 자의 고소가 없으면 공소를 제기할 수 없는 친고죄이다(부§18의4②).

(6) 영업비밀 훼손 · 멸실 · 변경 행위에 대한 처벌[38]

누구든지 정당한 권한 없이 또는 허용된 권한을 넘어 타인의 영업비밀을 훼손 · 멸실 · 변경하여서는 아니 된다(부§9의8). 부정한 이익을 얻거나 영업비밀 보유자에게 손해를 입힐 목적으로 이를 위반하여 타인의 영업비밀을 훼손 · 멸실 · 변경한 자는 10년 이하의 징역 또는 5억원 이하의 벌금에 처한다(부§18③).

(7) 몰 수

제18조 제1항 각 호 또는 같은 조 제4항 각 호의 어느 하나에 해당하는 행위를 조성한 물건 또는 그 행위로부터 생긴 물건은 몰수한다(부§18의5). 본 조문은

37) 종전법은 현재 기업의 임원 또는 직원인지 여부에 따라 그 침해에 따른 벌칙 규정을 나누고 있었다. 그러나 개정법은 그러한 구분을 두지 않고 있다.

38) 이 규정은 2024년에 신설된 규정으로 부정취득 · 사용 · 누설 등 전통적인 영업비밀 침해행위 영역을 벗어나 이루어지는, 해킹 등에 의한 영업비밀 훼손 · 삭제에 대해서도 처벌 필요성이 있었기 때문이었다.

2024년 신설된 조문으로 영업비밀 침해행위를 조성한 물건, 영업비밀 침해행위로 생긴 물건을 몰수하여 침해품 유통 등에 의한 2차 피해를 사전에 차단하기 위함이다. 필요적 몰수로 규정하고 있다.

(8) 양벌규정

법인의 대표자나 법인 또는 개인의 대리인, 사용인, 그 밖의 종업원이 그 법인 또는 개인의 업무에 관하여 제18조 제1항부터 제5항까지의 어느 하나에 해당하는 위반행위를 하면 그 행위자를 벌하는 외에 그 법인에게는 해당 조문에 규정된 벌금형의 3배 이하의 벌금형을, 그 개인에게는 해당 조문의 벌금형을 과한다. 다만, 법인 또는 개인이 그 위반행위를 방지하기 위하여 해당 업무에 관하여 상당한 주의와 감독을 게을리하지 아니한 경우에는 그러하지 아니하다(부§19). 본 조문은 법인 등 조직적인 영업비밀 침해 방지를 위하여 법인 벌금형을 행위자의 최대 3배까지 부과할 수 있도록 2024년 개정된 것이다.

(9) 법인 공소시효 연장

제19조에 따른 행위자가 제18조 제1항 또는 제2항의 적용을 받는 경우에는 제19조에 따른 법인에 대한 공소시효는 10년이 지나면 완성된다(부§19의2). 본 조문은 법인에 대한 형사처벌은 해당 조문의 벌금형만 부과할 수 있는데, 형사소송법 제249조에 따르면 법인은 벌금에 대한 공소시효는 5년에 불과하다. 부정경쟁방지법 위반에 의한 자연인의 공소시효가 10년인 것과 비교할 때 자연인과 법인의 공소시효가 다르다는 문제 해결이 필요하여 '공소시효에 관한 특례'를 규정하였다.

3. 영업비밀 원본증명

영업비밀 유출 소송에서 피해 기업 등은 유출된 영업비밀을 특정하여야 하나, 특허 등 산업재산권이나 저작권과 달리 별도의 등록 · 공시(公示) 제도가 없는 영업비밀의 경우 피해 기업 스스로 어떤 영업비밀을, 어느 시점에 보유하고 있었는지를 위변조에 대한 의심의 여지 없이 명확히 입증하는 것은 어려움이 있다. 이에 특허청은 영업비밀원본증명제도를 운영하고 있다.[39] 즉 기업 등이 영업비밀 유출 관련 소송 시 영업비밀 보유사실에 대한 입증 부담을 완화할 수 있도록 영업

39) 영업비밀 원본증명제도는 2010년부터 도입하여 운영하고 있었고, 2014년 시행법에서는 영업비밀 원본증명제도에 대한 법적 근거가 마련되었다.

비밀 원본증명제도를 도입하고, 원본증명제도를 운영하기 위한 원본증명기관의 지정 · 관리, 원본증명업무에 관련된 비밀유지 등을 규정하고 있다.

(1) 영업비밀 원본증명

영업비밀 보유자는 영업비밀이 포함된 전자문서의 원본 여부를 증명받기 위하여 영업비밀 원본증명기관에 그 전자문서로부터 추출된 고유의 식별값(전자지문)을 등록할 수 있으며, 원본증명기관은 이에 따라 등록된 전자지문과 영업비밀 보유자가 보관하고 있는 전자문서로부터 추출된 전자지문이 같은 경우에는 그 전자문서가 전자지문으로 등록된 원본임을 증명하는 증명서(원본증명서)를 발급할 수 있다. 원본증명서를 발급받은 자는 전자지문의 등록 당시에 해당 전자문서의 기재 내용대로 정보를 보유한 것으로 추정한다(부§9의2).

다만 원본증명을 통한 증명력은 어떤 정보가 영업비밀에 해당하는지 여부에 대한 증명을 의미하지 않는다. 즉 어느 시점에 있어서 특정한 정보에 대한 보유 여부 및 완결성을 입증할 뿐이며, 당해 정보 자체가 영업비밀에 해당하는 것에 대하여 입증하는 것을 의미하지 않는다. 어떤 정보의 존재 시점과 그 정보의 귀속 주체에 대한 증명은 굳이 영업비밀 원본증명 제도에 의할 필요는 없다. 예컨대 공인전자문서센터에 위탁 보관한 문서의 경우에는 그 보관되는 기간에는 그 내용이 변경되지 않았으며, 전자화된 문서 역시 종이문서의 내용과 형태가 동일한 것이 법적으로 인정된다.

(2) 원본증명기관의 지정

특허청장은 전자지문을 이용하여 영업비밀이 포함된 전자문서의 원본 여부를 증명하는 업무(원본증명업무)에 관하여 전문성이 있는 자를 중소기업청장과 협의하여 영업비밀 원본증명기관(원본증명기관)으로 지정할 수 있다. 이때 원본증명기관으로 지정을 받으려는 자는 대통령령으로 정하는 전문인력과 설비 등의 요건을 갖추어 특허청장에게 지정을 신청하여야 하며, 특허청장은 원본증명기관에 대하여 원본증명업무를 수행하는 데 필요한 비용의 전부 또는 일부를 보조할 수 있다. 또한 원본증명기관은 원본증명업무의 안전성과 신뢰성을 확보하기 위하여 i) 전자지문의 추출 · 등록 및 보관, ii) 영업비밀 원본증명 및 원본증명서의 발급, iii) 원본증명업무에 필요한 전문인력의 관리 및 설비의 보호, iv) 그 밖에 원본증명업무의 운영 · 관리 등에 관하여 대통령령으로 정하는 사항을 지켜야 한다(부§9의3).

원본증명기관으로 지정받은 후 지정 요건에 맞지 아니하게 된 경우 또는 안전성과 신뢰성을 확보하기 위한 사항을 지키지 아니한 경우 등에는 6개월 이내의 기간을 정하여 그 시정을 명할 수 있으며, 거짓이나 그 밖의 부정한 방법으로 지정을 받은 경우, 정지명령을 위반하여 원본증명업무를 한 경우, 정당한 이유 없이 원본증명기관으로 지정받은 날부터 6개월 이내에 원본증명업무를 시작하지 아니하거나 6개월 이상 계속하여 원본증명업무를 중단한 경우, 시정명령을 정당한 이유 없이 이행하지 아니한 경우, 보조금 반환명령을 이행하지 아니한 경우 등에는 지정을 취소하거나 업무의 전부 또는 일부의 정지를 명할 수 있다. 다만 업무정지를 명하여야 하는 경우로서 그 업무정지가 원본증명기관을 이용하는 자에게 심한 불편을 주거나 공익을 해칠 우려가 있는 경우에는 업무정지명령에 갈음하여 1억원 이하의 과징금을 부과할 수 있도록 규정하고 있다(부§9의5).

4. 기타의 방법에 의한 구제

영업비밀의 침해행위에 대한 구제수단으로는 소송에 의한 해결방법과 중재에 의한 해결방법 및 대화에 의한 해결방법 등이 있다. 이 중 소송에 의한 해결방법은 시간과 비용이 많이 소비되는 단점이 있을 뿐만 아니라 재판공개의 원칙에 의해 소송과정 중에서 비밀이 공개되므로 바람직한 해결방법은 아니다. 즉 영업비밀은 용어 자체에서도 볼 수 있듯이 그 비밀성을 본질적인 속성으로 한다. 한편 현행 헌법 제109조에서는 재판의 심리와 판결은 공개함을 원칙으로 하며, 다만 심리는 국가의 안전보장 또는 안녕질서(安寧秩序)를 방해하거나 선량(善良)한 풍속(風俗)을 해할 염려가 있을 때에는 법원의 결정으로 공개하지 아니할 수 있다고 규정하고 있고, 민사소송법 제424조 제5호에서 변론공개의 규정에 위반한 때에는 절대적 상고이유가 되도록 하고 있다. 따라서 현행 재판제도하에서 재판을 통한 영업비밀의 보호는 영업비밀의 비밀성을 보장하기에는 곤란하다고 하겠다. 다만 앞에서 본 바와 같은 비밀유지명령제도를 도입하여 재판에서 공개된 정보에 대하여 비밀을 보장하려 하고 있다.

(1) 중재에 의한 해결방법

중재제도의 이용 이유로는 분쟁해결의 신속성, 비용의 경제성, 비밀성의 보장 및 외국판결의 승인 집행 등이 인정된다.

1) 분쟁해결의 신속성　현재의 소송은 많은 시간이 필요하나 중재는 일반적으로 소송에 비하여 단기간에 분쟁을 해결할 수 있다. 특히 재판은 한 사람의

판사가 다종다양(多種多樣)한 사건을 취급하는 것에 비해, 중재는 해당분쟁의 전문가가 중재인이 되어 심리를 집중적으로 행할 수 있으므로 복잡한 기술적인 문제라도 단기간에 판단할 수 있을 뿐만 아니라 중재의 적정성도 보다 확보된다 하겠다. 따라서 분쟁이 전문기술, 기업실무, 특정분야의 상관습 등 특정의 문제에 대해서는 해당분야의 지식이 풍부한 자를 중재인으로 하는 것이 신속한 분쟁해결의 방도이기도 하다.

2) **비용의 경제성** 중재와 소송을 비용면에서 비교하여 보면 소송은 1심으로 해결될 수도 있으나 2심이나 3심으로 끝나는 경우에는 중재보다 많은 비용이 소요된다. 또한, 소송에 의한 해결의 경우에는 변호사비용, 즉 분쟁처리를 유리하게 그리고 원활하게 행하도록 하기 위한 제 비용이 필요한 반면, 중재의 경우에는 중재인의 보수 이외에는 변호사비용과 같은 제 비용은 필요 없다.

3) **비밀성** 중재에 의한 해결방법으로서의 이점은 영업비밀의 생명이라 할 수 있는 비밀성을 유지할 수 있는 것이다. 우리나라는 재판공개의 원칙을 채택하고 있어 법정에서의 절차 및 소송기록은 원칙적으로 공개되고 있으며 이는 영업비밀이라고 예외는 아니다. 따라서 영업비밀 보유자의 입장에서는 자신의 영업비밀의 비밀성을 유지하기 위해 소송을 기피할 수 있다. 반면 중재는 양 당사자의 합의에 의해 사적인 분쟁을 해결하기 위한 수단인바, 분쟁을 제3자에게 공개하지 않고 해결하는 것이 가능하다.

4) **국제라이선스계약의 분쟁** 국제라이선스계약의 분쟁이 있는 경우 외국의 판결을 국내에서 승인 · 집행하는 것은 각국의 법률에 의하게 하고 있어 그 승인 · 집행이 불안정하다고 볼 수 있다. 반면 중재에 의한 경우에는 세계 대부분의 국가가 가맹한 「외국중재판정의 승인 및 집행에 관한 협약」(1958.12.31.)에 우리나라도 1973년 가맹하고 있는바 외국의 중재판단의 승인 및 집행이 용이하다.

또한, 국제라이선스계약의 분쟁에 있어 양 당사자가 서로 상대방의 나라에서 소송을 행하는 것을 싫어하는 경우에는 양 당사자와 무관한 제3국을 중재지로 함으로써 중립성을 기할 수 있다는 장점이 있다.

(2) 화해를 통한 해결방법

영업비밀의 비밀성 보호라는 의미에서 영업비밀에 관한 분쟁의 해결방법으로는 양 당사자의 화해를 통한 것이 가장 바람직하다. 화해는 재판상의 화해와 재판외의 화해가 있으며, 재판상의 화해는 다시 소송상의 화해와 제소전 화해로 나누어진다. 소송상의 화해는 소장이 법원에 제출되고 소송이 개시된 후 소송진행 중에 행하는 화해이며, 제소전의 화해는 소장이 법원에 제출되기 전에 양 당사자가 화해하는 것을 의미한다.

재판외의 화해는 민법 제731조에서의 화해계약으로 가장 바람직한 해결방법이라 할 수 있으나, 이는 어느 일방당사자(一方當事者)가 약속을 이행하지 않는 경우에는 이행을 요구하는 소송을 다시 하지 않으면 안 되는 약점이 있다.

제8장

산업기술보호법 등

Ⅰ. 총 설

1. 입법 배경

산업기술의 부정한 유출을 방지하고 산업기술을 보호함으로써 국내 산업의 경쟁력을 강화하고 국가의 안전보장과 국민경제의 발전에 이바지함을 목적으로 하는 산업기술의 유출방지 및 보호에 관한 법률(이하 "산업기술보호법"이라 한다)이 2006년 9월 29일 국회 본회의를 통과하고 같은 해 10월 27일 법률 제8062호로 공포된 후 2007년 4월 28일부터 시행[1]되었다.

산업기술의 불법 해외유출이 증가하고 있으나 「부정경쟁방지 및 영업비밀보호에 관한 법률」이 민간 기업비밀 누설에만 처벌이 한정되어 있고 각종 법률에 산재해 있는 관련규정으로는 산업기술유출 방지 및 근절에 효율적인 대처가 곤란하므로 보안의식이 다소 희박하고 연구개발이 대부분 국책사업으로 진행되고 있는 국공립연구소, 민간연구소, 공공기관 등을 산업기술 불법유출에 대한 보호대상기관으로 관리하며 국가안보에 직접적인 영향을 미치는 국가핵심기술의 해외유출을 규제하고 산업기술의 부정한 유출을 방지하기 위한 보안의식의 확산 및 제도적 기반구축을 통해 국내 핵심기술을 보호하고 과학자, 산업기술인 및 연구개발자를 보호·지원하여 국가 산업경쟁력을 육성, 강화하고 나아가 국가의 안전과 국민경제안정을 보장한다는 취지에서 추진되었다.[2] 즉 앞서 설명한 제반 문제점을 해결하고 보다 체계적으로 국가 핵심기술을 관리하며, 국가연구개발사업을 보호·지원하고 대학이나 국공립연구소 등 일부 기술유출 사각지대를 해소하고자

1) 이 법은 공포 후 6개월이 경과한 날부터 시행한다고 동법 부칙에 규정하고 있다.
2) 2004년 11월 이광재 의원 외 33인이 발의한 제안이유서 참조.

하는 것이 그 목적이다.

또한, 2004년 11월 이 법을 발의할 당시에는 2003년 10월 국가정보원에서 산업기밀보호센터[3]를 발족시킨 이래 2003년도 기술유출 사건 적발건수가 단 6건에 불과하던 것이 한 해 만에 26건으로 급증하는 기현상이 일어나 사회적으로 기술유출사건에 대한 심각성이 핫 이슈화되어 있는데다가 2004년 3월 CDMA장비 제조업체가 자금난으로 중국계 통신장비회사로 매각되는 계약을 체결했을 때 우리나라 정부는 이 기술이 전략물자에 해당하는 국가 첨단기술이라는 이유를 들어 당시 대외무역법 위반혐의[4]로 검찰에 고발한 일이 있었다.

물론 국내업체는 이 기술을 개발하는 데 국책연구소를 중심으로 컨소시엄 형태로 개발에 참여하였기 때문에 매각시에는 사전에 주관연구기관인 국책연구소와 협의를 해야 한다는 협약을 위반하였다는 등등의 이유도 있었지만 정부의 입장에서는 첨단기술을 중국에 통째로 넘겨준다는 위기감으로 다급히 이 계약을 무효화시키려고 안간힘을 썼으나 결국 대외무역법상으로는 전략물자의 해외수출 사실이 있어야 하는데 이 경우에는 매각의 형식이 해외수출이 아닌 외국회사 국내법인으로의 매각이라는 방식을 취함으로써 대외무역법 적용이 어려워 검찰로부터 무혐의 처분이 내려지자, 국내법인으로의 정상적인 매각에는 아무리 국가연구개발예산이 투입되어 개발한 첨단기술이나 전략물자라 할지라도 저지할 만한 마땅한 법이 없음을 개탄하는 분위기였다.

한편 정부와 산업계는 국부유출방지라는 차원의 시각에서 보고 있지만 일부 기업이나 과학기술인들은 산업기술과 국가핵심기술 선정기준의 모호성, 사유재산권 침해소지, 직업선택의 자유 침해 여부 등에서 시각차를 보이고 있다.

---

3) 국가정보원에서 발간한 첨단산업기술보호동향 제7호(2007.2)에 의하면 산업기밀보호센터는 2003년 이후 2006년 12월말까지 총 92건의 국내 산업기술의 해외유출 사건을 적발하여 약 95조 9천억원 상당의 국부유출을 예방한 것으로 추산된다.

4) 제21조(전략물자의 수출허가 등) ① 산업통상자원부장관은 국제평화 및 안전유지, 국가안보를 위하여 필요하다고 인정하는 때에는 산업통상자원부장관이 정하여 공고하는 물품 등(이하 "전략물자"라 한다)을 수출하고자 하는 자에게 관계행정기관의 장의 수출허가를 받게 하는 등의 제한을 하거나, 전략물자를 수입하고자 하는 자가 그 수입증명서의 신청을 하는 경우에는 이를 발급할 수 있다.

제54조(벌칙) 위반자는 5년 이하의 징역 또는 수출・수입하는 물품 등의 가격의 3배에 상당하는 금액 이하의 벌금에 처한다.

2. 연 혁

2008년 3월 14일 개정을 통하여, 지능화 · 대형화되고 있는 산업기술의 불법 유출방지를 위한 실효성 있는 대응에는 미흡하여 그간 산업기술을 외국으로 유출하는 자에 대한 벌칙이 최고 7년 이하의 징역 또는 7억원 이하의 벌금을 최고 10년 이하의 징역 또는 10억원 이하의 벌금에 처할 수 있도록 상향 조정하였다.

2009년 1월 30일 개정을 통하여, 국가핵심기술의 보호를 위해 보호구역의 설정, 출입허가 또는 출입 시 휴대품 검사 등의 조치를 거부 · 방해하거나 기피한 자에 대해 과태료를 부과할 수 있도록 하였다.

2011년 7월 25일 개정을 통하여, 산업기술의 적용대상을 명확하게 하기 위하여 산업기술을 법률 또는 해당 법률에서 위임한 명령에 따라 지정 · 고시 · 공고 · 인증한 기술로 한정하고, 국가핵심기술을 현행 법령에서 지정 · 고시 · 공고 · 인증한 산업기술뿐만 아니라 그 밖의 중요한 기술 중에서도 선정할 수 있도록 하여 그 지정범위를 확대하였다(산§2). 이의 배경에는 '드릴십 사건'[5]과 관련하여 소송과정에서 처벌의 명확성의 원칙 등 위헌소지가 있다는 문제 등이 제기되어 개정이 필요했기 때문이다.[6] 그리고 외국기업의 합법적인 인수 · 합병을 통한 기술유출 사건 등이 발생하여 이에 대한 대응이 필요하여 국가핵심기술의 국외 유출을 목적으로 한 외국인투자를 사전에 방지 · 차단할 수 있는 최소한의 법적 장치를 마련하기 위하여 국가로부터 연구개발비를 지원받아 개발한 국가핵심기술을 보유한 대상기관이 국외 인수 · 합병 등을 하려는 경우 장관에게 사전 신고하도록 하였다(산§11의2). 그리고 형사처벌 이외에 산업기술의 침해행위를 하거나 하려는 자에 대하여 금지청구권을 인정하였으며(산§14의2), 장관 및 정보수사기관의 장의

---

5) 삼성중공업은 드릴십 상부구조 설계기술의 개발용역을 의뢰한 네덜란드 그렌랜드사로부터 설계도면을 받아 이를 이용하여 드릴십을 건조하고 있었고, 중국인 A씨가 ABS(미국선급협회)의 선급검사관으로 삼성중공업에서 선급검사 업무를 담당하고 있었다. A씨는 2007.10. 동료 선급검사관으로부터 받은 USB 메모리에 삼성중공업의 드릴십 설계기술 파일이 있는 것을 발견하고, 이를 피고인의 노트북과 외장하드에 옮겨 유출을 시도하였다. 다행히도 유출 전에 적발되어 약 32조원의 국부유출을 방지할 수 있었다. 유출될 뻔한 기술은 우리나라의 독보적인 기술이자 7대 국가핵심기술로 지정된 '드릴십'(심해원유시추선) 설계기술이었다.

6) 헌법재판소는 "2011년 개정 전 산업기술 유출방지법이 유출 금지대상으로 삼고 있는 '관계 중앙행정기관의 장이 법령에 따라 지정 또는 고시 · 공고한 기술' 부분은 그 법령을 구체적으로 특정하지 않아 도저히 그에 해당하는 법령이 무엇인지, 지정 또는 고시 · 공고를 하는 관계 중앙행정기관의 장이 누구인지 통상의 판단 능력을 가진 일반인이 그 해석을 통해서 구체적으로 확정할 수 없게끔 되어 있다"고 하였다(2013년 7월 23일 2011헌바39 사건).

직권으로 기술유출 방지에 필요한 조치를 할 수 있도록 하였다(산§15②).

2015년 1월 28일에도 일부개정이 있었다. 먼저 산업기술의 범위에 국가핵심기술, 건설신기술, 보건신기술 및 핵심 뿌리기술이 포함되는 점을 명시적으로 규정하고, 그 밖의 법령에 따라 지정 · 고시 · 공고 · 인증되는 기술의 경우에는 산업통상자원부장관이 관보에 고시하는 기술만 산업기술의 범위에 포함되도록 하였다(제2조 제1호). 이는 범죄구성요건의 핵심요소인 산업기술의 범위를 명확하게 규정하여 형사처벌에 대한 구성요건을 더욱 명확하게 하기 위함이다. 그리고 기존 법률은 피해 발생 전의 예방적 보호조치에는 한계가 있었는바, 산업기술에 대한 비밀유지의무가 있는 자가 산업기술에 대한 보유 또는 사용 권한이 소멸됨에 따라 기업 등으로부터 산업기술에 관한 문서, 도화, 전자기록 등 특수매체기록의 반환이나 산업기술의 삭제를 요구받고도 부정한 이익을 얻거나 그 기업 등에 손해를 가할 목적으로 이를 거부 또는 기피하거나 그 사본을 보유하는 행위를 금지하도록 하였다(제14조 제6호의2 신설). 산업기술에 관한 문서 등의 반환 요구 및 산업기술 삭제 요구 불응시 형사처벌의 대상이 된다. 그리고 산업기술보호위원회를 국무총리 소속에서 산업통상자원부장관 소속으로 이관되었고(제7조), 산업기술 확인 제도가 신설되었으며(제14조의3), 산업기술분쟁조정위원회의 의사정족수 및 의결정족수를 법률에 명시하였다(제23조 제6항).

2016년 3월 29일 개정을 통하여는 산업기술 유출자에 대한 벌칙 강화 및 비밀 도용에 대한 처벌 규정을 명확히 하였다. 먼저, 산업기술을 외국에서 사용하게 하거나 사용되게 할 목적으로 유출 등의 행위를 한 자에 대한 벌칙을 15년 이하의 징역 또는 15억원 이하의 벌금에 처하도록 하고, 국내에서 산업기술의 유출 및 침해행위금지를 위반한 자에 대하여 7년 이하의 징역 또는 7억원 이하의 벌금에 처하도록 상향 조정하였다(제36조). 한편 동법 제34조의 규정을 위반하여 비밀을 누설한 자에 대한 처벌 규정만을 두고 있기 때문에 도용한 자에 대한 처벌 가능 여부가 불분명하였다. 이에 도용한 자에 대한 처벌도 함께 규정하여 입법상의 미비점을 보완하였다(제36조 5항).

2017년 3월 14일 개정을 통하여는 산업기술분쟁조정위원회는 정당한 사유가 있는 경우 위원회의 의결로 조정기간을 1개월 단위로 3회에 한하여 연장할 수 있도록 하고, 조정이 신청된 경우 피신청인으로 하여금 성실하게 응하도록 명시하였다(산§26).

2019년 8월 20일 일부개정은 중소기업이나 연구기관 등이 보유한 중요한 산업기술이 타인에 의해 부정한 방법 등으로 유출·사용될 경우 그 피해는 개인을 넘어서 국가경제의 근간을 위협할 정도로 심각한데 국가핵심기술이 늘어나는 추세에 비례해서 해외 경쟁자들의 기술 탈취형 인수·합병 등 기술 유출 수법이 교묘해지고 있는바, 이를 방지하기 위한 강력한 규제수단을 마련하고 국가핵심기술에 대한 보안을 보다 강화할 필요성이 제기되어 개정하였다.

또한 국가핵심기술 관련 정보가 공공기관에 대한 정보공개청구 제도를 통해 공개되어 유출되는 경우 등에도 국가적인 피해가 발생할 수 있는데, 산업기술의 유출 및 침해행위 금지 의무조항은 주로 부정한 방법으로 취득한 기술에 대해서만 규정하고 있는바, 적법하게 제공받은 정보라도 그 목적과 달리 외부에 유출했을 경우에 대한 제재 필요성이 제기되어 개정하였다.

한편, 현장에서는 산업기술을 체화(體化)한 핵심인재가 해외 경쟁사 등으로 이직하는 것을 막기 위하여 임직원과 전직 제한의 계약을 하는 경우가 많으나 그 계약은 사인 간의 계약으로서 산업기술 유출 방지의 효과를 제고하기에는 한계가 있기 때문에 이에 대한 보완 방안도 마련하였다.

2023년 1월 3일 일부개정은 산업기술침해행위의 요건을 완화하여, 산업기술에 대한 비밀유지의무가 있는 자가 부정한 이익 또는 대상기관의 손해발생 사실을 인식하면서도 산업기술을 유출하거나 그 유출한 산업기술을 사용, 공개 또는 제3자가 사용하게 하는 행위 및 국가핵심기술의 국외 유출 가능성을 인식하면서도 적법한 승인 또는 신고를 거치지 않고 해외인수·합병 등을 하는 행위를 산업기술침해행위에 포함하도록 하였다.

2025년 1월 21일 일부개정은 국가핵심기술 등 산업기술을 체계적으로 관리하기 위하여, 국가핵심기술 보유기관 등록 등에 필요한 사항을 규정하고, 국가핵심기술을 보유한 기관이 산업통상자원부장관의 승인이나 신고 없이 해외인수·합병 등을 진행한 경우 산업통상자원부장관이 이에 대한 중지·금지·원상회복 등의 조치명령을 할 수 있고, 이를 이행하지 않은 경우 이행강제금을 부과할 수 있는 근거를 마련하였다.

그리고 산업기술 유출을 억지하고 산업기술을 보다 실효성 있게 보호하기 위하여, 산업기술에 대한 접근 권한이 있는 자가 산업기술을 지정된 장소 밖으로 무단 유출하거나 목적 외로 사용·공개하는 행위를 산업기술 유출 및 침해행위에 포함시키고, 국가핵심기술이 외국에서 사용될 것을 알면서 기술유출 행위를 한 자에 대한 벌금형을 15억원 이하에서 65억원 이하로 상향하고, 산업기술의 경우에는 15억원 이하에서 30억원 이하로 상향하였다. 또한 산업기술 유출 및 침해행위에 대한 징벌적 손해배상액의 한도를 손해액의 3배에서 5배로 상향하였다.

II. 주요 내용

1. 산업기술과 국가핵심기술의 정의(산§2)

"산업기술"은 제품 또는 용역의 개발 · 생산 · 보급 및 사용에 필요한 제반 방법 내지 기술상의 정보 중에서 행정기관의 장이 산업경쟁력 제고나 유출방지 등을 위하여 이 법 또는 다른 법률이나 이 법 또는 다른 법률에서 위임한 명령에 따라 지정 또는 고시 · 공고 · 인증하는 기술을 말하며, "국가핵심기술"은 국내외 시장에서 차지하는 기술적 · 경제적 가치가 높거나 관련산업의 성장 잠재력이 높아 해외로 유출될 경우에 국가의 안전보장 및 국민경제의 발전에 중대한 악영향을 줄 우려가 있는 기술로서 지정된 것을 말한다.

종전의 법률에서는 산업기술을 추상적으로 정의하고 있었으나 현행법에서는 산업기술의 개념을 보다 구체적으로 정의하고 있다. 즉 산업기술은 ① 산업통상자원부장관이 지정한 국가핵심기술, ②「산업발전법」 제5조에 따라 고시된 첨단기술의 범위에 속하는 기술, ③「산업기술혁신 촉진법」 제15조의2에 따라 인증된 신기술, ④「전력기술관리법」 제6조의2에 따라 지정 · 고시된 새로운 전력기술, ⑤「환경기술 및 환경산업 지원법」 제7조에 따라 인증된 신기술, ⑥「건설기술 진흥법」 제14조에 따라 지정 · 고시된 새로운 건설기술, ⑦「보건의료기술 진흥법」 제8조에 따라 인증된 보건신기술, ⑧「해양수산과학기술 육성법」 제17조에 따라 인증된 해양수산신기술, ⑨ 그 밖의 법률 또는 해당 법률에서 위임한 명령에 따라 지정 · 고시 · 공고 · 인증하는 기술 등을 의미한다.

2. 산업기술 보호범위를 정부출연연구소 · 대학 등으로 확대(산§3②)

이 법은 국가 · 기업 · 연구기관 및 대학 등 산업기술의 개발 · 보급 및 활용에 관련된 모든 기관에 적용되며 각 기관은 산업기술의 연구개발자 등 관련 종사자들이 부당한 처우와 선의의 피해를 받지 않도록 하고 산업기술 및 지식의 확산과 활용이 제약되지 않도록 노력하여야 한다.

3. 국가 등의 책무(산§3)

산업기술보호법에서는 국가, 국가 · 기업 · 연구기관 및 대학 등 산업기술의 개발 · 보급 및 활용에 관련된 모든 기관뿐만 아니라 국민에게까지 각자의 책무를 부여하고 있다. 즉, 국가는 산업기술의 유출방지와 보호에 필요한 종합적인 시책을 수립 · 추진하여야 하고, 국가 · 기업 · 연구기관 및 대학 등 산업기술의 개발 · 보급 및 활용에 관련된 모든 기관은 이 법의 적용에 있어 산업기술의 연구개발자 등 관련 종사자들이 부당한 처우와 선의의 피해를 받지 아니하도록 하고, 산업기술 및 지식의 확산과 활용이 제약되지 아니하도록 노력하여야 한다. 그리고 모든 국민은 산업기술의 유출방지에 대한 관심과 인식을 높이고, 각자의 직업윤리의식을 배양하기 위하여 노력하여야 한다는 내용을 담고 있다.

4. 산업기술 유출방지 및 보호정책과 보호지침 수립 · 시행(산§5, §6, §8)

산업기술의 유출방지 및 보호에 관한 기본계획은 산업통상자원부장관이 관계중앙행정기관의 장과 협의하여 산업기술보호위원회의 심의를 거쳐 수립하고 관계중앙행정기관의 장은 종합계획에 따라 매년 소관별 시행계획을 산업기술보호위원회의 심의를 거쳐 수립 · 시행하도록 하였다.

또한, 산업기술 보호에 필요한 보호지침을 산업통상자원부장관이 산업기술보호위원회의 심의를 거쳐 제정하여 산업기술을 보유한 기업 · 연구기관 · 전문기관 · 대학 등(이하 "대상기관"이라 한다)에 지원하도록 규정하고 있다. 대상기관은 보유하고 있는 기술이 산업기술에 해당하는지에 대하여 산업통상자원부장관에게 확인을 신청할 수 있다(산§14의3①).

5. 산업기술보호위원회 설치(산§7)

산업기술의 유출방지 및 보호에 관한 주요정책을 심의하기 위해 산업통상자원부장관 소속하에 산업기술보호위원회를 설치하고 위원회는 위원장(산업통상자원부장관)을 포함한 25인 이내의 위원으로 구성하고, 간사는 산업통상자원부 소속 공무원 중에서 위원장이 지명하는 자가 맡도록 하고 있다.

주요임무는 산업기술 보호를 위한 종합계획의 수립 · 시행에 관한 사항, 보호지침의 제정 · 수정 및 보완, 국가핵심기술의 지정 · 변경 · 해제 및 수출 등에 관한 사항 등을 심의하도록 규정하고 있다.

6. 국가핵심기술의 지정 · 변경 · 해제 및 수출절차(산§9, §11)

국가핵심기술의 지정은 산업통상자원부장관이 관계중앙행정기관의 장으로부터 대상기술을 통보받아 산업기술보호위원회의 심의를 거쳐 지정하고 국가핵심기술의 변경이나 지정의 해제는 관계중앙행정기관의 장이 요청하는 경우, 산업기술보호위원회의 심의를 거쳐 변경 또는 해제할 수 있도록 하였다. 그리고 국가기관 등이 국가핵심기술에 관한 정보를 공개하지 못하도록 하되, 국가의 안전보장 및 국민경제에 악영향을 줄 우려가 없는 경우에는 이해관계인의 의견 청취, 산업통상자원부장관 등의 동의를 받은 후 위원회의 심의를 거쳐 공개할 수 있도록 하였다(산§9의2).

또한 국가에서 연구개발비를 지원받아 개발한 국가핵심기술을 외국기업 등에 매각이나 이전, 해외인수, 합병 등의 방법으로 해외에 수출하고자 할 경우에는 사전에 산업통상자원부장관의 승인을 받도록 하였으며(산§11, 산§11의2), 승인대상 이외의 국가핵심기술을 보유 · 관리하고 있는 대상기관은 산업통상자원부장관에게 사전 신고하도록 하였다.

7. 산업기술의 유출 및 침해행위 금지(산§14)

산업기술보호법은 누구든지 다음의 유형에 해당하는 행위를 해서는 안 된다고 규정하고 있다(비신분범).

(1) 절취 · 기망 · 협박 그 밖의 부정한 방법으로 대상기관의 산업기술을 취득하는 행위 또는 그 취득한 산업기술을 사용하거나 공개(비밀을 유지하면서 특정인에게 알리는 것을 포함한다. 이하 같다)하는 행위

(2) 제34조(비밀유지의무)의 규정 또는 대상기관과의 계약 등에 따라 산업기술에 대한 비밀유지의무가 있는 자가 대상기관의 산업기술을 유출하거나 그 유출한 산업기술을 사용 또는 공개하거나 제3자가 사용하게 하는 행위

(3) 제34조(비밀유지의무) 또는 대상기관과의 계약 등에 따라 산업기술에 대한 비밀유지의무가 있는 자가 산업기술에 대한 보유 또는 사용 권한이 소멸됨에

따라 대상기관으로부터 산업기술에 관한 문서, 도화(圖畵), 전자기록 등 특수매체 기록이나 원시코드 등의 반환이나 산업기술의 삭제를 요구받고도 이를 거부 또는 기피하거나 그 사본을 보유하는 행위

(4) 대상기관의 계약 등에 따라 산업기술에 대한 접근 권한이 있는 자가 산업기술을 지정된 장소 밖으로 무단으로 유출하거나 목적 외로 사용 · 공개하는 행위

(5) (1)부터 (4)호까지에 해당하는 행위가 개입된 사실을 알고 그 산업기술을 취득 · 사용 · 공개하거나 산업기술을 취득한 후에 그 산업기술에 대하여 (1)부터 (4)까지에 해당하는 행위가 개입된 사실을 알고 그 산업기술을 사용하거나 공개하는 행위

(6) (1)부터 (4)까지의 어느 하나에 해당하는 행위를 소개 · 알선 · 유인하는 행위

(7) 제11조 제1항의 규정에 따른 승인을 얻지 아니하거나 부정한 방법으로 승인을 얻어 국가핵심기술을 수출하는 행위

(8) 제11조 제4항에 따른 신고를 하지 아니하거나 거짓이나 그 밖의 부정한 방법으로 신고를 하고 국가핵심기술을 수출하는 행위

(9) 제11조의2 제1항에 따른 승인을 받지 아니하거나 거짓이나 그 밖의 부정한 방법으로 승인을 받아 해외인수 · 합병 등을 하는 행위

(10) 제11조의2 제5항 및 제6항에 따른 신고를 하지 아니하거나 거짓이나 그 밖의 부정한 방법으로 신고를 하고서 해외인수 · 합병 등을 하는 행위

(11) 제11조 제6항 · 제8항 및 제11조의2 제8항 · 제10항에 따른 산업통상자원부장관의 명령(수출중지 · 수출금지 · 원상회복 등의 조치 명령, 해외인수 · 합병 등에 대한 중지 · 금지 · 원상회복 등의 조치 명령)

(12) 산업기술 관련 소송 등 대통령령으로 정하는 적법한 경로를 통하여 산업기술이 포함된 정보를 제공받은 자가 정보를 제공받은 목적 외의 다른 용도로 그 정보를 사용하거나 공개하는 행위

(13) (1)부터 (4)까지에 해당하는 행위가 개입된 사실을 중대한 과실로 알지 못하고 그 산업기술을 취득 · 사용 및 공개하거나 산업기술을 취득한 후에 그 산업기술에 대하여 (1)부터 (4)까지에 해당하는 행위가 개입된 사실을 중대한 과실로 알지 못하고 그 산업기술을 사용하거나 공개하는 행위

이상의 행위를 하는 경우에는 손배배상을 청구할 수 있으며, 산업기술 침해

행위가 고의적인 것으로 인정되는 경우 법원이 손해로 인정되는 금액의 5배의 범위에서 배상액을 정할 수 있도록 하였다(산§22의2).[7] 그리고 법원은 산업기술의 유출 및 침해에 관한 소송에서 침해의 증명 또는 침해로 인한 손해액의 산정에 필요한 자료 제출을 명할 수 있도록 하고, 소송 과정에서 소송 당사자 또는 대리인 등이 그 산업기술을 소송의 계속적인 수행 외의 목적으로 사용하는 등의 행위를 할 수 없도록 비밀유지명령을 내릴 수 있도록 하였다(산§22의3 및 §22의4 신설).

8. 산업기술 침해행위 신고절차 및 포상(산§15, §21)

국가핵심기술 및 국가연구개발사업으로 개발한 산업기술을 보유한 대상기관의 장은 산업기술의 유출 및 침해행위가 발생할 우려가 있거나 발생한 때에는 즉시 산업통상자원부장관 및 정보수사기관의 장에게 그 사실을 신고하여야 하고, 필요한 조치를 요청할 수 있으며, 산업통상자원부장관 및 정보수사기관의 장은 필요한 조치를 하여야 한다.

아울러 산업보안기술의 개발 등 산업기술의 유출방지 및 보호에 기여한 공이 큰 자 또는 산업기술을 해외로 유출한 사실을 신고한 자 등에게는 예산의 범위 내에서 포상 및 포상금을 지급할 수 있도록 하였다.

9. 산업기술보호협회 설립(산§16)

산업기술의 유출방지 및 보호시책을 효율적으로 추진하기 위하여 산업통상자원부장관의 인가를 받아 사단법인으로 산업기술보호협회를 설립할 수 있도록 하였다. 협회는 산업기술보호를 위한 정책의 개발 및 협력, 산업기술의 해외유출 관련 정보 전파, 산업기술의 해외유출방지를 위한 상담 · 홍보 · 교육 · 실태조사, 국내외 산업기술보호 관련 자료 수집 · 분석 및 발간, 산업기술분쟁조정위원회(산§23)의 업무지원, 그 밖에 산업통상자원부장관이 필요하다고 인정하여 위탁하거나 협회의 정관이 정한 사업도 수행한다.

10. 산업기술보호설비 구축기술 및 경비 지원(산§20, §22)

정부는 대상기관 등에 대하여 산업기술보호설비 구축 등에 필요한 기술 및

7) 산업기술보호법에 손해배상 및 징벌적 손해배상 규정은 2019년 도입되었으며, 2025년 개정으로 징벌적 손해배상의 한도가 3배에서 5배로 상향되었다.

경비를 지원할 수 있으며 보안기술개발사업 등을 실시하는 자에게 그 사업에 소요되는 비용을 출연 또는 보조할 수 있다.

11. 산업기술분쟁조정위원회 설치(산§23~§32)

산업기술 유출에 대한 분쟁을 신속하게 조정하기 위하여 산업통상자원부장관 소속하에 학계 · 공무원, 기업 · 단체의 임원, 판사 · 검사 · 변호사 등 15인 이내의 위원으로 구성된 산업기술분쟁조정위원회를 두도록 하고 산업기술 유출과 관련된 분쟁의 조정을 원하는 자는 조정위원회에 분쟁조정을 신청할 수 있다.

조정위원회는 조정신청을 받은 날부터 3월 이내에 이를 심사하여 조정안을 작성하여야 하며 부득이한 사정이 있는 경우에는 조정위원회의 의결로 1월의 범위 내에서 기간을 연장할 수 있다.

12. 산업기술의 개발 · 보호업무 등에 종사하는 자의 비밀유지의무(산§34)

대상기관의 임 · 직원(교수 · 연구원 · 학생을 포함한다), 국가핵심기술의 지정 · 변경 · 해제 및 해외이전 승인 · 인수합병 · 사전검토 · 조사업무를 수행하는 자와 기타 산업기술의 보호 및 유출방지를 위한 상담 · 홍보 · 교육 · 실태조사업무 · 연구개발업무를 수행하는 자, 산업기술 분쟁조정 업무를 수행하는 자 등이 그 직무상 알게 된 비밀을 누설하거나 도용하지 못하도록 비밀유지의무를 규정하였다.

13. 산업기술 유출행위에 대한 벌칙(산§36~§39)

국외유출은 산업기술 중 국가핵심기술에 대한 국외유출을 더 강하게 처벌하고 있으며, 2025년 개정을 통하여 벌금이 상향되었다. 국가핵심기술이 외국에서 사용될 것을 알면서 제14조 제1호부터 제12호까지의 어느 하나에 해당하는 행위를 한 자는 3년 이상의 유기징역에 처하며, 이 경우 65억원 이하의 벌금을 병과한다(산§36①).

산업기술(국가핵심기술을 제외)이 외국에서 사용될 것을 알면서 제14조 제1호부터 제6호까지 및 제12호의 어느 하나에 해당하는 행위를 한 자(제1항에 해당하는 행위를 한 자는 제외한다)는 15년 이하의 징역 또는 30억원 이하의 벌금에 처한다(산§36②).

국내유출의 경우 제14조 제1호부터 제11호까지의 어느 하나에 해당하는 행위를 한 자는 10년 이하의 징역 또는 10억원 이하의 벌금에 처한다(산§36③). 중과실(제14조 제13호) 및 소송목적 외 사용(제12호)의 경우에는 3년 이하의 징역 또는 3억원 이하의 벌금에 처한다(산§36④). 법 제36조 제1항은 징역형과 벌금형은 필요적 병과이며, 제2항부터 제4항까지는 임의적 병과이다(산§36⑧).

산업기술 유출로 인해 얻은 재산상의 이익은 몰수할 수 있도록 하고 몰수가 어려운 경우에는 그 가액을 추징하도록 하였으며(산§36⑤), 산업기술을 외국으로 유출할 목적으로 예비·음모한 자는 3년 이하의 징역 또는 3천만원 이하의 벌금에 처하고 국내에서 사용할 목적으로 유출하는 경우에는 2년 이하의 징역 또는 2천만원 이하의 벌금에 처하도록 하였으며 양벌규정도 도입하였다(산§37).

아울러 국가핵심기술의 보호조치를 거부·방해 또는 기피한 자, 산업기술 침해행위가 발생할 우려가 있거나 발생한 경우 산업통상자원부장관 및 정보수사기관의 장에게 산업기술 침해신고를 하지 않거나 산업기술 보호를 위한 실태조사시 자료제출 의무를 이행하지 않거나 허위로 제출한 자는 1천만원 이하의 과태료 처분을 받게 된다(산§39①).

그 외에도 국내외에서 정당한 사유 없이 비밀유지명령을 위반한 자는 5년 이하의 징역 또는 5천만원 이하의 벌금에 처하며, 비밀유지명령을 신청한 자의 고소가 없으면 공소를 제기할 수 없다(산§36의2).

Ⅲ. 부정경쟁방지법과 산업기술보호법의 차이

1. 행위주체

양 법률 모두 행위주체는 "누구든지", 즉 기업이나 대상기관의 내부자뿐만 아니라 기업이나 대상기관의 외부자, 제3자, 개인, 법인, 모두 영업비밀이나 산업기술 유출 침해행위의 주체로서 처벌할 수 있다. 다만, 산업기술보호법의 경우에는 비밀유지의무(산§34)가 부여되는 대상이 별도로 지정되어 있어 이들이 비밀유지 위반의 행위주체로서 처벌받게 된다.

2. 보호객체

부정경쟁방지법의 보호객체는 "그 기업에 유용한 영업비밀"이다. 따라서 기술정보뿐만 아니라 고객리스트, 판매계획 등 경영상의 정보도 형사벌의 보호객체가 된다. 산업기술보호법의 보호객체는 "산업기술"과 "국가핵심기술"로서 부정경쟁방지법과 달리 기술상의 정보만을 말한다.

3. 침해의 태양

부정경쟁방지법은 국내에서 "영업비밀을 취득 · 사용하거나 제3자에게 누설하는 행위"와 "외국에서 사용하거나, 외국에서 사용될 것임을 알고 제3자에게 누설하는 행위"로 양분(兩分)하고 있지만 산업기술보호법은 목적범적 성격을 갖는 "외국에서 사용하거나, 사용되게 할 목적으로" 법 제14조에 해당하는 행위를 한 자를 처벌하거나 단순히 법 제14조에 해당하는 행위만을 한 자를 처벌하는 열거주의를 채택하고 있다.

4. 위법성

부정경쟁방지법은 행위자가 "부정한 이익을 얻거나 기업에 손해를 가할 목적으로" 영업비밀을 취득 · 사용 · 누설하여야 하나 산업기술보호법은 산업기술을 절취 · 기망 · 협박 그 밖에 부정한 방법으로 취득 · 유출 · 사용 · 공개하는 행위와 법 제34조에 열거한 비밀유지의무가 있는 자나 있었던 자가 직무상 지득한 비밀을 누설하거나 도용했다면 위법성이 인정된다.

5. 처벌형량

부정경쟁방지법은 영업비밀을 침해하여 국외에 유출시 "15년 이하의 징역 또는 15억원 이하의 벌금", 국내에 유출시 "10년 이하의 징역 또는 5억원 이하의 벌금"에 처하고, 징역과 벌금형은 병과할 수 있다. 다만, 벌금형에 처하는 경우 위반행위로 인한 재산상 이득액의 10배에 해당하는 금액이 국외유출은 15억원, 국내유출은 5억원을 각각 초과하면 그 재산상 이득액의 2배 이상 10배 이하의 벌금에 처할 수 있다. 산업기술보호법 역시 가중처벌제도를 도입, 부정경쟁방지법과 동일한 징역형을 부과할 수 있도록 하였으나 벌금형은 확정형으로 해외유출 시 국가핵심기술은 65억원, 산업기술은 30억원, 15억원 이하이고 국내는 10억원 이하이며 특히 중과실범을 고의범과 구별하여 3년 이하의 징역 또는 3억원 이하의 벌금으로 다소 경미하게 처벌토록 하였다. 또한 범죄행위로 얻은 재산은 몰수 또는 추징할 수 있는 규정을 두었다.

6. 미수와 예비 · 음모

양 법률 모두 미수와 예비 · 음모를 처벌할 수 있는데 부정경쟁방지법은 국내 영업비밀침해죄를 범할 목적으로 예비 또는 음모한 자는 2년 이하의 징역 또는 2천만원 이하의 벌금에 처하고 국외 영업비밀침해죄를 범할 목적으로 예비 또는 음모한 자는 3년 이하의 징역 또는 3천만원 이하의 벌금에 처하지만, 산업기술보호법은 해외연계 목적으로 예비 또는 음모한 자는 3년 이하의 징역 또는 3천만원 이하의 벌금에 처하고 국내의 경우에는 2년 이하의 징역 또는 2천만원 이하의 벌금에 처하도록 벌금액수가 강화되었다.

7. 양벌규정

법인의 대표자 또는 법인이나 개인의 대리인 · 사용인 그 밖의 종업원이 그 법인 또는 개인의 업무에 관하여 각 법률에 해당하는 위반행위를 한 때에는 행위자를 벌하는 외에 그 법인 또는 개인에 대하여도 처벌하고 있다. 산업기술보호법은 그 법인 또는 개인에 대해서 같은 조 각 해당 규정에 의한 벌금형을 과하고 있으나, 부정경쟁방지법은 2024년 개정으로 그 법인에게는 해당 조문에 규정된 벌금형의 3배 이하의 벌금형을, 그 개인에게는 해당 조문의 벌금형을 과하도록 규정하고 있다.

8. 민사적 구제수단

부정경쟁방지법은 영업비밀 침해행위에 대하여 침해금지 청구권과 손해배상 청구권, 신용회복청구권 등의 민사적 구제수단을 규정하고 있는 데 반해, 산업기술보호법은 민사적 구제수단으로는 침해금지 및 예방청구권(산§14의2), 손해배상 청구권(산§22의2)을 규정하고 있다.

Ⅳ. 기타 기술보호 관련 법률

1. 방위산업기술보호법

방위산업기술을 체계적으로 보호하고 관련 기관을 지원함으로써 국가의 안전을 보장하고 방위산업기술의 보호와 관련된 국제조약 등의 의무를 이행하여 국가신뢰도를 제고하는 것을 목적으로 방위산업기술 보호법이 2015년 12월 29일 제정되었다.

"방위산업기술"이란 방위산업과 관련한 국방과학기술 중 국가안보 등을 위하여 보호되어야 하는 기술로서 센서, 정보통신, 제어전자, 탄약 · 에너지, 추진, 화생방, 소재, 플랫폼 · 구조 등 방위사업청장이 지정하고 고시한 것을 말한다(방§2 ⅰ).

방위산업기술의 유출유형은 영업비밀 침해유형과 흡사하며, 형량의 경우 국외유출은 1년 이상의 유기징역과 20억원 이하의 벌금을 병과한다. 국내유출은 10년 이하의 징역 또는 10억원 이하의 벌금에 처하며, 중과실취득 사용 등의 경우 5년 이하의 징역 또는 5억원 이하의 벌금에 처한다. 또한 몰수규정, 미수범처벌, 징역형과 벌금에 대한 병과규정을 두고 있다(방§21).

국외유출을 목적으로 예비 또는 음모와 관련하여 국외유출의 예비 · 음모는 5년 이하의 징역 또는 5천만원 이하의 벌금, 국내는 3년 이하의 징역 또는 3천만원 이하의 벌금에 처한다(방§22).

2. 중소기업기술 보호 지원에 관한 법률

중소기업의 특수성을 고려하고 중소기업의 기술보호 역량을 강화하기 위한 기반 조성과 종합적인 지원을 위하여 2014년 5월 28일 중소기업기술보호 지원에 관한 법률(이하 "중소기업기술보호법"이라고 한다)이 제정되었다.

이 법은 중소기업의 취약한 보안역량 강화를 지원하기 위한 법률로 정부지원 등과 관련된 내용이 주를 이룬다.

다만, 2018년 개정을 통하여 "중소기업기술"이란 중소기업 및 「중소기업 기술혁신 촉진법」 제2조 제2호에 따른 중소기업자가 직접 생산하거나 생산할 예정인 제품 또는 용역의 개발 · 생산 · 보급 및 사용에 필요한 독립된 경제적 가치를 가지는 기술 또는 경영상의 정보를 말하고(중§2 ⅱ), 중소기업기술 침해행위[8]를 영업비밀 침해행위와 유사한 유형으로 유형화하고(중§2ⅲ), 중소기업이 해당 침해행위에 대해 중소벤처기업부장관에게 신고하고 필요한 조치를 요청할 수 있도록 하며, 중소벤처기업부장관은 사실조사 등을 통해 중소기업기술 침해행위로 손해를 입힌 것이 인정될 경우 시정권고·공표 등의 행정조치를 할 수 있도록 하였다(중§8의2 및 §8의3). 그 외에도 비밀유지 의무(중§32)와 벌칙(중§34)과 과태료(중§35) 등도 두고 있다.

8) 중소기업기술보호법 제2조 제3호 가목에서는 "침해대상 중소기업기술"을 "공공연히 알려져 있지 아니하고 합리적인 노력에 의하여 비밀로 관리"되는 중소기업기술이라고 정의하고 있다. 한편, 중소기업기술이란 "중소기업 및 「중소기업 기술혁신 촉진법」 제2조 제2호에 따른 중소기업자가 직접 생산하거나 생산할 예정인 제품 또는 용역의 개발·생산·보급 및 사용에 필요한 '독립된 경제적 가치'를 가지는 기술 또는 경영상의 정보"를 말한다(중§2ⅱ). 이를 종합해 볼 때 결국 "침해대상 중소기업기술"도 영업비밀과 마찬가지로 비공지성, 경제적 유용성, 비밀관리성을 갖추어야 한다.

한편, 중소기업기술의 침해행위 태양은 "부정한 방법으로 취득·사용 또는 공개"하는 행위(중§2ⅲ가), "개입된 사실을 알고" 침해대상 중소기업기술을 취득·사용 또는 공개하는 행위(중§2ⅲ나), 부정취득 등에 의한 행위가 "개입된 사실을 중대한 과실로 알지 못하고" 침해대상 중소기업기술을 취득·사용 또는 공개하는 행위(중§2ⅲ다)로 규정하고 있다.

제9장

인터넷주소자원관리법

Ⅰ. 목적 및 취지

최근 IT기술의 발전으로 인하여 인터넷이 생활화됨과 더불어 도메인이름도 상표와 같이 활용하기에 이르렀다. 활용에 있어 타인의 성명이나 상호, 상표 등의 표시를 자신의 도메인이름으로 등록하여 사용함으로써 소비자들이 오인혼동을 일으켜 사회질서가 문란하게 되었다. 이러한 문제를 해결하기 위해 본법을 제정하기에 이렀다. 이 법은 인터넷주소자원의 개발・이용을 촉진하고 인터넷주소자원의 안정적인 관리체계를 구축함으로써 인터넷 이용자의 편익을 증진하고 국가사회의 정보화에 이바지함을 목적으로 하고 있다.

Ⅱ. 주요내용

본법은 제2조에서 인터넷주소란 무엇인가에 대한 정의, 제3조에서는 국가의 책무, 제4조에서는 적용범위[1)]를, 제5조에서는 인터넷주소자원에 관한 기본계획의 수립・시행을, 제6조에서는 인터넷주소정책위원회에 관한 사항을, 제7조에서는 인터넷주소자원의 개발 및 표준화에 관하여 규정하고, 제8조에서는 인터넷주소자원에 관한 국제협력에 관한 규정을, 제9조에서는 인터넷주소관리기관의 업무위탁에 관한 사항을, 제10조에 인터넷 프로토콜 주소의 할당에 관한 사항을, 제11조에서 도메인이름 등의 등록에 관한 사항을, 제12조에서는 부정한 목적의 도메인이름 등의 등록 등의 금지에 관한 사항을, 제13조(인터넷주소관리준칙), 제14조(인터넷주

1) 이 법은 대한민국에서 할당되는 인터넷 프로토콜 주소와 대한민국에서 등록・보유 또는 사용되는 도메인이름 등의 인터넷주소자원에 대하여 적용한다.

소관리업무의 대행), 제15조(개인정보의 보호)에 관한 사항을 규정하고 있다.

제4장에서는 인터넷주소분쟁조정위원회에 관한 사항으로 제16조에서 인터넷주소분쟁조정위원회의 설치 및 구성에 관한 사항, 제17조(위원의 제척 · 기피 · 회피), 제18조에서는 분쟁의 조정에 관한 사항, 제18조의2에서는 판단기준, 제19조에서는 분쟁당사자에게 자료요청 등에 관한 사항, 제20조에서는 조정의 효력에 대해서, 제21조에서는 조정의 거부 및 중지에 대해, 제22조에서는 조정비용에 대해, 제23조에서는 비밀누설금지에 대해, 제24조에서는 조정절차 등을 규정하고 있으며, 제5장에서는 벌칙과 과태료에 관하여 규정하고 있다.

Ⅲ. 조정의 절차

[도표 23] 약관에 의한 분쟁조정의 흐름도

(인터넷주소분쟁조정위원회 홈페이지 인용)

제10장

식물신품종보호법

Ⅰ. 서 설

1. 식물신품종보호제도

식물 신품종 보호제도는 식물 신품종 육성자[1]의 권리를 법적으로 보장하여 주는 지적재산권의 한 형태로 특허권, 상표권과 유사하게 육성자에게 배타적인 상업적 독점권을 부여하는 제도이다.

우리나라의 구(舊)특허법 제31조에서는 무성번식식물을 대상으로 신품종에 대하여 특허를 인정하고 있었으나 식물의 특성상 특허요건을 충족하기 어려워, 실질적인 품질보호가 이루어지지 않은 경우가 있었다. 그리하여 종자산업법은 신품종 육성자의 권리를 법적으로 보장하기 위해 특허법 제31조의 특별법으로 식물품종보호제도를 채택하였으나, 2006년 특허법 개정시에 구(舊)특허법(법률 제7554호) 제31조를 삭제함으로써 무성번식식물뿐만 아니라 유성번식식물도 특허법으로 보호를 받을 수 있게 되었다.

2. 식물신품종보호법의 입법배경

1980년대 중반 이후 지적재산권 보호가 미국, EU, 일본 등 주요 선진국의 통상현안으로 등장하였고, 1993년말 UR 협상타결에 따라 「세계무역기구의 무역관련 지적재산권협정(WTO/TRIPs)」이 다자간 협정으로 제정되어 1995년 1월 1일부터 발효되었고 TRIPs(Trade-Related Aspects of Intellectual Property Rights) 협정에는 식물품종을 특허법 또는 특별법 등으로 보호하도록 되어 있어 식물신품종 보호제

1) 육성자란 신품종을 육성한 자 또는 발견하여 개발한 자를 말한다.

도는 WTO 가입국가의 의무사항으로 되었다.

그리하여 구(舊)농작물종자법과 종묘관리법을 통합하여 종자관리체계를 일원화하고 세계무역기구 지적재산권협정(WTO/TRIPs)의 이행과 관련된 식물신품종의 육성자 권리를 보호하는 제도를 도입하는 한편, 각종 규제의 완화를 통하여 민간종자산업[2)]의 발전을 도모하고 농업 · 임업 및 수산업생산의 안정에 이바지하는 데 그 이유가 있었다.[3)] 그 후 1999년 국제식물신품종보호연맹에 가입하기 위하여 국제식물신품종보호조약에 맞추어 품종보호에 관한 규정을 일부 보완하는 한편, 종자[4)] 매매업의 신고 및 종자업자[5)]에 대한 종자비축명령제도를 폐지하였다.[6)]

우리나라는 식물신품종 보호에 관한 조약(UPOV)[7)]에 2001년 12월 17일 기탁

---

2) 종자산업이란 종자를 육성 · 증식 · 생산 · 조제 · 양도 · 대여 · 수출 · 수입 또는 전시하는 것을 업으로 하는 것을 말한다.

3) 국회 농림수산위원회의 「종자산업법안 심사보고서」, 1995년 11월 참조.

4) 종자란 증식용 · 재배용 또는 양식용으로 쓰이는 씨앗 · 버섯 종균(種菌) · 묘목 · 포자 또는 영양체(營養體)인 잎 · 줄기 · 뿌리들을 말한다.

5) 종자업자란 종자업을 영위하는 자를 말한다.

6) 1999년 1월 21일 법률 제5668호로 개정 공포하고, 1999년 7월 1일부터 시행하였다.

7) 국제식물신품종보호연맹(International Union for the Protection of New Varieties of Plants).

품종보호제도는 UPOV 회원국을 중심으로 세계적으로 확산 중에 있으며 가입국가는 1995년 28개 국가였으나 2000년 8월말까지 46개 국가로 크게 증가하였다. UPOV는 1961년 유럽국가가 중심이 되어 특허법에 의한 품종보호가 현실적으로 어렵다는 사실을 알고 식물품종의 특성을 감안한 품종보호제도를 실시하기 위하여 창설된 국제기구이다. UPOV협약은 3차에 걸쳐 개정되었으며 최근에 개정되어 발효된 협약이 1991년 협약이다. UPOV의 사무실은 스위스의 제네바에 위치하고 있고 이 동맹의 역할은 국가간 품종보호에 대한 조화와 제도 도입국가에 대한 기술지원, 품종보호를 위한 새로운 기술의 개발 등이다.

2010년 7월 현재 총 68개의 국가가 가입을 한 상태이다.

설립목적은 새로 육성된 식물품종을 각국이 공통의 기본원칙에 따라 보호하여 우수한 품종의 개발, 유통을 촉진함으로써 농업의 발전에 기여함이 설립목적이라 할 수 있다.

식물품종에 대한 국가간 협력을 하며 법규 및 제도의 조화 등에 대한 사항 등을 관장하는 것을 주요 임무로 하고 있다.

조약의 주요 내용을 살펴보면, 보호요건은 신규성, 구별성, 균일성, 안정성, 고유한 품종명칭으로 하고 있으며, 보호대상작물은 가입시 최소 15종(Species), 또는 속(Genus) 이상으로 하고 있으며, 가입 후 10년 이내에 모든 식물의 종류로 하고 있다.

신규성을 인정하는 기간(출원 전 상업적 유통에 대한 법적 허용기간)은 국내 1년, 국외 4년으로 하고, 농민 자신이 재배면적을 초과하지 않는 범위 안에서 각국의 판단에 따라 합리적으로 결정토록 농민의 자가채종 종자보호를 허용한다. 유래품종의 보호의 허용에서 원품종 보호권자의 권리범위를 확대하였다. 그리고 육종가가 적절한 권리주장의 기회가 없을 경

하고, 2002년 1월 7일 가입하였다. 그 후 2012년 6월, 종자산업법 중 식물신품종의 출원, 심사 및 등록 등에 관한 절차적 규정을 분리하여 「식물신품종보호법」을 제정하였다(시행: 2013.6.2).

II. 입법취지

구(舊)특허법에 의하면(특§31) 무성번식식물에 대한 특허를 부여하고 있으며, 식물의 특성과 특허요건이 부합되지 않아 1995년 입법당시 이태리포플러 등 6건만이 특허되었다.[8]

식물신품종보호법에서는 세계무역기구 지적재산권협정[9]과 일치되도록 품종[10]이 신품종 보호요건을 갖춘 때에는 신품종 육성자에게 당해 보호품종[11]의 상업적 이용에 관한 독점적 권리를 인정하는 한편(식§56), 농민이 자가생산을 목적으로 자가채종을 할 때에는 농림부장관이 육성자의 권리를 제한할 수 있도록 하여 영세농가를 보호하도록 하였다(식§57).

특허는 공업적 발명을 보호하기 위한 제도로 식물의 특성상 100% 재현성의 요건을 충족하기 어려운 신품종에 적용하기에는 그 실효성이 낮고, 식물신품종

우, 최종산물에 대한 부분적인 권리주장을 가능하게 하였다. 하지만 비영리 목적, 실험목적, 다른 품종을 육성하기 위한 행위 등은 육종가의 권리의 예외로 규정하고 있다.

출원 후 또는 출원공고 후부터 등록될 때까지 당해 품종에 대한 '조건부 보호제도'를 도입해서 임시보호가 가능하게 했으며, 심사방법에 있어서는 재배심사 없이 육종자가 제출한 성적만으로 품종등록이 가능한 '서류심사'제도를 도입하였다.

품종보호기간에 있어서는 20년으로 정했으며, 이 조약은 5개국 이상이 가입시 또는 비준시 1998년 4월 24일 발효하는 것으로 정하고 있다.

8) 국회 농림수산위원회의 「종자산업법안 심사보고서」, 1995년 11월, p.7 참조.

9) 〈세계무역기구 지적재산권협정 관련조항 요지

○ 식물신품종의 보호에 관한 규정(제5부 제27조)

－회원국은 특허나 특별법으로 또는 두 가지를 조합하는 수단에 의해 식물신품종을 보호하여야 한다.

○ 세계무역기구 지적재산권협정 이행시기

－선진국: 1996.1.1.

－개도국: 2001.1.1.

10) 품종이란 식물학상 통용되는 최저분류 단위의 식물군으로서 유전적으로 발현되는 특성 중 한 가지 이상의 특성이 다른 식물군과 구별되고 변함없이 증식될 수 있는 것이다.

11) 보호품종이란 품종보호요건을 갖추어 품종보호권이 부여된 품종이다.

제도는 육성자의 권리보호도 중요하지만 국가의 농업정책과 조화를 이루어야 하므로 농업정책을 총괄하고 있는 농림부에서 식물신품종 보호제도를 관장하는 것이 국가경영상 합리적이라고 판단되어 농림부가 담당하게 되었다.

육성자의 권리를 보호함으로써 우수품종 육성 및 우량종자의 보급을 촉진하여 농업생산성 증가와 농가소득의 증대를 기할 수 있으며, 이 제도의 도입에 따라 앞으로 민간육종 부문의 획기적인 발전과 함께 해외우수품종의 이용 및 유전자원의 교류가 활성화될 것으로 기대하고 있어, 식물신품종 육성자의 권리를 보호하는 것은 세계무역기구 지적재산권협정을 이행하기 위한 것이라고 판단하였다.[12) 다만 일부 품목에 있어서 로열티 부담으로 종자가격이 상승될 것으로 예상되고 있어 새로운 품종의 육성·개발 및 종자산업의 국제경쟁력 제고를 위한 대책이 강구되어야 할 것으로 생각된다.

또한, 국가전략적인 차원에서 작목별 국가경쟁력, 산업에서 차지하는 비중, 농가에 미치는 영향 등을 고려하여 보호대상 식물을 선정하여 나가야 할 것으로 보인다. 세계무역기구 지적재산권협정문에는 전 식물을 보호대상으로 하고 있으나 현재 동 제도를 실시[13)하고 있는 국가들의 모임인 국제식물신품종 보호연맹의 협약에는 동(同) 제도의 실시초년에는 15개 작물[14)을 보호대상으로 하고, 향후 10년간 전 식물로 보호범위를 확대하도록 되어 있다.

또 식물신품종보호법 제3조에서는 품종보호를 받을 수 있는 대상을 모든 식물로 규정하고 있다.

Ⅲ. 주요 내용

1. 목 적

이 법은 식물의 신품종에 대한 육성자의 권리 보호에 관한 사항을 규정함으

12) 국회 농림수산위원회의 「종자산업법안 심사보고서」, 1995년 11월, p.8.
13) 실시란 보호품종의 종자를 증식·생산·조제·양도·대여·수출 또는 수입하거나 양도나 대여의 청약(양도나 대여를 위한 전시를 포함)을 하는 행위를 말한다.
14) 작물이란 농산물, 임산물 또는 수산물의 생산을 위하여 재배되거나 양식되는 모든 식물을 말한다.

로써 농림수산업의 발전에 이바지함을 목적으로 한다(식§1).

2. 품종보호제도

우리나라의 특허법에서는 유무성번식식물을 대상으로 신품종에 대하여 특허를 인정하고 있으나 식물의 특성상 특허요건을 충족하기 어려워 실질적인 품종보호가 이루어지지 않았다.

식물신품종보호법에서는 신품종 육성자의 권리를 법적으로 보장하기 위해 특별법 형태의 식물신품종보호제도를 채택하고 있다.

품종이란 식물학에서 통용되는 최저분류 단위의 식물군으로서 제16조에 따른 품종보호 요건을 갖추었는지와 관계없이 유전적으로 나타나는 특성 중 한 가지 이상의 특성이 다른 식물군과 구별되고 변함없이 증식될 수 있는 것을 말한다(식§2ⅱ). 보호품종이란 이 법에 따른 품종보호 요건을 갖추어 품종보호권이 주어진 품종을 말한다(식§2ⅵ).

(1) 품종보호대상물 및 품종보호요건

1) 품종보호대상작물 식물신품종보호법 제3조에서는 품종보호를 받을 수 있는 대상을 모든 식물로 규정하고 있다.

2) 품종보호요건 어떤 품종이 보호품종으로 보호받기 위해서는 신품종으로 일정한 요건을 갖추어야 한다. 품종보호요건으로 신규성, 구별성, 균일성, 안정성, 1개의 고유한 품종명칭의 5가지 기준을 갖추고(식§16), 식물신품종보호법이 규정한 출원방식에 위배되지 않고 수수료를 납부한 경우에는 품종보호권[15]을 부여하도록 하고 있다.

㈎ 신규성이란 기존에 알려지지 않은 새로운 품종을 말한다. 신규성은 식물신품종보호제도가 기존에 사용되었던 품종이 아닌 새로운 품종을 육성한 자에게 독점적인 권리를 부여하여 우수품종의 육성을 촉진하고자 하는 목적이 있는바 품종출원 이전에 상업화되지 않았던 품종을 보호하고자 하는 것이 취지라 하겠다.

이러한 신규성은 식물신품종보호제도가 신품종보호 출원일 이전에 우리나라에서는 1년 이상, 그 밖의 국가에서는 4년 이상(과수 및 임목의 경우에는 6년 이상)

---

15) 품종보호권이란 품종보호를 받을 수 있는 권리를 말한다(식§2ⅳ).

당해 종자 또는 수확물이 이용을 목적으로 양도되지 아니한 경우에 신규성을 갖춘 것으로 본다(식§17①). 또한 신규성의 예외의 규정도 있다(식§17②).

㈏ 구별성이란　　일반인에게 알려져 있는 품종과 명확히 구별되는 것을 말한다(식§18). 품종보호출원일 이전(우선권을 주장하는 경우에는 최초의 품종보호출원일 이전)까지 일반인에게 알려져 있는 품종이라 함은 유통되고 있는 품종, 보호품종, 품종목록에 등재되어 있는 품종 또는 농림축산식품부와 해양수산부의 공동부령이 정하는 종자산업에 관련된 협회에 등록되어 있는 품종 중의 하나에 해당하는 품종을 말한다. 다만, 품종보호를 받을 수 있는 권리를 가진 자의 의사에 반하여 일반인에게 알려져 있는 품종의 경우를 제외한다.

품종보호를 받기 위하여 출원하거나 품종목록에 등재하기 위하여 신청한 품종은 출원일 또는 신청일부터 일반인에게 알려져 있는 품종으로 본다. 다만, 이 법에 의하여 품종보호를 받지 못하거나 품종목록에 등재되지 아니한 품종은 제외한다(식§18③).

㈐ 균일성이란　　품종의 본질적인 특성이 그 품종의 번식방법상 예상되는 변이를 고려한 상태에서 충분히 균일한 경우에는 그 품종은 제16조 제3호의 균일성을 갖춘 것으로 본다(식§19). 즉, 품종의 본질적인 특성이 충분히 균일한 경우에는 균일성을 갖춘 것으로 본다. 품종은 돌연변이 등의 요인에 의하여 변이가 일어날 수 있는데 어떤 품종이 균일성이 있다고 인정받기 위해서는 그 품종의 변이가 품종을 정확히 표현할 수 있는 범위 내에서 일어나야 한다.

㈑ 안정성이란　　품종의 본질적인 특성이 그 품종이 반복적으로 증식된 후에도 그 품종의 본질적인 특성이 변하지 아니하는 경우를 말한다(식§20). 품종의 본질적인 특성이 반복적으로 증식된 후(1대 잡종 등과 같이 특정한 증식주기를 가지고 있는 경우에는 매 증식주기 종료 후)에도 그 품종의 본질적인 특성이 변하지 아니하는 경우에는 안정성을 갖춘 것으로 본다. 안정성은 품종을 유지하기 위한 노력이 중요하며 품종보호권자[16]가 품종의 특성을 안정적으로 유지하지 못할 때에는 당해 품종의 품종보호권을 취소할 수 있다.

---

16) 품종보호권자란 품종보호권을 가진 자를 말한다(식§2ⅴ).

⑵ 품종보호출원 및 심사절차

1) **선출원 원칙** 동일 품종에 대하여 다른 날에 2 이상의 품종보호출원이 있는 때에는 가장 먼저 출원한 자만이 그 품종에 대하여 품종보호를 받을 수 있다. 동일 품종에 대하여 같은 날에 2 이상의 품종보호출원이 있는 때에는 협의에 의하여 하나의 출원인만이 그 품종에 대하여 품종보호를 받을 수 있으며, 협의가 성립되지 아니한 경우에는 어느 출원인도 품종보호를 받을 수 없다(식§25①②).

2) 출원 및 심사절차

㈎ 출 원 출원인이 육성자의 성명 및 주소, 품종의 명칭, 품종육성과정 등을 기재한 출원서에 당해 품종의 종자시료 및 사진 등을 첨부하여 농림축산식품부장관 또는 해양수산부장관에게 제출한다(식§30).

농림축산식품부장관 또는 해양수산부장관은 지체 없이 그 품종보호의 출원을 접수하여야 하며 출원서 접수일이 출원일이 된다(식§32).

어떤 나라에 품종보호출원을 한 자가 다른 나라에 그 품종보호출원하는 경우에 품종보호출원일의 적용에 있어서 최초의 출원일을 출원일로 인정(식§31)하는 것을 우선권이라 하며 이와 같은 주장을 우선권주장이라 한다.

㈏ 보 정 출원공고결정등본의 송달 전에는 최초로 기재한 내용의 요지를 변경하지 않는 범위 안에서 품종보호출원서를 보정할 수 있다(식§33). 출원의 요지를 변경하지 않는 범위는 오기(誤記)를 정정하는 경우, 불명료한 기재를 석명(釋明)하는 경우, 그 밖에 대통령령으로 정하는 경우이다(식§34).

그러나 출원공고결정 후에도 다음의 경우에는 요지를 변경하지 않는 범위 안에서 품종보호출원서를 보정할 수 있다. 거절이유의 통지가 있는 경우 거절이유 통지에 대한 의견서 제출기간, 품종보호결정이 있는 경우 품종보호결정 등본 송달 전, 거절결정에 대한 심판을 청구한 경우에는 그 청구일로부터 30일 이내이다. 이때 출원인의 보정이 출원서의 요지를 변경한 경우에는 심사관은 결정으로 그 보정을 각하한다(식§35).

㈐ 출원공개 농림축산식품부장관 또는 해양수산부장관은 출원서가 식물신품종보호법에서 정한 방식에 위반되지 아니한 때에는 품종보호출원등록부에 등록하고, 출원인 · 품종명칭 등 출원내용을 품종보호공보에 게재하여 출원공개를 하게 되며, 출원공개가 있는 때에는 누구든지 당해 품종이 품종보호될 수 없다는 취지의 정보를 증거와 함께 농림축산식품부장관 또는 해양수산부장관에게 제

공할 수 있다(식§37).

[도표 24] 품종보호 출원등록 절차도

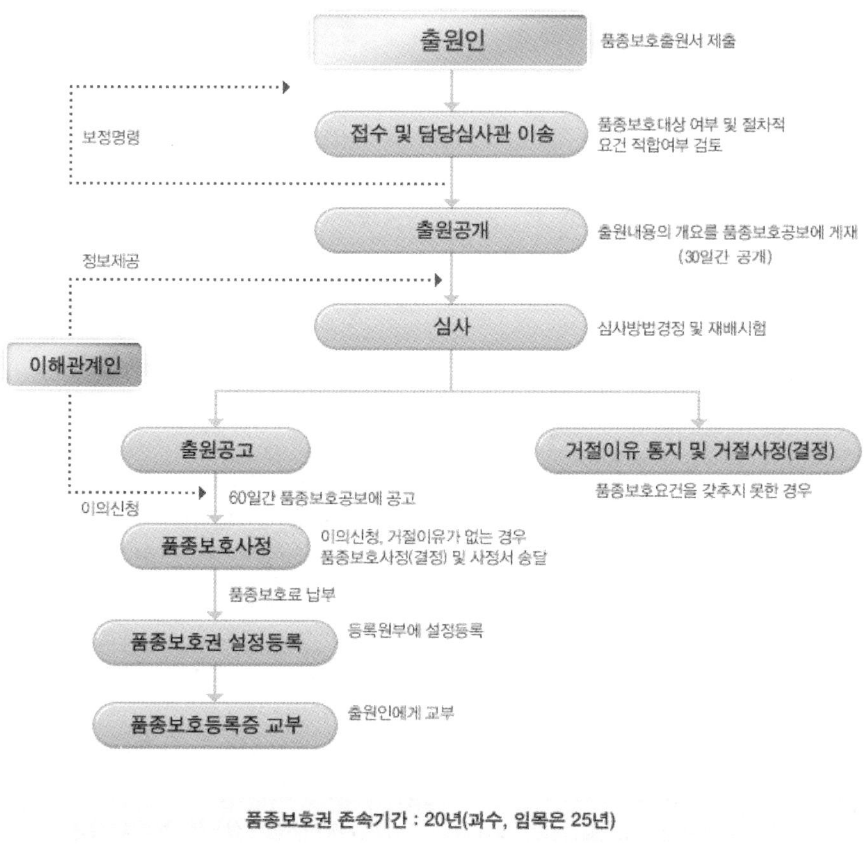

국립산림품종관리센터 홈페이지 인용

[도표 25] 출원품종의 심사절차별 주요내용

업무 체계

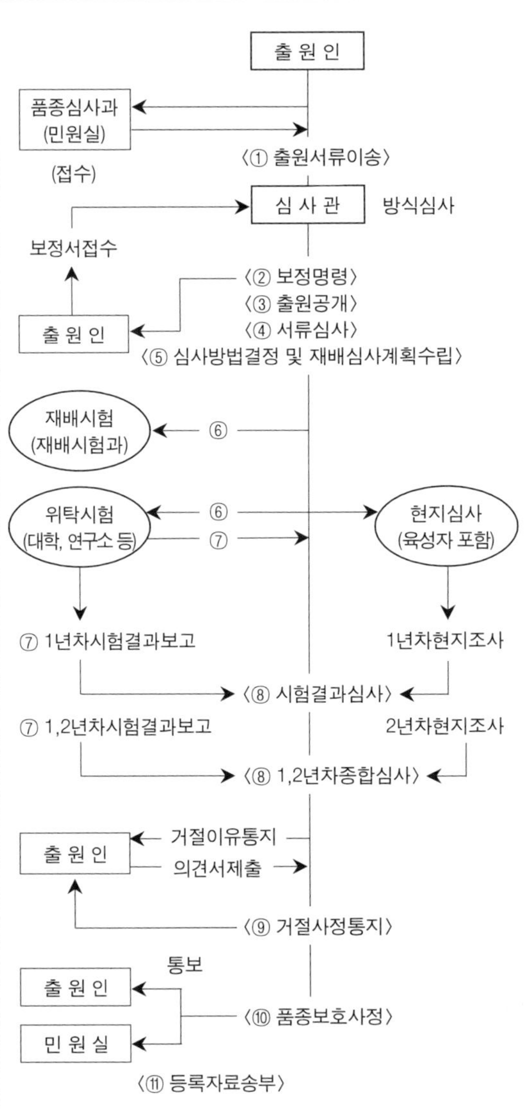

업무 내용

① 출원관계서류 이송 (민원실 → 심사관)
- 방식심사 (출원서 기재, 수수료, 첨부서류 등)

② 보정명령 및 처리 (법 제9조)
- 보정명령 (30일)
- 보정서 접수 (규칙 제13조)
- 보정각하 결정 (법 제35조)
- 기간내 미보정시 무효처분 (법 제10조)

③ 출원공개 및 정보제공 (법 제37조)
- 품종보호공보에 게재 (규칙 제33조)

④ 서류심사 (심사관)
- 신규성 심사 (법 제17조)
- 우선권 주장심사 (법 제31조)
- 품종명칭 등록요건 심사 (법 제107조)

⑤ 심사방법 결정 및 재배심사계획수립
- 재배시험, 위탁시험, 현지심사

⑥ 계획심사 통지 (심사관 → 재배시험기관)

⑦ 재배시험 결과 수보 (심사관 → 재배시험기관)

⑧ 심사 (법 제40조)
- 서류 심사 및 재배심사결과 종합

⑨ 거절사정 (법 제42조)
- 거절이유통지
- 의견서 제출기회 부여 (2개월 이내)
- 의견서 접수 및 심사
- 거절사정서 작성 (규칙 제37조) 송달
- 거절사정서에 관하여 공보에 게재

⑩ 품종보호사정 (법 제44조)
- 품종보호사정서 작성 및 등본 송달
- 공보에 게재

⑪ 품종보호 등록자료 송부 (심사관 → 민원실)

김응본, “식물신품종의 출원심사등록절차,” 2001년 종자산업반교재,
국가전문행정연수원농업연수부(2001.6), p.44 수정인용.

[도표 26] 품종명칭등록출원의 절차 및 심사방법

업 무 체 계

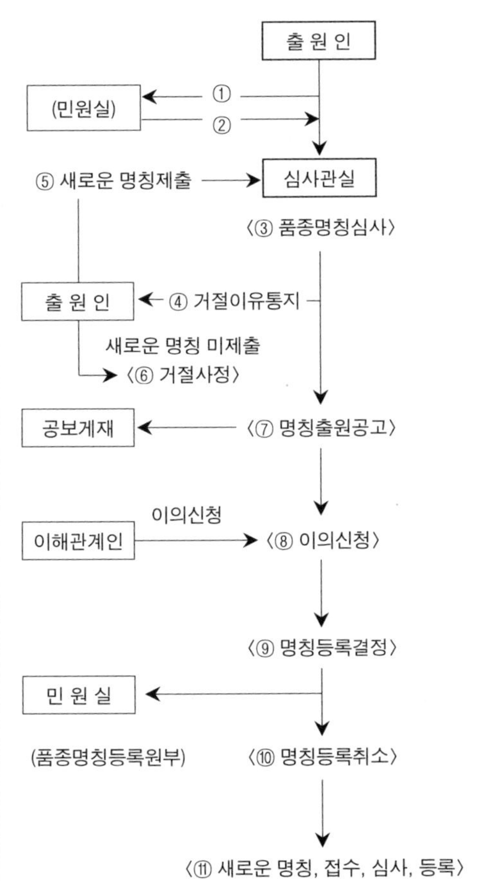

업 무 내 용

① 품종명칭의 출원 (출원인 → 민원실)
- 출원대상품종 (법 제106조) : 품종보호, 국가품종목록등재, 품종생산·판매신고 작물

② 출원의 접수 및 이송 (민원실 → 심사관)
- 출원서류에 대한 방식심사 (민원실, 심사관)
- 품종명칭 등록출원부에 기재
- 부본을 심사관실로 이송

③ 품종의 명칭심사 (법 제106조)
- 등록요건 구비여부 심사 (법 제109조 제3항)

④ 거절이유통지 (법 제109조 제4항)
- 등록요건을 구비하지 못한 경우

⑤ 새로운 명칭제출 (법 제109조 제5항)
- 30일 이내에 새로운 명칭을 제출하면 심사

⑥ 거절사정
- 기간 내 새로운 명칭 미제출시
- 거절사정서 작성 (규칙 제87조)

⑦ 품종명칭등록출원공고 (법 제109조 제6항)
- 거절이유를 발견할 수 없을 때
- 광고게재내용 작성 (품종보호공보)
- 생산·판매신고의 경우 필증발급

⑧ 이의신청에 대한 심사 (법 제109조 제7항)
- 공고후 30일 이내에 이의신청 가능
- 이의신청 부분송달 (→ 출원인), 답변서 접수
- 이의신청 결정

⑨ 등록결정 (법 제109조 제8항)
- 등록결정 및 품종명칭등록원부 등록
- 출원인에게 등록 사실 통보

⑩ 품종명칭의 취소
- 취소요건 (법 제117조) 해당시
- 취소사유통보 (→ 출원인)

⑪ 새로운 명칭의 접수, 심사, 등록
- 위의 절차와 같음

김응본, "식물신품종의 출원심사등록절차," 2001년 종자산업반교재, 국가전문행정연수원농업연수부(2001.6), p.60 수정인용.

출원공개가 있은 때에는 그 출원은 출원공개가 있는 날로부터 품종보호권의 효력이 발생한 것으로 보는데 이를 임시보호의 권리라 한다(식§38). 품종보호권은 실시권을 설정할 수 있으나 임시보호의 권리는 실시권설정이 인정되지 않는다. 종전에는 품종보호출원된 품종에 대한 임시보호권이 출원공고일부터 발생하도록 하였으나 2003년 개정으로 품종의 출원공개일부터 임시보호권이 발생하도록 함으로써 품종보호출원 후 심사 중인 품종에 대한 신품종 육성자의 임시보호권을 강화하였다. 이는 품종보호출원의 경우 일반 특허출원과는 달리 신품종의 2작기 이상의 재배심사를 거치는 등 출원 후 상당한 장기간이 소요됨에 따라 심사기간 중에 출원내용이 도용되거나 무단 실시되는 등의 폐단이 있어 이를 방지하고자 한 것이다. 최근 우리나라가 가입한 국제식물신품종보호연맹(UPOV)[17]의 협약내용도 출원접수일 또는 출원공개일을 임시보호권의 효력발생시점으로 규정하고 있으므로 국제적 기준에 맞춘 것이기도 하다.

㈑ 심 사 농림축산식품부장관 또는 해양수산부장관은 심사관으로 하여금 품종보호출원(식§30) 및 품종명칭등록출원(식§109)을 심사하게 한다(식§36 ①). 심사관은 출원공개된 출원품종이 품종보호요건을 갖추었는지를 판정한다. 심사의 종류에는 서류심사에서 신규성 및 품종명칭, 재배심사에서 구별성, 균일성, 안정성을 심사하게 된다. 이러한 심사는 연구기관, 대학 등에게 조사 또는 시험을 위탁할 수 있다(식§40).

3) **거절결정** 재외자가 품종보호관리인에 의하지 아니하고 출원한 경우, 출원품종이 품종보호대상작물이 아닌 경우, 품종보호요건을 충족하지 못하거나, 무권리자가 출원한 경우, 조약에 위반한 경우 등으로 심사관은 거절결정을 하고 이를 출원인에게 통지하여 의견서를 제출할 기회를 주어야 하며, 거절결정에 관하여 공보에 게재하여야 한다(식§42).

4) **품종보호결정** 심사관은 품종보호 출원에 대하여 거절이유를 발견할 수 없을 때에는 품종보호결정을 하여야 한다. 이때 품종보호결정은 서면으로 하여야 하며 그 이유를 밝혀야 한다. 그리고 농림축산식품부장관 또는 해양수산부장관은 위 품종보호결정이 있는 경우에는 그 품종보호결정의 등본을 품종보호 출원인에게 송달하고 그 품종보호결정에 관하여 공보에 게재하여야 한다(식§43).

---

17) 2002년 1월 7일 가입.

[도표 27] 거절결정 불복에 대한 처리절차

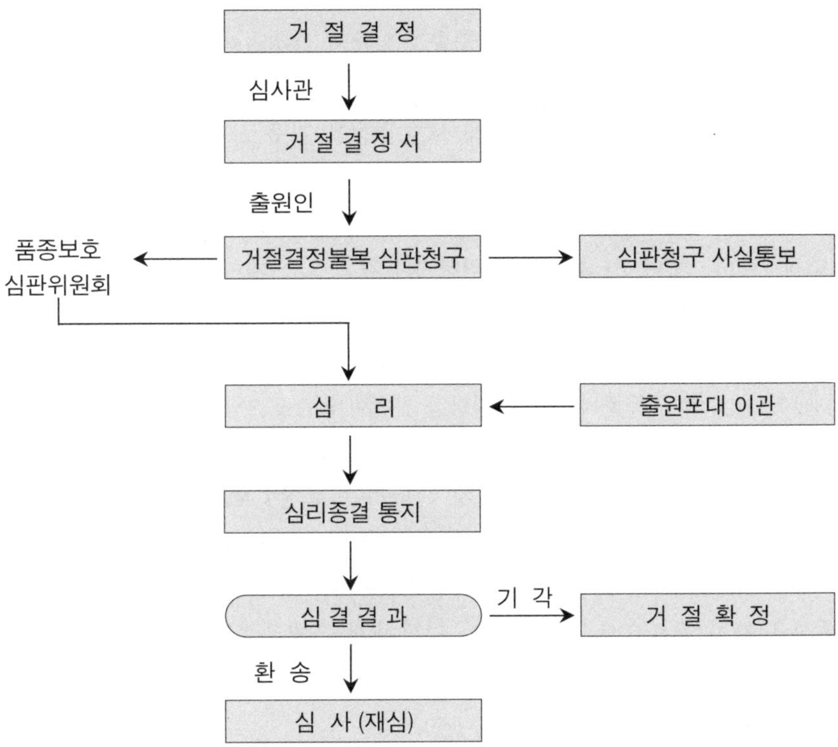

김응본, "식물신품종의 출원심사등록절차," 2001년 종자산업반교재, 국가전문행정연수원농업연수부(2001.6), p.66 인용.

5) **품종보호료 납부** 품종보호권 설정등록을 받고자 하는 자는 품종보호료를 납부하여야 하고, 품종보호권 존속기간 중에는 매년 품종보호료를 납부하여야 한다(식§46).

품종보호료액, 납부방법, 납부기간 등에 관하여 필요한 사항은 농림축산식품부령 또는 해양수산부령으로 정한다(식§46⑤).

품종보호료를 납부하지 않으면 품종보호권이 소멸된다(식§47).

(3) 품종보호권

1) **품종보호권의 발생** 품종보호권은 품종보호원부에 설정등록함으로써

발생한다(식§54). 농림축산식품부장관 또는 해양수산부장관은 공보에 게재하고 품종보호권 등록증을 교부한다.

2) **품종보호권의 존속기간** 품종보호권의 설정등록이 있는 날부터 20년(과수 및 임목의 경우는 25년)이다(식§55). 품종보호권의 존속기간이 경과한 후에는 그 품종보호권은 소멸되어 누구나 당해 보호품종을 자유로이 이용하거나 실시할 수 있다.

3) **품종보호권의 효력** 품종보호권자는 업으로 보호품종을 실시[증식 · 생산 · 조제 · 양도 · 대여 · 수출 또는 수입하거나 양도 또는 대여의 청약(양도나 대여를 위한 전시를 포함)]할 수 있는 권리를 독점하며, 그 외에 업으로서 그 보호품종의 종자의 수확물이나 그 수확물로부터 직접 제조된 산물에 대하여서도 실시할 권리를 독점한다(다만, 그 수확물에 관하여 정당한 권원이 없음을 알지 못하는 자가 직접 제조한 산물에 대하여는 그러하지 아니하다). 그리고 보호품종으로부터 기본적으로 유래된 품종, 보호품종과 명확하게 구분되지 아니하는 품종, 보호품종을 반복하여 사용하여야 종자생산이 가능한 품종은 보호품종으로 보며, 원품종 또는 기존의 유래품종에서 유래되고, 원품종의 유전자형 또는 유전자 조합에 의하여 나타나는 주요 특성을 가진 품종으로서 원품종과 명확하게 구별은 되나 특정한 육종방법으로 인한 특성만의 차이를 제외하고는 주요 특성이 원품종과 같은 품종은 유래된 품종으로 본다(식§56).

4) **품종보호권의 효력이 미치지 아니하는 범위** 영리 외의 목적으로 한 자가소비용이거나, 실험 · 연구목적이거나, 다른 품종을 육성하는 경우에는 품종보호권의 효력이 미치지 않으며 농어업인이 자가생산을 목적으로 자가채종을 할 때에는 농림축산식품부장관 또는 해양수산부장관은 해당 품종에 대한 품종보호권을 제한할 수 있다(식§57).

5) **품종보호권의 효력제한** 품종보호권, 전용실시권 또는 통상실시권을 가진 자에 의하여 국내에서 판매되거나 유통된 보호품종의 종자, 그 수확물 및 그 수확물로부터 직접 제조된 산물에 대하여 i) 판매되거나 유통된 보호품종의 종자, 그 수확물 및 그 수확물로부터 직접 제조된 산물을 이용하여 보호품종의 종자를 증식하는 행위, ii) 증식을 목적으로 보호품종의 종자, 그 수확물 및 그 수확물로부터 직접 제조된 산물을 수출하는 행위 중 어느 하나에 해당하는 행위를 제외하고는 품종보호권의 효력이 미치지 아니한다(식§58).

6) **품종보호권의 이전**

(가) 품종보호권의 이전　　품종보호권은 이전할 수 있다(식§60①). 이전의 종류에는 양도, 상속 기타 일반 승계, 질권에 의한 경락, 강제집행, 판결, 신탁에 의해서 이전된다.

(나) 이전의 효력발생　　품종보호원부에 등록하여야 효력이 발생한다. 상속, 일반승계는 예외이며 상속 또는 일반승계한 자는 30일 이내에 농림축산식품부장관 또는 해양수산부장관에게 신고하여야 한다(식§62).

(다) 품종보호권의 이전과 실시권의 수반　　품종보호권의 이전시 관련된 모든 법정실시권과 등록된 담보권은 품종보호권에 수반하여 이전한다.

(라) 품종보호권의 공유　　보호품종을 공동으로 육성 또는 품종보호권을 일부 양도했을 때 품종보호권을 공유한다.

각 공유자는 다른 공유자의 동의를 얻어야 양도, 질권설정 및 실시권 설정이 가능하다는 품종보호권의 공유에 따른 제한이 있다(식§60②).

공유 품종보호권의 실시는 특별한 약정이 없는 한 다른 공유자의 동의 없이 보호품종을 실시할 수 있다(식§60③).

7) **품종보호권의 취소**

(가) 품종보호권의 무효　　유효하게 성립된 품종보호권을 무효사유에 의한 심판에 의하여 그 효력을 성립시까지 소급하여 상실시키는 것이다. 이러한 무효사유에는 품종보호요건 미충족, 무권리자에게 품종보호된 경우, 조약에 위반된 경우, 선출원에 위반된 경우 등이다(식§92).

(나) 품종보호권의 취소　　유효하게 성립된 품종보호권이 취소사유에 해당하여 장관의 결정으로 취소되면 효력이 소급되지 않는다. 이러한 취소사유에는 품종보호요건 중 균일성과 안정성 미충족시, 보호품종의 유지의무(식§82) 미이행, 품종명칭 등록취소의 경우이다(식§79).

8) **품종보호권의 소멸**

품종보호권의 소멸사유는 i) 품종보호권 존속기간의 만료(식§55), ii) 품종보호료의 불납(식§47), iii) 상속인이 없을 때(식§80), iv) 품종보호권의 포기(식§76), v) 무효심결(식§92), vi) 품종보호권의 취소(식§79) 등이다. 품종보호권이 소멸하는 경우 전용실시권, 통상실시권, 질권도 함께 소멸한다.

9) **품종보호권의 포기**　　품종보호권자가 품종보호권을 포기하는 경우에는

그 권리에 설정되어 있는 전용실시권자, 질권자, 통상실시권자의 동의를 얻어야 한다(식§75).

전용실시권자가 전용실시권을 포기하는 경우에는 질권자의 동의를 얻어야 하고, 통상실시권을 허락한 경우에는 통상실시권자의 동의가 필요하다. 또, 통상실시권자가 질권설정된 통상실시권을 포기하는 경우에는 질권자의 동의가 필요하다.

10) **품종보호권자의 의무** 품종보호권자는 농림축산식품부장관 또는 해양수산부장관의 요청시에 보호품종의 실시여부, 규모 등을 보고해야 하고(식§81), 품종보호 유지의무는 보호품종의 본질적인 특성을 유지해야 함을 내용으로 한다(식§82). 또한 품종보호료를 납부할 의무가 있다.

(4) 실시권

1) **실시권의 의의** 실시권이란 품종보호권자 이외의 자가 보호품종을 업으로서 실시할 수 있는 권리이다.

실시권의 종류에는 일정한 범위 내에서 보호품종을 업으로서 독점으로 실시할 수 있는 권리(물권적 권리)인 전용실시권와 독점배타적이지 않은(채권적 권리) 통상실시권이 있다.

2) **전용실시권**

㈎ 의 의 일정한 범위 내에서 보호품종을 업으로 독점 · 배타적으로 실시할 수 있는 권리이다(식§61②). 이는 품종보호권자와의 계약에 의해서만 발생한다.

전용실시권 설정범위 안에서 타인이 실시하면 전용실시권 침해로서 민 · 형사상 조치가 가능하다.

㈏ 전용실시권의 효력발생 계약에 의해서 성립하나, 전용실시권의 설정 · 이전(상속 기타 일반승계의 경우 제외) · 변경 · 소멸 또는 처분의 제한은 등록하여야 효력이 발생한다(식§62①).

㈐ 전용실시권의 효력범위 전범위의 실시와 시간적 · 지역적 · 내용적으로 한정된 일정범위 내[18]의 실시가 있다.

㈑ 통상실시권 또는 질권의 설정 전용실시권자는 품종보호권자의 동의를 얻어 질권설정이나 통상실시권 허락이 가능하다(식§61④).

---

18) 예로는 경기도에서 1년간 생산 · 판매하는 경우가 있다.

㈎ 전용실시권의 이전 전용실시권은 품종보호권자의 동의를 얻어야 이전 가능하다(식§61③).

㈏ 전용실시권의 소멸 품종보호권 존속기간의 만료, 취소 또는 포기, 전용실시권 설정기간의 만료, 포기 또는 계약해제의 경우 전용실시권이 소멸하게 된다.

3) 통상실시권

㈎ 의 의 품종보호권자나 전용실시권자와의 계약, 법률 또는 농림축산식품부장관 또는 해양수산부장관의 재정(裁定)에 의하여 일정한 범위 안에서 보호품종을 실시할 수 있는 권리로서 다수인에게 동일내용의 통상실시권을 허락할 수 있다.

㈏ 통상실시권의 종류 통상실시권에는 당사자간 계약에 의하여 발생하는 허락실시권, 공익상 또는 산업정책상 필요에 의하여 품종보호권자의 의사와 관계없이 법률에 의하여 발생하는 법정실시권, 농업생산의 안정을 위하여 품종보호권자의 의사와 관계없이 농림축산식품부장관 또는 해양수산부장관의 재정에 의하여 발생하는 강제실시권이 있다.

법정실시권의 내용에는 선사용에 의한 실시권(식§64), 무효심판청구 등록 전의 실시에 의한 통상실시권(식§65), 질권행사로 인한 품종보호권의 이전에 따른 통상실시권(식§66), 재심에 의하여 회복된 품종보호권에 대한 선사용자의 통상실시권(식§102)이 있다.

㈐ 통상실시권의 효력발생 통상실시권을 등록한 때에는 그 후의 품종보호권자, 전용실시권자에 대하여 효력을 미치나(식§74①), 법정실시권 및 강제실시권의 경우는 등록이 없어도 효력이 발생한다(식§74②).

㈑ 통상실시권의 효력 독점배타적 권리가 아니므로 타인의 실시에 대하여 민·형사상의 소권을 행사할 수 없다.

㈒ 통상실시권의 이전 품종보호권자나 전용실시권자의 동의를 얻어야 이전이 가능하다(식§63④). 단, 재정에 의한 통상실시권은 실시사업과 같이 이전할 경우에 이전이 가능하다(식§63③).

㈓ 통상실시권에 대한 대가 허락실시권의 경우는 당사자간의 계약에 의하고, 강제실시권의 경우는 대가의 지급액, 시기, 방법 등이 재정이나 심판으로 정해지고, 법정실시권의 경우는 무효심판청구 등록 이전의 실시에 의한 통상실시

권과 질권행사로 인한 품종보호권의 이전에 따른 통상실시권의 경우는 대가를 지급하여야 하고, 선사용에 의한 통상실시권과 재심에 의하여 회복된 품종보호권자에 대한 선사용자의 통상실시권의 경우는 대가를 지급하지 않아도 된다.

(사) 재정에 의한 통상실시권(강제실시권)

a) 의　의　　재정에 의한 통상실시권이라 함은 보호품종이 정당한 사유 없이 일정기간 동안 실시되고 있지 않은 경우에 그 보호품종을 실시하고자 하는 자가 농림축산식품부장관 또는 해양수산부장관에게 재정을 청구하면 농림축산식품부장관 또는 해양수산부장관은 품종보호권자의 의사와 관계없이 보호품종의 실시를 타인에게 허용할 수 있다.

b) 재정의 요건　　ⅰ) 보호품종이 천재지변 등 정당한 사유 없이 계속하여 3년 이상 국내에서 실시되고 있지 아니한 경우, ⅱ) 보호품종이 정당한 사유 없이 계속하여 3년 이상 국내에서 상당한 영업적 규모로 실시되지 아니하거나, 적당한 정도와 조건으로 국내수요를 충족시키지 못한 경우, ⅲ) 전쟁, 천재지변 또는 재해로 인하여 긴급한 수급 조절이나 보급이 필요하여 비상업적으로 보호품종을 실시할 필요성이 있는 경우, ⅳ) 사법적 절차 또는 행정적 절차에 의하여 불공정한 거래행위로 인정된 사항을 시정하기 위하여 보호품종을 실시할 필요성이 있는 경우이다.

c) 재정의 방식　　재정은 서면으로 하고 그 이유와 통상실시권의 범위 및 기간, 대가, 그 지급방법 및 지급시기를 명시한다(식§69).

d) 재정서 등본의 송달 및 재정의 효과　　장관은 재정을 한 때에는 당사자에게 재정서 등본을 송달하고 등본이 송달된 때에는 당사자 사이에 합의된 것으로 본다(식§70).

e) 대가의 공탁　　재정에 의한 통상실시권자는 그 대가를 지급해야 한다. 다음의 경우에는 그 대가를 공탁하여야 한다. ⅰ) 수령거부 또는 수령불능의 경우, ⅱ) 대가 불복을 이유로 법원에 소송을 제기한 경우, ⅲ) 질권이 설정된 경우(질권자의 동의시는 예외)이다(식§71).

f) 재정의 실효　　지급시기까지 대가를 지급 또는 공탁하지 아니한 때에 재정이 실효한다(식§72①).

g) 재정의 취소　　ⅰ) 재정받은 통상실시권의 미실시, ⅱ) 재정사유가 종료되고 재발우려가 없을 때, ⅲ) 대가를 분할 지급시에는 분할 지급분의 미지급

또는 미공탁시에 재정이 취소된다(식§72②).

h) 재정에 대한 불복　재정에 대한 불복은 농림축산식품부장관 또는 해양수산부장관의 행정처분을 대상으로 행정법원에 제기하여야 한다. 다만 재정의 대가에 대한 불복은 일반법원에 소를 제기하여야 한다(식§73).

4) 질　권

㈎ 질권의 설정　질권의 설정 · 이전 · 변경 · 소멸 또는 처분의 제한은 품종보호원부에 등록하여야 효력이 발생한다(식§62①iii).

㈏ 질권의 대상　품종보호권, 전용실시권, 통상실시권은 질권설정이 가능하며, 강제실시권은 질권을 설정할 수 없다. 단, 품종보호권의 경우 품종보호권자는 품종보호권에 질권을 설정하는 경우에는 전용실시권자 또는 통상실시권자의 동의가 필요하고, 전용실시권에 질권을 설정하는 경우에는 품종보호권자의 동의가 필요하고, 통상실시권은 허락실시권자, 법정실시권은 품종보호권자의 동의가 필요하다.

(5) 품종보호권자의 보호

타인이 정당한 권한(품종보호권자 또는 전용실시권자의 허락) 없이 업으로서 보호품종을 실시하면 품종보호권의 침해가 되며, 침해시는 민 · 형사상의 소를 제기당할 수 있다.

1) **침해로 보는 행위**　품종보호권자나 전용실시권자의 허락 없이 타인의 보호품종을 업으로서 실시하는 행위, 타인의 보호품종의 품종명칭과 같거나 유사한 품종명칭을 해당 보호품종이 속하는 식물의 속 또는 종의 품종에 사용하는 행위는 품종보호권이나 전용실시권을 침해한 것으로 본다(식§84).

2) **권리침해에 대한 금지청구권**　권리를 침해한 자 또는 침해할 우려가 있는 자에 대하여 침해의 금지 또는 예방을 침해자의 고의, 과실을 불문하고 청구할 수 있다. 이 경우 침해행위를 조성한 물건의 폐기, 침해행위에 제공된 설비의 제거와 그 밖에 침해의 예방에 필요한 행위를 청구할 수 있다(식§83).

3) **손해배상청구권**　품종보호권자 또는 전용실시권자는 고의 또는 과실에 의하여 권리를 침해한 자에게 손해배상을 청구할 수 있다. 이는 침해금지권과 달리 품종보호권 소멸 후에도 행사가능하다(식§85).

성립요건은 ⅰ) 권리의 침해가 있을 것, ⅱ) 고의 또는 과실이 있을 것[침해행위에 대하여 과실이 있는 것을 추정(식§86)], ⅲ) 손해가 발생하였을 것이다.

4) **신용회복조치 청구권** 권리침해에 의하여 업무상의 신용을 떨어뜨렸을 때에 법원에 신용회복조치를 청구할 수 있다(식§87).

(6) 심 판

1) **품종보호심판제도** 품종보호심판이라 함은 출원인이 심사관의 결정에 대하여 불복하는 경우에 일반법원에서 판단을 구하는 것이 아니라, 전문행정기관에서 1차적으로 판단하는 행정쟁송절차를 말한다. 이는 일종의 행정처분이지만, 심판관의 직무상 독립, 민사쟁송과 유사한 엄격한 절차 내지 민사소송절차의 준용 등 실질적으로는 준사법적 절차[19]로서의 성격을 가진다.

2) **품종보호심판위원회 구성** 품종보호심판위원회는 품종보호심판위원회 위원장을 포함한 8인 이내의 품종보호심판위원으로 구성한다(식§90).

3) **심판의 종류** 거절결정 또는 취소결정에 대한 심판(식§91), 품종보호의 무효심판(식§92)이 있다.

4) **심판절차**

㈎ 심판청구 품종보호심판위원회 위원장에게 심판청구서를 제출한다.

㈏ 방식심사 행위능력 또는 대리권, 심판청구서 등의 기재방식, 수수료, 기간 등을 심사한다.

㈐ 심판청구서의 보정각하결정 방식에 흠결이 있을 시 보정지시하고, 보정하지 않을 때에는 보정각하결정을 한다.

㈑ 심판청구서의 심결각하 부적법한 청구시에 심결각하한다.

㈒ 심판청구사실 등의 통보

㈓ 부본송달 및 답변서 제출

㈔ 심 판 3인의 심판위원 합의체가 행하여, 과반수의 합의로 결정된다(식§96).

3. 품종의 명칭

(1) 품종명칭의 사용

품종보호를 받기 위하여 출원하는 품종, 품종목록에 올리기 위하여 신청하는 품종, 종자를 생산하거나 수입하여 판매하기 위하여 신고하는 품종은 1개의 고유

---

19) 1심: 품종보호심판위원회; 2심: 특허법원; 3심: 대법원.

한 품종명칭을 가져야 한다.

대한민국 또는 외국에 품종명칭이 등록되어 있거나 품종명칭등록출원이 되어 있는 경우에는 그 품종명칭을 사용하여야 한다(식§106).

(2) 품종명칭 등록의 요건

i) 숫자로만 표시하거나 기호를 포함하는 품종명칭, ii) 해당 품종 또는 해당 품종의 수확물의 품질 · 수확량 · 생산시기 · 생산방법 · 사용방법 또는 사용시기로만 표시한 품종명칭, iii) 해당 품종이 속한 식물의 속 또는 종의 다른 품종의 품종명칭과 같거나 유사하여 오인하거나 혼동할 염려가 있는 품종명칭, iv) 해당 품종이 사실과 달리 다른 품종에서 파생되었거나 다른 품종과 관련이 있는 것으로 오인하거나 혼동할 염려가 있는 품종명칭, v) 식물의 명칭, 속 또는 종의 명칭을 사용하였거나 식물의 명칭, 속 또는 종의 명칭으로 오인하거나 혼동할 염려가 있는 품종명칭, vi) 국가, 인종, 민족, 성별, 장애인, 공공단체, 종교 또는 고인을 비방하거나 모욕할 염려가 있는 품종명칭, vii) 저명한 타인의 성명, 명칭 또는 이들의 약칭을 포함하는 품종명칭(다만, 그 타인의 승낙을 받은 경우는 제외한다), viii) 해당 품종의 원산지를 오인하거나 혼동할 염려가 있는 품종명칭, ix) 품종명칭의 등록출원일보다 먼저 「상표법」에 따른 등록출원 중에 있거나 등록된 상표와 같거나 유사하여 오인하거나 혼동할 염려가 있는 품종명칭, x) 품종명칭 자체 또는 그 의미 등이 일반인의 통상적인 도덕관념이나 선량한 풍속 또는 공공의 질서를 해칠 우려가 있는 명칭에 해당하는 경우에는 품종명칭의 등록을 받을 수 없다(식§107).

(3) 품종명칭등록의 이의신청

품종명칭 등록출원 공고가 있으면 누구든지 공고일부터 30일 이내에 농림축산식품부장관 또는 해양수산부장관에게 품종명칭등록 이의신청을 할 수 있다(식§109⑦). 이 경우 그 이유를 기재한 품종명칭등록 이의신청서에 필요한 증거를 첨부하여 농림축산식품부장관 또는 해양수산부장관에게 제출하여야 한다(식§110). 심사관은 이러한 이의신청 이유 또는 증거 보정 및 답변서 제출 등을 통해 이의신청에 대한 결정을 하며(식§112), 직권에 의해서도 가능하다(식§113).

4. 품종성능의 관리

(1) 품종성능관리제도

품종성능관리제도란 품종이 일정수준[20] 이상의 재배 및 이용상의 가치를 유지할 수 있도록 관리하는 제도이다.

국가품종목록에 올릴 대상은 벼, 보리, 콩, 옥수수, 감자 및 그 밖에 대통령령으로 정하는 작물로 한다. 다만, 사료용은 제외한다(종§15②).

(2) 국가품종목록 등재

1) **국가품종목록의 등재신청**　품종목록등재신청서에 당해 품종의 종자시료를 첨부하여 농림축산식품부장관 또는 해양수산부장관에게 신청한다.

2) **등재심사**　서류심사와 재배심사로 나누어 실시하며, 심사관이 서류심사만으로도 충분한 경우에는 재배심사를 생략할 수 있다(종규칙§35).

3) **국가품종목록등재의 유효기간 및 연장신청**　유효기간은 등재한 날의 다음해부터 10년까지로 하고 연장신청은 유효기간 만료 전 1년 이내에 신청하여야 한다(종§118).

4) **등재대상작물종자의 유통**　등재대상작물종자는 종자보증을 받아 보증표시를 하여야 한다.

5. 종자보증제도

유통종자의 품질보증제도를 국제적인 기준에 따라 확립하고, 민간종자업자에게는 품질 및 가격차별화를 통한 경영개선을, 소비자인 농민에게는 다양한 상품의 선택기회를 제공하기 위해 종자보증제도를 도입하였다.

(1) 종자보증의 의의

종자보증이란 어떤 종자가 당해 품종의 종자임이 분명하며, 적법한 기준에 맞추어 채종 · 조제되었고, 적법한 품질기준에 합격하였다는 것을 국가 또는 국가가 자격을 인정한 종자관리사[21]가 보증하는 것을 말한다.

(2) 종자보증의 구분

종자의 보증은 농림축산식품부장관 또는 해양수산부장관이 하는 보증(이하

---

20) 예로 벼는 단보당 500kg 이상.

21) 종자관리사란 이 법에 의한 자격을 갖춘 자로서 종자업자가 생산하여 판매 · 수출 또는 수입하고자 하는 종자를 보증하는 자를 말한다(종§2vii).

"국가보증"이라 한다)과 종자관리사가 하는 보증(이하 "자체보증"이라 한다)으로 구분된다(종§24).

국가보증(종§25)은 농림축산식품부장관 또는 해양수산부장관, 시 · 도지사 또는 농업단체가 생산하는 경우, 민간종자업자가 생산 · 수출하기 위하여 신청하는 경우, 국제종자검정협회(ISTA), 국제종자검정가협회(AOSA), 기타 농림축산식품부장관 또는 해양수산부장관이 정하는 국제검정기관이 보증한 종자에 대하여는 이를 국가보증을 받은 것으로 인정하는 것이고, 자체보증이란 민간종자업체가 자율적으로 보증한 것이다(종§26). 그러나 보증의 기준 및 보증절차는 동일하다.

(3) 종자보증의 대상

국가품종목록등재 대상작물의 종자는 보증이 의무적이고, 등재 대상작물 외의 작물의 종자는 자율적으로 자체보증한다.

(4) 종자관리사

국가기술자격법에 따른 종자기술사 자격취득자, 종자기사 자격취득자(종자산업기사 또는 종자기능사 자격을 취득한 후 종자기사 자격을 취득한 자 및 종자업무 또는 이와 유사한 업무에 1년 이상 종사한 종자기사 자격취득자만 해당한다), 종자산업기사 자격취득자(종자기능사 자격을 취득한 후 종자산업기사 자격을 취득한 자 및 종자업무 또는 이와 유사한 업무에 2년 이상 종사한 종자산업기사 자격 취득자만 해당한다), 종자기능사 자격취득자(종자업무 또는 이와 유사한 업무에 3년 이상 종사한 자만 해당한다), 버섯종균기능사 자격취득자(종자업무 또는 이와 유사한 업무에 3년 이상 종사한 자로서 버섯의 경우만 해당한다)에 해당하는 자를 말한다(종령§45).

한편, 종자관리사가 직무태만 또는 중대한 과오를 범한 때에는 자격취소 또는 1년 이내의 자격정지의 행정처분이 부과된다(종§27).

(5) 종자보증검사

농림축산식품부장관, 해양수산부장관 또는 종자관리사로부터 1회 이상 포장검사를 받아야 한다(종§28). 이때 유전적인 특성, 재배적 순도, 병충해 등이 검사항목이다.

포장검사에 합격한 종자에 대하여 종자의 규격, 순도, 발아, 수분, 병해 등의 종자검사가 행해진다(종§30).

(6) 보증표시, 보증의 유효기간 및 보증서의 발급

검사결과 합격종자는 보증표시하여 판매 · 보급한다(종§31).

보증표시 사항은 분류번호, 종명, 품종명, Lot번호, 발아율, 이품종률, 유효기간, 수량, 포장일자 등이며, 채소는 2년, 버섯은 1개월, 감자나 고구마는 2개월, 기타 작물은 1년의 보증의 유효기간을 갖는다(종규칙§106).

보증기관은 신청에 의해 보증서를 발급한다(종§32).

(7) 보증의 실효

보증미표시, 보증표시의 위조 또는 변조, 보증의 유효기간 경과 또는 보증한 포장종자를 해장 또는 개장한 때, 거짓 그 밖의 부정한 방법으로 보증을 받은 때에는 종자보증의 효력을 잃은 것으로 본다(종§34).

6. 종자의 유통

농업생산의 안정에 이바지하는 쌀·보리 등 주요농작물의 종자는 i) 국가품종목록에 등재하는 경우, ii) 품종보호권이 설정등록된 보호품종, iii) 품종생산·판매 신고된 품종에만 판매 또는 보급할 수 있도록 하여 일정 성능 이상의 우량품종이 농가에 보급될 수 있도록 하고 있다.

7. 벌 칙

품종보호권 침해죄는 7년 이하의 징역 또는 1억원 이하의 벌금, 위증죄는 5년 이하의 징역 또는 5천만원 이하의 벌금, 거짓표시의 죄는 3년 이하의 징역 또는 3천만원 이하의 벌금, 직무상 알게 된 품종보호출원중의 품종에 관하여 비밀을 누설하거나 도용한 때, 즉 비밀누설죄는 5년 이하의 징역 또는 5천만원 이하의 벌금이다(식§§131~134).

그리고 양벌규정, 몰수규정 및 과태료에 관한 규정을 두고 있다(식§135, §136, §137).

제11장

반도체칩법

Ⅰ. 서

「반도체집적회로의 배치설계에 관한 법률」(이하 '반도체칩법'이라고 한다)은 1992년 12월 8일 법률 제4526호로 공표되고 1993년 9월 1일부터 시행되었다. 그 후 1995년 1월 5일에 개정되어 1995년 7월 1일부터 시행된 법률의 입법배경은 WTO/TRIPs협상[1]에서 선진국과 후진국간의 반도체칩 보호문제가 타결됨에 따라 국내에 영향을 미치게 된 것이 그 하나이고, 반도체[2] 집적기술(集積技術)의 고도화에 따라 그 개발에 소요되는 시간이나 비용이 증대함에도 불구하고 배치설계에

1) WTO/TRIPs협정에 집적회로배치권과 관련이 있는 조항은 제35조(집적회로에 관한 지적재산권조약과의 관계), 제36조(보호범위), 제37조 제1항(선의의 구매자 보호), 제37조 제2항(집적회로에 대한 강제실시권), 제38조(보호기간) 등의 규정이 있다.

2) 반도체(semiconductor)란 전자제품의 소형화와 소요전력의 절감, 신뢰성의 증진, 수명의 영구화 등을 목적으로 개발된 초소형 회로의 회로기판 소재로서 집적회로의 핵심소재이다. 반도체는 전기전도가 전자적으로 이루어지는 물질로서 전기저항률, 즉 비저항(比抵抗)이 도체인 금속과 부도체인 절연체(絶緣體) 사이의 중간범위의 저항률을 가지며 일정한 온도 범위 내에서 그 물질의 결정 속을 이동함으로써 전류가 생기는 전자반송자, 즉 캐리어의 농도가 온도상승에 따라 증가하는 전자적 도체로서 그 물질의 비저항이 도체와 절연체의 중간값을 취하며 중간정도의 전도율을 가지므로 이를 반도체라 한다. 비저항의 값은 도체의 경우에는 절대온도에 따라 커지지만 반도체나 절연체에서는 외부로부터의 빛이나 열 등 외부조건과 물질의 결정격자의 결합, 순도, 제조 및 가공방법에 따라 크게 변하는 특징이 있다[전자신문 용어(1996년), 이한상 · 김준학, 「지식재산권법」, 제일법규, 2001, p.897 재인용].

반도체는 규소(Silicon) 또는 게르마늄과 같은 원소로 된 단체인 것과 갈륨 · 비소와 같은 원소와 금속간의 화합물 등 많은 종류의 반도체 재료가 있으나, 현재는 원소반도체 특히 단체인 규소와 금속간 화합물 반도체가 많이 쓰인다. 반도체의 기능은 신호의 정류 · 증폭 · 검파 · 기억 · 신호처리 및 논리연산 등 다양하며, 이의 응용은 트랜지스터, 다이오드, 집적회로 등의 제품을 통하여 구현되고 있다(이한상 · 김준학, 「지식재산권법」, 제일법규, 2001, p.897).

대한 법적 보호수단이 결여[3]되었다는 것이 그 둘이다.

또한, 반도체집적회로배치설계[4]의 보호에 있어서 기존의 특허법으로 보호하는 데는 문제가 있어 특별법으로 보호하게 되었다. 특허법으로 보호하기 위해서 가장 문제가 되는 부분은 특허법 제29조 제1항 및 제2항에 규정된 신규성 및 진보성에 대한 판단문제이다. 출원된 회로소자의 배치가 공지된 배치에 비해 과연 새롭다고 할 수 있는 것인지(신규성 문제), 혹은 기존의 배치를 이용하면 쉽게 만들 수 있는 것인지(진보성 문제) 등의 판단이 용이하지 않다. 이러한 문제의 발생원인은 특정한 기술적 사상을 보호대상으로 하는 특허권의 보호범위로는 반도체칩 전체의 배치(layout)설계를 보호하는 데 일정한 한계가 있기 때문이다. 이러한 것을 보완하기 위해 특별법 제정이 요구되었다.[5]

II. 법적 성격[6]

반도체집적회로의 제조과정은 통상적으로 "특정기능을 위한 시스템설계→ 기능실현의 논리회로설계 → 논리실현의 전자회로 설계 → 회로의 공간적 배치설계 → 제조공정 → 시험검사"의 순서로 진행되는데 이 중에서 회로의 배치설계는 특허권으로 보호되지 못하는 경우가 많다. 즉, 앞서 말한 바와 같이 배치설계의 특성상 특허권 또는 저작권으로서 보호받지 못하는 회로배치 설계부분을 보호하기 위하여 새로이 탄생한 권리가 배치설계권이다.

이러한 배치설계권은 특허권과 저작권의 중간적 성격을 지니고 있다고 볼 수 있으며, 외국에서는 산업저작권(industrial copyright)이라고도 불리고 있다. 즉, 배치설계권의 성격으로 보면, 배치설계권의 불법복제 등 침해는 반도체산업에 큰

3) 반도체소자 제조공정에 필요한 일종의 설계도면인 반도체집적회로 배치설계는 연구개발에 막대한 비용과 시간이 투입되어야 하고, 고도의 기술이 요구되는 데 반하여 무단복제의 형태로 쉽게 침해받을 우려가 있다. 그러나 배치설계는 그 특성상 기존의 법체계인 특허법이나 저작권법으로는 불법복제의 방지 및 권리보호가 곤란하였다.

4) 반도체집적회로 배치설계라 함은 위에서 말한 반도체집적회로를 제조하기 위한 일종의 설계도로서 각종 회로소자 및 이들을 연결하는 도선을 평면적 · 입체적으로 배치한 설계를 말한다.

5) http://www.kipo.go.kr/html/LawNewformC03.html.

6) http://www.kipo.go.kr/html/LawNewformC03.html 인용.

영향을 미치므로 산업의 발전을 위하여서는 배치설계를 산업재산권의 일종으로 보호하되, 반도체 제품의 특성상 라이프 사이클이 짧기 때문에 보호기간은 비교적 단기간인 10년으로 제한하고, 그 권리를 발생시키기 위하여는 반드시 등록하여야 하는 등 법의 목적, 권리의 발생 · 행사 및 소멸은 특허권적 성격을 지니고 있으며, 반면에 배치설계권의 일차적 보호대상은 일종의 설계도면이며 이에 대한 창작성 여부에 관한 실체심사는 하지 않고 등록함으로써 권리가 발생한다는 점에서는 저작권적 성격을 지니고 있다.

[도표 28] 반도체칩법과 특허 · 저작권법과의 비교

구분	특허법	저작권법	반도체칩법	비 고
보호대상	○ 자연법칙을 이용한 기술적 사상의 창작	○ 문학, 학술 또는 예술적 창작물 ○ 아이디어의 표현	○ IC를 제조하기 위한 회로소자와 연결도선의 배치설계	○ 설계도면의 일종(저작권적 성격)
권리	○ 실시권 - 물건의 발명 - 방법의 발명	○ 저작인격권 ○ 저작재산권 및 저작인접권	○ 이용권 - 배치설계 - 배치설계에 의해 제조된 IC - IC 내장제품	○ 보호범위의 확장 ○ 설정등록에 의한 발생(특허권적 성격)
발생	○ 등록(실체심사)	○ 창작(무심사)	○ 등록(방식심사)	
등록	○ 실체심사 후 등록 - 신규성, 진보성 - 산업상이용성 ○ 권리발생요건	○ 무심사주의 ○ 등록은 제3자에의 대항요건	○ 방식심사 후 등록 ○ 창작성은 무심사 ○ 권리발생요건	○ 창작성여부의 무심사(저작권적 성격) ○ 등록(특허권적 성격)
존속기간	○ 출원일부터 20년	○ 저작재산권은 생존기간 및 사망 후 70년 ○ 저작인격권은 저작자 일신 귀속	○ 설정등록일부터 10년	○ 독점배타적 기간의 제한(특허권적 성격)

※ 이 표는 유환열, "우리나라의 반도체칩 보존제도," 「특허정보」 1995년 1월호, p.77의 표를 인용 작성.

배치설계권의 보호대상으로 보면 배치설계권은 특허권 및 저작권과 구별되는데, 배치설계권의 일차적인 보호대상은 배치설계이나, 실질적인 보호대상이 배치설계를 이용하여 제조된 반도체칩, 반도체칩이 내장된 최종제품(컴퓨터, 통신기기 등)까지 확장되기 때문에 특허권적 성격이 강하나, 법령에 의한 권리발생요건인 배치설계의 창작에 대하여 신규성, 진보성 등의 특허요건을 판단하기는 불가능하므로 배치설계 그 자체에는 특허권이 성립한다고는 보기 어렵다. 또한, 배치설계권은 위의 보호대상으로 보아 배치설계도면만을 보호하는 저작권적 개념과도 구별된다.

Ⅲ. 보호범위

1. 물적 보호범위

이 법에 의하여 보호되는 것은 '반도체집적회로(IC: Integrated Circuit)의 배치설계'이다. 동법(同法) 제2조에서는 반도체집적회로를 "반도체 재료 또는 절연재료의 표면이나 반도체 재료의 내부에 한 개 이상의 능동소자를 포함한 회로소자들과 그들을 연결하는 도선이 분리될 수 없는 상태로 동시에 형성되어 전자회로의 기능을 가지도록 제조된 중간 및 최종단계의 제품"으로 정의한다. 그러므로 완제품 형태의 것뿐만 아니라 중간제품(中間製品)도 보호된다.

또한 '배치설계(配置設計)'는 "반도체집적회로를 제조하기 위하여 여러 가지 회로소자 및 그들을 연결하는 도선을 평면적 또는 입체적으로 배치한 설계"로 정의되어 입체적 설계도 보호되는 것으로 규정하고 있다. 요컨대 한 마디로 동법이 보호하는 집적회로(IC)는 소규모 집적회로(SSI)에서부터 중규모 집적회로(MSI), 대규모 집적회로(LSI),[7] VLSI(Very Large Scale Integration), ULSI(Ultra Large Scale Integration) 등에 이르기까지의 회로의 배치(layout)를 말하며 이러한 집적회로를 보호하고, 그것이 메모리 회로이든 비메모리 회로이든 구별하지 않는다.

'창작성이 있는 배치설계'만이 보호된다. 여기서 '창작'이라는 것은 통상적이 아닌 배치설계를 제작하는 행위 또는 통상적인 요소의 조합으로 구성되었다 하더라도 전체적으로 보아 창작성이 있는 배치설계를 제작하는 경우도 포함한다(반§2 iii). 그러나 동법상 배치설계권의 등록에서 형식적 사항에 대한 심사권만을 가지므로 창작성이 없는 배치설계도 등록될 수 있는 여지가 있다. 이에 대하여 창작성이 없는 배치설계를 취소할 수 있는 요인으로 규정하고 있으나, 임의적 취소사유일 뿐이므로 계속적으로 보호를 받는 경우도 있을 수 있다.

---

7) LSI는 Large Scale Integration의 약어로 반도체의 집적도를 나타내는 용어이며, 고밀도 또는 대규모 집적회로란 뜻으로 칩당 소자수 1천에서 10만개 수준인 반도체를 보통 LSI라고 한다.

2. 보호범위

내국인의 배치설계뿐만 아니라 외국인의 배치설계도 보호되는데, 직접적으로 동법의 규정이 적용되어 보호될 수 있으며, 또한 우리나라가 가입 또는 체결한 조약에 따라 보호될 수도 있다. 특별히 동법은 국내에 주소 또는 영업소를 가지고 있지 아니하는 '재외자(在外者)'에 관하여 별도로 규정하고 있는데, 재외자의 배치설계는 배치설계에 대한 대리인인 '배치설계관리인'을 두어야만 배치설계에 관한 절차를 밟을 수 있고, 소(訴) 제기를 할 수 있도록 하고 있다.

국가 · 법인 · 단체 및 그 밖의 사용자(이하 '법인 등')의 업무에 종사하는 자가 업무상 창작한 배치설계는 계약이나 근무규칙 등에 달리 정함이 없는 한 그 법인 등을 당해 배치설계의 창작자로 보게 된다(반§5).

Ⅳ. 배치설계권의 설정등록 및 등록절차 흐름도[8)]

배치설계권의 설정등록신청 각하사유는 ⅰ) 신청인이 창작자가 아닌 경우, ⅱ) 배치설계권이 공유인 경우에 공유자 전원이 공동으로 배치설계권 설정등록의 신청을 하지 않은 경우, ⅲ) 배치설계를 영리를 목적으로 최초로 이용한 날(상업적 이용일)로부터 2년의 기간이 경과한 경우, ⅳ) 설정등록신청서의 기재사항을 누락한 경우, ⅴ) 설정등록신청서의 기재사항이 도면 기타자료와 부합하지 아니한 경우, ⅵ) 설정등록신청서에 첨부하여야 할 도면 기타의 자료를 첨부하지 아니하거나, 이들이 서로 부합하지 아니하는 경우, ⅶ) 법령에서 정하는 소정의 수수료를 납부하지 아니한 경우이다(반§20①).

---

8) http://www.kipo.go.kr/html/semi2000b.html.

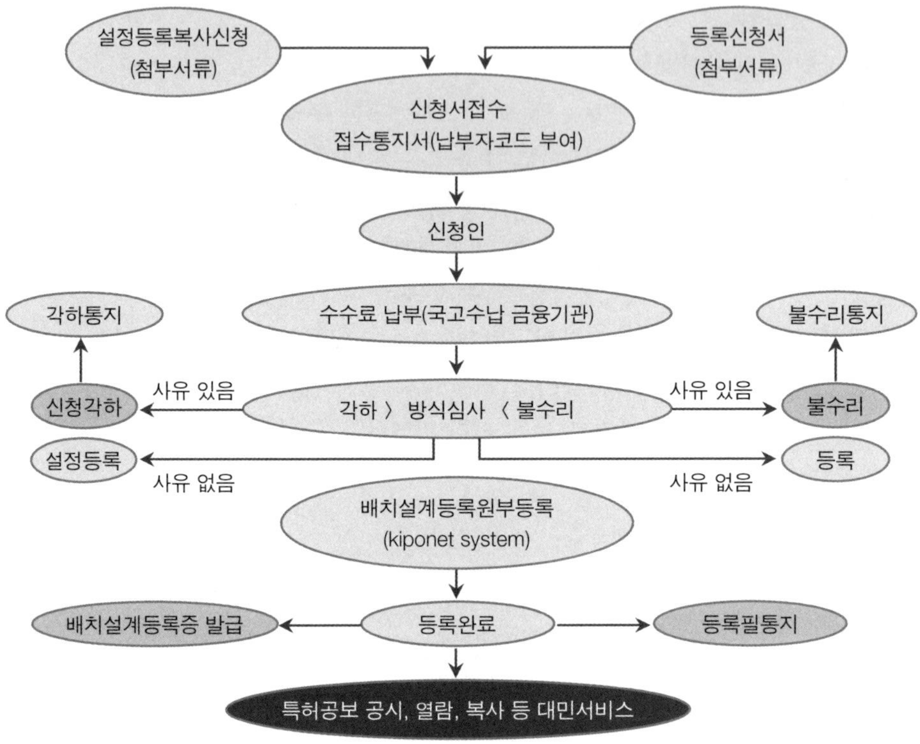

배치설계권의 등록신청 불수리사유는 i) 등록을 신청한 사항이 등록할 사항이 아닌 경우, ii) 신청서가 방식에 적합하지 아니한 경우(관련법규 등에 의한 서식 등의 기재사항이 누락된 경우), iii) 신청서에 기재한 등록번호, 반도체집적회로의 명칭 또는 등록의 목적인 권리의 표시 등이 등록원부와 불일치한 경우, iv) 신청서에 기재한 등록의무자의 표시가 등록원부와 불일치인 경우(단, 상속인 기타 일반승계인 경우는 제외), v) 신청인이 등록명의인인 경우에 그 표시가 등록원부와 불일치인 경우[다만, 등록명의인 표시변경 · 경정(更正)의 경우는 제외], vi) 배치설계관리인의 표시가 등록원부와 불일치인 경우, vii) 신청서에 기재한 사항이 등록의 원인을 증명하는 서류와 부합하지 아니한 경우, viii) 신청서에 필요한 서류를 첨부하지 아니한 경우, ix) 등록세 및 등록료를 납부하지 아니한 경우(등록료 등의 부족납부는 납부하지 않은 경우에 해당)이다.

Ⅴ. 배치설계권

배치설계(layout design)란 반도체집적회로를 제조하기 위하여 각종 회로소자 및 그들을 연결하는 도선을 평면적 또는 입체적으로 배치한 설계를 말한다. 그러나 미국은 Mask Work라 하고, 일본은 회로배치(circuit layout)라 하며, 유럽은 Topography라고 한다.

이러한 권리를 배치설계권이라 한다. 배치설계권은 배치설계를 무단복제 등의 침해로부터 보호하고, 배치설계에 관한 창작자의 권리를 보호하기 위한 새로운 지적재산권의 일종이다.

이 권리를 신청할 수 있는 자는 ⅰ) 배치설계를 창작한 자(업무상 창작은 법인), ⅱ) 창작자의 승계인(승계사실 증명서류 필요), ⅲ) 공동창작의 경우는 공유자 전원이 공동 신청하여야 하고, 설정등록신청서와 첨부서류를 함께 제출하여야 한다.

1. 권리의 설정등록

배치설계를 창작한 자 또는 그 승계인은 영리를 목적으로 그 배치설계를 최초로 이용한 날부터 2년 이내에 설정등록을 신청할 수 있는데, 동법 제20조 제1항 소정의 각하요건이 아닌 한 설정등록을 하여야 한다(반§21①)라고 규정하여 설정등록에 있어서의 형식적 심사권을 규정하고 있다. 앞서 언급한 대로 각하요건에는 창작성 유무(創作性 有無)는 포함되어 있지 않고, 다만 제24조 제4호상의 임의적 취소요건으로 규정되고 있을 뿐이다.

배치설계권은 창작성이 있는 배치설계를 설정등록함으로써 발생하게 되므로(반§6), 설정등록은 배치설계권의 성립요건이다.

배치설계권의 보호대상(ⅰ) 배치설계 그 자체, ⅱ) 배치설계에 의해 제조된 반도체집적회로, ⅲ) 반도체집적회로를 사용하여 제조된 물품〈컴퓨터, 통신기기 등 최종제품〉)이 배치설계라는 추상물로서 이는 그 존재를 객관적으로 직접 인식할 수 없으며, 물권과 같이 점유라고도 할 수 없다. 따라서, 권리의 대상이 무엇이고, 언제 그 권리가 발생하여, 언제 소멸하느냐를 설정등록의 형식으로 그 권리를 명백히 하기 위한 것이다.

여기서 '창작성'이란 배치설계 제작자의 지적 노력의 결과로서 통상적이 아닌 특성이 나타나 있어서 기존의 제작물과 구별될 수 있는 배치설계를 제작한 것을 말한다.

2. 권리의 내용

설정등록을 한 자 및 그로부터 권리를 승계한 자(이하 "배치설계권자")는 설정등록된 배치설계를 영리를 목적으로 독점적으로 이용할 권리를 가지게 된다. 다만, 배치설계권자가 타인에게 그 배치설계를 독점으로 이용할 수 있는 권리를 설정한 경우에는 그 설정된 범위 내에서 전용이용권자가 영리를 목적으로 그 배치설계를 이용하는 권리를 독점하는 때에는 배치설계권자도 이용할 수 없다. 이러한 이용권은 전용이용권과 통상이용권[9]으로 구별된다.

전용이용권은 배치설계자가 타인에게 설정한 그 배치설계를 독점적으로 이용할 수 있는 권리를 말하며, 통상이용권은 배치설계권자 또는 배치설계권자의 동의를 얻은 전용이용권자가 타인에게 설정한 이용권을 말한다(반§11, §12).

구체적으로 이용권에 있어 이용행위는, 배치설계를 복제하는 행위, 배치설계에 의하여 반도체집적회로를 제조하는 행위, 또한 배치설계, 그 배치설계에 의하여 제조된 반도체집적회로 또는 그 반도체집적회로를 사용하여 제조된 물품을 양도·대여하거나 전시(양도·대여하기 위한 경우에 한한다) 또는 수입하는 행위 등을 말한다(반§2ⅳ).

배치설계권은 설정등록일로부터 10년간 존속하며, 영리를 목적으로 그 배치설계를 최초로 이용한 날로부터 10년 또는 그 창작일로부터 15년을 초과할 수 없다(반§7). 이러한 단기의 보호기간은 배치설계권의 수명이 상대적으로 다른 지적재산권 분야보다 짧고,[10] 반도체 산업의 발전을 위하여서는 오랜 동안의 보호는 도움이 되지 않기 때문이다.

---

9) 통상이용권설정의 재정신청사유는 ⅰ) 설정등록된 배치설계가 천재·지변 기타 불가항력 또는 대통령령이 정하는 정당한 사유 없이 2년 이상 국내에서 이용되고 있지 아니한 경우, ⅱ) 배치설계가 정당한 사유 없이 2년 이상 국내에서 상당한 영업적 규모로 이용되지 아니하거나 국내외 수요를 충족시키지 못한 경우이다(반§13①).

10) 반도체의 수명은 갈수록 짧아지고 고도화하는 경향이 있다. 즉 마이크로 프로세서의 경우, 인텔의 8086에서 80186, 80286, 80386, 80486 등으로 이어지는 고도화과정은 그 주기를 앞당기고 있으며, 특히 80386칩의 경우 채 1년을 넘기지 못하고 80486에 자리를 내주고 말았으며, 메모리 분야의 경우도 예외는 아니어서 1 Mega DRAM, 4 Mega DRAM 등으로부터 256 Mega DRAM, 1 Giga DRAM으로 이어지는 주기도 갈수록 짧아지고 있다.

3. 권리가 미치지 않는 범위

배치설계권자는 자신의 배치설계권을 독점적으로 이용할 수 있으나, 권리를 양도하거나 공유하는 경우, 질권이 설정된 경우 그리고 타인에게 전용이용권이나 통상이용권을 설정하는 경우에는 이용할 수 없거나 제한받을 수 있다.

그 외에도 교육·연구·분석 또는 평가 등의 목적이나 개인이 비영리적으로 사용하기 위한 배치설계의 복제 또는 그 복제의 대행(代行)의 경우나, 그 결과에 의하여 제조된 것으로서 창작성이 있는 배치설계, 그리고 설정등록된 배치설계와 동일하지만, 배치설계권자가 아닌 자가 제조한 것으로 창작성이 있는 설계 등에는 그 배치설계권이 미치지 않는다. 또한, 적법하게 제조된 반도체집적회로 등을 인도받은 자와 선의자[11]가 그 반도체집적회로 등에 대하여 영리를 목적으로 제2조 제4호 다목[12]에 규정된 행위를 하는 경우에는 미치지 않는다(반§9).

4. 배치설계권의 소멸사유 및 취소사유

배치설계권은 존속기간의 만료나 설정등록취소사유에 의해 취소된 경우, 그리고 배치설계권자인 법인·단체 등이 해산되어 그 권리가 민법 등에 의하여 국가에 귀속되는 경우, 배치설계권자가 상속인 없이 사망하여 그 권리가 민법 등에 의하여 국가에 귀속된 경우, 배치설계권자가 그의 배치설계권을 포기한 경우(전용·통상이용권자 및 질권자의 동의가 필요)에 소멸한다(반§17, 반§18).

배치설계권의 등록취소사유는 조약의 규정에 위반한 경우, 사위(詐僞) 기타 부정한 방법에 의해 설정등록된 경우, 창작성이 있는 배치설계가 아닌 경우, 법 또는 법에 의한 명령이나 처분에 위반한 경우 등이 있다(반§24).

---

11) 同法 제9조 제3항에 규정된 "他人의 登錄된 배치설계를 不法으로 複製하여 제조된 반도체집적회로 등을 善意이며 過失 없이 인도받은 자"를 의미한다.

12) 배치설계, 그 배치설계에 의하여 제조된 반도체집적회로 또는 그 반도체집적회로를 사용하여 제조된 물품을 讓渡·貸與하거나 展示 또는 輸入하는 행위.

VI. 권리의 침해에 대한 구제

1. 민사상의 구제

배치설계권자나 전용이용권자는 그 권리를 침해하거나 침해의 우려가 있을 경우에 침해의 정지 또는 예방을 청구할 수 있고(침해금지 및 예방청구권), 이 청구와 함께 침해행위에 의해 만들어진 반도체집적회로 등의 폐기 기타 예방에 필요한 조치를 함께 청구할 수 있다(반§35: 폐기청구권). 또한, 침해자에 대하여 손해의 배상을 청구할 수 있다(반§36①: 손해배상청구권).

배치설계의 등록 전에 영리를 목적으로 그 배치설계를 이용한 배치설계의 창작자는, 그 이용 후 당해 배치설계에 대한 등록이 완료되기까지의 기간 동안 복제한 배치설계임을 알고 영리를 목적으로 이용한 자에게 통상 지급해야 할 금액에 상당하는 '보상금'의 지급을 청구할 수 있다. 이는 물론 악의자(惡意者)에게만 가능하며, 선의자(善意者)에게는 해당되지 않는다(반§37①).

선의자의 경우에도, 반도체집적회로가 배치설계를 불법으로 복제하여 제조된 것이라는 것을 안 후에는 제2조 제4호 다목의 행위를 하거나 하기 위해 보유·운송 중의 경우, 통상의 이용료에 상당하는 금액의 지급을 청구할 수 있다(반§38①). 이는 WTO/TRIPs 협정상의 "자유로운 실시를 위한 협상에 따라 지불된 합리적인 로열티(reasonable royalty such would be payable under a freely negotiated license)"(TRIPs §37①)의 규정과 관련된 것이다.

2. 형사상의 구제

배치설계권과 전용이용권을 침해한 자는 3년 이하의 징역 또는 3천만원 이하의 벌금에 처하며, 이는 고소가 있어야 공소(公訴)를 제기할 수 있는 친고죄(親告罪)이다(반§45). 또한, 허위로 등록표시를 한 반도체집적회로를 양도하거나 대여한 자(반§46)와 속임수나 그 밖의 부정한 방법으로 설정등록을 한 자(반§47)는 1년 이하의 징역 또는 1천만원 이하의 벌금에 처한다.

이상의 죄에는 법인 등과 행위자가 함께 처벌되는 양벌규정(兩罰規定)이 적용된다. 물론 법인 등에는 벌금형만이 부과된다. 이 외에도 제44조 소정의 비밀유지의무를 위반한 죄 등이 있다.

제12장

콘텐츠산업진흥법

1. 입법취지

우리나라는 세계 최고수준의 정보인프라가 구축되고 있으나, 초고속 정보통신망에서 유통되는 국산 콘텐츠의 수준은 선진국과 비교하여 그 수준이 낮아 외국의 콘텐츠에 의해 정보통신망이 잠식당할 우려가 있다. 이에 정부가 콘텐츠제작자 보호 및 콘텐츠제작 관련 기반조성 등의 사업을 적극적으로 장려하여 문화·교육·보건·금융 등 콘텐츠가 필요한 모든 분야에서 콘텐츠의 수준향상을 도모하고, 동시에 범정부 차원의 종합추진체계를 구축하여 콘텐츠 산업의 지속적인 발전을 도모하며, 콘텐츠산업 전반을 균형 있게 육성하고, 콘텐츠제작에 따르는 투자와 노력을 법적으로 보호하여 줌으로써 콘텐츠산업에 대한 투자의 動因을 제공하여 콘텐츠업계의 활성화와 국내경제의 부흥에 기여하고자 이 법이 제안되었다.

「콘텐츠산업진흥법」[1](이하 '콘진법'이라 한다)은 콘텐츠의 일정한 이용행위를 부정경쟁행위로 규정함으로써 콘텐츠제작자[2]를 보호하고 나아가 콘텐츠제작[3]의

1) 2002년 1월 14일 제정된 「온라인디지털콘텐츠산업발전법」이 2010년 6월 10일 전부 개정되어 법 명칭이 「콘텐츠산업진흥법」으로 변경되었으며, 디지털콘텐츠를 포괄하는 콘텐츠의 개념과 융합콘텐츠 등 새롭게 등장한 분야를 포함하는 콘텐츠산업의 개념이 재정립되었다. 이 법은 2010년 12월 11일부터 시행된다.

개정이유는 범정부적인 콘텐츠산업 발전 추진체계를 마련하여 콘텐츠산업 진흥에 관한 기본계획 등을 수립하도록 하고, 콘텐츠 산업의 발전을 위하여 필요한 각종 행정적·재정적 지원의 근거를 마련하는 한편, 콘텐츠 이용자의 이용편익과 유통의 활성화 및 투명성을 보장하기 위한 콘텐츠서비스 품질인증 제도 등을 정비하고, 콘텐츠를 둘러싼 분쟁을 조정하기 위하여 콘텐츠분쟁조정위원회를 설치하는 등 급변하는 콘텐츠산업 환경에 유연하게 대응할 수 있도록 하여 국민의 삶의 질 향상과 국민경제의 발전에 이바지하기 위함이다.

2) "콘텐츠제작자"란 콘텐츠의 제작에 있어 그 과정의 전체를 기획하고 책임을 지는 자(이 자로부터 적법하게 그 지위를 양수한 자를 포함한다)를 말한다(콘§2ⅳ).

촉진과 콘텐츠 관련 사업에의 투자를 유도하고 있다. 즉, 콘텐츠산업[4]의 특수성을 고려하여 국가적인 차원에서 관련 산업 전체를 체계적 · 종합적으로 육성[5]하고, 각 부문별로 고른 지원과 콘텐츠의 제작 · 유통 · 이용을 위한 제도적 기반을 마련하며, 무임승차 및 부정경쟁을 규제함으로써 콘텐츠제작자 등의 투하자본을 안정적으로 회수할 수 있는 법적 기반을 마련하고 있다. 이 법의 시행으로 대부분의 콘텐츠의 경우 저작권자와 콘텐츠제작자는 분리되며, 디지털화 등 콘텐츠제작과정은 창작성이 의심되거나 인정되지 않는 경우가 일반적이기 때문에 발생하는 저작권법상 보호의 공백을 메울 수 있으며, 소위 창작성 없는 데이터베이스에 대하여도 최소한의 보호가 가능하게 되었다.

2. 주요내용

콘진법은 부호 · 문자 · 도형 · 색채 · 음성 · 음향 · 이미지 및 영상 등(이들의 복합체를 포함한다)의 자료 또는 정보인 콘텐츠를 보호대상으로 한다(콘§2i).

법정된 일정한 사항의 표시를 보호요건으로 하여 콘텐츠를 최초로 제작하여 표시한 날부터 5년 동안 정당한 권한 없이 타인이 상당한 노력으로 제작하여 표시한 콘텐츠의 전부 또는 상당한 부분을 복제 · 배포 · 방송 또는 전송하거나 기술적 보호조치를 무력화함으로써 콘텐츠제작자의 영업에 관한 이익을 침해하는 행위를 금지시키고 있다(콘§37). 그리고 이와 같은 금지행위를 위반하는 경우 콘진법 제38조, 제40조, 제42조에서 각각 손해배상청구 등 민사상 구제절차와 형사처벌 및 양벌규정을 규정하고 있다.

콘진법에서는 이 법에서 정하는 정의규정 이외의 정의규정은 저작권법의 정

---

3) "콘텐츠제작"이란 창작 · 기획 · 개발 · 생산 등을 통하여 콘텐츠를 만드는 것을 말하며, 이를 전자적인 형태로 변환하거나 처리하는 것을 포함한다(콘§2iii).

4) "콘텐츠산업"이란 경제적 부가가치를 창출하는 콘텐츠 또는 이를 제공하는 서비스(이들의 복합체를 포함한다)의 제작 · 유통 · 이용 등과 관련한 산업을 말한다(콘§2ii).

5) 2022년 1월 18일(법률 제18782호) 개정에서 콘텐츠산업 진흥을 위한 국가 및 지방자치단체의 책임 규정을 신설하여, 지역차원에서의 문화분권을 확보하고 지역 콘텐츠산업 진흥정책을 추진할 수 있는 법적 근거를 마련하였고(콘§3의2), 또한, 문화적 권리를 누리는 것은 삶의 질을 결정하는 중요한 요소이며, 장애인 역시 문화 콘텐츠에 대한 향유와 참여 욕구가 커지고 있지만, 여전히 콘텐츠 접근에 어려움이 많아 사회적으로 동등한 기회를 제공받지 못하고 있어, 장애인의 콘텐츠 접근권의 보장에 관한 사항을 포함하도록 하고, 장애인의 콘텐츠 접근권을 보장하기 위한 사업도 행정적 · 재정적 지원을 받을 수 있도록 규정함으로써 장애인들의 삶의 질 향상과 복지 증진을 도모하였다(콘§5③vi의ii, 콘§26의2).

의규정에 따르도록 하고 있다.[6] 복제 · 배포 · 방송 · 전송 및 기술적 보호조치의 정의는 콘진법에 별도로 규정되지 않았으므로 결국 이들은 저작권법상의 정의규정에 따른다.

한편, 이 법의 보호를 받기 위해서는 콘텐츠 또는 그 포장에 제작연월일, 제작자명 및 이 법에 따라 보호받는다는 사실을 표시하여야 한다(콘§37①).[7] 단, 콘텐츠제작자가 표시사항을 거짓으로 표시하거나 변경하여 복제 · 배포 · 방송 또는 전송한 경우에는 처음부터 표시가 없었던 것으로 보아 이 법으로 보호받지 못한다(콘§37②).

한편, 콘진법 제4조 제2항에서는 "콘텐츠제작자가 「저작권법」의 보호를 받는 경우에는 같은 법을 이 법에 우선하여 적용한다"고 규정하여, 원칙적으로 저작권법의 우선 적용을 명시하고 있다. 다만, 객체(客體)인 콘텐츠가 아닌 주체(主體)인 콘텐츠제작자를 중심으로 규정되어 있으므로 콘텐츠제작자가 저작권법으로 보호받지 못하는 경우에는 당해 콘텐츠가 저작권법상 보호받는 저작물인 경우에도 본법이 적용된다 할 것이다.

---

6) 이 법에서 사용하는 용어의 뜻은 제1항에서 정하는 것을 제외하고는 「저작권법」에서 정하는 바에 따른다. 이 경우 "저작물"은 "콘텐츠"로 본다(콘§2②).

7) 舊 온라인디지털콘텐츠산업발전법 시행령 제22조에서는 표시하여야 할 사항으로 i) 온라인콘텐츠의 명칭 또는 제호, ii) 온라인콘텐츠의 제작 및 표시 연월일, iii) 온라인콘텐츠 제작자의 성명(법인인 경우에는 법인의 명칭) · 주소 · 전화번호, iv) 온라인콘텐츠의 이용조건을 규정하고 있다. 이 시행령은 2010년 12월 11일 콘산법이 시행되기 전까지 개정될 예정이다.

찾아보기

저자 소개

한양대학교 법학전문대학원 명예교수/지재&정보연구소 대표

일본 東京大學 大學院 法學政治學研究科 客員敎授, 일본 大阪大學, 연세대학교 법과대학 및 법무대학원, 고려대학교 법무대학원, 한국외국어대학교 법과대학, 특허청 국제특허연수원 등 강사 및 상지대학교 법학과 교수, 한양대학교 법과대학 및 법학전문대학원 교수 역임

(사)한국중재학회 회장, (사)한국산업보안연구학회 회장, (사)한국산업재산권법학회 회장, (사)한국지식재산학회 회장, (사)지식재산포럼 회장, (사)문화콘텐츠와 법연구회 회장, 국회입법지원위원 역임

일본특허청 특허제도연구회 위원, 특허법 · 실용신안법 · 상표법 · 의장법 개정위원, 저작권법 개정위원, 대한상사중재원 국제중재인 및 중재인, 산업재산권분쟁조정위원회 조정위원, 인터넷분쟁조정위원회 조정위원, 사법시험 · 군법무관시험 · 행정고시 · 입법고시 위원, 변리사 · 변호사 · 5급 공무원 특채 시험위원, 산업통상자원부 산업기술보호위원회 전문분야위원장, 국무총리 산업기술보호위원회 민간위원, 한국특허기술진흥원 이사장 등 역임

주요 저서

- 대조식 공업소유권법령집(편저), 법경출판사(1986)
- 무체재산권법 개설(역저), 법경출판사(1991)
- 영업비밀개설(저), 법경출판사(1991)
- 주해 특허법(공역), 한빛지적소유권센터(1994)
- 지적소유권법(공저), 한빛지적소유권센터(1996)
- 국제계약법 이론과 실무(저), 법률출판사(1997)
- 특허법(공역), 법문사(2001)
- 산업재산권법원론(저), 법문사(2002)
- 신특허법론(공저), 법영사(2005)
- 로스쿨 지적재산권법(공저), 법문사(2010)
- 부정경쟁방지법(공저), 법문사(2012)
- 기술이전계약론(공저), 법문사(2013)
- 로스쿨 특허법 제2판(저), 세창출판사(2015)
- 디자인보호법의 이해(저), 박영사(2018)
- 영업비밀보호법(제3판)(공저), 법문사(2019)
- 특허법 제7판(저), 법문사(2023)
- 지적재산권법의 이해(저), 세창출판사(2020)
- 상표법 제7판(저), 법문사(2024)
- 특허의 이해 제6판(저), 법문사(2025)
- 상표법의 이해(공저), 도서출판 자운(2023)

21정판 지적재산권법

—

초 판 발행 1995년 3월 5일
21정판 발행 2025년 8월 14일

—

저 자 윤선희
발행인 이방원

—

펴낸곳 세창출판사

신고번호 제1990-000013호
주소 03736 서울시 서대문구 경기대로 58 경기빌딩 602호
전화 02-723-8660 팩스 02-720-4579
이메일 edit@sechangpub.co.kr 홈페이지 www.sechangpub.co.kr
블로그 blog.naver.com/scpc1992 페이스북 fb.me/Sechangofficial 인스타그램 @sechang_official

—

ISBN 979-11-6684-421-8 93360